SUMÁRIO

DOUTRINA

LEI E REGULAMENTO – A CHAMADA "RESERVA DE LEI" – AS DELEGAÇÕES LEGISLATIVAS DISFARÇADAS 5
– Celso Antônio Bandeira de Mello

PROCESSO SANCIONATÓRIO NO ÂMBITO DA CVM: A PENA DE SUSPENSÃO 17
– Adilson Abreu Dallari e Mariana Novis

A PARTICIPAÇÃO DOS SERVIDORES NA ARRECADAÇÃO TRIBUTÁRIA, POR SIMETRIA OU ANALOGIA COM O DISPOSTO NO ART. 7º, XI, DA CONSTITUIÇÃO DA REPÚBLICA 33
– Clovis Beznos

LIMITE CONSTITUCIONAL DE REMUNERAÇÃO (COM AS MODIFICAÇÕES INTRODUZIDAS PELAS EMENDAS CONSTITUCIONAIS NS. 19/1998, 20/1998, 25/2000, 41/2003 E 47/2005) 49
– Dinorá Adelaide Musetti Grotti

O MARCO LEGAL DO SANEAMENTO NO BRASIL 72
– Floriano de Azevedo Marques Neto

EXERCÍCIO DE OUTRA FUNÇÃO PÚBLICA POR MEMBRO DO MINISTÉRIO PÚBLICO: INCOMPATIBILIDADE OU PRERROGATIVA CONSTITUCIONAL? 132
– Fábio Medina Osório

PARCERIA PÚBLICO-PRIVADA E DIREITO AO DESENVOLVIMENTO: UMA ABORDAGEM NECESSÁRIA 166
– Gustavo Henrique Justino de Oliveira

ASPECTOS DA IMPOSIÇÃO DE PENALIDADES ADMINISTRATIVAS 189
– Heraldo Garcia Vitta

PARECERES

CONCESSÃO DE SERVIÇO PÚBLICO. DIREITO À RETOMADA. CONDIÇÕES EM QUE SE DARÁ AO CABO DO PRAZO CONTRATUAL 199
– Celso Antônio Bandeira de Mello

REFERENDO POPULAR SOBRE MATÉRIA ADMINISTRATIVA – CONSTITUCIONALIDADE 208
– Gilberto Bercovici

PLEBISCITO SOBRE A BACIA HIDROGRÁFICA DO RIO SÃO FRANCISCO – PARTICIPAÇÃO DE TODOS OS CIDADÃOS BRASILEIROS – COINCIDÊNCIA DA REALIZAÇÃO DE PLEBISCITO COM AS ELEIÇÕES 222
– José de Albuquerque Rocha e Martonio Mont'Alverne Barreto Lima

INCIDÊNCIA DO IMPOSTO DE RENDA NA FONTE SOBRE O ABONO PECUNIÁRIO 228
– Georghio Tomelin

ESTUDOS E COMENTÁRIOS

DA DISPENSA DE LICITAÇÃO NA CONTRATAÇÃO DE ÓRGÃO OU ENTIDADE EXPLORADORA DE ATIVIDADE ECONÔMICA 237
– Eduardo Azeredo Rodrigues

TEMAS DIVERSOS SOBRE A CONCESSÃO DE DIREITO REAL DE USO CELEBRADA POR SOCIEDADE DE ECONOMIA MISTA 244
– Vladimir da Rocha França

AS SÚMULAS DOS TRIBUNAIS ADMINISTRATIVOS E OS LIMITES DE SUA OBRIGATORIEDADE POR SEUS ÓRGÃOS JULGADORES 253
– Fernando L. Lobo d'Eça

ATRIBUTOS DOS ATOS ADMINISTRATIVOS: PECULIARIDADES DOS ATOS AMPLIATIVOS E RESTRITIVOS DE DIREITOS 275
– Angélica Petian

JURISPRUDÊNCIA COMENTADA 297

REVISTA
TRIMESTRAL DE
DIREITO PÚBLICO

49-50

MALHEIROS
EDITORES

Revista Trimestral de Direito Público

49-50/2005

Órgão do

INSTITUTO GERALDO ATALIBA
IDEPE — INSTITUTO INTERNACIONAL
DE DIREITO PÚBLICO E EMPRESARIAL

INSTITUTO DE DIREITO ADMINISTRATIVO PAULISTA
IDAP

RTDP
Publicação trimestral de
MALHEIROS EDITORES LTDA.
Rua Paes de Araújo, 29, cj. 171
CEP 04531-940 - São Paulo, SP - Brasil
Tel.: (011) 3078-7205 - Fax.: (011) 3168-5495
Diretor responsável: Álvaro Malheiros
Diretora: Suzana Fleury Malheiros

Assinaturas e comercialização:
CATAVENTO DISTRIBUIDORA DE LIVROS S.A.
Rua Conselheiro Ramalho, 928
CEP 01325-000 - São Paulo, SP - Brasil
Tel.: (011) 3289-0811 - Fax.: (011) 3251-3756
Supervisão Gráfica: Vânia Lúcia Amato
Editoração Eletrônica: Letra por Letra Studio

DOUTRINA

LEI E REGULAMENTO – A CHAMADA "RESERVA DE LEI" – AS DELEGAÇÕES LEGISLATIVAS DISFARÇADAS

CELSO ANTÔNIO BANDEIRA DE MELLO

Professor Titular de Direito Administrativo
da Faculdade de Direito da PUC/SP – Professor Emérito da mesma Universidade

1. Dada a notória e tradicional petulância do Executivo Brasileiro em expedir atos normativos invasivos do campo da lei, notadamente quando atua por via de órgãos colegiais, cumpre apresentar, desde logo, o panorama constitucional dentro do qual se alojam instrumentos normativos do Estado Brasileiro, a saber: a lei e aqueloutros expedidos pelo Executivo no exercício normal de suas funções administrativas.

A Constituição Brasileira, em seu art. 1º, proclama que a República Federativa do Brasil "constitui-se em Estado Democrático de Direito".

É sabido e ressabido que no Estado de Direito "quer-se o governo das leis e não o dos homens", conforme a máxima oriunda do Direito Inglês; nele impera a *rule of law, not of men*.

É este preceito, característico de um modelo de Estado, que levou doutrinadores de todo o mundo a proferirem frases exemplares como as expressadas, no Direito Alemão, por Fritz Fleiner, segundo quem: "Administração legal significa, então: Administração posta em movimento pela lei e exercida nos limites de suas disposições" (*Principes Généraux de Droit Administratif Allemand*, 1933, p. 87).

No Direito Grego, Michel Stassinopoulos produziu esta síntese admirável: "Em um Estado de Direito, a Administração encontra-se nao apenas na impossibilidade de agir *contra legem* ou *extra legem*, mas é obrigada a agir sempre *secundum legem*" (*Traité des Actes Administratifs*, Atenas, Librairie Sirey, 1954, p. 69).

O eminente professor de Coimbra Afonso Rodrigues Queiró proferiu os seguintes preciosos ensinamentos: "A atividade administrativa é uma atividade de subsunção dos fatos da vida real às categorias legais" (*Reflexões sobre a Teoria do Desvio de Poder*, Coimbra, Coimbra Editora, 1940, p. 19, ou "O Executivo é a *longa manus* do legislador", in *Estudos de Direito Administrativo*, Coimbra, Atlántida, 1968, p. 9).

Na Itália, Renato Alessi anota que a função administrativa se subordina à legislativa, nisto se concretizando o princípio da legalidade, de tal sorte que dita subordinação não se entende apenas em sentido negativo, isto é, no de que a lei pode lhe impor distintas proibições, mas "também e sobretudo em sentido *positivo*: e isto não somente no sentido de que a lei pode vincular positivamente a atividade administrativa a determinadas finalidades, ou a determinados meios ou a determinadas formas, mas, além disto, no sentido de que, como melhor se verá a seu tempo, a Administração, particularmente no que concerne à atividade de caráter jurídico, pode fazer apenas aquilo que *a lei consente*" (*Principi di Diritto Amministrativo*, 4ª ed., Milão, Giuffrè Editore, 1978, p. 16).

2. Entre nós, deve-se a Hely Lopes Meirelles a seguinte precisa advertência: "(...). Enquanto na administração particular é lícito fazer tudo que a lei não proíbe, na Administração Pública só é permitido fazer o que a lei autoriza" (*Direito Administrativo Brasileiro*, 34ª ed., São Paulo, Malheiros Editores, 2008, p. 89).

O nunca assaz pranteado Seabra Fagundes, expressão pinacular do direito público brasileiro, resumiu tudo em frase lapidar, por sua exatidão e síntese, ao dizer que *administrar* é "aplicar a lei de ofício" (*O Controle dos Atos Administrativos pelo Poder Judiciário*, 5ª ed., Rio de Janeiro, Forense, 1979, pp. 4-5).

Nós mesmos, inúmeras vezes averbamos que: "(...). A legalidade na Administração não se resume à ausência de oposição à lei, mas pressupõe autorização dela, como condição de sua ação" (*Curso de Direito Administrativo*, 25ª ed., 2ª tir., São Paulo, Malheiros Editores, 2008, p. 76).

Todas as citações que se vem de arrolar são expressões do chamado "princípio da legalidade", *o qual, como é universalmente sabido, encontra-se na raiz do Estado de Direito*.

A razão mesma do Estado de Direito é a defesa do indivíduo contra o Poder Público. E a fórmula, por excelência, asseguradora deste desiderato reside na tripartição do exercício do Poder, graças a quê os cidadãos se garantem ante os riscos de *demasias do Executivo*, negando-se-lhe qualquer força jurídica para estabelecer as regras que inovem inauguralmente na ordem jurídica, *sobreposse quando impliquem limitações à liberdade e à propriedade* das pessoas. Com efeito, foi exatamente para deter o poder do monarca, cujo sucessor é o Poder Executivo, que se concebeu este mecanismo preconizado por Montesquieu e difundido em quase todo o mundo civilizado.

3. Averbe-se que na Alemanha, ao se iniciar o processo de progressiva retirada de poderes da Monarquia, na primeira fase de afirmação do princípio da legalidade, antes de ele ganhar toda a extensão que ao depois adquiriria, o inolvidável publicista Otto Mayer, para aludir ao setor no qual descabia atuação livre do Executivo, cunhou a expressão "reserva da lei", até hoje utilizada por toda parte com largueza. É que, à época, por muito estranho que possa parecer aos olhos de hoje, considerava-se que, *ressalvadas certas matérias particularmente importantes*, o Executivo podia livremente dispor sobre tudo o mais. Como disse o mencionado autor, "ele age em virtude de sua própria força, e não em virtude da lei. Nós chamamos esta exclusão da iniciativa do Executivo – que existe para estas matérias especialmente assinaladas – a *reserva da lei*" (*Le Droit Administratif Allemand*, t. I, Paris, V. Giard & E. Brière, 1903, p. 92).

O alumiado Mestre esclareceu que o modo clássico adotado pelas Constituições para identificar este campo consistia no estabelecimento dos chamados "direitos fundamentais", que garantiam aos cidadãos *a liberdade pessoal e a inviolabilidade da propriedade*, sob reserva das interferências que poderiam advir da lei. Registra que, ao depois, os princípios de direito constitucional se incorporaram de tal modo na consciência dos povos que não mais há necessidade de mencionar o que não pode ser feito senão por lei. Referindo-se ao Império Alemão, anota que "ninguém duvidaria que o poder do Império não pode constranger, nem impor cargas, *nem atingir a liberdade e a propriedade das pessoas* senão em virtude de lei" (ob. e t. cits., p. 94).

4. No Direito Brasileiro, em que a atividade administrativa, na tradição dos textos constitucionais republicanos, foi sempre apresentada, *toda ela*, como rigorosamente submissa à lei, a expressão "reserva de lei", conquanto inúmeras vezes utilizada pela doutrina, é mais que supérflua. Em rigor, é radicalmente imprópria, deslocada, pois não encontra os fundamentos que a supeditaram na história de outros direitos e só pode ser admitida como uma forma de enfatizar pleonasticamente, em tema de liberdade e propriedade, o quão absurda seria qualquer pretensão administrativa de lhes traçar o perfil.

Com efeito, mesmo o mais conspícuo dos atos administrativos, o regulamento, o qual, como está dito na Constituição do país, na esfera federal é de competência privativa do Presidente da República, jamais poderia alçar-se a tais delirantes ambições. A respeito dele, o eminentíssimo Pontes de Miranda averbou: "Onde se estabelecem, alteram ou extinguem direitos não há regulamentos – há abuso do poder regulamentar, invasão de competência legislativa. O regulamento não é mais que auxiliar das leis, auxiliar que sói pretender, não raro, o lugar delas, mas sem que possa, com tal desenvoltura, justificar-se e lograr que o elevem à categoria de lei" (*Comentários à Constituição de 1967 com a Emenda n. 1 de 1969*, 2ª ed., t. III, São Paulo, Ed. RT, 1970, p. 314).

O sumo jurista disse, ainda: "Se o regulamento cria direitos ou obrigações novos, estranhos à lei, ou faz reviver direitos, deveres, pretensões, obrigações, ações ou exceções que a lei apagou, é inconstitucional. Por exemplo: se faz exemplificativo o que é taxativo, ou vice-versa. *Tampouco pode ele limitar ou ampliar direitos, deveres, pretensões, obrigações* ou exceções à proibição, salvo se estão implícitas. *Nem ordenar o que a lei não ordena* (...). Nenhum princípio novo, ou diferente, de direito material se lhe pode introduzir (...). Vale dentro da lei; fora da lei a que se reporta, ou das outras leis, não vale. Em se tratando de regra jurídica de direito formal, o regulamento não pode ir além da edição de regras que indiquem a maneira de ser observada a regra jurídica" (ob. e t. cits., p. 316 – os destaques não são do original).[1]

Comentos de igual força podem ser encontrados em outros publicistas da máxima suposição. Cabe relembrar a lição de Geraldo Ataliba: "O sistema só requer ou admite regulamento como instrumento de adaptação ou ordenação do aparelho administrativo, tendo em vista, exatamente, a criação de condições para a fiel execução das leis" ("O decreto regulamentar no sistema brasileiro", *RDA* 97/28).

5. Assentados estes pontos, cumpre, ainda, registrar, como de suma importância, o fato de que, em nosso Direito, o que aparta *lei* de *regulamento* não é apenas uma diferença de origem ou a posição de supremacia da primeira sobre o segundo. Esta última característica faz com que o regulamento não possa contrariar a lei e firma seu caráter subordinado a ela, mas não basta para identificar a essencial disceptação entre ambos no Direito Brasileiro.

Com efeito, o outro ponto diferencial é que possui relevo máximo. Consiste em que – conforme averbação precisa do professor Oswaldo Aranha Bandeira de Mello – só a lei *inova* em caráter inicial na ordem jurídica. A distinção deles segundo a matéria – diz o citado Mestre – "está em que a lei inova originariamente na ordem jurídica, enquanto o regulamento não a altera (...)". "(...). É fonte primária do Direito, ao passo que o regulamento é fonte secundária, inferior" (*Princípios Gerais de Direito Administrativo*, 3ª

1. Embora expendidas ao tempo da Carta de 1969, suas considerações aplicam-se com o mesmo rigor em face da Constituição de 1988.

ed., vol. I, São Paulo, Malheiros Editores, 2007, p. 373). Ou seja, é o poder de inovar primariamente o que distingue a lei dos atos administrativos.

De toda sorte, importa, além disto, aprofundar a investigação do princípio da legalidade, isto é, impende verificar como ele se apresenta concretamente em nosso sistema jurídico, dado que sua compostura pode, em tese, traduzir-se em um tipo de relação entre lei e ato administrativo mais ou menos estreita, mais ou menos constritiva, ou seja, mais ou menos afiveladora da liberdade da Administração.

Para identificar a integridade de sua fisionomia não há senão examinar os dispositivos constitucionais que lhe delineiam os contornos.

6. O texto constitucional brasileiro, em seu art. 5º, II, expressamente estatui que "ninguém será obrigado a fazer ou deixar de fazer alguma coisa senão em virtude de *lei*" (grifamos).

Como se vê, não diz "decreto", "regulamento", "resolução", "portaria", "instrução" ou outros. Diz: "lei". Isto significa que o âmbito da competência regulamentar entre nós cifra-se aos chamados "regulamentos executivos". Não há, portanto – contrariamente ao que se passa no Direito Europeu –, espaço para os chamados regulamentos "independentes" ou "autônomos".

Em estrita harmonia com o dispositivo referido e travando um quadro cerrado dentro do qual se há de circunscrever a Administração, com todos os seus órgãos e auxiliares personalizados, o art. 84, IV, da CF, ao se referir à competência do chefe do Poder Executivo para expedir decretos e regulamentos, explicita que suas emissões destinam-se à "fiel execução" das leis. *Litterim*: "sancionar, promulgar e fazer publicar as leis, bem como expedir decretos e regulamentos *para sua fiel execução*" (grifamos). Nem mesmo o inciso VI desse artigo, como ao final se dirá, afeta significativamente o que se vem de anotar.

Ambos os preceptivos respondem com precisão capilar a objetivos fundamentais do Estado de Direito e exprimem com rigor o ideário e as preocupações que nele se substanciaram. Mas, além deles, há, ainda, a lhes reforçar a dicção, o art. 37, cujo *caput* estatui que a Administração direta e indireta de quaisquer dos Poderes, da União, dos Estados, do Distrito Federal e dos Municípios, submeter-se-á a determinados princípios, sendo que o primeiro deles ali referido é justamente o *princípio da legalidade*.

Por meio das disposições mencionadas cumpre-se o projeto de outorgar às pessoas a garantia constitucional de que suas liberdades e propriedade não serão de qualquer modo coartadas (nem por proibições, nem por imposições), senão por um mandamento produzido pelo próprio *corpo legislativo*.

Por outro lado, nos aludidos versículos constitucionais estampa-se o cuidado que engendrou a tripartição do exercício do Poder; isto é, o de evitar que se concentrem os poderes públicos em um "mesmo homem ou corpo de principais" – para usar das expressões do próprio Montesquieu. Cautela indispensável, porquanto, no dizer desse iluminado teórico, "é uma experiência eterna a de que todo homem que tem poder é levado a abusar dele; ele vai até que encontre limites".

Nisto, aliás, justificou sua postulação de que aquele que faz as leis não as execute nem julgue; que o que julga não faça as leis nem as execute; e que aquele que as executa não *faça as leis* nem julgue (Montesquieu, *De l'Esprit des Lois*, Paris, Garnier Frères, Libraires Éditeurs, 1869, pp. 142-143).

É esta preocupação que está abrigada nos diversos preceptivos constitucionais referidos. O desiderato deles é, pois, o de impedir que, sob o rótulo de regulamentar ou a título de normatizar, seja por que instrumento for, o Executivo, por si ou por seus desdobramentos personalizados, expeça disposições de índole legislativa – vale dizer, normas constitutivas, modificativas ou extintivas de direitos e obrigações (imposições de fazer ou não fazer) – não previstas em lei. Dessarte, com tais preceitos firma-se cânone basilar de nosso direito público – oposto ao da autonomia da vontade –, segundo o qual *o que,* ***por lei****, não está antecipadamente permitido à Administração está,* ***ipso facto****, proibido.*

É, pois, livre de qualquer dúvida ou entredúvida que os precitados dispositivos constitucionais brasileiros (arts. 5º, II, 84, IV, e 37) consagram, com luminosa explicitude, esta enérgica advertência contra *eventuais pretensões do Executivo de disciplinar, ele próprio e segundo seus próprios critérios, a liberdade e a propriedade dos administrados*, mediante imposição de obrigações de fazer ou não fazer radicadas meramente em regulamentos ou outros atos administrativos.

A final: só por lei se regulam liberdade e propriedade; só por lei se impõem obrigações de fazer ou não fazer; e só para cumprir dispositivos legais é que o Executivo pode expedir decretos, regulamentos e, *a fortiori*, atos de menor hierarquia, como as resoluções.

7. Do ponto de vista do Estado de Direito e da democracia, há diferenças extremamente relevantes entre leis e atos produzidos no âmbito do Executivo. Estas diferenças ensejam que as leis ofereçam aos administrados e à sociedade, como um todo, garantias muitas vezes superiores às que poderiam derivar unicamente das características de abstração e generalidade também encontradiças em certos atos administrativos.

Deveras, leis provêm de um órgão no qual se congregam várias tendências ideológicas, múltiplas facções políticas, diversos segmentos representativos do espectro de interesses que concorrem na vida social, de tal sorte que o Congresso se constitui em verdadeiro cadinho onde se mesclam distintas correntes. Daí que o resultado de sua produção jurídica, as leis – que irão configurar os direitos e obrigações dos cidadãos –, necessariamente terminam por ser, quando menos em larga medida, fruto de algum temperamento entre as variadas tendências. Até para a articulação de uma maioria são necessárias transigências e composições, de modo que a matéria legislada surge como resultado de uma interação, ao invés da mera imposição rígida das conveniências de uma única linha de pensamento.

Com isto, as leis ganham, ainda que em medidas variáveis, um grau de proximidade em relação à média do pensamento social predominante muito maior que o que ocorreria caso fossem a simples expressão unitária de uma vontade individual, embora representativa, também ela, de uma das facções sociais. É que, afinal, como bem observou o insuspeito Kelsen, o Legislativo, formado segundo o critério de eleições proporcionais – ensejadoras, justamente, da representação de uma pluralidade de grupos, inclusive de minorias –, é mais democrático que o Executivo, ao qual se acede por eleição majoritária.

Se fosse possível, mediante simples regulamentos expedidos por presidente, governador ou prefeitos e – pior que isto – mediante resoluções, oriundas de simples segmentos do Executivo, instituir deveres de fazer ou não fazer e proceder à disciplina do uso da propriedade, os cidadãos ficariam à mercê da vontade pessoal do ungido no cargo ou da perspectiva unitária, monolítica, da corrente de pensamento de que este se fizesse porta-voz, ou – o que seria igualmente perigosíssimo – do entendimento de presumidos técnicos, que não têm qualquer responsabilidade perante o juízo popular.

8. O próprio processo de elaboração das leis, em contraste com o dos atos administrativos, confere às primeiras um grau de controlabilidade, confiabilidade, imparcialidade e qualidade normativa muitas vezes superior ao dos segundos, ensejando, pois, aos administrados um teor de garantia e proteção incomparavelmente maior.

É que as leis se submetem a um trâmite graças ao qual é possível o *conhecimento público* das disposições que estejam em caminho de ser implantadas. Com isto, evidentemente, há uma fiscalização social, seja por meio da imprensa, de órgãos de classe ou de quaisquer setores interessados, o que, sem dúvida, dificulta ou embarga eventuais direcionamentos incompatíveis com o interesse público em geral, ensejando a irrupção de tempestivas alterações e emendas para obstar, corrigir ou minimizar tanto decisões precipitadas quanto propósitos de favorecimento ou, reversamente, tratamento discriminatório, gravoso a grupos ou segmentos sociais, econômicos ou políticos. Demais disto, proporciona, ante o necessário trâmite pelas Comissões e o reexame pela Casa Legislativa revisora, aperfeiçoar tecnicamente a normatização projetada, embargando a possibilidade de erros grosseiros, ilogismos ou inconveniências mais flagrantes.

Finalmente, propicia um quadro normativo mais estável, a bem da segurança e certeza jurídicas, sem as quais é impossível um planejamento razoável da atividade econômica das pessoas e empresas e até dos projetos individuais de cada qual. E, até mesmo para garantir o desfrute de todas as vantagens mencionadas, o constituinte brasileiro teve o cuidado de regular minuciosamente o processo legislativo, obstando a que por disposições infraconstitucionais se pudesse estabelecer um rito menos prudente na elaboração das leis.

Já os atos administrativos normativos, como regulamentos e resoluções, carecem de todos estes atributos e, pelo contrário, propiciam as mazelas que resultariam de sua carência, motivo pelo qual, se são perfeitamente prestantes e úteis para a simples delimitação mais minudente das providências necessárias ao cumprimento dos dispositivos legais, seriam gravemente danosos – o que é sobremodo claro em país com as características políticas do Brasil – se pudessem, por si mesmos, instaurar direitos e deveres, impondo obrigações de fazer ou não fazer e interferindo com a propriedade individual.

Deveras, opostamente às leis, estes atos do Executivo são elaborados em gabinetes fechados, sem publicidade alguma, libertos de qualquer fiscalização ou controle da sociedade, ou mesmo dos segmentos sociais interessados na matéria. Sua produção se faz apenas em função da vontade, isto é, da diretriz estabelecida por alguns auxiliares diretos acreditados junto aos chefes do Executivo. Não necessitam passar, portanto, nem pelo embate de tendências políticas e ideológicas diferentes, nem pelo crivo técnico de uma pluralidade de pessoas instrumentadas por formação ou preparo profissional variados ou comprometidos com orientações técnicas ou científicas discrepantes. Sobre mais, irrompem da noite para o dia, e assim também podem ser alterados ou suprimidos.

São visíveis, pois, a natural inadequação e os imensos riscos que adviriam para os objetivos essenciais do Estado de Direito – sobreposse, repita-se, em um país ainda pouco afeito a costumes políticos mais evoluídos – de um poder administrativo que pudesse definir, por força própria, direitos ou obrigações de fazer ou não fazer imponíveis aos administrados.

9. Em suma: atos administrativos concretos ou abstratos *não podem aportar à ordem jurídica direito ou obrigação que já não estejam, na* ***lei****, previamente* ***caracterizados e de modo suficiente***, isto é, nela delineados, pela indicação dos critérios e balizamentos indispensáveis para o reconhecimento de suas composturas.

Foi o que de outra feita averbamos, apostilando que "há inovação proibida sempre que seja impossível afirmar-se que aquele específico direito, dever, obrigação, limitação ou restrição já estavam estatuídos e identificados na lei regulamentada. Ou, reversamente: há inovação proibida quando se possa afirmar que aquele específico direito, dever, obrigação, limitação ou restrição incidentes sobre alguém não estavam já estatuídos e identificados na lei regulamentada" (*Ato Administrativo e Direitos dos Administrados*, São Paulo, Ed. RT, 1981, p. 98).

Disse Geraldo Ataliba em outra passagem de seu mencionado artigo sobre regulamentos: "Sua função é facilitar a execução da lei, é especificá-la de modo praticável e, sobretudo, acomodar o aparelho administrativo para bem observá-la" ("Decreto regulamentar no sistema brasileiro", *RDA* 97/23).

Por isto mesmo, entre as conclusões do referido estudo, assentou a de que o regulamento "*nada cria de novo*; apenas dá disposições administrativas, tendentes à fiel execução da lei; *não erige norma nova*; apenas adequa os órgãos administrativos para bem cumprirem ou permitirem o cumprimento da lei" (artigo cit., p. 32 – grifos nossos).

Seabra Fagundes, de seu turno, anotou que mesmo este ato, hierarquicamente o mais elevado dentre todos os atos administrativos, "prende-se em essência ao texto legal. O seu objetivo é tão-somente facilitar, pela especificação do processo executório e pelo desdobramento minucioso do conteúdo sintético da lei, a execução da vontade do Estado expressa em ato legislativo" (*O Controle dos Atos Administrativos pelo Poder Judiciário*, 5ª ed., p. 24, nota de rodapé 2).

10. Esta diferente força jurídica, a de inovar *originariamente* (lei) ou, tão-só, a de especificar *o que já foi objeto de disciplina* (regulamentos, resoluções e outros atos subalternos) – portanto, o que já sofreu, por lei, *caracterização e delineamento anteriores* –, aponta para o âmago de um problema capital. A saber: o dos limites de liberdade passíveis de serem deferidos pela lei ao regulamento sem incorrer em *delegação de poderes disfarçada* ou, mesmo ingenuamente, procedida em descompasso com o texto constitucional.

A questão é transcendente, pois de nada adiantariam aturadas cautelas para acantonar o regulamento e os atos administrativos normativos em geral em seu campo de expressão próprio se, por força da própria obra legislativa, fosse possível, indiretamente, dilatar-lhes a esfera de ação e ensejar, por meio transverso, infiltração do Executivo em área que se quer defendida contra suas eventuais incursões. Vale dizer: de nada adiantariam os arts. 5º, II, 37 e 84, IV, se, ulteriormente, o legislador pudesse entregar, "de mão beijada", a esfera da liberdade e da propriedade dos administrados para ser disciplinada por via de regulamento. Com efeito, tais disposições existem não apenas para limitar a ação da Administração, *mas também e sobretudo para obstar a que a própria lei venha a adotar disposições contrárias aos direitos que confere aos cidadãos*.

É claro que estes propósitos, tão claramente expressos nos dispositivos colacionados, não poderiam ser validamente costeados pelo expediente simplório de a própria lei atribuir a entidades ou órgãos administrativos o poder de produzir disposições que se constituíssem, elas próprias, em disciplina da conduta das pessoas. Sua invalidade se exibiria quer quando instaurado de maneira aberta e direta, quer quando propiciado tal resultado mediante disposições legais *excessivamente genéricas*, *latas*, *frouxas*, *fluidas*, a serem preenchidas por via de atos subalternos, como regulamentos, regimentos, portarias e quantos outros nomes se possam conceber para designá-los. Com efeito, a plena vigência do princípio da legalidade foi instaurada pelo constituinte para garantia dos cidadãos, e não para gáudio dos membros do Legislativo – razão pela qual não fica a depender da fidelidade que devotem aos termos constitucionais.

11. Segue-se que *nem a lei poderia permitir que o Executivo preenchesse o vácuo legislativo*. A ser de outra forma, a garantia substanciada nos versículos colecionados seria um *flatus vocis*, um nada jurídico, e com ela a Lei Suprema não estaria a oferecer a proteção que, ali mesmo, se propôs a dispensar aos cidadãos, pois sua efetividade não promanaria de seu comando, mas do amor ou desamor que os legisladores houvessem por bem tributar ao bem jurídico resguardado na Constituição. Ou seja: não existiria resguardo constitucional – inobstante estabelecido na Carta Máxima –, mas apenas legal, e nos termos em que a lei desejasse conferi-lo.

Fora isto possível, e a garantia constitucional de que "ninguém poderá ser obrigado a fazer ou *deixar de fazer* alguma coisa senão em virtude *de lei*" (grifamos), a certeza de que a liberdade estaria resguardada contra arremetidas do Executivo e de que a propriedade não sofreria constrições a não ser por lei deixariam de se constituir em proteção constitucional. Em suma: não mais haveria a garantia *constitucional* aludida, pois os ditames ali insculpidos teriam sua valia condicionada às decisões infraconstitucionais, isto é, às que resultassem do querer do legislador ordinário. É que o administrado seria obrigado a fazer ou deixar de fazer alguma coisa *ora* em virtude de *regulamento*, *ora* de *lei*, ao líbito do Legislativo – isto é, conforme o legislador ordinário entendesse de decidir. É óbvio, entretanto, que, em tal caso, este último estaria se sobrepondo ao constituinte e subvertendo a hierarquia entre Constituição e lei, evento juridicamente inadmissível em regime de Constituição rígida.

12. Por tudo quanto se expôs, resulta óbvio que são inconstitucionais as disposições regulamentares produzidas na conformidade de *delegações disfarçadas*, resultantes de leis que meramente transferem ao Executivo o encargo de disciplinar o exercício da liberdade e da propriedade das pessoas.

Tal perigoso vício é especialmente vitando, e contra ele adverte Pontes de Miranda, ao averbar: "Se o Poder Legislativo deixa ao Poder Executivo fazer lei, delega; o poder regulamentar é o que se exerce sem criação de regras jurídicas que alterem as leis existentes e sem alteração da própria lei regulamentada. (...). Nem o Poder Executivo pode alterar regras jurídicas constantes de lei, a pretexto de editar decretos para a sua fiel execução, ou regulamentos concernentes a elas, nem tal atribuição pode provir de permissão ou imposição legal de alterar regras legais ou estendê-las ou limitá-las (...). Onde o Executivo poderia conferir ou não direitos, ou só os conferir segundo critério seu ou parcialmente seu, há delegação de poder" (ob. e t. cits., pp. 312-313).

Mesmo que não o faça com precisão capilar, a lei tem que caracterizar o direito ou a obrigação, limitação, restrição que nela se contemplem, tanto como o enunciado dos pressupostos para sua irrupção e os elementos de identificação dos destinatários da regra, de sorte que a compostura dos direitos ou deveres e os critérios para seu *objetivo* reconhecimento – em suma, sua delimitação – estejam de antemão fornecidos.

É preciso, pois, que o administrado saiba, desde a emissão da lei, qual o direito que lhe foi outorgado, qual o específico dever a que está sujeito, *quais a natureza e o âmbito da restrição da propriedade que lhe está sendo imposta*, de sorte que o conhecimento destas situações se extraia diretamente da ordem legal, e não fique tal conhecimento na dependência do que vier a ser disposto por ato administrativo subseqüente.

13. Na delegação feita *indiretamente* justamente faltam estas especificações, estes indispensáveis aclaramentos, pois se pretende, ao arrepio da Constituição, liberar o Executivo para compô-las, ficando-lhe concedido como que um "cheque em branco", a ser preenchido por via regulamentar ou de algum outro ato subalterno. E isto, evidentemente, não é tolerado pela Constituição. Seria de absoluta inanidade o preceituado nos artigos insistentemente referidos se houvesse tolerância para com práticas do gênero, e os objetivos do Estado de Direito, que foram tão zelosamente resguardados na Lei Magna, soçobrariam por inteiro.

Interpretação que ignorasse as limitações mencionadas contrariaria a sábia advertência de Carlos Maximiliano, o sumo Mestre brasileiro em tema de hermenêutica, assim expressada: "Deve o Direito ser interpretado inteligentemente, não de modo a que a ordem legal envolva um absurdo, prescreva inconveniências, vá ter a conclusões inconsistentes ou impossíveis" (*Interpretação e Aplicação do Direito*, 2ª ed., Livraria do Globo, 1933, p. 183).

Com efeito, seria um absurdo e afrontoso à inteligência supor que a Constituição estabeleceu mecanismos tão cautelosos para defesa de valores ciosamente postos a bom recato os quais, entretanto, seriam facilmente reduzidos a nada graças ao expediente singelo das delegações procedidas indiretamente. É que, como disse o precitado Geraldo Ataliba, em frase altamente sugestiva: "Ninguém construiria uma fortaleza de pedra, colocando-lhe portas de papelão".

Deveras, toda a construção jurídica objetivada com o princípio da legalidade para ensejar segurança jurídica e isonomia valeria nada e seria "monumento à esterilidade" se a caracterização das condutas proibidas aos administrados pudesse ser feita de modo insuficiente pela lei, de tal maneira que estes não tivessem como saber, com certeza, quando e *do quê* deveriam abster-se para se manterem ao largo das conseqüências sancionadores aplicáveis aos infratores do Direito, e qual exatamente a compressão estabelecida sobre seu direito de propriedade.

É evidente, portanto – e da mais solar evidência –, que, para cumprirem sua função específica (sobreposse em atenção às finalidades do Estado de Direito), as normas legais proibitivas ou que de alguma maneira interfiram com o âmbito da liberdade e da propriedade dos administrados terão de qualificar de modo claro, perfeitamente inteligível, *qual exatamente* a restrição imposta, que *expressão efetiva possui* e *quando* é cabível. É à lei, e não a algum ato administrativo, que compete indicar as condições de aquisição ou restrição de direito. *Deveras, disciplinar certa matéria não é conferir a outrem o poder de discipliná-la.*

14. Cumpre recordar que as funções correspondentes a cada um dos Poderes, em princípio, são indelegáveis. Com efeito, a indelegabilidade, enquanto princípio constitucional, resulta diretamente, ainda que de modo implícito, do art. 2º do Texto Magno, de acordo com o qual: "São Poderes da União, independentes e harmônicos entre si, o Legislativo, o Executivo e o Judiciário".

É que, sendo certo e indiscutido que os três Poderes existem precisamente para apartar as funções que lhes são correspondentes, se pudessem delegar uns aos outros as que lhes são próprias, a tripartição proclamada pela Lei Maior não estaria nela ou por ela assegurada. Pelo contrário, dependeria do empenho que os titulares destes conjuntos orgânicos devotassem às atribuições que lhes concernem, ensejando-lhes, pois, manter ou desfazer, a seus talantes, o esquema jurídico-político que a Constituição instituiu para benefício e garantia dos cidadãos. Ninguém em sã consciência abraçaria intelecção que consagrasse tolice de tão desmesurado porte.

Tal indelegabilidade, portanto, não é homenagem vã aos ocasionais detentores das distintas funções estatais. Significa – isto, sim – cautela estatuída em prol dos administrados, isto é, óbice a que qualquer dos Poderes se demita de sua missão própria ou seja complacente com o uso de atribuições suas, trespassando-as para outro Poder, no que estaria derrocando todo o sistema de repartição de Poderes, concebido para a proteção dos indivíduos.

15. Não apenas pelas razões expendidas seria inadmissível que a lei, por vias transversas, facultasse ao Executivo invadir-lhe a esfera de atribuições. É que a própria Constituição expressamente prevê as "leis delegadas" (art. 59, IV) e estabelece, no art. 68 e §§, as condições e o procedimento da delegação legislativa, tanto como as matérias em relação às quais não admite lei delegada.

Assim, a simples previsão desta espécie legislativa demonstra, *a contrario sensu*, que a regra é a indelegabilidade. De outro lado, a existência do instituto torna óbvio que não podem existir delegações "disfarçadas", ou seja, produzidas por um meio diverso do previsto na Constituição, sem a obediência a suas condições, limites e processo. Vale dizer: são interditas delegações efetuadas sub-repticiamente, mediante expedição de normas legais excessivamente abertas, insuficientes para a definição do direito ou do dever a serem estabelecidos, as quais, por isto mesmo, ulteriormente vêm a receber, por via de ato administrativo, a caracterização que só poderia ser feita pela própria lei.

Aliás, note-se *nem mesmo por "lei delegada" seria possível ao Executivo regular direitos individuais*, ante a vedação explícita do art. 68, § 1º, II, da CF, o qual embarga que tal matéria seja objeto da referida espécie legislativa.

16. Este perigo das delegações disfarçadas é especialmente vitando e muito presente no Brasil. Contra ele advertiu Pontes de Miranda, ao apostilar: "Se o Poder Legislativo deixa ao Poder Executivo fazer lei, delega; o poder regulamentar é o que se exerce sem criação de regras jurídicas que alterem as existentes e sem alteração da própria lei regulamentada. Fora daí, espíritos contaminados pelo totalitarismo de fonte italiano-alemã pretenderam fazer legítimas, de novo, as delegações legislativas que a Constituição de 1946, no art. 36, § 2º, explicitamente proibiu. Na Constituição de 1967, o art. 6º, parágrafo único, primeira parte, também as veda, mas admite a lei delegada (arts. 52 e parágrafo único, 53 e 54). Nem o Poder Executivo pode alterar regras jurídicas constantes de lei, a pretexto de editar decretos para a sua fiel execução, ou regulamentos concernentes a elas, nem tal atribuição pode provir de permissão ou imposição legal de alterar regras legais, ou estendê-las, ou limitá-las" (*Comentários à Constituição de 1967 com a Emenda n. 1 de 1969*, 2ª ed., t. III, pp. 312-313).[2]

Entre nós, este procedimento abusivo, inconstitucional e escandaloso foi praticado inúmeras vezes, e do modo mais flagrante possível. Nisto se revela o profundo descaso que, infelizmente, nossos legisladores têm tido na mantença das prerrogativas do Poder em que se encartam, demonstrando, pois, um cabal desapreço pela Constituição e – pior que isso – olímpica indiferença pela salvaguarda dos direitos e garantias dos cidadãos.

Nesta trilha viciosa, inúmeras têm sido as leis que deferem, *sic et simpliciter*, a órgãos colegiais do Executivo ou a entidades da Administração indireta o poder de expedir decisões ("resoluções") cujo conteúdo só pode ser o de lei. Tais delegações são sempre nulas. pelo quê ao Judiciário assiste – como guardião do Direito – fulminar a norma que delegou e a norma produzida por delegação.

Consciente destas aberrações o constituinte pretendeu pôr um paradeiro nelas e abortar a possibilidade de se repetirem, fulminando-as no art. 25 do ADCT, o qual, de um lado, vale como confirmação de que foram inúmeros os abusos e, de outro, representa sua condenação e a proibição de que se reproduzam. Estatuiu o referido dispositivo que: "Ficam revogados, a partir de 180 (cento e oitenta) dias da promulgação da Constituição, sujeito este prazo a prorrogação por lei, todos os dispositivos legais que atribuam ou deleguem a órgão do Poder Executivo competência assinalada pela Constituição ao Congresso Nacional, especial-mente no que tange a: I – ação normativa; II – alocação ou transferência de recursos de qualquer espécie".

Sua referência ao fato de que se reportava a disposições atributivas de "competência assinalada pela Constituição ao Congresso Nacional" revela a consciência de que eram inconstitucionais; viciadas, portanto, tanto elas quanto os atos produzidos em sua conformidade.

Ressalte-se que são uma constante em nossa história constitucional republicana (com exceção da Carta da Ditadura de 1937) os dispositivos afiançadores seja da independência dos Poderes e correlatas funções, seja da subalternidade dos atos do Executivo à legalidade – bem expressa na posição do regulamento em face da lei –, seja

2. Cabe, aqui, repetir a anotação precedente: as observações do autor citado foram expendidas ao tempo da Carta de 1969, mas se aplicam com a mesma propriedade em face da Constituição vigente.

da necessidade de lei para obrigar alguém a fazer ou deixar de fazer alguma coisa. Em suma, tudo o que diz respeito à chamada "reserva da lei" no que concerne ao tema do direito de propriedade está consagrado desde os primórdios da República até os dias atuais.

17. Para verificar a inobjetável procedência do que se vem de dizer, mais não é necessário que uma simples inspeção visual da Constituição de 1891, em seus arts. 15, 48, n. 1, e 72; da Constituição de 1934, nos arts. 3º, 56, § 1º, e 113, n. 2); da Constituição de 1946, arts. 36, § 2º, 87, I, e 141, § 2º; da Carta de 1967, arts. 6º, 83, II, e 150, § 2º; e, finalmente, da Carta de 1969, dita Emenda 1 à Carta de 1967, cujos arts. 6º, 81, III, e 153, § 2º, contêm os mesmíssimos preceitos hoje residentes, respectivamente, nos arts. 2º, 84, IV, e 5º, II, da CF de 1988.

Neles está a clara enunciação de que Legislativo, Executivo e Judiciário são Poderes independentes e harmônicos entre si, como também está explícita a asserção de que os atos mais conspícuos do Executivo – isto é, os regulamentos – existem unicamente para fiel execução das leis; e, outrossim, está declarado, entre os direitos e garantias individuais, que "a inviolabilidade da propriedade" está garantida, nos seguintes termos: "ninguém será obrigado a fazer ou deixar de fazer alguma coisa senão em virtude de lei".

18. Já há algum tempo as violações ao princípio da legalidade efetuadas por órgãos colegiais personalizados disciplinadores de proteção ao consumidor e defesa do meio ambiente têm se tornado muito comuns.

O princípio da separação de Poderes e o princípio da legalidade não são merecedores de maior ou menor acatamento conforme se trate de educação, saúde, urbanismo, ecologia, proteção ao consumidor ou outro qualquer ramo de atuação estatal. Perante o Direito posto, quaisquer delas se colocam parificadamente sob a égide dos aludidos princípios estruturadores do nosso direito constitucional.

Com efeito, se a grandeza do interesse dispensasse lei, autorizando que fosse buscado à margem de exigências constitucionais com base em "interpretação" que, para desatar as mãos dos órgãos do Executivo, desfizesse o alcance natural de sua dicção, então, o Direito não seria necessário. O exercente do Poder e o "intérprete" de sua extensão é que, nas várias hipóteses, sopesando a importância do bem a ser buscado, dariam a medida e a forma do exercício da autoridade tida como adequada para satisfação do interesse. Esta é a lógica das ditaduras, mas não é, evidentemente, o que resulta da Constituição.

Regulamentos, resoluções, instruções, portarias e quejandos são atos infralegais, e não infraconstitucionais. Com efeito, ao contrário da atividade legislativa, que é infraconstitucional, a administrativa é infralegal. Já Otto Mayer, no final do século retrasado, dizia que esta era a atividade estatal realizada "sob sua ordem jurídica" (*Le Droit Administratif Allemand*, t. I, p. 13). Renato Alessi indica que administração é a emanação de atos jurídicos *complementares* à lei (*Principi di Diritto Amministrativo*, 4ª ed., p. 4). E note-se: a Lei Magna brasileira é muito mais enérgica na defesa do princípio da legalidade que as Constituições dos países de origem dos autores mencionados.

Em suma: se nossa Constituição não transige com desvios ao princípio da legalidade, não há razão alguma que autorize seus intérpretes a assumirem "flexibilizações" que, se podem ser defendidas em Direitos alienígenas, não encontram guarida em nosso próprio Direito.

19. Para encerrar, registre-se que há, entre nós, quem sustente a possibilidade dos chamados "regulamentos autônomos", pelo menos a partir da Emenda Constitucional 32, de 11.9.2.001, a qual, dando nova redação ao inciso VI do art. 84, faculta ao Presidente da República "dispor, mediante decreto, sobre: a) organização e funcionamento da Administração Federal, quando não implicar aumento de despesa nem criação ou extinção de órgãos públicos; b) extinção de funções ou cargos públicos, quando vagos; (...)".

Tais poderes são literalmente ínfimos comparados aos que o Executivo desfruta no Direito Europeu em razão dos chamados regulamentos autônomos. Assim, não nos parece que se possa equipará-los.

Com efeito, se o chefe do Executivo Brasileiro, como de outra feita já o dissemos:

"(...) não pode nem criar nem extinguir órgão, nem determinar qualquer coisa que implique aumento de despesa, que pode ele, então, fazer, a título de dispor sobre 'organização e funcionamento da Administração Federal'? Unicamente transpor uma unidade orgânica menor que esteja encartada em unidade orgânica maior para outra destas unidades maiores – como, por exemplo, passar um departamento de um dado Ministério para outro Ministério ou para uma autarquia, e vice-versa; uma divisão alocada em certo departamento para outro departamento, uma seção pertencente a determinada divisão para outra divisão; e assim por diante. Pode, ainda, redistribuir atribuições preexistentes em dado órgão, passando-as para outro, desde que sejam apenas algumas das atribuições dele – pois, se fossem todas, isto equivaleria a extinguir o órgão, o que é vedado pela Constituição.

"Este é o regulamento previsto no art. 84, VI, 'a'. Mera competência para um arranjo intestino dos órgãos e competências *já criados por lei*. (...)" (*Curso de Direito Administrativo*, 25ª ed., 2ª tir., pp. 336-337).

Apenas a alínea "b" do citado versículo é que confere ao chefe do Executivo uma atribuição que lhe enseja dispor algo em contradita a uma lei: a lei que havia criado o cargo. Mas é visível que o poder nisto residente é de importância muito pequena.

PROCESSO SANCIONATÓRIO NO ÂMBITO DA COMISSÃO DE VALORES MOBILIÁRIOS: A PENA DE SUSPENSÃO

ADILSON ABREU DALLARI

Professor Titular de Direito Administrativo da PUC/SP

MARIANA NOVIS

Especialista em Direito Público pela PUC/SP

1. Introdução. 2. A legislação aplicável. 3. Considerações doutrinárias. Conclusão.

1. Introdução

O presente estudo é uma avaliação do arcabouço legal e regulamentar que rege o processo sancionatório no âmbito da Comissão de Valores Mobiliários/CVM, especialmente no que concerne à legitimidade da pena de suspensão tal qual prevista, à luz da Constituição Federal de 1988 e dos princípios norteadores da atuação administrativa, levando-se em conta, igualmente, o diploma legal que contém as normas gerais que disciplinam os processos administrativos na órbita federal – qual seja, a Lei 9.784, de 29.1.1999.

O objetivo final pretende ser uma contribuição para o aperfeiçoamento do processo administrativo sancionatório de competência dessa instituição, que desempenha função verdadeiramente essencial para que se possa dar concreção aos princípios constitucionais que delineiam a ordem econômica.

Antes, porém, de apurar os preceitos jurídicos que servirão de suporte para a análise proposta, torna-se importante detalhar os instrumentos legais e regulamentares que cuidam da matéria em exame.

2. A legislação aplicável

Preliminarmente, torna-se importante uma breve alusão ao papel que os princípios desempenham no contexto de um ordenamento jurídico.

Com efeito, tendo em vista que o exame do tema em voga necessariamente esbarrará na análise e na interpretação de garantias expressadas sob a forma de princípios – como o devido processo legal na esfera administrativa, a ampla defesa, a legalidade, a motivação e o duplo grau de jurisdição administrativa –, não é demais salientar o significado desses valores, denominados "princípios", que caracterizam os diferentes sistemas jurídicos.

Geraldo Ataliba, em sua obra *República e Constituição* (2ª ed., 4ª tir., atualizada por Rosoléa Miranda Folgosi, São Paulo, Malheiros Editores, 2007, p. 33), apresenta-nos os traços definidores dos princípios: "O sistema jurídico – ao contrário de ser caótico e desordenado – tem profunda harmonia interna. Esta se estabelece mediante uma hierarquia segundo a qual algumas normas descansam em outras, as quais, por sua vez, repousam em princípios que, de seu lado, se assentam em outros princípios mais importantes. Dessa hierarquia decorre que os princípios maiores fixam as diretrizes gerais do sistema e subordinam os princípios menores. Estes subordinam certas regras que, à sua vez, submetem outras".

Os princípios, portanto, constituem diretrizes-mestras do sistema jurídico no qual se encontram inseridos, que têm como finalidade precípua nortear os objetivos e desideratos a serem perseguidos pela sociedade e pelo Poder Público.

Disso resulta que esses valores deverão ser sempre prestigiados em qualquer circunstância; e, nesse sentido, são eles que ditarão a conduta daqueles que se acham subordinados ao respectivo sistema.

Feita essa menção preliminar concernente aos princípios, passa-se a avaliar de forma específica a abordagem constitucional e legal acerca dos vetores que mais diretamente se aplicam ao objeto do presente estudo.

Em primeiro plano, insta destacar o tratamento constitucional conferido à garantia do *devido processo legal*.

A Constituição Federal de 1988 atribuiu notável realce ao devido processo legal, encontrando-se atualmente versado de forma expressa em dois dispositivos, ambos contemplados no rol das denominadas "garantias fundamentais", *in litteris*: "Art. 5º. (...): (...) LIV – ninguém será privado da liberdade ou d e seus bens *sem o devido processo legal*; LV – aos litigantes, em processo judicial ou *administrativo*, e aos acusados em geral são assegurados *o contraditório e ampla defesa, com os meios e recursos a ela inerentes*" (grifamos).

O primeiro inciso, embora redigido de modo mais genérico, aplica-se, sem dúvida alguma, à esfera administrativa, tendo a doutrina assentado o entendimento de que a cláusula contém sentido amplo e, portanto, comporta um grau de abrangência igualmente largo, para atingir qualquer comportamento, meio ou instrumento que possa afetar a integridade da pessoa, física ou jurídica, e de seu patrimônio, inclusive imaterial e moral.

Diferentemente, o inciso LV refere-se de forma expressa e específica à seara do processo administrativo, ao retratar o desdobramento do devido processo legal através das garantias da instrução contraditória e dos meios e recursos necessários à ampla defesa.

Importante notar que a simples menção ao devido processo legal seria suficiente para que os direitos da ampla defesa e do contraditório estivessem assegurados aos litigantes e acusados em geral, já que ambos estão obrigatoriamente compreendidos na própria definição da garantia maior aqui versada. Mas o constituinte preferiu adotar um caminho mais criterioso ao delinear a moldura que caracterizou o *due process of law* no contexto constitucional, revelando-se, assim, a importância desse preceito no ordenamento jurídico brasileiro e a proteção ainda mais efetiva e inconteste da esfera jurídica de cada indivíduo.

Assim é que o entrelaçamento dos incisos LIV e LV induz à conclusão lógica de que a observância do devido processo legal não está adstrita a hipóteses de privação de liberdade ou propriedade, mas também encontra guarida nos processos administrativos em geral, conforme traduz a menção expressa à ampla defesa e ao contraditório, elementos indissociáveis do conteúdo jurídico do princípio em voga.

Em plena consonância com a abordagem constitucional do devido processo legal, a legislação ordinária cuidou de pormenorizar o tema concernente ao processo administrativo em nível federal.

O cenário legislativo na órbita federal é representado notadamente pela Lei 9.784, datada de 29.1.1999, cuja aplicação se dá para a Administração direta e indireta, bem como aos órgãos dos Poderes Legislativo e Judiciário da União, quando no desempenho da função administrativa, nos termos do seu art. 1º, *caput* e § 1º.

As normas dessa lei são aplicáveis subsidiariamente inclusive às entidades e situações contempladas por leis processuais específicas, conforme expressamente disposto no art. 69 da Lei 9.784/1999. É certo, portanto, que essa lei se aplica, sim, subsidiariamente, aos processos administrativos desenvolvidos pela CVM.

A Lei 9.784/1999 traduz ou especifica as garantias constitucionais acima referidas e evidencia verdadeiro repúdio à arbitrariedade estatal, na medida em que cada vez mais se deixa de lado a idéia de que a Administração possa determinar a seu talante o caminho ou *iter* a ser percorrido para a formação de suas decisões, mas, ao contrário, passa a ser obrigada a observar uma série de etapas formais quando da emissão de atos em geral. E muito especialmente na produção de atos punitivos, de qualquer espécie.

Nesse sentido, a Lei federal 9.784 procurou elencar expressamente os princípios que deverão guiar a atuação das partes envolvidas, conforme retratam notadamente seu art. 2º e, também, outros dispositivos que salvaguardam uma série de garantias de suma relevância para a concretização do devido processo legal na forma preconizada pela nossa Constituição Federal.

Dentre os princípios mencionados em sede infraconstitucional têm-se os da legalidade, finalidade, motivação, razoabilidade, proporcionalidade, ampla defesa, contraditório etc., *in verbis*: "Art. 2º. A Administração Pública obedecerá, dentre outros, aos princípios da legalidade, finalidade, motivação, razoabilidade, proporcionalidade, moralidade, ampla defesa, contraditório, segurança jurídica, interesse público e eficiência".

O mesmo dispositivo legal, em seu parágrafo único, tratou, ainda, de pormenorizar certos critérios a serem atendidos pelo condutor do processo administrativo, dentre eles: "Parágrafo único. Nos processos administrativos serão observados, entre outros, os critérios de: (...) VI – adequação entre meios e fins, vedada a imposição de obrigações, restrições e sanções em medida superior àquelas estritamente necessárias ao atendimento do interesse público; VII – indicação dos pressupostos de fato e de direito que determinarem a decisão; VIII – observância das formalidades essenciais à garantia dos direitos dos administrados".

Como se vê, a lei não se limitou a simplesmente mencionar os princípios norteadores da atuação administrativa, mas foi muito além, descrevendo de forma expressa, conforme se depreende do parágrafo único, os meios e critérios a serem obrigatoriamente observados pelo Poder Público para o alcance da efetiva concretização dos princípios indicados no *caput*.

De forma mais direta, os incisos VI e VII, em alusão, revelam-se especialmente importantes para a efetividade dos princípios da motivação, da proporcionalidade e da razoabilidade.

Adicionalmente, o art. 50 corrobora a precípua função que desempenha o princípio da motivação no âmbito do processo administrativo: "Art. 50. *Os atos administrativos deverão ser motivados, com indicação dos fatos e dos fundamentos jurídicos*, quando: I – neguem, limitem ou afetem direitos ou interesses; II – *imponham ou agravem deveres, encargos ou sanções*; III – decidam processos administrativos de concurso ou seleção pública; IV – dispensem ou declarem a inexigibilidade de processo licitatório; V – *decidam recursos administrativos*; VI – decorram de reexame de ofício; VII – deixem de aplicar jurisprudência firmada sobre a questão ou discrepem de pareceres, laudos, propostas e relatórios oficiais; VIII

– importem anulação, revogação, suspensão ou convalidação de ato administrativo" (grifamos).

É nesse sentido que se pode insistir em dizer que a introdução dos princípios norteadores do processo administrativo no âmbito federal deu ensejo a uma nova fase da gestão administrativa. Fase na qual não cabe mais espaço para o arbítrio e não há mais como se cogitar da idéia de que a Administração esteja autorizada a decidir de modo informal, notadamente quando sua conduta repercute diretamente na esfera jurídica dos administrados.

Apenas, por último, torna-se importante repetir que o art. 69 da Lei federal 9.784/1999 prescreve que "os processos administrativos específicos continuarão a reger-se por lei própria, aplicando-se-lhes apenas subsidiariamente os preceitos desta Lei".

Analisando o teor do preceptivo em alusão, esclarece-nos Egon Bockmann Moreira, em seu trabalho intitulado de *Processo Administrativo – Princípios Constitucionais e a Lei 9.784/1999*, que "todos os processos administrativos federais (vinculados ao exercício da função administrativa) deverão, quando menos, dar aplicação subsidiária à Lei 9.784/1999" (3ª ed., São Paulo, Malheiros Editores, 2007, p. 275).

Diante da visão panorâmica dos quadros constitucional e legal vigentes, que conferem elementos importantes para a efetividade do devido processo legal e as garantias dele decorrentes, cabe, finalmente, mencionar os dispositivos especificamente aplicáveis em matéria de sanções no âmbito de atos tipificados como ilícitos no campo ora em exame.

Nesse sentido, dois diplomas distintos merecem destaque: a Lei federal 4.595/1964, que dispõe sobre a política e as instituições monetárias, bancárias e creditícias, bem como cria o Conselho Monetário Nacional, e, mais diretamente, a Lei federal 6.385/1976, que dispõe sobre o mercado de valores mobiliários e cria a CVM.

Traz-se à tona a vetusta lei que criou o Conselho Monetário Nacional/CMN exclusivamente para ilustrar a similaridade do tratamento conferido às penalidades em relação ao texto da lei que, mais de uma década depois, criou a CVM – entidade, esta, que exerce efetiva e constante ação disciplinar, aplicando aos casos concretos essas mesmas sanções.

A Lei federal 4.595/1964, em seu art. 44, traz o rol de penalidades cabíveis na hipótese de descumprimento das obrigações previstas nos demais artigos por instituições financeiras, seus diretores, membros de conselhos administrativos, fiscais e semelhantes e gerentes. As sanções previstas, em ordem crescente de severidade, são: (i) advertência; (ii) multa pecuniária; (iii) suspensão do exercício de cargos; (iv) inabilitação temporária ou permanente para o exercício de cargos de direção na administração ou gerência em instituições financeiras; (v) cassação da autorização de funcionamento das instituições financeiras públicas, exceto as federais, ou privadas; (vi) detenção; e (vii) reclusão.

O § 4º do artigo em menção dispõe o seguinte: "§ 4º. As penas referidas nos incisos III e IV, deste artigo, serão aplicadas quando forem verificadas infrações graves na condução dos interesses da instituição financeira ou quando da reincidência específica, devidamente caracterizada em transgressões anteriormente punidas com multa".

Fica perfeitamente claro que as penas de suspensão e inabilitação terão lugar quando apurada a existência de infrações "graves" ou em caso de reincidência. Em relação à primeira hipótese, a lei não se preocupou em definir os elementos específicos que dariam lugar à qualificação de um ato como "grave".

De imediato, porém, já se pode dizer que há duas ordens de gravidade: uma que enseja a aplicação de suspensão e outra, de maior intensidade, que enseja a pena, mais gravosa, de inabilitação.

A mesma omissão, no tocante aos elementos condicionadores da aplicação desta ou daquela penalidade, persistiu no âmbito da Lei federal 6.385/1976:

"Art. 11. A Comissão de Valores Mobiliários poderá impor aos infratores das normas desta Lei, da Lei de Sociedades por Ações, das suas resoluções, bem como de outras normas legais cujo cumprimento lhe incumba fiscalizar, as seguintes penalidades: I – advertência; II – multa; III – *suspensão* do exercício do cargo de administrador ou de conselheiro fiscal de companhia aberta, de entidade do sistema de distribuição ou de outras entidades que dependam de autorização ou registro na Comissão de Valores Mobiliários; IV – *inabilitação* temporária, até o máximo de 20 (vinte) anos, para o exercício dos cargos referidos no inciso anterior; V – suspensão da autorização ou registro para o exercício das atividades de que trata esta Lei; VI – cassação de autorização ou registro para o exercício das atividades de que trata esta Lei; VII – proibição temporária, até o máximo de 20 (vinte) anos, de praticar determinadas atividades ou operações, para os integrantes do sistema de distribuição ou de outras entidades que dependam de autorização ou registro na Comissão de Valores Mobiliários; VIII – proibição temporária, até o máximo de 10 (dez) anos, de atuar, direta ou indiretamente, em uma ou mais modalidades de operação no mercado de valores mobiliários.

"(...).

"§ 3º. Ressalvado o disposto no parágrafo anterior, as penalidades previstas nos incisos III a VIII do *caput* deste artigo somente serão aplicadas nos casos de *infração grave*, assim definidas em normas da Comissão de Valores Mobiliários.

"§ 4º. As penalidades somente serão impostas com observância do procedimento previsto no § 2º do art. 9º desta Lei, cabendo recurso para o Conselho de Recursos do Sistema Financeiro Nacional" (grifamos).

Assim como ocorre no âmbito das infrações incorridas à luz da Lei federal 4.595/1964, a penalidade de suspensão prevista na Lei federal 6.385/1976 somente poderá ser aplicada na hipótese de ocorrência de "infração *grave*", sendo também de se pressupor que diferentes níveis de gravidade ensejarão diferentes penalidades.

De fato, mais uma vez a lei silenciou quanto aos elementos definidores do adjetivo em destaque, com a diferença de que, dessa vez, remeteu o tratamento da matéria à CVM, em sede de normas infralegais.

Em atenção ao comando legal, coube à Instrução 323/2000, emitida pela CVM, a normatização do conceito em epígrafe. Reza seu art. 2º: "Art. 2º. Considera-se infração grave, para os efeitos do art. 11, § 3º, da *Lei n. 6.385*, de 7 de dezembro de 1976, a prática das condutas referidas no art. 1º desta Instrução".

Por sua vez, o mencionado art. 1º apenas apresenta um extenso rol, consubstanciado nos incisos I a XV, de diversas modalidades de exercício abusivo do poder de controle de companhia aberta. Em outras palavras, segundo se extrai do ato normativo em tela, quaisquer daquelas condutas apontadas nos incisos I a XV seriam tipificadas como infrações graves, passíveis, portanto, de aplicação de qualquer uma das penalidades previstas nos incisos III a VIII do art. 11 da Lei federal 6.385/1976.

Novamente, também no âmbito do regulamento, não há especificação de qual conduta, qual específico comportamento, ensejaria determinada correspondente penalidade.

Por fim, importante ressaltar o teor da Resolução 454/1977, expedida pelo CMN, que disciplina o procedimento a ser observado na instauração de inquérito administrativo e de processo administrativo pela CVM.

Esse ato normativo, de conteúdo bastante sumário, determina, em seu art. 13, o seguinte: "Art. 13. A decisão que vier a ser proferida conterá o relatório resumido do processo, os fundamentos e a conclusão. Se desfavorável ao processado a decisão, indicará ela, se for o caso, as penalidades aplicáveis".

Note-se que, na literalidade do texto, exige-se apenas a mera fundamentação da conclusão, ficando, aparentemente, ao livre arbítrio da autoridade a escolha da pena a ser aplicada. Essa liberdade, porém, é apenas aparente, por ser totalmente incompatível com o tratamento constitucional e legal abordado na parte inicial do presente tópico, que passa, agora, a ser objeto de exame mais aprofundado.

3. Considerações doutrinárias

No sentido de dar seguimento às referências anteriores atinentes ao devido processo legal e ao novo contexto legal que caracterizou a atuação administrativa, convém apurar o verdadeiro significado do exercício da *competência discricionária* conferida pela lei, em alguns casos, ao Poder Público.

Está totalmente superado – por ser inteiramente equivocado – o entendimento segundo o qual a discricionariedade que a lei confere ao agente legitima qualquer conduta e, pior que isso, impede o exame pelo Poder Judiciário.

Esta questão da discricionariedade precisa ser melhor explicitada, mediante uma comparação entre *competência vinculada* e *competência discricionária*. Quando a lei confere ao agente público competência vinculada, isto significa que a lei já escolheu previamente qual a única e melhor conduta para a plena satisfação do interesse público. Quando a lei confere ao agente público competência discricionária, isso significa que a lei atribuiu ao agente o dever-poder de escolher a melhor conduta, dentre um universo de condutas possíveis, para a plena satisfação do interesse público.

Resulta daí uma enorme diferença entre a competência em tese e o exercício dessa competência diante do caso concreto. Em tese é possível afirmar que a lei estaria validando previamente qualquer das condutas possíveis; mas em concreto, diante do caso concreto, sempre haverá uma só conduta mais adequada à plena satisfação do interesse público.

O titular da competência discricionária, diante do caso concreto, não está autorizado a adotar qualquer conduta, mas, sim, tem o dever de desvendar e adotar o único comportamento que as circunstâncias indicarem como o mais adequado.

A questão não é simples, pois muitas vezes não haverá como avaliar se a conduta adotada foi, ou não, a mais idônea. Entretanto, não é difícil demonstrar, muitas vezes, que a conduta não era a mais adequada. Ou seja, não é impossível demonstrar que o agente público desbordou dos limites da discricionariedade, praticando abuso ou desvio de poder, produzindo um ato nulo.

Em síntese, o que se quer dizer é que a discricionariedade não é nem um "cheque em branco", nem uma palavra mágica. O Poder Judiciário pode e deve julgar a licitude de atos praticados no exercício de competência discricionária, para decretar as nulidades do ato praticado com desbordamento dos limites da discricionariedade.

Seja permitido trazer, aqui, a lição de Celso Antônio Bandeira de Mello estampada às pp. 99 e ss. da *RDP* 76, contida num primoroso e fecundo estudo sobre o erroneamente chamado "poder" discricionário. Assinala, inicialmente, o renomado Mestre (seguindo a trilha de Caio Tácito e Seabra Fagundes) que a discricionariedade não é um "cheque em branco".

Vale-se Bandeira de Mello das idéias de Rousseau e Montesquieu para mostrar que a Administração somente pode atuar *secundum legem*, para cumprir um mandamento legal. A Administração não tem vontade; apenas executa um dever que lhe é assinalado por lei.

É a lei que normalmente assinala a melhor alternativa de conduta, em cada caso. Para isso ela figura hipóteses, determinando como deve comportar-se o administrador quando de sua ocorrência concreta.

É certo que a lei sempre quer e somente quer uma única solução: a melhor. Em certos casos (nos chamados "atos vinculados") ela previamente assinala qual a melhor solução. Em outros casos (nos chamados "atos discricionários") ela incumbe o administrador de descobrir, identificar, em cada caso, qual a melhor solução.

Daí por que está absolutamente errada a concepção segundo a qual a lei permite que o administrador escolha qualquer solução. Não, na verdade, ele tem o dever de adotar uma única solução: a melhor, que apenas não pode ser previamente identificada.

Por isso, toda vez que se puder demonstrar que a solução adotada não é a melhor, é fatal concluir que houve ilegalidade, violação da vontade da lei.

Nas palavras do Mestre: "Quando o legislador disciplina certa matéria outorgando discrição, ele o faz precisamente porque só quer o comportamento ótimo".

Qualquer outro que não seja o ótimo, o mais adequado, será ilegal, e a verificação da aderência do comportamento do administrador à vontade legal não é questão de mérito, mas, sim, de legalidade.

Algumas vezes é difícil identificar a melhor solução ou dizer que uma dada conduta não foi a melhor. Mas há casos em que o comportamento da autoridade é verdadeiramente aberrante e, como tal, flagrantemente violador da lei.

Seja permitido figurar uma situação correlata. O que é um "calvo"? Quantos fios de cabelos alguém pode ter para que se possa incluir-se no conceito de "calvo"? É difícil dizer. Mas certamente ninguém chamaria de calvo o portador de vastas melenas.

A discricionariedade tem um núcleo central praticamente insindicável (aí está a área do chamado "mérito", cuja investigação é defesa ao Judiciário); mas as situações marginais, claramente afastadas do núcleo, desbordantes dos limites da discricionariedade, evidentemente abusivas, podem e devem merecer a censura judicial.

Cabe ao Poder Judiciário anular o ato praticado no exercício de competência discricionária quando se evidenciar que o ato impugnado não era a melhor forma de atingir a finalidade legal, posto que era evidentemente desarrazoado, desproporcional, discrepante, caracterizando-se como abusivo.

Tal decisão não invade a esfera da Administração e não pode ser havida como uma tentativa do Poder Judiciário de se substituir ao Executivo. Não cabe ao juiz dizer qual é a melhor solução, mas cabe-lhe, sim, anular o ato, declarando sua ilegalidade, quando se patentear um evidente conflito entre o ato da autoridade e a discricionariedade que lhe foi conferida.

Vejamos de que forma o conceito de discricionariedade milita no campo em estudo.

A lei que criou a CVM prevê expressamente, no rol de sanções, a possibilidade de *suspensão do exercício do cargo de administrador ou de conselheiro fiscal de companhia aberta, de entidade do sistema de distribuição ou de outras entidades que dependam de autorização ou registro na referida Comissão* em caso da prática de atos tipificados como infração grave.

Mas o legislador deixou de mencionar informações imprescindíveis para o fim de parametrizar a atuação do administrador público quando da eventual aplicação das sanções elencadas na lei, dentre elas a pena de suspensão.

Em primeiro lugar, não consta na lei em questão – ou em outro diploma legal do mesmo escalão – o significado de "infração grave".

Deixou-se, ainda, de atribuir o limite temporal máximo de duração da pena. A lei assim o fez apenas quando tratou da pena de inabilitação no inciso seguinte, delimitando o prazo máximo de 20 anos. Nem por isso alguém poderá entender que a suspensão poderá ser permanente, até porque isso se choca com o conceito de suspensão. Da mesma forma, também não será admissível uma suspensão superior a 20 anos, pois esse é o prazo máximo da sanção subseqüente, aplicável apenas a casos de maior gravidade.

Por último, a terceira omissão legal, e a mais grave de todas: não há qualquer correlação entre cada modalidade de pena e as possíveis infrações que especificamente dariam lugar à respectiva aplicação.

Aqui, é interessante notar a absoluta falta de técnica legislativa, na medida em que não se delineou a moldura legal a ser observada quando da aplicação da pena de suspensão – o que poderia culminar na própria impossibilidade jurídica de se fazer valer o dispositivo.

Na verdade, o problema vai além da simples falta de técnica legislativa, na medida em que ofende o princípio constitucional da legalidade, pois, especificamente em matéria penal, no tocante a qualquer modalidade de sanção, aplicada por qualquer autoridade, *nullum crimem, nulla poena sine lege* – ou seja: não há delito, nem pena, sem a existência de lei que anteriormente o descreva.

Mas, ainda que se possa defender a aplicação da regra legal – o que se faz em prol de uma interpretação sistemática do ordenamento –, se haverá de ter cautela, para não deturpar o legítimo conceito de discricionariedade, bem como dever-se-á prestigiar ainda mais os princípios da motivação, proporcionalidade e razoabilidade. Explica-se.

Conforme amplamente explicitado anteriormente, o legítimo significado de "discricionariedade" não comporta o entendimento de que a moldura traçada em lei – sequer existente, *in casu* – permitiria ao gestor público agir livremente, desde que observados os limites impostos. Principalmente tendo em vista a ausência das informações anteriormente destacadas, caberá ao Poder Público *motivadamente* adotar a já aclamada solução ótima, sob pena de agir em descompasso com a vontade legal, acarretando a nulidade da decisão.

Assim é que a CVM, ao aplicar a pena de suspensão em sede de processos sancionatórios, deve cuidar para sempre explicitar de forma clara e congruente a relação entre o ato supostamente praticado pelos acionistas envolvidos e a *natureza* da pena aplicada, bem como as razões que justificam a *quantificação* a ser imputada.

Portanto, toda e qualquer decisão deve conter respostas a perguntas como: (i) Por que foi aplicada a pena de suspensão, e não qualquer outra presente na listagem legal? (ii) Por que foi adotado o prazo indicado? (iii) Quais os fundamentos legais que sustentaram o enquadramento do suposto ilícito como uma infração grave?

Como se vê, as perguntas suscitadas de forma hipotética reportam-se a questões conceituais básicas que deverão permear o próprio objeto da condenação. Com efeito, ninguém pode defender-se sem saber do que está sendo acusado. Da mesma forma, ninguém pode apresentar recurso contra uma determinada penalidade sem saber as razões pelas quais a autoridade optou pela sua aplicação.

Tudo isso em consonância com a CF, em seu art. 5º, XLVI: "*a lei regulará a individualização da pena* (...)".

Não existem penas genéricas, universais. A penalidade a ser imposta, no caso concreto, deve sempre considerar as peculiaridades do caso e as condições do agente, que poderão apresentar atenuantes ou agravantes, conforme ensina a doutrina: "*Pelo princípio constitucional criminal da individualização da punitiva, a pena deve ser adaptada ao condenado, consideradas as características do sujeito ativo e do crime. Tal vetor compactua-se com o ditame da personalidade, ou seja, o crime imputase, apenas, ao seu autor, sendo ele o único elemento suscetível de sofrer a sanção*" (Uadi Lammêgo Bulos, *Constituição Federal Anotada,* 7ª ed., São Paulo, Saraiva, 2007, p. 270).

Apesar de o princípio da individualização ter origem e raiz no direito penal, é certo que tal princípio também se aplica ao direito sancionatório em geral, inclusive na esfera administrativa.

Nem se diga que a Constituição contém uma ordem ao legislador ("a lei regulará"), cuja omissão tornaria o preceito constitucional inaplicável. A doutrina já evoluiu no sentido de entender que não existem normas ou princípios constitucionais desprovidos de eficácia, pois qualquer dispositivo constitucional sempre é provido de um mínimo de eficácia: "Não existem normas constitucionais destituídas de eficácia, embora nem todas tenham, por si mesmas, a normatividade suficiente para gerar seus efeitos essenciais, o que depende da completude da norma, da sua densidade normativa. Dessa forma, pode-se falar em normas constitucionais de alta densidade normativa, aptas a gerar, diretamente, e sem intervenção do Poder Público, principalmente do legislador, os seus efeitos essenciais, ao lado de normas com baixa densidade, que podem, sem a *interpositio legislatoris*, gerar seus efeitos principais, visto que, em virtude de uma normatividade mínima que se encontra presente em toda e qualquer norma constitucional, sempre produzem algum efeito, apresentando um certo grau de eficácia" (Regina Maria Macedo Nery Ferrari, *Normas Constitucionais Programáticas*, São Paulo, Ed. RT, 2001, p. 127).

Esse mínimo de eficácia, por si mesmo, já proscreve qualquer conduta contrária ao preceito constitucional.

No fundo, o que se pretende dizer é que a atuação administrativa deve pautar-se pela razoabilidade e proporcionalidade, ambas dotadas atualmente de respaldo legal e amplamente reconhecidas pela doutrina e pela jurisprudência, inclusive pelos Tribunais superiores, como princípios jurídicos.

Nesse passo, Marcelo Harger nos ensina que:

"As medidas tomadas pela Administração devem estar na direta adequação das necessidades administrativas. Por isso, qualquer providência administrativa mais extensa ou mais intensa que o requerido para atingir o interesse público insculpido na regra aplicanda é inválida, por consistir em um transbordamento da finalidade legal.

"É por essa razão que os interesses particulares somente podem ser sacrificados se essa providência for indispensável ao atendimento dos interesses coletivos (interesses primários). Qualquer sanção, obrigação ou restrição somente pode ser imposta aos particulares na estrita medida do interesse público e segundo critério de razoável adequação dos meios aos fins. Larenz afirma, nesse sentido, que a intervenção em um bem jurídico e a limitação da liberdade não podem ir além do que for necessário para a proteção de outro bem ou de um interesse de maior peso, que entre os vários meios possíveis há que se escolher 'o mais moderado'.

"Consiste, portanto, a proporcionalidade no aspecto da amplitude ou intensidade da atuação administrativa em relação aos fins que objetiva atingir" (*Princípios Constitucionais do Processo Administrativo*, Rio de Janeiro, Forense, 2001, p. 117).

Não há dúvida de que o princípio da motivação – que ainda será objeto de análise mais adiante – ganha especial relevo no âmbito dos atos praticados sob a égide da competência discricionária e, muito especialmente, na aplicação de alguma penalidade.

Poder-se-ia dizer que os dispositivos em estudo constituem "normas penais em branco". Diante disso, convém transcrever o que a esse respeito consigna o respeitado Marcus Cláudio Acquaviva, em seu *Dicionário Jurídico Brasileiro Acquaviva* (Jurídica Brasileira, 1995, p. 994): "*Norma penal em branco*. Norma cujo conceito é complementado por outra norma. Embora a sanção que ela impõe seja precisa, esta somente será aplicada quando transgredida a norma complementadora".

As normas penais em branco são aquelas que apresentam uma lacuna decorrente da descrição incompleta do ato que tipifica a infração e, por isso, demandam a previsão dos demais elementos necessários à caracterização do delito em outras normas jurídicas. Trata-se de conceito bastante comum na esfera penal, mas igualmente aplicado no campo do direito administrativo sancionador.

Note-se, entretanto, que "em branco" está apenas a descrição da conduta sancionável, pois a penalidade aplicável há de ser precisa, deve estar já contida na norma sancionatória, sem remissão a qualquer outra. A pena há de ser sempre determinada ou determinável segundo parâmetros dados pela lei, sendo obrigatória para a autoridade a explicitação dos motivos pelos quais firmou seu convencimento.

Repugna à consciência jurídica que a autoridade possa aplicar uma pena que tanto pode ser de 3 dias de suspensão como de 10 anos de suspensão, sem qualquer justificativa para a opção feita. Sem a explicitação dos motivos a penalidade imposta seria insindicável judicialmente, configurando, por isso mesmo, uma outra violação à Constituição – qual seja, ao art. 5º, XXV, segundo o qual nenhuma lesão de direito pode ser subtraída ao exame do Poder Judiciário.

No âmbito do direito administrativo é pacífica a aceitação de que certos aspectos técnicos possam ser retratados em sede de atos infralegais, no próprio corpo administrativo, não se sujeitando às delongas que permeiam o processo legislativo. O princípio da eficiência legitimaria esse entendimento.

Entretanto, não se pode olvidar que a atividade punitiva desempenhada na órbita administrativa é essencialmente guiada pelo princípio da legalidade. Por isso mesmo, a admissão da possibilidade de complementação das normas penais em branco por instrumentos normativos de escalão inferior jamais significaria que a Administração estaria autorizada a exercer uma função legislativa no sentido de inovar originariamente na ordem jurídica. Obviamente não é esse o sentido que se propõe à tarefa de complementação em pauta.

O que há de se ter em mente é que os aspectos mínimos concernentes à infração deverão constar de lei formal e, nesse sentido, o administrador público deverá agir com bastante zelo e responsabilidade no detalhamento do tipo delituoso, sob pena de colocar em risco o princípio da estrita legalidade que pauta o direito administrativo e as máximas constitucionais segundo a qual *não há crime sem lei anterior que o defina como tal* bem como a de que *ninguém é obrigado a fazer ou deixar de fazer senão em virtude lei.*

Rafael Munhoz de Mello, em excelente trabalho monográfico, abordou a questão de forma muito elucidativa: "É, portanto, admissível a edição de regulamento administrativo para completar a tipificação de lei em branco. Há que se observar, contudo, exigências mínimas decorrentes dos princípios da legalidade e da tipicidade, que impõem *a descrição clara e objetiva do ilícito por lei formal*, sendo vedada sua criação pela Administração Pública. Assim, *devem constar da própria lei formal a descrição da conduta delituosa e a definição dos seus caracteres essenciais*. (...). O regulamento não vai dispor diretamente sobre a conduta proibida, mas sim sobre um *aspecto acessório* de tal conduta. (...). *Há colaboração do regulamento, não substituição pelo regulamento*, na lição de Alejandro Nieto – para quem 'una ley en blanco no es un cheque en blanco que el Ejecutivo puede llenar a su gusto'" (*Princípios Constitucionais de Direito Administrativo Sancionador – As Sanções Administrativas à Luz da Constituição Federal de 1988*, São Paulo, Malheiros Editores, 2007, p. 148 – grifamos).

Cumpre recordar que a atividade administrativa – da qual o regulamento é expressão – consiste na expedição de comandos complementares à lei. Enquanto a lei inova o ordenamento jurídico, introduzindo modificações na esfera de direitos e deveres, o regulamento limita-se a pôr em prática o comando normativo geral, agregando-lhe aspectos de concreção. O decreto, ao contrário da lei, não traduz a vontade do povo, porque é produto da atuação da Administração Pública, mera servidora da comunidade, e não sua representante. A lei é norma originária por excelência, enquanto o regulamento é sempre secundário, *secundum legem*. Sua submissão à lei é inobjetável e absoluta, seguindo-se disso que não pode dispor diferentemente do que a lei dispõe.

José dos Santos Carvalho Filho, em aguda observação, ensina:

"O poder regulamentar é subjacente à lei e pressupõe a existência desta. É com esse enfoque que a Constituição autorizou o chefe do Executivo a expedir decretos e regulamentos: viabilizar a efetiva execução das leis (art. 84, IV).

"Por essa razão, ao poder regulamentar não cabe contrariar a lei (*contra legem*), pena de sofrer invalidação. Seu exercício somente pode dar-se *secundum legem*, ou seja, em conformidade com o conteúdo da lei e nos limites que esta impuser. Decorre daí que não podem os atos formalizadores criar direitos e obrigações, porque tal é vedado num dos postulados fundamentais que norteiam nosso sistema jurídico: 'ninguém será obrigado a fazer ou deixar de fazer alguma coisa senão em virtude de lei' (art. 5º, II, da CF).

"Por via de conseqüência, não podem considerar-se legítimos os atos de mera regulamentação, seja qual for o nível da autoridade de onde se tenha originado, que, a pretexto de estabelecerem normas de complementação da lei, criam direitos e impõem obrigações aos indivíduos. Haverá, nessa hipótese, indevida interferência de agentes administrativos no âmbito da função legislativa, com flagrante ofensa ao princípio da separação de Poderes insculpido no art. 2º da CF" (*Manual de Direito Administrativo*, 12ª ed., Rio de Janeiro, Lumen Juris, 2005, p. 46).

Estampa-se, pois, e com cristalina clareza, que o princípio da legalidade constitui um dos principais alicerces que sustentam a estrutura do Estado de Direito e do sistema constitucional como um todo, dado que deriva imediatamente do princípio constitucional da separação e independência dos Poderes, que, por sua vez, integra o rol das chamadas *cláusulas pétreas* da Constituição Federal, elencadas em seu art. 60.

O princípio da legalidade não pode ser violado. Se o decreto, instrução, portaria ou qualquer outro ato normativo regulamentar dispuser sobre matéria em relação à qual não poderia dispor, o regulamento em questão resultará viciado. O ordenamento prevê para o decreto que extrapole sua competência a sanção mais grave existente, que é a da nulidade de pleno direito.

A ordem jurídica não reconhece eficácia ao dispositivo que, visando a regulamentar uma lei, a contraria ou lhe agrega alguma coisa, pois seria negar eficácia à própria lei originadora do decreto, violando, indiretamente, o princípio da separação de Poderes. Se se empresta o signo da validade a uma lei, reconhecendo-se que o que ela dispõe é legítimo e eficaz, seria uma evidente contradição do sistema aceitar a validade de uma norma, subalterna àquela, que violasse seus preceitos, dispondo de forma diversa ou acrescentando a ela algo que dela não constava.

A necessidade de segurança jurídica da sociedade repudia a tolerância ao ato que na sua gênese é viciado, pois ele importa não somente contrariedade de interesses particulares, que poderiam até se compor sem que alguém se valesse de qualquer reação contra tal regulamento. O regulamento ilegal, mais que tudo, transgride a Constituição e os princípios gerais do Direito, e por isso merece todo o repúdio que a ordem jurídica lhe prevê.

Ora, sabe-se que, nos termos do art. 84, IV, da CF, a função regulamentar é restrita ao estabelecimento dos meios e modos para a fiel execução da lei. Em conseqüência, não pode modificar, ampliando ou restringindo, os seus dispositivos.

No agudo dizer de Pontes de Miranda, "onde se estabelecem, alteram ou extinguem direitos não há regulamento – há *abuso* do poder regulamentar, invasão da competência do Poder Legislativo" (*Comentários à Constituição de 1946*, vol. II, p. 137).

Lembre-se que os diversos órgãos e as diferentes entidades que integram a Administração Pública, desde que tenham recebido, da lei, competência para isso, podem expedir outros atos normativos, de diversas espécies, mas tendo, todos eles, a mesma característica de serem atos normativos infralegais, atos administrativos de conteúdo normativo, subordinados à lei, e que nunca podem contrariar ou modificar a lei ou inovar originariamente na ordem jurídica.

Confira-se esta expressiva lição doutrinária:

"Além do decreto regulamentar, o poder normativo da Administração ainda se expressa por meio de resoluções, portarias, deliberações, instruções, editadas por autoridades que não o chefe do Executivo. Note-se que o art. 87, parágrafo único, inciso II, outorga aos ministros de Estado competência para 'expedir instruções para a execução das leis, decretos e regulamentos'. Há, ainda, os regimentos, pelos quais os órgãos colegiados estabelecem normas sobre o seu funcionamento interno. Todos esses atos estabelecem normas que têm alcance limitado ao âmbito de atuação do órgão expedidor. Não têm o mesmo alcance nem a mesma natureza que os regulamentos baixados pelo chefe do Executivo.

"*Em todas essas hipóteses, o ato normativo não pode contrariar a lei, nem criar direitos, impor obrigações, proibições, penalidades, que nela não estejam previstos, sob pena de ofensa ao princípio da legalidade* (arts. 5º, II, e 37, *caput*, da Constituição)" (Maria Sylvia Zanella Di Pietro, *Direito Administrativo*, 11ª ed., São Paulo, Atlas, 1999, p. 89 – grifamos).

Diante das considerações expostas, evidencia-se que apenas a lei formal tem o condão de impor restrição à liberdade dos administrados. Tanto a previsão de uma infração como a determinação das conseqüências de sua prática significam imputar a alguém obrigações, seja de fazer ou de não fazer; e tal somente pode se dar – rezam os princípios da legalidade e da tipicidade – através de lei formal.

Nesse passo, não é demais trazer à baila outra passagem do estudo anteriormente citado: "(...) não basta a previsão legal da sanção, sem que seja descrita na lei a situação de fato que fundamenta a sua aplicação. Tanto a infração como a sanção administrativa devem ter previsão legal, segundo o princípio da legalidade. E mais: *a lei deve estabelecer a relação entre as infrações e as sanções administrativas, de modo que o infrator saiba exatamente a medida a que está sujeito pela prática do comportamento ilícito*" (Rafael Munhoz de Mello, *Princípios Constitucionais de Direito Administrativo Sancionador – As Sanções Administrativas à Luz da Constituição Federal de 1988*, p. 122 – grifamos).

Reportando-nos, agora à matéria em exame, verifica-se que a Lei federal 6.385/1976 se limitou a prescrever as modalidades de sanções passíveis de aplicação pela CVM. Não há qualquer menção aos atos ilícitos que especificamente dariam ensejo à aplicação de cada uma das penalidades descritas no art. 11 do referido diploma. Há apenas uma alusão a que a "infração grave" pode ser apenada por quaisquer das sanções previstas no incisos III a VIII do art. 11 da lei que criou a CVM, dentre as quais está incluída a pena de suspensão.

Em primeiro lugar, "infração grave" constitui conceito inteiramente vago e obscuro, tanto que a lei (aliás, de modo infeliz, porque não cabe a normativos infralegais desempenhar esse papel) remeteu à CVM, no mesmo dispositivo, o dever de pormenorizar as situações que estariam contempladas nessa hipótese. E assim procedeu a autarquia no âmbito da Instrução 323/2000, anteriormente pontuada.

A questão que se coloca é a seguinte: poder-se-ia dizer que a lei formal, no caso concreto, indicou os parâmetros mínimos necessários para a definição do núcleo central do ato delituoso, deixando ao regulamento apenas a complementação de questões acessórias ao tipo, conforme preconiza nosso sistema constitucional?

Evidentemente que não. Nitidamente, a Lei 6.385/1976 deixou de trazer à baila elementos essenciais à compreensão do conceito mínimo caracterizador do ato delituoso a que corresponde a pena de suspensão. Nesse caso, é certo que apenas uma norma jurídica do mesmo escalão ou de categoria superior poderia agregar o conceito incompleto, mas jamais uma mera instrução emitida pela CVM, por não estarmos, aqui, a tratar de aspectos meramente acessórios ao tipo.

Interessante notar que o mesmo autor em alusão enfrentou diretamente o exemplo legal ora tratado, para fazer valer os ensinamentos formulados em sua obra, *in verbis*:

"Mais grave ainda, em alguns casos o princípio da legalidade é ignorado por completo. Veja-se o que dispõe o § 3º do art. 11 da Lei 6.385/1976, que disciplina a atuação da Comissão de Valores Mobiliários – CVM: 'As penalidades previstas nos incisos III a VIII do *caput* deste artigo somente serão aplicadas nos casos de infração grave, assim definidas em normas da Comissão de Valores Mobiliários'. É dizer, compete à CVM definir, em norma regulamentar, as situações de fato que caracterizam a infração grave para efeito de aplicação das sanções criadas pela Lei 6.385/1976. A tipificação do ilícito, portanto, será feita por norma infralegal, o que é vedado pelo princípio da legalidade. Por maior que seja a competência regulamentar da CVM, não se pode admitir que infrações administrativas sejam criadas pela autarquia, de modo original e inovador. Mesmo quem defende que a CVM tem competência para editar regulamentos autônomos – caso de Egon Bockmann Moreira – entende que tais regulamentos devem respeitar o princípio *nullum crimen, nulla poena sine lege*.

"E – o que é pior – tal poder de inovar a ordem jurídica de modo primário foi outorgado à CVM justamente para definir as situações que darão ensejo à aplicação de sanções mais graves estatuídas no referido diploma legal... Restrições gravíssimas na esfera jurídica dos particulares, bem se vê, que não podem ser impostas por autoridade administrativa sem que lei disponha sobre a hipótese de incidência de tal norma" (Rafael Munhoz de Mello, *Princípios Constitucionais de Direito Administrativo Sancionador – As Sanções Administrativas à Luz da Constituição Federal de 1988*, pp. 125-126).

Agregue-se, ainda, que não pode a lei deixar de pormenorizar as situações que especificamente ensejariam a aplicação de cada pena indicada.

Com efeito, a correlação entre as infrações e as penalidades especificamente aplicáveis deve ser expressamente determinada em lei ou, ao menos, passível de determinação segundo critérios capazes de nortear o órgão julgador no curso do processo administrativo, de molde a possibilitar o controle judicial.

Entretanto, a Lei federal 6.385/1976 não desempenhou esse papel, limitando-se apenas ao elenco das penas passíveis de aplicação aos infratores das obrigações legais.

Esse contexto legal sobreleva a obrigatória observância do *princípio da motivação* pela Administração. Se o legislador não teve o zelo de prescrever todos os conceitos e critérios que norteariam a aplicação das sanções em pauta, à CVM cabe, ainda com mais propriedade, a estrita observância dos princípios norteadores da atuação administrativa.

Neste passo reverencia-se o já mencionado princípio da motivação, cujo destaque no caso concreto torna-se ainda mais relevante – vale repisar – em virtude do silêncio legal sobre os elementos definidores do tipo e acerca da correlação entre a pena de suspensão e o delito correspondente.

Celso Antônio Bandeira de Mello inclui o princípio da motivação no rol daqueles obrigatórios no seio do processo administrativo. Para o ilustre jurista, o cumprimento do princípio da motivação demanda que "sejam explicitados tanto o fundamento normativo quanto o fundamento fático da decisão, enunciando-se, sempre que necessário, as razões técnicas, lógicas e jurídicas que servem de calço ao ato conclusivo, de molde a poder-se avaliar sua procedência jurídica e racional perante o caso concreto" (*Curso de Direito Administrativo*, 23ª ed., São Paulo, Malheiros Editores, 2007, p. 484).

O princípio da motivação revela uma importante ferramenta para fins de controle da legalidade dos atos administrativos. Isso porque é a ciência clara e exata dos fundamentos da decisão no sentido técnico, lógico e jurídico que propiciará ao particular o exame da legitimidade da decisão contra si emanada.

Este o espírito que se extrai da previsão do princípio da motivação abarcada na lei federal que norteia os processos administrativos, conforme destacado anteriormente. Inclusive o art. 50 do referido diploma legal explicita uma série de situações que invocam obrigatoriamente a explicitação dos motivos que induziram o agente público a tomar tal ou qual decisão. Dentre essas situações inclui-se a imposição de sanções (inciso III).

Outro ponto que impõe observância diz respeito ao momento em que a motivação é apresentada. Egon Bockmann Moreira alerta para esse detalhe de suma relevância: "A motivação deve ser contemporânea ou pretérita à prática do ato, a fim de assegurar sua legitimidade e impedir que a Administração pretenda inovar na motivação de seus atos ao sabor de eventual impugnação do particular afetado" (*Processo Administrativo – Princípios Constitucionais e a Lei 9.784/1999*, 3ª ed., p. 277).

Trata-se de uma constatação óbvia; afinal, de que adiantaria a apresentação dos motivos que nortearam a aplicação de uma pena após a consumação do prejuízo ao particular afetado pela decisão?

Outro ponto que merece atenção é a diferenciação da pena de suspensão em relação à pena de inabilitação.

Na verdade, *suspensão* e *inabilitação* representam conceitos distintos, conforme se extrai da própria Lei federal 6.385/1976, uma vez que mencionou cada uma dessas sanções em tópicos distintos (a primeira no inciso III e a segunda no inciso IV, ambos do art. 11).

Como a lei não contém palavras inúteis, caberá sempre ao intérprete proceder a uma análise sistemática do ordenamento e, dessa forma, extrair os conceitos cabíveis às expressões legais. Uma leitura desatenta dos dispositivos que tratam da suspensão e da inabilitação poderia induzir à equivocada idéia de que ambas as penas teriam significados idênticos, por supostamente apresentarem as mesmas conseqüências, ressalvado o fato de que restou determinado o prazo máximo de 20 anos para o segundo caso.

Certamente não é esse o espírito que advém dos artigos legais, ainda que escritos de forma redundante. Como as penas foram tratadas separadamente, a única solução plausível é a de que a suspensão apenas pode se referir ao cargo efetivamente ocupado e exercido pelo infrator, enquanto a inabilitação é imbuída de um caráter mais genérico e, portanto, aplicável a qualquer *cargo de administrador ou conselheiro fiscal de companhia aberta, de entidade do sistema de distribuição ou de outras entidades que dependam de autorização ou registro na CVM.*

Suspensão, ontologicamente, significa a interrupção do exercício das funções inerentes a um cargo do qual alguém é titular. O texto legal, ao dispor sobre a suspensão, contém um rol de cargos apenáveis com a pena de suspensão – quais sejam: os cargos de administrador ou de conselheiro fiscal de companhia aberta, de entidade do sistema de distribuição ou de outras entidades que dependam de autorização ou registro na CVM. Qualquer ocupante de um desses cargos pode ser suspenso.

Todavia, é óbvio que a suspensão sempre e somente será em um desses cargos, não podendo ser de todos eles, pois, se assim fosse, estar-se-ia diante de uma inabilitação, pois esta, sim, é genérica.

4. Conclusão

Ao longo do estudo do arcabouço legal e regulamentar apresentado, bem como no curso das considerações concernentes aos conceitos jurídicos descritos anteriormente, foram indicados, detalhadamente, os motivos e fundamentos que permitem extrair algumas conclusões importantes sobre o processo sancionatório no âmbito da CVM.

Em primeiro lugar, o devido processo legal, na forma adotada na nossa Magna Carta e do modo como restou desdobrado na legislação ordinária, repudia atuações administrativas em descompasso com certos princípios garantidores de uma gestão democrática.

Nesse sentido, a competência discricionária deve ser exercitada de forma responsável, sempre em busca da melhor solução ao caso concreto, não servindo para aprioristicamente validar qualquer solução, ainda que respeitados os limites legais vigentes, lembrando-se que a legislação aqui enfocada nada disse em relação ao conceito de "infração grave", bem como no tocante ao limite temporal da pena.

Não basta a CVM, no exercício da competência discricionária, optar por qualquer punição contida no rol daquelas previstas em lei; mas, ao contrário, deve sempre, justificada e motivadamente, buscar o resultado que melhor atenda aos fins legais, atendendo às peculiaridades do caso concreto e às especificidades de cada acusado.

Verificamos que a regulamentação da CVM é absolutamente desconforme com os princípios da legalidade, da tipicidade e da proporcionalidade, pois o conceito de delito "grave" previsto na Lei federal 6.385/1976 não poderia ser fornecido por uma mera instrução, que, além do mais, não apresenta qualquer correlação entre a conduta e a correspondente penalidade.

O princípio da motivação ganha especial relevo na matéria em exame. Uma vez que a lei vinculou a aplicação de suspensão a hipóteses de "infrações graves", sem, contudo, identificar os elementos mínimos que configuram esse conceito indeterminado, caberá sempre ao administrador, partindo de um significado mínimo do termo, apresentar motivação sólida e consistente para justificar a modalidade escolhida e a quantificação estipulada, sob pena de nulidade do ato decisório.

Daí por que nosso sistema jurídico repudia decisões desprovidas de motivação para a escolha da pena adotada e de sua intensidade e aquelas dotadas de caráter genérico e indistinto da punição, sem atenção a cada parte investigada, de acordo com suas peculiaridades específicas. Tal conduta colocaria em xeque o princípio constitucional que exige a individualização da penalidade.

Ou seja – e para concluir: a decisão administrativa sempre terá de cumprir o dever elementar de individualizar a penalidade a ser imputada às partes, explicitando a razão pela qual optou pela sua respectiva quantificação, bem como deverá indicar os parâmetros legais que conferem suporte à aplicação desta ou daquela sanção, sob pena de nulidade do ato decisório.

Dada a enorme relevância das funções exercidas pela CVM para assegurar que a ordem econômica efetivamente seja pautada pela valorização da livre iniciativa e pela fiel observância do princípio da livre concorrência, é absolutamente fundamental que suas decisões sejam tomadas com total observância dos preceitos constitucionais compreendidos pelos princípios do devido processo legal e da ampla defesa, de maneira a conferir segurança jurídica a todos os diretamente envolvidos e à sociedade como um todo.

É bem verdade que no passado, durante muito tempo, as garantias processuais do cidadão perante a Administração Pública não tinham o reconhecimento de que desfrutam atualmente. Mas a reafirmação enfática dessas garantias no texto constitucional vigente, a inserção nesse mesmo texto constitucional de todo um capítulo destinado a pautar a atuação dos órgãos e entidades públicas e, por último, o advento da Lei 9.784, de 29.1.1999, mostram que, doravante, o processo administrativo deverá merecer o mesmo cuidado sempre atribuído ao processo judicial.

As leis ordinárias e os regulamentos administrativos produzidos no passado devem adaptar-se a essa nova realidade jurídica.

São Paulo, janeiro de 2008.

A PARTICIPAÇÃO DOS SERVIDORES NA ARRECADAÇÃO TRIBUTÁRIA, POR SIMETRIA OU ANALOGIA COM O DISPOSTO NO ART. 7º, XI, DA CONSTITUIÇÃO DA REPÚBLICA

CLOVIS BEZNOS

Mestre e Doutor em Direito do Estado pela Faculdade de Direito da PUC/SP – Professor de "Prática em Direito Público" e "Direito Administrativo" (esta na Graduação e Pós-Graduação) – Coordenador, juntamente com o Professor Márcio Cammarosano, do Curso de Especialização em Direito Administrativo da PUC/COGEAE de São Paulo – Presidente do Instituto Brasileiro de Direito Administrativo/IBDA

1. Os servidores públicos titulares de cargos públicos e seu regime jurídico. 2. O regime jurídico administrativo. 3. A disciplina constitucional do regime jurídico dos servidores públicos e a previsão constitucional da participação do trabalhador no lucro das empresas. 4. O lucro e atividade pública. 5. A extensão aos servidores públicos da participação nos lucros por simetria. 6. A analogia na vertente hipótese. 7. Encaminhamento para a conclusão. 8. Conclusão.

1. Os servidores públicos titulares de cargos públicos e seu regime jurídico

O regime jurídico do agente público pertinente à espécie "servidor titular de cargo público" é inconfundível com o regime jurídico que rege as relações de trabalho dos trabalhadores, disciplinado pela Consolidação das Leis do Trabalho, por um aspecto fundamental, pelo qual se contrapõem esses regimes.

Com efeito, o regime celetista é contratual – decorrente, pois, de uma relação *ex voluntate* –, enquanto os servidores titulares de cargo público regem-se pelo regime estatutário, institucional, advindo de uma relação ditada pela lei – e, portanto, *ex lege*.

Esse regime celetista tem sua base no princípio da autonomia da vontade, embora seja permeado por normas consideradas de ordem pública, e que, por isso, são cogentes nessa relação.

Todavia, como não se ignora, essa relação contratual é substancialmente diferente da relação estatutária dos servidores públicos titulares de cargo público, cujo único ato de vontade quanto ao estabelecimento da relação consiste na sua inserção na mesma, submetendo-se, a partir daí, ao que a lei dispuser, bem como às alterações legais subseqüentes.

O sempre lembrado professor Oswaldo Aranha Bandeira de Mello, tratando dos atos jurídicos, ao fazer a distinção entre o *ato unilateral* e o *ato convencional*, averba que este último tipo comporta uma subdivisão, em *convenção-contrato* e *convenção-união*, anotando que a primeira espécie enseja um inter-relacionamento de vontades, pelo qual são criados direitos e obrigações, tornando os interesses individuais interdependentes, ou seja, vinculados: "O essencial nele é a *liberdade* jurídica de cada um dos contratantes de firmar a relação recíproca e a *autoridade* do vínculo então formado, ou seja, sua intangibilidade depois de estabelecido, pelo mútuo acordo de vontades" – refere o professor, para concluir:

"Não importa que as cláusulas desse acordo sejam estipuladas por um dos contraentes e aceitas pelo outro, e mesmo que sejam estabelecidas por uma das partes em instrumento típico, estereotipado, para ser objeto de acordo com vários e diferentes interessados.

"Desde que as partes livremente acordem, cada uma por sua vez, sobre seus termos, aderindo a eles, apesar de oferecidos a indeterminadas pessoas, e, depois de formado o vínculo, obrigam a ambas imperativamente, como se lei fossem entre elas, há *contrato*."

De outra parte, agrega à lição o saudoso autor o que respeita à possibilidade de uma das partes ou a lei alterar o objeto do acordo de vontades, modificando o regime do ajuste, sem atenção à vontade das partes, para concluir que, então, não se estará diante de uma relação contratual, ou seja, não haverá ato *convencional-contratual*, mas, sim, uma outra espécie de ato convencional, o *ato-união*: "Ao contrário, se uma das partes puder alterar seus termos ou, mesmo, se a nova lei, regendo o instituto jurídico objeto do acordo de vontades, puder modificar o regime do ajuste firmado, com desprezo à intenção das partes, esse acordo de vontades não constitui contrato, embora ato convencional. Será *ato-união*" (Oswaldo Aranha Bandeira de Mello, *Princípios Gerais de Direito Administrativo*, 3ª ed., vol. I, São Paulo, Malheiros Editores, 2007, p. 450).

A douta Maria Sylvia Zanella Di Pietro, tratando da espécie "servidores públicos estatutários", refere: "Os da primeira categoria submetem-se a *regime estatutário*, estabelecido em lei por cada uma das unidades da Federação e modificável unilateralmente, desde que respeitados os direitos já adquiridos pelo servidor. Quando nomeados, eles ingressam numa situação jurídica previamente definida, à qual se submetem com o ato da posse; não há possibilidade de qualquer modificação das normas vigentes por meio de contrato, ainda que com a concordância da Administração e do servidor, porque se trata de normas de ordem pública, cogentes, não derrogáveis pelas partes" (*Direito Administrativo*, 21ª ed., São Paulo, Atlas, 2008, p. 488).

Tratando o tema, o mui ilustre professor Celso Antônio Bandeira de Mello leciona:

"A relação jurídica que interliga o Poder Público e os titulares de cargo público – ao contrário do que se passa com os empregados – não é de índole contratual, mas estatutária, institucional.

"Nas relações contratuais, como se sabe, direitos e obrigações recíprocos, constituídos nos termos e na ocasião da avença, são unilateralmente imutáveis e passam a integrar *de imediato* o patrimônio jurídico das partes, gerando, desde logo, direitos adquiridos em relação a eles. Diversamente, no liame de função pública, composto sob a égide estatutária, o Estado, ressalvadas as pertinentes disposições constitucionais impeditivas, deterá o poder de alterar legislativamente o regime jurídico de seus servidores, inexistindo a garantia de que continuarão sempre disciplinados pelas disposições vigentes quando de seu ingresso. Então, benefícios e vantagens, dantes previstos, podem ser ulteriormente suprimidos. Bem por isso, os direitos que deles derivem não se incorporam integralmente, *de imediato*, ao patrimônio jurídico do servidor (firmando-se como direitos adquiridos), do mesmo modo que nele se integrariam se a relação fosse contratual, o que, todavia, não significa que inexistam direitos adquiridos no curso da relação estatutária. Basta que se preencham seus pressupostos de aquisição, os quais, sem embargo, não irrompem do mesmo modo que em uma relação contratual trabalhista" (*Curso de Direito Administrativo*, 25ª ed., 2ª tir., São Paulo, Malheiros Editores, 2008, p. 252).

Pois bem, se tais relações se diferenciam, de sorte a se outorgar ao Poder Público a prerrogativa de alterar unilateralmente o regime dos servidores estatutários, ante a mudança legislativa, e se nas relações contratuais trabalhistas descabe unilateralmente a alteração do conteúdo do contrato, impõe-se perquirir sobre a lógica que enseja tal distinção em nosso ordenamento jurídico.

A resposta encontra-se na existência de diferentes regimes que apartam as relações públicas das relações privadas.

2. O regime jurídico administrativo

A Ciência do Direito oferece o necessário repertório para que se examine o Direito com uma visão unitária sistêmica, permitindo ao intérprete diferenciar os diversos institutos, pelos regimes que lhes são próprios.

Pode-se, assim, tranqüilamente, no exame do ordenamento positivo, afirmar a existência de regimes diferenciados, por princípios e regras que lhes são próprios e que lhes dão substância.

Com efeito, o direito privado rege-se pela autonomia da vontade, não obstante hoje se possa até falar em um temperamento desse enfoque, ante a previsão do art. 421 do CC, que comprime a liberdade de contratar em razão e nos limites da função social do contrato.

De qualquer sorte, é ainda abissal a diferença do regime privado para o regime de direito público, porque, enquanto no direito privado as relações jurídicas são estabelecidas com as partes em situação eqüidistante e horizontal, no direito público as relações se formam de maneira vertical, com a Administração ocupando posição sobranceira.

Nesse sentido, preleciona Héctor Jorge Escola:

"Es sabido que la forma tal vez más simple, y al mismo tiempo correcta, de diferenciar el derecho público del derecho privado es la que se constriñe a señalar que mientras que el derecho privado se refiere a principios y normas que son de coordinación y que se aplican a relaciones que son de igualdad y que se establecen prioritariamente entre particulares, el derecho público trata de principios y normas que son de supraordinación, que se aplican a relaciones que son de superioridad y supraindividuales, en las cuales uno de los sujetos es la Administración Pública o de manera más general un órgano o una persona que actúa en el ejercicio de una función estatal.

"(...).

"Pero si el derecho público, y por ende el derecho administrativo, se estructura sobre la base de principios e normas que son de supraordinación y de relaciones que son de superioridad y supraindividuales, ello se debe a que la materia que conforma su contenido y las finalidades que con su normación se procura alcanzar y garantizar exigen esas exorbitantes modalidades, que no son concebibles en el ámbito del derecho privado.

"(...).

"Dentro de nuestra organización constitucional, el derecho administrativo restringe e limita, se manifiesta a través de las potestades y prerrogativas de la Administración Pública, siempre desbordantes del derecho privado, pero lo hace para posibilitar y asegurar el real y verdadero ejercicio de las libertades y derechos individuales y para alcanzar fines que a todos interesan, porque son de interés general o común" (*El Interés Público como Fundamento del Derecho*

Administrativo, Buenos Aires, Ediciones Depalma, 1989, pp. 18-19).

O regime jurídico administrativo pressupõe uma desigualdade entre Administração e administrados, conferindo-lhe uma posição sobranceira sobre as pessoas privadas, munindo-a de prerrogativas, todas elas instrumentais, porém, ao cumprimento do dever da realização do interesse público, conforme a finalidade legal a ser perseguida.

É notável, sem dúvida, e digna dos mais efusivos encômios, a lição do festejado Celso Antônio Bandeira de Mello, que, salientando o caráter tão-somente instrumental das prerrogativas conferidas à Administração, inverte o pólo, destoando da doutrina tradicional, que afirma o poder/dever da Administração na busca do interesse público, para afirmar antes o *dever*/poder, conforme se confere:

"Sem embargo, até hoje os doutrinadores parecem deixar-se seduzir pelo vezo de explicar institutos de direito administrativo sedimentando-se em remissões a 'poder' ou 'poderes' da Administração. Esse tipo de organização metodológica das matérias do direito administrativo, em última análise, favorece, embora indesejavelmente, realçar e enfatizar uma concepção autoritária do direito administrativo, projetando luz sobre os tópicos exaltadores do 'poder' e deitando sombra sobre os concernentes aos 'deveres' a que está subjugada a Administração, e que têm cunho mais importante no Estado de Direito. Ou seja: a própria maneira de apresentar o direito administrativo concorre para engendrar uma apreensão de seu conteúdo mais vincada pela idéia de 'poderes', que comandam os administrados, ao invés de sublinhar os 'deveres', que se impõem aos administradores.

"Assim, há riscos, maiores do que à primeira vista se pode perceber, na simples aglutinação temática dos objetos versados pelo direito administrativo. Disto podem advir distorções, pois, ao serem sublinhados os aspectos expressivos de autoridade, é possível supor-se que os atos administrativos são, acima de tudo, atos expressivos de poder. Em rigor, todavia, os atos de quem gere negócio de terceiro, ou seja, os expedidos por quem apenas representa o titular do Poder – que é o povo, segundo a dicção do art. 1º, § 1º, do texto constitucional –, são, acima de tudo, atos que manifestam e que cumprem deveres: os deveres de implementar a finalidade legal que os justifica.

"Onde, então, o lugar para o Poder no moderno direito público? O Poder, no direito público atual, só aparece, só tem lugar, como algo ancilar, rigorosamente instrumental e na medida estrita em que é requerido como via necessária e indispensável para tornar possível o cumprimento do dever de atingir a finalidade legal" (Celso Antônio Bandeira de Mello, *Curso de Direito Administrativo*, 25ª ed., 2ª tir., p. 46).

Os princípios basilares que informam o regime jurídico-administrativo configuram-se na supremacia do interesse público sobre o interesse privado e na indisponibilidade do interesse público pela Administração.

A aludida supremacia, contudo, não implica uma lide entre diferentes interesses, o público e o privado, em que se prestigia *a priori* o interesse público frente ao interesse privado, vez que os interesses públicos, configurando interesses coletivos, nada mais constituem que a síntese juridicizada dos interesses individuais dos membros da coletividade, que se apura ao exame do ordenamento jurídico.

Assim, tratando-se de uma síntese, e não de mera soma de interesses, a prevalência que se enuncia amolda-se, a nosso ver, tão-somente em cânone interpretativo, para o deslinde da situação jurídica a ser privilegiada, na solução que se exija do aplicador do Direito.

Destarte, não se deve supor que num Estado de Direito como o nosso a enunciação do princípio esteja a respaldar, sem mais, o sacrifício de direito privado em benefício do interesse público, uma vez que quando o ordenamento jurídico prevê tal sacrifício, em contrapartida, prevê a justa indenização, como se passa no caso da desapropriação, da servidão administrativa, da requisição etc.

O segundo princípio cardeal do regime jurídico-administrativo é a indisponibilidade do interesse público, que significa que a Administração não pode dispor dos interesses públicos, vez que não os titulariza, competindo-lhe tão-somente zelar por eles.

O titular dos interesses públicos é a pessoa jurídica estatal, competente constitucionalmente para dispor sobre tais interesses pela via legal. Ao administrador incumbe tão-somente atender às finalidades legais, dando-lhes cumprimento.

Diversas regras diferenciam o direito público do direito privado, cabendo referir, por exemplo, a inalienabilidade e a imprescritibilidade dos bens públicos (CF, art. 183, § 3º, e CC, art. 100), evidenciando-se a notória diversidade de regimes jurídicos que informam um e outro segmento do Direito.

3. A disciplina constitucional do regime jurídico dos servidores públicos e a previsão constitucional da participação do trabalhador no lucro das empresas

O regime jurídico dos servidores públicos é longamente disciplinado pela Constituição Federal, que lhes reserva uma seção inteira do Capítulo VII do Título III, a Seção II, onde minudentemente estabelece disposições sobre a política de vencimentos dos servidores, seu regime previdenciário, os pressupostos de sua estabilidade no serviço público, além de disposições outras contidas na seção anterior desse capítulo, pertinente à Administração Pública, que estabelecem previsões sobre o ingresso de servidores no serviço público

De outra parte, no que respeita aos trabalhadores urbanos e rurais, o art. 7º da CF, inserido no Capítulo II do Título II, que dispõe sobre os direitos sociais, elenca uma enorme gama de direitos, estabelecendo disposições obrigatórias, cuja repercussão é cogente nas relações de emprego pelo regime celetista.

Exprimem esses direitos verdadeiras conquistas dos trabalhadores, ao longo dos anos, configurando aquilo que a doutrina costuma designar por "direitos de segunda geração" ou de "segunda dimensão", como preferem alguns.

Dentre esses direitos aloca-se aquele previsto no inciso XI do referido art. 7º, assim redigido: "participação nos lucros ou resultados, desvinculada da remuneração, e, excepcionalmente, participação na gestão da empresa, conforme definido em lei".

Ocorre que na seção pertinente aos servidores públicos, conforme seu art. 39, § 3º, previu-se a aplicação aos servidores ocupantes de cargos públicos de alguns dos direitos sociais elencados pelo art. 7º da Carta Magna; não todos, mas apenas alguns.

Com efeito, os direitos do art. 7º extensíveis aos servidores ocupantes de cargos públicos são expressamente referidos, arrolando o § 3º do art. 39, um a um, os incisos do art. 7º da Constituição da República aplicáveis a esses servidores públicos.

Assim, são extensíveis aos servidores titulares de cargo público os seguintes direitos: (i) "salário mínimo, fixado em lei, nacionalmente unificado, capaz de atender a suas necessidades vitais básicas e às de sua família com moradia, alimentação, educação, saúde, lazer, vestuário, higiene, transporte e previdência social, com reajustes periódicos que lhe preservem o poder aquisitivo, sendo vedada sua vinculação para qualquer fim" (inciso IV do art. 7º); (ii) "garantia de salário, nunca inferior ao mínimo, para os que percebem remuneração variável" (inciso VII); (iii) "remuneração do trabalho noturno superior à do diurno" (inciso IX); (iv) "salário-família pago em razão do dependente do trabalhador de baixa renda nos termos da lei" (inciso XII); (v) "duração do trabalho normal não superior a 8 (oito) horas diárias e 44 (quarenta e quatro) semanais, facultada a compensação de horários e a redução da jornada, mediante acordo ou convenção coletiva de trabalho" (inciso XIII); (vi) "repouso semanal remunerado, preferencialmente aos domingos" (inciso XV); (vii) "remuneração do serviço extraordinário superior, no mínimo, em 50% à do normal" (inciso XVI); (viii) "gozo de férias anuais remuneradas com, pelo menos, um terço a mais do que o salário normal" (inciso XVII); (ix) "licença à gestante, sem prejuízo do emprego e do salário, com a duração de 120 (cento e vinte) dias (inciso XVIII); (x) "licença-paternidade, nos termos fixados em lei" (inciso XIX); (xi) "proteção do mercado de trabalho da mulher, mediante incentivos específicos, nos termos da lei" (inciso XX); (xii) "redução dos riscos inerentes ao trabalho, por meio de normas de saúde, higiene e segurança" (inciso XXII); (xiii) "proibição de diferença de salários, de exercício de funções e de critério de admissão por motivo de sexo, idade, cor ou estado civil" (inciso XXX).

Conforme se confere, a Constituição da República não estendeu aos servidores ocupantes de cargos públicos os direitos sociais previstos no art. 7º, XI, da Constituição da República; e nem poderia fazê-lo, como adiante se verá.

Com efeito, pela diversidade dos regimes jurídicos que regem as relações celetistas e estatutárias, como demonstrado nos aspectos introdutórios deste estudo, verificam-se direitos sociais preconizados pelo art. 7º que não podem ser estendidos aos servidores titulares de cargos públicos, pela incompatibilidade desses direitos com o regime a que estão submetidos tais servidores.

Sirva de exemplo: o direito ao reconhecimento das convenções e acordos coletivos de trabalho, preconizado pelo art. 7º, XXVI, da CF, que não pode alcançar a relação estatutária.

Com efeito, tratando-se a relação estatutária de relação jurídica decorrente da lei, e encontrando-se a Administração obrigada a obedecer ao comando legal na busca da realização do interesse público, voltada para a concretização da finalidade legal, não pode ser obrigada a reconhecer direito oriundo de acordos coletivos de trabalho, de índole contratual.

Entretanto, ainda que assim não fosse, evidenciar-se-ia a impossibilidade de extensão de outros direitos, previstos pelo art. 7º da CF, que não aqueles elencados pelo § 3º do seu art. 39 como aplicáveis aos servidores públicos ocupantes de cargos públicos.

Efetivamente, se o dispositivo em questão selecionou determinados direitos arrolados pelo art. 7º, para afirmá-los aplicáveis aos servidores ocupantes de cargos públicos, implicitamente afirmou a não-extensão a tais servidores dos demais direitos preconizados pelo art. 7º não relacionados pelo § 3º do art. 39 da mesma Carta Constitucional.

Entender-se o contrário implicaria negar a regra do § 3º do art. 39, que discriminou os direitos sociais pertinentes aos trabalhadores em geral e aplicáveis aos servidores públicos titulares de cargos públicos.

Além disso, há que se ter presente que as regras pertinentes a um regime, quando extensíveis ao outro, hão de ser compreendidas como exceção, devendo, em razão disso, ser interpretadas de maneira restrita.

Nesse sentido, averba Carlos Maximiliano:

"O Código Civil explicitamente consolidou o preceito clássico – *Excepitiones sunt strictissimae interpretationis* ("Interpretam-se as exceções estritissimamente") – no art. 6º da antiga Introdução, assim concebido: 'A lei que abre exceção às regras gerais, ou restringe direitos, só abrange os casos que especifica'.

"O princípio entronca nos institutos jurídicos de Roma, que proibiam estender disposições excepcionais, e assim denominavam-se as do Direito *exorbitante*, anormal ou *anômalo*, isto é preceitos estabelecidos *contra a razão de Direito*; limitava-lhes o alcance, por serem um mal, embora mal necessário" (*Hermenêutica e Aplicação do Direito*, 16ª ed., Rio de Janeiro, Forense, 1997, p. 225).

Destarte, tratando-se de extensão de direitos pertinentes ao regime celetista, contratual, absolutamente diverso do regime estatutário, de direito público, aplicável aos servidores titulares de cargos públicos, conforme a própria Constituição da República, que nitidamente distingue os dois regimes, há que se entender que tal extensão de direitos na espécie é restritiva, respeitante tão-somente ao *numerus clausus* dos direitos elencados pelo art. 39, § 3º.

Assim, já por esse primeiro enfoque não se pode aceitar, pela via de interpretação extensiva, a aplicabilidade ao regime dos servidores titulares de cargos públicos das regras preconizadas pelo inciso XI do art. 7º da CF.

O art. 7º, XI, da CF assegura aos trabalhadores urbanos e rurais a participação nos lucros ou resultados da empresa, sendo tal participação desvinculada da remuneração, além de, em caráter de excepcionalidade, assegurar aos trabalhadores a participação na gestão da empresa, conforme for definido em lei.

Sérgio Pinto Martins, em alentado estudo sobre o tema, define a *participação nos lucros da empresa*, nos seguintes termos:

"Participação nos lucros é o pagamento feito pelo empregador ao empregado, em decorrência do contrato de trabalho, proveniente da lei ou da vontade das partes, referente à distribuição do resultado positivo obtido pela empresa, o qual o obreiro ajudou a conseguir. Tal pagamento pode ser decorrente de lei, de norma coletiva, de regulamento da empresa ou do próprio contrato de trabalho.

"Há que ser enfatizado no referido conceito que a participação nos lucros, como já afirmado, é o pagamento feito pelo empregador ao empregado em decorrência do contrato de trabalho. Logo, vem a ser um direito do empregado, que inclusive está especificado na Constituição. Um pagamento feito a título de repartição nos lucros que não seja decorrente do contrato de trabalho poderá confundir-se com o pagamento feito aos sócios de uma sociedade pelo resultado positivo obtido pela empresa no final do exercício. O lucro, porém, a ser distribuído é o resultado positivo, não o negativo, pois por definição o empregador é aquele que assume os riscos de sua atividade econômica (art. 2º da CLT), que não pode ser transferida ao operário" (*Participação dos Empregados nos Lucros das Empresas*, 2ª ed., São Paulo, Atlas, 2000, pp. 49-50).

De outra parte, o autor, após trazer à baila o conceito de "lucro" sob o aspecto sociológico, discorre sobre esse conceito à luz da teoria econômica, afirmando:

"Lucro, para a teoria econômica, é considerado o resíduo da divisão da atividade produtiva, depois de todos os pagamentos dos fatores de produção: capital (interesses), terra (aluguel), trabalho (salário) (Harold A. Sloan e Arnol J. Zucher 1953:256).

"A idéia de lucro diz respeito, portanto, ao resultado da atividade econômica da empresa abstraídas as despesas do empreendimento. Verificação que o conceito de lucro é de natureza econômica, decorrente de atividade econômica da empresa de produzir bens e serviços para o mercado. Havendo sobras do exercício da atividade econômica por parte da empresa é que se poderá falar em lucros" (*Participação dos Empregados nos Lucros das Empresas*, 2ª ed., p. 73).

Ao cotejo dos conceitos de "participação nos lucros, ou resultados", prevista no art. 7º, XI, da CF, e uma suposta "participação nos resultados da administração tributária", desde logo se evidencia uma patente diferença, pois, enquanto a primeira previsão descreve a distribuição do resultado positivo da atividade econômica, após a efetivação de todos os pagamentos dos custos da produção, a participação nos resultados da arrecadação tributária alcançaria a arrecadação bruta dos tributos, sem se considerar despesa alguma da Administração.

A Constituição do Estado de São Paulo cuida de disciplinar suas receitas tributárias, como se verifica de seus arts. 159 e 160:

"Art. 159. A receita pública será constituída por tributos, preços e outros ingressos.

"Parágrafo único. Os preços públicos serão fixados pelo Executivo, observadas as normas gerais de direito financeiro e as leis atinentes à espécie.

"Art. 160. Compete ao Estado instituir: I – os impostos previstos nesta Constituição e outros que venham a ser de sua competência; II – taxas em razão do exercício do poder de polícia, ou pela utilização, efetiva ou potencial, de serviços públicos de sua atribuição, específicos e divisíveis, prestados ao contribuinte, ou postos à sua disposição; III – contribuição de melhoria, decorrente de obras públicas; IV – contribuição, cobrada de seus servidores, para o custeio, em benefício destes, do regime previdenciário e de assistência social, na forma do art. 149, § 1º, da Constituição Federal."

Por outro lado, a Carta Estadual prevê a unificação dos serviços de fiscalização e arrecadação de tributos, como se confere de seu art. 162: "Art. 162. O Estado coordenará e unificará serviços de fiscalização e arrecadação de tributos, bem como poderá delegar à União, a outros Estados e Municípios, e deles receber encargos de administração tributária".

Portanto, nenhuma semelhança existe nessa participação e na participação no lucro das empresas no que respeita ao aspecto dos "resultados" de uma e de outra hipótese, porque, enquanto na primeira a participação se dá sobre o resultado positivo líquido, depois da dedução dos custos, na hipótese suposta a participação seria sobre a arrecadação bruta de tributos, pura e simplesmente.

4. O lucro e atividade pública

De outra parte, ainda que se queira sustentar o contrário, é patente que na atividade pública inexiste a figura do lucro, de sorte que jamais se poderiam aproximar, por esse aspecto, as duas figuras, a da Constituição e a da hipótese formulada, não se prestando a isso nem mesmo a figura do *superávit*.

Nesse sentido, o sempre lembrado Geraldo Ataliba e J. A. Lima Gonçalves, em artigo publicado na *RTDP* 6/277-279 (São Paulo, Malheiros Editores, 1994), escreveram:

"O excedente contábil ocorrido no desempenho de atividade pública não se confunde com o excedente contábil alcançado no desempenho de atividade econômica capitalista, desenvolvida, via de regra, pelos privados e, excepcionalmente, por entidades estatais, àquelas ligadas, *ex vi* do art. 173 da Constituição.

"O primeiro, que o Direito denomina *superávit*, decorre da vontade legal, é concebido no plano normativo e tem caráter instrumental, não é, portanto, fim de atividade de prestação de serviço (ou produção de utilidade pública). A atividade de prestação de serviço público é o próprio fim da pessoa que o titula, tudo conforme concebido no plano normativo. O *superávit* é *instrumento* em relação à atividade, que é fim.

"O excedente contábil denominado 'lucro' decorre de vontade dos próprios agentes econômicos, que o perseguem e realizam no plano fenomênico (do ser). O *lucro* é o *fim* em relação à atividade, que é instrumento.

"(...).

"Não serve – pois para tanto é inútil – o critério *superávit* para avaliar o grau de desempenho da atividade pública, que não o busca, não o tem como parâmetro, que é a ele (enquanto resultado) indiferente. Mais que isso: o *superávit*, na atividade pública, não pode ser finalidade (o Estado, se quiser receitas, é obrigado a recorrer aos tributos, como sublinhou enfaticamente Seabra Fagundes, in *RDP* 98/ 174).

"Na órbita privada, o sucesso do empreendimento é medido pelo lucro. E é esta a razão de ser da atribuição, no plano normativo, de competências tributárias impositivas, com base nesse critério. É que tal sucesso, do empreendimento privado, medido pelo lucro, manifesta capacidade contributiva, traduz aptidão para concorrer para os gastos públicos (art. 145, § 1º, da CF)."

Nessa linha de pensamento as ponderações de Eros Roberto Grau ao tratar do tema "Sociedades de economia mista, empresas públicas, fundações e autarquias prestadoras de serviços públicos: o tema do lucro", *RTDP* 6/275 (São Paulo, Malheiros Editores, 1994), quando refere: "(...) do exame do art. 175 da Constituição de 1988 apura-se que a concessão, tal qual a permissão, na medida em que assegurado ao concessionário o equilíbrio econômico-financeiro da relação – o que deflui do inciso III do seu parágrafo único –, é exercida, pelas pessoas privadas concessionárias, tendo em vista a realização de *lucro*; já as empresas estatais, por outro lado, não visam, no exercício da atividade de prestação de serviços públicos, à obtenção de *lucros*, mas sim à satisfação do *interesse público*; são situações jurídicas inteiramente distintas, pois, a do concessionário de serviço público e a da empresa estatal que tenha por objeto a sua prestação; estas são *delegadas do Estado*, criadas no bojo do movimento de descentralização administrativa, para fim específico; é o próprio Estado, então, quem, através de uma extensão, dotada de personalidade jurídica privada, presta os serviços".

Nesse diapasão, Carlos Ari Sundfeld, em palestra sobre o tema "Entidades administrativas e noção de lucro", também publicada pela *RTDP* 6/267-268, anota:

"Logo, não se categorizam juridicamente como lucro os saldos de balanço de pessoas públicas (União, Estados, Distrito Federal e Municípios, suas autarquias e fundações públicas), fundações governamentais privadas e empresas públicas exercentes de atividade administrativa típica.

"(...).

"b) Entidades administrativas (aí incluídas as empresas estatais com participação privada simbólica, que não são sociedades de economia mista, mas autênticas, perfeitas e complexas empresas públicas) não têm, nem podem ter, lucro. Podem, isto sim, gerar saldos financeiros positivos, meros *superávits*, que nenhuma semelhança jurídica apresentam com aquilo que se chama *lucro*."

Ricardo Marcondes Martins, na obra *Efeitos dos Vícios do Ato Administrativo* (São Paulo, Malheiros Editores, 2008), no Capítulo II, em nota de rodapé (pp. 44-45, nota 21), em posição ainda mais enfática, sustenta:

"Por isso afirma-se, com convicção: nenhuma atividade estatal pode visar ao lucro, eventual sobra de caixa será juridicamente *superávit*. Sobre o tema, interessante a conclusão de um seminário produzido pelo IDEPE, em setembro/1993, em São Paulo, sob a coordenação de Adilson Abreu Dallari, em que participaram Aires Barreto, Carlos Ari Sundfeld, Eros Grau, Geraldo Ataliba e J. Artur Lima Gonçalves, resultando na edição da seguinte *súmula doutrinária*: 'Empresas estatais delegadas de serviço público não têm lucro. O conceito contábil adequado é 'superávit' – Diferença de regime, relativamente a empresas privadas – O conceito básico de serviço público determina a essência do regime jurídico de cada entidade – Contribuição sobre 'lucro' é inexigível onde lucro não exista' (*RTDP* 6/258, São Paulo, Malheiros Editores, 1994).

"Carlos Ari Sundfeld fez ressalva importante: quando se tratar de concessionário ou permissionário de serviço público ou de sociedade de economia mista, pode-se, sim, falar em lucro "Entidades administrativas e noção de lucro", *RTDP* 6/258). Haveria, nesses casos, possibilidade de prestação de serviço público e obtenção de lucro. Apesar de acolhida pela unanimidade dos doutrinadores, essa ressalva não pode ser aqui adotada, pelos seguintes motivos: a prestação serviço público sempre terá por fim o interesse público. Pode-se dizer que o *servidor público*, quando exerce sua função, visa à obtenção da remuneração; nem por isso se conclui que o exercício da função pública tem por fim o interesse particular do servidor. Da mesma forma ocorre na prestação de serviços públicos por concessionários e permissionários: eles visam à contraprestação prevista no contrato; nem por isso a obtenção da contraprestação é o fim da atividade. Daí porque eventual ganho de caixa (superávit), excedente dos custos do serviço e da contraprestação prevista no contrato, não fica necessariamente com o particular: a Administração pode criar novos encargos ou simplesmente ficar com o superávit; ela deve tão-somente respeitar o equilíbrio econômico-financeiro do contrato, e este será respeitado se a contraprestação prevista for efetuada. *Retirando a ressalva, por contradizer as próprias premissas*, a doutrina de Carlos Ari Sundfeld é irretocável: 'Daí ser correto afirmar que, embora atividade lucrativa seja a geradora de um resultado positivo, nem toda operação conduzente a resultado positivo gera lucro. Só produzem lucro atividades econômicas' (idem, p. 263). E, mais adiante: 'As atividades administrativas (aí incluídas a prestação de serviços públicos e sociais, a administração ordenadora etc.), titularizadas pelo Estado, opõem-se radicalmente às atividades econômicas, pertencentes aos particulares. Essa oposição é jurídica, porquanto determinante de dois conjuntos normativos distintos: o direito público e o direito privado. O fim da outorga, ao Estado, do desempenho de atividades administrativas é o interesse público, em suas variadas espécies. A Administração não titulariza o serviço público para dele extrair renda, mas por existência do serviço, com seu proveito para a coletividade, ser necessária. Logo, a prestação do serviço público é um fim em si' (idem, p. 265). A não-obtenção de lucro é uma característica de todo serviço público, ainda que se trate de serviço outorgado aos particulares. O tema será retomado adiante (Capítulo IV-rodapé 13), mas adianta-se: a exploração de atividade econômica, quando efetuada pelo Estado, também não tem por finalidade a obtenção de lucro."

Por outro lado, o autor, no Capítulo IV dessa obra, na nota de rodapé 13 (pp. 113-114), afirma: "Daí o evidente equívoco científico quando se afirma que no exercício da exploração de atividade econômica pelo Estado o excedente contábil não é *superávit* e sim *lucro*. *Lucro* 'é o saldo contábil positivo ocorrido no mundo fenomênico; resultado de comportamentos voluntários', decorrente de 'vontade dos próprios agentes econômicos, que o perseguem'; 'é o fim em relação à atividade, que é instrumento' (Geraldo Ataliba e José Artur Lima Gonçalves, "Excedente contábil – Sua significação nas atividades pública e privada", *RTDP* 6/277). Incide em evidente contradição afirmar que quando o Estado presta serviço público há superávit, mas quando o Estado explora atividade econômica há lucro. Em ambas as hipóteses é absolutamente equivocado falar-se em lucro; o excedente contábil tem natureza jurídica de *superávit*. Primeiro porque jamais será o fim dessas atividades. O fim delas, por expressa disposição constitucional, é o relevante interesse coletivo ou a segurança nacional. Segundo, o Estado as presta por dever de cumprimento dos princípios constitucionais, não por ato de vontade. Esse equívoco é pacificamente cometido pela doutrina e gera distorções perigosas: ao prestar atividade econômica o Estado se vale do direito privado apenas como um meio de resguardar a atuação dos particulares, não se torna um particular, não pode perseguir lucro e atuar em prol de interesses alheios ao interesse público. Brilhantes as palavras de Oswaldo Aranha Bandeira de Mello: 'As normas de direito público, embora possam ter por objeto matéria patrimonial, são alheias aos intuitos especulativos, às preocupações de lucro. Regulam, então, questões pecuniárias, como meio para atingir imediatamente o interesse geral, o bem comum' (*Princípios Gerais de Direito Administrativo*, 3ª ed., vol. I, § 3.2, p. 42). Oportuna também a advertência de Celso Antônio Bandeira de Mello: 'É preciso, então, estar acautelado para os casos em que há apenas aparência de fim lucrativo e conseqüente risco de errônea avaliação dos propósitos da pessoa, com danosas conseqüências sobre o diagnóstico que se fará de sua natureza' (*Natureza e Regime Jurídico das Autarquias*, p. 326). O Estado explora atividade econômica – insiste-se – apenas para tutelar o interesse coletivo ou a segurança nacional: vale-se de normas próprias do direito privado, mas rege-se pelo direito público".

Vê-se, pois, que não há qualquer aproximação possível entre a figura do *lucro*, das empresas privadas, cuja distribuição aos empregados é preconizada pelo art. 7º, XI, da CF, com os resultados da arrecadação tributária.

5. A extensão aos servidores públicos da participação nos lucros por simetria

Não se pode, de outra parte, para a extensão do direito social preconizado pelo art. 7º, XI, da Constituição da República, invocar-se a *simetria* como meio de amparar tal extensão.

Com efeito, o chamado *princípio da simetria*, conforme a doutrina e a jurisprudência, informa, basicamente, limitações implícitas à organização do Poder Legislativo das pessoas políticas, Estados Federados e Municípios, no sentido de lhes impor obediência às disposições da disciplina da organização do Poder Legislativo da União.

Nesse sentido, leciona Ricardo Marcondes Martins: "Há na Constituição da República o *princípio* implícito do *paralelismo entre a organização estadual e municipal e a organização federal*, também chamado de *princípio da simetria*. Por força desse princípio, a disciplina da organização do Poder Legislativo da União – respeitadas as normas expressas do texto constitucional – aplica-se ao Legislativo Estadual e ao Municipal. Desse princípio decorre uma extensa série de limitações *implícitas* ao poder constituinte *decorrente*. Conseqüência disso, sempre que houver referência ao Congresso Nacional – ressalvada expressa referência em contrário –, a assertiva aplica-se à Assembléia Legislativa e à Câmara dos Vereadores. O *signo* 'Parlamento' é utilizado nesta exposição para abranger – observadas as respectivas competências – os quatro órgãos: o Congresso Nacional, a Assembléia Legislativa, a Câmara dos Vereadores e a Câmara Legislativa" (*Efeitos dos Vícios do Ato Administrativo*, Capítulo VIII, nota de rodapé 130, p. 372).

Também Gilmar Ferreira Mendes, Inocêncio Mártires Coelho e Paulo Gustavo Gonet Branco, em seu *Curso de Direito Constitucional* (2ª ed., São Paulo, Saraiva, 2008, p. 814), versam sobre esse princípio, nos seguintes termos:

"A exuberância de casos em que o princípio da separação de Poderes cerceia toda criatividade do constituinte estadual levou a que se falasse num *princípio da simetria*, para designar a obrigação do constituinte estadual de seguir fielmente as opções de organização e de relacionamento entre os Poderes acolhidas pelo constituinte federal.

"Esse *princípio da simetria*, contudo, não deve ser compreendido como absoluto. Nem todas as normas que regem o Poder Legislativo da União são de absorção necessária pelos Estados. As normas de observância obrigatória pelos Estados são as que refletem o inter-relacionamento entre os Poderes. Assim, uma vez que a regra dizia penas com a economia interna do Legislativo Estadual, o STF julgou válida a norma da Constituição de Rondônia que permitia a reeleição da Mesa Diretora da Assembléia Legislativa.

"Há, ainda, casos em que o preceito federal não constitui modelo para o Estado, não podendo para ele ser transposto.

"O STF já afirmou que a norma da Constituição Federal que torna o Presidente da República imune à prisão cautelar por crime que não guarde conexão com as suas atividades funcionais, ou que impede o curso da ação penal nesses casos, não pode ser adotada nos Estados para estender aos governadores semelhantes privilégios.

Assim se decidiu porque 'a imunidade do chefe do Estado à persecução penal deriva de cláusula constitucional exorbitante do direito comum e, por traduzir conseqüência derrogatória do postulado republicano, só pode ser outorgada pela própria Constituição Federal'. Léo Leoncy resume a questão a uma inconstitucionalidade por 'extensão de regime restrito a determinadas hipóteses de incidência'.

"Vale o registro de que tampouco os Estados-membros podem repetir a Constituição Federal no ponto em que esta previu a revisão constitucional, em turno único e por maioria absoluta."

Manoel Gonçalves Ferreira Filho, em sua obra *Aspectos do Direito Constitucional Contemporâneo* (São Paulo, Saraiva, 2003, pp. 183-184), critica a excessiva simetria existente no federalismo brasileiro, ante a notória assimetria do desenvolvimento das diversas regiões do país:

"O exame do Direito vigente demonstra que, no federalismo brasileiro, a preocupação com a igualdade entre os Estados-membros redunda numa rigorosa simetria quanto à competências e modelo organizacional. Esta existe ainda na composição do Senado Federal, conquanto não na da Câmara dos Deputados.

"Entretanto, como é fato notório a assimetria de desenvolvimento entre diversas regiões do país, leva ele em conta esse elemento, introduzindo, no sistema tributário, a redistribuição de recursos, para favorecer os menos desenvolvidos. Isso também se reflete na admissibilidade de tratamento diferenciado entre as regiões administrativas, sobretudo quanto a incentivos para seu desenvolvimento econômico.

"Esse tratamento assimétrico, porém, resulta numa centralização exacerbada, na medida em que coloca na mãos da União não só a redistribuição de recursos, mas o comando do próprio desenvolvimento regional.

"Disto, e das próprias linhas impostas à organização dos Estados, decorre, na realidade, um falseamento do federalismo."

O STF reiteradamente tem aplicado esse princípio, como se pode conferir do v. acórdão prolatado na ADI/MC 822-RS (rel. Min. Sepúlveda Pertence), posteriormente confirmada no julgamento da ação: "Processo legislativo – Tendência da jurisprudência do STF no sentido de observância compulsória pelos Estados-membros das linhas básicas do modelo federal do processo legislativo, em particular as que dizem com as hipóteses de iniciativa reservada e com os limites do poder de emenda parlamentar – Conseqüente deferimento de medida cautelar suspensiva de vigência de dispositivos legais estaduais oriundos de emendas parlamentares a projeto do Executivo que implicaram aumento da despesa proposta, na linha de precedentes (ADI ns. 766 e 774)".

Destarte, evidencia-se que a extensão do direito social preconizado pelo art. 7º, XI, da CF aos servidores públicos, no que respeita ao significado técnico-jurídico, acolhido pela doutrina e pela jurisprudência, do *princípio da simetria*, é absolutamente incabível.

A palavra "simetria", do Grego *symmetría*, significando "justa proporção", é definida pelo *Dicionário Aurélio*, em seu primeiro significado, como: "Correspondência, em grandeza, forma e posição relativa, de partes situadas em lados opostos de uma linha ou plano médio, ou, ainda, que se acham distribuídas em volta de um centro ou eixo".

Significa, isso, que o termo "simetria" envolve a compreensão de uma proporcionalidade entre partes situadas em lados opostos, ou mesmo distribuídas em torno de um eixo, quanto a grandeza, forma e posição.

Ou seja, em seu sentido laico o termo "simetria" indica a existência de situações que se assemelham, embora alocadas em lados distintos – o que está a sugerir que a suposição em questão somente pode buscar seu fundamento na analogia, e não no princípio da simetria, vez que a analogia no plano jurídico significa a "operação lógica mediante a qual se suprem as omissões da lei, aplicando à apreciação de uma dada relação jurídica as normas de direito objetivo disciplinadoras de casos semelhantes".

6. A analogia na vertente hipótese

Supõe-se certamente a existência de situações semelhantes, a ensejar a colmatação de afirmada lacuna por integração analógica.

A douta Maria Helena Diniz afirma a existência de dois mecanismos pelos quais se completa um ordenamento: a auto-integração e a hetero-integração; o primeiro que se socorre da fonte dominante no Direito: a lei; e o segundo pelo qual se completa a ordem jurídica pela via de fontes diversas da lei, tais como o costume, a eqüidade.

A analogia, como processo de auto-integração, ensina a autora:

"Consiste em aplicar, a um caso concreto não regulado de modo direto ou específico por uma norma jurídica, uma prescrição normativa prevista para uma hipótese distinta, mas semelhante ao caso não-contemplado, fundando-se no motivo da norma e não na identidade do fato.

"Na seara do Direito, o analogista realiza sua função ao aplicar norma já estabelecida para um dado caso a um outro não contemplado, porém semelhante ao primeiro.

"O processo analógico consiste em aplicar uma disposição legal a um caso não qualificado normativamente, mas que possui algo semelhante com o fato-tipo por ela previsto. Porém, para que tal se dê, deve-se considerar como relevante alguma propriedade que seja comum a ambos. Ou, melhor, ter-se-á aplicação analógica 'na medida em que os supostos fáticos em questão sejam diferentes, para cada característica do suposto fático regulado na lei se reconheça uma característica significativamente correspondente da parte do suposto não regulado', baseando-se, portanto, sempre na 'possibilidade de se estabelecerem relações entre seres substancialmente distintos, mas que têm algo em comum. A semelhança é das relações (a relação entre *A* e *B* é semelhante à relação entre *não-A* e *não-B*: no primeiro caso se inclui, por exemplo, a analogia entre pais e tutores; e no segundo a analogia entre validade dos contratos civis e a dos atos administrativos...)'" (Maria Helena Diniz, *As Lacunas no Direito*, 7ª ed., São Paulo, Saraiva, 2002, pp. 138-143).

No mesmo diapasão preleciona Karl Larenz: "Entendemos por analogia a transposição de uma regra, dada na lei para a hipótese legal *A*, ou para várias hipóteses semelhantes, numa outra hipótese *B*, não regulada na lei, 'semelhante' àquela. A transposição funda-se em que, devido à sua semelhança, ambas as hipóteses legais hão de ser *identicamente valoradas* nos aspectos decisivos para a valoração legal; quer dizer, funda-se na exigência da justiça de tratar igualmente aquilo que é igual. A integração da lacuna da lei por via de um recurso a um princípio ínsito na lei funda-se em que a situação de facto não regulada expressamente na lei é aquela a que o princípio (igualmente) se refere, sem que aqui intervenha um princípio contrário" (*Metodologia da Ciência do Direito*, 3ª ed., tradução de José Lamego, Lisboa, Fundação Calouste Gulbenkian, 1997, pp. 540-541).

Entretanto, nem mesmo a analogia resolveria a questão. E isso porque, em primeiro lugar, na espécie inexiste lacuna, vez que, como acima sublinhado, a previsão do art. 39, § 3º, da CF, ao mesmo tempo que explicita a regra da aplicabilidade aos servidores públicos titulares de cargos públicos de alguns dos direitos sociais arrolados pelo art. 7º da Carta, elencando expressamente os incisos em que se deve verificar tal aplicabilidade, afirma implicitamente a inaplicabilidade dos demais direitos sociais, que exclui do rol declinado.

Em segundo lugar, ainda que houvesse lacuna, caberia acentuar, conforme supraexposto, que as relações jurídicas na espécie, existentes entre empresa privada/trabalhador e entre Poder Público/servidor titular de cargo público, são substancialmente diferentes, pela evidência de regimes jurídicos inconfundíveis que apartam tais relações.

Dessa forma, são distintos não apenas os pressupostos fáticos preconizados na regra jurídica de incidência e não-incidência, mas também as relações jurídicas das hipóteses arroladas para confronto.

Finalmente, são descoincidentes os princípios aplicáveis nas hipóteses cotejadas, bastando referir os conceitos de lucro da atividade econômica em cotejo com a arrecadação tributária para que se evidencie a abissal diferença principiológica a informar as duas situações.

7. Encaminhamento para a conclusão

O direito social estatuído pelo art. 7º, XI, da CF, consistente na participação no lucro das empresas, é "desvinculada da remuneração".

A razão de o constituinte ter preconizado tal participação desvinculada da remuneração do empregado, não obstante a irrelevância jurídica da mesma sob o aspecto de sua interpretação, foi evitar a sobrecarga de encargos que o ordenamento estabelece sobre o salário. Nesse sentido, Sérgio Pinto Martins refere:

"O objetivo foi realmente possibilitar que o empregador concedesse a participação nos lucros a seus empregados mas, em contrapartida, não tivesse nenhum encargo a mais com tal ato. O empregador não tinha interesse em conceder um benefício gratuitamente e ainda suportar os encargos sociais sobre tal valor. Foi uma forma de estimular o empregador a conceder a participação nos lucros, pois, se utilizássemos a orientação do antigo Enunciado 251 do TST – que considerava de natureza salarial a referida participação –, o empregador não a iria conceder, porque haveria de pagar outros encargos sobre ela, como FGTS, contribuição previdenciária etc. Assim, o constituinte entendeu por bem continuar a conferir a participação nos lucros aos empregados, porém desvinculada da remuneração. É a interpretação teleológica da norma e também histórica dos debates constituintes, pois a viabilidade da participação nos lucros dependeria de sua desvinculação da remuneração.

"(...).

"Trata-se, assim, a participação nos lucros de uma nova forma de pagamento ao empregado, justamente por estar desvinculada da remuneração e, portanto, do salário" (*Participação dos Empregados nos Lucros das Empresas*, 2ª ed., p. 85).

José Afonso da Silva vislumbra nessa desvinculação a conseqüência do reconhecimento de que o trabalhador configura um elemento exterior à empresa, configurando força de trabalho adquirida, mediante o pagamento de salário: "O art. 7º, XI, manteve o direito de participação nos lucros das empresas, que vem da Constituição de 1946 mas não foi aplicado, por falta de lei que o regulamentasse. O enunciado da norma agora é um pouco diferente; mas, quanto à eficácia e aplicabilidade, continua a depender de lei. Diz que é direito dos trabalhadores a 'participação nos lucros, ou resultados, desvinculada da remuneração, e, excepcionalmente, participação na gestão da empresa, conforme definido em lei'. O texto reconhece, assim, que os trabalhadores são elementos exteriores à empresa, como mera força de trabalho adquirida por salário" (*Comentário Contextual à Constituição*, 5ª ed., São Paulo, Malheiros Editores, 2008, p. 192).

Cabe aduzir que o estabelecimento de vantagem com natureza vinculada ao incremento da arrecadação indiscriminada de tributos e *ipso facto* vinculada à arrecadação de impostos revela-se manifestamente inconstitucional, pela vulneração dos arts. 37, XIII, e 167, IV, da CF.

Com efeito, estabelece o art. 37, inciso XIII, da CF: "é vedada a vinculação ou equiparação de quaisquer espécies remuneratórias para o efeito de remuneração de pessoal do serviço público".

Por seu turno, fixa o art. 167, IV, da CF: "Art. 167. São vedados: (...) IV – a vinculação de receita de impostos a órgão, fundo ou despesa, ressalvadas a repartição do produto da arrecadação dos impostos a que se referem os arts. 158 e 159, a destinação de recursos para as ações e serviços públicos de saúde, para manutenção e desenvolvimento do ensino e para realização de atividades da administração tributária, como determinado, respectivamente, pelos arts. 198, § 2º, 212 e 37, XXII, e a prestação de garantias às operações de crédito por antecipação de receita, previstas no art. 165, § 8º, bem como o disposto no § 4º deste artigo; (...)".

O primeiro dos preceitos supra estabelece a vedação de vinculação ou equiparação de quaisquer espécies remuneratórias para remuneração do pessoal do serviço público, enquanto o segundo veda, expressamente, vinculação de despesa à receita de impostos.

O STF, no exame de hipótese em que se preconizava o reajuste de servidores de Estado-membro vinculado ao incremento da arrecadação do ICMS e a índice de correção monetária, pelo seu Tribunal Pleno, por decisão unânime, decretou a inconstitucionalidade da Lei Complementar 101/1993 do Estado de Santa Catarina, no julgamento do RE 218.874-6-SC (rel. Min. Eros Grau), de onde se colhe a seguinte ementa:

"Recurso extraordinário – Lei Complementar n. 101/1993 do Estado de Santa Catarina – Reajuste automático de vencimentos vinculado à arrecadação do ICMS e a índice de correção monetária – Inconstitucionalidade.

"Lei Complementar n. 101/1993 do Estado de Santa Catarina – Reajuste automático de vencimentos de servidores do Estado-membro vinculado ao incremento da arrecadação do ICMS e a índice de correção monetária – Ofensa ao disposto nos arts. 37, XIII, 96, II, 'b'", e 167, IV, da Constituição do Brasil.

"Recurso extraordinário conhecido e provido para cassar a segurança, declarando-se, incidentalmente, a inconstitucionalidade da Lei Complementar n. 101/1993 do Estado de Santa Catarina."

Conforme se confere do texto do v. acórdão, datado de 7.11.2007, o Órgão Pleno do STF decretou a inconstitucionalidade do diploma referido na ementa supratranscrita.

O voto do Ministro Relator afirma que a Corte Suprema em diversas oportunidades decretou a inconstitucionalidade de legislação semelhante.

De outra parte, fixa, em seu voto, que:

"A Lei Complementar estadual n. 101/1993 dispõe em seu art. 1º que, 'a partir de 1º de novembro de 1993, o vencimento do pessoal do Poder Judiciário do Estado terá seu valor corrigido em índice de 80% (oitenta por cento) do incremento da Receita Corrente Líquida do Estado do mês anterior, repassada ao Poder Judiciário, limitado à variação ocorrida no Índice de Preços ao Consumidor (IPC), ou em índice sucedâneo do mesmo período'. O art. 2º está assim redigido: 'Nos meses de janeiro, abril, julho e outubro, serão concedidos reajustes adicionais limitados em 100% (cem por cento) do incremento da Receita Corrente Líquida verificada no trimestre anterior, descontados os percentuais concedidos na forma do art. 1º'.

"Os preceitos de que se cuida vinculam os reajustes de vencimentos dos servidores do Poder Judiciário Estadual ao incremento da arrecadação do ICMS. O art. 167, IV, da Constituição do Brasil proíbe a vinculação de receita de impostos a órgão, fundo ou despesa. Mas não é só: o preceito veiculado pelo art. 37, XIII, da CF de 1988, na redação que lhe foi conferida pela Emenda Constitucional 19/1998, veda expressamente a "vinculação ou equiparação de quaisquer espécies remuneratórias para o efeito de remuneração de pessoal do serviço público".

8. Conclusão

Concluindo, afirmamos a impossibilidade de estender aos servidores públicos os direitos sociais preconizados pelo art. 7º da Carta da República não especificados no art. 39, § 3º, da CF, e especificamente o direito preconizado pelo art. 7º, XI, sob a forma de participação nos resultados da arrecadação tributária, seja por interpretação simétrica, seja por analogia com a participação no lucro das empresas.

LIMITE CONSTITUCIONAL DE REMUNERAÇÃO (COM AS MODIFICAÇÕES INTRODUZIDAS PELAS EMENDAS CONSTITUCIONAIS NS. 19/1998, 20/1998, 25/2000, 41/2003 E 47/2005)

DINORÁ ADELAIDE MUSETTI GROTTI

Doutora e Mestre pela PUC/SP – Professora de Direito Administrativo da PUC/SP

I – Introdução. II – Fixação de teto de remuneração. III – Limite de remuneração dos procuradores municipais. IV – Teto remuneratório dos servidores públicos e direitos adquiridos. V – Inclusão e exclusão de parcelas do limite constitucional. Observações finais.

I – Introdução

No campo funcional a matéria concernente ao sistema remuneratório revela-se de grande interesse pelos constantes atritos entre o servidor e o Poder Público decorrentes das posições diametralmente opostas em que se colocam "na interpretação das leis pertinentes, pressionado aquele pelas exigências financeiras do seu *status*; interessado este em realizar o máximo de serviço com o mínimo de despesas de custeio, dentre as quais se incluem as de pessoal".[1]

Desde a entrada em vigor da Constituição de 1988 existe a preocupação de estabelecer um teto para a remuneração dos servidores públicos, até agora sem grande sucesso.

Para bem compreender a matéria é fundamental fazer-se uma abordagem evolutiva partindo do texto original da Constituição Federal de 1988, analisando as decisões do Supremo Tribunal Federal, o seu percurso em torno das Emendas Constitucionais que trataram desse tema e sucessivas decisões da E. Corte modificando o seu sentido e produzindo um fenômeno curioso no Direito Brasileiro: uma série de decisões de mutação e emendas reagindo a mutações produzidas pela interpretação dada pelo STF, gerando a não observância dos limites constitucionais de remuneração impostos pela Lei Maior.

II – Fixação de teto de remuneração

A Constituição de 1988, em sua redação original, não empregava a expressão "teto de remuneração". Mas contemplava um sistema de estabelecimento de limites à retribuição

1. Hely Lopes Meirelles, *Direito Administrativo Brasileiro*, 33ª ed., p. 477.

dos agentes públicos freqüentemente associado à fórmula "teto de remuneração".

A Constituição de 1988 procurou enfrentar o problema das distorções do sistema remuneratório no art. 37, XI, estabelecendo limites máximos de remuneração para cada Poder, a saber: para o Legislativo, os valores percebidos como remuneração, "a qualquer título", pelos membros do Congresso Nacional; para o Executivo, o que percebem os Ministros de Estado; e para o Judiciário, o que percebem os Ministros do STF. Na esfera estadual, os vencimentos dos cargos correspondentes, ou seja, Deputado, Secretário de Estado e Desembargador. Na esfera municipal, serve de teto o valor percebido pelo Prefeito.

A Constituição era enfática. Ela reclamava que se contivessem essas remunerações a qualquer título. E ainda continha uma Disposição Transitória, o art. 17,[2] que estabelecia que aquela aplicação se desse contra situações de direito adquirido; ou seja, não se poderia invocar nada para evitar a incidência do teto.

Nada disso impediu, no entanto, o completo descrédito da norma constitucional referente aos limites gerais de remuneração. Essa regra nunca foi inteiramente aplicada, seja porque a jurisprudência se firmou no sentido de que se excluíam do teto as vantagens pessoais; *verbi gratia*, o adicional por tempo de serviço, sexta-parte etc., objeto de inúmeras decisões judiciais,[3] bem como as vantagens relativas à natureza ou ao local de trabalho e as inerentes ao cargo, seja porque leis ordinárias criavam determinadas vantagens pecuniárias, expressamente excluindo-as do teto.[4]

A expressão "a qualquer título", reportada às remunerações definidas como teto, consoante interpretações doutrinárias e jurisprudenciais, permitiu que esse teto fosse contornado, prevalecendo a orientação de que nele estava abrangida a totalidade da retribuição pertinente ao cargo ocupado pelas autoridades referidas, ainda quando o correspondente pagamento seja feito sob rubricas distintas, como, por exemplo, vencimento-base, mais "adicional de representação", "nível universitário" ou outras fórmulas concebíveis. De outro lado, o teto passou a não compreender o que os ocupantes dos sobreditos cargos percebam como vantagem pessoal, bem como as vantagens relativas à natureza ou ao local de trabalho. Assim também, os servidores (cuja remuneração há de se conter em tal balizamento) não poderão, "a qualquer título", perceber acima do patamar indicado, adotando-se, como é lógico, idêntico critério para caracterizar o que deverá ser entendido como tal.

A propósito, manifestou-se o então Ministério da Administração Federal e Reforma do Estado, que "o sistema da Constituição de 1988 é complexo e comporta brechas que o tornam ineficaz. A exclusão das 'vantagens

2. Art. 17 ADCT: "Os vencimentos, a remuneração, as vantagens e os adicionais, bem como os proventos de aposentadoria que estejam sendo percebidos em desacordo com a Constituição serão imediatamente reduzidos aos limites dela decorrentes, não se admitindo, neste caso, invocação de direito adquirido ou percepção de excesso a qualquer título".

3. Vantagem pessoal é aquela que o servidor perceba em razão de uma circunstância ligada à sua própria situação individual – e não ligada pura e simplesmente ao cargo. Além do adicional por tempo de serviço, podem ser citados como exemplo o adicional pela prestação de serviço extraordinário ou pelo trabalho noturno (o efetuado entre 22h e 5h do dia seguinte) que o servidor desempenhe. Contrapõem-se às vantagens pessoais as denominadas (ainda que inadequadamente) vantagens de carreira. Opostamente às anteriores, sua percepção corresponde a um acréscimo que está associado pura e simplesmente ao cargo ou à função. Qualquer que neles esteja preposto as receberá pelo só fato de exercê-los, sem que, para tanto, tenha que concorrer alguma circunstância ou incidente associável aos particulares eventos da vida funcional do agente ou às invulgares condições de trabalho em que preste sua atividade.

4. Maria Sylvia Zanella Di Pietro, *Direito Administrativo*, 21ª ed., pp. 510-511.

pessoais', deu origem a grandes distorções no sistema de remuneração e formação dos famosos 'marajás'. Nos casos em que são permitidas acumulações de proventos de aposentadoria, com a remuneração de cargo, ou de duas ou mais remunerações de cargos efetivos ou em comissão, o teto é calculado sobre cada retribuição, não sendo os valores somados para fim de abatimento".

A Emenda Constitucional n. 19/1998 "com o intuito de corrigir os vícios da redação original, alterou o art. 37, XI, fixando nova norma sobre o teto, que passaria a ser representado pelo subsídio dos Ministros do Supremo Tribunal Federal, igual para todos os servidores, federais, estaduais e municipais. Ficou excluída a possibilidade de fixação de subteto. No entanto, a norma nunca foi cumprida, em decorrência de decisão administrativa do próprio Supremo Tribunal Federal que, entendendo não ser auto-aplicável o dispositivo, surpreendentemente mandou aplicar o teto anterior, que já havia desaparecido, porque a norma constitucional que o estabelecera já não existia. A dificuldade para aplicação do teto decorria do art. 48, XV, da Constituição, com a redação dada pela Emenda n. 19/1998, que exigia lei de iniciativa conjunta do Presidente da República, do Presidente do Senado, do Presidente do Congresso Nacional e do Presidente do Supremo Tribunal Federal para a fixação dos subsídios de Ministro do Supremo Tribunal Federal".[5]

No nosso entendimento, que difere radicalmente do adotado pelo Supremo Tribunal Federal, a norma inserta no inc. XI do art. 37 da CF, com a redação dada pela EC n. 19/1998, era de eficácia plena e aplicabilidade imediata, não dependendo, relativamente ao teto, de regulamentação, porque dotada de suficiente densidade normativa, independentemente da promulgação da lei a que seu texto alude, à semelhança do que entendera o STF em relação ao art. 37, XI, na redação primitiva da Constituição (STF, Tribunal Pleno, ADI-MC 1.590-SP, rel. Min. Sepúlveda Pertence, j. 19.6.1997, *DJ* 15.8.1997, p. 37.034). Com a promulgação da Emenda converter-se-ia automaticamente em subsídio a soma das parcelas percebidas pelos Ministros do STF para efeito do teto.

O Supremo Tribunal Federal, no entanto, ao ser indagado pelos Presidentes da Câmara dos Deputados e do Senado Federal sobre o maior valor remuneratório dos seus membros, para aplicação do teto constitucional (art. 37, XI),[6] reunido em Sessão Administrativa de 24 de junho, por maioria (7 votos a 4), vencidos os Ministros Sepúlveda Pertence, Carlos Velloso, Marco Aurélio e Ilmar Galvão, deliberou que "não são auto-aplicáveis as normas do art. 37, XI, e 39, § 4º, da Constituição, na redação que lhes deram os arts. 3º e 5º, respectivamente, da Emenda Constitucional n. 19, de 4 de junho de 1998, porque a fixação do subsídio mensal, em espécie, de Ministro do Supremo Tribunal Federal – que servirá de teto –, nos termos do art. 48, XV, da Constituição, na redação do art. 7º da referida Emenda Constitucional n. 19, depende de lei formal, de iniciativa conjunta dos Presidentes da República, da Câmara dos Deputados, do Senado Federal e do Supremo Tribunal Federal. Em decorrência disso, o Tribunal não

5. Maria Sylvia Zanella Di Pietro, *Direito Administrativo*, p. 511.

6. As razões motivadoras da indagação feita pelos Presidentes da Câmara e do Senado Federal eram conhecidas: (a) incerteza quanto ao valor do novo teto, pois discutia-se se o valor era o fixado para a remuneração dos Ministros do Supremo, incluídas todas as vantagens do cargo (R$ 10.800) ou esse valor deveria ser acrescido da gratificação eleitoral percebida, em caráter temporário, por três Ministros do Supremo Tribunal Federal em exercício no Tribunal Superior Eleitoral (totalizando R$ 12.720); (b) incerteza quanto a eficácia do novo valor do teto, tendo em vista as limitações que o novo valor trazia, somando as acumulações constitucionais e os proventos de aposentadoria para fins do abate-teto, bem como a exigência de lei formal conjunta para definição dos subsídios dos Ministros do Supremo Tribunal Federal e a ausência de norma transitória específica sobre a matéria.

teve por auto-aplicável o art. 29 da Emenda Constitucional n. 19/1998, por depender, a aplicabilidade dessa norma, da prévia fixação, por lei, nos termos acima indicados, do subsídio do Ministro do Supremo Tribunal Federal. Por qualificar-se, a definição do subsídio mensal, como matéria expressamente sujeita à reserva constitucional de lei em sentido formal, não assiste competência ao Supremo Tribunal Federal, para, mediante ato declaratório próprio, dispor sobre essa específica matéria".[7]

O Supremo Tribunal Federal, nessa mesma Sessão Administrativa, entendeu que, até que se editasse a lei definidora do subsídio mensal a ser pago a Ministro do Supremo Tribunal Federal, prevaleceriam os três (03) tetos estabelecidos para os Três Poderes da República, no art. 37, XI, da Constituição, na redação anterior à que lhe foi dada pela EC n. 19/1998, vale dizer: no Poder Executivo da União o teto corresponderá à remuneração paga a Ministro de Estado; no Poder Legislativo da União, o teto corresponderá à remuneração paga aos Membros do Congresso Nacional; e, no Poder Judiciário, o teto corresponderá à remuneração paga a Ministro do Supremo Tribunal Federal.

Observe-se que foi uma deliberação tomada numa sessão administrativa. Todavia, na ADI 1.898-DF[8] (j. 21.10.1998) o STF declarou liminarmente inconstitucional ato normativo editado pelo Presidente do STJ que, por entender auto-aplicável o art. 29 da EC n. 19/1998, fixava novos subsídios dos Ministros do STJ e magistrados do TRF e de 1ª Instância da Justiça Federal. O STF assentou o entendimento de que os arts. 37, XI, e 39, § 4º, da CF, com a redação da EC n. 19/1998, não são auto-aplicáveis, porque dependem da fixação do subsídio mensal, em espécie, dos Ministros da Corte.

7. Extrato parcial da Ata da 3ª Sessão Administrativa do Supremo Tribunal Federal, de 24.6.1998.

8. Decisão (em 6.3.2008): "Ação Direta de Inconstitucionalidade. Revogação superveniente de dispositivos questionados. Perda de objeto. Ação prejudicada.

"1. Ação Direta de Inconstitucionalidade, com pedido de medida cautelar, ajuizada pelo Procurador-Geral da República, em 6.10.1998, na qual se questiona a constitucionalidade de Ato Normativo expedido pelo Presidente do Conselho da Justiça Federal em 30.9.1998, cujos termos são os seguintes: '*À vista do parecer de fls. 67-70 e fundamentado no art. 93, inciso V, da Constituição da República, com a redação que lhe foi dada pelo art. 13 da Emenda Constitucional n. 19, de 4.6.1998, e na Lei n. 9.655, de 2.6.1998, defiro*, ad referendum *do Conselho da Justiça Federal, o pagamento, a partir de janeiro/1998, da diferença mensal resultante da tabela anexa ao aludido Parecer, considerado o teto de R$ 10.800,00. A diferença mensal relativa a setembro/1998 será paga em folha suplementar e as dos meses subseqüentes, nas folhas normais respectivas. As diferenças atinentes ao período de janeiro a agosto serão pagas em três parcelas: uma na folha suplementar de setembro, outra com a folha de outubro e a terceira com a folha de novembro/98*' (fl. 9, grifos no original).

"2. O Autor esclarece que, '*acolhendo parecer exarado no Processo n. 98240094*, [o Presidente do Conselho da Justiça Federal] *deferiu sem a devida autorização legislativa, aos Ministros do Superior Tribunal de Justiça, aos Juízes dos Tribunais Regionais Federais e aos Juízes Federais de 1ª Instância* '*o pagamento, a partir de janeiro/98, da diferença mensal resultante da tabela anexa ao aludido Parecer,* ***considerado o teto de R$ 10.800,00***' (fl. 2, grifos no original).

"Explica que esse ato, editado *ad referendum* do Conselho da Justiça Federal, teria caráter normativo, sendo, por isso, passível de controle abstrato de constitucionalidade perante este Supremo Tribunal Federal.

"O Autor ressalta que, conforme estabelece o art. 48, inc. XV, da Constituição da República, competiria ao Congresso Nacional dispor sobre a fixação do subsídio dos Ministros do Supremo Tribunal Federal, por lei de iniciativa conjunta dos Presidentes da República, da Câmara dos Deputados, do Senado Federal e do Supremo Tribunal Federal.

"Alega que essa lei deveria estar '*condicionada à existência de prévia dotação orçamentária e autorização específica na lei de diretrizes orçamentárias*' (fl. 5) sob pena de ofensa ao art. 169 da Constituição da República.

A Emenda Constitucional n. 41/2003 modifica, mais uma vez, o art. 37, XI, e impõe um novo teto, devolvendo ao Congresso Nacional, com a sanção do Presidente da República, a competência para fixar os subsídios dos Ministros do Supremo Tribunal Federal (art. 48, XV).

"Enfatiza que 'os subsídios dos membros dos Tribunais Superiores (...) somente poder[iam] *ser fixados após a edição da lei estabelecendo o subsídio dos Ministros do Supremo Tribunal Federal, tendo em vista o preceituado no art. 93, inciso V, da Constituição Federal*' (fls. 4-5).

"Requer, por isso, a suspensão cautelar do ato normativo impugnado e, no mérito, pede seja julgada procedente a ação.

"3. Em 6.10.1998, o Ministro Octávio Gallotti, então Relator, deferiu, 'ad referendum *da Corte, o pedido de medida cautelar, para suspender os efeitos do ato impugnado, atribuindo, excepcionalmente, a essa decisão e para preservar-lhes a utilidade, eficácia retroativa, em relação aos pagamentos ou depósitos efetuados em favor dos destinatários da resolução em causa*' (fl. 18, grifos no original).

"4. O Presidente do Conselho da Justiça Federal prestou informações (fls. 52-68), formulando requerimento de reconsideração e explicando que o ato impugnado '*teve origem concreta em reivindicação de significativo número de magistrados federais*' (fl. 61).

"Esclareceu que, '*embora sancionada e em vigor desde a Emenda Constitucional n. 19, em 4 de junho de 1998 (art. 7º da Emenda), o retardamento (...) da implantação* [da Lei n. 9.655/1998] *em concreto, agravou a crise que, já de longa data, atingia (e ainda atinge) a magistratura federal*' (fl. 61).

"Salientou também que '*os órgãos técnicos do Conselho da Justiça Federal, quando do estudo da pretensão dos magistrados, concluíram que, para efetuar o pagamento, era necessário considerar-se (e não 'fixar') um valor, tendo como referência o total da remuneração dos Ministros do Supremo Tribunal Federal, fornecido por sua Secretaria como sendo de R$ 10.800,00 (dez mil e oitocentos reais)*' (fl. 63), pelo que não haveria inconstitucionalidade.

"Finalmente, argumentou que o art. 7º da Lei n. 9.655/1998 teria condicionado a sua vigência à data de publicação da Emenda Constitucional n. 19/1998 e '*não a outro diploma legal definindo valor de subsídios*' (fl. 63).

Da leitura desse dispositivo, que estabelece o teto da remuneração, infere-se:

"5. Em 21.10.1998, o Supremo Tribunal Federal referendou a cautelar deferida pelo Ministro Octávio Gallotti, então Relator, para suspender, com eficácia *ex tunc*, a execução do Ato Normativo praticado, em 30.9.1998, pelo Ministro Presidente do Conselho da Justiça Federal nos autos do Processo Administrativo 98240094 (fl. 379).

"6. O Advogado-Geral da União argumentou, preliminarmente, que o Ato Normativo expedido pelo Presidente do Conselho da Justiça Federal não preencheria os requisitos de generalidade e abstração, de modo a viabilizar o controle abstrato de constitucionalidade.

"No mérito, defendeu a constitucionalidade do ato, afirmando que '*não se harmoniza com a finalidade e a auto-aplicabilidade da Lei* [n. 9.655/1998] *concessiva do abono*, (...) *postergar o exercício do direito, pois o subsídio que, porventura, vier a ser fixado não poderá ser inferior aos vencimentos a que os Ministros do STF atualmente fazem jus*' (fl. 280).

"7. O Procurador-Geral da República opinou pela procedência da ação, assentando a inconstitucionalidade formal do ato impugnado por afrontar o art. 48, inc. XV, da Constituição da República.

"Ressaltou, ainda, a inconstitucionalidade material do ato, que teria '*conced*[ido] *o aumento no subsídio dos Ministros do Superior Tribunal de Justiça e dos demais Magistrados da Justiça Federal, sem prévia dotação orçamentária e sem autorização específica na lei de diretrizes orçamentárias*', ofendendo, assim, o que dispõe o art. 169, § 1º, incs. I e II, da Constituição da República (fl. 287).

"8. Em 14.2.2006, a Ministra Ellen Gracie, então Relatora, pediu que o Presidente do Superior Tribunal de Justiça esclarecesse a subsistência jurídica do ato impugnado e determinou a manifestação do Procurador-Geral da República (fl. 383).

"9. O Presidente do Superior Tribunal de Justiça informou, em 22.3.2006, que o ato praticado em 30.9.1998 '*tornou-se insubsistente*', por força da decisão proferida nesta ação e, ainda, na Reclamação 935, e, ainda, que, '*até mesmo antes de serem prolatadas tais sentenças, os Ministros desta Corte procederam voluntariamente à devolução das importâncias recebidas, assim como foi determinada pela presidência a suspensão da implantação da diferença mensal que vinha sendo creditada*' (fl. 390).

"Em 29.3.2006, no exercício da presidência do Conselho da Justiça Federal, o Presidente do

(a) O teto abrange tanto os que continuam sob o regime remuneratório atualmente em vigor como os que passam para o regime de subsídio.

(b) O teto independe do regime jurídico, estatutário ou trabalhista, a que se submete o servidor, pois, abrange os servidores públicos, ocupantes de cargos, funções e empregos públicos.

Superior Tribunal de Justiça reiterou que '*o ato permaneceu sem eficácia, portanto, insubsistente* (...) [e alegou que,] *no tocante ao abono, somente com o advento da Lei n. 10.474/2002 e da Resolução n. 245/2002, do Supremo Tribunal Federal, que regulamentou a forma do cálculo do abono, o pagamento foi efetuado*' (fl. 406).

"10. O Procurador-Geral da República opinou, em 11.4.2006, pela perda de objeto da Ação Direta de Inconstitucionalidade, em razão da insubsistência do ato normativo impugnado.

"Examinados os elementos havidos nos autos, *DECIDO.*

"11. O Ato Normativo expedido pelo Presidente do Conselho da Justiça Federal, em 30.9.1998, tal como ponderado pelo ilustre Procurador-Geral da República '*não mais dispõe de subsistência jurídica, tendo sido suspensa a implantação da diferença mensal a que se referia (...), conforme certidão acostada às fls. 396*' (fl. 399).

"É pacífica a jurisprudência deste Supremo Tribunal Federal quanto à prejudicialidade da ação direta de inconstitucionalidade, por perda superveniente de objeto e de interesse de agir do Autor, quando sobrevém a revogação da norma questionada em sua constitucionalidade.

"12. No julgamento da Questão de Ordem na Ação Direta de Inconstitucionalidade 1.859, Rel. Min. Marco Aurélio, o Plenário deste Tribunal, à unanimidade, entendeu que, '(...) *uma vez revogados os preceitos legais, cumpre concluir pela perda de objeto da ação direta de inconstitucionalidade*' (*DJ* 26.11.1999).

"E ainda:

"'*Ementa*: *Ação Direta de Inconstitucionalidade. Resolução n. 15, de 4 de dezembro de 2006, do Conselho Nacional do Ministério Público. Revogação pela Resolução n. 17, de 2 de abril de 2007, do Conselho Nacional do Ministério Público.* 1. Perda de objeto da presente ação e do interesse de agir do Autor. Precedentes. 2. Ação direta de inconstitucionalidade julgada prejudicada pela perda superveniente de objeto, e cassada, em conseqüência, a liminar deferida' (ADI 3.831-DF, de minha relatoria, Tribunal Pleno, *DJ* 24.8.2007).

"'*Ementa*: *Ação Direta de Inconstitucionalidade. Questão de ordem. Impugnação a medida provisória que se converteu em lei. Lei de conversão posteriormente revogada por outro diploma legislativo. Prejudicialidade da ação direta.* A revogação superveniente do ato estatal impugnado faz instaurar situação de prejudicialidade que provoca a extinção anômala do processo de fiscalização abstrata de constitucionalidade, eis que a ab-rogação do diploma normativo questionado opera, quanto a este, a sua exclusão do sistema de direito positivo, causando, desse modo, a perda ulterior de objeto da própria ação direta, independentemente da ocorrência, ou não, de efeitos residuais concretos. Precedentes' (ADI-QO 1.445-DF, rel. Min. Celso de Mello, Tribunal Pleno, *DJ* 29.4.2005).

"'*Ação Direta de Inconstitucionalidade. Revogação superveniente da lei objeto da ação. Prejudicialidade.* 1. Disposições do Decreto Estadual n. 2.989, de 3 de dezembro de 1990, do Estado de Mato Grosso, cujo diploma veio a ser expressamente revogado pela Lei Estadual n. 6.583, de 13 de dezembro de 1994, (...). 2. Se a norma inquinada de inconstitucionalidade em sede de controle abstrato deixa de integrar o ordenamento jurídico, porque revogada, torna-se insubsistente o interesse de agir, o que implica prejudicialidade por perda do objeto. Pedido julgado prejudicado, ficando cassada a liminar' (ADI 520-MT, rel. Min. Maurício Corrêa, Tribunal Pleno, *DJ* 6.6.1997).

"'*Ação Direta de Inconstitucionalidade. Objeto da ação. Revogação superveniente da lei argüida de inconstitucional. Prejudicialidade da ação. Controvérsia. Objeto da ação direta* prevista no art. 102, I, *a* e 103 da Constituição Federal, e a declaração de inconstitucionalidade de lei ou ato normativo em tese, logo o interesse de agir só existe se a lei estiver em vigor. *Revogação da lei argüida de inconstitucional.* Prejudicialidade da ação por perda do objeto. A revogação ulterior da lei questionada realiza, em si, a função jurídica constitucional reservada a ação direta de expungir do sistema jurídico a norma inquinada de inconstitucionalidade. *Efeitos* concretos da lei revogada, durante sua vigência. Matéria que, por não constituir objeto da ação direta, deve ser remetida as vias ordinárias. A declaração em tese de lei que não mais existe transformaria a ação direta, em instrumento processual de proteção de situações jurídicas pessoais e concretas. Ação

(c) O novo teto proposto é aplicável apenas para a administração direta, autárquica e fundacional, somente incidindo sobre as empresas públicas e sociedades de economia mista, ou suas subsidiárias, quando estas entidades recebem recursos da União, dos Estados, do Distrito Federal ou dos Municípios para pagamento de despesas de pessoal ou de custeio em geral (art. 37, § 9º); conseqüentemente, estarão liberadas do comando do art. 37, XI, as estatais que recebam investimentos, o que configurará a consagração da regra antieconomicidade. "O dispositivo merece críticas na medida em que permite o pagamento de salários muito superiores aos padrões de mercado em entidades administrativas, nas quais, como é sabido, impera freqüentemente o mais deslavado nepotismo e a total falta de controle da respectiva administração direta".[9]

(d) A Constituição, "passou a admitir tetos remuneratórios 'geral' e 'específicos', estes dependendo da respectiva entidade federativa. Assim, estabeleceu, como 'teto geral' para todos os Poderes da União, Estados, Distrito Federal e Municípios, o

direta que, tendo por objeto a Lei 9.048/1989 do Estado do Paraná, revogada no curso da ação, se julga prejudicada' (ADI 709-PR, rel. Min. Paulo Brossard, Tribunal Pleno, *DJ* 24.6.1994).

"Em decisão monocrática, o eminente Ministro Ricardo Lewandowski assim se manifestou no julgamento da Ação Direta de Inconstitucionalidade 946:

"'(...) Se as normas inquinadas de inconstitucionalidade em sede de controle abstrato deixam de integrar o ordenamento jurídico, porque revogadas, torna-se insubsistente o interesse em agir. Nesse sentido, menciono, entre outros, os seguintes precedentes: ADI 520, rel. Min. Maurício Corrêa; ADI-QO 1.952, rel. Min. Moreira Alves; ADI 450, rel. Min. Joaquim Barbosa; ADI 1.652, rel. Min. Ellen Gracie. (...)' (*DJ* 6.11.2006).

"'Ação direta de inconstitucionalidade contra o § 2º, do art. 4º, letra *h*; do inciso V, do art. 22; art. 50 e seu parágrafo único e o anexo I, todos da *[Lei Complementar n.]* 36, de 18.6.1990, do Estado de Rondônia. A medida cautelar foi parcialmente deferida (*DJ* 11.10.1991). Eis o teor das informações que requisitei recentemente, prestadas pelo em. Presidente da Assembléia Legislativa do Estado de Rondônia, (...): 'Ao acusar o recebimento do Ofício 2.919/R, datado de 27.6.2005, em que são solicitadas informações sobre a vigência do § 2º, do art. 4º; alínea *h*, do inciso V, do art. 22; art. 50 e seu parágrafo único; e o Anexo I, todos da Lei Complementar n. 36, de 18 de junho de 1990, do Estado de Rondônia, impugnados na Ação supra mencionada, tenho a elevada honra de dirigir-me à Vossa Excelência, a fim de informar que a supra aludida lei foi expressamente revogada pela Lei Complementar n. 67, promulgada em 9 de dezembro de 1992, razão porque, data vênia, houve a perda do objeto da presente ação'. A revogação dos dispositivos normativos atacados pela L. Comp. est. 67, de 9 de dezembro de 1992, resultou na perda do objeto da ação, independentemente dos efeitos concretos produzidos (*v.g.*, ADI 2.097, Moreira Alves, *DJ* 16.6.2000). Julgo prejudicada a ação direta e determino seu arquivamento' (ADI 387-RO, rel. Ministro Sepúlveda Pertence, decisão monocrática, *DJ* 9.9.2005).

"São também precedentes: ADI 1.461-AP, rel. Min. Maurício Corrêa, redator para o Acórdão Ministro Gilmar Mendes, Tribunal Pleno, *DJ* 19.10.2007; ADI 1.920-BA, rel. Min. Eros Grau, Tribunal Pleno, *DJ* 2.2.2007; ADI 3.513-PA, rel. Min. Ellen Gracie, decisão monocrática, *DJ* 22.8.2005; ADI 1.442-DF, rel. Min. Celso de Mello, Tribunal Pleno, *DJ* 29.4.2005; ADI 2.436-PE, rel. Min. Joaquim Barbosa, decisão monocrática, *DJ* 26.8.2005; ADI 380-RO, rel. Min. Celso de Mello, decisão monocrática, *DJ* 4.3.2005; ADI 1.995-ES, rel. Min. Gilmar Mendes, decisão monocrática, *DJ* 17.11.2005; ADI-QO 254-GO, rel. Min. Maurício Corrêa, Tribunal Pleno, *DJ* 5.12.2003; ADI 1.815-DF, rel. Min. Sydney Sanches, *DJ* 7.3.2002; ADI-MC 2.001-DF, rel. Min. Moreira Alves, Tribunal Pleno, *DJ* 3.9.1999; e ADI 221-DF, rel. Min. Moreira Alves, Tribunal Pleno, *DJ* 22.10.1993.

"13. Pelo exposto, *julgo prejudicada a presente Ação Direta de Inconstitucionalidade*, pela perda superveniente de objeto (art. 21, inc. IX, do Regimento Interno deste Supremo Tribunal Federal).

"Publique-se.

"Arquive-se.

"Brasília, 6.3.2008. Ministra Cármen Lúcia, Relatora."

9. José dos Santos Carvalho, *Manual de Direito Administrativo*, 18ª ed., p. 650.

subsídio mensal, em espécie, dos Ministros do Supremo Tribunal Federal. No que concerne aos 'tetos específicos' ('subtetos'), foi fixado para os Municípios o subsídio do Prefeito, e para Estados e Distrito Federal, foram previstos três subtetos: 1º) no Executivo, o subsídio mensal do Governador; 2º) no Legislativo, o subsídio dos Deputados Estaduais e Distritais; 3º) no Judiciário, o subsídio dos Desembargadores do Tribunal de Justiça, aplicável esse limite aos membros do Ministério Público, aos Procuradores e aos Defensores Públicos".[10]

(e) No âmbito federal, o teto é o mesmo para todos os servidores, correspondendo ao subsídio dos Ministros do Supremo Tribunal Federal. O art. 8º da EC n. 41/2003 garantiu a imediata aplicação do teto ao preceituar que, até que sejam fixados em lei os subsídios do STF, será considerado, para os fins do inc. XI do art. 37, o valor da maior remuneração atribuída por lei aos Ministros do STF, incluindo o vencimento, verba de representação e parcela recebida em razão do tempo de serviço.

"Em sessão administrativa, realizada em 5.2.2004, o então presidente do STF, Min. Maurício Corrêa, proferiu seu voto pela fixação do teto remuneratório no valor do salário do Presidente do STF e não no valor do salário dos demais ministros, uma vez que a regra de transição contida no art. 8º da EC n. 41, de 19.12.2003, determina deve ser o da maior remuneração atribuída por lei a ministro dessa Corte. Quanto à remuneração dos ministros do STF que também atuem junto ao Tribunal Superior Eleitoral, o Min. Maurício Corrêa invocou a 'práxis da interpretação harmônica e teleológica do texto constitucional' para concluir que, diante do art. 119, I, *a*, da CF, que determina a acumulação de cargos de Ministros do STF e do TSE, não pode a Emenda haver vedado essa mesma cumulação. Entretanto, nessa situação específica, não se pode falar em somatório das remunerações para a fixação de referido teto, devendo as mesmas serem consideradas isoladamente para fins da aplicação do art. 37, XI, da CF, raciocínio este aplicável a todas as situações de composição da Justiça Eleitoral.

"Na ocasião, todos os ministros concordaram com esses argumentos, exceto o Min. Marco Aurélio, que entendeu que o teto deveria corresponder ao valor da remuneração percebida pelos demais ministros do STF que não o presidente (Processo Administrativo 319.269)."[11]

(f) Foi definido o teto salarial do STF: R$ 19.115,19, maior remuneração atribuída por lei, na data de sua publicação, a Ministro do Supremo Tribunal Federal, a título de vencimento, representação mensal e parcela recebida em razão de tempo de serviço. O valor fixado é retroativo a 1º de janeiro, data em que entrou em vigor a Emenda Constitucional n. 41, relativa à Reforma da Previdência.

Após muita demora, foi finalmente editada a Lei n. 11.143, de 26.7.2005, que fixou o subsídio mensal dos Ministros do STF no valor de R$ 21.500,00 (vinte e um mil e quinhentos reais), a partir de 1º de janeiro de 2005 e de R$ 24.500,00 (vinte e quatro mil e quinhentos reais), a partir de 1º de janeiro de 2006. A gratificação mensal de Juízes Eleitorais ficou fixada em 16% do subsídio de Juiz Federal. Por outro lado, a Lei n. 11.144, também de 26.7.2005, fixou idênticos valores e os mesmos períodos para o subsídio do Procurador-Geral da República.[12]

Para os membros da Magistratura, a norma do art. 37, XI, deve ser combinada com o art. 93, V, que teve sua redação altera-

10. Ibidem, p. 648 e nota 338.

11. André Ramos Tavares, *Constituição do Brasil Integrada*, 2ª ed., p. 128.

12. Encontra-se em tramitação o PL 7.297/2006 que dispõe sobre o subsídio de Ministro do Supremo Tribunal Federal, referido no art. 48, XV, da Constituição Federal, fixando-o em R$ 25.725,00 (vinte e cinco mil e setecentos e vinte e cinco reais), a partir de 1º de janeiro de 2007.

da, determinando que o subsídio dos Ministros dos Tribunais Superiores corresponderá a 95% do subsídio mensal fixado para os Ministros do STF e os subsídios dos demais magistrados serão fixados em lei e escalonados, em nível federal e estadual, conforme as respectivas categorias da estrutura judiciária nacional, não podendo a diferença entre uma e outra ser superior a 10% ou inferior a 5%, nem exceder 95% do subsídio mensal dos Ministros dos Tribunais Superiores.

(g) O teto, "no âmbito estadual, é diferenciado para os servidores de cada um dos três Poderes do Estado, sendo representado pelos subsídios dos Deputados, do Governador e dos Desembargadores, incluindo-se no teto destes últimos algumas categorias de servidores do Executivo (membros do Ministério Público, Procuradores e Defensores Públicos) (...)".[13]

A despeito dessa regra geral, a Emenda Constitucional n. 47, de 5.7.2005, introduziu o § 12 ao art. 37, pelo qual estabeleceu alternativa para a fixação do teto. De acordo com esse dispositivo, os Estados e o Distrito Federal têm a faculdade de fixar teto único local remuneratório (na verdade, também um subteto), desde que o façam através de emendas às respectivas Constituições e Lei Orgânica (aqui, no caso do Distrito Federal). O limite único deverá corresponder ao subsídio mensal dos Desembargadores do respectivo Tribunal de Justiça, limitado a noventa inteiros e vinte e cinco centésimos por cento do subsídio mensal dos Ministros do Supremo Tribunal Federal, não se aplicando o disposto nesse parágrafo aos subsídios dos Deputados Estaduais e Distritais e dos Vereadores.

O Plenário do STF, porém, na ADI-MC 3.854-DF, concedeu liminar para a Associação dos Magistrados Brasileiros (AMB) para, dando interpretação conforme a Constituição, excluir os magistrados estaduais do âmbito do art. 37, XI, e § 12, da CF, entendendo não lhes ser aplicável o teto remuneratório de 90,25% do subsídio dos Ministros do STF. Fundou-se a decisão, de início, na ocorrência da violação ao princípio da isonomia (art. 5º, *caput* e I) pelo fato de ter havido tratamento discriminatório entre magistrados federais e estaduais, que, além de desempenharem idênticas funções, se submetem a um só estatuto (Lei Complementar n. 35/1979). Em conseqüência, as Emendas ns. 41 e 47 teriam ultrapassado os limites do poder constitucional reformador (art. 60, § 4º, IV). Outro fundamento foi o de que a estrutura judiciária tem caráter nacional, fato que emana do art. 93, V, da CF, que prevê o escalonamento vertical de subsídios da magistratura, sem qualquer distinção entre órgãos judiciários federais e estaduais.[14]

Nessa esteira, a Associação Nacional dos Magistrados Estaduais (Anamages), voltou a questionar o teto remuneratório em Ação Direta de Inconstitucionalidade no Supremo Tribunal Federal (ADI 4.014, 1.2.2008, rel. Min. César Peluzo), para que seja declarada a inconstitucionalidade do art. 1º da Emenda Constitucional n. 41/2003,

13. Maria Sylvia Zanella Di Pietro, *Direito Administrativo*, p. 512. O limite aplicável na esfera federal é chamado "teto" e o estabelecido para as esferas estadual e municipal é vulgarmente conhecido como "subteto".

14. ADI-MC 3.854-DF, Plenário, rel. Min. Cesar Peluso, em 28.2.2007, *DJ* 29.6.2007, p. 22.

"*Ementa*: *Magistratura*. Remuneração. Limite ou teto remuneratório constitucional. Fixação diferenciada para os membros da magistratura federal e estadual. Inadmissibilidade. Caráter nacional do Poder Judiciário. Distinção arbitrária. Ofensa à regra constitucional da igualdade ou isonomia. *Interpretação conforme* dada ao art. 37, inc. XI, e § 12, da CF. Aparência de inconstitucionalidade do art. 2º da Resolução n. 13/2006 e do art. 1º, parágrafo único, da Resolução n. 14/2006, ambas do Conselho Nacional de Justiça. Ação direta de inconstitucionalidade. Liminar deferida. Voto vencido em parte. Em sede liminar de ação direta, aparentam inconstitucionalidade normas que, editadas pelo Conselho Nacional da Magistratura, estabelecem tetos remuneratórios diferenciados para os membros da magistratura estadual e os da federal."

ao alterar o art. 37, XI, da Constituição Federal, e os arts. 2º da Resolução n. 13 e 1º, parágrafo único, da Resolução n. 14, ambas do Conselho Nacional de Justiça (CNJ), todas no sentido de aplicação de subteto remuneratório para a magistratura estadual, solicitando a distribuição por dependência, em face da identidade de objeto no que tange à ADI 3.854 e a preservação do caráter autônomo do feito, já que não se trata de pedido de habilitação da qualidade de *amicus curiae*.[15]

Com a devida vênia, dissente-se do entendimento acolhido na ADI 3.854: o poder reformador decorrente das Emendas ns. 41 e 47 não guarda qualquer incompatibilidade com o quadro constitucional, pois, o fato de haver um só estatuto para a magistratura não impede que o Constituinte estabeleça regras específicas para órgãos federais e estaduais. Ademais, o escalonamento previsto no art. 93, V, da CF, tem caráter geral, diversamente do que ocorre com os tetos remuneratórios fixados no art. 37, XI e § 12, normas que têm caráter especial por disciplinarem especificamente matéria relativa a remuneração.

"Já se encetou a tentativa de distinguir o subsídio e o teto remuneratório, para o fim de elevar a remuneração, fixando-se o subsídio com o valor-limite previsto constitucionalmente, por um lado, mas, por outro, sendo admitido que a remuneração alcançasse importância superior ao subsídio.[16] A norma se nos afigura flagrantemente inconstitucional, porque reflete violação constitucional por via oblíqua."[17-18]

(h) Para os parlamentares dos Estados e Municípios, a norma do art. 37, XI tem que ser conjugada com as dos arts. 27, § 2º, e 29, VI, que estabelecem para os Deputados Estaduais e Vereadores limite inferior para os subsídios. Para os primeiros, o subsídio não pode ultrapassar o limite de 75% daquele estabelecido, em espécie, para os Deputados Federais e, para os segundos, não pode ultrapassar o limite de 75% do estabelecido para os Deputados Estaduais (subteto parlamentar). A Emenda Constitucional n. 25, de 14.2.2000, que entrou em vigor em 1.1.2001, estabeleceu nova sistemática de subtetos para os Vereadores Municipais, graduando o limite máximo de remuneração desses agentes ao número de habitantes do

15. Anamages justifica seu interesse em conseguir nova liminar para reforçar a manutenção da suspensão dos dispositivos questionados. Assim, mesmo que haja a extinção do processo proposto pela AMB, ou a cassação da liminar já concedida pelo Plenário do Supremo, as normas permaneceriam suspensas.

16. Na Resolução n. 15, de 4.12.2006, o CNMP, embora tenha reafirmado o subsídio máximo dos membros do MP dos Estados no percentual de 90,25% do subsídio de Ministro do STF, admitiu que o teto remuneratório tivesse como base o valor total do próprio subsídio de Ministro. A citada Resolução foi revogada pela Resolução n. 17, de 2.4.2007.

17. O Plenário do STF, em decisão acertada a nosso ver, deferiu medida cautelar, por maioria, para suspender os efeitos da Resolução CNMP n. 15 questionada, em ação movida pelo próprio Procurador-Geral da República, Presidente do referido Conselho (ADI 3.831, rel. Min. Cármen Lúcia, 15.12.2006, *DJ* 3.8.2007). A Ministra considerou aquelas disposições inconstitucionais porque, em primeiro lugar rompiam com o que ela chamava de verdade remuneratória dos agentes públicos. Afirmava a Ministra: "que é preciso que o cidadão brasileiro saiba a quem paga e principalmente quanto paga a cada qual dos agentes que compõem os quadros do Estado. Feria também o princípio da legalidade específica, pois se estabelecia em uma decisão de colegiado algo que apenas a lei poderia disciplinar e violava-se, portanto, a exigência de lei específica na matéria. Não seria possível ao Conselho fazer modificações no teto constitucional.

"Em 17.4.2007, o Conselho Nacional do Ministério Público fez publicar a Resolução n. 17, em cujo art. 1º dispõe-se sobre a revogação da Resolução n. 15/2006, objeto daquela ação. Em conseqüência, o Tribunal, por unanimidade, julgou a ação direta de inconstitucionalidade prejudicada pela perda superveniente de objeto, e cassada, em conseqüência, a liminar deferida" (ADI 3.831-1-DF, Pleno, rel. Cármen Lúcia, j. 4.6.2007, v.u., *DJ* 24.8.2007).

18. José dos Santos Carvalho, *Manual de Direito Administrativo*, pp. 648-649.

Município. Ainda para os Vereadores, há um teto específico coletivo, vinculado a cinco por cento da receita do Município, nos termos do art. 29, VII, CF, e, pelo art. 29-A, acrescentado pela mesma Emenda, o Poder Legislativo Municipal está sujeito a limite total de despesa, fixado em percentuais que incidem sobre a receita tributária e as transferências previstas no § 5º do art. 153 e nos arts. 158 e 159 e que variam em função do número de habitantes do Município, não podendo a despesa com folha de pagamento da Câmara Municipal ultrapassar o limite de 70% de sua receita.[19]

A referida Emenda, ainda, retornou à sistemática de exigir que o subsídio dos Vereadores seja fixado pela Câmara Municipal em cada legislatura para vigorar na subseqüente, medida restauradora que somente merece elogios.

(i) O teto atinge os proventos dos aposentados e a pensão devida aos dependentes do servidor falecido.

(j) Nas hipóteses de acumulação, seja de provento, seja de remuneração, as parcelas serão somadas e consideradas como um todo para fins de abatimento. O servidor que esteja em regime de acumulação está sujeito a um teto único que abrange a soma da dupla retribuição pecuniária. O dispositivo é bastante problemático e gera situações de verdadeira perplexidade porque a superação do teto nem mesmo é admitida quando resultante de acúmulo de cargos constitucionalmente permitido – e acrescente-se em benefício da coletividade e não do servidor. Aliás, dita vedação está reiterada no inciso XVI, última parte, do art. 37 e no § 11 do art. 40, com a redação dada pela EC n. 20/1998.

A Resolução do Conselho Nacional de Justiça n. 14, de 21.3.2006, assim como já o fizera a Resolução n. 13, de 21.3.2006 (art. 8º, II, *a*), excluiu do teto remuneratório, com base em decisão administrativa do Supremo Tribunal Federal adotada em 5.2.2004 (Processo 319.269), "remuneração ou provento de magistrado decorrente do exercício do magistério, nos termos do art. 95, parágrafo único, inciso I, da Constituição Federal" (art. 4º, II, *a*).

"Vale dizer que, para os magistrados, o exercício cumulativo de suas atribuições com uma de magistério não impede a percepção das retribuições correspondentes aos dois cargos, ainda que sua soma supere o teto; o princípio da razoabilidade e o princípio do *ubi eadem est ratio, eadem est jus dispositio* (onde existe a mesma razão deve reger a mesma disposição legal) exigem que a mesma interpretação seja adotada em relação aos servidores que acumulam cargos ou proventos com base no art. 37, XVI, da Constituição."[20-21]

A Resolução n. 42, de 11.9.2007 (dá nova redação ao art. 6º da Resolução n. 13, de 21 de março de 2006; revoga a letra *k* do art. 2º da Resolução n. 14, de 21 de março de 2006, e acrescenta ao referido artigo um parágrafo único), estabelece que o art. 6º da Resolução n. 13, de 21 de março de 2006, passa a vigorar com a seguinte redação: "Art. 6º. Para efeito de percepção cumulativa de subsídios, remuneração ou proventos, juntamente com pensão decorrente de falecimento de cônjuge ou companheira(o), observar-se-á o limite fixado na Constituição Federal como teto remuneratório, hipótese em que deverão ser considerados individualmente".

(k) Há um problema grave, pois não foi estabelecido parâmetro para o conflito de tetos. Há ausência de determinação clara

19. Maria Sylvia Zanella Di Pietro, *Direito Administrativo*, pp. 512-513.

20. Ibidem, p. 513.

21. Afirma Maria Silvia Zanella Di Pietro que foi corrigida a injustiça com relação aos membros da Magistratura "excluindo do teto remuneratório a 'remuneração ou provento decorrente do exercício do magistério nos termos do art. 95, parágrafo único, inciso I, da Constituição Federal'. Nenhuma justificativa existe para que a mesma decisão deixe de ser aplicada aos servidores públicos em geral" (*Direito Administrativo*, p. 561).

de parcelas excedentes, pois a Emenda estabelece patamares diferentes para União, Estados e Municípios.

A Lei n. 10.887, de 18 de junho de 2004, dispõe sobre a aplicação de disposições da Emenda Constitucional n. 41, de 19 de dezembro de 2003, altera dispositivos das Leis n. 9.717, de 27 de novembro de 1998, 8.213, de 24 de julho de 1991, 9.532, de 10 de dezembro de 1997, e dá outras providências, em seu art. 3º estabelece: "Para os fins do disposto no inciso XI do art. 37 da Constituição Federal, a União, os Estados, o Distrito Federal e os Municípios instituirão sistema integrado de dados relativos às remunerações, proventos e pensões pagos aos respectivos servidores e militares, ativos e inativos, e pensionistas, na forma do regulamento".

Apenas nesta oportunidade é que poderá ter alguma eficácia a norma do corte nos casos de acúmulo de remuneração, proventos ou pensões, pois não podem União, Estados e Municípios e Poderes do Estado tornar efetiva a regra se não houver regulamentação suficiente.

(l) O limite passa a englobar, no seu valor, todas as importâncias percebidas pelo servidor, "incluídas as vantagens pessoais ou de qualquer outra natureza". A inclusão dessa expressão foi feita com o propósito de afastar a interpretação doutrinária e jurisprudencial de que as vantagens pessoais e as relativas à natureza ou local de trabalho, referidas no art. 39, § 1º, em sua redação original, ficavam fora do teto.

O dispositivo faz referência também a "outra espécie remuneratória", visando impedir a instituição de alguma outra forma de remuneração cujo objetivo seja o de escapar do teto.

(m) Pelo § 11 do art. 37 estão excluídas do teto as vantagens que têm caráter indenizatório previstas em lei (já que se trata de compensar o servidor por despesas efetuadas no exercício do cargo). O art. 4º da Emenda n. 47 dispõe que "enquanto não editada a lei a que se refere o § 11 do art. 37 da Constituição Federal, não será computada, para efeito dos limites remuneratórios de que trata o inciso XI do *caput* do mesmo artigo, qualquer parcela de caráter indenizatório, assim definida pela legislação em vigor na data de publicação da Emenda Constitucional n. 41, de 2003. (...) Note-se que, como a Emenda n. 47 tem efeito retroativo a 30.12.2003, todos os descontos efetuados, para fins de aplicação do teto salarial, têm que ser revistos, para devolução, ao servidor, de valores correspondentes a verbas indenizatórias, eventualmente glosadas pela Administração Pública".[22]

As indenizações não poderão ser consideradas no limite constitucional de remuneração por razões singelas:

1. em razão do princípio da igualdade, pois se despesas adicionais e trabalho adicional não autorizarem ressarcimento ou compensações, haveria desequilíbrio de situações jurídicas (ex.: direito de utilização de apartamento funcional e direito a ressarcimento de despesa com moradia se inexiste apartamento funcional disponível; despesas de diária, locomoção etc.);

2. pela razão de que as parcelas indenizatórias não integram, a todo rigor, a remuneração do agente público, constituindo valores pagos em caráter eventual (ex.: diárias de viagem), não devendo integrar os limites constitucionais de remuneração.

O conceito de indenização não é elástico, vago ou fluído na medida do conceito das famosas "vantagens pessoais".

As indenizações são valores ou vantagens pecuniárias que apresentam as seguintes características:

1. são eventuais (não são necessárias, ou inerentes, ao exercício do cargo público, mas decorrentes de fatos ou acontecimentos especiais previstos na norma);

2. são isoladas, não se incorporando ou integrando aos vencimentos, subsídios ou proventos para qualquer fim;

22. Maria Sylvia Zanella Di Pietro, *Direito Administrativo*, p. 514.

3. são compensatórias, pois estão sempre relacionadas a acontecimentos, atividades ou despesas extraordinárias feitas pelo servidor ou agente pelo exercício da função;

4. são referenciadas a fatos e não à pessoa do servidor.

III – Limite de remuneração dos procuradores municipais

Dúvidas têm sido levantadas quanto à definição do limite de remuneração aplicável aos procuradores municipais decorrentes da interpretação do art. 37, XI, da Constituição Federal, com a redação da EC n. 41/2003. O do Prefeito ou o das profissões jurídicas típicas de Estado, em âmbito estadual?

Ao tratar da remuneração dos ocupantes de cargos, funções e empregos públicos, a Constituição Federal, em seu art. 37, inciso XI, estabeleceu o teto remuneratório, "aplicando-se como limite, nos Municípios, o subsídio do Prefeito", determinando, posteriormente, o teto no âmbito dos Estados e do Distrito Federal, que no Poder Judiciário seria o subsídio dos Desembargadores, aplicável aos membros do Ministério Público, aos Procuradores e aos Defensores Públicos.

Diante da ambigüidade do Texto Constitucional, na Apelação Cível 384.115-5/5-Santos, o rel. Desembargador Rui Stoco, do Tribunal de Justiça de São Paulo, dividiu a norma constitucional em várias partes, como se ela contivesse vários períodos distintos, apenas como ensaio interpretativo, para maior facilidade de entendimento e para buscar o seu verdadeiro sentido teleológico:

> *1.* A remuneração e o subsídio dos ocupantes de cargos, funções e empregos públicos da administração direta, autárquica e fundacional, dos membros de qualquer dos Poderes da União, dos Estados, do Distrito Federal e dos Municípios, dos detentores de mandato eletivo e dos demais agentes políticos e os proventos, pensões ou outra espécie remuneratória, percebidos cumulativamente ou não, incluídas as vantagens pessoais ou de qualquer outra natureza, não poderão exceder o subsídio mensal, em espécie, dos Ministros do Supremo Tribunal Federal.
>
> *2.* Aplica-se como limite, nos Municípios, o subsídio do Prefeito.
>
> *3.* Aplica-se como limite, nos Estados e no Distrito Federal, o subsídio mensal do Governador no âmbito do Poder Executivo, o subsídio dos Deputados Estaduais e Distritais no âmbito do Poder Legislativo e o subsídio dos Desembargadores do Tribunal de Justiça, limitado a noventa inteiros e vinte e cinco centésimos por cento do subsídio mensal, em espécie, dos Ministros do Supremo Tribunal Federal, no âmbito do Poder Judiciário.
>
> *4.* Aplica-se este limite aos membros do Ministério Público, aos Procuradores e aos Defensores Públicos (*verbis*).

Daí extrai as seguintes ilações:

> A primeira ilação que a regra sugere é no sentido de que a norma (...) estabeleceu teto e subteto.
>
> O teto para todos, sem exceção (ocupantes de cargos, funções e empregos públicos da administração direta, autárquica e fundacional, dos membros de qualquer dos Poderes da União, dos Estados, do Distrito Federal e dos Municípios, dos detentores de mandato eletivo e dos demais agentes políticos e os proventos, pensões ou outra espécie remuneratória) está fixado no primeiro parágrafo (n. 1). Portanto, o limite máximo possível para qualquer cargo e quem quer que seja, é o subsídio dos Ministros do STF.
>
> O subteto para os servidores e inativos nos Municípios é o subsídio do Prefeito (n. 2).
>
> O subteto nos Estados e Distrito Federal será o subsídio mensal do Governador, no âmbito do Poder Executivo; o subsídio dos Deputados Estaduais e Distritais, no âmbito do Poder Legislativo e o subsídio dos Desembargadores dos

Tribunais de Justiça será de 90,25% do subsídio dos Ministros do STF (n. 3).

Finalmente, o preceito estabeleceu que este último limite (dos Desembargadores) aplica-se aos Membros do Ministério Público, aos Procuradores e aos Defensores Públicos (n. 4).

(...).

E, dessa forma, emerge claro e *icto oculi* que os Procuradores em geral – como o são os autores – não se submetem ao subsídio do Prefeito como subteto ou limite. Pouco importa que sejam procuradores federais, estaduais ou municipais, pois onde a Magna Carta não distinguiu não cabe ao intérprete assim proceder. (...) Aliás, há absoluta coerência nessa simetria, pois todos exercem seus cargos atuando perante o Poder Judiciário ou gravitam em torno dele.[23]

O Egrégio Tribunal de Justiça do Estado do Rio de Janeiro, também já enfrentou matéria dessa natureza nos recursos de Agravo de Instrumento 2004.002.17309[24] e 2006.002.2831[25] e na Apelação Cível 2007.001.59991.[26]

23. TJSP, ACi 384.115-5/5-Santos, 13ª Câm. de Dir. Público, rel. Rui Stoco, v.u., j. 4.5.2005; Apte. Prefeitura Municipal de Santos; Apdo. Roberto Lencioni Nowill e outros; Interessado: Prefeito Municipal de Santos. "*Ementa*: Apelação cível e recurso *ex officio*. Mandado de Segurança. Procuradores municipais aposentados. Ato do Chefe do Executivo limitando seus proventos de aposentadoria ao subsídio do Prefeito. Argüição de Inconstitucionalidade da EC n. 41/2003 que, em seu art. 9º, determinou a aplicação do art. 17 do ADCT da CF/1988. Alegação de ofensa ao direito adquirido. Fundamento alternativo de que o limite ou teto de proventos para os procuradores não é aquele fixado para o Prefeito Municipal, mas o limite estabelecido para os desembargadores do Tribunal de Justiça. Ordem concedida na origem da declaração de inconstitucionalidade. Sentença mantida por fundamento diverso. Recursos não providos. 'A interpretação sistemática do inciso XI, do art. 37 da Constituição Federal, com a redação que lhe deu a EC n. 41, de 19.12.2003, leva à conclusão inafastável de que os procuradores em geral, independentemente do ente público a que pertencem, seja no âmbito municipal ou estadual, têm como teto máximo para fixação dos seus vencimentos ou proventos de aposentadoria o subsídio dos Ministros do Supremo Tribunal Federal e, como subteto obrigatório, o subsídio dos Desembargadores do Tribunal de Justiça'".

24. TJRJ, Processo 2004.002.17309, AI 17.309/04, 12ª Câm. Cív., Des. Gamaliel Q. de Souza, j. 22.2.2005; Agte. Denis George Haddad; Agdo. Município do Rio de Janeiro. "*Ementa*: Obrigação de fazer. Antecipação de tutela teto remuneratório. Descontos procurador do Município do Rio de Janeiro. Pretensão de que os descontos remuneratórios sejam efetuados, de acordo com o inc. XI do art. 37 da Constituição Federal alterado pela Emenda n. 41/2003. Antecipação de tutela contra a Fazenda Pública possibilidade, como estatuído na Súmula 60 deste tribunal. Recurso provido" .

25. TJRJ, AI 2006.002.28318, 3ª Câm. Cív., rel. Des. Werson Rêgo, v.u., j. 3.10.2006; Agte. Município do Rio de Janeiro; Agdo. Marco Antonio Ferreira Macedo. "*Ementa*: Direito Constitucional. Teto remuneratório. Servidores da Administração Pública Direta. Procurador do Município. Art. 37, XI, da Constituição da República, alterado pela Emenda Constitucional n. 41/2003. Antecipação dos efeitos da tutela jurisdicional em favor do autor. Agravo. Não provimento. O procurador municipal tem seu teto remuneratório baseado no subsídio dos Ministros do Supremo Tribunal Federal, como os membros do Ministério Público e da Defensoria Pública. Verba de caráter alimentar. Ausência de prova segura de dano de difícil reparação. Decisão vergastada que se revela moderada e prudente. Aplicação do verbete n. 59, da Súmula da jurisprudência deste Tribunal de Justiça. Recurso não provido".

Em seu voto, o Desembargador relator Werson Rêgo, reportando-se ao contido na parte final do art. 37, XI, CF, ressaltou que "os Procuradores Municipais, apesar de pertencentes ao quadro do Poder Executivo Municipal, devem ter seu teto remuneratório estabelecido com base no subsídio dos Desembargadores do Tribunal de Justiça do seu Estado, (...)".

26. TJRJ, ACi 2007.001.59991, 18ª Câm. Cív. do TJRJ, rel. Des. Luís Felipe Salomão; Apte. Município do Rio de Janeiro; Apdo. Luiz Roberto da Mata; j. 3.6.2008. "*Ementa*: Apelação Cível. Teto remuneratório para Procurador do Município do Rio de Janeiro. Impossibilidade de limitação ao subsídio do Prefeito, previsto em Decreto. A Emenda Constitucional n. 41/2003 introduziu nova redação ao art. 37, XI, instituindo, no tocante aos Municípios, teto remuneratório correspondente ao subsídio do prefeito. No entanto, o subsídio do alcaide, confor-

No Recurso Extraordinário 543.253-0/210-SP, tendo como recorrente o Município de Santos, rel. Ministro Celso de Mello, ainda pendente de julgamento, frisa o parecer do Senhor Subprocurador-Geral da República, Dr. Edson Oliveira de Almeida:

Quanto ao inciso XI do art. 37 da Constituição Federal, alterado pela EC n. 41/2003, percebe-se que foi estabelecido um subteto específico, aplicável aos membros do Ministério Público, aos Procuradores e aos Defensores Públicos. Então, a partir dessa delimitação, verifica-se que a melhor interpretação a ser feita é no sentido de que aos procuradores dos Municípios sejam assegurados a fixação do subteto da base tomada do subsídio mensal dos Desembargadores dos Tribunais de Justiça (Poder Judiciário), conforme disposto no inciso XI do art. 37 da Constituição. Pois, apesar de o dispositivo constitucional não conter explícita referência ao *status* dos procuradores municipais, não há uma interpretação mais coerente do que considerar *Procurador* como gênero, do qual tem como uma de suas espécies os *Procuradores Municipais*. Portanto, defende-se a aplicação do subteto definido aos servidores públicos do Poder Executivo, determinando-se, contudo, que desse grupo se excluam os Procuradores Municipais, uma vez que o inciso XI, do art. 37, da Constituição da República, prevê, de forma expressa, a aplicação do subteto específico aos Procuradores, dentre os quais se incluem os Procuradores Municipais.[27]

Mais recentemente chegaram também a essa mesma conclusão o MM. Juiz da 2ª Vara dos Feitos da Fazenda Pública Municipal da Comarca de Belo Horizonte-MG, Dr. Flávio Batista Leite, ao julgar a ação ordinária 024.07.460.846-4, em 9.4.2008, tendo como autora a Associação dos Procuradores Municipais de Belo Horizonte-APROMBH e o juiz da Vara dos Feitos da Fazenda Pública Municipal do Espírito Santo, Dr. Cristóvão de Souza Pimenta, em 17.6.2008, ao julgar a ação 024.070.096.706, tendo como autora a Associação dos Procuradores do Município de Vitória-APROVI.

Note-se que a parte final do art. 37, XI, da Lei Magna, com a redação da EC n. 41/2003, não fez qualquer distinção entre Ministério Público Federal e Estadual, ou entre os Defensores Públicos Federais ou Estaduais e tampouco entre os Procuradores da União, dos Estados e dos Municípios.

É certo que o art. 37, XI, CF, "não prima pela clareza e muito menos pela concisão", tendo estabelecido um subteto aplicado aos membros do Ministério Público, aos Procuradores e aos Defensores Públicos. Em interpretação mais aguçada verifica-se que procedem os argumentos expendidos nas decisões judiciais mencionadas, donde se conclui que o termo "Procuradores" está empregado no dispositivo constitucional de forma ampla, genérica, abrangente, não se referindo apenas aos Procuradores Estaduais, Distritais e Federais. A outra conclusão não se chega porque, embora os Procuradores Municipais não tenham sido especificamente referidos no dispositivo constitucional em tela, também não o foram os Procuradores Estaduais e Distritais. Portanto, o limite de remuneração dos Desembargadores do Tribunal de Justiça

me preceitua o art. 29, V, da Carta Magna, deve ser fixado por lei de iniciativa da Câmara Municipal, providência ainda não adotada pelo Município do Rio de Janeiro. Ademais, conforme reconhecido pelo recorrente após a interposição do apelo, o teto remuneratório dos Procuradores Municipais equivale a 90,25% do subsídio do Ministro do Supremo Tribunal Federal (parte final do art. 37, XI, da Carta Magna, com a redação introduzida pela Emenda n. 41/2003). Correta, portanto, a condenação do réu a abster-se dos descontos e a pagar os atrasados. Provimento parcial do recurso, tão-somente para fixar os juros de mora em 0,5% ao mês (art. 1º-*f*, Lei n. 9.494/1997), a contar da citação, mantida a sentença nos demais termos".

27. O RE 543.253-0/210-SP (rel. Min. Celso de Mello; Recte. Município de Santos; Recdo. Roberto Lencioni Nowill e outros; 7.12.2007) foi sobrestado, aguardando julgamento.

aplica-se para os Procuradores, inclusive os Municipais. Ademais, como ressaltado pelo Desembargador Rui Stoco, "onde a Magna Carta não distinguiu não cabe ao intérprete assim proceder".[28]

IV – Teto remuneratório dos servidores públicos e direitos adquiridos

Resta saber como fica a situação dos que atualmente percebem acima do teto, com ou sem acúmulo de cargos.

A Emenda n. 41, de 19.12.2003, pretendeu resolver a questão por via do expediente de declarar, em seu art. 9º, que o art. 17 do Ato das Disposições Constitucionais Transitórias da Constituição aplicar-se-ia a todas as modalidades de retribuição dos servidores da administração direta, autárquica e fundacional, bem assim aos agentes políticos em geral, tanto como a proventos de aposentadoria e pensões. Ocorre que o art. 17 estava reportado a uma situação distinta daquela que veio a ser implantada, ao depois, pela Emenda n. 19, de 4.6.1998 e no presente pela sobredita Emenda n. 41, de dezembro de 2003, textos que, obviamente, revogaram as disposições precedentes, de tal sorte que já não mais existem como termos de referência no universo jurídico. Assim, quando menos é certo que não se lhe poderá atribuir um conteúdo e uma eficácia diversos daqueles que só uma Constituição lhe poderia ter outorgado e que são inacessíveis a uma simples Emenda, que espelha mandamento decorrente do Poder Constituinte Derivado, que é limitado, subordinado e condicionado.

O Supremo Tribunal Federal, no MS 24.875, Pleno, rel. Ministro Sepúlveda Pertence, j. 11.5.2006, *DJU* 6.10.2006, p. 33, por apertada maioria (seis votos a cinco), fixou o entendimento de que a irredutibilidade de vencimentos dos magistrados constitui uma modalidade qualificada de direito adquirido. Assim, as remunerações acima do teto (subsídio de Ministro do STF), quando auferidas legitimamente antes da Emenda Constitucional n. 45/2004, não poderiam ser reduzidas nem mesmo por determinação da própria Emenda, por ser a irredutibilidade de vencimentos uma garantia individual e, como tal, uma cláusula pétrea da Constituição.[29]

28. TJSP, ACi 3.841.155-5/00, 13ª Câm. de Dir. Público, j. 4.5.2005.

29. A ementa do acórdão vem assim expressa: "I – Ministros aposentados do Supremo Tribunal Federal: proventos (subsídios): teto remuneratório: pretensão de imunidade à incidência do teto sobre o adicional por tempo de serviço (ATS), no percentual máximo de 35% e sobre o acréscimo de 20% a que se refere o art. 184, III, da Lei n. 1.711/1952, combinado com o art. 250 da Lei n. 8.112/1990: mandado de segurança deferido, em parte. II – Controle incidente de constitucionalidade e o papel do Supremo Tribunal Federal. Ainda que não seja essencial à decisão da causa ou que a declaração de ilegitimidade constitucional não aproveite à parte suscitante, não pode o Tribunal – dado o seu papel de 'guarda da Constituição' – se furtar a enfrentar o problema de constitucionalidade suscitado incidentemente (*v.g.*, SE-AgR 5.206, 8.5.1997, Pertence, *RTJ* 190/908; Inq 1.915, 5.8.2004, Pertence, *DJ* 5.8.2004; RE 102.553, 21.8.1986, Rezek, *DJ* 13.2.1987). III – Mandado de segurança: possibilidade jurídica do pedido: viabilidade do controle da constitucionalidade formal ou material das emendas à Constituição. IV – Magistrados. Subsídios, adicional por tempo de serviço e o teto do subsídio ou dos proventos, após a EC n. 41/2003: argüição de inconstitucionalidade, por alegada irrazoabilidade da consideração do adicional por tempo de serviço quer na apuração do teto (EC n. 41/2003, art. 8º), quer na das remunerações a ele sujeitas (art. 37, XI, CF, cf. EC n. 41/2003): rejeição. 1. Com relação a emendas constitucionais, o parâmetro de aferição de sua constitucionalidade é estreitíssimo, adstrito às limitações materiais, explícitas ou implícitas, que a Constituição imponha induvidosamente ao mais eminente dos poderes instituídos, qual seja o órgão de sua própria reforma. 2. Nem da interpretação mais generosa das chamadas 'cláusulas pétreas' poderia resultar que um juízo de eventuais inconveniências se convertesse em declaração de inconstitucionalidade da emenda constitucional que submeta certa vantagem

Observe-se que a Corte não examinou questão sobre a possibilidade de emenda constitucional restringir ou abolir direitos adquiridos, nos termos da lei ordinária. O Tribunal afirmou a condição de cláusula pétrea da própria irredutibilidade de vencimentos, enquanto garantia individual albergada no art. 60, § 4º, inciso IV, da Lei Maior.

Desta forma, os magistrados que recebam vantagens pessoais incorporadas acima do teto continuarão a recebê-las até o momento em que o subsídio de Ministro do STF sofra um aumento que venha a sobejá-las. Daí para frente, todavia, o teto não poderá mais ser ultrapassado. As únicas exceções admitidas são aquelas decorrentes de acumulação legítima de cargos ou funções remunerados, como a de professor e o exercício de funções na Justiça Eleitoral. Isso porque seria um contra-senso que a

funcional ao teto constitucional de vencimentos. 3. No tocante à magistratura – independentemente de cuidar-se de uma emenda constitucional – a extinção da vantagem, decorrente da instituição do subsídio em 'parcela única', a nenhum magistrado pode ter acarretado prejuízo financeiro indevido. 4. Por força do art. 65, VIII, da LOMAN (LC n. 35/1979), desde sua edição, o adicional cogitado estava limitado a 35% calculados sobre o vencimento e a representação mensal (LOMAN, art. 65, § 1º), sendo que, em razão do teto constitucional primitivo estabelecido para todos os membros do Judiciário, nenhum deles poderia receber, a título de ATS, montante superior ao que percebido por Ministro do Supremo Tribunal Federal, com o mesmo tempo de serviço (cf. voto do Ministro Néri da Silveira, na ADI 14, *RTJ* 130/475, 483). 5. Se assim é – e dada a determinação do art. 8º da EC n. 41/2003, de que, na apuração do 'valor da maior remuneração atribuída por lei (...) a Ministro do Supremo Tribunal Federal', para fixar o teto conforme o novo art. 37, XI, da Constituição, ao vencimento e à representação do cargo, se somasse a 'parcela recebida em razão do tempo de serviço' – é patente que, dessa apuração e da sua aplicação como teto dos subsídios ou proventos de todos os magistrados, não pode ter resultado prejuízo indevido no tocante ao adicional questionado. 6. É da jurisprudência do Supremo Tribunal que não pode o agente público opor, à guisa de direito adquirido, a pretensão de manter determinada fórmula de composição de sua remuneração total, se, da alteração, não decorre a redução dela. 7. Se dessa forma se firmou quanto a normas infraconstitucionais, o mesmo se há de entender, no caso, em relação à emenda constitucional, na qual os preceitos impugnados, se efetivamente aboliram o adicional por tempo de serviço na remuneração dos magistrados e servidores pagos mediante subsídio, é que neste – o subsídio – foi absorvido o valor da vantagem. 8. Não procede, quanto ao ATS, a alegada ofensa ao princípio da isonomia, já que, para ser acolhida, a argüição pressuporia que a Constituição mesma tivesse erigido o maior ou menor tempo de serviço em fator compulsório do tratamento remuneratório dos servidores, o que não ocorre, pois o adicional correspondente não resulta da Constituição, que apenas o admite – mas, sim, de preceitos infraconstitucionais. V – Magistrados: acréscimo de 20% sobre os proventos da aposentadoria (art. 184, III, da L. n. 1.711/1952, c/c o art. 250 da L. n. 8.112/1990) e o teto constitucional após a EC n. 41/2003: garantia constitucional de irredutibilidade de vencimentos: intangibilidade. 1. Não obstante cuidar-se de vantagem que não substantiva direito adquirido de estatura constitucional, razão por que, após a EC n. 41/2003, não seria possível assegurar sua percepção indefinida no tempo, fora ou além do teto a todos submetido, aos impetrantes, porque magistrados, a Constituição assegurou diretamente o direito à irredutibilidade de vencimentos – modalidade qualificada de direito adquirido, oponível às emendas constitucionais mesmas. 2. Ainda que, em tese, se considerasse susceptível de sofrer dispensa específica pelo poder de reforma constitucional, haveria de reclamar para tanto norma expressa e inequívoca, a que não se presta o art. 9º da EC n. 41/2003, pois o art. 17 ADCT, a que se reporta, é norma referida ao momento inicial de vigência da Constituição de 1988, no qual incidiu e, neste momento, pelo fato mesmo de incidir, teve extinta a sua eficácia; de qualquer sorte, é mais que duvidosa a sua compatibilidade com a 'cláusula pétrea' de indenidade dos direitos e garantias fundamentais outorgados pela Constituição de 1988, recebida como ato constituinte originário. 3. Os impetrantes – sob o pálio da garantia da irredutibilidade de vencimentos –, têm direito a continuar percebendo o acréscimo de 20% sobre os proventos, até que seu montante seja absorvido pelo subsídio fixado em lei para o Ministro do Supremo Tribunal Federal. VI – Mandado de segurança contra ato do Presidente do Supremo Tribunal: questões de ordem decididas no sentido de não incidência, no caso, do disposto no

Constituição permitisse a acumulação remunerada e exigisse de apenas alguns o trabalho gratuito.[30]

Em parecer exarado no Processo 2005-0.304.983-9, no âmbito da Secretaria Municipal de Gestão de São Paulo, a Dra. Maria Cristina Lopes Victorino ressaltou que, embora a discussão travada nesse MS tivesse por objeto os limites do próprio subsídio fixado, bem como parcelas do regime remuneratório anterior nele compreendidas e por ele extintas, ficaram assentados os seguintes pontos:

(a) superação, pela EC n. 41/2003, da jurisprudência que excluía do teto as parcelas recebidas sob a rubrica de vantagem pessoal, porque não mais sobrevivem as dicções originais do art. 37, XI, e do art. 39, § 1º, de cuja interpretação conjugada partiu a jurisprudência do STF para subtrair as vantagens pessoais dos tetos primitivos;

(b) rejeição, por unanimidade, do pedido de declaração incidental de inconstitucionalidade do vocábulo "pessoais", do texto do art. 37, XI, e reconhecimento da constitucionalidade da nova redação;

(c) afirmação, por unanimidade, da incidência do teto sobre o total da remuneração, incluídas as parcelas correspondentes a vantagens pessoais;

(d) afirmação, pela maioria, de que o adicional de serviço foi considerado na composição do subsídio na conformidade do art. 8º da EC n. 41/2003 e, por isso, a nenhum magistrado pode ter acarretado prejuízo financeiro indevido, sendo firme a jurisprudência do STF no sentido de que nem mesmo à lei ordinária pode o agente público opor, a título de direito adquirido, a pretensão a que se preserve dada fórmula de composição de sua remuneração total, se, da alteração, não decorre redução dela;

(e) afirmação, pela maioria, de que a percepção do acréscimo de 20% (vinte por cento) – vantagem extinta pela Lei n. 8.112, de 11.11.1990 e não incluída na somatória do art. 8º da EC n. 41/2003 –, decorre da ultratividade do art. 184 da Lei n. 1.711/1952, substantivando direito adquirido de matriz infraconstitucional e, por isso, sobrevindo a EC n. 41/2003, que submete a remuneração dos magistrados ao regime do subsídio uniforme, em parcela única, não se pode assegurar a percepção indefinida no tempo do benefício, fora ou além do teto, que a todos submete;

(f) confirmação, pela maioria, da jurisprudência consolidada no sentido de que não obstante o dogma de que o agente público não tem direito adquirido ao seu anterior regime jurídico de remuneração, é indiscutível a intangibilidade da irredutibilidade do montante integral dela, assegurada diretamente pela Constituição Federal;

(g) reconhecimento, pela maioria, que a irredutibilidade do montante da remuneração anterior auferida na conformidade do regramento alterado, substantiva direito fundamental derivado do texto originário da Constituição Federal (e não da matriz infraconstitucional), e, por isso, oponível às emendas constitucionais mesmas;

(h) reconhecimento, pela maioria, que a manutenção do montante irredutível (e não a manutenção dos percentuais que integram o respectivo cálculo) incide apenas quanto a verbas legais de caráter pessoal incorporadas legitimamente em conformidade com a lei vigente à época e em harmonia com a interpretação que o STF conferia ao limite remuneratório do art. 37, XI, até o advento da EC n. 41/2003;

(i) manutenção desse montante garantida até que seja coberto pelo subsídio

art. 205, parágrafo único e inciso II, do RISTF, que têm em vista hipótese de impedimento do Presidente do Supremo Tribunal, não ocorrente no caso concreto. 1. O disposto no parágrafo único do art. 205 do RISTF só se aplica ao Ministro-Presidente que tenha praticado o ato impugnado e não ao posterior ocupante da Presidência. 2. De outro lado, o inciso II do parágrafo único do art. 205 do RISTF prevê hipótese excepcional, qual seja, aquela em que, estando impedido o Presidente do STF, porque autor do ato impugnado, o Tribunal funciona com número par, não sendo possível solver o empate".

30. Gustavo Binenbojm, *Temas de Direito Administrativo e Constitucion*

fixado em lei para o Ministro do Supremo Tribunal Federal.

O Ministro Relator Sepúlveda Pertence foi acompanhado pelos Ministros Gilmar Mendes, Ellen Gracie, Celso de Mello e Ricardo Lewandowski; vencido o Ministro Marco Aurélio que deferia a ordem em maior extensão, para reconhecer ambas parcelas não alcançadas pelo teto, e os Ministros Joaquim Barbosa, Cezar Peluso, Carlos Britto, Eros Grau e Nelson Jobim, que indeferiam a segurança integralmente.

A aplicação do entendimento estabelecido no MS 24.875-DF a proventos de servidor encontra-se consubstanciada na decisão proferida pelo Ministro Sepúlveda Pertence no Recurso Extraordinário 470.780-MG, publicada no *DJ* 9.8.2007 (fls. 348-351).[31]

Nessa decisão o Ministro Sepúlveda Pertence reafirma que o direito adquirido a vantagens incorporadas antes da EC n. 41/2003 não é reconhecido: afasta-se a

31. "RE contra acórdão do Tribunal de Justiça do Estado de Minas Gerais que concedeu mandado de segurança para impedir que os recorrentes façam incidir o teto remuneratório do Poder Legislativo estadual aos proventos do recorrido. Fundou-se, em síntese, a decisão recorrida em que – aposentado o impetrante antes da EC n. 41/2003 – teria direito adquirido, não apenas à irredutibilidade dos proventos percebidos antes de sua promulgação, mas também – conforme a jurisprudência anterior do Supremo Tribunal – a que se considerassem imunes ao teto as vantagens pessoais a eles incorporadas. Alegam os recorrentes – o Estado e a Assembléia Legislativa – que foram violados os seguintes dispositivos constitucionais: a) arts. 3º, III, e 37, *caput*, da Constituição Federal (princípio da moralidade administrativa) – a decisão recorrida desconsiderou totalmente esses dispositivos, violando-os; b) art. 37, XI, da Constituição Federal – violado pela decisão recorrida, que não respeitou o sentido do termo 'remuneração' insculpido no dispositivo citado, como decidido na ADI 14-DF; c) art. 8º da Emenda Constitucional n. 41/2003 – a decisão recorrida desconsiderou que a Emenda n. 41/2003 apenas repetiu os parâmetros para a aplicação do teto remuneratório, em relação aos servidores do Poder Legislativo, já fixados no texto original da Constituição; d) art. 17 do ADCT, da Constituição da República de 1988, e art. 9º da Emenda Constitucional n. 41/2003 – a desobediência ao dispositivo constitucional do teto remuneratório sob o argumento da existência do direito adquirido afronta os artigos referidos, que expressamente afastam a alegação de direito adquirido como fundamento para não aplicação do teto. Decido. O Supremo Tribunal Federal, no regime anterior à Emenda Constitucional n. 41/2003, admitia a incidência do teto tanto a vencimentos quanto a proventos, ficando fora do corte, apenas, as vantagens pessoais (RE 285.706, 1ª T., 26.3.2002, Sepúlveda Pertence). No julgamento do MS 24.875, Pleno, 11.5.2006, de que fui relator, ficou assentada a legitimidade do novo teto remuneratório instituído conforme a EC n. 41/2003, resguardada apenas a garantia constitucional de irredutibilidade da remuneração anterior, licitamente percebida, até que a ultrapassassem reajustes subseqüentes à Emenda. É indubitável que – assim como o fizera a EC n. 19/1998, embora não tenha sido eficaz – a EC n. 41/2003 superou a jurisprudência do Tribunal que excluía do teto as parcelas recebidas sob a rubrica de vantagem pessoal; daí porque agora se afirma a incidência do teto aplicável à categoria respectiva sobre o total da remuneração, incluídas nesta as parcelas correspondentes a vantagens individuais. Malgrado tenha se cuidado de subsídio no MS 24.875, o mesmo raciocínio se aplica a remuneração e a proventos, posto que foi reconhecida a constitucionalidade da nova redação do art. 37, XI, da Constituição Federal. Quanto à ressalva do resguardo inicial da irredutibilidade do montante da remuneração anterior, no mesmo acórdão ressaltei: '49. A garantia da irredutibilidade de vencimentos – ousei afirmá-lo, com o respaldo da maioria do Tribunal – é, sim, modalidade qualificada de direito adquirido e, de qualquer sorte, conteúdo de normas constitucionais específicas, no que toca à magistratura, repisando textos constitucionais anteriores, que a Lei Fundamental vigente estendeu a todos os servidores públicos. 50. Desse modo – não obstante o dogma de que o agente público não tem direito adquirido ao seu anterior regime jurídico de remuneração – há, no particular, um ponto indiscutível: é intangível a irredutibilidade do montante integral dela. 51. Por isso mesmo, é assento consolidado de nossa jurisprudência – de modo a dispensar documentação –, que, quando se cuida de alteração por lei do regramento anterior da composição da remuneração do agente público, assegura-se-lhes a irredutibilidade da soma total antes recebida. 52. Estou, portanto, em que a irredutibilidade – hoje, universalizada – de vencimentos e salários substantiva garantia

incidência do teto pelo instituto da irredutibilidade de vencimentos, que implica a absorção do montante em excesso nas alterações sucessivas do teto. O montante irredutível corresponderia às verbas legais de caráter pessoal incorporadas legitimamente em conformidade com a lei vigente à época e em harmonia com a interpretação que o STF conferia ao limite remuneratório do art. 37, XI, até o advento da EC n. 41/2003.

Diferentemente decidiu a 2ª Turma do STF ao julgar o RE 477.447-0-MG,[32] *DJ* 24.11.2006 (fls. 352-359) e os Ministros Relatores dos RE 537.316-SP, *DJ* 14.8.2007, p. 100; RE 549.010-MG, *DJ* 7.8.2007, p. 159; RE 536.418-MG, *DJ* 7.8.2007, p. 127; RE 461.168-MG, *DJ* 20.6.2007 (fls. 360-370), registrando não caber estender o entendimento firmado no MS 24.875-DF, que reconhece a única exceção à regra do art. 37, XI, da CF, na redação que lhe foi conferida pela EC n. 41/2003, porque os magistrados eram beneficiários da ultratividade do art. 184 da Lei n. 1.711/1952 e também porque na fixação do subsídio em parcela única presumem-se incluídas todas as vantagens pecuniárias de cunho remuneratório.

Relevante para o tema também se apresenta decisão proferida pela Presidente do STF no Pedido de Suspensão de Tutela Antecipada 140 (fls. 371-372), deferindo a suspensão da execução de acórdão da 3ª Câmara de Direito Público do TJSP nos autos do Agravo de Instrumento 627.449-5/9-00 que garantia, sem ressalvas, a irredutibilidade do valor monetário percebido por servidores públicos na época da vigência da EC n. 41/2003, o qual deveria ser pago até que inteiramente compensado pelos futuros reajustes de vencimentos (fls. 373-380).

Foi julgada procedente a ação ordinária promovida pelos servidores estaduais para assegurar a exclusão do cálculo do teto de todas as vantagens de caráter pessoal ou personalíssimas, bem como para condenar o Estado de São Paulo a restituir os valores indevidamente descontados (fls. 383-385).

V – Inclusão e exclusão de parcelas do limite constitucional

Tem surgido alguma discussão no que tange às parcelas que se submetem ao teto e aquelas outras que, somadas ao subsídio, podem gerar remuneração acima do teto.

As vantagens de natureza indenizatória não são computadas para o limite remuneratório (§ 11 do art. 37). Há algumas parcelas, porém, que, por sua especial natureza, podem gerar remuneração superior ao

constitucional oponível às emendas constitucionais mesmas. 53. Trata-se de garantia individual erigida pela própria Constituição que, como tal, a doutrina amplamente majoritária reputa inilidível por emenda constitucional. 54. Ainda, porém, quem a considerar susceptível de sofrer dispensa específica pelo poder de reforma constitucional, creio, haveria de reclamar para tanto norma expressa e inequívoca. 55. Certo, parece tê-lo ensaiado o art. 9º da EC n. 41/2003. 56. Mesmo quando, em tese, fosse tido por admissível, o ensaio se frustrou: o art. 17 ADCT é norma referida ao momento inicial de vigência da Constituição de 1988 – 'serão imediatamente reduzidos aos limites dela decorrentes' – no qual incidiu e, neste momento, pelo fato mesmo de incidir, teve extinta a sua eficácia, tal como é próprio das regras transitórias de efeito instantâneo'. E conclui, com o respaldo da maioria do plenário do Tribunal: 'Esse o quadro, tenho como certo o direito dos impetrantes – sob o pálio da garantia da irredutibilidade de vencimentos –, a continuar percebendo o acréscimo sobre os proventos – no quanto recebido anteriormente à EC n. 41/2003 – até que o seu montante seja coberto pelo subsídio fixado em lei para o Ministro do Supremo Tribunal Federal'. Desse modo, dou parcial provimento ao recurso extraordinário para reformar o acórdão recorrido na parte que afastou a incidência do teto instituído pelo art. 37, XI, da Constituição, com a redação da EC n. 41/2003, garantindo ao recorrido – sob o pálio da irredutibilidade de vencimentos – o direito de continuar percebendo seus proventos (incluídas as vantagens pessoais existentes quando da publicação da EC n. 41/2003) até que seu montante seja absorvido pelas alterações sucessivas do teto. Brasília, 1º de agosto de 2007. Ministro Sepúlveda Pertence, Relator. 6.9.2007 – Conclusos ao relator."

32. Em 22.2.2008, conclusos ao relator.

teto. Como exemplos, o 13º salário, o terço constitucional de férias, o adiantamento de férias, o trabalho extraordinário de servidores, o abono de permanência em serviço (art. 40, § 19, CF). Outras provêm de fontes ou rubricas diversas (*v.g.*, a remuneração pelo exercício do magistério, dentro ou fora do Poder Público, e benefícios oriundos de planos privados de previdência ou de assistência médico-social). Por último, algumas vantagens específicas também têm sido excluídas do limite constitucional. O Conselho Nacional de Justiça e o Conselho Nacional do Ministério Público já regularam a matéria em relação a magistrados e membros do Ministério Público.[33]

Para o exame dessa matéria vale conhecer o teor da Resolução n. 14, de 21.3.2006, do Conselho Nacional de Justiça, que dispõe sobre a aplicação do teto remuneratório constitucional para os servidores do Poder Judiciário e para a Magistratura dos Estados que não adotam o subsídio, cujos dispositivos prevêem:

> Art. 1º. O teto remuneratório para os servidores do Poder Judiciário da União, nos termos do inciso XI do art. 37 da Constituição Federal, é o subsídio de Ministro do Supremo Tribunal Federal e corresponde a R$ 24.500,00 (vinte e quatro mil e quinhentos reais).
>
> Parágrafo único. Enquanto não editadas as leis estaduais referidas no art. 93, inciso V, da Constituição Federal, o limite remuneratório dos magistrados e servidores dos Tribunais de Justiça corresponde a 90,25% (noventa inteiros e vinte e cinco centésimos por cento) do teto remuneratório constitucional referido no *caput*, nos termos do disposto no art. 8º da Emenda Constitucional n. 41/2003.
>
> Art. 2º. Estão sujeitas aos tetos remuneratórios previstos no art. 1º as seguintes verbas:
>
> I – de caráter permanente:
>
> a) vencimentos fixados nas tabelas respectivas;
>
> b) verbas de representação;
>
> c) parcelas de equivalência ou isonomia;
>
> d) abonos;
>
> e) prêmios;
>
> f) adicionais, inclusive anuênios, biênios, triênios, qüinqüênios, sexta-parte, "cascatinha", 15% e 25%, trintenário e quaisquer outros referentes a tempo de serviço;
>
> g) gratificações;
>
> h) vantagens de qualquer natureza, tais como:
>
> 1. gratificação por exercício de mandato (Presidente, Vice-Presidente, Corregedor, Diretor de Foro e outros encargos de direção e confiança);
>
> 2. diferenças individuais para compensar decréscimo remuneratório;
>
> 3. verba de permanência em serviço mantida nos proventos e nas pensões estatutárias;
>
> 4. quintos;
>
> 5. vantagens pessoais e as nominalmente identificadas – VPNI;
>
> 6. ajuda de custo para capacitação profissional.
>
> i) retribuição pelo exercício, enquanto este perdurar, em comarca de difícil provimento;
>
> j) proventos e pensões estatutárias;
>
> k) percepção cumulativa de remuneração, proventos e pensões, de qualquer origem, nos termos do art. 37, inciso XI da Constituição Federal, ressalvado o disposto no art. 4º desta Resolução. (*Revogado pela Resolução n. 42, de 11.9.2007*)
>
> l) outras verbas remuneratórias, de qualquer origem;
>
> II – de caráter eventual ou temporário:
>
> a) gratificação pelo exercício de encargos de direção: Presidente de Tribunal e de Conselho, Vice-Presidente, Corregedor e Vice-Corregedor, Conselheiro, Presidente de Câmara, Seção ou Turma,

33. Resolução n. 14, de 21.3.2006, do Conselho Nacional de Justiça e Resolução n. 10, de 19.6.2006, do Conselho Nacional do Ministério Público.

Diretor de Foro, Coordenador de Juizados Especiais, Diretor e Vice-Diretor de Escola e outros;

b) exercício cumulativo de atribuições, como nos casos de atuação em comarcas integradas, varas distintas na mesma Comarca ou circunscrição, distintas jurisdições e juizados especiais;

c) substituições;

d) diferença de entrância;

e) gratificação por outros encargos na magistratura, tais como: Juiz Auxiliar na Presidência, na Vice-Presidência, na Corregedoria, e no segundo grau de jurisdição, Ouvidor, Grupos de Trabalho e Comissões, Plantão, Juiz Regional de Menores, Juizado Especial Adjunto, Juiz Orientador do Disque Judiciário, e Turma Recursal;

f) remuneração pelo exercício de função comissionada ou cargo em comissão;

g) abono, verba de representação e qualquer outra espécie remuneratória referente à remuneração do cargo e à de seu ocupante;

h) valores pagos em atraso, sujeitos ao cotejo com o teto junto com a remuneração do mês de competência;

III – outras verbas, de qualquer origem, que não estejam explicitamente excluídas pelo art. 4º.

Art. 4º. Ficam excluídas da incidência do teto remuneratório constitucional as seguintes verbas:

I – de caráter indenizatório, previstas em lei:

a) ajuda de custo para mudança e transporte;

b) auxílio-alimentação;

c) auxílio-moradia;

d) diárias;

e) auxílio-funeral;

f) auxílio-reclusão;

g) auxílio-transporte;

h) indenização de férias não gozadas;

i) indenização de transporte;

j) licença-prêmio convertida em pecúnia;

k) outras parcelas indenizatórias previstas em lei e, para os magistrados, as previstas na Lei Orgânica da Magistratura Nacional de que trata o art. 93 da Constituição Federal.[34]

II – de caráter permanente:

a) remuneração ou provento de magistrado decorrente do exercício do magistério, nos termos do art. 95, parágrafo único, inciso I, da Constituição Federal.

b) benefícios percebidos de planos de previdência instituídos por entidades fechadas, ainda que extintas.

III – de caráter eventual ou temporário:

a) auxílio pré-escolar;

b) benefícios de plano de assistência médico-social;

c) devolução de valores tributários e/ou contribuições previdenciárias indevidamente recolhidos;

d) gratificação do magistrado pelo exercício da função eleitoral, prevista nos arts. 1º e 2º da Lei n. 8.350, de 28 de dezembro de 1991, na redação dada pela Lei n. 11.143, de 26 de julho de 2005;

e) gratificação de magistério por hora-aula proferida no âmbito do Poder Público;

f) bolsa de estudo que tenha caráter remuneratório.

IV – abono de permanência em serviço, no mesmo valor da contribuição previdenciária, conforme previsto no art. 40, § 19, da Constituição Federal, incluído pela Emenda Constitucional n. 41, de 31 de dezembro de 2003.

Parágrafo único. É vedada, no cotejo com o teto remuneratório, a exclusão de verbas que não estejam arroladas nos incisos e alíneas deste artigo.

Ainda que o CNJ não seja órgão jurisdicional, trata-se de órgão do STF de natureza administrativa,[35] ao qual compete controlar a "atuação administrativa e financeira do Poder Judiciário" e o "cumprimento dos

34. Há dúvidas, contudo, sobre o caráter indenizatório de algumas dessas vantagens.

35. Nesse sentido a decisão proferida pelo STF, em sua composição plenária, na ADI 3.367-1, *DJ* 17.3.2006.

deveres funcionais dos juízes" (§ 4º, art. 130-B, CF), do que resulta que as normas supra transcritas traduzem importante indicador para o devido equacionamento do limite remuneratório dos servidores públicos municipais.

Observações finais

Como de início salientado, é flagrante o descompasso entre a realidade normativa c a rcalidadc fática.

São muitas as discussões, imensas as dúvidas. Há vários pontos polêmicos.

Após a análise dos textos consagrados nas Emendas Constitucionais abordadas e diante das posturas assumidas pelo STF, tem-se a impressão de que o imperativo ético de limites precisos de remuneração ainda permanece inconcluso. Essa constatação gera uma situação de angústia porque mostra que novas emendas constitucionais virão e, na sucessão de mutações e emendas, o sistema continuará sendo modificado e usada essa alteração para fazer aumento de remuneração de algumas categorias de agentes públicos, que tiveram ao longo desse tempo aumentos sucessivos a partir da elevação do teto constitucional da remuneração constitucional, transformando o teto em piso, sendo que a maior parte dos servidores, que está na base, continua recebendo mal.

A Constituição persiste em interinidade, persiste instável nessa matéria, sujeita a mudanças sucessivas, por decisões judiciais, por emendas constitucionais.[36]

Referências bibliográficas

BINENBOJM, Gustavo. *Temas de Direito Administrativo e Constitucional*. Rio de Janeiro, Renovar, 2008.

CARVALHO FILHO, José dos Santos. *Manual de Direito Administrativo*. 18ª ed., Rio de Janeiro, Lumen Juris, 2007.

DI PIETRO, Maria Sylvia Zanella. *Direito Administrativo*. 21ª ed., São Paulo, Atlas, 2008.

MEIRELLES, Hely Lopes. *Direito Administrativo Brasileiro*. 33ª ed. atual. por Eurico de Andrade Azevedo, Délcio Balestero Aleixo e José Emmanuel Burle Filho. São Paulo, Malheiros Editores, 2007.

TAVARES, André Ramos. *Constituição do Brasil Integrada*. 2ª ed., São Paulo, Saraiva, 2007.

36. A propósito, foi apresentada a PEC n. 89/2007, de autoria do Deputado Federal João Dado, dando nova redação ao inciso XI do art. 37 da Constituição, nos seguintes termos: "Art. 37. (...). XI – a remuneração e o subsídio dos ocupantes de cargos, funções e empregos públicos da administração direta, autárquica e fundacional, dos membros de qualquer dos Poderes da União, dos Estados, do Distrito Federal e dos Municípios, dos detentores de mandato eletivo e dos demais agentes políticos e os proventos, pensões ou outra espécie remuneratória, percebidos cumulativamente ou não, incluídas as vantagens pessoais ou de qualquer outra natureza, não poderão exceder o subsídio mensal, em espécie, dos Ministros do Supremo Tribunal Federal".

DOUTRINA

O MARCO LEGAL DO SANEAMENTO NO BRASIL

FLORIANO DE AZEVEDO MARQUES NETO
Professor Doutor de Direito Administrativo da Faculdade de Direito da USP

Preâmbulo. 1. Os contornos do anteprojeto de lei: 1.1 A estrutura essencial do anteprojeto – 1.2 A definição de "saneamento básico" – 1.3 As competências e os relacionamentos entre entes federativos. 2. Competências em matéria de saneamento ambiental: 2.1 A controvérsia quanto à competência para a prestação dos serviços: Estados ou Municípios: 2.1.1 O quadro constitucional de competências materiais – 2.1.2 As posições da doutrina quanto à competência para a prestação dos serviços – 2.1.3 A posição da jurisprudência – 2.1.4 Algumas considerações pessoais sobre a controvérsia – 2.1.5 O anteprojeto de lei e a questão da titularidade – 2.2 A questão da transferência de competências: 2.2.1 A possibilidade e as formas de transferência de competências de planejamento, regulação e fiscalização: 2.2.1.1 As formas de transferência de competências de planejamento, regulação e fiscalização no anteprojeto – 2.2.1.2 Os limites à transferência de competências de planejamento, regulação e fiscalização – 2.2.2 A possibilidade e as formas de transferência da prestação do serviço: 2.2.2.1 As formas de outorga ou delegação da prestação dos serviços no anteprojeto – 2.2.2.2 Os limites para a outorga ou delegação – 2.3 O papel da União no anteprojeto: a instituição de diretrizes (art. 21, XX) e da Política Nacional de Saneamento Básico: 2.3.1 A competência da União para instituir diretrizes para o saneamento básico – 2.3.2 Limites para o desempenho do papel da União: a análise concreta das prescrições do anteprojeto: 2.3.2.1 A obrigação de planejar, regular e fiscalizar – 2.3.2.2 A subordinação do repasse de recursos federais à adesão à Política Nacional de Saneamento Básico/PNS. 3. Contornos da prestação dos serviços públicos de saneamento: 3.1 Função pública "versus" atividade econômica – 3.2 A questão da inadimplência – 3.3 A questão da obrigatoriedade da conexão à rede pública – 3.4 O direito à salubridade ambiental. 4. Conclusão e resposta aos quesitos.

Preâmbulo

Trata-se de estudo versante sobre proposta de reformulação regulatória do setor de saneamento básico no Brasil, nos termos do anteprojeto de lei que visa a instituir "as diretrizes para os serviços públicos de saneamento básico e a Política Nacional de Saneamento Básico/PNS", o qual o Poder Executivo pretende submeter à apreciação do Poder Legislativo.

O anteprojeto pretende suprir lacuna imperdoável na legislação dos serviços públicos no país. Enquanto boa parte dos serviços públicos brasileiros teve seu quadro regulatório reformulado durante a década de 90, o saneamento básico ficou à margem de tal movimento. O vácuo legislativo é ainda mais grave quando se constata o grau de incerteza que paira sobre o setor – o que, sem dúvida, pode ser identificado como um dos principais inibidores de investimento em saneamento.

O anteprojeto consubstancia, portanto, proposta do novo marco regulatório para o saneamento básico. Como não poderia deixar de ser, ele tange as questões mais intrincadas do setor e, não raro, do direito administrativo como um todo. Os contornos de seu conteúdo serão melhor explicitados ao longo deste trabalho (v. especialmente o tópico 1, infra). Mas importa consignar, por ora, os elementos que serão abordados no presente trabalho.

O debate jurídico mais acalorado no campo da regulação do saneamento básico diz respeito, sem dúvida alguma, à competência para a prestação destes serviços ou, ao menos, da parcela deles referente aos serviços de abastecimento de água e de esgotamento sanitário. Não se trata somente de debate teórico, mas também, e sobretudo, prático, de grande relevância econômica e implicações políticas. As interpretações sobre o regime constitucional de distribuição de competências entre os entes federativos são bastante díspares, mas se concentram, essencialmente, em duas frentes. Há quem sustente que, por terem caráter local, os serviços de saneamento são sempre de competência municipal, enquanto outros afirmam que, diante de determinadas circunstâncias, mais ou menos abrangentes, a competência para prestar parcela ou todos os serviços que integram o saneamento básico deve ser atribuída aos Estados da Federação.

O anteprojeto de lei – como não poderia deixar de ser, já que nosso sistema federativo não admite atribuição infraconstitucional de titularidade – não arbitra a questão da competência para a prestação dos serviços de saneamento básico. Contém, no entanto, em seu bojo, distinção que com ela se relaciona. O anteprojeto distingue entre serviços públicos de saneamento básico de interesse local e serviços públicos de saneamento básico integrados, conferindo-lhes tratamentos jurídicos diferentes. Nesse sentido, uma primeira questão que se pretende ver respondida diz respeito à compatibilidade de tal classificação com os preceitos constitucionais a respeito da competência dos serviços de saneamento.

Questão mais específica, relacionada à primeira, diz respeito ao disposto no art. 25, § 3º, da CF, que trata da criação de regiões metropolitanas, aglomerações urbanas, microrregiões e regiões integradas de desenvolvimento/RIDEs. Também este dispositivo constitucional se relaciona com a titularidade dos serviços, pois constitui o fundamento sobre o qual muitos sustentam a tese da competência estadual. Assim, faz-se igualmente relevante o confronto deste artigo da Carta Maior com as disposições do anteprojeto, no sentido de verificar se as últimas se coadunam com o primeiro.

Além da titularidade dos serviços, o texto do anteprojeto merece igualmente ser analisado no que se refere às hipóteses de delegação, transferência ou prestação conjunta de atividades integrantes dos serviços públicos de saneamento básico. Ele contém disposições bastante inovadoras nessa matéria, tanto no que se refere às formas jurídicas que pode adotar tal delegação ou transferência quanto à sua natureza jurídica. Daí a necessidade de se abordar não somente se são constitucionais tais acordos de delegação ou transferência, mas também, em caso de constitucionalidade, quais os limites estabelecidos pelo regime constitucional.

Ainda no âmbito das competências, é de se notar que a Constituição Federal atribui à União a competência para instituir diretrizes para o saneamento básico (art. 21, XX). Uma das finalidades essenciais do anteprojeto é dar conta de tal competência, o que se verifica não somente pelo conteúdo geral da lei, mas também e especialmente pelo título específico do anteprojeto dedicado às diretrizes para os serviços públicos de saneamento básico. Nesse sentido, procura-se verificar se os preceitos constantes deste título do anteprojeto de lei atendem à noção de "diretrizes" e a seus limites constitucionais.

No que diz respeito às funções materiais atribuídas pela lei à União, também essas suscitam questões da mais elevada importância. Há, por exemplo, previsão no anteprojeto de que o acesso a recursos federais será condicionado à adesão à Política Nacional de Saneamento e ao cumprimento de outras exigências expressamente enumeradas no anteprojeto. Questiona-se, nesse sentido, se a exigência seria conforme com a autonomia e isonomia dos entes federativos, bem como aos demais princípios e regras constitucionalmente assegurados. Indaga-se, igualmente, se as exigências referidas no quesito anterior, no que se refere aos seus aspectos técnicos, podem ser disciplinadas por regulamento ou instrução, na forma como propõe o anteprojeto de lei. De maneira mais geral, busca-se saber se as competências materiais estruturantes da União existentes no anteprojeto – das quais tratarei no curso deste trabalho – guardam consonância com as prescrições constitucionais acima referidas.

Quanto à prestação dos serviços de saneamento propriamente ditos, o anteprojeto toca, ainda, em delicada questão relativa à restrição do acesso aos serviços de abastecimento de água, de esgotamento sanitário e de limpeza urbana em caso de inadimplência do usuário. Também para este caso mister se faz análise detida, que coteje a jurisprudência existente sobre a questão. Finalmente, objetiva-se pesquisar sobre a constitucionalidade das normas do anteprojeto de lei que prevêem a ligação compulsória dos usuários às redes de abastecimento de água e de esgotamento sanitário.

Assim postas, de maneira bem sucinta, as questões a serem abordadas no presente, a final pretendo oferecer resposta às seguintes indagações:

A distinção entre serviços públicos de saneamento básico de interesse local e serviços públicos de saneamento básico integrados constante do "anteprojeto de lei" bem como suas conseqüências no que tange à competência para prover tais serviços podem ser consideradas conformes à Constituição Federal de 1988?

O tratamento da regulação e da prestação dos serviços de saneamento básico nas "regiões metropolitanas, aglomerações urbanas e microrregiões" é consoante com sua disciplina constitucional?

A delegação, transferência ou prestação conjunta de atividades integrantes dos serviços públicos de saneamento básico, pelo ente federativo competente para prestá-las, conforme o regime estabelecido pelo "anteprojeto de lei", são constitucionais? Que formas jurídicas pode tomar tal delegação ou transferência, com base no "anteprojeto de lei"? Qual a natureza jurídica destes acordos? Quais são seus limites constitucionalmente estabelecidos?

O que se deve entender por "diretrizes para o saneamento básico", nos termos do art. 21, XX, da CF? As diretrizes constantes do "anteprojeto de lei" atendem a tal definição e a seus limites constitucionais?

A possibilidade de a União condicionar o acesso a recursos federais à adesão à Política Nacional de Saneamento Básico/PNS e ao cumprimento de algumas exigências previstas no "anteprojeto de lei" é constitucional?

As exigências referidas no quesito anterior, no que se refere aos seus aspectos técnicos, podem ser disciplinadas por regulamento ou instrução, na forma como propõe o "anteprojeto de lei"?

São constitucionais as normas do "anteprojeto de lei" que permitem a restrição do acesso aos serviços de abastecimento de água em caso de inadimplência do usuário (§§ 1º e 2º do art. 6º do anteprojeto de lei)?

São constitucionais as normas do "anteprojeto de lei" que prevêem a ligação compulsória dos usuários às redes de abastecimento de água e de esgotamento sanitário (art. 6º, § 5º, I, e art. 7º, § 2º, do anteprojeto de lei)?

Para tratar das questões aqui levantadas, parece-me imprescindível, como ponto de partida, traçar os contornos essenciais do anteprojeto de lei objeto do presente trabalho, o que farei logo de início (tópico 1).

Abordarei em seguida a questão das competências em matéria de saneamento e sua distribuição entre os entes federativos (tópico 2). Essa me parece a questão-chave para o deslinde da maioria dos pontos de estudo deste trabalho. Trata-se, essencialmente, de analisar a aderência dos preceitos legais ao regime de atribuições e de funcionamento dos entes federativos previsto na Constituição Federal. A questão desdobra-se na análise específica da titularidade para a prestação dos serviços (tópico 2.1), para, então, abordar as possibilidades de delegação e transferência de competências pelo seu titular (tópico 2.2). O estudo das competências constitucionais comporta, igualmente, a delimitação das competências da União para instituir diretrizes sobre o saneamento básico e para formular uma política nacional para o setor, conforme prevista no art. 21, XX, da CF (tópico 2.3).

Para além das questões relativas aos entes públicos e privados encarregados de prestar os serviços de saneamento básico, levantadas em relação ao anteprojeto, o presente texto comportará, igualmente, ponderações quanto às condições objetivas de prestação dos serviços (tópico 3). Assim é que, após uma análise inicial sobre as faces que este serviço público pode assumir, como função pública e como atividade econômica (tópico 3.1), abordarei duas questões específicas que dela decorrem, a saber: a questão da inadimplência (tópico 3.2) e a da obrigatoriedade de fruição (tópico 3.3). Finalmente, tirarei todas as conseqüências do fato de a salubridade ambiental ter sido erigida expressamente em direito coletivo pelo anteprojeto, analisando as conseqüências jurídicas de tal disposição. A resposta objetiva às indagações (tópico 4) arrematará o texto.

1. Os contornos do anteprojeto de lei

A complexidade e a profundidade do anteprojeto de lei justificam que se explicite, inicialmente, a essência de seu conteúdo. Ressaltei aqui os assuntos de maior relevância para o deslinde do trabalho. Assim é que, após abordar *à vol d'oiseau* a estrutura básica do anteprojeto (tópico 1.1), centrei-me na definição de "saneamento básico" utilizada para a confecção da lei (tópico 1.2) e na abordagem da titularidade constante do anteprojeto (tópico 1.3). Para isso, utilizei em grande medida o texto de apresentação da versão inicial do anteprojeto, submetido a consulta pública em meados do ano passado, datado de junho/2004 e que me foi igualmente submetido.[1]

1.1 A estrutura essencial do anteprojeto

Como visto anteriormente, o anteprojeto pretende estruturar os serviços públicos de saneamento básico. Apresenta, inicialmente, dois vetores essenciais relativos ao exercício da competência normativa da União sobre o setor: (i) em primeiro lugar, estabelece suas diretrizes; e (ii) em segundo, estabelece a Política Nacional para o saneamento básico.

Após definir o objeto, o âmbito de aplicação da lei e os conceitos utilizados, o anteprojeto dedica título específico às diretri-

1. Observo, portanto, que farei remissão tanto aos dispositivos do anteprojeto (versão de dezembro/2004) como ao texto de introdução à versão submetida a consulta pública (versão de junho/2004).

zes (Título II), distinguindo entre diretrizes gerais e diretrizes específicas para os serviços de abastecimento de água, esgotamento sanitário, manejo de resíduos sólidos e de águas pluviais. Contém, igualmente, as diretrizes relativas à complementaridade dos serviços, da atividade de planejamento, de regulação e fiscalização dos serviços, de gestão dos serviços contratados, de avaliação de sua qualidade e, finalmente, de tarifação e custeio destes serviços.

As diretrizes contidas no anteprojeto – cujo conteúdo será melhor explicitado no tópico 2.3 deste trabalho – orientam claramente: (i) para a responsabilidade de cada instância da Administração na prestação dos serviços; (ii) para a importância da coordenação de esforços e da institucionalização das formas de cooperação entre as entidades; e, principalmente, (iii) para a necessidade e garantia de regulação, planejamento, fiscalização e controle dos serviços prestados. Assim é que o anteprojeto conjuga a garantia constitucional de liberdade e autonomia dos entes federativos titulares dos serviços de saneamento para regular e prestar esses serviços com a garantia de existência e qualidade destas regulação e prestação. Essa segunda ordem de preocupações é assegurada de duas formas: pela disponibilização de instrumentos de regulação que possam ser voluntariamente adotados por entes federativos que os considerem convenientes e pelo estabelecimento de regulação-*défaut* aplicável em caso de omissão ou deficiência dos titulares quando do desempenho de suas tarefas regulatórias. Esses mecanismos serão melhor estudados adiante.

O Título III do anteprojeto é dedicado à Política Nacional de Saneamento Básico/PNS. Nele está prevista a existência de Sistema Nacional de Saneamento/SISNASA, que os entes federados podem vir a integrar, por meio da adesão à PNS e aos condicionamentos estabelecidos no anteprojeto. Ao fazê-lo, os entes federativos não apenas abraçam os valores estabelecidos de planejamento, controle social dos serviços, critérios para fixação, reajuste e revisão de tarifas e para a delegação dos serviços, como também se habilitam a receber recursos federais. Tem grande destaque na consecução da política proposta pelo Governo Federal não somente a institucionalização de instâncias colegiadas de decisão e controle das atividades, como, também, a confecção de planos de saneamento que permitam razoabilidade, previsibilidade, certeza e integração das ações no setor. Esse mesmo título contempla ainda as disposições relativas à pesquisa científica e tecnológica para o saneamento.

Nos termos do próprio texto introdutório à proposta levada a consulta pública (de junho/2004), o anteprojeto como um todo articula-se em torno do direito à salubridade ambiental, entendido como o bem a ser protegido e promovido. Esse direito continua sendo a espinha dorsal do texto sob análise.

1.2 A definição de "saneamento básico"

Antes de mais nada, o anteprojeto de lei tem o mérito de unificar e aportar precisão conceitual à matéria. Por vezes a expressão "saneamento básico" contempla não apenas as atividades de abastecimento de água e esgotamento sanitário, como também as de limpeza pública e de manejo de águas pluviais. É exemplo disso o art. 43, III, da Constituição do Estado de Minas Gerais. Por vezes a expressão "saneamento básico" compreende tão-somente os serviços relacionados ao abastecimento de água e ao esgotamento sanitário. Igualmente aleatório (ora em sentido amplo, ora em sentido estrito) também é o uso da expressão "saneamento ambiental".

Conforme a definição do art. 2º, I, do anteprojeto, o saneamento básico corresponde ao "conjunto de serviços e ações com o objetivo de alcançar níveis crescentes de salubridade ambiental, compreendendo o abastecimento de água; a coleta, o tratamento e a disposição dos esgotos e dos resíduos sólidos e as demais ações e serviços de limpeza urbana; o manejo das águas pluviais; nas condições que maximizem a promoção e a melhoria das condições de vida nos meios urbano e rural".

Por sua vez, o abastecimento de água compreende "a captação, a adução de água bruta, o tratamento, a adução de água tratada, a reservação e a distribuição de água" (art. 2º, V), enquanto os serviços públicos de esgotamento sanitário envolvem "a coleta, a interceptação, o transporte, o tratamento e a disposição final de esgotos sanitários, incluindo os efluentes industriais compatíveis, bem como de lodos e de outros resíduos do processo de tratamento" (art. 2º, VI). Já os serviços de manejo de resíduos sólidos são definidos como "a coleta, o transbordo e transporte, a triagem para fins de reuso ou reciclagem, o tratamento, inclusive por compostagem, e a disposição final de resíduos sólidos domiciliares, assemelhados e provenientes de limpeza urbana" e "a varrição, a capina e a poda de árvores em vias e logradouros públicos e outros eventuais serviços pertinentes à limpeza urbana" (art. 2º, VII).

Portanto, em síntese, nos termos do anteprojeto de lei, o saneamento básico compreende não somente os serviços relativos ao abastecimento de água e ao esgotamento sanitário, mas também os serviços de limpeza urbana (coleta, tratamento e disposição de resíduos sólidos e varrição) e de manejo de águas pluviais. Adota, assim, a concepção mais ampla de saneamento básico.

Cabem algumas observações sobre tal definição. Em primeiro lugar, é de se sublinhar que as fronteiras do saneamento básico, tal qual delineadas no anteprojeto, não compreendem a regulação dos recursos hídricos necessários à prestação dos serviços ("corpos d'água"), excetuados os casos em que tais bens sejam essencialmente dedicados à prestação dos serviços. Assim é que, nos termos do art. 2º, § 2º, do anteprojeto, "os corpos d'água não integram os serviços públicos de saneamento básico, exceto os lagos artificiais cuja finalidade principal seja a captação de água para abastecimento público ou o tratamento de efluentes".

Não haveria como tal disposição ser diferente. A regulação dos recursos hídricos, na qualidade de bens públicos de natureza escassa, obedece a pressupostos e a regras completamente distintos dos do serviço de saneamento. Assim é que as preocupações e os entes responsáveis pela gestão e pela preservação destes bens públicos são outros em relação ao saneamento.[2] A intersecção entre estas lógicas distintas de gestão do bem público e de prestação dos serviços de saneamento se dá por meio do disposto no art. 6º, I, do anteprojeto, que confere prioridade para o consumo humano no uso do bem público "água".

Além disso, deve-se igualmente observar que a noção de saneamento básico adotada pelo anteprojeto parece pressupor atividade estatal, ou seja, relaciona-se à função pública de disponibilização dos serviços de provimento de água, esgotamento sanitário, limpeza urbana e manejo de águas pluviais à população. Isso porque há outras atividades exercidas pela iniciativa privada que, apesar de enquadradas como saneamento pelo anteprojeto, não são consideradas saneamento básico, por não terem relação com a obrigação do Estado de prestar tais serviços.

Assim é que o § 3º do art. 2º do anteprojeto prevê que "não constitui serviço público a ação de saneamento implementada por meio de soluções individuais, desde que o usuário não dependa de terceiros para operar os serviços, bem como as ações e serviços de saneamento ambiental de responsabilidade privada, incluindo o manejo de resíduos de responsabilidade do gerador".

Tal dispositivo deixa entrever distinção entre *saneamento básico* e *saneamento am-*

2. Sobre as competências constitucionais em matéria de recursos hídricos, v., abaixo, tópico 2.1.1.

biental, sendo o último gênero e o primeiro espécie. Ainda que não exista definição expressa de "saneamento ambiental" no anteprojeto de lei, várias referências no curso do texto demonstram que as expressões não são equivalentes. *Saneamento ambiental* seria noção mais ampla, que compreende – mas nela não se esgota – a definição de *saneamento básico*, esta associada à prestação de serviços públicos pelo Estado. O art. 2º, III, da lei, por exemplo, ao definir o conteúdo do plano de saneamento ambiental, confere-lhe caráter amplo, compreendendo o conjunto de estudos, diretrizes, programas, prioridades, metas, atos normativos e procedimentos que define a programação das ações e dos investimentos necessários para a prestação dos serviços públicos, bem como das demais soluções para a melhoria da salubridade ambiental.[3]

O saneamento ambiental relaciona-se, portanto, ao conceito amplo de "salubridade ambiental", direito que não abarca tão-somente o saneamento básico, para abranger as áreas de saúde, meio ambiente e qualidade de vida de maneira mais geral.[4] Assim, por exemplo, as ações de saneamento de responsabilidade privada, que não constituem serviços públicos – dentre as quais o manejo de resíduos sólidos de responsabilidade do gerador (conforme definidas no art. 2º, § 3º) –, estariam incluídas no conceito de "saneamento ambiental", mas não no conceito de "saneamento básico".[5] É o que indica igualmente o texto introdutório da versão do anteprojeto submetida a consulta pública, ao dispor que, "ainda nos conceitos, o Anteprojeto entende os serviços públicos de saneamento básico como espécies dos serviços de saneamento ambiental (...)". Assim, deve-se ter em conta que as atividades envolvidas no saneamento ultrapassam o simples campo da atividade estatal mas que, ao se falar de "saneamento básico", são bem as responsabilidades estatais que estão envolvidas.

Observe-se, finalmente, que o anteprojeto tem ainda o mérito de estabelecer claramente o âmbito dos serviços públicos de saneamento básico. Ainda que não haja dúvidas quanto ao fato de estes serviços serem serviços públicos,[6] essas atividades não vêm referidas explicitamente como serviços públicos na Constituição da República. Daí a utilidade, ainda que dispensável, diante da essencialidade dos serviços que compõem o saneamento, de nomeá-los expressamente como serviços públicos.

1.3 As competências e os relacionamentos entre entes federativos

É evidente a opção do anteprojeto em não definir ou esclarecer a questão da titularidade

3. Conforme o inciso III: "plano de saneamento ambiental – no que se refere a um determinado âmbito territorial, o conjunto de estudos, diretrizes, programas, prioridades, metas, atos normativos e procedimentos que, com fundamento em avaliação do estado de salubridade ambiental, inclusive da prestação dos serviços públicos a ela referentes, define a programação das ações e dos investimentos necessários para a prestação universal, integral e atualizada dos serviços públicos de saneamento básico, bem como, quando relevantes, das demais soluções para a concretização de níveis crescentemente melhores de salubridade ambiental".

4. Na definição do anteprojeto, a *salubridade ambiental* corresponde a "qualidade das condições em que vivem populações urbanas e rurais no que diz respeito à sua capacidade de inibir, prevenir ou impedir a ocorrência de doenças relacionadas com o meio ambiente, bem como de favorecer o pleno gozo da saúde e o bem-estar".

5. Neste sentido, o uso do predicado "ambiental" mostra-se feliz, na medida em que, pela Constituição, a responsabilidade ambiental não é exclusiva do Poder Público, mas também dos particulares (cf. art. 225 da CF).

6. V., a respeito meu texto "As parcerias público-privadas no saneamento ambiental", a ser publicado proximamente em obra coletiva sobre as *Parcerias Público-Privadas* organizada por Carlos Ari Sundfeld. Lá defendo que não é requisito essencial para que uma atividade receba o tratamento de serviço público que ela esteja prevista, enquanto

dos serviços de saneamento. Nem poderia fazê-lo, pois, como bem lembra o texto introdutório da versão de junho/2004, trata-se de matéria exclusivamente constitucional. Não é demais lembrar que, em nosso federalismo, a Constituição é a primeira e única fonte da divisão de competências entre entes federativos. Ainda que eventual conflito pudesse existir, esse somente poderia ser dirimido por emenda à Constituição ou, ainda, esclarecido ou arbitrado por interpretação da Corte Constitucional brasileira; jamais pelo legislador infraconstitucional.

No entanto, como aquele texto introdutório alerta, o anteprojeto consolida uma posição: a convicção de que o Município tem papel crucial na prestação dos serviços. É com base neste pressuposto que o anteprojeto faz a distinção entre *serviços públicos de saneamento básico de interesse local* e *serviços públicos de saneamento básico integrados* e estabelece formas de relacionamento diferentes entre os entes federativos.

São *serviços públicos de saneamento básico de interesse local*, conforme o art. 2º, IX, do anteprojeto: (i) o sistema de manejo de águas pluviais, ou a parcela dele que receba contribuições exclusivamente de um Município; (ii) os serviços de abastecimento de água, quando destinados a atender exclusivamente a um Município; (iii) os serviços de interceptação,[7] transporte, tratamento e disposição final de esgotos sanitários, quando destinados a atender exclusivamente a um Município; (iv) o transbordo, transporte, tratamento e disposição final de resíduos sólidos urbanos, quando destinados a atender exclusivamente a um Município; e, finalmente, (v) em qualquer caso, a distribuição de água, a coleta de esgotos sanitários, a varrição, a capina, a limpeza e a poda de árvores em vias e logradouros públicos, a coleta, a triagem, o reaproveitamento, o reuso e a reciclagem de resíduos sólidos urbanos e a microdrenagem.

Assim, entre os serviços públicos de saneamento básico de interesse local existem aqueles que ontológica e necessariamente são considerados locais, entre os quais os serviços de distribuição de água e de coleta de esgotamento, a varrição, as atividades a ela relacionadas e as primeiras etapas da cadeia de manejo dos resíduos sólidos urbanos. Existem ainda aqueles que só serão considerados locais quando suas atividades se restringirem ao território ou ao interesse de um único Município.

São *serviços públicos de saneamento básico integrado* aqueles que não são qualificados como de interesse local: a definição é residual (art. 2º, X). Entende-se, portanto, que poderiam ser exemplos de serviços integrados, na definição do anteprojeto, os serviços de tratamento de esgoto ou o fornecimento de água no atacado, entre outros, quando adquirissem proporção para além da local (normalmente, pela necessidade de transcendência dos limites do território local para acesso aos recursos hídricos que constituem os insumos necessários aos serviços).

A coexistência entre os serviços locais e integrados de saneamento depende, portanto, de articulação entre os entes federativos. A existência de serviços que extrapolam o simples âmbito local impõe a necessidade de envolver os Estados – e a União – na regulação e prestação do serviço, ou ao menos os diversos Municípios interessados em sua prestação.

Dispõe o art. 10 do anteprojeto que tais *relações de complementaridade* serão

tal, na Constituição. Revestindo-se ela de alguma essencialidade – relevância para a coletividade num dado momento histórico –, pode o legislador reservar-lhe o regime de serviço público, quanto mais quando não predisser que sua prestação se dê em regime de privilégio ou exclusividade.

7. Não há clareza no anteprojeto sobre o que se deve entender pela atividade de "interceptação". Certamente, a expressão foi escolhida para se contrapor à coleta, que é sempre local. No entanto, este é o único dispositivo que contém essa terminologia, o que pode dar ensejo a alguma confusão. Ainda assim, é possível extrair seu conteúdo. Trata-se, em minha interpretação, do elo de ligação entre a rede de coleta e a rede de transporte do esgoto.

estabelecidas por meio de *contrato de consórcio público* ou de *fornecimento de serviços públicos*, observada a regulação de cada ente sobre a matéria. Os *consórcios públicos*, referidos no art. 241 da CF, teriam por objeto a gestão associada dos serviços públicos de saneamento, "bem como a transferência total ou parcial de encargos, serviços, pessoal e bens essenciais à continuidade dos serviços transferidos". De forma análoga, o *contrato de fornecimento* corresponderia a contrato entre os entes para regular a prestação de serviços integrados. O contrato estabeleceria o âmbito de serviços que seriam objeto de prestação integrada, regularia as condições e garantias recíprocas de fornecimento e de acesso a tais serviços e estabeleceria as regras gerais para tal associação. Maiores detalhes destes instrumentos serão analisados ao longo do presente estudo. Importa, por ora, consignar que esses dois tipos de contratos permitiriam a convivência entre os diferentes interesses envolvidos e o comprometimento dos entes políticos que os representam na organização e prestação dos serviços.

Por outro lado, o anteprojeto menciona o *contrato de programa*, instrumento que também pode regular a assunção de obrigações entre entes federativos no que se refere a prestação dos serviços ou transferência de recursos para tal finalidade, desde que no âmbito da gestão associada (art. 241 da CF). Contrariamente aos dois contratos acima referidos, contudo, o contrato de programa não serve a estruturar a prestação conjunta dos serviços, a delinear as fronteiras e o regime de associação entre os diferentes entes federativos. Ele serve tão-somente a disciplinar a operacionalização de serviços do ponto de vista estritamente obrigacional, tanto que não precisa ser celebrado entre entes políticos, podendo ser assinado por entidades da Administração indireta ou por consórcios públicos.[8]

Assim, a simples análise estrutural do anteprojeto demonstra que, ainda que ele não tenha – como, de fato, não poderia pretender fazer – se preocupado com solucionar a questão da titularidade, a relação entre os entes federativos no desempenho das funções públicas relacionadas ao saneamento permeia toda a construção do marco regulatório proposto. Evidente o intuito de envolver e implicar – mais que excluir – todas as esferas políticas na consecução das finalidades públicas intrínsecas ao setor. É de se analisar, então, se estas disposições lograram aderir ao panorama constitucional de distribuição de competências.

2. *Competências em matéria de saneamento ambiental*

2.1 *A controvérsia quanto à competência para a prestação dos serviços: Estados ou Municípios*

A celeuma referente à competência para a prestação dos serviços de saneamento já foi amplamente explicitada pela doutrina, e suas bases essenciais já se encontram delineadas no início do presente trabalho. Permito-me, portanto, alguma brevidade tanto na descrição das competências constantes do texto constitucional (tópico 2.1.1) quanto na descrição das posições da doutrina sobre a titularidade dos serviços (tópico 2.1.2) e da jurisprudência (tópico 2.1.3) sobre o tema. Apresentarei, então, a minha posição (tópico 2.1.4), para, finalmente, adentrar aquilo que realmente importa para o presente estudo, que é a análise da aderência do anteprojeto aos dispositivos constitucionais relativos à distribuição de competências entre os entes quanto à prestação dos serviços de saneamento básico (tópico 2.1.5).

8. Nos termos do art. 2º, XXII, do anteprojeto, o *contrato de programa* pode ser assinado entre um ente da Federação, inclusive sua Administração indireta, com outro, ou com consórcio público, e regula (i) a prestação dos serviços públicos e (ii) a transferência total ou parcial de encargos, serviços, pessoal e bens necessários.

2.1.1 *O quadro constitucional de competências materiais*

A repartição das competências materiais para a prestação dos serviços públicos entre os entes federativos, no regime ditado pela Constituição Federal, não deixa dúvidas de caráter teórico ou abstrato. O art. 21 da CF estabelece os serviços cuja titularidade pertence à União, nomeando-os expressamente (é o caso dos serviços postais, de telecomunicações e de energia elétrica, entre outros). Compete-lhe privativamente prestar tais serviços, que, por suas características ou por razões históricas, o constituinte houve por bem concentrar nas mãos da União.

Já o art. 30, V, da CF prevê que compete aos Municípios "organizar e prestar, diretamente ou sob regime de concessão ou permissão, os serviços públicos de interesse local (...)". Ainda que alguns serviços públicos municipais estejam expressamente referidos no texto constitucional – como, por exemplo, o serviço público de transporte coletivo local, constante do art. 30, V –, os serviços de competência municipal não são arrolados expressamente, como os de titularidade federal, mas, sim, delineados por meio da abrangência do interesse que encerram.

Finalmente, os serviços estaduais são definidos de maneira residual, por força do disposto no art. 25, § 1º, da CF, que estabelece a competência remanescente do Estado-membro para prestar todos os serviços que não sejam de natureza local. O único serviço público cometido expressamente aos Estados-membros pela Carta Maior respeita à exploração e distribuição dos serviços *locais* de gás canalizado (art. 25, § 2º).

A questão que se coloca, portanto, é a de saber se os serviços que integram o saneamento básico são, ou não, serviços de natureza local, e se o são sempre, ou se determinadas circunstâncias previstas constitucionalmente têm o condão de alterar tal posição. Assim é que o art. 25, § 3º, da CF permite que os Estados-membros instituam, por meio de lei complementar, "regiões metropolitanas, aglomerações urbanas e microrregiões, constituídas por agrupamentos de Municípios limítrofes, para integrar a organização, o planejamento e a execução de funções públicas de interesse comum".[9] A questão põe-se, então, nos seguintes termos: a "execução de funções públicas de interesse comum", referida em tal artigo, quereria dizer que, nesses casos, a competência para a prestação dos serviços deixa de ser municipal para se tornar estadual, diante da superação do interesse local?

Deve-se observar, ainda, no que diz respeito às competências materiais constantes da CF, que seu art. 23, IX, prevê ser obrigação comum de todos os entes políticos brasileiros promover a melhoria das condições de saneamento básico. A doutrina atribui a tal dispositivo constitucional importância e conotações diversas, como se verá adiante (tópico 2.1.2).

Finalmente, há que se destacar que o art. 21, XX, da Carta prevê que compete à União "instituir diretrizes para o desenvolvimento urbano, inclusive habitação, saneamento básico e transportes urbanos". É de se discutir, nesse caso, se a competência estabelecida no dispositivo tem natureza normativa ou executiva. Isso porque ela se encontra entre as competências previstas no art. 21, que agrupa as competências de natureza material atribuídas à União (tópico 2.3).

A análise das disposições constitucionais e do histórico de sua interpretação pela doutrina (tópico 2.1.2) e pela jurisprudência (tópico 2.1.3) demonstra que o texto constitucional não foi suficiente, até o presente momento, para dirimir a polêmica a respeito dos contornos da titularidade destes serviços.

9. Para uma análise mais pormenorizada das regiões metropolitanas, v., infra, tópico 2.1.5.

2.1.2 *As posições da doutrina quanto à competência para a prestação dos serviços*

Parece-me desnecessário reproduzir em pormenores a discussão sobre a titularidade dos serviços de saneamento básico. De maneira geral, há quem entenda que todos os serviços integrantes da cadeia são de natureza municipal e que nenhuma circunstância pode alterar a titularidade do Município sobre tais serviços. Com menor ou maior grau de aderência a esta corrente encontram-se José Afonso da Silva,[10] Eros Roberto Grau[11] e Íris Araújo Silva.[12]

Por outro lado, há quem entenda que, ainda que a competência para prestar tais serviços seja em geral dos Municípios, os Estados têm a capacidade de avocar para si tal competência, mediante lei complementar, na forma do art. 25, § 3º. Assim, os serviços seriam municipais quando prestados em âmbito estritamente local, e deixariam de sê-lo caso houvesse lei complementar estadual que delimitasse novo espaço geográfico para seu provimento, atribuindo a titularidade ao Estado. São partidários da tese, denominada estadual-metropolitana, entre outros, os juristas Geraldo Ataliba e Rosoléa Folgosi,[13] Caio Tácito,[14] Diogo de Figueiredo Moreira Neto[15] e Luís Roberto Barroso.[16]

Uma terceira corrente, encabeçada por Alaôr Caffé Alves,[17] considera que a possibilidade de transferência da titularidade dos serviços para os Estados-membros não depende da instituição de região metropolitana por lei complementar, mas, sim, de alteração das condições técnicas ou territoriais da prestação do serviço, a ponto de justificar a necessidade de tratá-lo em nível mais abrangente, ou, ainda, de melhor preparo da esfera de governo mais abrangente para prestar satisfatoriamente o serviço. Partindo da premissa de que todos os entes federativos têm, ao menos em teoria, competência comum em relação ao provimento dos serviços de saneamento básico, conforme o art. 23, IX, da CF, o autor considera que os Estados-membros poderiam ser eventualmente chamados a exercer uma espécie de competência comum supletiva nos casos em que existe interesse regional predominante.

Assim, para o autor, se a amplitude do serviço ultrapassa o interesse local, "as competências constitucionais devem ser reinterpretadas para providenciar o ajuste necessário entre realidade e norma jurídica".[18] Em síntese, "conforme as atuais disposições constitucionais, como já foi visto, os serviços de saneamento básico comportam ser gerenciados por quaisquer

10. José Afonso da Silva, *Direito Urbanístico Brasileiro*, 3ª ed. revista e atualizada, São Paulo, Malheiros Editores, 2000, pp. 155 e ss.

11. Eros Roberto Grau, *Regiões Metropolitanas: Regimes Jurídicos*, São Paulo, José Bushatsky Editor, 1974; "Regiões metropolitanas: uma necessária revisão de concepções", *RT* 521/11; "Análise, crítica e implementação da legislação metropolitana", *Revista Brasileira de Estudos Políticos* 40/25, janeiro/1975.

12. Íris Araújo Silva, "Regiões metropolitanas e autonomia municipal", *Revista Brasileira de Estudos Políticos*, Belo Horizonte, 1981.

13. V., por exemplo, Geraldo Ataliba e Rosoléa Folgosi, "Saneamento básico – Serviço público estadual e municipal – Contrato administrativo entre SABESP e Município – Concessão não-ordinária", *RTDP* 9/105 e ss.

14. Caio Tácito, "Saneamento básico – Região metropolitana – Competência estadual (parecer)", *RDA* 222/307, outubro-dezembro/2000.

15. Diogo de Figueiredo Moreira Neto, "Poder concedente para o abastecimento de água", *Revista de Direito da Associação dos Procuradores do Novo Estado do Rio de Janeiro*, 1999, pp. 61 e ss.

16. Luís Roberto Barroso, "Saneamento básico: competências constitucionais da União, Estados e Municípios", *Revista de Informação Legislativa* 153/255 e ss., Brasília, janeiro-março/2002. Este mesmo texto é encontradiço também em *Temas de Direito Constitucional*, t. II, Rio de Janeiro, Renovar, 2003, pp. 117-144.

17. Alaôr Caffé Alves, *Saneamento Básico. Concessões, Permissões e Convênios Públicos*, 1ª ed., Bauru, Edipro, 1998.

18. Idem, p. 31.

das três esferas de poder da República, incluindo o Distrito Federal, observadas determinadas condições resultantes quer da natureza do serviço (monopólio natural), quer das circunstâncias institucionais que demarcam âmbitos de atuação privativos (como, por exemplo, o envolvimento do interesse regional específico que não pode ser atendido pelo Município isolado, ou do interesse local, quando o serviço é adequadamente realizado neste nível)".[19]

2.1.3 *A posição da jurisprudência*

A jurisprudência ainda não arbitrou de maneira definitiva entre as diferentes correntes relativas à titularidade dos serviços, ainda que ela deva fazê-lo brevemente. Atualmente encontra-se *sub judice*, junto ao STF, ação direta de inconstitucionalidade tendo por objeto a constitucionalidade de lei complementar estadual que cria a Região Metropolitana do Rio de Janeiro e avoca para o Estado a titularidade sobre todos os serviços de saneamento.[20]

Em sede liminar, o Min. Maurício Corrêa, relator da referida ação direta de inconstitucionalidade, não vislumbrou inconstitucionalidade na lei complementar, considerando que "a forma de repartição constitucional de competências visa exatamente a essa atuação conjunta e integrada, que, no caso dos Estados e Municípios, consideradas as peculiaridades regionais de cada um, pode ser redimensionada segundo autoriza o § 3º do art. 25 da Carta de 1988". Aduziu o Ministro que "esse agrupamento de Municípios, que decorre inicialmente da necessidade física concreta de formação de conglomerado urbano único, não se dá para fins meramente acadêmicos, geográficos ou algo parecido, mas efetivamente para cometer ao Estado a responsabilidade pela implantação de políticas unificadas de prestação de serviços públicos, objetivando ganhar em eficiência e economicidade, considerados os interesses coletivos e não individuais. Os problemas e os interesses de cada núcleo urbano passam a interagir de tal modo que acabam constituindo um sistema socioeconômico integrado, sem que com isso possa admitir-se a ocorrência de violação à autonomia municipal, tendo em vista o comando constitucional autorizador".

Apesar de concordar que, "sem dúvida, a instituição desse mecanismo torna relativa a autonomia municipal nas matérias que a lei complementar julgou por bem transpor para o Estado", o Ministro considerou que a participação dos Municípios na solução dos impasses dos serviços não apenas seria desejável, "mas essencial, em face da qualificação do próprio sentido vernacular do verbo 'integrar' utilizado pela Constituição, do qual desponta cristalino que as decisões de interesse dessas áreas deverão ser compartilhadas entre os Municípios que as compõem e o Estado".[21]

19. Idem, p. 34.

20. Trata-se da ADI 1.842-5-RJ, entrada no STF em 9.6.1998 (rel. Min. Maurício Corrêa), que tem como requerente o Partido Democrático Trabalhista/PDT. A ação direta de inconstitucionalidade questiona vários dispositivos da Lei Complementar estadual 87/1997, que cria a Região Metropolitana do Rio de Janeiro. A referida lei definiu como sendo "de interesse metropolitano ou comum as funções públicas e os serviços que atendam a mais de um Município, assim como os que, restritos ao território de um deles, sejam de algum modo dependentes, concorrentes, confluentes ou integrados de funções públicas, bem como os serviços supramunicipais, notadamente (...) saneamento básico, incluindo o abastecimento e produção de água desde sua captação bruta dos mananciais existentes no Estado, inclusive subsolo, sua adução, tratamento e reservação, a distribuição de água de forma adequada ao consumidor final, o esgotamento sanitário e a coleta de resíduos sólidos e líquidos por meio de canais, tubos ou outros tipos de condutos e o transporte das águas servidas e denominadas esgotamento, envolvendo seu tratamento e decantação em lagoas para posterior devolução ao meio ambiente em cursos d'água, lagos, baías e mar, bem como as soluções alternativas para os sistemas de esgotamento sanitário".

21. STF, ADI 1.842-5-RJ (liminar), rel. Min. Maurício Corrêa, j. 21.4.2004.

Em outro caso concreto submetido ao STF, a Corte referiu-se, ainda que sumariamente, à lição de José Afonso da Silva, segundo o qual "a titularidade dos serviços comuns não pode ser imputada a nenhuma das entidades em si, mas ao Estado e aos Municípios envolvidos".[22] Não se pode afirmar, no entanto, que esta seja uma posição firme desse Colegiado, como abaixo se verá.

Também no sentido da titularidade estadual de serviços de saneamento prestados em região metropolitana, o TJSP, em contencioso que opõe a Prefeitura do Município de São Paulo à Cia. de Saneamento Básico do Estado de São Paulo/SABESP, deferiu em sede liminar a suspensão da vigência da Lei do Município de São Paulo 13.670/2003, que regulava os serviços municipais de saneamento, por vislumbrar nela risco de inconstitucionalidade. A lei instituía o sistema municipal de regulação dos serviços públicos de abastecimento de água e de saneamento e afirmava a titularidade municipal sobre os serviços municipais. A concessão da medida liminar foi fundada em três ordens distintas de argumentação: (i) o fato de São Paulo ter seu sistema de aprovisionamento de água interligado com outros Municípios; (ii) a possibilidade de haver "prejuízos inestimáveis e de difícil reparação" à população com a mudança repentina de competências; e (iii) a existência de lei complementar que cria região metropolitana na área.

Em sentido contrário, deve-se consignar que, em ação direta de inconstitucionalidade contra lei do Estado do Rio Grande do Sul, o mesmo STF consignou que "constitui-se a região administrativa em um organismo de gestão territorial compartilhada em razão dos interesses comuns, que tem no Estado-membro um dos partícipes e seu coordenador, ao qual não se pode imputar a titularidade dos serviços em razão da unidade dos entes envolvidos". Ao discutir eventual vício de iniciativa quanto à lei que criou região metropolitana, o STF considerou que não haveria inconstitucionalidade, pois a lei não tratava de matéria de organização e funcionamento da Administração Pública ou do serviço público, ambos de iniciativa do Poder Executivo (art. 61, § 1º, II, "b"e "e", e art. 84, VI, da CF, aplicáveis por analogia).[23]

Assim, ao menos neste julgamento, a jurisprudência da Corte Suprema – em sede do Tribunal Pleno – considerou que não há transferência de titularidade de serviços públicos com a criação de região metropolitana. Uma vez que a Corte não vê a necessidade de iniciativa legislativa do Poder Executivo para a edição da lei complementar que cria a região metropolitana, ela considera que tal lei não versa sobre serviços públicos, e, por isso, naquele caso concreto, não contrariaria o disposto no art. 61, § 1º, II, "b", da CF.

Em outro exame de constitucionalidade de lei estadual alguns ministros do Supremo adotaram posição igualmente favorável ao reconhecimento do caráter local do serviço. A lei então em análise estabelecia normas para prestação do serviço pela Cia. Catarinense de Águas e Saneamento/CASAN, concessionária municipal dos serviços de abastecimento de água e entidade integrante da Administração indireta Estadual. Ainda que o Tribunal tenha se dividido em duas posições distintas, prevaleceu, por cinco votos a quatro, a posição de que os serviços eram de titularidade municipal; e, portanto, não cabia ao Estado legiferar sobre a matéria. Como exemplo, consignou a Min. Elien Gracie que, "sem dúvida alguma, o serviço de prestação de fornecimento de água compete ao Município, ainda que seja atribuído por concessão a uma empresa; no caso, uma empresa estadual". O Min. Carlos Velloso fez, igualmente, menção expressa à titularidade municipal do serviço, o que tornava o

22. STF, Tribunal Pleno, ADI 2.809-0-RS, rel. Min. Maurício Correa, j. 25.9.2003.

23. STF, Tribunal Pleno, ADI 2.809-0-RS, rel. Min. Maurício Corrêa, j. 25.9.2003.

Município competente para legislar.[24] Não foi feita exceção expressa ou tácita às regiões metropolitanas existentes no Estado, o que deixa entender que também estas estão abarcadas pelo princípio geral de que a titularidade dos serviços de saneamento básico pertence aos Municípios.

Conclui-se que a posição jurisprudencial sobre o tema é ainda incerta. É de se esperar que em futuro breve a Corte constitucional venha a solucionar tal celeuma, uma vez que cabe a ela – e tão-somente a ela – este papel.

2.1.4 *Algumas considerações pessoais sobre a controvérsia*

É de se observar, inicialmente, que a controvérsia em relação à titularidade dos serviços de saneamento básico não diz respeito – senão de maneira muito marginal – à limpeza urbana. Estes serviços são reconhecidos como serviços locais, e em praticamente todo o país são prestados em nível local, sob a responsabilidade do Município. Do mesmo modo, e independentemente da questão dos recursos hídricos, a atribuição das atividades de drenagem urbana não enseja muita polêmica, sendo aceita, de forma praticamente consensual, a competência municipal.

Tampouco parece haver controvérsia no que se refere à titularidade dos recursos hídricos que servem de insumo aos serviços de saneamento básico. A gestão dos recursos hídricos compete aos titulares, com base no regime geral, estabelecido pela Constituição, de que compete a cada um dos entes federativos gerir os bens de seu domínio, entre os quais os rios e bacias hidrográficas que se encontram em seus limites.

Assim, competirá à União gerir os recursos interestaduais, aqueles que sirvam de limites com outros países, se estendam a território estrangeiro ou dele provenham (art. 20, III, da CF). Da mesma forma, no que tange à exploração dos recursos para a finalidade de produção de energia, a Constituição estabelece a competência da União para "explorar, diretamente ou mediante autorização, concessão ou permissão, os serviços e instalações de energia elétrica e o aproveitamento energético dos cursos d'água, em articulação com os Estados nos quais se situam os potenciais hidroenergéticos" (art. 21, XII, "b").

Aos Estados-membros, conforme o art. 26, I, da CF, competirá gerir seus recursos hídricos, definidos como "as águas superficiais ou subterrâneas, fluentes, emergentes e em depósito, ressalvadas, neste caso, na forma da lei, as decorrentes de obras da União". Por fim, pelo disposto no inciso III do art. 29 do Código de Águas, Decreto 24.643/1934 (recepcionado com força de lei desde a Constituição de 1934), competiria aos Municípios gerir as águas públicas "quando, exclusivamente, situadas em seus territórios".[25] Entretanto, há que se verificar que não existe previsão expressa na Constituição Federal do domínio hídrico pelos Municípios. Ao contrário, a sistemática constitucional dá a entender o domínio estadual por exclusão, ou seja, todos aqueles recursos que não forem da União são considerados estaduais.[26] Portanto, não cabe, hoje, aos

24. STF, Tribunal Pleno, ADI 2.340-3-SC (liminar), rel. Min. Marco Aurélio, j. 21.3.2001.

25. De maneira geral, a Constituição atribui a todos os entes federativos (União, Estados e Municípios) o poder de legislar e de gerir os seus bens. No que concerne à água e à sua gestão, não se trata mais de disciplinar um serviço – como é o caso do saneamento –, mas de um bem. Conforme o art. 22, IV, da CF, é de competência privativa da União legislar sobre águas e energia. Segundo o parágrafo único do mesmo artigo, tal competência pode ser delegada aos Estados, por lei complementar, no que concerne a questões específicas das matérias relacionadas. Ainda, os Estados da Federação "podem dispor sobre o aproveitamento de seus bens e a utilização de recursos hídricos sob o seu domínio, nos termos da competência que lhes conferem os arts. 25, § 1º (competência remanescente), e 26, II e III". Aos Municípios caberá suplementar a legislação estadual e federal.

26. Essa é, por exemplo, a posição de Hely Lopes Meirelles, segundo quem "os rios públicos,

Municípios, em princípio, titularidade sobre recursos hídricos, e, por conseguinte, são despossuídos de competência material quanto à gestão e à exploração dos recursos hídricos.[27]

A controvérsia localiza-se, portanto, nos serviços relacionados ao abastecimento de água e ao esgotamento sanitário. Porém, neste campo o debate se coloca em quadrantes um tanto invertidos. Onde poderia haver alguma polêmica – qual seja, nas etapas da cadeia que envolvem transcendência do território municipal (*v.g.*, captação, adução de água bruta, tratamento, adução de água tratada e reservação de água) – vê-se menor o conflito de posições. Porém, maior celeuma é levantada no tocante ao sistema de distribuição de água e coleta de esgotos sanitários, especialmente em Municípios que demandam solução integrada que engloba diversos Municípios. Não desconheço que isso decorre da disputa pela competência para travar relação direta com o usuário (e, via de conseqüência, arrecadar tarifas e determinar como serão prestados os serviços), o que põe o foco na prestação da etapa mais local da cadeia (o vértice *usuário final*). Porém, digo e repito que tais quadrantes se mostram equivocados, pois não consigo ver como o fato de, no vértice da cadeia oposto ao usuário, os serviços demandarem soluções transmunicipais implica a descaracterização das etapas de distribuição de água e de coleta de esgotos como atividades intrinsecamente locais (e, portanto, cabentes aos Municípios).[28]

Pois bem. Delimitado o problema, passo à sua apreciação. O fato de que alguma parcela do serviço de saneamento urbano venha a ser caracterizada como serviço local, quando prestado nos estritos limites do Município, não parece trazer dúvidas, ao menos para a quase totalidade da doutrina e da jurisprudência.

Nesse sentido, pode-se citar como exemplo o precedente de julgamento de medida cautelar em ação direta de inconstitucionalidade movida pelo Governo Estado de São Paulo contra disposição da Constituição paulista no qual o STF reconhece o enquadramento, ao menos em algumas de suas etapas, dos serviços de saneamento no disposto no art. 30, V, da CF.[29] Importante

na partilha constitucional desde 1946, ficaram repartidos entre a União e os Estados-membros, sem se atribuir qualquer domínio fluvial ou lacustre aos Municípios, o que importa derrogação do art. 29 do Código de Águas, que os distribuía entre as três entidades estatais" (*Direito Administrativo Brasileiro*, 21ª ed., São Paulo, Malheiros Editores, 1995, p. 475; com diferente redação, mas no mesmo sentido, v. a mesma obra, 29ª ed., 2004, pp. 537 e ss.). É de se notar, contudo, que o texto da Constituição de 1988, ao se referir à União, diz "lagos, rios e quaisquer correntes de água", e quando se refere aos Estados alude às "águas superficiais ou subterrâneas, emergentes e em depósito", no que se evidencia sutil diferença nas características dos recursos hídricos reconhecidos a cada um desses entes.

27. Poder-se-ia, ainda, argumentar que os recursos hídricos que se esgotam em um único Município – e que constituem, portanto, estrito interesse local – sujeitam-se ao âmbito de atuação dos Municípios (conforme o princípio do interesse local e o princípio de que cada ente cuida dos bens que se encontram sob o seu domínio). Mesmo esta tese é controversa. A corroborá-la pode-se invocar a competência legislativa do Município, que permitiria, em tese, que o próprio Município arrogasse para si a competência material de gestão dos rios que se encontrassem dentro de seus limites territoriais. Ainda assim, não se pode olvidar que a gestão dos recursos hídricos, na disposição literal da Constituição, cabe seja à União, seja aos Estados da Federação. Tal gestão compreende, evidentemente, a outorga para a exploração dos referidos recursos, seja ela para particular, seja ela para entidade integrante da Administração Pública.

28. Lembre-se – e retomarei este exemplo mais adiante – que há serviços públicos municipais (porquanto locais) que têm no *upstream* uma cadeia de serviço público da União sem perder sua característica local. É o caso da iluminação pública, ponta posterior à cadeia de energia elétrica, encerrada no âmbito da competência material da União na distribuição desse insumo.

29. O art. 293 da Constituição do Estado de São Paulo dispõe que "os Municípios atendidos pela

seria, então, saber a extensão dos serviços de caráter local que seriam de titularidade dos Municípios. A verdade é que nem todas as atividades integrantes do plexo "saneamento" terão caráter local (ou, dito de melhor maneira, nem todas podem ser equacionadas no âmbito estrito do território de um Município). Porém, sempre há etapas da cadeia que têm caráter local (especialmente o vértice da cadeia: coleta e distribuição). É desse caráter local que decorre a competência municipal ou transmunicipal para a prestação dos serviços.

Verifica-se na cadeia de saneamento básico que há etapas invariavelmente municipais – dado seu caráter local – e outras que podem vir a transcender o âmbito de atuação dos Municípios. As etapas de distribuição de água e de coleta de esgotos parecem ser intrinsecamente locais, pois envolvem rede capilarizada que acentua sua proximidade aos usuários e à localidade em que se inserem. Já a captação e a adução de água dependem das características hidrológicas da região e da forma como nelas se dão o uso e a ocupação do solo, podendo tais serviços ter caráter local ou não. Finalmente, as etapas intermediárias da cadeia – como a coleção e distribuição no atacado e o tratamento de água bruta e de esgoto – têm, em princípio, caráter local, mas podem assumir características supralocais em função da configuração hídrica específica.

A análise da cadeia de saneamento básico permite, portanto, concluir que, *em princípio*, prevalece a competência municipal para a prestação de tais serviços, sejam eles relacionados à limpeza urbana e ao manejo de águas pluviais, sejam eles, ainda, relacionados com o abastecimento de água e de esgoto.[30] E isso por várias razões.

Tenho como certa a existência do interesse local nas atividades de distribuição de água e de coleta de esgotos sanitários.[31] Não convém retomar, aqui, toda a discussão doutrinária a respeito do que se deve entender por "interesse local". É de se ressaltar – como fazem os estudiosos que se dedicaram à matéria – que o "interesse local" de que trata a Constituição em seu art. 30 substitui o "peculiar interesse" constante da Carta anterior. Não é interesse exclusivo ou privativo do ente político ao qual se atribui a competência, mas, sim, predominância de seu interesse em relação aos demais. Nesse

Cia. de Saneamento Básico do Estado de São Paulo poderão criar e organizar seus serviços autônomos de água e esgoto". Por sua vez, seu parágrafo único, contestado na ação, previa que "a indenização devida à Cia. de Saneamento Básico do Estado de São Paulo será ressarcida após o levantamento de auditoria conjunta entre a Secretaria da Fazenda do Estado e o Município, no prazo de até 25 (vinte e cinco) anos". Ao julgar a cautelar, o STF claramente expôs que "o *caput* do art. 293 da Constituição paulista, não impugnado, está em consonância com o que dispõe o art. 30, V, da CF, porquanto prevê que cabe aos Municípios organizar e prestar, diretamente ou sob regime de concessão ou permissão, os serviços públicos de interesse local" (STF, ADI 1.746-6-SP (medida liminar), rel. Min. Maurício Corrêa, j. 18.12.1997).

30. V., no mesmo sentido, meu texto "As parcerias público-privadas no saneamento ambiental", acima referido (nota 6).

31. Como disse anteriormente, não cogito de haver dúvidas de que os serviços de coleta, transporte, tratamento e disposição final de resíduos sólidos (domiciliares ou não) estão no plexo de competências dos Municípios, da mesma forma como a drenagem urbana. Não sendo o tema objeto de polêmica relevante, pouparei maiores perorações a seu respeito. Considero apenas que nos serviços de limpeza urbana todas as etapas da cadeia podem, em tese, ser realizadas no âmbito territorial de um mesmo Município. Se tal fazer se mostra economicamente viável ou ambientalmente conveniente é outro tema. Em princípio se pode dar solução final a resíduos em qualquer Municipalidade (embora uma planta de incineração de resíduos incrustada na mancha urbana não seja recomendável). Porém, tecnicamente, isso é possível. A desnecessidade de um insumo eventualmente escasso ou inexistente no território municipal (como a água no saneamento) predica que todas as etapas da cadeia de coleta de resíduos possam ser tratadas como serviço de âmbito local. Nesse sentido, registro, sem capitular,

sentido é o entendimento de Alaôr Caffé Alves[32] e Hely Lopes Meirelles.[33]

O caráter local dos serviços de saneamento básico, ainda vistos como um conjunto, decorre da natureza de cada uma das etapas da cadeia de valor dos serviços públicos analisados. Mesmo que cada uma delas seja condição necessária para que as demais ocorram, parece igualmente óbvio e intuitivo que aquela etapa que maior valor e maior relevância terá para o usuário final do serviço público corresponde àquela em que ele trava maior contato com o serviço. Ora, no caso do abastecimento de água e de esgotamento sanitário, a etapa de distribuição de água e de captação de esgoto, ambos por meio de rede capilarizada de natureza local, são as faces visíveis e palpáveis destes serviços públicos de saneamento. É nesse momento que a função pública dos serviços – a disponibilização de utilidade essencial à população, para sua fruição – se consuma. A atividade de entrega da utilidade ou de prestação final ao usuário tem, em essência, caráter local. Não tem ela a característica de atacado ou de construção de uma plataforma (rede) de abrangência nacional, obrigatoriamente integrada num único sistema, intercomunicante. As atividades tanto de distribuição (entrega final) de água quanto de coleta pontual de esgotos podem ser, em tese, organizadas e concebidas de forma insular, sem qualquer prejuízo para o funcionamento do serviço de saneamento como um todo. A integração a ser observada se dará no campo dos parâmetros ambientais, mas isso não desnatura o caráter local das atividades, haja vista que o respeito ao meio ambiente deve perpassar todas as atividades econômicas, sejam serviços públicos ou não, prestadas no âmbito nacional, estadual, municipal, distrital.

A afirmação não decorre tão-somente de bom senso. A análise da sistemática constitucional favorece a consideração da rede de distribuição ou de coleta como um indício da existência e preponderância de interesse local. Assim é que, no caso da distribuição canalizada de gás, a Constituição viu-se na necessidade de atribuir expressamente ao Estado a realização deste serviço, porque envolvia a prestação de serviço "local"de gás canalizado. É bom notar que esta é uma exceção constitucional à regra de os serviços públicos estaduais não serem expressamente referidos no texto, tendo caráter residual. A prescrição explícita da competência estadual sobre estes serviços reforça minha convicção de que as atividades de distribuição final[34] têm

a contrariedade de muitos técnicos, do Governo e de fora dele, em face deste meu entendimento.

32. "Comecemos pelo Poder concedente municipal. Conforme doutrina, o interesse local se caracteriza como interesse dominante, e não como interesse exclusivo do Município. Esta posição é extremamente adequada, mormente nos dias de hoje, em que as atividades locais estão profundamente entranhadas com as de outras localidades de nível regional, nacional e até internacional (globalização). Se fôssemos procurar o interesse exclusivo do Município, pouquíssimas questões sobrariam como de sua competência" (Alaôr Caffé Alves, *Saneamento Básico. Concessões, Permissões e Convênios Públicos*, 1ª ed., pp. 73 e ss.).

33. "O interesse local, já definimos, não é o interesse exclusivo do Município, porque não há interesse municipal que o não seja, reflexamente, do Estado-membro e da União. O que caracteriza o interesse local é a predominância desse interesse para o Município em relação ao eventual interesse estadual ou federal acerca do mesmo assunto" (Hely Lopes Meirelles, *Direito Administrativo Brasileiro*, 29ª ed., São Paulo, Malheiros Editores, 2004, p. 331). Ou, ainda: "(...) tudo quanto repercutir direta e imediatamente na vida municipal é de interesse peculiar do Município, embora possa interessar também indireta e mediatamente ao Estado-membro e à União. O provimento de tais negócios cabe exclusivamente ao Município interessado, não sendo lícita a ingerência de poderes estranhos sem ofensa à autonomia local. Pode e deve o Município repelir tais interferências" (Hely Lopes Meirelles, *Direito Municipal Brasileiro*, 6ª ed., São Paulo, Malheiros Editores, 1993, p. 68).

34. Eis aqui uma outra peculiaridade do saneamento nos serviços de água e esgoto.

caráter local. Portanto, *a contrario sensu* da expressa prescrição constitucional sobre o gás canalizado, os demais serviços com as mesmas características (rede de distribuição ou coleta que atinge o domicílio do indivíduo) deverão ser considerados locais – de competência municipal, portanto.

Poder-se-ia argumentar, em sentido contrário, que também a eletricidade e as telecomunicações pressupõem a entrega da utilidade por meio de rede capilarizada de distribuição. Contudo, em um caso como no outro, a estrutura da rede e o funcionamento do serviço pressupõem centralização que parece inexistir – ou existir em baixo grau e intensidade – no saneamento. Esses serviços – como outros atribuídos à União – caracterizam-se pela necessidade de integração da infra-estrutura, padrões de interoperabilidade e lógica supralocal e supra-regional. No caso da energia, não somente o despacho é centralizado, mas o sistema é interligado como um todo, e sua gestão depende de um único operador nacional. No caso das telecomunicações, a própria natureza do serviço não conhece fronteiras e inviabiliza qualquer idéia de prevalência do interesse local. Se, no caso do saneamento, o planejamento centralizado é importante para que não haja desperdício ou esgotamento da infra-estrutura e dos insumos naturais, também é verdade que o serviço pode ser executado de maneira segmentada e isolada, localizada. E lembremos que os serviços de telecomunicações e energia elétrica inicialmente eram de competência municipal e foram transferidos, por força constitucional, para a União. O próprio fato de a Carta se referir a eles expressamente como de titularidade da União (cf. art. 21, XI e XII, "b") reforça o entendimento aqui esposado.

É bem verdade, por outro lado, que, assim como no caso da energia, os serviços de abastecimento de água podem depender de insumo (recurso hídrico) de natureza regional, não local. Entretanto, o fato de depender de outro bem ou serviço no vértice da cadeia oposto ao usuário – esse de natureza mais geral e, portanto, de titularidade de outro ente federativo – em nada compromete a natureza local do serviço. É o exemplo da iluminação pública, serviço público de titularidade municipal que depende de bem (eletricidade) e de infra-estrutura (de transmissão) de titularidade federal. Tal fato só vem a reforçar que o caráter local dos serviços no vértice "usuário" prepondera sobre o vértice oposto da cadeia.

Também é verdade que a rede em si (infra-estrutura), empregada para dar conta dos serviços de saneamento básico, pode ter configuração integrada, que extrapola o âmbito municipal. Ainda nesse caso, apesar de considerar que não pode deixar de haver iniciativa concertada dos entes federativos local e regional, não me parece ser possível falar em transferência da titularidade dos serviços, mas tão-somente na necessidade de implicar os demais entes, sem, contudo, excluir a titularidade municipal.

E isso por duas razões. Primeiramente, o fato de existir integração da rede não tira o caráter local do serviço. A parte da rede destinada A distribuição ou coleta não perde sua importância e sua relevância para a prestação dos serviços em razão da existência de ramificações e de conexões da rede com outros sistemas. O que há é a sobreposição de interesses que devem ser tutelados no caso de integração de redes, o que justifica e torna extremamente saudável a possibilidade de gestão associada do serviço.

Diferentemente das demais indústrias de rede (energia elétrica, gás, telecomunicações), a cadeia é fechada, tendo num dos vértices o usuário (consumidor de água e produtor de dejetos) e no outro os recursos hídricos (de onde se capta água a ser tratada, transportada e distribuída e nos quais são despojados os resíduos coletados, após – espera-se – terem sido ambientalmente tratados). Isso dificulta que caracterizemos propriamente etapas de *upstream* e *downstream* nesses serviços. Se tomarmos o usuário como referência, o *upstream* seriam os serviços de área, e o *downstream* o esgotamento. Por isso, adotarei para os serviços de distribuição e coleta de esgoto sanitário a designação "vértice", colocando o usuário como referência.

Além disso, parece-me inviável, do ponto de vista jurídico, fazer a titularidade dos serviços depender das circunstâncias concretas da infra-estrutura física que lhes serve de suporte. A titularidade é necessariamente abstrata, e não pode ser refém das circunstâncias concretas nas quais o serviço é prestado. Fosse assim, e a mera reestruturação dos serviços no sentido de integrar ou isolar as redes levaria a enorme variação regulatória, quando o pressuposto essencial para a correspondente regulação diz com a segurança e a estabilidade jurídica.

Parece-me igualmente que não se sustenta o argumento de que a titularidade dos serviços se transfere ao Estado, independentemente de lei complementar que instaure região metropolitana, em razão da simples presença de integração que alce o interesse local a interesse regional. A origem da titularidade inicia-se e esgota-se na Constituição e nos limites que esta impõe. Não seria possível, nesse sentido, que a titularidade pudesse ser sustentada na competência comum prevista no art. 23, IX, e compartilhada indistintamente entre todos os entes federativos. Não se deve confundir o caráter incitativo do art. 23, IX, com a atribuição de titularidade para a prestação do serviço.

A norma em referência atribui a todos os entes o dever de zelar pela consecução dos serviços, de garantir sua continuidade, universalização, qualidade. Eles todos podem – e devem – agir, mesmo porque integram federalismo de cooperação que os impele à ação e os impede de simplesmente omitir esforços para a disponibilização do serviço essencial à população. Atente-se para o fato de que o inciso IX alude expressamente ao concurso dos três entes para promover a melhoria nas condições de saneamento básico, e não para organizar e prestar estes serviços (como é a locução do art. 30, V, da CF). Dar interpretação mais ampla ao disposto neste art. 23 nos levaria a posições absurdas. Entender que a previsão de competências comuns contida no *caput* importaria atribuição de competência material sobre todas as matérias listadas nos incisos permitiria, por exemplo, admitir que os Municípios poderiam atuar no policiamento ostensivo apenas porque têm competência comum para "combater os fatores de marginalização" (inciso X), competindo-lhes, por exemplo, coibir a cooptação de jovens pelo tráfico de entorpecentes. Ou, então, daria aos entes municipais, ao arrepio do art. 184 da CF, competência para promover a reforma agrária, entendida como forma de "fomentar a produção agropecuária e organizar o abastecimento alimentar" (inciso VIII).

Certamente não é esse o conteúdo do art. 23. Ele não contempla atribuição de titularidade concorrente sobre as atividades necessárias para implementar as pautas constitucionais contidas nos seus incisos. O que lá vemos – isso, sim – é o imperativo de atuação coordenada, de cooperação dos entes federados com vistas ao atingimento daquelas pautas. Tanto assim é que o parágrafo único do art. 23 reforça este caráter prevendo a edição de lei complementar que discipline a cooperação predicada no dispositivo aos entes federados.

Do art. 23, XI, não decorre a atribuição a todos os entes federados da competência para prestação dos serviços de saneamento. Se todos os entes federativos tivessem a titularidade do serviço, seriam obrigados a desempenhá-lo concomitantemente – o que, evidentemente, consistiria em desperdício inexplicável de recursos.[35] Mais: teria também a União as competências comuns que menciona. Ora, disso não se cogita. O art. 23, em todos os seus incisos, deve ser

35. Neste sentido, v. Luís Roberto Barroso, "Saneamento básico: competências constitucionais da União, Estados e Municípios", *Revista de Informação Legislativa* 153/255 e ss.; Geraldo Ataliba e Rosoléa Folgosi, "Saneamento básico – Serviço público estadual e municipal – Contrato administrativo entre SABESP e Município – Concessão não-ordinária", *RTDP* 9/114 – ainda que as conclusões destes últimos autores sejam distintas.

interpretado em conjugação com os demais artigos da Constituição prescritores de competências específicas repartidas entre os entes. Assim como não pode a União, por conta do referido artigo, se arrogar como "titular" dos serviços de saneamento, também não podem os Estados fazê-lo. O dispositivo em referência determina – isso, sim – que tais entes venham a prever em seu orçamento programas para essa melhoria, geralmente operacionalizados por meio de convênios com os entes federados, ou mesmo criar uma empresa para operar o saneamento, caso receba a concessão do Município.[36]

Da mesma forma, não me parece possível esposar o entendimento de que a mera edição de lei complementar que crie região metropolitana tenha o condão de alterar a competência para a prestação dos serviços públicos de saneamento básico e permitir ao Estado avocar a competência para prestá-los.[37] Tal hipótese contrariaria, *ab initio*, o princípio federativo, que exige autonomia e isonomia entre os entes. Ao Estado-membro seria facultado transferir competência de Município para si próprio, como se pudesse se sobrepor ao autogoverno municipal. Isso corresponderia a hierarquizar as competências federativas, atribuindo aos Estados a prerrogativa constitucional derivada para, por lei complementar, suprimir competências materiais de Municípios situados em áreas conurbadas, gerando competências municipais desuniformes. A autonomia municipal é garantida nos arts. 29, 30 e 31 da CF e dá ao Município, entre outros poderes, o de auto-regulação, autogoverno, poder normativo e poder de auto-sustentabilidade em nível local. Não poderia uma lei complementar relativizar tal estrutura federativa.

Nesse sentido, há que se ressaltar que, em um sistema federal, as competências iniciam-se e se esgotam na Constituição Federal. Poder-se-ia afirmar que tal possibilidade de lei complementar alterar a titularidade de serviço público está prevista na própria CF, diante da autorização contida no art. 25, § 3º. Um paralelo poderia, mesmo, ser estabelecido com o art. 22, parágrafo único, da CF, que prevê a transferência de competências entre entes por meio de lei complementar. Esse último dispositivo constitucional autoriza a União a delegar aos Estados, por meio de lei complementar, a competência para legislar sobre normas específicas em matérias que lhe são de competência privativa. Deve-se observar, no entanto, que se trata de competência legislativa, e não de titularidade para a prestação de serviço público, atividade que pressupõe menor mobilidade e maiores investimentos – de recursos e de pessoal – do ente federativo que assume a tarefa. Mais que isso, a transferência de competências contidas no art. 22 refere-se tão-somente a questões específicas – o que dá a entender que o âmago da titularidade conferida constitucionalmente à União restará intacto. O mesmo não ocorreria no caso da criação das regiões metropolitanas, com a transferência integral da competência dos serviços. Por fim – e isso é o principal –, a regra do art. 22 confere ao titular da competência a possibilidade de optar pela delegação, e não que o delegatário resolva, unilateralmente, avocar a competência do ente competente. Ou seja: cuida-se de previsão constitucional de delegação, e não de avocação de competências entre entes federados. Dessa, no âmbito do federalismo brasileiro, não se pode nem cogitar. E, se cogitável fosse, ela deveria vir expressa – e não supostamente sugerida – no texto constitucional.

36. A União, inclusive, chegou a controlar empresas que prestavam serviços de abastecimento e de esgotamento sanitário, como, por exemplo, em Montes Claros, onde os serviços eram prestados pela Cia. de Água e Esgotos do Nordeste/CAENE. Para uma visão histórica da prestação dos serviços de saneamento no Brasil, especialmente do papel desempenhado pela União, v. Sonaly Cristina Rezende e Léo Heller, *O Saneamento no Brasil – Políticas e Interfaces*, Belo Horizonte, Editora UFMG, 2002.

37. V. meu "As parcerias público-privadas no saneamento ambiental", já referido (nota 6).

Por outro lado, a possibilidade de alteração infraconstitucional da titularidade dos serviços públicos de saneamento conferiria instabilidade jurídica injustificável ao setor. Admitir a transferência de competência ao bel-prazer dos Estados, com a possibilidade de alteração do *status* do serviço público a cada modificação legislativa (edição, não-edição – omissão – ou revogação de lei complementar), seria inadmissível. Conseqüência disso seria evidente risco para a continuidade dos serviços, hipótese que certamente não foi cogitada ou incentivada pelo legislador constituinte, sobretudo diante da essencialidade do serviço público de que se está tratando.

Afastado este entendimento, restaria dizer a que serve, então, a prescrição do art. 25, § 3º, da CF. Se os Municípios podem se reunir isoladamente, por exemplo, por meio de consórcio público (art. 241 da CF), se a criação de região metropolitana não tem o condão de avocar a competência para a prestação dos serviços públicos para o Estado, por que tal previsão constitucional?

A meu ver, a constituição jurídica de região metropolitana, por meio de lei complementar estatal, faz com que nova dimensão regional seja acrescida (mas não substituída) à local. Ela obriga a que os Municípios, ao exercerem suas competências locais – que permanecem intocadas –, coordenem seus esforços de maneira integrada e tenham em conta o fenômeno regional. A região metropolitana tem a natureza de "área de serviços especiais", de natureza meramente administrativa.[38] É consenso que não se trata de novo ente federativo ou entidade estatal intermediária entre o Estado e os Municípios, mas, sim, de âmbito geográfico supralocal, que demanda uma nova lógica integrada de organização dos serviços. Assim, a instituição de região metropolitana obrigaria os entes envolvidos ao planejamento, unificação e coordenação dos serviços de interesse comum.

Uma vez incluídos na região metropolitana, os Municípios são obrigados a obedecer aos parâmetros regionais. Ao mesmo tempo, a constituição da região metropolitana oficializa poder-dever atribuído especificamente aos Estados, para além do art. 23, IX, da CF, de assumir suas responsabilidades em relação ao saneamento quando estiver presente interesse regional específico. Tornam-se necessários a coordenação, a integração, o fomento de políticas regionais, a inclusão nas questões que desbordam o simples território dos Municípios envolvidos. Ressalto que a idéia de um monopólio estritamente local de prestação de serviços não tem sentido algum numa República Federativa como o Brasil. Faz sentido na França, que não adota o federalismo, ainda que mesmo lá o modelo estritamente local demonstre suas insuficiências.[39]

É poder-dever do Estado criar critérios para a prestação dos serviços por meio da atuação legislativa, diante da presença de interesse supralocal. Tal participação estadual constitui decorrência do pacto federativo, que exige solidariedade entre os diferentes entes que compõem a Federação. O desígnio constitucional do art. 25, § 3º, é claro: trata-se de estabelecer, do ponto de vista institucional, novo centro de preocupação regional quando da prestação dos serviços de interesse comum. Responde aos princípios de articulação e de coordenação das competências, de planejamento e, eventualmente, de execução conjunta, mas não afeta a titularidade dos serviços, que permanece inalterada.[40]

38. Hely Lopes Meirelles, *Direito Municipal Brasileiro*, 8ª ed., São Paulo, Malheiros, 1996, p. 75.

39. Sobre as insuficiências do modelo de monopólio local francês, bem como para uma comparação deste com os modelos inglês, português, alemão e italiano, v. Laetitia Guerin-Schneider, *Introduire la Mesure de Performance dans la Régulation des Services d'Eau et d'Assainissement en France*, Thèse de Doctorat, École Nationale du Génie Rural, des Eaux et des Forêts, Paris, 2001.

40. Partindo de perspectiva diametralmente oposta, Alaôr Caffé Alves chega às mesmas conclusões aqui expostas. O autor considera que a

Pode-se, neste sentido, estabelecer analogia da regra de coordenação do art. 25, § 3º, com aquela prevista no art. 23, parágrafo único, da CF, que também trata do papel estruturador de lei complementar. O art. 23 trata das competências comuns entre todos os entes federativos, enquanto seu parágrafo único estabelece que lei complementar fixará normas para a cooperação da União com os entes federados, "tendo em vista o equilíbrio do desenvolvimento e do bem-estar em âmbito nacional". Não se trata, evidentemente, de remanejar as competências estabelecidas no art. 23, mas, sim, de instituir instrumentos para a coordenação das ações e políticas da União com vistas às finalidades estabelecidas no artigo. De forma análoga, *o art. 25, § 3º, não serve para alterar competências, mas, sim, para prever o estabelecimento de regras de coordenação*. Tanto assim é que na Constituição anterior *o papel de editar a lei complementar que instituía a região metropolitana nem sequer cabia ao Estado-membro, mas sim à União*.[41] Nesse caso, torna-se ainda mais flagrante o absurdo de se retirar dos Municípios o poder-dever de assegurar a prestação de um serviço público para atribuir sua titularidade ao Estado, em sede infraconstitucional, por meio de lei complementar. Deve-se reconhecer, portanto, que a criação de região metropolitana não importa transferência ou avocação de competências.

Assim é que, como vimos anteriormente (tópico 2.1.3), há precedente jurisprudencial que afirma que a constituição de região metropolitana não constitui disposição que diga respeito, direta ou indiretamente, à prestação de serviços públicos. No mesmo julgamento o STF provê uma definição do que seria "região metropolitana", nos seguintes termos: "Não se trata, portanto, de estruturação e funcionamento de um órgão do Estado apenas, hierarquicamente subordinado ao governador, mas de organismo composto de diversos entes federados que, em posição de igualdade, somam esforços em prol do bem comum, abrindo mão cada qual de parte de suas respectivas autonomias administrativas em benefício da harmonia do conjunto de todos eles (...)".[42] É essa concepção de região metropolitana que acredito ser a mais correta.

Um derradeiro paralelo pode ser feito com a criação de regiões. Também estas são constituídas por meio de lei complementar, que inaugura um espaço geográfico de intervenção diferenciada. Nesse caso, no entanto, trata-se de iniciativa da União, isoladamente, que se relaciona com os planos regionais e com os planos nacionais de desenvolvimento econômico e social (arts. 21, IX, e 43, § 1º, I e II). Apesar de querer significar, implicitamente, maior ingerência e atuação diferenciada da União sobre tais regiões, no intuito de combater as desigualdades regionais (art. 43, *caput*), nada no texto constitucional relativo à constituição das regiões, por meio de lei complementar, permite inferir a intenção ou a possibilidade de transferência de titularidade dos serviços. Trata-se tão-somente de concentrar esforços de planejamento e ação nestas áreas.

lei complementar não serve a alterar a titularidade dos serviços, já que, sempre que houver comunhão de interesses em relação a vários Municípios, o Estado será competente para a intervenção em nível regional. No entanto, a instituição de região metropolitana serve a alterar a situação institucional da prestação do serviço, pois torna obrigatória a integração dos Municípios em nível regional mas, ao mesmo tempo, condiciona o exercício do poder normativo estadual à adesão dos Municípios (*Saneamento Básico. Concessões, Permissões e Convênios Públicos*, 1ª ed., pp. 122 e ss.).

41. Sob o regime da Constituição de 1967 (art. 157, § 10), que inaugurou a previsão constitucional das regiões metropolitanas, competia à União, por meio de lei complementar, o estabelecimento das regiões metropolitanas, "constituídas por Municípios que, independentemente de sua vinculação administrativa, integrem a mesma comunidade socioeconômica, visando à realização de serviços de interesse comum".

42. STF, Tribunal Pleno, ADI 2.809-0-RS, rel. Min. Maurício Corrêa, j. 25.9.2003.

Concluo, portanto, o presente tópico reafirmando a convicção de que os serviços de saneamento (especialmente nas etapas próximas ao vértice "usuário") têm em geral natureza local e são, portanto, de titularidade municipal. Isso, evidentemente, não quer dizer que o Município possa exercer suas competências de maneira a ignorar ou inviabilizar os serviços ou os interesses de outras localidades. Aí é que entra não apenas a disposição constitucional do art. 25, § 3º, que obriga a consideração da dimensão regional do saneamento básico, mas o princípio federativo como um todo.

Um ente federativo não pode exercer sua competência no sentido de frustrar o interesse dos demais, como já pude asseverar em outra oportunidade.[43] Basta tomar um exemplo análogo, que respeita a outro serviço integrante do saneamento básico. Se todos os Municípios se decidirem pela interdição de disposição de lixo industrial em seu território, logo teremos um impasse quanto ao local onde dispor estes resíduos. O acúmulo das legislações municipais acarretaria abuso de sua competência legislativa, pois impediria o desempenho das atividades que geram tais despojos. E tal circunstância não leva a se alterar a competência municipal sobre os serviços de coleta, transporte e tratamento final de resíduos – a meu ver, uma atribuição municipal irrefutável.

Diga-se de passagem: eventual "abuso" de Municípios no exercício de sua competência mereceria – e tenderia a – ser sancionado pelo Poder Judiciário. Assim é que a jurisprudência tem dado vários sinais de que não admitirá o exercício abusivo de competências legítimas dos entes federativos quando estes comprometem a atividade de outros entes federativos. O STF e outros tribunais já consideraram que não podem Estados e Municípios, sob o argumento de proteção ao meio ambiente e à saúde pública, simplesmente inviabilizar o exercício de atividades de interesse público que ultrapassem seu âmbito. Servem de exemplo a instalação de equipamentos nucleares,[44] a comercialização de metanol[45] ou, ainda, a plantação de organismos geneticamente modificados.[46]

Assim, não há razão para se falar em alteração da competência em razão da coexistência de um interesse supralocal ao lado do interesse local – este último, sempre

43. V. meu parecer, inédito, a respeito dos limites ao exercício das competências legislativas de Estados, Municípios e Distrito Federal sobre as atividades de instalação e operação de estações transmissoras de radiofreqüência e sobre a limitação de exposição humana a campos elétricos, magnéticos e eletromagnéticos.

44. Ao se pronunciar sobre a inconstitucionalidade de emenda à Constituição do Estado do Rio Grande do Sul que pretendia vedar a possibilidade de instalação de equipamentos nucleares no Estado, sob argumento de natureza ambiental, o STF insistiu sobre o fato de que os Estados não têm sequer competência para legislar supletivamente sobre energia nuclear, não podendo fazê-lo, por vias transversas, com base em competência difusa de proteção ambiental (STF, Tribunal Pleno, Rp 1.130-RS, rel. Min. Néri da Silveira, j. 26.9.1984).

45. Trata-se de posição do TJSP em ação direta de inconstitucionalidade que versou sobre a interdição, pelo Município paulista de Campinas, de distribuição, comercialização e consumo de metanol. O Tribunal considerou que *não há como se sobrepor à legislação federal que regulou o assunto, no sentido de autorizar tais atividades*. Isso porque, no seu entender, a decisão não incumbe às autoridades legislativas locais, mas, sim, às autoridades legislativas do Poder Central, pois concerne à política de combustíveis (TJSP, *Ementa 32.976*, ADI 12.368-SP, rel. Des. Bourroul Ribeiro, j. 30.1.1991).

46. A discussão submetida à apreciação do STF dizia respeito, em apertada síntese, à possibilidade de vedação de tal plantio por lei estadual que tivesse sido editada com base na competência concorrente dos Estados para a proteção do meio ambiente e saúde pública. Em sede cautelar, considerou o STF que havia plausibilidade nas alegações de inconstitucionalidade por invasão à competência privativa da União, bem como potencial ofensa às normas relativas à competência concorrente (STF, Tribunal Pleno, ADI/MC 3.035-PR, rel. Min. Gilmar Mendes, j. 10.12.2003).

presente no saneamento. A obrigação de utilização da competência municipal para a prestação dos serviços de saneamento com cautela e responsabilidade, como quaisquer outras competências constitucionalmente estabelecidas, garante que não serão preteridos os demais interesses presentes na região. Isso não bastasse, há ainda o mecanismo institucional de coordenação de esforços previsto no art. 25, § 3º, da CF, que não importa transferência de competências aos Estados, já que os Municípios integrantes das regiões metropolitanas, aglomerações urbanas e microrregiões previstas nesse dispositivo podem atuar de forma coordenada, tendo em vista a necessidade de atender a interesses comuns.

Independentemente das questões teóricas acima levantadas, é de se observar que, na prática, a prestação dos serviços de saneamento básico tem sido realizada tanto por empresas estaduais quanto por empresas municipais. Se no caso dos serviços relacionados à limpeza urbana e ao manejo de águas pluviais sua prestação é garantida essencialmente por órgãos e entes municipais, no caso dos serviços de água e esgotamento urbano o quadro é bem mais prenhe de nuanças.

De todos os elos da cadeia dos serviços de água e esgotamento sanitário, a distribuição da água e a coleta do esgoto são aqueles que mais freqüentemente sao assegurados por órgãos da Administração direta ou indireta Municipal, que se encarregam igualmente do relacionamento com o usuário final. As fases iniciais da cadeia da água (captação, adução, reservação e tratamento) e as fases finais da cadeia de esgoto (notadamente o tratamento) são freqüentemente executadas por companhias estaduais. Há, no entanto, localidades em que os serviços de água e esgotamento sanitário são integralmente garantidos por entidades municipais e outros por entidades estaduais. Fato é que Estados e Municípios em localidades diversas têm infra-estrutura de saneamento de sua titularidade, para a qual fizeram investimentos e planejamento de longo prazo, que devem ser levados em consideração. É dizer que, qualquer que seja a solução apontada para o caso das competências, não se poderá jamais prescindir da cooperação e coordenação entre os entes federativos quanto à prestação destes serviços.

Como asseverei em estudo pretérito,[47] apesar de o poder estatal ser distribuído entre vários entes políticos autônomos e isonômicos entre si, todos esses entes são orientados por finalidade última comum, que os obriga a agir de maneira coordenada e harmônica. É por esse motivo que os diferentes entes federados devem observar postura de lealdade e solidariedade em relação às demais esferas de poder que compõem o Estado. São como navios distintos, cuja trajetória ora é paralela, ora se entrecruza. Vão todos, porém, para o mesmo destino, e devem estar todos em movimento. Não há como remar em sentido contrário ou desviar (a si ou aos outros) da rota, ou, ainda, obstar ao percurso dos demais.

Sob essa perspectiva, o fato de a titularidade dos serviços de saneamento permanecer local não autoriza o Município, em qualquer hipótese, a desconsiderar as implicações regionais e nacionais de suas atividades. Independentemente da institucionalização, ou não, de região metropolitana, é sua obrigação cooperar e não minar os esforços dos demais entes (na forma do art. 23, IX) para promover melhorias nos serviços, conforme atribuição constitucional.

2.1.5 *O anteprojeto de lei e a questão da titularidade*

Como já consignado no tópico 1.3, o anteprojeto não arbitra – como não poderia,

47. Trata-se mais uma vez do parecer inédito a respeito dos limites ao exercício das competências legislativas de Estados, Municípios e Distrito Federal sobre as atividades de instalação e operação de estações transmissoras de radiofreqüência e sobre a limitação de exposição humana a campos elétricos, magnéticos e eletromagnéticos.

aliás, fazer – entre as diferentes correntes a respeito da titularidade. Não lhe é permitido resolver, por meio da lei infraconstitucional, as controvérsias de divisão de tarefas entre entes federativos. Em decorrência, o anteprojeto desenvolve mecanismo amplo de articulação de responsabilidade entre entes federativos, independentemente de qual deles seja considerado, pelas instâncias competentes – em último caso, a jurisdicional –, como titular dos serviços. Não nomeia quem é ou deixa de ser titular do serviço; apenas regula, em traços gerais, como estes – e os demais entes interessados – deverão agir em relação aos serviços de saneamento.

O anteprojeto define o que se entende por "titular dos serviços de saneamento",[48] dando grande ênfase às atividades de planejamento, regulação e prestação direta ou indireta do serviço que lhe incumbem. Estabelece, ao longo de todo o texto, regras específicas que expressam o exercício pleno da titularidade pelo ente federativo que a detiver, seja ele Estado, Município ou Distrito Federal. É o titular quem regula as condições de prestação do serviço que lhe compete, como, por exemplo, as hipóteses de restrição de acesso (art. 6º, § 1º), a compulsoriedade da fruição (art. 6º, § 5º), a auto-sustentabilidade econômico-financeira dos serviços (art. 30) ou o reajuste de preços (art. 35), entre outras. É a ele que compete formular seus próprios regulamentos e contratos, a menos que deseje voluntariamente adotar – por ação ou omissão – os modelos oferecidos pela regulamentação federal.[49] Também lhe incumbe traçar as normas procedimentais que devem nortear seus atos – como, por exemplo, a realização de audiência pública (art. 12, § 3º).

Por outro lado, o anteprojeto também faz referência às figuras do *prestador* e do *regulador* dos serviços de saneamento. Define inicialmente o que se deve entender por "prestação",[50] por "fiscalização"[51] e por "regulação".[52] Depois, passa a disciplinar o exercício de cada uma destas atividades, independentemente das características subjetivas do agente que vier a executá-las. Os papéis descritos no anteprojeto não se relacionam com a titularidade ou propriedade dos entes que os desempenham, mas, sim, com a atividade prática de cada agente.

Assim, o *prestador dos serviços*, para a finalidade da lei, é aquele que entra em contato com o usuário final na qualidade de executor das tarefas materiais que compõem o saneamento básico. Poderá ser, nesse sentido, um particular concessionário do serviço, órgão da Administração direta ou indireta, concessionário ou não dos serviços, de âmbito municipal, estadual ou distrital.[53] A ele, atribui deveres específicos

48. Art. 2º, XV: "titular do serviço público – o ente da Federação detentor da competência para prover o serviço público, especialmente por meio do planejamento, regulação, fiscalização e prestação direta ou indireta".

49. V., adiante, p tópico 2.3.

50. Art. 2º, XIV: "prestação de serviço público – a execução, em estrita conformidade com o estabelecido na regulação, de toda e qualquer atividade ou obra com o objetivo de permitir o acesso a um serviço público com características e padrão de qualidade determinados".

51. Art. 2º, XIII: "fiscalização – as atividades de acompanhamento, monitoramento, controle e avaliação, exercidas pelo titular do serviço público, inclusive por entidades de sua Administração indireta ou por entidades conveniadas, e pelos cidadãos e usuários, no sentido de garantir a utilização, efetiva ou potencial, do serviço público".

52. Art. 2º, XII: "regulação – todo e qualquer ato, normativo ou não, que discipline ou organize um determinado serviço público, incluindo suas características, padrões de qualidade, impactos sócio-ambientais, os direitos e obrigações dos cidadãos, dos usuários e dos responsáveis por sua oferta ou prestação, a política e sistema de cobrança, inclusive a fixação, reajuste e revisão do valor de tarifas e outros preços públicos". Para um confronto com a nossa definição de "regulação", v. meu "Pensando o controle da atividade de regulação estatal", in Sérgio Guerra (coord.), *Temas de Direito Regulatório*, Rio de Janeiro, Freitas Bastos, 2004, pp. 213 e ss.

53. Convém, aqui, aportar alguma precisão a respeito do conceito de "prestador". O art. 16, §

que decorrem de sua atividade, como o de avisar com antecedência as interrupções dos serviços (art. 6º, § 3º), de receber, apurar e solucionar queixas de seus usuários (art. 20, § 2º), de elaborar e distribuir manual de prestação do serviço (art. 21, I), de apresentar relatório anual individualizado com informações relativas ao controle da qualidade da água (art. 21, IV) ou de efetuar sua avaliação interna (art. 27). Evidencia-se, assim, que a relação com o usuário é crucial na determinação da figura do prestador de serviços. Prevalece a perspectiva de direito do consumidor/direito do administrado.

O anteprojeto faz também referência à figura do *prestador local* de serviços de saneamento básico[54] e ao *prestador do serviço de distribuição de água*.[55] A referência a estes dois prestadores específicos não se confunde com a figura constitucional do titular do serviço, nem com o Município necessariamente, ainda que a definição de "serviço de interesse local" do art. 2º, IX, pareça remeter diretamente à noção de "interesse local" constante do art. 30, I, da CF. Analisemos, então, estas definições.

1º, dispõe que "o prestador do serviço não poderá exercer as funções de regulação e de fiscalização". Considerada a noção de "prestador" acima delineada, poder-se-ia concluir que o anteprojeto exige a transferência dos serviços públicos para outra pessoa jurídica – o que seria uma conseqüência necessária da interdição de cumulação das funções de regulação/fiscalização e prestação dos serviços por uma mesma pessoa jurídica. Parece-me, entretanto, que o anteprojeto não exige que a separação se faça entre pessoas jurídicas distintas, mas, sim, entre órgãos e entidades distintos. Tanto é que faz referência, ao longo do texto proposto, aos "órgãos e entidades reguladores". Assim, seria necessário que a função regulatória e fiscalizadora, inclusive aquela relativa à fixação das tarifas, ficasse a cargo de um órgão distinto (por exemplo, um conselho) daquele encarregado da prestação dos serviços.

54. V., por exemplo, o art. 11, parágrafo único, que estabelece a obrigação *para o prestador local* de destacar nos documentos de cobrança o valor da remuneração dos serviços integrados.

55. V. art. 21, IV, precitado.

Como mostrei anteriormente, os serviços de natureza local são compostos de atividades que sempre serão caracterizadas como locais (notadamente a distribuição de água, a coleta de esgotos sanitários, a varrição, a capina, a limpeza e a poda de árvores em vias e logradouros públicos, a coleta, a triagem, o reaproveitamento, o reuso e a reciclagem de resíduos sólidos urbanos e a microdrenagem) e de outras que podem ser locais ou integradas.

A distinção não guarda relação direta com a atribuição ou o reconhecimento de titularidade dos serviços, ainda que ela tenha conseqüências importantes para o nível de envolvimento de cada ente federativo em sua prestação. O anteprojeto não determina qual ente político é titular para qualquer das atividades classificadas como saneamento básico pelo art. 2º, sejam elas de interesse local ou integradas. Ele tão-somente procede à classificação dos serviços para permitir aos serviços arranjos distintos, em conformidade com o nível e a pluralidade de interesses envolvidos.

Exsurge do texto, entretanto, que os serviços de interesse local serão essencialmente organizados e providos pelos Municípios, o que é consoante ao regime constitucional e não é objeto de grande contestação, nem para aqueles que defendem a possibilidade de o Estado-membro ver sua competência engajada em algumas circunstâncias.

A classificação entre *serviços de interesse local* ou *integrados* tem como conseqüência essencial a existência, ou não, de medidas de coordenação capazes de integrar os esforços dos diferentes entes no sentido da ponderação, respeito e consecução de todos os interesses envolvidos, sobretudo o de provimento de serviço de qualidade, de forma regular, contínua e universal.

Assim é que para os serviços de interesse local a necessidade de coordenação entre entes políticos é menor, demandando menor regulação.

Para os serviços integrados – que constituem o pomo da discórdia na questão da titularidade – o anteprojeto garante a articulação entre os entes envolvidos na sua prestação, por meio de várias disposições. Repare-se que também nesse caso não há preocupação, no anteprojeto, com a titularidade dos serviços, mas somente com execução das atividades de regulação, fiscalização e prestação de tais serviços integrados, para as quais ele estabelece regras tanto para o titular – seja ele Município ou Estado – quanto para os demais entes federativos envolvidos. O espírito da lei no que diz respeito à regulação destes serviços encontra-se expresso no art. 17 do anteprojeto: "Os entes da Federação interessados regularão e fiscalizarão em conjunto os serviços integrados". Ou seja, independentemente de quem detiver a competência para a prestação dos serviços, a regulação é atividade que cabe a todos os entes envolvidos. Tal diretriz coaduna-se perfeitamente com o espírito do art. 23, IX, da CF, que incita todos os entes a adotarem as medidas necessárias a promover a melhoria do saneamento básico.[56]

Na mesma senda, o art. 10 do anteprojeto estabelece princípio de complementaridade que deve reger a relação entre os serviços locais e os serviços integrados. Prevê, nesse sentido, a formalização das relações entre os entes envolvidos por meio de dois instrumentos contratuais distintos: o contrato de consórcio público ou o contrato de fornecimento de serviços – ambos devendo ser precedidos de plano regional aprovado pelas partes envolvidas.

É constitucional estabelecer por meio de lei federal a forma como deve se dar o relacionamento entre dois entes federados na consecução conjunta de um serviço público, da forma como foi regulada a questão no anteprojeto de lei. Os contratos de consórcios públicos refletem compromisso de maior integração estrutural entre os entes envolvidos, com a finalidade de prestar os serviços de interesse comum. A lógica da comunhão de interesses e da cooperação se sobrepõe a uma lógica mais obrigacional, em comparação com o contrato de fornecimento. Embora este último se aproxime, no regime do anteprojeto, do contrato de consórcio público, ele traduz de maneira mais sinalagmática os papéis e as obrigações de cada um dos entes envolvidos.[57]

Não me parece que as formas contratuais estabelecidas no art. 10 sejam excludentes de outras formas de ajustes, que podem ser cumuladas com elas quando da formalização das relações entre entes políticos. Exemplo disso é o convênio de cooperação, que também é previsto no anteprojeto,[58] como uma forma de associação entre os entes políticos com vistas à execução de projetos e atividades comuns no setor. O art. 22 do anteprojeto veda a realização de termos de cooperação, convênios ou outros instrumentos de natureza precária para a *delegação* dos serviços, como adiante se verá. Porém, parece ser possível enquadrar a relação entre entes federativos fora deste âmbito, o que autorizaria o emprego destes instrumentos não-contratuais.

No entanto, o art. 10 indica claramente para a necessidade de celebração de um contrato – acordo de valor jurídico firme e estável – para a formalização das relações

56. Sobre as diretrizes estabelecidas pela União e sua constitucionalidade, v., abaixo, tópico 2.3.

57. Sobre a natureza e o conteúdo do contrato de fornecimento de serviços de saneamento básico, v., infra, tópico 2.2.2.1.

58. É o que se depreende, por exemplo, do disposto no art. 70 do anteprojeto, que pretende alterar dispositivo da Lei de Licitações para prever nova hipótese de dispensa de licitação. O novo inciso do art. 24 da Lei 8.666/1993 contaria com a seguinte redação: "XXVI – na celebração de contrato de programa com ente da Federação, ou com entidade de sua Administração indireta, para a prestação de serviços públicos de forma associada nos termos do autorizado em contrato de consórcio público ou em convênio de cooperação". Presume-se, portanto, que o convênio de cooperação poderia igualmente autorizar a celebração de contrato de programa; e seria apto, portanto, a regular a prestação de serviços integrados por dois ou mais entes federativos.

entre entes federados no que diz respeito ao provimento conjunto dos serviços integrados. Trata-se de iniciativa no sentido da erradicação de convênios ou outras formas não-contratuais de associação, o que só pode ser bem-vindo. A informalidade, a precariedade e a ausência de engajamento – ou, mesmo, de compromisso – nas relações travadas entre entes federativos, acentuadas por essas formas lassas de associação tal qual o convênio, têm sido causadoras de grandes prejuízos e quebras de expectativa no setor. Ao contrário de fortalecer os laços de cooperação, tais acordos terminam por ser veículo para todo tipo de iniqüidade entre entes federativos e tornam precária a prestação de um serviço essencial, em prejuízo de seu usuário, a que a União deve proteger por meio das diretrizes que a Constituição previu fossem por ela editadas.

No que diz respeito, especificamente, às regiões metropolitanas, aglomerações urbanas, microrregiões ou regiões integradas de desenvolvimento, o mesmo art. 17 consigna, em seus §§ 1º e 2º, que:

"§ 1º. Atendido o disposto no *caput* deste artigo, a regulação dos serviços em região metropolitana, aglomeração urbana, microrregião ou região integrada de desenvolvimento observará o disposto na lei complementar que as instituir.

"§ 2º. Sem prejuízo do disposto no § 1º deste artigo, a regulação e a fiscalização dos serviços poderão ser exercidas por meio de consórcio público."

Nesse mesmo sentido, o art. 14, § 2º, do anteprojeto consigna que os planos de saneamento ambiental deverão ser compatíveis com "o disposto em lei complementar que institua região metropolitana, aglomeração urbana, microrregião ou região integrada de desenvolvimento" (inciso V).

Ao mesmo tempo, conforme o art. 55, é exigência do anteprojeto, para que se encontre em conformidade com as prescrições do Sistema Nacional de Saneamento/SISNASA, que o Estado elabore os "planos regionais de saneamento ambiental para as regiões metropolitanas, aglomerações urbanas ou microrregiões, que tenham serviço público de saneamento básico como função pública de interesse comum, bem como nos casos em que o Estado promover ações vinculadas a serviços públicos de saneamento básico integrados".

Ao fazê-lo, deverá conformar-se às diretrizes da legislação federal.

Assim, de um lado, a regulação estadual que institui estas organizações administrativas intermediárias integra a regulação mais geral sobre o saneamento e deve ser considerada quando da edição de qualquer regulação sobre serviços integrados, seja ela de que instância for. De outro lado, a regulação estadual (plano regional) deve se conformar às diretrizes gerais da lei federal, sobretudo aquelas que regram a coordenação das diferentes instâncias na regulação e prestação dos serviços integrados.

Tampouco essas disposições parecem ferir qualquer preceito constitucional relativo à titularidade dos serviços de saneamento. Queira-se ou não emprestar à criação das regiões metropolitanas o condão de transferir tal competência aos Estados-membros, há necessidade de coordenação entre as instâncias envolvidas; e é isto que organiza o anteprojeto.

Nesse sentido, ele se insere perfeitamente no espírito das regiões metropolitanas em seu regime – mais explícito que o atual – da Carta de 1967, que se imbuía de espírito de organização e planejamento federativo. Veja-se que o conteúdo da Lei Complementar 14, de 8.6.1973, à época atribuição da União, que estabeleceu as regiões metropolitanas de São Paulo, Porto Alegre, Belo Horizonte, Recife, Salvador, Curitiba, Belém e Fortaleza, muito se aproxima do conteúdo que se pretende emprestar, no anteprojeto, à regulação dos serviços integrados. Tal lei criava órgãos colegiados de deliberação, com representantes estaduais e municipais, com competência para o planejamento, a coordenação, a execução e a unificação dos esforços comuns.[59] Não transferia a titularidade dos serviços para o Estado, admitindo várias formas para a execução dos serviços comuns pelos Municípios, de maneira integrada – dentre as quais a celebração de convênios, a constituição de empresa específica para isso ou, ainda, a concessão para empresa estadual.

Conclui-se, portanto, que as distinções e condicionamentos efetuados pelo anteprojeto não têm incidência direta sobre o regime de competências de alçada constitucional. O anteprojeto observa lógica de coordenação, e não exclusão, de instâncias reguladoras e garantidoras da prestação de serviços de qualidade. Seja ou não a titularidade municipal, a prestação dos serviços integrados demandará a presença de mais de um ente federativo; daí uma certa "neutralização" da controvérsia a respeito da titularidade dos serviços.

Como já tive a ocasião de afirmar, mais importante que a simples solução da "queda-de-braço" entre Estados e Municípios é a existência dos mecanismos de articulação exercidos pela União, Estado, Distrito Federal e Municípios.[60] Ciente de tal fato, o anteprojeto funciona sob a lógica da inclusão, da integração e do comprometimento de todos os entes federativos no planejamento, execução e controle dos serviços de saneamento básico.

A pluralidade de formas integrativas previstas no anteprojeto, das quais poderão – e deverão – lançar mão os entes federativos, chama a atenção. São previstos instrumentos cogentes de regulação, como, por exemplo, as diretrizes do anteprojeto ou a lei complementar que instituir região metropolitana. Há instrumentos conjuntos de planejamento e deliberação, como os órgãos colegiados e os planos de saneamento ambiental. Estão igualmente previstos instrumentos contratuais de associação entre os entes, como o contrato de consórcio público ou o contrato de fornecimento de serviços públicos. Outras formas não-contratuais são ainda aceitas pelo anteprojeto, tal qual o convênio de cooperação, ainda que as formas conveniais estejam claramente preteridas em relação às formas contratuais, na clara intenção de conferir transparência, estabilidade, responsabilidade e engajamento dos diferentes órgãos, em defesa da estabilidade dos serviços e da proteção do direito dos usuários.

2.2 A questão da transferência de competências

Trata-se, aqui, da possibilidade de outorga, delegação ou transferência de competência de qualquer natureza, não somente a transferência da prestação dos serviços de saneamento por seu titular. Convém diferençar, então, entre as competências de natureza normativa e as competências de natureza material relacionadas à execução do serviço. Convém, igualmente, diferençar entre a delegação cujo beneficiário é particular e a transferência de competências entre entes federativos. São estes os quatro deste tópico.

Previamente, é necessário aportar alguma precisão terminológica previamente a esta discussão. O anteprojeto parece adotar a terminologia disposta por Hely Lopes Meirelles no que diz respeito às formas de transferência de competências relacionadas a serviços públicos. Segundo o falecido autor, essas podem ser dar por outorga ou delegação. A *outorga* corresponderia à transferência perene e definitiva da titularidade ou da execução do serviço, por meio de lei, para entidade especificamente criada pelo Estado para tal tarefa (autarquias, fundações públicas e empresas estatais). Já a *delegação*, ainda na classificação de Hely, corresponderia à transferência tão-somente da

59. V., por exemplo, Raul Machado Horta, *Direito Constitucional*, 4ª ed., Belo Horizonte, Del Rey, 2003, pp. 639 e ss.

60. V. meu "Aspectos regulatórios em um novo modelo para o setor de saneamento básico no Brasil", *RDA* 229/79-94, abril-junho/2000.

tarefa de prestar serviço público pertencente ao Estado, por via unilateral ou contratual. A delegação não se faria por lei, mas, sim, por ato ou contrato administrativo, de caráter transitório (com prazo certo), e pressuporia a existência prévia da entidade delegatária. A delegação permitiria a prestação do serviço por empresas privadas, sociedades comerciais ou civis, e por indivíduos.[61]

No anteprojeto tal distinção evidencia-se no art. 22, § 1º. É de se observar, contudo, que outras disposições no próprio anteprojeto utilizam as expressões como sinônimas, como, por exemplo, a definição de "delegação onerosa de serviço público de saneamento básico", que inclui o "pagamento ao titular pela outorga da concessão de serviço público de saneamento básico".

A escolha pode levar a alguma confusão. Com efeito, a própria Constituição adota terminologia diferente, que assemelha os dois institutos. Assim é que o art. 223, por exemplo, prevê a competência do Poder Executivo para "outorgar e renovar concessão, permissão e autorização para o serviço de radiodifusão sonora e de sons e imagens", referindo-se, evidentemente, a hipótese de transferência transitória e contratual de competência para a execução do serviço. Para fins deste trabalho adotarei a distinção que a lei efetua, no intuito de melhor discernir seu conteúdo. De maneira genérica, considero que o termo "transferência" é gênero do qual são espécies tanto a outorga quanto a delegação, pois assim dá a entender o anteprojeto. É de se observar, no entanto, que a aplicação posterior das normas do anteprojeto requererá cautela e poderá levar o intérprete mais desavisado a conclusões errôneas.

Feitas estas observações, passo à análise dos dispositivos constantes do anteprojeto sobre a matéria.

61. V. Hely Lopes Meirelles, *Direito Administrativo Brasileiro*, 29ª ed., pp. 332 e ss. e 366 e ss.

2.2.1 *A possibilidade e as formas de transferência de competências de planejamento, regulação e fiscalização*

É possível ao titular dos serviços ou ao ente competente para planejar, regular e fiscalizar a prestação dos serviços transferir tais poderes para outros entes federativos ou para outras entidades integrantes do Poder Público (tópico 2.2.1.1)? Caso se considere possível tal transferência, quais seus limites e sob quais formas pode ser formalizada (tópico 2.2.1.2)? Eis as questões sobre as quais me debruçarei neste tópico.

2.2.1.1 As formas de transferência de competências de planejamento, regulação e fiscalização no anteprojeto

Não há dúvida de que a transferência é constitucional quando ela tem como destinatários entidades pertencentes à própria Administração titular dos serviços – como, por exemplo, para autarquias ou os próprios órgãos que integram a Administração direta. Contudo, nesse caso, o planejamento, a regulação e a fiscalização do serviço permanecem sob os auspícios de seu titular. O destinatário da transferência é apenas uma divisão administrativa ou um braço criado para dar conta da competência que lhe incumbe constitucionalmente.

No âmbito do anteprojeto, o art. 16, a um só tempo, prevê que (i) competem ao titular, antes de qualquer outro ente, a regulação e a fiscalização permanente da prestação dos serviços públicos de saneamento básico e que (ii) tais atividades podem ser efetuadas por órgão ou entidade de direito público do titular dos serviços.

O § 3º do mesmo artigo faculta ao titular, "por meio de convênio de cooperação com entidade pública, transferir o exercício de funções de fiscalização ou receber apoio técnico para as suas atividades de regulação". O convênio de cooperação seria, portanto, uma primeira alternativa para a transferência de tais competências para outra entidade, desde que esta tivesse natureza pública e que as atividades transferidas dissessem respeito exclusivamente à fiscalização e ao apoio técnico necessário à atividade de regulação.

A previsão de transferência de tais atividades é perfeitamente constitucional, vez que se espelha na previsão do art. 241 da CF, segundo o qual "a União, os Estados, o Distrito Federal e os Municípios disciplinarão por meio de lei os consórcios públicos e os convênios de cooperação entre os entes federados, autorizando a gestão associada de serviços públicos, bem como a transferência total ou parcial de encargos, serviços, pessoal e bens essenciais à continuidade dos serviços transferidos".

Há que se entender a finalidade e os contornos exatos do dispositivo constitucional. Ele trata de formas de associação e de coordenação entre entes federativos no intuito de gerir serviços públicos de maneira conjunta ou coordenada, por meio do regramento da prestação dos serviços e da alocação de encargos, serviços, pessoal e bens essenciais conforme as necessidades e possibilidades de cada um dos entes envolvidos. Trata-se, mais uma vez, de manifestação do federalismo de cooperação, pelo qual não apenas todos os entes devem concorrer para a promoção dos serviços públicos essenciais, como também devem cooperar para auxiliar os entes com menor capacidade de investimento e de ação, como é o caso dos Municípios de menor porte. O dispositivo pretende, portanto, permitir e incitar os entes federativos de maior porte (União e Estados) a contribuir com a prestação de tais serviços.

A evocação do art. 241 da CF faz igualmente pensar na figura dos consórcios públicos. O anteprojeto reconhece os entes consorciais como o meio idôneo para transferir competências relativas ao planejamento, regulação e fiscalização dos serviços de saneamento básico. O art. 17 do anteprojeto prevê que "os entes da Federação interessados regularão e fiscalizarão em conjunto os serviços integrados", enquanto seu § 2º admite que, "sem prejuízo do disposto no § 1º deste artigo, a regulação e a fiscalização dos serviços poderão ser exercidas por meio de consórcio público".

Pode-se inferir de tais dispositivos todas as diferenças que eles encerram. Por meio do convênio de cooperação, segundo o anteprojeto, o titular é autorizado a transferir parcela das atividades de fiscalização e de realização de estudos técnicos prévios à regulação. A transferência, nesse caso, é fragmentária e diz respeito tão-somente a atividades de mera execução (v., abaixo, tópico 2.2.1.2).

Já no caso do contrato de consórcio público, instrumento mais estável e com enquadramento legislativo que se pretende mais rígido e consistente, é possível o exercício do conjunto de atividades entendidas como regulação e fiscalização de serviços.

Mas a constituição de consórcio público significa, para fins constitucionais, que o titular dos serviços se desincumbe de sua tarefa de regulação e fiscalização em favor de outro ente federativo?

Tenho para comigo que não. Na forma como foram delineados em projeto de lei específico, enviado pelo Governo Federal ao Congresso Nacional,[62] os consórcios públicos podem ser constituídos sob a forma de pessoa jurídica de direito público, sujeito de direitos e deveres diferenciado dos entes que o compõem, ainda que, evidentemente, não venham a se constituir em novo ente da Federação.

Entretanto, os consórcios públicos integram a estrutura da Administração indireta de todos os entes da Federação que os celebram. Por este motivo, ao transferir para consórcio público a competência para regular e fiscali-

62. Refiro-me ao Projeto de Lei 3.884/2004, ora em trâmite na Câmara dos Deputados.

zar os serviços, o ente deles titular mantém sob sua responsabilidade a realização destas atividades. A constituição de consórcio público corresponde, portanto, a uma forma de exercício das competências regulatórias e fiscalizatórias do titular do serviço, e não a um mecanismo para transferi-las a outro ente. Isso se evidencia pela própria dicção do referido art. 17, § 2º, do anteprojeto, submetido à nossa análise, ao prever que a regulação e a fiscalização dos serviços poderão ser exercidas por meio de consórcio público. Uma vez que o consórcio público pertence (não só, mas também) à estrutura do titular do serviço, não se há de falar em transferência da regulação do serviço – ao menos, não no sentido de o titular se desvencilhar de suas atribuições constitucionais. Pode-se, sim, falar em associação com outros entes federativos para sua execução. Por este motivo, o art. 17, § 2º, do anteprojeto há de ser considerado conforme aos limites constitucionais de transferência das competências de planejamento, regulação e fiscalização.

2.2.1.2 Os limites à transferência de competências de planejamento, regulação e fiscalização

Vimos anteriormente que o art. 16 do anteprojeto reconhece ao titular dos serviços a competência para a regulação e a fiscalização permanente da prestação e admite seu exercício "por órgão ou entidade de direito público do titular dos serviços". Não deixa transparecer, assim, qualquer possibilidade de transferência integral destas atividades para outros entes da Federação ou para particulares.

Ao fazê-lo, o anteprojeto coaduna-se com o regime constitucional de atribuição de competências. Não é autorizado ao titular dos serviços rejeitar a responsabilidade que lhe é atribuída constitucionalmente. Assim, ainda que se admita que parcela das atividades materiais de execução atinentes ao exercício de tais competências possa ser delegada, é vedado aos titulares abrir mão (*v.g.*, renunciar) das competências regulatórias e fiscalizatórias em sua essência, sob pena de inconstitucionalidade.

Já consignei em outra oportunidade que a atividade de regulação pode ser identificada com seis núcleos diferentes de competências. A regulação envolve o manejo de (i) competências normativas; (ii) competências adjudicatórias; (iii) competências fiscalizatórias; (iv) competências sancionatórias; (v) competências arbitrais; e, finalmente, (vi) competências de recomendação ou orientação.[63]

Ainda que, no presente contexto, a regulação esteja definida de maneira menos extensa – contrapondo-se, por exemplo, à fiscalização –, deve-se reconhecer que os núcleos básicos da atividade regulatória, notadamente as competências normativas e adjudicatórias, devem permanecer intactos. A doutrina não parece dissentir em relação a este conceito, ainda que nem sempre seja tranqüila a definição das fronteiras da delegação. Nesse sentido, entre tantos outros, o pensamento de Alaôr Caffé Alves, que considera que a hipotética delegação pelo Município de competências materiais relacionadas à prestação dos serviços não faz com que se perca "a substância jurídica dessa atividade, principalmente a normativa regulamentar, que corresponde ao exercício de sua autonomia em matéria de saneamento básico local".[64] Também para o autor os limites da delegação correspondem às intransferíveis funções de regulação e de controle da execução dos serviços públicos.[65]

63. V. meu "Pensando o controle da atividade de regulação estatal", in Sérgio Guerra (coord.), *Temas de Direito Regulatório*, pp. 213 e ss.

64. Alaôr Caffé Alves, *Saneamento Básico. Concessões, Permissões e Convênios Públicos*, p. 31.

65. Idem.

Daí por que a transferência de competências por meio de convênio de cooperação só pode compreender atividades executórias que não digam respeito ao âmago da regulação do serviço. Demonstra-se aqui a relevância da distinção operada entre *regulação* e *fiscalização*, já no art. 2º do anteprojeto.

A *fiscalização* compreende "atividades de acompanhamento, monitoramento, controle e avaliação", que podem ser transferidas para outrem, desde que o titular permaneça na qualidade de fiscal eventual e último de tais atividades, como permite inferir o art. 16.[66] O art. 16, § 4º, prevê, com cautela, que as informações produzidas por terceiros contratados poderão ser utilizadas pela regulação e fiscalização dos serviços, dando a entender que a cooperação técnica de que trata o parágrafo anterior consiste essencialmente na produção de conhecimento de excelência técnica que seja capaz de auxiliar nessas atividades.

Já a *regulação* corresponde, nos termos do anteprojeto, a "todo e qualquer ato, normativo ou não, que discipline ou organize um determinado serviço público, incluindo suas características, padrões de qualidade, impactos sócio-ambientais, os direitos e obrigações dos cidadãos, dos usuários e dos responsáveis por sua oferta ou prestação, a política e sistema de cobrança, inclusive a fixação, reajuste e revisão do valor de tarifas e outros preços públicos".[67] Preocupa-se o § 5º do mesmo art. 16 em incluir na regulação "as atividades de interpretar e fixar critérios para a fiel execução dos instrumentos de delegação dos serviços, bem como para a correta administração de subsídios". A atividade de regulação envolve poder decisório e margem de discricionariedade que não podem ser despojados por aquele a quem a Constituição Federal atribuiu a competência para desempenhá-la. Esse é o maior limite à outorga ou delegação de atividades relacionadas aos serviços públicos de saneamento.

No que diz respeito ao contrato de consórcio público, ainda que a transferência em favor deste não esteja sujeita ao mesmo limite material dos convênios de cooperação – pelo fato de os consórcios integrarem a estrutura do ente titular do serviço –, exige-se a forma contratual para tal transferência, o que pode ser considerado um limite.

Os §§ 1º e 2º do art. 16 também estabelecem limites importantes para a delegação de tais funções. Prevêem:

"§ 1º. O prestador do serviço não poderá exercer as funções de regulação e de fiscalização.

"§ 2º. Quando a prestação do serviço for objeto de delegação, devem ser asseguradas a autonomia administrativa e a adequada capacidade técnica ao órgão ou entidade mencionado no *caput* deste artigo."

O § 1º consagra princípio importante da regulação dos serviços públicos, ao assegurar que o prestador do serviço e o ente regulador e fiscalizador sejam entidades ou órgãos distintos. Já consignei que, em meu entender, o dispositivo não exige que a separação se faça entre pessoas jurídicas

66. Pode-se estabelecer, aqui, paralelo com os limites de delegação do poder de polícia em matéria de policiamento de rodovias concedidas. Ainda que o poder de polícia seja indelegável a particulares, não houve censura na transferência ao concessionário de atividades executórias intrínsecas ao exercício de tal poder, como, por exemplo, o monitoramento da velocidade nos automóveis que transitam nestas rodovias.

67. Em meu entender, a noção de *regulação* é mais ampla, e compreende, igualmente, a atividade de fiscalização e de sanção dos comportamentos contrários às normas (v., por exemplo, meu "Pensando o controle da atividade de regulação estatal", in Sérgio Guerra (coord.), *Temas de Direito Regulatório*, pp. 213 e ss.). A distinção entre *regulação* e *fiscalização* operada na lei tem, contudo, a grande vantagem de precisar os limites da transferência de competências pelo titular do serviço.

distintas, mas, sim, entre órgãos e entidades diferenciados.[68] Assim, ainda que os serviços não sejam objeto de delegação e permaneçam sendo prestados pela Administração direta, deverá o Poder Executivo garantir que no próprio âmbito da Administração não sejam coincidentes prestador e regulador – como, por exemplo, por meio da criação de um colegiado que se encarregue da regulação.

Se este princípio geral é pressuposto para o sucesso de qualquer processo moderno de regulação,[69] tanto mais o é no setor de saneamento, diante da histórica confusão entre *prestadores de serviço* e *reguladores*. é o que se verá no tópico 2.2.2, abaixo.

No que se refere ao § 2º, não se trata propriamente de limite à transferência do poder de planejar, regular e fiscalizar, mas, sim, de cautela adicional do legislador. Sua redação pode ensejar questões quanto ao seu conteúdo. Afinal, a autonomia administrativa e a adequada capacidade técnica do titular do serviço devem ser sempre asseguradas, independentemente de os serviços serem, ou não, delegados. No entanto, pretendeu o anteprojeto ressaltar a importância de tais requisitos estarem presentes não apenas do ponto de vista formal, como também do ponto de vista material, em caso de delegação. Uma vez que o Poder Público titular do serviço abandona a intervenção direta neste setor, em prol de uma intervenção indireta – mas permanece responsável pela disponibilização do serviço essencial de maneira contínua, universal e com qualidade –, nada mais lógico que garantir que ele tenha plenas condições de exercer tal intervenção indireta. Daí a disposição de cautela do art. 17, § 2º.

68. V. ob. cit., p. 26.

69. Sobre o tema e sobre a dissociação recente entre *interesse público* e *interesse do Estado*, v. meu *Regulação Estatal e Interesses Públicos*, São Paulo, Malheiros Editores, 2002.

2.2.2 *A possibilidade e as formas de transferência da prestação do serviço*

2.2.2.1 As formas de outorga ou delegação da prestação dos serviços no anteprojeto

Antes de enfrentar o tema deste tópico, cabe retomar a distinção efetuada anteriormente entre os acordos celebrados entre entes públicos e aqueles celebrados entre estes e os particulares que tenham por objeto a prestação dos serviços públicos de saneamento. Diante de um panorama de imbricação de interesses e competências, a opção do legislador – que só pode ser festejada – dedicou-se, como se viu, a incitar a integração e o engajamento de todos os entes interessados na regulação e na prestação de tais serviços públicos. Como conseqüência, as formas de associação entre os entes do setor público são caracterizadas por dinâmica de cooperação e de ação conjunta que inexiste na delegação a particulares.

O anteprojeto não contém disposições específicas sobre as alternativas de delegação dos serviços públicos a particulares. Como não poderia deixar de ser, aplicar-se-á à delegação o disposto no art. 175 da CF e na Lei 8.987/1995. Os serviços de saneamento básico podem ser delegados por meio de concessão ou permissão de serviços públicos, na forma da lei – processo que sempre deverá ser precedido de licitação. Com essas formas conviverão os outros mecanismos tradicionais de contratação de particulares para a prestação dos serviços que não implicam delegação, como a empreitada regida pela Lei 8.666/1993.

O texto define, no entanto, o que entende por *delegação onerosa de serviço público de saneamento básico* (art. 2º, XXIII). É aquela que inclui qualquer modalidade de pagamento ao titular pela outorga da concessão de serviço público de saneamento básico, direito de uso ou pela transferência de bens e instalações reversíveis, ou, ainda, a subscrição de participação societária e a integralização, pelo titular, de capital da empresa concessionária, lastreada na conferência de qualquer dos bens ou direitos acima referidos, salvo quando a participação societária estiver gravada por vínculo de inalienabilidade pelo prazo mínimo de 20 anos. A onerosidade da outorga, nos termos do anteprojeto, terá conseqüências importantes no que concerne ao regime do Sistema de Financiamento do Saneamento Básico/SFSB e na alocação de recursos do Governo Federal.

Contém, igualmente, disposição especial em caso de delegação de cooperativas de catadores. O anteprojeto prevê hipótese de "delegação prioritária para essas entidades da realização da coleta, do processamento e da comercialização desses materiais" (recicláveis) (art. 8º, II, "b", 2).

No que respeita às formas de contratação da prestação dos serviços de saneamento básico entre entes públicos, estas são mais numerosas e mais detalhadas no regime do anteprojeto.

Uma primeira alternativa de contratação corresponde ao contrato de fornecimento de serviços de saneamento básico. Esse contrato, assim como o contrato de consórcio público, é necessariamente celebrado entre entes federativos, o que denota seu caráter de oficialidade e o conteúdo político envolvido. Por ser firmado entre dois entes federativos, não se trata simplesmente da operacionalização conjunta de tarefas relacionadas aos serviços de saneamento básico; o contrato de fornecimento de serviços parece consubstanciar-se, no regime do anteprojeto, em uma verdadeira pauta de cooperação entre os entes em relação aos seus compromissos comuns de melhoria do saneamento.[70]

Assim é que, nos termos do art. 11, VII, há direitos e obrigações que podem ser objeto de sub-rogação a entidades integrantes da Administração indireta dos entes envolvidos. Tal possibilidade dá a entender que o contrato de fornecimento funcionará como uma pauta mais geral de relacionamento entre os dois entes políticos no que se refere ao saneamento, prevendo investimentos e compromissos de longo prazo, formas procedimentais de funcionamento da gestão associada dos serviços, entre outros, e que a parcela mais operacional (sujeita, portanto, a sub-rogação) constituirá tão-somente parte do acordo.

Outra alternativa de contratação da prestação dos serviços de saneamento básico entre entes da Federação corresponde ao contrato de programa, acordo celebrado não somente entre entes federativos, mas também entre ente da Federação e entidade da Administração indireta de outro ente da Federação, ou ainda entre consórcio público e entidade da Administração indireta de ente da Federação consorciado. Tal contrato expressa o vínculo que se estabelece entre o prestador de serviços e o titular, ambos integrantes da Administração Pública. Seu âmbito é, no entanto, menos ambicioso que o do contrato de fornecimento: traduz as obrigações e os direitos dos entes quanto à prestação dos serviços públicos e à transfe-

70. "Art. 11. São cláusulas necessárias do contrato de fornecimento de serviços públicos as que estabeleçam: I – os serviços integrados objeto de fornecimento; II – as condições e garantias recíprocas de fornecimento e de acesso aos serviços integrados; III – o prazo de vigência, compatível com as necessidades de amortização de investimentos, e as hipóteses de sua prorrogação; IV – procedimentos para articulação da implantação, ampliação, melhoria e gestão operacional dos serviços; V – regras para fixação, reajuste e revisão da remuneração do prestador dos serviços integrados, observado o disposto nos arts. 28 a 35 desta Lei, VI – condições e garantias de pagamento ao fornecedor dos serviços; VII – os direitos e os deveres sub-rogados, ou os em que se autoriza a sub-rogação, a entes da Administração indireta dos contratantes; VIII – as hipóteses de extinção, inadmitida a rescisão administrativa unilateral; IX – as penalidades a que estão sujeitas as partes em caso de inadimplemento."

rência total ou parcial de encargos, serviços, pessoal e bens essenciais à continuidade dos serviços transferidos (art. 2º, XXII). O contrato de programa deve estar inserido no âmbito de gestão associada; e, portanto, será sempre derivado de convênio de cooperação ou consórcio público, nos termos do art. 241 da CF.

A questão essencial com relação à constitucionalidade destas formas contratuais tem como pressuposto sua natureza jurídica. Há que se indagar, essencialmente, se eles constituem delegação ou concessão para fins do disposto no art. 175 da Cf. No que consistem, em essência, os contratos entre entes federativos ou as pessoas jurídicas que os integram?

A questão não é nova. Se bem é verdade que a experiência de delegação dos serviços de saneamento básico para entes privados (concessão para particulares) é prática razoavelmente recente, desde a década de 70 já existiam experiências de delegação entre entes públicos. Incentivadas sobretudo pelo planejamento centralizado, por meio do Plano Nacional de Saneamento/PLANASA, elas tinham o claro objetivo de coordenação, centralização, planejamento e racionalização dos esforços. A época, insistir em modelo local de prestação parecia contraproducente; acreditava-se que um modelo mais centralizado oferecia maiores condições de racionalização dos esforços. Daí o incentivo à realização de contratos de "prestação de serviços" entre as Cias. Estaduais de Saneamento Básico/CEBs e os Municípios, que traduziam, de determinada maneira, a concessão da exploração dos serviços a estas companhias.

Apesar de constituírem delegação de serviço público do Município em favor destas companhias, a natureza destes contratos não se consubstanciava propriamente em uma concessão, diante de sua precariedade e imprecisão. Com efeito, estes contratos de prestação de serviços não previam investimentos determinados, a reversibilidade dos bens, os direitos e obrigações do concessionário, dos usuários e do Poder concedente. A dinâmica de execução contratual também estava longe de ser uma dinâmica de concessão: os Municípios nunca exerceram papel de ente regulador ou de Poder concedente. Este era exercido pela União, notadamente pelo Ministério do Interior e pelo Banco Nacional de Habitação/BNH, que definiam as tarifas e autorizavam os investimentos, inclusive controlando os recursos do recém-criado Sistema Financeiro da Habitação/SFH, que tinha como seu componente o Fundo de Garantia do Tempo de Serviço/FGTS – até hoje a principal fonte financeira de investimentos no saneamento básico. Deve-se a esta estrutura centralizada boa parte dos investimentos realizados no país em matéria de saneamento.

Não se tratava, evidentemente, de uma concessão comum. Como ressaltam Geraldo Ataliba e Rosoléa Folgosi, a relação entre Municípios e CEBs "não é ordinária, corrente, comum. Não é contrato entre Poder Público e particular. Não põe em confronto o público e o privado. Não implica a tensão – própria das concessões correntes – entre o serviço público e o lucro empresarial da empresa capitalista. Por isso, as lições da doutrina sobre a concessão de serviço público não se adequam integralmente a essa relação".[71]

Diante da especificidade de tal contrato, ele já foi chamado pela doutrina de uma "concessão-convênio". É, segundo Marçal Justen Filho, a terminologia apta a dar conta do conteúdo de tal contratação, que contém um veio de delegação dos serviços mas também um veio de cooperação que explica a precariedade e sumariedade dos acordos celebrados: "Por fim pode-se reconhecer a *concessão-convênio*. Identifica-se como instrumento de conjugação de diversas entidades

71. Geraldo Ataliba e Rosoléa Folgosi, "Saneamento básico – Serviço público estadual e municipal – Contrato administrativo entre SABESP e Município – Concessão não-ordinária", *RTDP* 9/114.

públicas, que têm interesses concorrentes ou complementares no desempenho de atribuições administrativas e políticas. Para buscar a realização desse interesse comum, atribui-se o desempenho do serviço a um ente específico, integrante da Administração Pública. Racionaliza-se o desempenho do serviço público e se atenuam inconvenientes derivados da pluralidade de ordens políticas e a fragmentação administrativa".[72]

Seriam, então, os novos contratos de programa e de fornecimento de serviços públicos, concessões sob a perspectiva do art. 175 da CF e da Lei 8.987/1995?

Trata-se de questão de difícil resposta. A concessão nos moldes tradicionais, tal qual nós a conhecemos, envolve posição de singular desigualdade entre os contratantes. É contrato típico de direito administrativo, no qual as prerrogativas da Administração em relação ao contratado lhe permitem o exercício de poderes exorbitantes aos privados, que decorrem da primazia do interesse público sobre o interesse particular e da existência de uma relação de sujeição/soberania entre as partes. Do ponto de vista constitucional, a concessão é instrumento jurídico para a delegação da prestação de serviço público,[73] que se consubstancia em contrato administrativo.[74] Trata-se de contrato tripartite que engloba também os direitos e deveres dos cidadãos-usuários,[75] cuja remuneração deve ser compatível com uma política tarifária prevista em lei.[76] A atividade deve ser explorada dentro de parâmetros de suficiência e de adequação,[77] e a extinção do contrato deve atender a um regime especial.[78]

Por sua vez, como é cediço, a Lei de Concessões e Permissões de Serviços Públicos (Lei 8.987/1995), em seu art. 2º, II, define-a como forma de delegação do serviço público por meio da qual a titularidade permanece sendo do Poder Público, mas cuja execução direta passa a ser efetuada por particular, "por sua conta e risco". Também o regime desta lei insere a concessão em quadro de desigualdade essencial entre os contratantes e existência de relação tripartite entre o usuário, o Poder concedente e o concessionário.

Assim definida, de maneira bastante ligeira, a concessão de serviços públicos, cabe definir se os contratos adrede referidos se encaixam em tal definição.

Por um lado, parece inegável que se trata de delegação, mesmo que parcial, dos serviços públicos de saneamento. Uma vez que não é prestação direta, o art. 175 só nos daria como opção a concessão ou a permissão dos serviços públicos como forma de prestá-los, sendo, ainda, que estas deveriam obedecer ao regime fixado por este artigo. Uma vez que o art. 175 não admite expressamente qualquer outra forma de delegação de serviços públicos, seríamos obrigados a caracterizar tais contratos com uma ou outra forma jurídica.

Mas se denominarmos de concessão ou permissão esses contratos, corre-se seriamente o risco de descaracterizar tais institutos. Isso porque vigora entre as partes a mais absoluta igualdade, pelo fato de ambas serem entes políticos (no caso do contrato de fornecimento) ou de integrarem a Administração (no caso do contrato de programa).[79]

72. Marçal Justen Filho, *Teoria Geral das concessões de Serviço Público*, p. 125.

73. Art. 175, *caput*.

74. Art. 175, parágrafo único, I.

75. Art. 175, parágrafo único, II.

76. Art. 175, parágrafo único, III.

77. Art. 175, parágrafo único, IV.

78. Art. 175, parágrafo único, I, *in fine*.

79. Vale notar que tal configuração se mostra um pouco distinta no caso de delegação de serviço de titularidade de um ente em favor de uma empresa estatal pertencente a outro ente da Federação. Neste caso não se trata de transferência da execução de um serviço público entre entes federados (pessoas jurídicas de direito público interno), e, sim, de delegação da prestação (no mais das vezes,

Além disso, caso se partisse do pressuposto de que tais contratos consubstanciam concessão ou permissão de serviços públicos, seríamos obrigados a convir também que tal delegação deve ser sempre precedida de licitação (conforme o disposto no art. 175 da CF). Como se verá adiante, tal hipótese não tem razão de ser, especialmente tendo-se em vista que tal contrato é instrumento entre entes políticos ou entidades de sua Administração indireta – neste caso, na específica hipótese de gestão associada de serviços públicos (art. 23, parágrafo único, I).

No fundo, a escolha encontra-se entre perverter o instituto da concessão, para fazer entrar na classificação relação jurídica *sui generis*, ou, então, reconhecer sua especificidade, sob o risco de desobediência ao texto constitucional.

No que tange ao contrato de programa a semelhança com a concessão é mais pungente. Trata-se de mecanismo contratual que prevê expressamente direitos e obrigações. Ao contrário do contrato de fornecimento, o contrato de programa é expressamente previsto como o acordo que rege as relações entre o titular do serviço e seu prestador. Daí o porquê de o art. 23 – que obriga à realização de licitação para a celebração de contrato que tenha por objeto a prestação de serviço público de saneamento – excetuar expressamente, em seu parágrafo único, o contrato de programa para, no âmbito de gestão associada de serviços públicos, a prestação dos serviços celebrados entre entes federativos consorciados ou conveniados, ou com entes de sua Administração indireta. Apesar de seu caráter eminentemente contratual, o contrato de programa está intrinsecamente vinculado à gestão associada formalizada por meio de consórcio público ou convênio de cooperação. Nessa qualidade, ele consubstancia relação de prestação de serviços de saneamento decorrente do plano de trabalho ("programa") definido no âmbito da cooperação federativa previsto na atual redação do art. 241 da CF.

O contrato de fornecimento, por sua vez, tem natureza cooperativa ainda mais evidente. Ele traduz relação específica, que não se inclui entre as modalidades tradicionais de delegação dos serviços públicos mas tampouco consiste em execução direta dos serviços. Não parece existir qualquer razão para colocar óbice a tal delegação. O contrato de fornecimento é consentâneo com as finalidades e os interesses públicos agasalhados pelos seus contratantes; poderá consubstanciar-se em instrumento poderoso de consecução das políticas públicas no setor. Assim, não há qualquer sentido em descartá-lo, por suposta incompatibilidade com o art. 175 da CF, pelo simples fato de este não se encaixar, *prima facie*, nas classificações tradicionais de concessão e permissão. Observe-se que a delegação entre entes federativos, no sentido descendente, foi largamente praticada pelo Governo Federal, na década de 90, no setor de rodovias, substituindo-se a União pelos governos dos Estados na relação com os con-

exploração) do serviço de titularidade de um ente para pessoa jurídica de direito privado controlada por outro. Esta hipótese – tenho para comigo – enquadra-se perfeitamente na regra do art. 175 da CF. É o caso, por exemplo, das empresas (sociedades de economia mista) estaduais que atuam no setor de energia elétrica como concessionárias da União. E é igualmente o caso das concessionárias (empresas públicas ou sociedades de economia mista) que recebem concessão dos Municípios para explorar serviços de saneamento. A meu ver, descaberia fugir da relação de concessão em sentido estrito e admitir outorga direta (sem licitação, portanto) para cometer a exploração do saneamento básico a empresas de cujo capital participam pessoas privadas (quando se tratar de sociedades de economia mista), muita vez com ações lançadas em Bolsa e comercializadas no mercado de valores internacional. Pretender ver aí uma relação política, imune ao regime de concessão previsto no art. 175 da CF e na Lei 8.987/1995, seria alargar demasiadamente o caráter instrumental destas empresas, deferindo-lhes tratamento desigual em face das demais empresas privadas, em desconformidade com o preceito constitucional.

cessionários e na celebração dos contratos de concessão.[80]

Considero, portanto, que a melhor definição para o contrato de fornecimento firmado entre entes da Federação não se encontra entre as formas tradicionais de execução indireta dos serviços públicos – a concessão ou a permissão –, mas no âmbito da cooperação federativa. Isso porque representa a contratualização de engajamento entre duas esferas políticas autônomas, que tem desenho obrigacional bastante diferente da delegação tradicional. Não tem cláusulas exorbitantes e não é regido por qualquer princípio de supremacia ou sujeição entre os contraentes. Não envolve senão indiretamente os usuários, pois vai muito além da simples fixação de direitos e deveres entre as partes. Constitui verdadeira carta de associação entre os entes federativos que o celebram, para além da simples delegação dos serviços de saneamento.

Deve-se reconhecer que, neste caso, nossa doutrina sobre serviços públicos, herdada dos franceses, não dá conta de expressar todos os fenômenos decorrentes de uma estrutura federalista desconhecida na estrutura gaulesa. O contrato de fornecimento não se enquadra entre as hipóteses de delegação do art. 175 da CF, ainda que historicamente se tenha tentado enquadrar várias hipóteses de cooperação federativa nas formas da concessão tradicional, com evidente dificuldade, pois dizem respeito a relações com regimes jurídicos diferentes. Impõe-se reconhecer a existência de formas de delegação que, por envolverem a cooperação federativa, situam-se fora do âmbito do art. 175 da CF. Elas se fundam, em seu conteúdo, no art. 23, IX, da CF, vez que traduzem engajamento dos entes federativos na promoção da melhoria do saneamento básico, exprimindo forma específica do federalismo de cooperação adotado pela República Brasileira (*v.g.*, arts. 1º e 18 da CF).

2.2.2.2 Os limites para a outorga ou delegação

O anteprojeto estabelece vários limites para a outorga ou delegação da prestação dos serviços públicos de saneamento básico. Ele exige que a delegação seja consolidada por instrumento contratual, sendo vedada sua disciplina mediante convênios, termos de parceria ou outros instrumentos de natureza precária (art. 22).[81] Exige a garantia de publicidade para a realização da delegação, notadamente mediante consulta pública e audiência pública (art. 24, IV). O prévio planejamento (art. 24, I) e a comprovação de viabilidade técnica e econômica (art. 24, II) são igualmente requisitos que limitam a liberdade do Poder concedente quando da delegação. Finalmente, o anteprojeto exige lei que preveja o cumprimento das diretrizes da lei nacional (art. 24, III) e autorize a delegação dos serviços (art. 25, *caput*, c/c o inciso I). Pretende revogar, assim, a dispensa de prévia lei autorizativa que existia para a delegação dos serviços de limpeza urbana (art. 2º da Lei 9.074/1995,[82] cuja alteração é prevista pelo art. 72 do anteprojeto).

Nenhum destes limites parece encetar óbices de natureza constitucional. Ao contrário, eles simplesmente reproduzem exigências e princípios constitucionais, como os de publicidade, moralidade e eficiência administrativa.

Um derradeiro limite – este, de natureza constitucional – diz respeito à obrigação

80. Neste sentido lembre-se a Lei federal 9.277/1996, que autorizou a União a delegar a administração e exploração de rodovias a Estados e Municípios.

81. A única exceção prevista na lei refere-se à autorização para a prestação dos serviços em determinado condomínio ou localidade de pequeno porte, predominantemente ocupada por população de baixa renda, em que sejam beneficiários os usuários organizados em cooperativa ou associação (art. 22, § 2º, I e II).

82. Lei de Reestruturação do Setor Elétrico.

de realizar licitação, conforme o ditame do art. 175 da CF. Poder-se-ia indagar se a dispensa de licitação nos casos em que há mecanismos de cooperação entre entes da Administração Pública (gestão associada a contrato de fornecimento de programa) violaria o preceito constitucional acima referido. Parece-me que não. A doutrina e a jurisprudência já reconheceram que determinadas hipóteses de contratação com o próprio Poder Público autorizam a dispensa de licitação, diante da necessidade de satisfação de uma finalidade maior. Nesse sentido, o espírito de cooperação federativa não exige a realização de licitação – o que, pela Constituição Federal, deverá ocorrer sempre que se tratar de mera delegação por concessão.[83]

Daí por que não me parece eivada de inconstitucionalidade a dispensa de licitação, prevista no anteprojeto *sub examine*, no caso de "contrato de programa com ente da Federação, ou com entidade de sua Administração indireta, para a prestação de serviços públicos de forma associada nos termos do autorizado em contrato de consórcio público ou em convênio de cooperação" (art. 69), que insere uma nova hipótese de dispensa de licitação no rol do art. 24 da Lei de Licitações. Apesar de constituir hipótese de transferência da execução de serviços públicos, o princípio de cooperação federativa (traduzido, no caso do saneamento, pelo ditame do art. 23, IX, da CF) afasta a incidência do instituto da licitação. Nesse caso, a oportunidade de se firmar o vínculo cooperativo faz recair um fator de discrímen que torna incogitável licitar. Isso, porém, desde que dentro dos cânones preceituados pelo art. 241 da CF.

Caso diferente – e que, a meu ver, padece de inconstitucionalidade – diz respeito a outra hipótese de dispensa de licitação prevista no mesmo art. 69: o caso de "contrato de concessão de serviços públicos de saneamento básico, ou instrumento congênere, com pessoa jurídica que integre a Administração Pública de outro ente da Federação, desde que tenha sido criada para esse fim específico, preservados os poderes de planejamento, regulação e fiscalização do ente federado titular dos serviços". Imaginando que essa hipótese – já que o texto não faz ressalva – se refere à delegação realizada fora dos quadrantes dos contratos de programa e de gestão associada (CF, art. 241), estar-se-ia admitindo prescindir de licitação para concessão de serviços públicos de saneamento para empresa estatal de outro ente da Federação. Isso, a meu ver, fere frontalmente o art. 175 da CF ("sempre através de licitação" é o texto), que cria regime de imunidade à regra do art. 37, XXI ("ressalvados os casos especificados na lei"). Se o ente da Administração indireta do outro ente federado for uma empresa estatal, constituída sob regime privado, que tenha por escopo explorar os serviços públicos como empresa qualquer, descaberá falar de dispensa ou inexigibilidade de licitação, dada a expressa vedação constitucional.

Não me parece, pois, constitucional que se fale em delegação por concessão (típica, atípica, concessão-convênio ou o nome que se queira dar) de serviço público a pessoa jurídica de direito privado (ainda que controlada pelo Estado) sem que seja ela precedida de certame licitatório. Após a Emenda Constitucional 19/1998, qualquer mecanismo de cooperação federativa deverá se dar nos termos predicados pelo art. 241 da CF: mediante gestão associada, por convênio ou consórcio público. Concessão a estatal de outro ente da Federação será possível, mas nos termos estritos do art. 175: sempre mediante prévia licitação.

Inobstante, e pelo tanto já acima asseverado, na medida em que se trata de mecanismos de positivação da cooperação federativa (já que a própria Constituição prevê deva se dar por meio de "gestão associada de serviços públicos" – art. 241), as

83. V., nesse sentido, Carlos Ari Sundfeld, *Licitação e Contrato Administrativo*, São Paulo, Malheiros Editores, 1994, pp. 35 e ss.

hipóteses de dispensa de licitação no caso do contrato de fornecimento e do contrato de programa parecem plenamente justificadas, diante de seu caráter de cooperação federativa.

2.3 *O papel da União no anteprojeto: a instituição de diretrizes (art. 21, XX) e da Política Nacional de Saneamento Básico*

Analisadas as questões relativas à competência para a prestação dos serviços e às hipóteses de delegação, cumpre-nos efetuar um derradeiro exercício de análise da compatibilidade entre o anteprojeto e as disposições constitucionais relativas à distribuição de competências entre os entes federados. A atividade do titular dos serviços de saneamento básico, assim como dos demais entes federativos que pretendam empreender atividades no setor, é norteada pelo quadro geral apresentado pelas diretrizes fixadas pela União e pela Política Nacional de Saneamento, em obediência à prescrição do art. 21, XX, da CF. Vem daí a questão do respeito à autonomia e isonomia entre os entes federativos quando da fixação de diretrizes pela União que – queiramos ou não – condicionam a atuação dos demais entes. Impõe-se conceituar tal competência (tópico 2.3.1), para, então, delimitar a forma como se encontra expressa no anteprojeto, verificar seus limites constitucionais e a aderência das disposições do anteprojeto a eles (tópico 2.3.2).

2.3.1 *A competência da União para instituir diretrizes para o saneamento básico*

Cumpre, primeiramente, observar que a competência da União para instituir diretrizes para o saneamento básico não se encontra arrolada no art. 22 da CF, que trata das competências legislativas daquele ente da Federação. Diferentemente do tratamento reservado para outras matérias, o constituinte não optou, por exemplo, por outorgar à União competência privativa para legislar sobre normas gerais relativas ao saneamento.

A competência para instituir as diretrizes do saneamento encontra-se arrolada entre aquelas competências de natureza material da União, constantes do art. 21. Tal rol reúne competências que não são propriamente legislativas: ele contempla a capacidade de a União atuar em determinadas áreas, ainda que de maneira indireta. Contudo, a ação de "instituir diretrizes" não tem relação senão mediata com a prestação material dos serviços públicos de saneamento básico. Forçoso é concluir que, se o estabelecimento de diretrizes não guarda relação direta com os atos materiais que caracterizam o provimento do serviço, essas diretrizes devem voltar-se à ação, à implementação do serviço. Não se trata de regular o serviço de maneira abstrata ou meramente principiológica: o papel da União ao estabelecer tais diretrizes é papel estruturante, orientado para a integração das ações de saneamento, para sua operacionalização.

É evidente que o mandamento constitucional faz referência à competência normativa (a de instituir diretrizes), mas a ela confere conotação de intervenção na execução do serviço por meio de sua regulação (intervenção indireta). Atribui à União o poder-dever de estruturar o setor e determinar como serão os traços essenciais de sua execução. As diretrizes para o setor e a Política Nacional de Saneamento não são senão expoentes deste poder-dever. Pode-se depreender da vontade do legislador constituinte de dispor tal competência no art. 21, e não no art. 22, uma determinada intenção de voltar a atuação da União à ação, ao fomento, à estruturação prática do setor.

O saneamento básico cumpre função pública das mais importantes, na qualidade de serviço público essencial.[84] Sob essa perspectiva, não seria admissível que o Estado Brasileiro não tivesse política nacional para a execução e para a melhoria dos serviços. A regulação nos âmbitos local e regional, por si só, não seria suficiente para garantir a prestação adequada do serviço, que demanda planejamento integrado e centralizado.[85] Daí por que compete à União, no que toca ao saneamento, participar das funções de planejamento e de execução.[86] Tal poder-dever decorre, mais uma vez, da comunhão de finalidades que caracteriza o federalismo de cooperação. A responsabilidade pelo saneamento básico é de todos os entes federativos; no entanto, as competências exercem-se de maneira distinta. A competência da União traduz-se não somente em um dever geral, extensível a todos os entes federados, de promover a melhoria do saneamento básico (art. 23, IX), como também, e principalmente, na fixação de diretrizes para o saneamento (art. 21, XX).

O que são, então, "diretrizes"? Correspondem elas às "normas gerais" de que trata o art. 24, § 1º, da CF, que dispõe sobre o exercício de competência legislativa concorrente pela União? Parece-me que não, apesar de as "diretrizes" de que trata o art. 21, XX, guardarem algumas semelhanças com tais normas.

Diogo de Figueiredo Moreira Neto[87] recenseou as opiniões existentes na doutrina sobre a definição de *normas gerais*. Afirma ele serem aquelas que (i) estabelecem princípios, diretrizes, linhas mestras e regras jurídicas gerais; (ii) não podem entrar em pormenores ou detalhes, nem esgotar o assunto legislado; (iii) são regras nacionais, uniformemente aplicáveis no território; (iv) devem ser regras uniformes para todas as situações homogêneas, sem individualizá-las; (v) só cabem quando preencham lacunas constitucionais e disponham sobre áreas de conflito; (vi) devem referir-se a questões fundamentais; (vii) são limitadas, no sentido de não poderem violar a autonomia dos Estados; e (viii) não são normas de aplicação direta. A comparação entre *diretrizes* e *normas gerais* permite melhor distinguir os contornos das "diretrizes" conforme dispostas na Constituição.

Como as normas gerais, também as diretrizes são gerais, pelo *conteúdo* e pelos *destinatários*.[88] Diferentemente delas, as diretrizes não necessariamente pressupõem uma particularização posterior: elas podem esgotar-se em si, ainda que em geral tendam à generalidade. Não têm função de homogeneizar tão pronunciada quanto as normas gerais, pois a competência da União não concorre com outras competências (como no caso do art. 24), apesar de obedecerem aos limites precisos relativos à autonomia dos entes titulares de serviço. Diferentemente das normas gerais, as diretrizes tendem a ser normas de aplicação direta.[89] Têm conteúdo programático, direcionado para a ação.

84. V., infra, tópico 3.1.

85. No mesmo sentido, v. Diogo de Figueiredo Moreira Neto, "Poder concedente para o abastecimento de água", *Revista de Direito da Associação dos Procuradores do Novo Estado do Rio de Janeiro*, 1999, pp. 61 e ss.

86. Nesse mesmo sentido, o art. 200, IV, da CF prevê que compete ao Sistema Único de Saúde/SUS, além de outras atribuições, "participar da formulação da política e da execução das ações de saneamento básico".

87. Diogo de Figueiredo Moreira Neto, *Constituição e Revisão: Temas de Direito Político e Constitucional*, Rio de Janeiro, Forense, 1991, pp. 155 e ss.

88. V. Tércio Sampaio Ferraz Jr., "Normas gerais e competência concorrente: uma exegese do art. 24 da Constituição Federal", *RTDP* 7/19, 1994.

89. Temos que observar, no entanto, que não me parece que a generalidade das normas impeça, em regra geral, a aplicação direta das normas gerais. Como lembra Lúcia Valle Figueiredo, elas se aplicam concreta e diretamente às relações e situações específicas no âmbito de competência federal e, ainda, no âmbito da competência administrativa regional sempre que a autoridade regional (Estado ou Município) não tiver exercido

De maneira bastante sintética, o documento que encaminha a versão do anteprojeto – submetida a consulta pública entre julho e setembro/2004 – define as *diretrizes* como aquelas normas que estabelecem os "traços fundamentais" dos serviços de saneamento básico, mas que permitem delimitar o que é o serviço e como, em sua essência, deve ser prestado aos usuários.

A Política Nacional de Saneamento Básico/PNS diferencia-se das diretrizes acima referidas, pois tem grau de concretude e especificidade bem maior: trata de normas concretas da União, somente aplicáveis aos demais entes federados mediante adesão. Ao contrário das diretrizes, as normas da PNS raramente deixam grande margem de discricionariedade para os entes federados, que devem aceitá-las ou rejeitá-las. Já as diretrizes são mais abstratas, e permitem a cada um dos entes federados cumpri-las com ampla liberdade, mas são de obediência compulsória.

2.3.2 *Limites para o desempenho do papel da União: a análise concreta das prescrições do anteprojeto*

O anteprojeto fixa inicialmente diretrizes gerais, que correspondem às exigências de universalização, integralidade, eqüidade, regularidade, continuidade, eficiência, segurança, atualidade, cortesia, modicidade dos preços públicos, sustentabilidade, intersetorialidade, cooperação entre entes federativos, participação da sociedade, promoção da educação sanitária e ambiental, promoção e proteção da saúde, preservação e conservação do meio ambiente, promoção do direito à cidade, conformidade do planejamento e da implementação dos serviços com as exigências fundamentais do Plano Diretor, respeito às identidades culturais das comunidades, promoção e defesa da saúde e segurança do trabalhador, respeito e promoção dos direitos básicos dos consumidores e fomento da pesquisa científica e tecnológica.

No que diz respeito às diretrizes para os serviços que integram o saneamento básico (abastecimento de água, esgotamento sanitário, manejo de resíduos sólidos e manejo das águas pluviais), as diretrizes relacionam os valores essenciais que devem orientar a regulação e a execução de cada uma destas atividades. No que diz respeito ao abastecimento da água, as diretrizes disciplinam, entre outros conteúdos, as hipóteses de restrição do direito de acesso aos serviços, objeto de estudo pormenorizado em tópico abaixo (v., infra, tópico 3.3).

Seguem, então, as diretrizes relativas à complementaridade dos serviços (já amplamente estudadas nos tópicos anteriores), ao planejamento, à regulação e fiscalização dos serviços, aos serviços contratados, à avaliação periódica da qualidade dos serviços e, finalmente, aos aspectos financeiros e econômicos.

No que tange à Política Nacional de Saneamento Básico/PNS, um título específico é dedicado a ela, do qual constam disposições relativas à PNS, ao SISNASA e ao seu funcionamento.

Concentrar-me-ei especificamente em duas disposições que têm interseção com o presente estudo, e que parecem resumir o espírito do anteprojeto. São elas: a diretriz que obriga ao planejamento, regulação e fiscalização (tópico 2.3.2.1) e a subordinação do repasse de recursos federais à adesão à PNS (tópico 2.3.2.2).

sua competência concorrente particularizante. Aplicam-se, ainda, nos casos em que a autoridade regional haja exercido sua competência concorrente particularizante em contrariedade ao valor nelas declarado (Lúcia Valle Figueiredo, "Discriminação constitucional das competências ambientais. Aspectos pontuais do regime jurídico das licenças ambientais", *Revista de Direito Ambiental* 35/39-55, Ano 9, julho-setembro/2004).

2.3.2.1 A obrigação de planejar, regular e fiscalizar

A principal diretriz do anteprojeto, aquela que melhor resume seu espírito, corresponde à exigência de planejamento, regulação e fiscalização. Prevê o art. 13 que "é direito do cidadão receber serviços públicos de saneamento básico que tenham sido planejados". A esse direito corresponde o dever, constante do art. 14, do titular dos serviços de "elaborar e implementar plano de saneamento ambiental, bem como participar da elaboração dos planos regionais de seu interesse". Da mesma forma, várias outras disposições do anteprojeto obrigam ao planejamento, regulação e fiscalização ou atribuem efeito jurídico à omissão do ente federativo no cumprimento dessa tarefa. Exemplos são os arts. 16 e 17, que prevêem o dever de regular os serviços de interesse local ou integrados; ou, ainda, o art. 20, prescritor do direito dos usuários a um serviço permanentemente fiscalizado.

Mais inovadores são os conteúdos do art. 19, parágrafo único, e do art. 25, parágrafo único. Eles admitem que regulamento federal venha a estabelecer normas de referência e modelos-padrão de regulação que, além de serem cogentes para as entidades integrantes da esfera federal, poderão ser voluntariamente adotados pelos demais entes federados. Além disso, prevêem os dispositivos que, naquilo que não confrontarem com a regulação dos titulares, as normas, os regulamentos e os modelos federais serão aplicáveis aos demais entes da Federação.[90] E, finalmente, prevêem que, no caso de omissão ou deficiência da regulação local ou regional, serão igualmente aplicados os instrumentos federais até que suprida tal lacuna. Essa estrutura é ainda adotada para instrumentos contratuais, tal qual o contrato de fornecimento, e para o modelo tarifário.

É, então, de se perguntar se tal diretriz seria abusiva e violaria o princípio de autonomia e de igualdade entre os entes da Federação.

A obrigação de regular os serviços relaciona-se com o disposto no art. 175 da CF, quando ele trata da prestação dos serviços. Este dispositivo parece-me claramente exigir regulação também quando há prestação direta ou quando prestado o serviço sob os auspícios de outro ente da Federação, e não apenas quando houver delegação para a iniciativa privada. Afinal, o texto constitucional determina que "incumbe ao Poder Público, na forma da lei, diretamente ou sob regime de concessão ou permissão (...), a prestação de serviços públicos".

Assim, quando a União estabelece expressamente a diretriz de que o serviço deverá ser objeto de regulação, nada mais faz senão explicitar exigência constitucional. Não inova no panorama jurídico ou obriga os demais entes a determinado comportamento, mas tão-somente explicita obrigação que decorre do texto (art. 175) e da sistemática constitucional (a titularidade dos serviços e o princípio federativo obrigam a que os entes não se furtem a regular o que é de sua alçada).

Para facilitar o cumprimento de tais exigências, a União deverá, por meio de regulamentação federal, propor modelos de referência. Não são estes automaticamente vinculantes – a não ser para os órgãos e entidades da esfera federal –, mas podem ser voluntariamente aceitos e adotados pelas

90. Art. 19, parágrafo único: "O regulamento desta Lei disporá sobre instrumentos de regulação de referência, diferenciados em razão da natureza, da escala e da complexidade dos serviços, que serão observados no que não contrariarem instrumento de regulação instituído pelo titular dos serviços".

Art. 25, parágrafo único: "O regulamento desta Lei poderá instituir modelos de normas para o cumprimento do previsto no *caput* deste artigo, que poderão ser diferenciados em razão das características e da natureza dos serviços, e que serão aplicados no que não forem contrariados pela norma local".

entidades e órgãos reguladores de quaisquer instâncias. Grande vantagem na adoção desses modelos é que, por terem de ser obrigatoriamente aceitos pela Administração Federal, conferem maior segurança jurídica.

Resta, porém, a dúvida: o que ocorre se o ente não cumprir a diretriz de regulação? Não seria admissível que o serviço pudesse deixar de ser regulado, ou o fosse de maneira deficiente, em caso de omissão total ou parcial do ente federativo encarregado de fazê-lo. O anteprojeto aporta a resposta, dando efeitos jurídicos a tal comportamento omissivo. O regulamento aplica-se em tudo que não contrariar a regulação do titular. Se essa inexistir, desaparecerá a incompatibilidade. Se existir parcamente, terá suas lacunas completadas pela regulamentação federal.

Não me parece que tal previsão viole princípio federativo, apesar de inovadora no sistema federal brasileiro. Isso porque a União (a partir de uma prescrição constitucional – art. 21, XX) tão-somente confere efeito jurídico ao silêncio dos demais entes federados: considera-o uma aceitação tácita dos modelos por ela propostos. A autonomia (o autogoverno do ente federativo) é preservada, uma vez que é plenamente franqueado ao regulador estadual, distrital ou local exercer com plenitude sua capacidade de regulação. Porém, não se há de invocar a autonomia para assegurar a omissão, a renúncia ao exercício de suas competências. Não há qualquer limite de conteúdo ou de forma para o exercício de tal competência. O único limite – que não é sequer limite, mas simplesmente conseqüência – corresponde a um limite de natureza temporal: enquanto o ente federativo não exercer sua competência de regulação ser-lhe-á aplicável a legislação federal; e isso até que o ente federativo deixe de se omitir.

Tal limite – simples conseqüência jurídica a determinado comportamento absolutamente voluntário dos entes federativos – parece-me absolutamente proporcional com o interesse que visa a proteger, uma vez que qualquer ato do ente político regional ou local fará cessar tal efeito. Não se poderia admitir, em sentido contrário, que um ente federativo, por sua omissão total ou parcial, pudesse tornar frágil o direito à salubridade ambiental (que tem interface tanto com o direito à saúde como com o meio ambiente, previstos constitucionalmente).

Resta saber se não há inconstitucionalidade na fixação de tais regras por meio de regulamento – é dizer, em sede infralegal. A constitucionalidade de tal procedimento depende da obediência aos limites gerais da delegação legislativa e, de forma mais geral, ao atendimento do princípio da legalidade.

A atual crise do princípio da legalidade já foi objeto de minhas ponderações em oportunidades anteriores.[91] Nelas consignei que a essência dessa crise é a matriz da legalidade, ou seja: o tipo de prescrição que deverá estar contida no comando legal. Parece patente que não é mais possível pretender que o princípio da legalidade corresponda à exigência de que a norma legal deva trazer, precisamente, o conteúdo, a forma, a oportunidade e a ocasião do exercício da atividade regulatória. Em crise está não o princípio da legalidade, mas o conteúdo totalizador da prescrição legal.

Daí por que se assiste ao advento de uma nova matriz normativa, marcada pelo surgimento do que Eros Grau denomina por "normas-objetivo".[92] O princípio da legalidade adquiriu novas feições: a lei define as metas principais e os contornos da atividade das instâncias de regulação – notadamente

91. V. meus "Independência e autonomia da Agência Nacional de Telecomunicações: imperativo legal e constitucional", *RTDP* 26/287-294, São Paulo, Malheiros Editores, 1999, e "A nova regulação dos serviços públicos", *RDA* 228/13-29, Rio de Janeiro, Renovar, abril-junho/2002.

92. Eros Grau, "Interpretando o Código de Defesa do Consumidor. Algumas notas", *Direito do Consumidor* 5/183 e ss., janeiro-março/1993.

dos órgãos reguladores –, cometendo-lhes (nestes limites e sob controle do Judiciário e do próprio Legislativo[93]) ampla margem de atuação. Se esse mecanismo se verifica com relação à regulação por agentes reguladores autônomos, também se reproduz na delegação ao Poder Executivo: diante da complexidade e da velocidade das alterações do mundo fático, tem sido prática comum o estabelecimento de vetores axiológicos ou programáticos pelo legislador, que efetua as grandes escolhas na elaboração da legislação, mas delega a instâncias mais ágeis de regulação sua consecução na prática.

Como mostrei anteriormente, as diretrizes gerais estão contidas no anteprojeto que pretende tornar-se lei. Ele estabelece os valores e vetores que deverão ser adotados pela regulamentação, de maneira que essa não inovará muito em seus conceitos, obrigações e espírito. As grandes escolhas axiológicas já foram efetuadas pelo anteprojeto, que imprime sentido e orientação bastante definida para o setor. Nesse sentido, parece-me irretorquível a delegação legislativa para a regulamentação, já que essa atividade delegada estará suficientemente enquadrada para seu exercício regular.

2.3.2.2 A subordinação do repasse de recursos federais à adesão à Política Nacional de Saneamento Básico/PNS

A Política Nacional de Saneamento Básico/PNS expressa as finalidades estruturantes eleitas para o setor do saneamento. Tais finalidades encontram-se expressas no art. 38 do anteprojeto, dentre as quais pode-se destacar o objetivo de contribuir para o desenvolvimento nacional, a redução das desigualdades regionais, a geração de emprego e de renda e a inclusão social (inciso I); assegurar que a aplicação dos recursos financeiros administrados pelo Poder Público se dê segundo critérios de promoção da salubridade ambiental, de maximização da relação benefício/custo, de maior retorno social (inciso V); incentivar a adoção de mecanismos de planejamento, regulação e fiscalização da prestação dos serviços (inciso VI).

O art. 39 do anteprojeto regula a adesão à PNS, e permite aos entes que não integrem a Administração Pública Federal a adesão voluntária à PNS e, por via de conseqüência, o ingresso no Sistema Nacional de Saneamento/SISNASA.

A adesão à PNS e ao SISNASA, por sua vez, traz algumas obrigações para seus integrantes, notadamente aquelas constantes do art. 43, que dizem respeito, essencialmente, à obrigação de assegurar adequada regulação, planejamento e fiscalização dos serviços, criar ou assegurar a existência dos órgãos colegiados, fornecer dados e informações para o Sistema e instituir o fundo especial.

A essas obrigações correspondem também vantagens, notadamente de natureza econômica. Assim é que, conforme o § 2º, I, do art. 39, a adesão à PNS é condição para que o ente federado ou o prestador do serviço possa "receber transferências voluntárias da União destinadas a ações de saneamento básico" ou, ainda, "celebrar contrato, convênio ou outro instrumento congênere vinculado a ações de saneamento básico, com a Administração direta ou indireta da União, entidades ou fundos direta ou indiretamente sob o seu controle, gestão ou operação, ou com entidades de crédito que se utilizem de recursos da União ou de fundos geridos ou operados por órgão ou entidade da União", implique ele ou não repasse de verbas para o ente.

De forma análoga, o art. 46 prevê que a alocação de recursos públicos federais e os financiamentos com recursos da União ou com recursos geridos ou operados por órgão ou entidade da União serão condicionados à adesão dos entes ao SISNASA (inciso I), além de outras condições estabelecidas no

93. Como, aliás, prevê o art. 49, V, da CF.

artigo, relativas essencialmente ao perfil econômico do empreendimento, ao desempenho do prestador, à eficiência e eficácia do empreendimento – entre outros.

Pois bem. Diante de tal quadro, e em face do peso que os recursos federais desempenham no setor, questiona-se se tal previsão viola a Constituição, ao subordinar a obtenção de tais recursos à adesão ao Sistema estabelecido na lei federal. É o que passo a responder.

Já vimos que, pelo regime constitucional, as diretrizes estabelecidas pela União têm essencialmente um papel estruturador. Esse papel está igualmente presente, por meio de outros mecanismos, nos vetores e valores adotados na Política Nacional do Saneamento Básico. Um dos mecanismos vislumbrados pelo anteprojeto para atingir estes objetivos foi subordinar o repasse de recursos federais à adesão à Política e às suas condicionantes.

Ao fazê-lo, a União não parece contrariar qualquer dispositivo constitucional.

Há que se distinguir entre *receitas vinculadas* e *receitas de livre distribuição* da parte da União. *Vinculadas* são aquelas que têm destinação específica e certa, conforme determinação constitucional ou legal. São instrumentos de garantia de recursos à execução do planejamento e impedem a utilização de tais recursos para quaisquer outros fins que não aqueles estabelecidos em lei. Não poderia a União, evidentemente, condicionar o repasse de receita previamente destinada aos demais entes federativos à realização de qualquer obrigação por parte deles. É o caso, por exemplo, dos recursos de repasse de fundos de participação tributária dos Estados e Municípios. É evidentemente inconstitucional a União condicionar tal repasse a qualquer comportamento dos entes envolvidos.

Diferente é o caso das *receitas de livre distribuição*. Inexiste, nesse caso, qualquer exigência quanto ao destino de tais receitas, exceto, por suposto, as da probidade, moralidade e eficiência públicas. Em decorrência, compete à União estabelecer os critérios que considera mais adequados para conferir prioridade na utilização dos sempre escassos recursos públicos.

Nada impede, conseqüentemente, que a União fixe as condições que justificarão seus investimentos. Ao contrário, tratando-se de receitas de livre disposição, quanto mais objetivas, explícitas e estáveis forem estas regras, tanto melhor estará atendido o interesse público. No caso, o estabelecimento destas regras em lei, como deixa perceber o anteprojeto, corresponde ao melhor que a União poderia fazer para garantir publicidade, estabilidade, impessoalidade e objetividade a tais critérios.

Sob esse ângulo, não há como considerar que a subordinação dos repasses e financiamentos à adesão corresponderia a comportamento abusivo da União, embora seu poder de indução seja, na prática, bastante considerável. A adesão é voluntária, e nada impede, portanto, que qualquer ente federativo se incumba da prestação e regulação dos serviços de que é titular sem qualquer associação com outros entes. Tem orçamento e autonomia para tanto.

Porém, se os entes federativos pretenderem contar com a cooperação da União e dos recursos federais, deverão amoldar-se aos condicionamentos do SISNASA. Estes, longe de serem subjetivos ou arbitrários, nada mais fazem senão dispor as exigências mínimas necessárias à estruturação do setor. Nesse sentido, é de se lembrar que a simples adesão ao SISNASA não é suficiente para a obtenção dos recursos. Eles também dependem da própria existência desses recursos e de outros critérios que se destinam a avaliar a seriedade do empreendimento, conforme dispõem outros incisos do art. 46, *caput*. Os §§ do mesmo artigo contêm outras diretrizes sobre como serão despendidos os recursos federais destinados ao setor, como a previsão de que os recursos não-onerosos da União, para subvenção de ações de saneamento básico promovidas por entes federados, serão sempre transferidos para o titular dos serviços (§ 4º), ou a possibilidade de estabelecer critérios diferenciados em vista das diversidades socioeconômicas e institucionais dos entes federados, especialmente para os Municípios de pequeno porte (§ 7º).

Assim, é de se concluir que o condicionamento do repasse de recursos federais à adesão ao SISNASA não parece contrariar qualquer dispositivo constitucional, diante da discricionariedade da União na destinação destes recursos e na fixação de critérios de despesa de caráter impessoal, objetivos e aderentes às finalidades de estruturação do setor.

Observe-se, por fim, que moldar o sistema por meio de incentivo financeiro não é propriamente um papel novo da União na ordenação dos serviços de saneamento básico. Isso já foi feito, de certa forma, à época do PLANASA, em prol da organização e da eficiência do serviço. Assim é que, no intuito de concentrar a aplicação de recursos nos Estados, e não mais nos Municípios, a União disponibilizava linhas de financiamento para ações de saneamento, por intermédio do BNH, prioritariamente às CEBs, em detrimento dos órgãos e entidades municipais. Favorecia, por tal mecanismo, a centralização dos serviços em sede estadual, considerado à época o melhor modelo para a expansão e universalização dos serviços.[94]

3. Contornos da prestação dos serviços públicos de saneamento

O derradeiro tópico do presente trabalho relaciona-se com aspectos concernentes à prestação dos serviços propriamente dita. Todos têm como pano-de-fundo uma certa dicotomia na forma de enxergar o serviço público, que tanto pode ser encarado como função pública como sob a perspectiva de atividade econômica (tópico 3.1). Dessa dicotomia exsurgem duas questões conexas: a questão da interrupção do fornecimento dos serviços em caso de inadimplência (tópico 3.2) e a questão da obrigatoriedade de conexão à rede pública de serviços (tópico 3.3). Além disso, o caráter de função pública dos serviços públicos de saneamento subjaz ao ato de nomear expressamente o direito à salubridade ambiental no corpo da lei; o que, por sua vez, tem conseqüências sobre a prestação do serviço em si mesma e sobre o caráter da regulação (tópico 3.4). Vejamos cada um destes aspectos.

3.1 Função pública "versus" atividade econômica

Já consignei em diversas ocasiões pretéritas[95] que a Constituição Federal apresenta duas acepções distintas acerca do que seja "serviço público", conforme a possibilidade, ou não, de se atribuir a ele conteúdo econômico. De um lado, a Constituição faz referência a serviço público em sentido amplo, compreendendo nesta expressão todas as atividades prestacionais de incumbência estatal (é o caso do art. 145, II, da CF). De outro lado, atribui um sentido mais restrito à expressão "serviço público", como espécie do gênero "atividade econômica". É o caso do art. 175, que aborda tão-somente os serviços públicos econômicos – ou seja, aqueles que podem ser traduzidos em relações econômicas e delegados a particulares.

Nem todo serviço público (em sentido amplo) pode ser tratado como atividade econômica. É o caso, por exemplo, da segurança pública e da prestação jurisdicional. Estes

94. Tratava-se doe programa de Financiamento para o Saneamento/FINANSA, instituído pela Resolução BNH-16, de 7.4.1971, Lei 6.528, de 11.5.1978, e Decreto 82.587, de 6.11.1978.

95. V., por exemplo, meus "Concessão de serviços públicos sem ônus para o usuário", in Luiz Guilherme da Costa Wagner Jr. (coord.), *Direito Público: Estudos em Homenagem ao Professor Adilson Abreu Dallari*, Belo Horizonte, Del Rey, 2004, pp. 334 e ss., e "Pensando o controle da atividade de regulação estatal", in Sérgio Guerra (coord.), *Temas de Direito Regulatório*, pp. 213 e ss.

serviços públicos, como outros de natureza similar, malgrado oferecerem utilidade ou comodidade ao administrado, não podem, por seus próprios requisitos intrínsecos, ser tratados como atividade econômica (atividade passível de exploração econômica). Outros serviços, por sua natureza, são serviços públicos econômicos, pois permitem que sua prestação seja travestida de conteúdo econômico: são aqueles serviços a que faz referência o art. 175. Há que se verificar que estas duas faces do serviço público estão longe de ser antagônicas ou excludentes: os serviços públicos econômicos permanecem sendo função pública, ao oferecer utilidade pública para a população. Não raro são serviços essenciais, como é o caso do saneamento básico.[96]

Aqueles que têm, no entanto, um conteúdo econômico merecem atenção particular, pois envolvem o imbricamento de lógicas econômicas e não-econômicas em sua prestação. Em princípio, a lógica do serviço público é contrária ou, ao menos, alheia à lógica puramente econômica. Corresponde à assunção, por parte do Estado, do compromisso de disponibilizar determinado serviço à fruição, independentemente de sua vantajosidade econômica. É serviço público exatamente porque, pela sua declarada importância para o bem-estar da sociedade, o Estado avoca a obrigação de provê-lo. Assim, mesmo nos casos em que o serviço for deficitário permanecerá a obrigação dos entes federados de provê-lo, pois esta decorre de mandamento constitucional.

É admissível, no entanto, que este mesmo serviço possa ser objeto de exploração econômica. Pode ser objeto de delegação a concessionários ou permissionários dos serviços, que poderão, ao contrário da Administração direta, ter como objetivo essencial a obtenção de lucro legítimo. A perspectiva de função pública não deixa, por isso, de estar presente: ainda que a prestação do serviço seja delegada, não deixa de existir a responsabilidade última do Estado, na qualidade de seu titular. A Administração lança mão de tal mecanismo no intuito de simbioticamente se aproveitar da eficiência dos particulares ou de entidade especializada na execução da atividade que lhes comete, de forma a que os serviços sejam melhores em termos de qualidade e preço para seus usuários.

Pois bem. Partindo do pressuposto de que essas duas faces – serviço público como função pública e serviço público como parte integrante do núcleo das atividades econômicas – podem coexistir, não há como não se concluir que a própria natureza do serviço público exige que prevaleça a característica da função pública, que garante a fruição de utilidade essencial – ou, ao menos, de utilidade pública – aos administrados. Insere-se no esforço constante de reduzir desigualdades sociais, que é um dos objetivos fundamentais do Estado Brasileiro (art. 3º, III, da CF).

Se é verdade que a perspectiva de função pública prevalece sempre sobre a perspectiva econômica, é também verdade que a dimensão econômica dos serviços públicos, quando existir, não pode ser desconsiderada. A prevalência é principiológica e relativa, pois desconsiderar a sustentabilidade econômica da prestação dos serviços corresponderia a comprometer a perenidade do serviço ou sua universalização.

O necessário convívio entre essa duas lógicas distintas é medida para que se viabilizem, de um lado, o cumprimento da função pública do serviço e, de outro, sua sustentabilidade econômica. A partir do momento em que existe transparência na delimitação de cada um dos campos de incidência destas duas lógicas distintas e das conseqüências de uma sobre a outra, a coexistência entre elas torna-se viável. O esforço de transparência em relação aos custos

96. A propósito, hão de ter um traço de relevância e essencialidade, sem o qual não poderiam sequer ser excepcionados à regra de mercado (livre acesso à iniciativa privada) e reservados à prestação em regime público.

do serviço e à composição da tarifa denota a importância de bem estabelecer a fronteira entre o serviço público economicamente sustentável e o serviço público prestado sob a perspectiva da função pública essencial.[97] É isso que – parece-me – procura fazer a proposta em exame.

O anteprojeto contém diversas disposições que exprimem as duas faces do serviço público acima mencionadas e arbitram sua convivência. Por um lado, o anteprojeto procurar garantir a sustentabilidade econômico-financeira do serviço, prover a justa remuneração das empresas que os prestam, tornar o serviço eficiente e evitar gastos desnecessários, no intuito de evitar a onerosidade do serviço.[98] Por outro lado, prevê metas de universalização do serviço e mecanismos destinados a atender à população menos favorecida – o que pode ser viabilizado, dentre outras ações, através de subsídios que permitam a modicidade tarifária. O art. 46, § 1º, por exemplo, expõe perfeitamente as duas faces do serviço público: "§ 1º. A aplicação de recursos não-onerosos da União deve priorizar ações que visem o atendimento de usuários que não tenham capacidade de pagamento compatível com a auto-sustentação dos serviços".

Algumas idéias-chave tendem a promover o equilíbrio entre as duas perspectivas, como, por exemplo, o conceito de "subsídio" (interno e externo). Garantem, por um lado, a transparência nos custos econômicos dos serviços – e, portanto, sua lógica do ponto de vista econômico. Prevêem, por outro, a garantia de seu fornecimento aos menos favorecidos, mediante o rateio do custo destes serviços pelos usuários que têm condições de pagá-los ou, ainda, pelos contribuintes em geral.

Também o fundo especial para financiar a universalização (previsto no art. 30, § 2º) representa a mesma tentativa de equilíbrio. Tem a intenção de segregar as duas faces do serviço público, identificando-as, para, assim, não comprometer uma nem outra.

Feita essa explanação inicial, passo a abordar as questões que a ela estão conexas.

3.2 A questão da inadimplência

O anteprojeto enumera entre as diretrizes do abastecimento de água "a garantia do abastecimento em quantidade suficiente para promover a saúde pública e com qualidade compatível com as normas, critérios e padrões de potabilidade estabelecidos conforme o previsto no inciso V do art. 16 da Lei n. 8.080, de 19 de setembro de 1990" (art. 6º, II). O abastecimento de água de maneira ininterrupta é, portanto, uma garantia ao consumidor. No entanto, o § 1º do mesmo artigo admite expressamente "a restrição de acesso aos serviços nos casos e condições previstos em lei do titular, exigida a prévia notificação ao usuário quando motivada por inadimplência". E a disposição seguinte completa: "§ 2º. A inadimplência

97. Deve-se notar que a preocupação está longe de ser uma exclusividade brasileira. A *Cour de Comptes* francesa, em relatório datado de 2003 relativo à gestão dos serviços públicos de água e esgotamento sanitário, alerta para a falta de transparência quanto ao custo do provimento de cada etapa do serviço e de seu impacto na formação dos preços, seja a prestação direta ou indireta (Cour de Comptes, *La Gestion des Services Publics d'Eau et d'Assainissement, Rapport au Président de la République Suivi de Réponses des Administrations et Organismes Intéressés*, dezembro/2003, pp. 30 e ss.).

98. Assim é que, por exemplo, o art. 25, IV, do anteprojeto estatui que a lei local deve prever sustentabilidade e equilíbrio econômico-financeiro na prestação dos serviços de saneamento; preceito reforçado pelo art. 30. Este, de forma ainda mais clara, dispõe que a sustentabilidade será assegurada com o custeio do serviço por meio de preços públicos ou de taxas, tanto quanto possível. O art. 31, II e III, o art. 38, VII, ou, ainda, o art. 56, 1, 5, são outros exemplos de exposição do caráter econômico dos serviços. Contrapõem-se a eles, ou os complementam, outros artigos que prevêem lógica antieconômica ligada à fruição dos serviços pela população, como, por exemplo, o art. 31, I, ou o art. 46, § 2º.

do usuário residencial de baixa renda e dos estabelecimentos de saúde, educacionais e de internação coletiva não prejudica a garantia de abastecimento mencionada no inciso II deste artigo, devendo a restrição de acesso aos serviços assegurar o mínimo necessário para atender às exigências de saúde pública, nos termos de instrução do Ministro da Saúde".

Nos casos de esgotamento sanitário e de limpeza urbana a interrupção não é admitida em hipótese alguma.[99] A questão da interrupção dos serviços resume-se, então, no fornecimento de água, nas hipóteses e condições previstas no anteprojeto. Essas hipóteses e condições seriam constitucionais, em vista dos direitos à saúde e ao meio ambiente? Seriam, ainda, compatíveis com os princípios das Leis de Defesa do Consumidor e de Concessões e Permissões de Serviços Públicos? É o que examinarei a seguir.

Como afirmei anteriormente, trata-se de conciliar as duas perspectivas do serviço público referidas no tópico anterior: a dimensão econômica não somente autoriza como, também, exige a restrição de acesso (interrupção) como condição de sanidade econômica do empreendimento. A dimensão não-econômica advoga o contrário. Ou seja: por um lado, em uma perspectiva de sustentabilidade econômica do serviço, é inviável que este continue sendo prestado sem sua devida contrapartida econômica; por outro lado, é inconcebível que o provimento de tal serviço essencial venha a ser interrompido, com evidente comprometimento da universalização e continuidade dos serviços e, possivelmente, com danos irreversíveis à qualidade de vida do utente.

A jurisprudência já se debruçou sobre a questão, ainda que inexista decisão definitiva do STF ponderando entre as duas perspectivas envolvidas. Considera o STJ que é possível o corte no fornecimento de serviços públicos essenciais, remunerados por tarifa, quando houver inadimplência, desde que o referido corte seja precedido por aviso, conforme previsão do art. 6º, § 3º, II, da Lei 8.987/1995. Segundo o Tribunal, cumprido esse procedimento, a interrupção não acarretaria inobservância do Código de Defesa do Consumidor, não caracterizando, portanto, descontinuidade na prestação do serviço.[100]

Outros acórdãos proferidos no mesmo sentido expuseram, no entanto, a preocupação dos julgadores com os riscos de interrupção de tal serviço essencial. Entenderam que a lógica econômica não poderia prevalecer a qualquer custo e que não seria possível o corte de serviço essencial para pessoa física em situação de miserabilidade, admitindo-se, no entanto, possibilidade do corte de serviço essencial para pessoa jurídica de porte. Considerou o STJ que "o corte de fornecimento de serviços essenciais – água – como forma de compelir o usuário ao pagamento de tarifa ou multa extrapola os limites da legalidade e afronta a cláusula pétrea do respeito à dignidade humana".[101]

Deve-se salientar que a 1ª Turma do STJ, no ano de 1999 até meados de 2003, entendia ser ilegal a interrupção no fornecimento de energia elétrica mesmo que inadimplente o consumidor, em decorrência do que dispõe o Código de Defesa do Consumidor a respeito da impossibilidade de expor o usuário ao ridículo. Os acórdãos mais recentes da 2ª Turma também seguem o entendimento da 1ª Seção. Aliás, quanto

99. Art. 7º, § 1º: "É vedada a restrição de acesso aos serviços públicos de esgotamento sanitário em decorrência de inadimplência do usuário"; Art. 8º, parágrafo único: "É vedada a interrupção de serviço de coleta em decorrência de inadimplência do usuário residencial, exigindo-se a comunicação prévia quando alteradas as condições de sua prestação".

100. O referido entendimento foi assentado, por maioria, no REsp 363.943-MG, 1ª Seção, rel. Min. Humberto Gomes de Barros, *DJU* 1.3.2004.

101. V., por exemplo, os acórdãos da 1ª Turma do STJ nos REsp 615.705, 623.322, 604.364 e 617.588, todos da relatoria do Min. Luiz Fux.

ao posicionamento da 2ª Turma, deve-se destacar decisão no AgRg no Ag 559.349, publicado no *DJU* de 10.5.2004, da relatoria do Min. João Otávio de Noronha, que reforça o entendimento da 1ª Seção quando entende que no curso da discussão judicial a respeito da procedência do débito o devedor não poderá sofrer o corte do serviço.

Parece-me que a posição adotada pelo anteprojeto reflete não somente a solidez das discussões jurisprudenciais como, também, um equilíbrio razoável e conforme aos parâmetros de legalidade entre as duas lógicas supra-referidas.

Em primeiro lugar, o anteprojeto exige a notificação prévia do usuário inadimplente quanto à possibilidade de restrição de seu acesso (art. 6º, § 1º), o que não apenas é direito do consumidor, como também é expressamente previsto no art. 6º, § 3º, II, da Lei 8.987/1995.

Além disso, o anteprojeto assegura que a eventual inadimplência do usuário residencial de baixa renda, de estabelecimentos de saúde, educacionais ou de internação coletiva não prejudicará a garantia de abastecimento, devendo a restrição de acesso aos serviços assegurar "o mínimo necessário para atender às exigências de saúde pública" (art. 6º, § 2º). Assim, impede que a lógica econômica prevaleça sobre a lógica de função pública dos serviços, estabelecendo juízo de proporcionalidade entre ambas.

A possibilidade de interrupção dos serviços de abastecimento de água, seja ela de que forma for, descaracteriza tais serviços como serviços essenciais? Há quem entenda – inclusive no STF – que sim.[102] Permito-me discordar de tal posição. A essencialidade do serviço não decorre da impossibilidade de sua interrupção a qualquer custo, mas, sim, da impossibilidade de sua interrupção de maneira imotivada, irrazoável ou desproporcional. As exigências feitas no anteprojeto – que reproduzem as preocupações jurisprudenciais sobre a matéria – o demonstram: a interrupção do serviço em caso de inadimplência não tem o condão de inviabilizar valores maiores envolvidos no serviço, como a dignidade humana, o direito à saúde e à educação.

O que não é lícito admitir é que uma parcela dos usuários usufrua indefinidamente da utilidade sem pagamento, fazendo recair sobre a outra parcela, dos adimplentes, os ônus deste não-pagamento. Se se admitem – e tenho sustentado que isso integra o vetor que denomino "universalização da fruição de um serviço público" – tarifas diferençadas, subsidiadas, e, mesmo, gratuidades tarifárias, certo deve estar que tais benefícios devem integrar uma política pública explícita, que discrimine as classes ou grupos de usuários beneficiados e a fonte dos recursos necessários a fazer frente aos custos do subsídio ou isenção (subsídios internos ou externos). O que não se admite é que a garantia de não ser interrompida a prestação sirva para que – por necessidade ou oportunidade – alguns usuários definam, ao seu alvedrio, sua imunidade tarifária.

Conclui-se, portanto, que o anteprojeto opera separação razoável e satisfatória entre as duas dimensões do serviço público. A interrupção ocorrerá em caso de inadimplência voluntária, não nos casos em que o usuário não tiver condições de efetuar seu pagamento. Não privará, tampouco, do abastecimento de água suficiente para atender aos estabelecimentos de saúde, educacionais ou de internação coletiva, nem prejudicará as exigências de saúde pública. Garantidos o direito à saúde (art. 6º da CF) e outros direitos fundamentais previstos na Constituição, o disposto no art. 6º, §§ 1º e 2º, não padece de qualquer inconstitucionalidade ou ilegalidade.

102. Assim é que o Min. Moreira Alves proferiu o seguinte voto em ação direta de inconstitucionalidade: "Com todas as vênias, o serviço de distribuição de água não é essencial. Tanto não é que pode ser cortado sem que haja o que ocorre, por exemplo, com o serviço de remoção do lixo, em que, aí, sim, o Estado está obrigado a prestar o serviço" (STF, Tribunal Pleno, ADI 2.340-3-SC (liminar), rel. Min. Marco Aurélio, j. 21.3.2001).

3.3 A questão da obrigatoriedade da conexão à rede pública

Pode-se, igualmente, indagar se as previsões relativas à obrigatoriedade de conexão às redes públicas de abastecimento de água e esgotamento sanitário seriam constitucionais. Conforme o anteprojeto, excetuados os casos previstos na legislação do titular, é compulsória a ligação da edificação que utilize a água para consumo humano à rede pública de abastecimento existente (art. 6º, § 5º, I), assim como à rede pública de coleta de esgotos sanitários existente em edificação que disponha de instalações prediais de esgotos (art. 7º, § 2º).

A meu ver, a controvérsia coloca novamente em questão o equilíbrio entre as duas perspectivas do serviço público. Sob a perspectiva da função pública, importa ao Poder Público garantir a fruição desta utilidade aos administrados, seja ela por qual meio for. Não haveria óbice, sob esse ponto de vista teórico, à constituição de sistemas paralelos de água e esgoto que não estivessem conectados às redes públicas.

No entanto, ainda sob essa perspectiva, o fato de os serviços de água, esgoto, limpeza urbana e manejo de águas pluviais terem relação direta com o direito essencial à saúde pública autoriza que o Estado atue necessariamente na intermediação da disponibilização de tal utilidade pelos administrados, de maneira a garantir sua efetiva fruição. Assim como toda oferta de serviço público traz benefícios gerais à coletividade, para além do benefício trazido diretamente ao seu usuário, a ausência dela também trará prejuízo coletivo que vai muito além do prejuízo individual. Como já afirmei anteriormente,[103] quando tratamos de saneamento ambiental, estas externalidades são tão significativas que se equiparam ou superam o benefício fruível, individualmente, pelos usuários. De tal traço decorre a justificativa para a compulsoriedade dos serviços (como, de resto, predica aquele regime mitigado quanto ao corte por inadimplência).

Sobretudo no caso do esgotamento sanitário e da remoção de resíduos sólidos, atividades que podem gerar considerável impacto negativo à saúde e ao meio ambiente, não parece excessivo que o Estado avoque para si o poder-dever de controlar tais atividades e se assegurar de sua correta execução.[104] Trata-se de serviços de utilidade pública, que deverão estar à disposição dos usuários, utilizem-se deles ou não. Independentemente da vontade do usuário ou de sua possibilidade de recorrer a sistemas privados de abastecimento, esgotamento e limpeza urbana, esse serviço será prestado ou, ao menos, disponibilizado de maneira contínua e universal para sua fruição, por imperativo de higienização e de preservação do meio ambiente. Por sua essencialidade, os serviços incluídos no saneamento aproximam-se da acepção de função pública, fruível de forma compulsória e indivisível por toda a gente.

Some-se a isso a perspectiva econômica. A compulsoriedade de conexão é requisito para que se garanta a sustentabilidade econômica da rede pública, que demanda alto investimento e pressupõe subsídios entre seus usuários. A iniciativa individual, apesar de não comprometer, em teoria, o direito individual à salubridade ambiental, corre o risco de comprometer o acesso coletivo a este direito, pois tende a inviabilizar economicamente o sistema público de provimento destes serviços.

Observe-se que a obrigatoriedade de fruição parece ser largamente aceita pela jurisprudência no que diz respeito ao esgo-

103. V. meu "As parcerias público-privadas no saneamento ambiental", adrede referido.

104. Observe-se, nesse sentido, que não se admite qualquer hipótese de interrupção dos serviços de limpeza urbana e de esgotamento sanitário, como vimos no tópico anterior, exatamente pela necessidade de se assegurar do destino dos resíduos envolvidos nestas atividades.

tamento sanitário e aos serviços de limpeza urbana. Assim é que, em julgamento a respeito da natureza da remuneração dos serviços de coleta e remoção do lixo, o STF considerou que se tratava de serviços de fruição obrigatória, resultado de sua disciplina como serviços essenciais à saúde pública.[105]

Deve-se, portanto, reconhecer que pode existir, potencialmente, benefício individual na possibilidade de não-conexão às redes públicas de água e esgotamento urbano. Contudo, existe benefício coletivo que resulta da adesão de cada um dos usuários do serviço e da necessidade de financiar coletivamente a construção, manutenção e ampliação de tais infra-estruturas coletivas. Tal benefício coletivo verifica-se também na integralidade do controle estatal sobre o destino dos resíduos decorrentes das tarefas de remoção de resíduos sólidos e de esgotamento sanitário. No sopesar de interesses coletivos e privados, não parece excessiva ou desproporcional a prevalência dos primeiros sobre os últimos – e, conseqüentemente, a exigência de que todos se filiem a este único sistema.

Poder-se-ia, ainda, levantar a discussão: como pode ser obrigatória a filiação se pode haver desligamento? Por que a essencialidade funciona em um sentido e não em outro? A resposta parece se encontrar, mais uma vez, no caráter híbrido dos serviços públicos e em julgamento de proporcionalidade e razoabilidade entre os interesses envolvidos. A potencialidade dos serviços de saneamento básico é bem de fruição coletiva para o qual todos devem contribuir, independentemente de sua vontade. Não só contribuir para a existência do sistema, como para a universalização do serviço e para sua fruição coletiva. Daí a possibilidade de os usuários mais favorecidos arcarem com o custo daqueles que, apesar de não pagarem, não podem ter seu serviço cortado, pela essencialidade. Por esse motivo, não pode ser facultativa a adesão.

Entretanto, caso não seja o caso de fruição essencial, ou seja, ausente interesse público maior, retorna-se à lógica econômica. Mesmo porque em caso contrário haveria flagrante injustiça para com os demais usuários adimplentes, que custeariam utilidade para outros usuários. Tratar-se-ia de enriquecimento imotivado dos usuários que passariam a se beneficiar de infra-estrutura potencial para a qual não teriam contribuído, com evidente prejuízo ao interesse público e de vários particulares.

Parece-me, assim, que também no que diz respeito às normas constantes do anteprojeto sobre a obrigatoriedade de conexão à rede pública de água e de esgotamento sanitário não se vislumbra qualquer ilegalidade ou inconstitucionalidade.

3.4 O direito à salubridade ambiental

Em seu art. 2º, § 1º, o anteprojeto estabelece que os serviços públicos de saneamento básico têm caráter essencial. No artigo seguinte o texto pretende exprimir expressamente o direito à salubridade ambiental, nestes termos:

"Art. 3º. Todos têm direito à vida em ambiente salubre, cuja promoção e preservação é dever do Poder Público e da coletividade.

"Parágrafo único. É obrigação do Poder Público promover a salubridade ambiental, especialmente mediante políticas, ações e a provisão universal e equânime dos serviços públicos necessários."

Os artigos subseqüentes precisam os contornos desse direito. Estabelecem a

105. STF, RE 89.876, j. 10.10.1980. O Tribunal considerou que: "Sendo compulsória a utilização do serviço público de remoção de lixo – que resulta, inclusive, de sua disciplina como serviço essencial à saúde pública –, a tarifa de lixo instituída pelo Decreto n. 196, de 12.11.1975, do Poder Executivo do Município do Rio de Janeiro, é, em verdade, taxa – Inconstitucionalidade do referido decreto, uma vez que taxa está sujeita ao princípio constitucional da reserva legal".

garantia de todos a níveis adequados e crescentes de salubridade ambiental, bem como o direito de exigir dos responsáveis medidas preventivas, mitigadoras, compensatórias ou reparadoras em face de atividades prejudiciais ou potencialmente prejudiciais à salubridade ambiental (art. 4º), e caracterizam o que se entende por "universalização do serviço" (art. 5º, parágrafo único).

Pode-se considerar, nesse contexto, que o anteprojeto pretende erigir o direito à salubridade ambiental a direito público subjetivo – o que autoriza aos indivíduos a demanda individual em busca da satisfação do direito, inclusive por via judicial.[106] O Estado fica, em contrapartida, obrigado à prestação dos serviços de saneamento urbano e à sua disponibilização à população. A diferença é que, ao contrário dos direitos públicos subjetivos tradicionais, que exigem um comportamento negativo do Estado (um "abster-se de fazer"), a extensão de tal *status* jurídico a direitos sociais (como é caso da educação fundamental, como dispõe o art. 208, § 1º, da CF) faculta aos indivíduos exigir uma posição ativa do Estado no que se refere à proteção de direitos.[107]

O dever de provimento estatal dos serviços não inova no cenário jurídico do saneamento: a partir do momento em que tal atividade é enquadrada como serviço público, passa a ser dever do Estado provê-lo aos seus cidadãos. Vigora a perspectiva de função pública da qual tratei agora há pouco. Assim é que, independentemente da disposição legal, o Poder Judiciário já é freqüentemente acionado para garantir a fruição (ou, de qualquer forma, a inexistência de interrupção na fruição – v., supra, tópico 3.2) destes serviços essenciais.

No entanto, não deve ser menosprezada a importância de alçar o direito à salubridade ambiental à categoria de direito público subjetivo. Como consigna, ainda, Clarice Seixas Duarte, erigir um direito social a tal categoria é uma forma eficaz de buscar a efetividade de tal direito, apesar de ainda existir resistência da parte do Judiciário em apreciar tais questões, freqüentemente consideradas integrantes da esfera de discricionariedade da Administração Pública. A conseqüência primeira é a impossibilidade de o Poder Judiciário se furtar à apreciação das demandas individuais de efetivação de tal direito, o que não é negligenciável. É bem verdade que, como consigna a autora, os direitos sociais são essencialmente coletivos, cuja efetivação não se reduz à sua fruição individual, mas demanda a fruição universal. No entanto, o reconhecimento de que o indivíduo pode fazer funcionar a máquina estatal em seu interesse não se choca com o bem comum; ao contrário, faz parte dele. O reconhecimento de pretensões aos indivíduos pela lei vem reforçar a proteção de sua liberdade, e não criar direitos privados.[108]

Assim, o direito à salubridade ambiental previsto no anteprojeto tende a tornar mais efetiva sua proteção, por meio da garantia direta de fruição individual dos serviços e, indiretamente, de fomento à satisfação coletiva deste direito. Observe-se que o mesmo mecanismo é utilizado

106. Como lembra Clarice Seixas Duarte, Georg Jellinek conceituava o *direito público subjetivo* como "o poder da vontade humana que, protegido e reconhecido pelo ordenamento jurídico, tem por objeto um bem ou interesse" (G. Jellinek, *Sistema dei Diritti Pubblici Subbietivi*, Milão, 1910). Segundo a autora, o direito público subjetivo corresponde à capacidade de colocar em movimento normas jurídicas no interesse individual, o que permite ao seu titular constranger judicialmente o Estado a executar o que deve (Clarice Seixas Duarte, "Direito público subjetivo e políticas educacionais", *São Paulo em Perspectiva* 18(2)/113-118, 2004).

107. V., nesse sentido, o mesmo texto de Clarice Seixas Duarte, "Direito público subjetivo e políticas educacionais", *São Paulo em Perspectiva* 18(2)/113-118.

108. Clarice Seixas Duarte, "Direito público subjetivo e políticas educacionais", *São Paulo em Perspectiva* 18(2)/113-118.

para o planejamento[109] ou, ainda, para a fiscalização,[110] embora estes dois direitos possam ser incluídos na noção geral de direito à salubridade ambiental. Trata-se, em essência, de conferir maior eficácia às obrigações positivas (as de planejar, de fiscalizar e de prover os serviços) que pesam sobre o Poder Público.

Mas esse direito vai além. Conforme o texto de introdução do anteprojeto, "a salubridade ambiental é entendida como um direito coletivo e, também, como uma responsabilidade não só do Estado, mas também da sociedade, das empresas e das pessoas". A exigibilidade do direito não se dirige somente ao Estado, mas aos entes privados que dele participam.

4. Conclusão e resposta aos quesitos

É hora de concluir, brevemente, esse trabalho, que já se faz demasiado longo.

Pelo que pude demonstrar, o anteprojeto insere-se em contexto de questões jurídicas de extrema complexidade e de impasses econômico-regulatórios que já duram décadas. Apresenta para tais controvérsias soluções inovadoras, que não destoam da boa técnica legislativa e dos parâmetros estabelecidos na Constituição.

O anteprojeto sabiamente tangencia a controvérsia da titularidade dos serviços, por meio da previsão ampla de dispositivos que serão aplicáveis qualquer que seja o deslinde judiciário da questão. Confere, no entanto, papel preponderante aos Municípios. Prevalece, de qualquer forma, a lógica de inclusão, criatividade e formalização das relações de cooperação entre entes federativos e entre estes e particulares.

O anteprojeto consubstancia também o exercício pleno da função estruturante atribuída à União pela Constituição Federal (art. 21, XX). Suas diretrizes apontam para a necessidade de efetivo planejamento, regulação e fiscalização dos serviços. Apesar de respeitada a autonomia dos titulares dos serviços de saneamento básico, por meio da voluntariedade na adesão às práticas recomendadas ou estabelecidas no anteprojeto, são previstos instrumentos poderosos para a implementação das finalidades estabelecidas.

Finalmente, o texto legal logra obter o difícil equilíbrio entre as perspectivas dos serviços públicos de saneamento como função pública e como atividade econômica em sentido lato. Procura garantir, em síntese, a fruição da utilidade de maneira universal e contínua pela população, sem comprometer sua sustentabilidade econômica. Isso não fosse suficiente, reconhece expressamente um direito à salubridade ambiental, reforçando o engajamento prático do Poder Público em disponibilizá-lo.

Não são poucos os desafios e controvérsias que terão de ser enfrentados na discussão e deliberação legislativa sobre o anteprojeto apresentado. Tampouco serão leves as provas pelas quais o setor deverá passar uma vez aprovado seu novo marco regulatório. É fato, no entanto, que, quanto mais se retarda o enfrentamento destas questões, mais o país padece da falta de empreendimentos e ações em saneamento básico, por incertezas regulatórias. O primeiro grande mérito do anteprojeto é colocar na ordem-do-dia tais discussões.

Posso passar, agora, à resposta aos quesitos:

Quesito 1. A distinção entre serviços públicos de saneamento básico de interesse local e serviços públicos de saneamento básico integrados constante do "anteprojeto de lei" bem como suas conseqüências no que tange à competência para prover tais serviços podem ser considerados conformes à Constituição Federal de 1988?

109. "Art. 13. É direito do cidadão receber serviços públicos de saneamento básico que tenham sido adequadamente planejados."

110. "Art. 20. É direito do cidadão e dos demais usuários dos serviços públicos de saneamento básico fiscalizar os serviços e receber ou ter acesso a serviços permanentemente fiscalizados."

Sim. O anteprojeto não pretende resolver a questão da titularidade, mesmo porque tal pretensão lhe é constitucionalmente defesa. Em decorrência, ele desenvolve mecanismos amplos de articulação de responsabilidade entre entes federativos, independentemente de qual deles seja considerado como titular dos serviços. O texto reconhece ao titular do serviço o exercício pleno de suas prerrogativas, garantindo o autogoverno e a autogestão dos serviços. Prioriza, na regulação que efetua, os papéis práticos das atividades envolvidas nos serviços de saneamento, independentemente das características subjetivas do agente que vier a executá-las. Os papéis descritos no anteprojeto não se relacionam com a titularidade ou propriedade dos entes que os desempenham, mas, sim, com a atividade prática de cada agente.

Também a distinção entre os serviços de natureza local e os serviços integrados não guarda relação direta com a atribuição ou o reconhecimento de competência para a prestação dos serviços, ainda que ela tenha conseqüências importantes para o nível de envolvimento de cada ente federativo em sua prestação. O anteprojeto não determina qual ente político é titular de qualquer das atividades classificadas como saneamento básico pelo art. 2º, sejam elas de interesse local ou integradas. Ele tão-somente procede à classificação dos serviços para proverlhes arranjos e preocupações distintos, em conformidade com o nível e a pluralidade de interesses envolvidos. Exsurge do texto, entretanto, que os serviços de interesse local serão prioritariamente organizados e providos pelos Municípios, o que é consoante ao regime constitucional. Já o enquadramento como serviço integrado tem como conseqüência essencial a previsão de medidas de coordenação capazes de integrar os esforços dos diferentes entes envolvidos na regulação conjunta do serviço.

Quesito 2. O tratamento da regulação e da prestação dos serviços de saneamento básico nas "regiões metropolitanas, aglomerações urbanas e microrregiões" é consoante com sua disciplina constitucional?

A prestação dos serviços de saneamento básico em regiões metropolitanas no mais das vezes remete ao contexto de serviços integrados. De minha parte, não atribuo ao art. 25, § 3º, da CF o condão de permitir aos Estados a avocação de competências atribuídas aos Municípios. Entretanto, queira-se ou não emprestar à criação das regiões metropolitanas o condão de transferir tal titularidade aos Estados-membros, há necessidade de coordenação entre as instâncias envolvidas, e é isto que organiza o anteprojeto. Nesse sentido, ele se insere perfeitamente no espírito das regiões metropolitanas previsto na Constituição.

No que se refere às instâncias de regulação incidentes sobre estas regiões, o anteprojeto prevê, por um lado, que a regulação dos serviços em região metropolitana, aglomeração urbana, microrregião ou região integrada de desenvolvimento observará o disposto na lei complementar que as instituir, embora admita a que a regulação e a fiscalização dos serviços poderão ser exercidas por consórcio público. Por outro lado, exige que o Estado, para integrar o SISNASA, elabore os planos regionais de saneamento ambiental para as regiões metropolitanas, que deverão conformar-se às diretrizes da legislação federal. Observa-se, assim, lógica de acúmulo e de coordenação – e não exclusão – de instâncias reguladoras e garantidoras da prestação de serviços de qualidade. Seja a titularidade estadual ou municipal, a prestação dos serviços integrados demandará a presença dos dois entes federativos, daí uma certa "esterilização"da controvérsia a respeito da titularidade dos serviços.

Quesito 3. A delegação, transferência ou prestação conjunta de atividades integrantes dos serviços públicos de saneamento básico, pelo ente federativo competente para prestá-las, conforme o regime estabelecido pelo "anteprojeto de lei", são constitucionais? Que formas jurídicas podem tomar tais delegação ou transferência, com base no "anteprojeto de lei"? Qual a natureza jurídica destes acordos? Quais são seus limites constitucionalmente estabelecidos?

As competências de planejamento, regulação e fiscalização podem ser transferidas por convênio de cooperação ou por contrato de consórcio público. No primeiro caso, transfere-se apenas o exercício de funções de fiscalização ou receber apoio técnico para suas atividades de regulação. No segundo caso, admite-se o exercício da integralidade da regulação e fiscalização dos serviços integrados por meio de consórcio público. A hipótese insere-se no quadro de associação e coordenação entre entes federativos, da atual redação do art. 241 da CF. Tanto uma quanto outra hipótese são constitucionalmente admissíveis. No caso do convênio de cooperação, a delegação limita-se a atividades de mera execução, que não envolvem poder decisório ou margem de discricionariedade da Administração. Já no caso do contrato de consórcio, apesar de poder compreender a integralidade das atividades de planejamento, regulação e fiscalização, o titular dos serviços não se desincumbe de tais tarefas, já que o consórcio integra a estrutura da Administração indireta de todos os entes da Federação que o celebram. Daí sua constitucionalidade.

Quanto à possibilidade de transferência da prestação do serviço, além das tradicionais formas de delegação ao particular, o anteprojeto prevê o contrato de fornecimento de serviços de saneamento básico e o contrato de programa. Apesar de constituírem inegável delegação dos serviços, não podem ser enquadrados propriamente como concessão, por lhes faltar a estrutura tripartite, a relação de supremacia entre os contratantes e, ainda, a exigência de prévia licitação. A meu ver, isso não significa que o art. 175 da CF seja violado. Trata-se de relação jurídica estabelecida no âmbito da cooperação federativa, inclusive porque celebrados por entes políticos (pessoas jurídicas de direito público interno). Representam, assim, a contratualização de engajamento entre duas esferas políticas autônomas, que tem desenho obrigacional bastante diferente da delegação tradicional, prevista no art. 175 da CF, notadamente diante da ausência de cláusulas exorbitantes ou de desigualdade entre os contratantes. Outrossim, nas hipóteses de delegação da exploração dos serviços a empresas estatais (especialmente sociedades de economia mista) controladas por outro ente da Federação, entendo – aí, sim – haver aplicação do art. 175, inclusive no tocante à obrigatoriedade de licitação prévia. Vale dizer: após a Emenda Constitucional 19, ou bem temos o trespasse da execução de serviço público por meio de mecanismo de gestão associada, no âmbito de convênios ou consórcios públicos, ou temos delegação típica (concessão) a empresa estatal de outra esfera da Federação. Neste segundo caso não se pode sequer cogitar de hipótese de dispensa ou inexigibilidade de licitação.

Quesito 4. O que se deve entender por "diretrizes para o saneamento básico", nos termos do art. 21, XX, da CF? As diretrizes constantes do "anteprojeto de lei" atendem a tal definição e a seus limites constitucionais?

As diretrizes que competem à União por força do art. 21, XX, correspondem às normas de aplicação direta e conteúdo programático, direcionado para a ação, que traçam as linhas gerais dos serviços de saneamento básico. Cumprem o papel estruturante da União, orientado para a integração das ações de saneamento e para sua operacionalização. As diretrizes constantes do anteprojeto cumprem tal definição, ao conjugar o necessário respeito à autonomia dos entes federativos e a normatização coordenadora do setor. Assim é que a principal diretriz do anteprojeto, que corresponde à exigência de planejamento, regulação e fiscalização, não pode ser considerada contrária à autonomia federativa, pois decorre do art. 175 da própria CF, que exige que a prestação dos serviços públicos, mesmo prestados diretamente, seja regulada por lei. Além disso, a adoção dos modelos propostos no anteprojeto depende de ato voluntário dos entes federativos, seja ele positivo (adoção), seja ele negativo (omissão).

Quesito 5. A possibilidade de a União condicionar o acesso a recursos federais à adesão à Política Nacional de Saneamento Básico/PNS e ao cumprimento de algumas exigências previstas no "anteprojeto de lei" é constitucional?

Sim. Os recursos federais referidos no anteprojeto são receitas de livre distribuição, objeto de transferências voluntárias. Inexiste qualquer exigência quanto ao destino de tais receitas, exceto os limites gerais que orientam a atividade administrativa. Nada impede, então, que a União fixe as condições que justificarão seus investimentos e que estas sejam condizentes com a função estruturante que a União desempenha no setor. Ao contrário, quanto mais objetivas, explícitas e estáveis forem estas regras, tanto melhor estará atendido o interesse público: é ideal que tais previsões estejam expressas em lei. As exigências feitas não são desarrazoadas ou desvinculadas do papel que a União desempenha. A adesão à PNS e ao SISNASA é voluntária, e nada impede, portanto, que qualquer ente federativo se incumba da prestação e regulação dos serviços de que é titular sem qualquer associação com outros entes.

Quesito 6. As exigências referidas no quesito anterior, no que se refere aos seus aspectos técnicos, podem ser disciplinadas por regulamento ou instrução, na forma como propõe o "anteprojeto de lei"?

A constitucionalidade de tal procedimento depende da obediência aos limites gerais da delegação legislativa e, de forma mais geral, ao atendimento ao princípio da legalidade. As diretrizes gerais contidas no anteprojeto estabelecem com clareza e em grau considerável de determinação os valores e vetores que deverão ser adotados pela regulamentação. Não se há de falar, pois, em margens exageradas de delegação para a regulamentação inovar em seus conceitos, obrigações e espírito. As grandes escolhas principiológicas já foram efetuadas pelo anteprojeto, que imprime sentido e orientação bastante definida para o setor. Nesse sentido, é constitucional a delegação legislativa para a regulamentação, já que essa atividade delegada estará suficientemente enquadrada para seu exercício regular.

Quesito 7. São constitucionais as normas do "anteprojeto de lei" que permitem a restrição do acesso aos serviços de abastecimento de água em caso de inadimplência do usuário (§§ 1º e 2º do art. 6º do anteprojeto de lei)?

O anteprojeto reflete equilíbrio razoável e conforme aos parâmetros de legalidade entre a lógica de função pública dos serviços e a lógica econômica que os serviços de saneamento básico encerram. O anteprojeto exige a notificação prévia do usuário inadimplente quanto à possibilidade de restrição de seu acesso – o que só permite nos serviços públicos de abastecimento de água – e assegura que a eventual inadimplência do usuário residencial de baixa renda, de estabelecimentos de saúde, educacionais ou de internação coletiva não autoriza a restrição do acesso a uma quantidade e qualidade mínima de água, considerada essencial à saúde pública. Assim, opera separação razoável e satisfatória entre as duas dimensões do serviço público e impede que a lógica econômica prevaleça sobre a lógica de função pública dos serviços, estabelecendo juízo de proporcionalidade entre ambas.

Quesito 8. São constitucionais as normas do "anteprojeto de lei" que prevêem a ligação compulsória dos usuários às redes de abastecimento de água e de esgotamento sanitário (art. 6º, § 5º, I, e art. 7º, § 2º, do anteprojeto de lei)?

Sim. O fato de os serviços de saneamento terem relação direta com o direito essencial à saúde pública, aliado à necessidade de garantir a sustentabilidade econômica do serviço (condição para sua fruição coletiva), autoriza que o Estado intermedeie necessariamente a disponibilização de tal utilidade pelos administrados, de maneira a garantir sua efetiva fruição. No sopesar de interesses coletivos e privados, não parece excessiva ou desproporcional a prevalência dos primeiros sobre os últimos – e, conseqüentemente, a exigência de que todos se filiem a este único sistema. A potencialidade dos serviços de saneamento básico é bem de fruição coletiva para o qual todos devem contribuir, independentemente de sua vontade.

DOUTRINA

EXERCÍCIO DE OUTRA FUNÇÃO PÚBLICA POR MEMBRO DO MINISTÉRIO PÚBLICO: INCOMPATIBILIDADE OU PRERROGATIVA CONSTITUCIONAL?

FÁBIO MEDINA OSÓRIO

Promotor de Justiça no Rio Grande do Sul
– Doutor em Direito Administrativo pela Universidade Complutense de Madri/UCM
– Mestre em Direito Público pela Universidade Federal do Rio Grande do Sul/UFRS
– Professor Convidado dos Cursos de Mestrado e Doutorado da UFRS
– Vice-Presidente do Instituto Internacional de Estudos de Direito do Estado/IIEDE

1. Introdução. 2. A argumentação lógico-gramatical e a defesa da incompatibilidade. 3. Desdobramentos e fundamentos da interpretação lógico-gramatical e formal: visão crítica: 3.1 Custos sociais e políticos de uma visão hermenêutica inconsistente: o balanço das alternativas disponíveis – 3.2 Impossibilidade de alicerçar a suposta incompatibilidade na defesa da independência e da imparcialidade funcionais: 3.2.1 Independência do Ministério Público e do Judiciário: algumas precisões – 3.2.2 A independência do Ministério Público Brasileiro e sua desconexão relativamente à possibilidade de seus membros exercerem outras funções públicas. 4. Proposta hermenêutica: a compatibilidade com as funções e o controle das instâncias internas do Ministério Público: 4.1 Conteúdo concreto da interpretação, sistêmica e teleológica, conforme a Constituição – 4.2 Distinção entre "outra função pública" e "atividades político-partidárias": esclarecimento relevante. 5. Considerações finais.

1. Introdução

O presente trabalho tem raízes muito práticas, tanto pessoais quanto institucionais,[1] porque guarda conexão, num plano direto, com a necessidade de enfrentar assunto atinente ao ajuizamento de recla-

1. Aproveitamos para externar o agradecimento ao Sr. Rafael Barreto Garcia, Advogado-Chefe da Assessoria Jurídica da Secretaria da Justiça e da Segurança/RS em dezembro/2004, pelas pesquisas efetuadas. Também externamos agradecimento ao advogado, Conselheiro Federal da OAB e jurista Dr. Cézar Roberto Bittencourt por haver subscrito nossa manifestação, na qualidade de interessado, junto ao STF. Também um agradecimento ao colega Carlos Otaviano Brenner de Moraes, Presidente da Associação do Ministério Público/RS, a quem sucedemos nas funções de Secretário-Adjunto da Justiça e da Segurança/RS, pelo apoio incondicional desde

mação (julho/2004) contra decreto do Sr. Governador do Estado do Rio Grande do Sul o qual nomeou o autor deste artigo para o exercício das funções de Secretário-Adjunto de Estado da Justiça e da Segurança (novembro/2003), a partir de decisão unânime do Conselho Superior do Ministério Público gaúcho (outubro/2003), com o respaldo do Procurador-Geral de Justiça, que deferiu licença destinada ao exercício de outra função pública, externa à Instituição, acolhendo pedido expresso do chefe do Poder Executivo Estadual.

Todavia, o tema é antigo e já ocupa nossa pauta de preocupações há algum tempo, em razão de sua abrangência, importância e reflexos sociais e institucionais. É certo que o problema das incompatibilidades dos membros do Ministério Público integra terreno pantanoso, nebuloso, difícil, porque envolve, de algum modo, o questionamento em torno dos limites e possibilidades de toda uma instituição. Numerosos tópicos, dentro desse universo das incompatibilidades, carecem de exame aprofundado, mormente em face dos rumos imprimidos à Reforma da Justiça, que parece ampliar o rol de incompatibilidades e radicalizar no sentido de coibir algumas espécies de funções públicas aos agentes do *Parquet*, nomeadamente aquelas de índole político-partidária.[2]

Não temos dúvida de que um dos pontos nevrálgicos, especialmente para o Ministério Público e também para a sociedade brasileira, com atualidade diante da Reforma da Justiça, diz respeito ao objeto deste estudo – é dizer, a possibilidade jurídica de um membro do Ministério Público exercer outras funções públicas que não as caracterizadas como de filiação político-partidária, desde que compatíveis com as finalidades institucionais do *Parquet*. Daí por que nos atrevemos a lançar um olhar mais aprofundado sobre o tema, sem descurar das raízes históricas do Ministério Público, mas atentando a novos paradigmas de gestão e de modelo institucionais.[3]

Sustenta-se Brasil afora, especialmente através de petições ao STF formuladas por partido político de escassa representatividade nacional – o PSL/Partido Social Liberal –, mas também por posicionamentos firmados pelo próprio Ministério Público Federal, a incompatibilidade de membro do Ministério Público, seja dos Estados, seja da União, exercer qualquer outra função pública, salvo uma de magistério.[4]

o início do debate junto à Suprema Corte, com o reconhecimento de sua participação como liderança nacional no trato dessa matéria.

2. V. o texto promulgado em 8.12.2004 da Emenda Constitucional 45, arts. 127 (§§ 4º, 5º e 6º), 128 (§§ 5º, I, "b",e II, "e" e "f", e 6º) e 129 (§§ 2º, 3º, 4º e 5º), no tocante ao Ministério Público. Por outro lado, a parte restante da proposta aprovada pelo Senado Federal foi renumerada como Proposta de Emenda à Constituição 29-A/2000, e ainda deverá ser apreciada pela Câmara dos Deputados para entrar em vigor, no tocante ao *Parquet*, no que diz respeito ao art. 128 (§§ 1º e 5º, I, "a", 1, 2 e 3).

3. Não ignoramos a trajetória e a evolução institucionais do Ministério Público Brasileiro, tal como traçado por Salles **[1999]**, mas devemos resgatar a perspectiva de um debate à luz de novos paradigmas no campo do modelo de instituição. Tais paradigmas atendem ao que se costuma denominar *Nova Gestão Pública*, voltada à eficiência, à qualidade e aos resultados, bem assim à horizontalidade decisória, às negociações e à flexibilidade de movimentos. Nesse contexto, a abertura do Ministério Público aos mais distintos organismos, públicos ou privados, governamentais e não-governamentais, traduz exigência inarredável, como notou, em seu devido momento, Macedo Jr. **[1999]**. E é claro que tal realidade supõe um modelo de Ministério Público eclético, não apenas atrelado a certas características da Magistratura, mas situado num universo mais elástico e veloz, capaz de penetrar com facilidade noutras instituições, delas recolhendo experiências e estratégias bem sucedidas, intercambiando experiências e visões, de modo a melhor desempenhar suas complexas tarefas em meio a ambientes hostis e competitivos, a partir de espaços estratégicos, alianças e oportunidades, costurando novas alianças institucionais para enfrentamento de desafios comuns.

4. Tem-se entendido largamente que o magistério aqui referido é o público, inexistindo limitações

Os valores que embasam a orientação restritiva do art. 128, § 5º, II, "d", da Magna Carta são de duas ordens, ambas convergindo nos ideários de pureza, imparcialidade e independência do Ministério Público, bem assim na necessidade de seu isolamento relativamente a outras funções públicas. Em síntese, nos depararemos com duas linhas de pensamento na perspectiva aqui delineada:

(a) Em primeiro lugar, há aqueles que defendem que o contato com outras funções públicas faz do Ministério Público um órgão menos imparcial e menos independente do que deveria ser, politizando-se indevidamente. Eis uma linha histórica do pensamento que norteou uma parte dos constituintes de 1988 na formatação da ambigüidade semântica do dispositivo consagrado no art. 128, § 5º, II, "d", da CF e que ainda hoje inspira arrazoados e posicionamentos institucionais, num corte nitidamente corporativo de matriz purista.

(b) Em segundo lugar, há outros segmentos que não se interessam, politicamente, pela presença de membros do Ministério Público fora de suas funções, porque os agentes ministeriais, em cenários externos, acabariam ocupando espaços que poderiam ser ocupados por outras carreiras públicas, defendendo a incompatibilidade como ferramenta política na luta por espaços corporativos. Eis outra importantíssima linha de orientação institucional em segmentos estranhos ao Ministério Público, embora organizados estrategicamente na defesa de tese simpática aos seus próprios e peculiares interesses.

Explica-se, assim, que convirjam em alguns pontos argumentativos, nomeadamente de índole lógico-formal, tanto representantes do próprio Ministério Público Brasileiro quanto representantes de segmentos corporativos da Polícia Civil, todos defendendo, a um só tempo e em voz uníssona, a vedação constitucional de o Ministério Público ocupar espaços estranhos à carreira, para mantê-lo puro, independente e imparcial. Não deixa de ser curiosa essa união de entendimentos, do ponto de vista da atuação das lideranças das entidades citadas. Mas nem por isso tal postura resta imune aos equívocos hermenêuticos e, inclusive, de gestão errônea dos interesses classistas respectivamente defendidos numa e noutra categoria.

Nossa pretensão, neste espaço, sem qualquer margem à neutralidade[5] – visto

ao magistério privado, tanto que membros do Ministério Público costumam acumular várias funções de magistério privado, em múltiplas entidades de ensino. Aliás, suavizando essa proibição, algumas entidades, especialmente preparatórias a concursos, adotam o sistema de contemplar tais autoridades com "palestras", em períodos regulares. E isso se deu de modo absolutamente generalizado, tanto na Magistratura quanto no Ministério Público. De forma que os "palestrantes" não estariam, por assim dizer, no desempenho de funções de "magistério". E parece lógico que assim seja, porque o magistério supõe uma regularidade e uma relação na qual o aluno tenha de se submeter a exames, para fins de obter aprovação. Não é o caso das palestras, que pressupõem apenas a transmissão do conhecimento e a preparação para um determinado objetivo que transcende o curso propriamente dito. É claro que o magistério ou as palestras diárias de agentes ministeriais constituem um fenômeno digno de atenções crescentes dos órgãos de controle interno, sobretudo porque resulta possível questionar, em determinadas situações, qual a carga horária destinada ao desempenho de funções ministeriais típicas, dada a sobrecarga com aulas numa agenda permanente e estável. Há que se mencionar que alguns agentes públicos, não satisfeitos com as aulas, têm migrado à atividade empresarial, deixando como sócio-gerente da pessoa jurídica algum sócio ou até mesmo pessoa de sua família, mas compartilhando lucros de modo absolutamente igualitário, fruto do labor empregado na constituição e manutenção de escolas preparatórias a concursos públicos. Esse é outro tema que, por sua amplitude no território nacional, se revela digno de uma maior reflexão, que certamente não é esta, no presente espaço.

5. Em outras ocasiões tivemos oportunidade de defender pontos de vista absolutamente transparentes, ainda que condicionados, limitados ou enriquecidos por experiências pessoais. Em nossa opinião, as experiências pessoais e subjetivas quase

que, como já referido abertamente, além de membro do Ministério Público, também ocupamos espaço externo, exercendo funções de Secretário-Adjunto da Justiça e da Segurança no Rio Grande do Sul –, é no sentido de discutir mais profundamente este assunto, em toda sua base axiológica e constitucional, sugerindo um novo caminho ao Ministério Público Brasileiro e demonstrando a utilidade social de uma prerrogativa constitucional relegada ao olvido teórico (não prático, já o veremos), sem prejuízos aos interesses de outras corporações constitucionalmente relevantes.

Entendemos, com efeito, que a ocupação de espaços externos, no exercício de outras funções públicas, é uma prerrogativa constitucional que advém do art. 129, IX, da Magna Carta. Ao mesmo tempo, constatamos que tal prerrogativa tem sido largamente utilizada, e sempre sem uma regulamentação segura, no Ministério Público Brasileiro como um todo, no deferimento de licenças para exercício de funções as mais diversas, nos domínios mais distintos, como Municípios, Estados e União. Daí que nossa proposta pretenda configurar uma linha intermediária entre o atual clima de desregulamentação legal e a tentativa de supressão, pura e simples, da prerrogativa constitucional. Defendemos a manutenção da prerrogativa e seu detalhamento e limitação normativa, desde uma perspectiva legal federal.[6]

2. A argumentação lógico-gramatical e a defesa da incompatibilidade

Utilizando-se de argumentos restritivos e limitadores, sustentam os adeptos da regra de incompatibilidade que o art. 128 (§ 5º, II, "d") da Magna Carta veda exercício de outra função pública, qualquer que seja ela, ao agente ministerial. A *ratio* dessa norma residiria na necessidade de assegurar suposta

sempre estão presentes, seja explícita, seja implicitamente, não importa se consciente ou inconscientemente, na formatação de posicionamentos hermenêuticos. Entendemos que a neutralidade não é um atributo que se possa exigir de quem quer que seja. É claro que a Ciência requer imparcialidade; mas tal predicado, no universo jurídico, não pode exigir que o jurista não seja operador do Direito, nem tenha experiências pessoais concretas que condicionem ou influenciem sua visão de mundo. E, se assim é certo, na condição de operador, o jurista fica, por assim dizer, algo "contaminado" por seus interesses, suas vivências e seus atritos. De modo que resulta falso conceber a falta de experiência como predicado para ser um cientista do Direito. Em relação ao tema em tela já tivemos opinião no sentido de reconhecer a incompatibilidade e até mesmo defendê-la em debates informais e superficiais. Em parte, tal postura foi fruto natural do conhecimento superficial da matéria, o que facilita uma visão lógico-formal. Também é imperioso aduzir que acabamos por aceitar um posicionamento ventilado por autores tão importantes quanto Mazzilli **[2001]**, que refletiu outro momento histórico mas que constituiu, sempre, uma das maiores referências nacionais na doutrina sobre Ministério Público, tendo influenciado algumas gerações de agentes ministeriais. De outro lado, por inexistir uma postura mais incisiva de lideranças nacionais, num espaço de discussão aberta, e por desconhecermos os benefícios institucionais da ocupação de espaços externos ou não havermos refletido e amadurecido opinião a respeito, talvez até mesmo em decorrência de não havermos tido a necessidade de contato com colegas que exerciam tais funções, ignoramos, é de se confessar, as bases axiológicas e normativas dessa prerrogativa constitucional. Daí a importância de uma discussão mais aprofundada sobre o tema – o que sempre foi, aliás, nossa primordial preocupação, porque jamais aceitamos pacificamente qualquer espécie de posicionamento nessa seara, que nos produzia inquietação. Afinal, estávamos diante de uma incompatibilidade sistematicamente desrespeitada pelo Ministério Público Brasileiro, fator que, por si só, há de produzir perplexidade. Tais fatores é que nos motivam, também, a trazer à tona nossa própria experiência e visão sobre assunto tão interessante quanto importante.

6. Enquanto não editada essa regulamentação legal federal, seguem vigentes as normativas próprias de cada Ministério Público, seja pela via legal, seja pela via administrativa *stricto sensu*. A regulamentação pode dar-se também na via das legislações estaduais, observado eventual balizamento de legislação federal que se ocupe do tema.

imparcialidade ao agente ministerial, tornando-o incompatível com outras funções que não aquelas diretamente ligadas à sua carreira, mantendo-o puro e independente.[7]

7. Por todos, e já enunciando os melhores fundamentos em prol da impossibilidade de o agente ministerial exercer outras funções públicas que não aquelas típicas de sua carreira, transcrevemos os argumentos sempre respeitáveis e consistentes de Mazzilli **[2001]**, liderança histórica na Instituição, nacionalmente visualizada: "A vedação é praticamente absoluta, pois só tem duas exceções, uma de caráter permanente (uma função de magistério) e outra transitória, aliás já vencida (para os optantes do regime jurídico anterior, aos quais se refere o art. 29, § 3º, do ADCT). A finalidade ética da norma é evitar que o membro do Ministério Público se dedique a outras funções ou atividades que, embora também públicas, possam concorrer em prejuízo da atividade ministerial. (...). Não raro por imposição de leis municipais, estaduais e federais, há previsão da participação de membros do Ministério Público em conselhos de defesa de direitos humanos, comissões de trânsito, conselhos de entorpecentes, enfim, em órgãos administrativos diversos. As próprias leis orgânicas do Ministério Público são as primeiras a prever sua participação em organismos administrativos. É comum chegarem solicitações de órgãos públicos, como Assembléias Legislativas, Secretarias de Estado, Câmaras Municipais etc., para que membros do Ministério Público participem de seus órgãos de assessoramento. (...). A participação de membro do Ministério Público em trabalhos de assessoramento a órgãos administrativos municipais ou a Câmaras Municipais, por exemplo para a elaboração da Lei Orgânica do Município ou qualquer outra, configura, inequivocamente, hipótese vedada constitucionalmente aos integrantes da Instituição. E a participação, por exemplo, em comissões estatais como aquelas ligadas ao combate ao tráfico de drogas? Ou à gestão do fundo de reparação de interesses difusos lesados? Ou à administração do Conselho Administrativo de Defesa Econômica? (...) a participação em tais conselhos ou comissões, embora honrosa e dignificante, não decorre de função institucional do Ministério Público. (...). O que não se admite é a possibilidade de participação de promotores e procuradores de justiça em comissões e conselhos estatais, fora da própria Instituição ministerial. Poderá até presenciar uma ou outra reunião, sob convite ou espontaneamente; poderá manifestar-se. Mas não pode integrá-los, sob pena

Na doutrina administrativista, que raramente se ocupa deste assunto, Cretella Jr. **[1993]**, balizando o alcance da expressão "outra função pública", com as conseqüências daí deriváveis, dentro de sua ótica de entendimento,[8] também defende uma visão restritiva em relação ao tema, alargando o

de vincular-se, gerando impedimento e vedação constitucional. (...) há proibição total ao membro do Ministério Público de exercer função de secretário de Município ou de secretário de Estado, ou de ministro de Estado, ou de chefe dos respectivos gabinetes, ou ainda assumir ou exercer cargos ou funções administrativas semelhantes ou a estas subordinadas. Nesses casos se aplica a vedação de 'exercer, ainda que em disponibilidade, qualquer outra função pública, salvo uma de magistério'. (...). Os afastamentos da carreira dos membros do Ministério Público, para o exercício de funções administrativas ou eletivas externas, se há algum tempo talvez tenham tido sua razão de ser, hoje, a nosso ver, não mais se justificam, porque desviam e desprofissionalizam os agentes da Instituição: antes mesmo de se afastarem, é comum que já comecem a assumir posturas político-partidárias, aceitando envolvimentos com grupos políticos e econômicos, comportando-se em face de interesses eleitorais; e, depois de afastados, com mais razão ainda mergulham a fundo nessas atividades. E, quando voltam para a carreira, se é que um dia voltam, já terão participado de compromissos e esquemas do poder econômico e político-partidário, que costumam envolvê-lo e, em certos casos, jamais abandonarão, até diante da possibilidade de retorno à cena política. Em nosso país, o exercício de tais cargos ou funções administrativas ou eletivas, de caráter político-partidário, compromete a independência funcional dos agentes. (...) a atual vedação ao exercício de outra função pública, salvo uma de magistério, inclui a proibição de exercer cargos administrativos de quaisquer naturezas, com ou sem afastamento – e para essa vedação não existe exceção alguma na parte permanente da Constituição. Está alcançado por essa vedação o exercício de cargos de Ministérios federais ou Secretarias de Estado ou de Município, bem como de assessorias de órgãos governamentais ou organismos estranhos à Instituição". Tal posicionamento é acompanhado por Garcia **[2004]**, uma das novas lideranças do Ministério Público Brasileiro, vazado em obra que tivemos a honra de prefaciar.

8. Em direção similar segue Bastos **[2000]**.

campo de incompatibilidades aos membros do Ministério Público.

Os entendimentos restritivos baseiam-se em técnica lógico-gramatical de interpretação, a qual chega a ser utilizada abertamente nessa linha de raciocínio. Tal técnica evita e contorna a necessidade de uma visão sistêmica e teleológica do art. 128, § 5º, II, "d", combinado com o art. 129, IX, ambos da Carta Magna, porque parte da premissa de prevalência da visão formalista e restritiva em torno às incompatibilidades, com o fito de resguardar os valores superiores da imparcialidade e da independência, num ideal de pureza dos membros do Ministério Público relativamente aos ambientes típicos dos Poderes Legislativo, Executivo e Judiciário, denotando um viés corporativo de fechamento. Outro pilar de sustentação desse entendimento se encontrará na necessidade de aproximação dos regimes jurídicos das incompatibilidades de magistrados e membros do Ministério Público, em busca de imparcialidade e independência de ambos.

A visão aqui exposta, no sustentar uma compartimentalização das funções estatais, sem aberturas para supostas "contaminações", não deixa de expressar uma lição clássica em torno do princípio de separação de Poderes, consagrado na Revolução Francesa de modo distante em relação à formulação originária de Montesquieu, por seu berço aristocrático,[9] o qual preconizava um princípio de divisão – não de separação – dos Poderes Públicos, traduzindo um ideário de harmonia, integração e coerência, segundo o autorizado magistério de García de Enterría. Assim, a visão de separação, hoje, estaria contraposta ao ideário de divisão, o qual pressupõe uma noção básica de Estado como um todo, não como entidades fragmentadas, desunidas e antagônicas, com a única função de ditar freios e contrapesos, como se os controles fossem mais importantes que as soluções pró-ativas ou construtivas.[10]

Feita esta imprescindível digressão à doutrina restritiva em torno da incompatibilidade aqui tratada, inclusive com seu pano-de-fundo na Teoria Política, eis a redação do dispositivo constitucional em exame, *in verbis*:

"Art. 128. O Ministério Público abrange: (...).

"(...).

"§ 5º. Leis complementares da União e dos Estados, cuja iniciativa é facultada aos respectivos procuradores-gerais, estabelecerão a organização, as atribuições e o estatuto de cada Ministério Público, observadas, relativamente a seus membros: (...) II – as seguintes vedações: (...) d) *exercer, ainda que em disponibilidade, qualquer outra função pública*, salvo uma de magistério; (...)" (grifos nossos).

Esboçando uma linha de entendimento na direção restritiva e separatista entre Poderes da República, ainda que em medida cautelar, o STF teve oportunidade de assentar, numa tese provisória:

"Ação direta de inconstitucionalidade – Medida cautelar – Lei complementar do

9. É claro que a separação, para os ideais revolucionários, fornecia o ambiente propício e até necessário à legitimação do poder político, porque os juízes eram os representantes do *Ancien Regime* e o isolamento dos Poderes outorgava competências nítidas e mais intensas ao Poder Executivo, que era herdeiro por excelência dos ideais da Revolução.

10. Leia-se a abordagem aqui descrita em obra clássica de García de Enterría **[1998]**. Poderíamos dedicar todo um trabalho autônomo tão-somente ao exame desse vício que contamina o pensamento constitucional e a Teoria Política no Brasil, com sérias repercussões para a montagem de suas instituições e seu posterior desenvolvimento. A separação de Poderes, tal como concebida institucionalmente, conduz à ausência ou ao paulatino esvaziamento do Estado, com a prevalência de instituições isoladas e segmentadas, com espaços corporativos agigantados, em detrimento dos interesses gerais da coletividade. O ideário de divisão dos Poderes pressupõe outra concepção de Estado, que carece de solidariedade institucional, harmonia e coerência em suas ações públicas. O Estado resulta fortalecido enquanto entidade unitariamente visível aos olhos dos cidadãos.

Estado de Minas Gerais – Organização do *Parquet* Estadual – Requisição de servidores públicos pelo Procurador-Geral – Matéria da competência do Governador – Prerrogativas de foro – Extensão aos membros inativos do Ministério Público – Inadmissibilidade – Filiação partidária, disputa e exercício de cargo eletivo – Necessidade de licença prévia – Afastamento para o desempenho de funções no Executivo Federal e Estadual – Impossibilidade.

"1. A competência outorgada ao procurador-geral de justiça para requisitar servidores públicos, por prazo não superior a 90 dias, estando subjacente o caráter cogente da cessão, envolve imposição indevida de condições de governabilidade ao chefe do Poder Executivo local, a quem cabe a direção superior da Administração Estadual – Violação aos arts. 84, II e VI, e 61, § 1º, II, 'c', da CF.

"2. As prerrogativas de foro dos membros do Ministério Público, em atividade, retratam garantias dirigidas à Instituição como forma de viabilizar, em plenitude, a independência funcional do *Parquet* (CF, art. 127, § 1º). Não se destinam a quem exerceu o cargo ou deixou de ocupá-lo – Inaceitável a extensão da excepcionalidade aos inativos.

"3. A filiação político-partidária, a disputa e o exercício de cargo eletivo pelo membro do Ministério Público somente se legitimam acaso precedidos de afastamento de suas funções institucionais, mediante licença – Precedentes – Interpretação conforme a Constituição dos dispositivos da norma legal que regula a matéria.

"4. Incabível a imposição de restrições à concessão do afastamento do membro do *Parquet* para o exercício de atividade política, como não estar respondendo a processo disciplinar, cumprindo o estágio probatório ou, ainda, não reunir as condições necessárias à aposentadoria.

"5. O afastamento de membro do *Parquet* para exercer outra função pública viabiliza-se apenas nas hipóteses de ocupação de cargos na administração superior do próprio Ministério Público – Inadmissibilidade da licença para o exercício dos cargos de ministro, secretário de Estado ou seu substituto imediato – Medida cautelar deferida em parte" (ADI/MC 2.534-MG, rel. Min. Maurício Corrêa, *DJU* 13.6.2003, p. 8).[11]

De igual modo, o mesmo STF já havia decidido que a Lei Orgânica do *Parquet* paulista (Lei Complementar 734/1993),[12] ao referir, em seu art. 170, parágrafo único, a possibilidade do "exercício de cargo ou função de confiança na Administração superior", estaria referindo a Administração do próprio Ministério Público como o único

11. Vê-se que se trata de medida cautelar; logo, provisória, pois pode ser revertida em face do julgamento final de mérito. Na oportunidade, eis a composição do STF: Maurício Corrêa, Marco Aurélio, Ellen Gracie, Sepúlveda Pertence, Sydney Sanches, Ilmar Galvão, Carlos Velloso, Moreira Alves, Celso de Mello, Nelson Jobim e Gilmar Mendes. Destes Ministros, quatro já se aposentaram. Outros, ademais, podem, perfeitamente, reformular entendimento. Não são raros os casos em que os ministros dessa Corte, demonstrando humildade e vocação republicana, revisam seus próprios votos, alcançando soluções mais justas e razoáveis. Especialmente em matérias controvertidas e polêmicas, pode-se alimentar justa expectativa de que, diante de nova composição e considerando o espírito republicano e democrata dos nobres Ministros que já votaram e ainda estão por votar, possa haver reformulação de posicionamento. Daí por que não se pode ter como recomendável pretender a "execução universal" do comando de uma decisão liminar, provisória e ainda precária, a título de criar instabilidade em organismos públicos estratégicos.

12. "Art. 170. Aos membros do Ministério Público é vedado: (...) IV – exercer, ainda que em disponibilidade, qualquer outra função pública, salvo uma de magistério; (...).

"Parágrafo único. Não constituem acumulação, para os efeitos do inciso IV deste artigo, as atividades exercidas em organismos estatais afetos à área de atuação do Ministério Público, em centro de estudos e aperfeiçoamento do Ministério Público, em entidades de representação de classe e o exercício de cargo ou função de confiança da Administração superior e junto aos órgãos de administração ou auxiliares do Ministério Público."

lugar adequado para um membro da Instituição se deslocar de suas funções originárias. Veja-se a ementa do julgado:

"Ação direta de inconstitucionalidade – Arts. 170, V, e parágrafo único, e 224, parágrafo único, da Lei Complementar n. 734/1993, do Estado de São Paulo (Lei Orgânica do Ministério Público Estadual) – Alegada ofensa a dispositivos da Constituição Federal.

"Interpretação conforme a Constituição dada ao art. 170, V, da Lei Complementar n. 734/1993, para esclarecer que a filiação partidária de representante do Ministério Público Paulista somente pode ocorrer na hipótese de afastamento das funções institucionais, mediante licença e nos termos da lei, de acordo com a jurisprudência do STF.

"Interpretação da mesma natureza dada ao art. 170, parágrafo único, da lei em apreço, para determinar que a expressão 'o exercício de cargo ou função de confiança na Administração superior' seja entendida como referindo a administração do próprio Ministério Público.

"Declaração de inconstitucionalidade da expressão 'e XVIII deste artigo, bem como a prevista no art. 221 desta Lei Complementar, se o fato ocorreu quando no exercício da função', contida no parágrafo único do art. 224 da Lei Complementar n. 734/1993.

"Ação direta parcialmente procedente, na forma explicitada" (ADI 2.084-SP, rel. Min. Ilmar Galvão, *DJU* 14.9.2001, p. 49).

Do ponto de vista processual, as decisões do STF não têm vinculado os demais Estados Federativos, porquanto as realidades estaduais são distintas, sendo necessário o ajuizamento de ações diretas de inconstitucionalidade contra os diversos diplomas estaduais que permitirem licenças para membros do Ministério Público exercerem outras funções públicas, ainda que compatíveis com suas finalidades institucionais.[13]

Ademais, ainda no plano processual, há que se sublinhar a possibilidade de que legislações estaduais tratem diversamente o tema contemplado nos arts. 129, IX, e 128, § 5º, II, "d", da Magna Carta, dando densidade normativa diferenciada a esses dispositivos constitucionais, através de conteúdos peculiares à norma que permitam o exercício de outra função pública, inclusive no distinguir funções públicas compatíveis, ou não, com as finalidades institucionais do Ministério Público. Nesse passo, as ações diretas de inconstitucionalidade haveriam de levar em linha de conta tais aspectos singulares e próprios de cada legislação estadual, sem falar nos controles incidentais dos atos administrativos, que podem, caso a caso, ser interpretados conforme a Constituição.

Não há, portanto, posicionamento definitivo, firme, do STF sobre o tema, ao contrário do que se costuma imaginar. Uma crítica construtiva à linha jurisprudencial que se esboça, no entanto, é necessária, assim como também resulta imperiosa uma autocrítica do Ministério Público Brasileiro no tocante à interpretação que vem emprestando ao instituto da licença que deflui do art. 129, IX, da Carta Magna e às distorções que daí possam estar emergindo.

3. Desdobramentos e fundamentos da interpretação lógico-gramatical e formal: visão crítica

A primeira providência que se impõe relativamente à opção pela técnica lógico-gramatical, fundada em elementos históricos e baseada numa determinada concepção

13. Nesse sentido, v. os seguintes julgados: Rcl 556-9/TO, rel. Min. Maurício Corrêa, *DJU* 3.10.1997, p. 49.230; Rcl 448-1-MS, rel. Min. Sepúlveda Pertence, *DJU* 9.6.1995, p. 17.226; Rcl 447-3-PE, rel. Min. Sydney Sanches, *DJU* 31.3.1995, p. 7.772; Rcl 399-PE, rel. Min. Sepúlveda Pertence, *DJU* 24.3.1995, p. 6.804; Rcl 467-8-DF, rel. Min. Celso de Mello, *DJU* 9.12.1994, p. 34.081; Rcl 385-MA, rel. Min. Celso de Mello, *DJU* 18.6.1993, p. 12.109; Rcl 397-RJ, rel. Min. Celso de Mello, *DJU* 21.5.1993, p. 9.765.

de independência funcional dos agentes ministeriais, é a percepção de suas reais e potenciais conseqüências na atualidade de nosso contexto jurídico-constitucional, não apenas relativamente ao Ministério Público, mas fundamentalmente em relação aos interesses sociais e individuais indisponíveis que constituem a razão existencial da Instituição. Nem sempre se buscam os desdobramentos necessários de uma dada postura hermenêutica, mas é imperioso que se resgate essa visão pragmática e axiológica, de modo a revitalizar uma postura histórica ou superá-la, atualizando-a em face dos valores republicanos vigentes.

Buscaremos também elucidar e confrontar o real fundamento alegado para embasar a postura interpretativa em análise – qual seja, a suposta necessidade de resguardar o princípio da independência funcional –, de tal modo a visualizar sua pertinência ou inadequação aos propósitos anunciados na defesa da incompatibilidade absoluta.

Do conjunto de naturais e pertinentes conseqüências da hermenêutica lógico-gramatical e da decorrente proibição constitucional de o membro do Ministério Público exercer qualquer outra função pública, salvo uma de magistério, devemos desde logo sinalizar a percepção de um horizonte de corporativismo hermético ao Ministério Público Brasileiro, no longo prazo, bem assim o fechamento de acesso da sociedade às distintas e relevantes funções que um agente ministerial poderia vir a desempenhar. Nessa mesma linha, percebemos que haverá prejuízos aos relacionamentos entre Ministério Público e outras instituições, sejam técnicas, sejam políticas, pelo esvaziamento dessa participação ministerial na sociedade, considerando que os agentes que ocupam cenários externos costumam costurar vias dialogantes e construtivas com outros segmentos sociais da mais alta importância, além de obter aprendizados diferenciados que sempre são úteis à instituição de origem.

Buscaremos esmiuçar um possível custo social e político que haveria de ser compensado pela manutenção (?) ou construção (?) da independência do Ministério Público, circunstância a embasar a incompatibilidade de funções. Se essa relação lógica entre a incompatibilidade e a independência funcional não sobrevivesse, à luz de uma argumentação razoável, cairia por terra o único fundamento axiológico relevante a embasar a incompatibilidade, seus custos sociais e políticos.

De outro lado, analisaremos a consistência jurídica interna, a coerência e a harmonia dos elementos que integram a via interpretativa que conduz ao reconhecimento da incompatibilidade. Se estiverem ausentes predicados necessários a uma hermenêutica consistente e coerente, haveremos de perceber não somente a fragilidade dessa postura hermenêutica, mas sua inadequação para sustentar os custos sociais e políticos dela decorrentes.

3.1 Custos sociais e políticos de uma visão hermenêutica inconsistente: o balanço das alternativas disponíveis

Ao trabalharmos uma determinada opção hermenêutica, com seus elementos internos e suas conseqüências, levamos em consideração seu custo social e político, porque os juristas, no mais das vezes, diante de casos difíceis, deparam-se com pluralidade de alternativas. A eleição de uma ou outra alternativa depende de um plexo de valores e fatores que justificam ou desautorizam a decisão adotada. O teste de legitimação da opção não passa apenas por sua racionalidade, razoabilidade e plausibilidade diante do ordenamento jurídico vigente, mas também pelas conseqüências que acarreta à sociedade e aos legítimos interesses e expectativas em jogo. Daí por que nenhum ato interpretativo de uma norma jurídica pode mergulhar tão-somente em sua lógica interna, como se isso bastasse à sua legitimação ética na comunidade.

Com efeito, para começar, de uma leitura literal, histórica e formal desse comando normativo do art. 128, § 5º, II, "d", da Magna Carta infere-se que está vedado ao membro do Ministério Público o exercício de qualquer outra função pública, salvo uma de magistério, mas assegurado – dentro da mesma lógica de raciocínio – o exercício de outras funções privadas, quaisquer outras, ressalvadas apenas aquelas vedações constitucionais ou legais explícitas. Uma interpretação literal do conjunto de dispositivos constitucionais que disciplinam as incompatibilidades, nos termos do art. 128 da CF, conduziria a essa natural conseqüência, que é, sem dúvida alguma, um fato político a ser levado em linha de consideração na percepção dos desdobramentos do ato hermenêutico em exame.

Há que se sublinhar o equívoco da conseqüência normativa apontada, justamente porque a interpretação literal das incompatibilidades é um método inadequado e contraditório de tratamento dessa matéria. Sabe-se que grande parte das funções privadas estará vedada pela lógica das chamadas incompatibilidades implícitas, ao mesmo tempo em que as funções públicas estarão regradas pela lógica da compatibilidade com as finalidades institucionais; é o que decorre de uma leitura *a contrario sensu* do art. 129, IX, da CF.

Entender que o agente ministerial não pode exercer qualquer outra função pública, salvo uma de magistério, mas pode exercer qualquer outra função privada, salvo aquelas proibidas expressamente na própria Carta Política de 1988 ou na legislação federal pertinente, que é altamente lacunosa a respeito, seria natural conseqüência de uma interpretação literal, embora expressasse violência ao sentido sistêmico e teleológico da Magna Carta. Essa espécie de paradoxo indica a inconsistência da interpretação lógico-gramatical, do ponto de vista jurídico, para sustentar conseqüências gravosas aos interesses sociais. A postura estampada na interpretação lógico-gramatical é incompatível com a natureza superior e aberta das normas constitucionais e legais que disciplinam as vedações aos membros do Ministério Público. Não se podem adotar posturas simplistas para problemas complexos.

Outra importante conseqüência previsível da interpretação lógico-gramatical, na vida corrente, na linha racional da visão restritiva, encontra-se na proibição absoluta da participação de membros do Ministério Público em atividades da mais alta relevância social, e aqui resulta necessário avaliar se tais atividades se enriquecem, ou não, pela presença de membros do Ministério Público como seus executores diretos e se a abertura é, ou não, positiva à sociedade como um todo.

Não se tem a menor dúvida de que a doutrina e a jurisprudência dominantes são taxativas em reconhecer um amplo conceito às funções públicas, até mesmo em relação às atividades transitórias de comissões. Assim, na doutrina do saudoso Meirelles **[2008:424]**, função é conceituada como sendo "a atribuição ou o conjunto de atribuições que a Administração confere a cada categoria profissional ou comete individualmente a determinados servidores para a execução de serviços eventuais, (...)". Especifica, ainda, o jurista que "todo cargo tem função, mas pode haver função sem cargo. As funções do cargo são definitivas; as funções autônomas são, por índole, provisórias, dada a transitoriedade do serviço que visam a atender, (...). Daí por que as *funções permanentes* da Administração só podem ser desempenhadas pelos titulares de *cargos efetivos*, e, as *transitórias*, por servidores designados, admitidos ou contratados precariamente. Os servidores podem estabilizar-se nos cargos, mas não nas funções. (...)".

Entre as atividades que se encaixam no conceito de "outras funções públicas" – e é de se frisar, *en passant*, que a expressão em tela acarreta o efeito de alcançar uma quantidade infinita de atividades públicas; em realidade, qualquer atividade pública – encontram-se aquelas abrigadas nas chamadas comissões de reforma legislativa ou semelhantes,[14] onde o agente ministerial, ao participar formalmente desses espaços, dá uma contribuição preventiva ao aperfeiçoamento do ordenamento jurídico, estancando ou regulando futuros conflitos sociais, precisamente através do exercício de outras funções públicas estranhas à carreira, onde pode aportar suas vivências e sua visão técnico-política sobre assuntos vitais aos interesses da coletividade organizada.

Levando a restrição às conseqüências necessárias, dentro da linha de uma hermenêutica lógico-gramatical, concluir-se-ia que um membro do Ministério Público jamais poderia participar de comissão de reforma legislativa, por se tratar de "outra função", distinta do magistério. E o que ganharia a sociedade, com isso? O que perderia? É possível calcular tais custos sociais? Certamente, não estamos no plano matemático, no qual os custos poderiam ser mais precisamente calculados; mas podemos lançar estimativas razoáveis.

A vingar a tese sustentada em vários segmentos do Ministério Público Brasileiro e da Associação Nacional de Delegados de Polícia – ambos coincidindo no viés corporativista, embora por razões distintas –, tem-se que o membro do Ministério Público não poderá exercer qualquer outra função pública, *v.g.*, conselheiro de um programa estadual de proteção a testemunhas, conselheiro no Conselho Superior de Polícia, participante de comissões legislativas, assessoramento direto a senadores, Secretarias Estaduais de Justiça e Segurança Pública, Secretarias Nacionais de Justiça e Segurança Pública etc. A série de efeitos dessa interpretação é demolidora, conduzindo à ruína da participação externa do Ministério Público nos mais variados espaços político-institucionais, bem assim ao engessamento gradual e crescente da Instituição, com prejuízos inegáveis à sociedade.[15]

A sociedade, ao ver ampliada a incompatibilidade dos agentes ministeriais aos níveis desejados por alguns setores, ganharia membros do Ministério Público fechados em suas "casas" de origem, no aguardo das legislações para, então, formularem críticas ou medidas judiciais de controle *a posteriori*, sempre à espera dos equívocos de outros agentes públicos que desempenham funções no Poder Executivo, para só depois reprimi-los.

O custo mais evidente diz respeito ao fato de que a sociedade perde em prevenção e ganha em repressão, porque certamente se avolumariam os processos judiciais contra leis arbitrárias ou incorretas.[16] A perda é enorme, porque a qualidade das leis brasilei-

14. Verifica-se, hoje em dia, que há comissões de reforma de Código de Processo Civil e Penal, por exemplo, que contam com membros do Poder Judiciário e do Ministério Público, não raro afastados, mediante licença, da origem, para desempenhar tais funções, sendo assaz reconhecidas a importância e a relevância para a sociedade brasileira das referidas participações, seja nas comissões de juristas, criadas por lei, que auxiliaram na elaboração dos Anteprojetos do Código de Defesa do Consumidor, da Lei de Ação Civil Pública, da Lei Antitruste, entre outros regramentos, seja em comissões diversas.

15. Com efeito, a vingar o entendimento aqui examinado, não poderia um membro do Ministério Público participar do gabinete de assessoramento de um senador da República, espaço onde tem condições de articular eloqüentes aberturas à Instituição, aprimorando e dando início a projetos de lei, porque tal função lhe estaria vedada. Sabemos que existem notáveis membros do Ministério Público no assessoramento do gabinete de senadores da República. É o caso do senador José Sarney, que contou, em 2004, com a assessoria de um dos mais ilustres representantes do Ministério Público Brasileiro, o Procurador de Justiça/SP Antônio Herman de Vasconcellos e Benjamin, de ingresso pré-1988, sendo afastado para exercício da função de assessoramento do senador em 1.1.2004.

16. E não são poucas as legislações que contaram com presenças ostensivas de membros do Ministério Público em suas comissões de origem. Em geral, grandes conquistas da coletividade, como o Código de Defesa do Consumidor, contam com participações qualificadas, não raro com juristas oriundos do Ministério Público.

ras já não é alta, mas, se a sociedade perder a oportunidade de contar com agentes do Ministério Público na confecção de projetos de leis, certamente estará perdendo a contribuição de agentes públicos com experiências e visões interessantes.

A existência de um Ministério Público imparcial e independente, puro e distante dos demais Poderes da República, sob o pretexto de melhor controlá-los, cobra determinados custos sociais e políticos – não se pode ignorar tal realidade. A questão a saber é se o princípio da independência funcional justifica ou exige esse preço social que se dá no afastamento de membros do Ministério Público de outras funções públicas, através de uma proposta hermenêutica inconsistente, repleta de contradições internas e fundamentada em elementos precários, tais como a técnica lógico-gramatical ou a interpretação histórica. Veja-se que é de singular dimensão o ônus argumentativo dos que pretendem atrelar a incompatibilidade e seus custos às exigências da independência funcional, porquanto a técnica hermenêutica empregada é, nesse contexto, precária e de uma espantosa fragilidade, buscando sustentar justificativa para custos sociais e políticos de necessidade duvidosa. Daí a importância de restar a incompatibilidade do art. 128, § 5º, II, "d", da CF bem atrelada à salvaguarda do princípio da independência funcional, sob pena de se desmoronar seu alicerce fundamental.

3.2 Impossibilidade de alicerçar a suposta incompatibilidade na defesa da independência e da imparcialidade funcionais

Se os custos sociais e políticos desse afastamento do Ministério Público da possibilidade do exercício de outras funções públicas são altos, ao que tudo indica, e pobre é a técnica interpretativa que o embasa, não se pode ignorar que o fundamento axiológico de uma visão literal, gramatical e restritiva do art. 128, § 5º, II, "d", da Magna Carta – vale relembrar – repousa na necessidade de assegurar independência e imparcialidade ao agente ministerial, afastando-o de outros contatos espúrios, especialmente com outras funções públicas (reconheça-se que a preocupação não é a mesma com as funções privadas).[17]

Cumpre, pois, olhar de perto essa fundamentação supostamente constitucional, para apreciar a sustentação máxima da linha hermenêutica ora em exame. E aqui devemos naturalmente retomar uma análise da argumentação já exposta na doutrina de Hugo Nigro Mazzilli, seus seguidores e do próprio STF, no tocante ao tema controvertido.

Pensamos que não será a exigência de independência do membro do Ministério Público que irá afastá-lo da possibilidade de exercício de outras funções públicas, desde que compatíveis com suas finalidades. E assim nos posicionamos por variadas e consistentes razões, sempre reconduzíveis ao sistema constitucional, mas também lastreadas em experiências históricas relevantes, ao efeito de concluir que é falso, ou equivocado, situar o fundamento da suposta incompatibilidade no princípio da independência funcional dos membros do Ministério Público ou na garantia de sua imparcialidade.

3.2.1 *Independência do Ministério Público e do Judiciário:algumas precisões*

Antes de adentrarmos o núcleo da fundamentação que sustenta a tese da incompatibilidade de agentes ministeriais exercerem

17. Essa é a razão de ser da doutrina pioneira de Mazzilli **[1989; 1997; 1998; 2001]**. O autor, liderança histórica no Ministério Público Paulista, cuja Associação de classe foi por ele presidida, reproduziu o pensamento de uma determinada época, mormente quando o foco central do Ministério Público Brasileiro era a difícil afirmação de sua independência frente ao poder político. Mais ainda, não se pode desconhecer o conjunto de peculiaridades do Estado de São Paulo, onde membros do Ministério

outras funções públicas, devemos apenas registrar algumas das facetas mais relevantes e singulares da independência do Ministério Público, distinguindo-a de outro tipo de independência – qual seja, a judicial. Ao sinalizarmos alguns traços marcantes da independência do Ministério Público, teremos condições também de avaliar se há indícios de que seja o Ministério Público Brasileiro deficitário em sua independência, ou não.

"Ser independente" é atuar de acordo com sua consciência jurídica, com sua vontade ou sua autodeterminação, sem subordinação a elementos volitivos estranhos, sejam eles de ordem política, econômica ou institucional. A independência constitui uma característica da autonomia e da capacidade de agir de uma instituição e de seus representantes, com liberdade, sem amarras ou condicionantes outras que não aquelas ditadas diretamente pela ordem jurídica e pela própria instituição, através das consciências coletivas e individuais de seus agentes.

É claro que, desde logo, convém ressaltar duas grandes facetas da independência: a externa, que se dá perante outros poderes ou instituições, e a interna, que se opera perante os colegas e os superiores hierárquicos. Quando se fala em proteger a independência do Ministério Público não se pode desprezar tais contornos, menos ainda ignorar suas dimensões interna e externa, eis que ambas resultam umbilicalmente interligadas.

A Carta Magna consagra o princípio da independência funcional às instituições do Poder Judiciário e do Ministério Público, extraindo tal previsão do conjunto sólido de garantias constitucionais a ambas outorgadas, tanto que aproxima tais instituições no tratamento dispensado às garantias da vitaliciedade, inamovibilidade e irredutibilidade de vencimentos, além dos predicados das autonomias administrativa e financeira, todos direcionados teleologicamente à consagração e preservação do princípio da independência funcional.

Esse processo de aproximação entre o Poder Judiciário e o Ministério Público é histórico e consagrou, também, uma afinidade remuneratória e de regimes jurídicos, embora não tenha conduzido à identidade ou unificação institucional, tal como ocorre noutros sistemas e modelos de Direito Comparado. E isso porque talvez tais afinidades não logrem esconder diferenças substanciais nessas atividades, cujos perfis institucionais resultam absolutamente distintos e vocacionados a tarefas diferenciadas, o que repercute na formatação de conteúdos díspares à independência funcional de uma e outra Instituição, além da diferenciação nos respectivos regimes de incompatibilidades e regimes jurídicos, com carreiras distintas.

Não se pode equiparar a independência do Judiciário, ou dos juízes, com a do Ministério Público e de seus membros, como não se equiparam as respectivas imparcialidades

Público, em concreto até mesmo um ex-Governador de Estado, galgaram postos importantes e tiveram significativas áreas de atrito com sua Instituição. Porém, a realidade mostra que os abusos e desvios de poder praticados por membros do Ministério Público quando no exercício de outras funções públicas, estranhas à carreira, embora compatíveis com suas finalidades, deveriam merecer controles internos específicos de parte do próprio Ministério Público, a começar pela revisão da licença concedida. Não se poderia generalizar para todo um país aquilo que seria problema específico do Estado de São Paulo. E, mesmo que se reconheça que tal problema tenha ocorrido também em outros Estados – no Rio Grande do Sul nunca se teve notícia de distorções similares –, o que seria recomendável e necessário é o ataque às causas concretas dos desvios, não à prerrogativa constitucional de a Instituição ocupar espaços estranhos à carreira e compatíveis com suas finalidades, a teor do comando do art. 129, IX, da Carta Política de 1988. A salvaguarda da independência e da autonomia ministeriais, em sintonia com o postulado da unidade de atuação, pode e deve ser feita a partir de mecanismos internos de controle do Ministério Público, regulamentando-se suas licenças de modo mais rigoroso, controlando a presença e atuação dos agentes ministeriais quando estiverem cedidos, provisoriamente, a outras instituições. O foco da discussão há de ser, pois, redirecionado. Constitui equívoco elementar a generalização de soluções casuísticas para todo um conjunto de instituições que não se adaptam ao caso concreto tido como paradigmático.

e incompatibilidades, nem a totalidade dos regimes jurídicos que lhes são próprios. E isso se dá em razão de vários fatores juridicamente relevantes, dignos de nota. Há características que separam o Judiciário do Ministério Público com repercussões relevantes, tanto quanto outros traços comuns indicam a conveniência ou a necessidade de aproximações nos regimes jurídicos, observados elementos históricos importantes.

O Judiciário move-se sempre no plano do "terceiro imparcial", dotado de competências decisórias, passivas, condicionado pelo contraditório e pelo princípio da demanda, inerentes à sua atividade, assim como pelo individualismo dos juízes naturais, subordinados apenas e tão-somente às suas consciências, sem qualquer vinculação, preocupação ou comprometimento com a unidade institucional. O Ministério Público, ao contrário, atua como parte ou fiscal da lei, sempre movido por sua convicção institucional, que será alheia ao princípio do contraditório, eventualmente pautada por dimensão coletiva alicerçada em canais de democracia interna, respeitada a consciência jurídica de seus membros. A unidade é um traço essencial do Ministério Público que não se faz presente no Judiciário, assim como a posição processual de um e de outro resulta absolutamente distinta.

Se pudéssemos traçar uma distinção decisiva, diríamos que a independência do Ministério Público é coletiva, institucional e marcada pela unidade, protegendo a consciência jurídica dos membros contra abusos e desvios de autoridades administrativas superiores, além de blindagem externa; ao passo que a independência judicial tende a ser radicalmente a do juiz natural, individualista e unitária, nunca coletiva. Confundir tais categorias pode conduzir a equívocos lamentáveis, tais como estes que se reproduzem na tentativa de transformar o Ministério Público num Poder Judiciário às avessas,[18] importando, inclusive, seus vícios.

3.2.2 *A independência do Ministério Público Brasileiro e sua desconexão relativamente à possibilidade de seus membros exercerem outras funções públicas*

Traçados alguns contornos básicos da independência do Ministério Público, forçoso formular uma indagação, que há de integrar o núcleo fundamental da tese da incompatibilidade: o Ministério Público Brasileiro é, hoje, apesar do descumprimento sistemático e reiterado de uma suposta incompatibilidade estampada no art. 128, § 5º, II, "d", da CF, independente dos poderes políticos? É uma Instituição independente? Parece-nos relevante tocar nesse tema, diante do fato de que os agentes ministeriais

18. O agente ministerial tem modo de atuação ativo, e enquanto órgão postulante pode investigar, requisitar diligências, buscar provas, relacionar-se mais abertamente com outros setores da comunidade, inclusive elaborando estratégias processuais ou investigatórias comuns. O promotor de justiça, o procurador do trabalho, o promotor da Justiça Militar ou o procurador da República são partes nos processos e podem atuar ao lado de outros órgãos públicos ou até mesmo privados, tais como as organizações não-governamentais, as associações ou entidades defensoras de interesses coletivos. Formando litisconsórcios, os agentes ministeriais e os advogados podem, inclusive, estabelecer, em reuniões, estratégias comuns. E, na seara investigativa, o Ministério Público aproxima-se muito dos órgãos investigadores, fiscalizando as ações policiais, ditando diligências, buscando elementos informativos. Tem-se, nesse real contexto normativo e cultural, que a imparcialidade da autoridade ministerial não o impede de mergulhar em outras experiências institucionais e funcionais, desde que compatíveis com suas funções e finalidades próprias à carreira. Daí a razão de ser da distinção de regime jurídico entre as incompatibilidades dos membros do Poder Judiciário e do Ministério Público. Razão outra não há para a opção do constituinte em separar em capítulos distintos o Poder Judiciário (Capítulo III – arts. 92-126) do Ministério Público (arts. 127-130) – enquanto *função essencial à justiça* (Capítulo IV – arts. 127-135), ao lado da Advocacia Pública (arts 131 e 132) e da Advocacia e da Defensoria Pública (arts. 133-135), todos sob o pálio do Título IV da Carta de 1988 ("Da Organização dos Poderes").

têm sido licenciados para exercício de outras funções públicas, desde 1988, abertamente, e se tal suposta incompatibilidade vem sendo ignorada no plano concreto, como é verdade, há que se perguntar sobre as conseqüências dessa suposta vulneração à incompatibilidade. Tornou-se o Ministério Público menos independente desde 1988, considerando o contínuo licenciamento de seus membros para exercício de outras funções públicas? Queremos um Ministério Público mais independente que hoje? O caminho para isso, se confirmada tal expectativa, passa necessariamente pela eliminação da possibilidade de os agentes ministeriais exercerem outras funções públicas?

Entendemos que o Ministério Público Brasileiro, em que pese a não observar a suposta incompatibilidade ora em exame, é uma Instituição independente, tendo atuado com independência frente aos poderes públicos desde 1988, porque esta é uma tradição antiga no *Parquet*, que se submete à lei e ao Direito, não podendo a consciência jurídica de seus membros ser violentada por atos espúrios ou marcados pelo desvio de finalidade. A independência ministerial nada tem a ver com a possibilidade de exercício de outras funções públicas por seus membros, desde que tais funções se mostrem compatíveis com as finalidades institucionais do *Parquet* – eis nossa constatação, que passaremos a justificar em maior detalhe.

Nenhum sinal aponta em sentido contrário à constatação da independência do Ministério Público, essa é uma questão de ônus argumentativo relevante. Aqueles que rechaçam, num plano de convicção íntima, tal assertiva poderiam aportar dados e informações que justificassem um juízo de desvalor no tocante à independência ministerial. Mas isso não tem sido feito publicamente, nos mais diversos espaços que existem para tal espécie de discussão. Problemas pontuais certamente não justificariam uma avaliação global negativa, nesse especial tópico.

Diga-se, aliás, que o Ministério Público é uma Instituição bem valorada pela sociedade brasileira, como demonstrou pesquisa IBOPE (2004) que situou tal organismo em quarto lugar num *ranking* bastante extenso, atrás apenas da Igreja, das Forças Armadas e da Mídia. Certamente, um dos fatores que pesam nessa avaliação positiva é a independência dos integrantes do Ministério Público.

Constatada a independência ministerial, não vemos em que medida essa independência poderia ser abalada com a presença de agentes ministeriais no desempenho de funções estranhas à carreira, porquanto tal prática já ocorre, e nunca gerou semelhante conseqüência. Aliás, há outros nichos de intervenção do Poder Executivo junto ao Ministério Público, e nem mesmo tais possibilidades enfraqueceram a independência institucional ora em análise.

Afirmamos tranqüilamente, portanto, que a independência do agente ministerial, ainda que afastado para exercer outra função pública, pode e deve ser mantida na sua consciência ético-jurídica, nos controles ministeriais a que está submetido, nas garantias da carreira e na submissão de seu "mandato" externo ao crivo permanente e discricionário dos órgãos de administração superior da Instituição. Daí por que o afastamento provisório das funções tipicamente ministeriais, para exercício de outras funções de interesse institucional, não deve nem pode abalar a independência funcional do agente, que segue vinculado à sua carreira, submetido aos controles do procurador-geral e do Conselho Superior, os quais podem revogar sua licença.

Analogamente, diríamos que se a presença de agentes ministeriais no cenário externo, sujeitos a todos os controles, efetivamente perturbasse a independência da Instituição, talvez perturbasse ainda mais a autonomia do Ministério Público, e ameaçasse sua independência, a possibilidade de o Presidente da República escolher discricionariamente o procurador-geral da República, sem sequer se submeter a uma lista tríplice[19] – o que já permitiu que determinada autoridade permanecesse muitos anos no cargo e, dentro de sua esfera estrita de atribuições, atuasse de acordo com critérios peculiares, elásticos e soberanos, não raro coincidentes com os critérios e interesses políticos do governo de plantão. Apesar da sensibilidade diante desta realidade, não se vislumbra tenha havido comprometimento da Instituição como um todo a partir dessa participação tão intensa do Poder Executivo na vida institucional do Ministério Público da União, escolhendo discricionariamente sua chefia.

Não se pode dizer que o Ministério Público Federal não tenha atuado com independência, como um todo, desde o advento da Carta Política de 1988, apesar de sua chefia ser escolhida ao talante do Poder Executivo Federal. Basta vermos a atuação dos procuradores da República no cenário da vida política brasileira para termos convicção em torno dessa independência. Se a eventual falta de independência do chefe máximo da Instituição não comprometeu a independência real de seus demais membros, nem o conjunto da Instituição, o que se dirá da possibilidade de um agente ministerial, afastado provisoriamente, em caráter precário, dos quadros, para desempenho de outra função pública, poder afetar a independência de toda uma Instituição? Realmente, não nos parece lógica tal hipótese.[20]

No tocante ao comando constitucional que outorga ao governador do Estado a prerrogativa de escolher o procurador-geral de justiça, dentro de lista tríplice votada pela classe, na forma regulamentar e legal,[21] embora seja legítimo anseio histórico da Associação Nacional de classe e das instituições espalhadas pelo país introduzir modificações nesse dispositivo, suprimindo ou atenuando ainda mais a participação dos governadores, não se pode acoimar de dependentes do Poder Executivo os Ministérios Públicos Estaduais. Ao contrário, a independência tem sido a tônica em suas atuações, na esmagadora maioria dos Estados, se não em sua totalidade. E se mesmo quando o procu-

19. Lei Complementar 75/1993: "Art. 25. O procurador-geral da República é o chefe do Ministério Público da União, nomeado pelo Presidente da República dentre integrantes da carreira, maiores de 35 (trinta e cinco) anos, após a aprovação de seu nome pela maioria absoluta do Senado Federal, para mandato de 2 (dois) anos, permitida a recondução, precedida de nova decisão do Senado Federal".

20. Não há que se ignorar que algum outro membro do Ministério Público Federal, licenciado para exercer funções junto ao Poder Executivo, talvez tenha pecado pelo distanciamento em relação aos interesses e finalidades da Instituição de origem, participando de iniciativas tidas como antipáticas ou contrárias aos interesses institucionais. Pela relevância do cargo e função que veio a exercer, tal agente ministerial foi acusado informalmente de haver participado de "esquemas" de blindagem do Governo Federal e seus altos funcionários diante dos procuradores da República. Uma vez mais observamos um problema pontual de relacionamento, a ausência de estratégias de relacionamento e de cobrança de posturas. Daí à multiplicação de equívocos foi um passo pequeno. De um lado, a cúpula do Ministério Público Federal talvez tenha ignorado suas prerrogativas de controle. De outro, certamente faltou diálogo produtivo com a autoridade licenciada. Finalmente, a radicalização de posicionamentos conduziu ao isolamento do agente licenciado, e o Ministério Público Brasileiro perdeu a oportunidade de contar com um forte aliado no cenário externo. Imaturidade política, ignorância em torno às atribuições e prerrogativas, vaidades, problemas internos, são muitos os fatores que podem gerar o ambiente propício ao isolamento dos agentes licenciados. Nada justifica a eliminação da prerrogativa de afastamento, que pertence à Instituição, não ao licenciado, porque o importante é diagnosticar os eventuais desvios e consolidar o uso de ferramentas de controle, incluindo a proximidade e o diálogo permanentes. O que não se justifica é tomar um caso de desvio de finalidade para justificar toda uma doutrina geral de tratamento da matéria.

21. Lei federal 8.625/1993: "Art. 9º. Os Ministérios Públicos dos Estados formarão lista tríplice, dentre integrantes da carreira, na forma da lei respectiva, para escolha de seu procurador-geral, que será nomeado pelo chefe do Poder Executivo, para mandato de 2 (dois) anos, permitida uma recondução, observado o mesmo procedimento".

rador-geral é escolhido pelo chefe do Poder Executivo, com todos os riscos inerentes ao jogo político prévio a essa escolha, não há comprometimento da independência dos membros da Instituição – não raro, nem mesmo do próprio procurador-geral –, o que se dirá de uma simples licença de outro agente para exercício de outra função pública? Obviamente que essa licença não terá o condão de afetar ou comprometer a independência da Instituição, nem de seus membros, nem mesmo do agente licenciado,[22] que estará submetido aos controles de sua Instituição e aos deveres éticos e jurídicos aos quais resultará permanentemente vinculado.

Tais prerrogativas políticas do Presidente da República e dos governadores dos Estados traduzem níveis distintos e intensos de ingerência do Poder Executivo na estrutura do Ministério Público, sendo interpretadas ora como meios de potencial pressão e interferência interna, ora como possível fonte de legitimação política do próprio Ministério Público, constituindo ferramenta para estancar eventual rodízio no poder por grupos corporativos que usem e abusem da máquina administrativa. De um modo ou de outro, não se pode dizer, hoje, que a Instituição ministerial não seja independente, porquanto a independência advém de um conjunto sólido de garantias e prerrogativas constitucionais, legais e regulamentares, no bojo de uma cultura institucional vocacionada, historicamente, à independência e à proximidade – não è identidade, frise-se bem – com a Magistratura, nesse especial aspecto.

O questionamento sobre o papel a ser desempenhado pelo Poder Executivo junto ao Ministério Público é legítimo e deveria suscitar maior debate no meio político e acadêmico, ao contrário do que ocorre normalmente. Isso porque resulta legítimo aos membros do Ministério Público pleitear a escolha direta de sua própria chefia, sendo recomendável uma disciplina legal uniforme, de natureza federal, para o processo eletivo, criando normas de incompatibilidades e de uso da máquina, não apenas no período eleitoral, mas no decorrer de todo o mandato do procurador-geral, do corregedor-geral e do presidente da associação de classe, sem prejuízo da identificação de outros cargos de relevância.

Muito além do debate sobre a independência externa, tão suscitada e defendida quando se trata de buscar a restrição à possibilidade de agentes ministeriais desempenharem funções externas à carreira, não se pode olvidar o problema da independência interna, é dizer, aquela que o membro do Ministério Público deveria ostentar em relação aos órgãos de administração superior da Instituição, diante dos múltiplos mecanismos de pressão existentes, desde os benefícios econômicos até as mais distintas vantagens administrativas, funcionais e políticas. A independência interna também não resulta protegida pela norma de incompatibilidade ora *sub examine*; nem ela, nem a independência externa.

Equilibrar a independência interna com o ideário de unidade institucional – eis um desafio gigantesco pela frente. Essa discussão pode ser tão ou mais importante que aquela atinente à independência externa. Não obstante reconhecermos variados e até preocupantes problemas nessa seara, seja diante da necessidade de desenvolvermos novas ferramentas assecuratórias de independência interna, seja na falta de políticas de unidade institucional, no Ministério Público Brasileiro, jamais poderíamos dizer que os membros da Instituição não são independentes, mesmo que estejam submetidos a ambientes internos desprovidos de uma regulamentação detalhada e mais incisiva em torno às relações entre as cúpulas e os agentes ministeriais, no tocante às atividades funcionais, ao processo eleitoral e ao uso da máquina interna. Nenhuma dessas lacunas afetou ou comprometeu a independência externa da Instituição quando se trata de

22. Se a independência deste for afetada, caberá à Instituição exercer os controles pertinentes.

afrontar interesses submetidos ao crivo fiscalizatório do Ministério Público.

Como se vê, a discussão sobre independência funcional é complexa e não comporta simplificações. Importa notar, de qualquer sorte, que tanto o Ministério Público Federal – o exemplo mais notório é o do Ministério Público da União – quanto os Ministérios Públicos Estaduais não deixam de ser Instituições autônomas e independentes, a partir da atuação firme de seus integrantes, ainda que suas chefias máximas sejam escolhidas pelo chefe do Poder Executivo, com ou sem lista tríplice. Se isso é certo, e pensamos que ninguém ousaria seriamente impugnar tal assertiva – a da independência do Ministério Público Brasileiro –, não vemos lógica alguma em sustentar que o exercício de outra função pública, totalmente submetida ao crivo discricionário do próprio Ministério Público e seus órgãos de Administração, pudesse "contaminar" a suposta "pureza" do Ministério Público.

Ter membros atuando externamente, construindo "pontes", abrindo caminhos, participando ativamente das estratégias político-institucionais do Ministério Público e da sociedade brasileira, ofertando contribuições à comunidade na condição de agentes políticos qualificados, parece ser mais uma prerrogativa constitucional a serviço da Instituição e da sociedade que um ato promíscuo e incestuoso capaz de envergonhar os membros do Ministério Público.[23]

Quer-se reafirmar que a independência do Ministério Público Brasileiro, hoje,

23. Sintomaticamente, há lideranças que se orgulham de nunca haverem exercido funções públicas fora da carreira, anunciando tal circunstância solenemente em seus currículos de apresentação eleitoral ou acadêmica. Apresentam-se como supostamente mais independentes que outras autoridades, em face dessa característica profissional. Não é verdade que a independência possa ser aferida por esse "termômetro", o qual não mede nem a independência externa, menos ainda a independência interna. O termômetro é bem mais exigente para avaliar tal qualidade. Pior ainda: tem-se a impressão, às vezes, de que o discurso corporativista de "pureza" vem marcado por um estranho sentimento de superioridade dos controladores sobre os controlados, evitando-se que haja mistura indevida entre fiscais e fiscalizados. Com todo o respeito, essa espécie de postura está notoriamente defasada, não apenas porque tais fronteiras são tênues e flexíveis, sendo todos controladores e controlados num ambiente republicano democrático, havendo necessidade de compreensão recíproca, mas porque não deixa de refletir um idealismo puro, lamentavelmente dissociado da realidade. Note-se que o pensamento conforme o qual o agente ministerial, ao desempenhar outra função pública, estaria freqüentando ambientes promíscuos, participando de acordos políticos inconfessáveis, arquitetando estratégias em sintonia com grupos ou partidos políticos, em circunstâncias tais que restaria comprometido em sua vida funcional caso efetivamente viesse a retornar à Instituição, está em descompasso com as necessidades da vida real e o papel que o Ministério Público exerce na comunidade, além de não corresponder à verdade. Tais presunções, além de politicamente muito nocivas ao Ministério Público, pois o posicionam num intolerável patamar corporativista, são descabidas, porque há cargos eminentemente técnicos, que demandam a presença de agentes ministeriais, a serviço das próprias finalidades inerentes ao Ministério Público, ainda que externos à Instituição, nos termos do próprio art. 129, IX, da CF. Em tais cargos, os membros do Ministério Público, por terem garantias e carreira próprias, ficam livres para atuar com independência, podendo desligar-se da função no instante em que sua consciência moral e jurídica ditar essa necessidade. De igual modo, os controles do Ministério Público poderão incidir a qualquer tempo. Não se pode, pois, alimentar uma visão fechada, corporativista e até certo ponto preconceituosa em relação ao meio político, tomando como promíscuo ou foco de contaminações o ambiente institucional junto ao Poder Executivo, como se tais cenários fossem passíveis de contaminar autoridades públicas com formação moral e jurídica suficiente para integrarem o Ministério Público. Presumir que tais vícios estejam, ademais, apenas em cenários externos, e não no plano *interna corporis*, onde também vicejam a política interna, os acordos, os compromissos, é, no mínimo, equivalente a ignorar a realidade. Em verdade, sabe-se que as atividades do Ministério Público exigem constantes e intensas aproximações, rompendo qualquer lógica corporativista e infensa aos acordos, ao diálogo, à postura humilde e serena de quem quer ajudar a construir novos parâmetros

não pode seriamente ser posta em dúvida, apesar das dificuldades pontuais eventualmente detectadas. A Instituição vivencia problemas de outra índole, não de falta de independência, inclusive no topo de suas estruturas, apesar do déficit existente. Agentes ministeriais de todos os níveis hierárquicos atuam com a mais absoluta tranqüilidade e independência, alguns ajuizando ações até mesmo estranhas, inéditas em todo o Direito Brasileiro e no Direito Comparado, desde que compatíveis com suas soberanas consciências individuais. Dificilmente alguém poderoso irá escapar de uma ação judicial ou de uma investigação, se considerarmos apenas o dado da independência funcional das autoridades do Ministério Público. Escapam por outras razões, muito mais poderosas, que dizem respeito ao mau funcionamento do Estado e de todo seu aparato investigatório; não por falta de independência no agir ministerial, via de regra. Podem até escapar por falta de eficiência e unidade, não por falta de independência, regra geral, se tomarmos um contexto global como referência.[24]

A independência ministerial é, inclusive, tão forte e tão marcante que pode ser tida, dentro de determinada concepção mais radical, como fonte de distorções dignas de atenção. Veja-se que cada agente ministerial pode chegar a ser o equivalente a uma Promotoria ou Procuradoria distinta, que se transforma por completo nas férias de seu titular, ante os novos entendimentos do substituto, ainda que pelo singelo período de um mês. Cada Procuradoria ou Promotoria poderia ostentar, nesse viés interpretativo, uma consciência jurídica ambulante que algumas vezes se recusaria a prestar contas de suas opções no plano *interna corporis*, sob alegação de que ninguém pode condicioná-la, ainda que suas convicções agredissem a ordem jurídica, o posicionamento cristalizado de Tribunais superiores ou da própria Instituição. Um dos grandes desafios do momento consiste em criar mecanismos democráticos internos para formatar a vontade institucional, redefinindo os limites e conteúdos da independência funcional das autoridades públicas aqui consideradas, à luz dos princípios da eficiência e da responsabilidade, coibindo os desvios e abusos que muitas vezes ocorrem.

de probidade e qualidade na gestão pública brasileira. Essas aproximações necessitam de contatos, e a existência de agentes ministeriais nos cenários externos facilita tais contatos, viabilizando a aproximação com outras instituições estratégicas, como as Polícias ou outros organismos de vital relevância à sociedade. Deve-se dizer que a construção e a manutenção de prerrogativas legais e constitucionais também passam por um acesso qualificado ao meio político, que não pode ser desprezado nem tido como fonte de contaminações aos membros do Ministério Público. Realmente, o que importa é que o Ministério Público aproveite, dentro de suas estratégias políticas, o membro que estiver no exercício de outra função pública como instrumento para abertura de espaços, de diálogo e de soluções construtivas à sociedade, rompendo eventual lógica corporativista. Não importa que, posteriormente, a autoridade venha a definir novos rumos à sua carreira, desligando-se da Instituição e trilhando novo caminho profissional. Diga-se que tal possibilidade é natural num regime democrático, onde ninguém deve estar obrigado a permanecer numa instituição ou atividade. Ademais, tem havido saída de membros do Ministério Público para a iniciativa privada, fruto da produção intelectual e dos contatos travados, o que tampouco é passível de controle repressivo. Trata-se de conseqüência da liberdade de iniciativa e da autonomia de vontade das pessoas. A melhor forma de encarar essa realidade é oferecer oportunidades e ambiente cada vez mais qualificado dentro da Instituição, valorizando os talentos de cada um e estimulando a produtividade através de retorno institucional direto e indireto. Causa espanto que tal linha de argumentação possa, pois, pretender servir de suporte à sustentação de uma incompatibilidade mais rígida, como forma de evitar suposta "evasão" de recursos humanos, quando, em verdade, não será o fechamento da Instituição que impedirá essa saída de agentes ministeriais para outras funções, dentro das regras de mercado.

24. Sabemos que nenhuma instituição solitariamente pode resolver os mais graves problemas brasileiros, menos ainda as instituições fiscalizadoras, que não detêm as estruturas materiais, humanas e as competências funcionais para definir e implementar sofisticadas e onerosas políticas públicas.

Pode-se arriscar um diagnóstico no sentido de que o princípio da unidade institucional talvez esteja sendo esmagado por uma determinada concepção radical acerca da independência funcional. E a falta de unidade conduziria a distorções funcionais de enorme relevância, quebrando-se o princípio isonômico, criando-se ambientes de aplicação seletiva das normas jurídicas, fomentando-se a insegurança jurídica, diante da falta de critérios harmônicos e coerentes de autoridades revestidas de expressivos poderes institucionais, além da ineficiência e do descontrole inerentes às distorções mais profundas de uma independência ilimitada. Forma-se, assim, contexto propício ao abuso praticado ao abrigo da suposta independência, diante da falta de controles e de critérios, porque acaba prevalecendo uma concepção lastreada na irresponsabilidade dos agentes políticos. A independência descontrolada pode tornar-se o instrumento mais idôneo para acobertar ineficiência, falta de coerência, preguiça ou arbitrariedades, sempre em prejuízo não apenas da sociedade, mas do próprio Ministério Público, cujas prerrogativas e garantias poderiam, nesse lastro, vir a ser questionadas ou ardilosamente atacadas por seus adversários.

A construção de uma saudável relação entre os princípios constitucionais da independência e da unidade institucionais constitui questão central a ser enfrentada com vigor pela doutrina que se ocupa do Ministério Público Brasileiro – já tivemos oportunidade de alertar[25] –, diante dos novos paradigmas de responsabilidade social que emergem nos cenários atuais e considerando o ideário da Nova Gestão Pública, que alcança também as instituições de controle. Trata-se, mais que de um tema científico, de um problema de gestão do Ministério Público no século XXI.

25. E o fizemos precisamente no "Prefácio" à magnífica obra, já citada, de Garcia **[2004]**.

Se tudo isto é certo, do que vem de ser exposto, percebemos que a manutenção ou o fortalecimento da independência funcional guardam grande relação com o fortalecimento da unidade e dos controles internos, mas não com a ausência de agentes ministeriais nos cenários externos. Esse último fator não entra em momento algum na linha causal relevante para a configuração do princípio da independência funcional, seja para seu robustecimento, seja para seu enfraquecimento. Assim como o método de escolha dos procuradores-gerais não tem tido força suficiente para estancar a independência do Ministério Público Brasileiro, menos ainda o teria a presença de agentes ministeriais em cenários externos. Esta abertura revela-se relevante para outras estratégias político-institucionais do Ministério Público, não servindo para fortalecer nem enfraquecer sua independência.

Insista-se em que as distorções que podem se originar a partir da presença de agentes ministeriais nos quadros do Poder Executivo ou do Poder Legislativo podem e devem ser resolvidas com os instrumentos administrativos de controle do "mandato" daquela autoridade, perante os órgãos de administração superior do Ministério Público. É tema relativamente simples, que sequer carece de inovações no ordenamento jurídico. O que evidentemente não é lógico é que as distorções tenham o condão de produzir distorção ainda maior – qual seja, a supressão de uma prerrogativa constitucional.

Devemos constatar, em face do que foi até o momento exposto, que não vivenciamos, em realidade, problemas significativos de agressão à independência funcional dos membros do Ministério Público e da Instituição como um todo, ao menos a partir de estatísticas que tenham vindo à tona no Brasil, seja por vias internas, seja por vias externas. Os problemas que existem devem ser muito localizados, sem expressão nacional. Afora a necessidade de aperfeiçoamento das cúpulas, tema já recorrente, não há vícios ou contaminações relevantes que estejam a atingir o princípio da independência funcional dos membros do Ministério Público Brasileiro – eis a premissa que temos como inquestionável e que foi objeto das reflexões precedentes.

Assim sendo, observa-se que a manutenção da independência do Ministério Público se dá num contexto em que se admitem abertamente as licenças fundadas no art. 129, IX, da CF para exercício de outras funções públicas, desde 1988. Frise-se, portanto, que a preservação da independência, ou da imparcialidade, não pode constituir pano-de-fundo para defesa de norma de suposta incompatibilidade derivada de visão literal do art. 128, § 5º,II, "d", da Magna Carta, sobretudo diante dos controles que se têm sobre o agente político afastado da carreira para exercício de funções compatíveis com as finalidades institucionais e considerando, ainda, os conteúdos normativos subjacentes ao princípio da independência funcional, que jamais poderiam conduzir às conseqüências pretendidas nesse campo das incompatibilidades, e, ainda, os custos sociais e políticos decorrentes da tese que advoga a incompatibilidade.

Qual a interpretação correta, então, para os atos administrativos que deferem licenças de afastamento aos agentes ministeriais, frente ao art. 128, § 5º, II, "d", da CF, de modo a respeitar uma visão histórica, sistemática e teleológica em torno do assunto? Veremos que a hermenêutica a ser emprestada à compreensão da citada norma constitucional constitui válida e atraente alternativa ao intérprete, não apenas por sua coerência, racionalidade, razoabilidade, mas por seus reflexos sociais, institucionais e políticos, elementos embutidos na interpretação constitucional. Trata-se de uma alternativa que esmaga sua oponente, por incomparáveis seus níveis de legitimação diante da ordem constitucional e política vigente.

4. Proposta hermenêutica: a compatibilidade com as funções e o controle das instâncias internas do Ministério Público

Não podemos deixar de olhar o contexto histórico, sem que isso signifique um olhar paralisante ou nostálgico. Nosso olhar é uma retrospectiva crítica, não uma pesquisa de intenções subjetivas duvidosas ou insondáveis. Devemos perceber o que norteou os debates originais na confecção do art. 128, § 5º, II, "d", da Magna Carta, para alcançar o entendimento mais consentâneo com o contexto jurídico-constitucional vigente.

Já nos debates da Constituinte de 1988 a questão da cumulatividade do exercício de funções, sem necessariamente implicar diminuição da independência funcional, foi tema central da votação da Emenda Aditiva 23, de autoria do então constituinte deputado José Carlos Grecco, a qual permitia expressamente a cumulatividade com cargo relevante à função ministerial, abordando a polêmica que se revitaliza nos dias que correm.[26]

Veja-se o destaque, na íntegra:

"*O Sr. Presidente (Ulysses Guimarães):* É a seguinte a matéria destacada:

"*Emenda n. 123* (Do Sr. José Carlos Grecco): Dê-se à alínea 'a' do inciso II do § 3º do art. 157 a seguinte redação:

"'Art. 157, § 3º, II: 'exercer, ainda que em disponibilidade, qualquer outra função pública, salvo o magistério e cargo administrativo de excepcional relevância, não podendo, durante o afastamento, ser promovido senão por antigüidade;'.

"*O Sr. Presidente (Ulysses Guimarães):* O texto do nobre constituinte José Carlos Grecco é aditivo. É esta a redação do art. 155 do texto-base. Quer o nobre constituinte o seguinte:

26. Brasil/Assembléia Nacional Constituinte, *Diário da Assembléia Nacional Constituinte*, quarta-feira, 13.4.1988, pp. 9.327-9.328.

"'exercer, ainda que em disponibilidade, qualquer outra função pública, salvo magistério e cargo administrativo de excepcional relevância, não podendo, durante o afastamento, ser promovido, senão por antigüidade' – quer dizer, as proibições generalizadas – 'excepcionando-se no caso para o promotor público e o exercício do magistério.'

"O promotor poderá exercer o magistério e também um cargo administrativo de excepcional relevância, como em São Paulo, por exemplo, que já teve promotor público como secretário de segurança, podendo ocupar cargo administrativo, e não podendo, durante o afastamento, ser promovido, a não ser por antigüidade, que é o critério adotado, inclusive, para os parlamentares e funcionários públicos. Só pode ser promovido por antigüidade.

"Nesse sentido, defendeu o texto com muita coerência o deputado Roberto Rollemberg, dizendo o seguinte:

"'*O Sr. Roberto Rollemberg (PMDB/SP – Sem revisão do Orador):* Sr. Presidente, Srs. Constituintes, é com muita honra que venho defender a Emenda Aditiva do nobre constituinte José Carlos Grecco.

"'Preliminarmente, referir-me-ei à atuação do Ministério Público no processo democrático, como advogado criminal, e tendo no período da repressão sentido a força dessa mesma repressão, inclusive com restrição de liberdade individual. Foi no Ministério Público que encontramos uma força democrática que equilibrava a aplicação da Justiça, e ainda o é hoje.

"'Quando se deseja excluir a participação do Ministério Público em cargos de relevância, comete-se, inicialmente, o absurdo de excluir o funcionário público de uma função pública com coerência pela sua atuação de funcionário público, mas fundamentalmente, porque o seu aproveitamento, a sua utilização, além de ser coerente nas funções públicas, é, antes de tudo, também, uma economia para o Estado.

"'Em São Paulo e em inúmeros Estados, o sistema das prisões na direção dessas casas, ou seja, o técnico habilitado, o promotor público, o representante do Ministério Público tem dado uma contribuição efetiva, não só pela sua responsabilidade de funcionário e de membro do Ministério Público como porque é um técnico capaz de dirigir com eficiência esses setores.

"'Ainda não se entende que se possa excluir a convocação do representante do Ministério Público, na oportunidade em que inúmeros secretários de segurança neste país ocupam essa Secretaria com eficiência, com noção de justiça e, fundamentalmente, na sua função principal, que é a fiscalização da aplicação da lei.

"'No nosso Estado – queremos exemplificar, por se tratar de um exemplo típico de competência, probidade e eficiência – temos na Secretaria de Segurança um representante do Ministério Público, que, pela natureza da sua função pública, é um fiscal da lei e trata a segurança com equilíbrio, com espírito democrático e, sobretudo, com a independência que caracteriza os representantes do Ministério Público.

"'Sr. Presidente, Srs. Constituintes, não é admissível que se exclua a possibilidade da utilização dos representantes do Ministério Público em função de alta relevância, porque é absolutamente coerente e econômico para o Estado se utilizar de figuras de representação e de responsabilidade inerentes à sua função no Ministério Público, nos cargos de alta relevância. Funcionário público, em função pública, em cargo de alta relevância, é coerente, é econômico, é democrático e, sobretudo, uma segurança, porque, além da responsabilidade que vai representar e assumir, tem ele a representatividade e a responsabilidade de membro do Ministério Público. Portanto, somando-se duas responsabilidades como a melhor forma de atender à segurança, aos cargos, às funções públicas. É exatamente a utilização desse setor do funcionalismo de alto gabarito, concursado e efetivamente respeitado pela comunidade.

"'Sr. Presidente, Sras., Srs. Constituintes, pedimos que compreendam a importância para o Estado e para a organização da sociedade da utilização dos membros do Ministério Público no sistema prisional e nos cargos de alta relevância nas Secretarias de Segurança, porque teremos, inclusive, com esta oportunidade, utilizado aquilo que, sem demérito para os demais, é o melhor segmento ou dos melhores segmentos do funcionalismo público neste país.

"'Assim sendo, peço aprovem a emenda do constituinte José Carlos Grecco, dando uma contribuição efetiva na possibilidade de o Estado se servir do funcionário competente e, naturalmente, ligado às funções principais da segurança e da estabilidade administrativa.'"

Não obstante o grande apoio manifestado na sessão em tela à tese do deputado Roberto Rollemberg, com outros discursos proferidos, prevaleceu a posição exarada pelo constituinte relator, deputado Bernardo Cabral, cuja opinião ficou assim transcrita:

"*O Sr. Relator (Bernardo Cabral):* A *mens legis* que norteou o posicionamento do órgão do Ministério Público no projeto que há pouco foi aprovado, no respectivo capítulo, não pode condescender com a presente Emenda, em que pese à excelente sustentação feita pelo eminente constituinte Roberto Jefferson. Por que, Sr. Presidente? Porque o Ministério Público está sendo colocado, em importância, ao lado da Magistratura. E é evidente que qualquer desvio de função comprometeria essa independência.

"Sei, Sr. Presidente, de conhecimento próprio, e poderia citar o Dr. Fleury, que é do Ministério Público e hoje Secretário de Segurança de São Paulo, mas não posso com uma exceção justificar, convalidar, a regra que norteou o Projeto."

Em que pese a ter sido a proposta aditiva rejeitada pelos nobres Constituintes (88 votaram "sim" e 268 "não"), prevalecendo a tese sufragada pelo deputado Bernardo Cabral, o substrato do debate travado ficou bem claro: de um lado, os que defenderam a utilidade e até essencialidade social de membros do Ministério Público exercerem outras funções públicas; e, de outro lado, os que defenderam sua plena equiparação com a Magistratura, inclusive no plano das incompatibilidades, daí derivando a proibição do exercício de outras funções públicas, salvo uma de magistério, guardando simetria com o tratamento dispensado à Magistratura.

Curiosamente, nem uma tese nem outra, das que foram identificadas no debate pré-constitucional, prevaleceu na consolidação do texto constitucional, seja em seu conjunto, seja no momento em que o texto se desprendera da vontade dos constituintes e se integrara à vida política nacional. Note-se que tanto o conteúdo concreto da incompatibilidade funcional quanto o regime geral de incompatibilidades acabaram ganhando distância em relação ao projeto histórico dos parlamentares federais. Daí a desmoralização de qualquer possibilidade de pesquisa das subjetividades dos constituintes, porque suas intenções haveriam de ser percebidas no todo das normas constitucionais que disciplinaram as incompatibilidades dos membros do Ministério Público e da Magistratura, seja em suas origens, seja em sua concretização posterior.

Sabemos que a redação do art. 128, § 5º, II, "d", da Carta Política restou lacônica, aparentemente vedando ao agente ministerial o exercício de outras funções públicas, na linha de um entendimento de equiparação dos membros do *Parquet* aos membros da Magistratura.[27] Paradoxalmente, induvidoso

27. O Min. Nelson Jobim, ex-Presidente do STF, tem afirmado, em palestras públicas, na privilegiada condição de quem fora brilhante deputado constituinte, que a técnica empregada na confecção de muitos dispositivos, quando envolviam polêmicas, era a da ambigüidade semântica, abrindo espaço às interpretações até mesmo antagônicas, de modo a satisfazer as expectativas dos grupos em colisão, acelerando-se a produção das normas. Tratava-se de técnica para construir consenso. Os constituintes remetiam o problema e a competência para sua

que nunca se emprestou, no plano concreto e político-institucional, a exegese histórica a esse dispositivo, permitindo-se que as autoridades ministeriais fossem licenciadas para exercício das mais diversas funções públicas, municipais, estaduais e federais, em governos de todos os matizes político-partidários e durante todo o período de vigência da Carta Política. No tocante à preocupação com a equiparação com a Magistratura, fundamento e razão de ser do dispositivo constitucional, tampouco prevaleceu a preocupação do deputado Bernardo Cabral, porque os regimes de incompatibilidades acabaram sendo consagrados em níveis bem distintos, sendo que apenas as garantias constitucionais e institucionais restaram equiparadas, sobretudo nos planos da vitaliciedade, inamovibilidade, autonomias administrativa e financeira.

Justificou-se a ambição dos constituintes de 1988, na construção de um novo perfil institucional ao *Parquet*, na sua gestação constitucional, no sentido de evitar que o Ministério Público pudesse reter laços com o Poder Executivo, do qual pretendia apartar-se, comprometendo-se, dessa forma, sua independência funcional. Essa posição era necessária para estabelecer o marco histórico da Instituição, enquanto defensora da sociedade, não dos governos de plantão, ao mesmo tempo em que sinalizava um inédito e vanguardista papel ao Ministério Público.[28]

Para analisarmos uma preocupação histórica cristalizada na Carta Política de 1988, devemos ter em conta o conjunto da obra. Sem embargo, se é certo que teria havido suposta preocupação radical com a independência do Ministério Público, no excluir a possibilidade de que seus membros exercessem outras funções públicas, não se percebe claramente tal intenção noutras passagens de igual ou até maior relevância. Com efeito, outros pontos essenciais à independência ministerial não foram tocados pela Assembléia Constituinte, tais como aqueles atinentes ao método de escolha dos procuradores-gerais dos Ministérios Públicos dos Estados e da União, assim como os temas relativos à independência interna e às normas de incompatibilidade para exercício de funções político-partidárias ou privadas, entre outras, se tomarmos o texto originário da Carta Magna. Não houve paridade de tratamento com a Magistratura no terreno das incompatibilidades – eis outro tópico capital.

Apesar da preocupação histórica dos constituintes e da redação lacônica do art. 128, § 5º, II, "d", da CF, a questão da incompatibilidade – é o que se viu – tornou-se objeto de um tratamento institucional peculiar, na medida em que os agentes ministeriais seguiram sendo licenciados para exercício

resolução a outra instância, em outro momento histórico. Isso ocorreu em numerosos dispositivos e – acrescentamos –, em boa medida, também no caso ora em exame parece haver ocorrido o uso dessa técnica. Isso porque, no fundo, ao optar por uma redação ambígua e aparentemente contraditória entre os dispositivos dos arts. 128, § 5º, II, "d", e 129, IX, da Magna Carta, não obstante os discursos históricos dos parlamentares, a Assembléia Constituinte postergou o enfrentamento do tema. E tanto é assim que sua efetividade nunca foi implementada. O discurso do Relator, Bernardo Cabral, não indica linha de entendimento diversa, porque sua idéia era identificar o regime de incompatibilidades do Ministério Público com a Magistratura, e isso acabou não ocorrendo. Vê-se, pois, que o assunto efetivamente foi relegado a outra instância, que, no caso, passa a ser o STF, no atual contexto histórico, no qual o Ministério Público assume feições muito diversas daquelas concebidas em 1988, já efetuado o balanço de suas atividades, suas perdas e seus ganhos.

28. A fundamentação histórica vazada na Assembléia Constituinte coincidiu plenamente com a doutrina de independência absoluta e radical do Ministério Público, que veio a ser robustecida no pensamento de autores como Mazzilli **[1989]**, idealizando-se tal Instituição como espécie de Magistratura (não de Advocacia), cujos membros somente prestariam contas às suas consciências, a ninguém mais, sempre ao abrigo de critérios individuais de atuação (ou omissão), na elástica interpretação dos comandos normativos.

de outras funções públicas, e nem por isso a Instituição, como um todo, perdeu espaços de independência. Ao contrário, o que se viu é que, no curso histórico, o Ministério Público esteve e está em permanente busca de sua maturidade política em termos de independência funcional, tendo alcançado patamares invejáveis nos cenários de Direito Comparado.[29]

As reformas ainda pendentes no capítulo relativo ao princípio da independência funcional dizem respeito ao processo eleitoral de escolha dos chefes dos Ministérios Públicos e à disciplina legal do processo eleitoral interno, num marco democrático e republicano que permita a pluralidade de posicionamentos, candidaturas e acesso à máquina administrativa, de tal sorte a preservar o valor da independência em sua plenitude. Também o desenvolvimento do princípio da unidade institucional haverá de fortalecer e revigorar a independência, dentro de novos parâmetros coletivos. De qualquer sorte, é certo que a presença de autoridades ministeriais em cenários externos à carreira nunca constituiu óbice real, fático ou político ao pleno desenvolvimento do princípio da independência funcional dos membros do Ministério Público – eis a conclusão inarredável.

A interpretação histórica, portanto, não nos remete a uma solução unívoca ou automática, menos ainda a qualquer espécie de compromisso político com a vontade dos constituintes que aprovaram o texto em análise. Perceber a intenção dos constituintes não significa chancelá-la, mormente porque passadas praticamente duas décadas desde seu advento e sobretudo porque, desde as origens, tal intencionalidade veio marcada pela névoa das contradições e paradoxos, nos termos expostos.

Nesse contexto, a Assembléia Constituinte deixou suficientemente ambíguo o texto constitucional respeitante à incompatibilidade ora em exame, especialmente no conjunto das normas destinadas à disciplina da Magistratura e do Ministério Público, permitindo abertura a novo debate e ao processo de atualização da norma constitucional. Imperiosa se torna, então, uma atualização constitucional, uma revitalização do sentido da norma constitucional – tarefa que cabe ao próprio STF, através da interpretação conforme a Constituição, se tomarmos as lições de Barroso **[2003]**, o qual chama de "interpretação evolutiva" essa técnica de atualização das normas constitucionais – terminologia que nos parece aplicável precisamente à matéria em exame.

4.1 Conteúdo concreto da interpretação, sistêmica e teleológica, conforme a Constituição

Uma visão atualizada sobre o tema ora em exame veio a lume através de notório parecer lavrado pelo jurista José Afonso da Silva em ação judicial em que figurou como parte ilustre membro do Ministério Público Paulista, emprestando exegese constitucional às regras de incompatibilidade dos membros do Ministério Público ao exercício de outras funções públicas.

O caminho hermenêutico proposto pelo constitucionalista é muito mais rico, fecundo e proveitoso aos interesses sociais, podendo vir a ser adotado pelo STF, na direção de uma nova linha interpretativa que salvaguarde o sentido unitário do texto constitucional. Nesse passo, o constitucionalista propôs uma leitura do art. 128, § 5º, II, "d", em conformidade com o art. 129, IX, da mesma Carta Magna.[30] Ressalte-se que não haveria razão diversa para a Constituição fazer alusão

29. No Direito Comparado, vale consultar Mathias **[1999]**, com ênfase na Alemanha e na França.

30. Assim, v. o inciso IX do art. 129: "exercer outras funções que lhe forem conferidas, desde que compatíveis com sua finalidade, sendo-lhe vedada a representação judicial e a consultoria jurídica de entidades públicas".

à possibilidade de o agente do Ministério Público desempenhar outras funções compatíveis com a Instituição ministerial, sob pena de incorrer em redundância, na medida em que devemos considerar absurda a hipótese de exercício de funções estranhas ao Ministério Público dentro da própria carreira ou administração interna. Daí que o aludido art. 129, IX, há de ser interpretado como a fonte normativa constitucional para o desempenho de outras funções públicas compatíveis com as finalidades institucionais, excepcionando a proibição geral estampada no art. 128, § 5º, II, "d", da mesma Magna Carta.[31]

O texto constitucional deve ser interpretado de maneira teleológica e sistemática,[32] não há dúvidas, combinando-se os dispositivos de vedação com aqueles que disciplinam o perfil institucional e as atividades que apresentam compatibilidade funcional, tais como aquelas definidas genericamente no art. 129, IX, da Magna Carta. Observe-se que igual preceito não encontra guarida no capítulo concernente ao Poder Judiciário – o que é perfeitamente compreensível, em face da diversidade de sentidos que se deve atribuir ao termo "imparcialidade" quando se está a falar em atividade judicial e função ministerial.

Nesse sentido – e apenas para ilustrar um bom argumento –, o TJRS também consagrou entendimento bastante claro acerca da possibilidade de que um membro do Ministério Público exerça outra função pública, desde que compatível com as finalidades institucionais. No caso, concluiu-se pela possibilidade de agente ministerial participar, como conselheiro, no Conselho Superior de Polícia, com atribuição para decidir, inclusive, sobre a aplicação de penas disciplinares aos policiais submetidos àquele órgão,[33] rechaçando a demanda ordinária em sentido oposto.

No plano legal estadual, no Rio Grande do Sul há vários textos normativos, de longa data, que autorizam o exercício de outras funções públicas pelo membro do Ministério Público, sendo esta uma tradição salutar no direito administrativo brasileiro[34] em vários

31. Parecer anexo à SS 2.065-SP, rel. Min. Marco Aurélio.

32. Sobre exegese sistêmica, v. a clássica doutrina de Maximiliano **[1991]**, segundo o qual "o direito objetivo não é um conglomerado caótico de preceitos; constitui vasta unidade, organismo regular, sistema, conjunto harmônico de normas coordenadas, em interdependência metódica, embora fixada cada uma no seu lugar próprio. De princípios jurídicos mais ou menos gerais deduzem corolários; uns e outros se condicionam e restringem reciprocamente, embora se desenvolvam de modo que constituem elementos autônomos operando em campos diversos. Cada preceito, portanto, é membro de um grande todo; por isso, do exame em conjunto resulta bastante luz para o caso em apreço".

33. Assim restou ementado o julgamento: "Mandado de segurança – Servidor público – Demissão de policiais civis proposta pelo Conselho Superior de Polícia em procedimento administrativo-disciplinar e acolhida pelo governador do Estado – Constitucionalidade da composição do Conselho, integrado por membro do Ministério Público – Compatibilidade da função com as finalidades institucionais do Ministério Público – Denegação da ordem" (TJRS, Tribunal Pleno, MS 70002333847). Nesse passo, vale transcrever trecho do voto do Relator, Des. Élvio Schuch Pinto, *verbis*: "(...). A Constituição da República atribui ao Ministério Público as funções institucionais que elenca no art. 129, além do exercício de 'outras funções que lhe foram conferidas, desde que compatíveis com sua finalidade, sendo-lhe vedada a representação constitucional e a consultoria jurídica de entidades públicas' (inciso IX). (...). A participação de representante do Ministério Público no CSP, portanto, tem respaldo em lei e não afronta os princípios da Constituição Federal, pois, como mencionado, há previsão constitucional para o exercício de outras funções que não as ali expressamente previstas. Além do quê a função ora questionada encontra-se de acordo com a finalidade do *Parquet* de defesa da ordem jurídica, o que compreende, no caso, o resguardo dos princípios da legalidade e moralidade administrativa, como bem ressalvado pela autoridade coatora".

34. Citem-se os seguintes: art. 9º, I, do Decreto 33.452/1990; art. 2º, VI, do Decreto 37.037/1996; art. 4º, "f", do Decreto 37.691/1997; art. 9º, IV, "n", do Decreto 42.355/2003.

Estados Federativos, senão em sua maioria,[35] estando imanente ou expressa a idéia vinculante de as funções serem compatíveis com as finalidades do Ministério Público.

Apenas para demonstrar a tendência atual e exemplificar tipologia de funções adequadas, citemos alguns ilustres representantes do Ministério Público em funções compatíveis com as finalidades institucionais, no segundo semestre/2004, afastados provisoriamente das funções por deliberação de seus órgãos de origem e a pedido de autoridades do Poder Executivo (das mais variadas colorações políticas), espelhando uma orientação e um interesse de governos e de Ministérios Públicos de todos os matizes – o que resulta significativo enquanto interesse de Estado, não de governos: (i) Promotora de Justiça/DF, Cláudia Maria de Freitas Chagas,[36] Secretária Nacional da Justiça, autoridade lotada no Governo Federal; (ii) Promotor de Justiça/PR, Luís Fernando Ferreira Delazari,[37] Secretário de Estado da Segurança Pública do Paraná; (iii) Promotor de Justiça/SP, Saulo de Castro Abreu Filho,[38] Secretário de Estado dos Negócios da Segurança Pública de São Paulo; (iv) Promotor de Justiça/RN, Francisco Glauberto Bezerra,[39] Secretário de Estado da Segurança Pública do Rio Grande do Norte; (v) Procurador de Justiça/PA, Manoel Santino,[40] Secretário Especial de Defesa Social do Pará; (vi) Promotor de Justiça/MT, Célio de Oliveira,[41] Secretário de Estado de Segurança Pública do Mato Grosso; (vii) Promotor de Justiça/ES, Fernando Zardini Antonio,[42] Secretário de Justiça do Estado do Espírito Santo.

No início de 2005, com a eleição e posse do Prefeito/SP José Serra, situando-se no plano municipal, que é sempre um domínio mais polêmico, pelas potencialidades de atritos com a própria Instituição de origem, tem-se a presença do Procurador de Justiça/SP Luiz Antônio Guimarães Marrey,[43] Secretário de Negócios Jurídicos do Município de São Paulo, ex-Procurador-Geral de Justiça daquele Estado e ex-Presidente do Conselho Nacional de Procuradores-Gerais de Justiça, liderança importante do Ministério Público Brasileiro.[44]

35. **Sudeste:** *ES* – art. 3º, item 3, do Decreto 3.792/1994; art. 2º do Decreto 3.984/1996; art. 2º, item 9, do Decreto 3.408/1992; *MG* – art. 3º, II, da Lei 13.414/1999; art. 9º da Lei 10.501/1991; *RJ* – art. 7º, § 2º, da Lei 3.329/1999; art. 5º da Lei 1.697/1990 (redação dada pela Lei 2.422/1995); art. 1º, I, "b" e "c", da Lei 1.160/1987; **Nordeste:** *AL* – art. 32, IX, da Lei 6.447/2004; *CE* – art. 3º, XII, da Lei Complementar 48/2004; *PE* – art. 2º, II, da Lei 10.486/1990; *RN* – art. 4º, IV, da Lei 6.972/1997; *SE* – art. 5º, VII, da Lei 3.139/1991; art. 4º, item 9, da Lei 3.062/1991; **Norte:** *AP* – art. 6º da Lei 0165/1994 (redação dada pela Lei 0387/1997); art. 4º, § 1º, I, "g" e "h", da Lei 0501/1999; art. 6º, VI, da Lei 0687/2002; *RO* – art. 5º, V, da Lei 917/2000; *TO* – art. 1º, VI, da Lei 1.180/2000. No plano legislativo federal tem-se o disposto no art. 5º, § 1º, II, do Decreto federal 99.274/1990.

36. Ingressou no Ministério Público em 1993.

37. Ingressou no Ministério Público em 1993.

38. Ingressou no Ministério Público em 1987.

39. Ingressou no Ministério Público em 1991.

40. Ingressou no Ministério Público em 1982

41. Ingressou no Ministério Público em 1994.

42. Ingressou no Ministério Público em 1991.

43. Ingressou no Ministério Público em 1980.

44. Reitere-se a necessidade de a Instituição monitorar todo e qualquer agente ministerial em espaço externo, no sentido de assegurar que sua presença não constitua suporte para "blindagem" dos administradores públicos frente à atividade fiscalizadora do *Parquet*, o que há de ser apreciado pelo órgão responsável pela licença e, sobretudo, pelo órgão competente por sua manutenção. Não se trata de alimentar viés corporativo, mas apenas de evitar que membros do Ministério Público, no cenário externo, desvirtuando-se das elevadas e impessoais finalidades institucionais, possam pretender alçar carreira política autônoma às custas do oferecimento de proteção extraordinária aos administradores públicos. É claro que não é esse o caso do Município de São Paulo, pela tradição moral e pela postura ética da autoridade ministerial que veio a ocupar as funções de Secretário de Negócios Jurídicos. Mas é imperioso registrar que os espaços municipais se prestam, via de regra, às tensões mais freqüentes com o Ministério Público, que é uma Instituição estadual a manter litígios jurídicos com as entidades municipais, no controle da gestão

Há vários outros nomes de agentes políticos que poderiam ser citados, mas não o foram, mesmo estando a exercer outras funções públicas, em outras áreas, nomeadamente no meio ambiente ou no setor penitenciário. Se recolhêssemos um histórico pós-1988, teríamos uma gigantesca lista de membros afastados, que foram – sinale-se – vitais à construção e consolidação de espaços ao Ministério Público Brasileiro nesse período. Falta um trabalho de levantamento e atualização permanente por algum organismo central acerca do histórico e da tipologia dessas licenças – lacuna que, é certo, dificulta um panorama concreto acerca dessa realidade. Espera-se que, para breve, órgãos como o Conselho Nacional de Procuradores-Gerais dos Ministérios Públicos dos Estados e da União, ou a Associação Nacional dos membros do Ministério Público, possam alavancar alguma proposta de construção de banco permanente de dados, inclusive com pesquisa histórica, nesse sentido, preferencialmente até mesmo retroagindo para antes de 1988, a efeitos de comparação, observados dados qualitativos.

4.2 Distinção entre "outra função pública" e "atividades político-partidárias": esclarecimento relevante

Resulta necessário enfatizar que não estamos a tratar, aqui, dos agentes ministeriais afastados para concorrer a cargos eletivos, com filiação político-partidária, embora também se trate de exercício de outras funções públicas – funções especiais, ao abrigo do direito de concorrer e de se filiar a partidos políticos, matéria igualmente controversa junto ao STF, que teve oportunidade de ditar orientação restritiva a respeito do assunto.[45]

O debate sobre as funções político-partidárias, de natureza eletiva ou não[46]

pública nas mais variadas áreas – *v.g.*, urbanismo, meio ambiente natural, probidade administrativa, saúde pública, educação etc.

45. V. a previsão normativa acerca do afastamento para exercício de atividade político-partidária: art. 113, II, "e", da Constituição do Rio Grande do Sul de 1989 (e, como este, há muitos outros diplomas estaduais com igual previsão, Brasil afora); art. 204, IV, da Lei Complementar 75/1993, aplicável a todos os Ministérios Públicos; art. 4º-A, V, da Lei 6.536/1973 (Estatuto do Ministério Público gaúcho; igualmente, há outros diplomas semelhantes nos Estados Federados). Outrossim, note-se a atual posição do STF acerca da possibilidade de afastamento de agente ministerial para concorrer a cargo eletivo, em especial a posição exarada pelo Min. Maurício Corrêa, *verbis*: "(...). Sustenta a requerente que a filiação partidária, ressalvadas as proibições pertinentes aos membros do *Parquet*, configura atividade político-partidária vedada pela letra 'e' do inciso II do art. 128 da Carta Política. Por essa razão, o exercício ou a disputa por cargos públicos eletivos deve ser precedido de licença. Este tema também já foi amplamente debatido no âmbito desta Corte, que adotou exegese segundo a qual a atividade política dos membros do Ministério Público, aí incluída a filiação partidária, somente poderá ocorrer com o seu afastamento, mediante licença. Visa-se, com isso, a assegurar isenção, autonomia e independência do *Parquet* no desempenho de suas funções institucionais. Em outras palavras, não é proibido o exercício de atividades político-partidárias pelos promotores e procuradores, desde que o façam na condição de licenciados, na forma que a lei dispuser. (...). Desse modo, merece deferimento o pedido sucessivo do requerente acerca do tema, para emprestar aos textos impugnados interpretação conforme a Constituição Federal, sem redução de texto, de sorte que tanto a filiação partidária de membro do *Parquet*, a que alude o inciso V do art. 111, quanto a disputa ou o exercício de cargos públicos eletivos, prevista no inciso I do art. 142, ambos os dispositivos da Lei Complementar n. 34/1994, devem ser precedidas do afastamento das funções institucionais, mediante licenciamento, na forma da lei" (pp. 322-323 dos autos da ADI/MC 2.534-MG, *DJU* 13.6.2003, p. 8). Nesse sentido, v. as seguintes decisões: ADI 1.377-DF, rel. Min. Octávio Gallotti, j. 3.6.1998; ADI 2.084-SP, rel. Min. Ilmar Galvão, *DJU* 14.9.2001, p. 49.

46. Pode haver militância político-partidária sem candidatura a cargo eletivo, o que, pelo novo texto constitucional, também poderia estar proibido. A atividade político-partidária, no entanto, é mais ampla e pressupõe a possibilidade de candidatura a cargos eletivos, alvo central da incompatibilidade criada por Emenda Constitucional.

– insista-se –, envolve a possibilidade de o Ministério Público ter representantes diretos nos Parlamentos, com canais de diálogos autônomos e interlocuções qualificadas. Se não puder contar com membros nas Casas Legislativas de nosso país ou nos cargos eletivos de maior relevância social, o Ministério Público certamente deverá buscar interlocutores em outros segmentos, tais como deputados e senadores oriundos das classes policiais ou empresariais, para discutir projetos e programas de atuação carentes de iniciativas legais. E a sociedade é que perderá, *a priori*, com a impossibilidade de o Ministério Público oferecer alguns de seus poucos representantes aos Parlamentos ou cargos no Poder Executivo, nomeadamente Federais e Estaduais, que seriam os lugares mais apropriados para essa categoria funcional, no haver interesse por atividade político-partidária.

Sobre o tema do exercício da atividade político-partidária – registre-se – a evolução tem sido marcadamente restritiva, não apenas na linha já exposta do STF, mas numa direção muito mais radical, envolvendo mudança no texto constitucional, através de alteração do regime de incompatibilidades constitucionais.

Veja-se que, em sessão solene do Congresso Nacional realizada em 8.12.2004, foi promulgada a Emenda Constitucional 45/2004, contendo o texto aprovado pela Câmara dos Deputados e pelo Senado Federal, alterando o regime de incompatibilidades da seguinte forma:

"Art. 128. (...).

"(...).

"§ 5º. (...): I – (...) b) inamovibilidade, salvo por motivo de interesse público, mediante decisão do órgão colegiado competente do Ministério Público, pelo voto da maioria absoluta de seus membros, assegurada ampla defesa; II – (...) e) *exercer atividade político-partidária*; (...)" (grifamos).

A parte restante da proposta aprovada pelo Senado Federal foi renumerada como Proposta de Emenda à Constituição 29-A/2000, e ainda deverá ser apreciada pela Câmara dos Deputados para entrar em vigor, com a seguinte redação originária:

"Art. 128. (...).

"§ 1º. O Ministério Público da União tem por chefe o Procurador-Geral da República, nomeado pelo Presidente da República dentre integrantes da carreira do Ministério Público Federal, maiores de 35 (trinta e cinco) anos, após aprovação de seu nome pela maioria absoluta dos membros do Senado Federal, para mandato de 2 (dois) anos, permitida uma recondução.

"(...).

"§ 5º. (...): I – (...) a) vitaliciedade, após 3 (três) anos de exercício, não podendo perder o cargo senão por sentença judicial transitada em julgado, em processo que poderá ser iniciado por representação ao Ministério Público, tomada pelo voto de três quintos do Conselho Nacional do Ministério Público, inclusive nos casos de: 1) negligência e desídia reiteradas no cumprimento dos deveres do cargo, arbitrariedade ou abuso de poder; 2) procedimento incompatível com o decoro de suas funções; 3) infração do disposto no inciso II do § 5º deste artigo."

Feita a digressão em torno das atividades político-partidárias, alerte-se que tais atividades não se confundem com outras funções públicas, de natureza institucional ou administrativa, porque ostentam pressupostos e alcance distintos. Uma atividade político-partidária pressupõe envolvimento muito maior do agente ministerial; e, nesse caso – há que se reconhecer –, pode ocorrer um drástico redimensionamento de sua independência e imparcialidade, no mínimo frente aos correligionários, companheiros e colegas de partido político, cujas estruturas soem ser hierarquizadas, mas também em relação aos eleitores. Há, ainda, o problema bastante delicado das campanhas eleitorais, com todas as suas implicações econômico-financeiras, além dos envolvimentos correlatos, com favores e relações de amizade interessada que se travam no curso desses processos, de um modo mais intenso que noutras esferas.

O discurso de um agente ministerial com filiação político-partidária ganharia, dentro de certa concepção, novo tipo de independência, que é aquela relativa à representação da cidadania nos Parlamentos e cargos eletivos; mas perderia, em contrapartida, a independência peculiar ao perfil institucional do Ministério Público, dando motivo à incompatibilidade constitucionalmente arquitetada.

É compreensível, portanto, uma preocupação mais exacerbada dos parlamentares federais com o problema das atividades político-partidárias. Os discursos técnico e político são bastante distintos, no mais das vezes, e a natureza precípua da função ministerial é técnica. De modo que estamos diante de um tema autônomo, por isso mesmo não tratado neste espaço. A proibição constitucional dirigida às atividades político-partidárias não afeta o assunto relativo ao exercício de outras funções públicas pelo agente ministerial, na medida em que tem fundamentos e pressupostos axiológicos diversos, tratamento normativo autônomo e alcance muito distinto.

Sem dúvida alguma, tal vedação constitucional também merece uma discussão qualificada, porque resulta perceptível que, apesar das nuanças e dos riscos inerentes a essa prerrogativa de cidadania, o Ministério Público estará optando por um modelo diferenciado ao aceitar que, num horizonte futuro, não haja a presença de seus membros nos Parlamentos e noutros cargos eletivos. O que poderá significar tal renúncia, em termos de futuro do Ministério Público? Pode-se aquilatar, hoje, o que representaram parlamentares federais oriundos do Ministério Público na construção de novos espaços e prerrogativas legais e constitucionais? Algumas gerações de agentes ministeriais talvez não compreendam essa realidade política, mas é necessário resgatar a memória sobre o trajeto legal e constitucional do Ministério Público, quais foram os parlamentares mais decisivos nessas lutas. O que representará essa perda para o Ministério Público Brasileiro? Não pretendemos tratar deste complexo tema no presente espaço, mas apenas deixar registros para reflexões, até mesmo porque é bem provável que tal assunto se preste a um debate mais político-institucional que jurídico propriamente dito, ante a contundência da incompatibilidade trazida à tona por Emenda Constitucional.

5. *Considerações finais*

Gostaríamos de consignar que, para efeitos do exercício da prerrogativa de que trata o art. 129, IX, da CF, será irrelevante se o agente ministerial ingressou na Instituição antes ou depois da Constituição de 1988, não apenas porque se trata de faculdade autônoma em relação ao dispositivo do "Ato das Disposições Constitucionais Transitórias" mas porque, mesmo se não o fosse e estivéssemos diante de uma proibição absoluta no art. 128, § 5º, II, "d", da CF, há que se sublinhar que, se não houver sido feita a opção pelo regime jurídico de que trata o "Ato das Disposições Constitucionais Transitórias"[47] – e, sabemos todos, nunca ou praticamente nunca terá sido feita essa opção –, de nada importará o marco temporal de ingresso na carreira. O regime jurídico dos que ingressam antes de 1988 e não fazem a opção é rigorosamente idêntico

47. Assim enuncia o art. 29 do ADCT:

"Art. 29. Enquanto não aprovadas as leis complementares relativas ao Ministério Público e à Advocacia-Geral da União, o Ministério Público Federal, a Procuradoria-Geral da Fazenda Nacional, as Consultorias Jurídicas dos Ministérios, as Procuradorias e Departamentos Jurídicos de autarquias federais com representação própria e os membros das Procuradorias das Universidades fundacionais públicas continuarão a exercer suas atividades na área das respectivas atribuições.

"(...).

"§ 3º. Poderá optar pelo regime anterior, no que respeita às garantias e vantagens, o membro do Ministério Público admitido antes da promulgação da Constituição, observando-se, quanto às vedações, a situação jurídica na data desta."

ao dos que ingressam pós-1988. Do ponto de vista prático, todos os que estão atualmente licenciados se encontram debaixo do mesmo regime jurídico-constitucional.

O que observamos, no contexto atual, é um cenário de franca utilização e manutenção da prerrogativa do art. 129, IX, da Carta Política, sem uma fundamentação adequada e sem uma discussão mais aberta e transparente com a sociedade. Nem mesmo o fato de que uma boa parte das autoridades ministeriais tenha ingressado na Instituição antes de 1988 legitimaria o procedimento diante do art. 128, § 5º, II, "d", da CF, porquanto não fora feita a opção do art. 29 do ADCT. Daí por que é necessário o enfrentamento do tema à luz dos complexos parâmetros que o norteiam, e não da simplificação em torno do detalhe de haver o agente ingressado no Ministério Público antes ou depois de 1988.

Ao constatarmos a tendência, atual e crescente, de membros do Ministério Público ocuparem cargos de posicionamento estratégico na sociedade brasileira, com ingresso anterior e posterior a 1988, aportando contribuições nas mais diversas áreas, inclusive considerando a norma insculpida no art. 129, II, da CF – que preceitua ser função institucional do Ministério Público zelar pelo efetivo respeito dos serviços de relevância pública –, estamos a constatar um fato político de enorme envergadura, que não pode ficar oculto nos discursos das lideranças, seja no tocante aos fundamentos para sua manutenção, seja no que diz respeito aos supostos argumentos para sua supressão.

Concretamente, do ponto de vista político, não há dúvidas de que funções públicas que devem e seguramente são exercidas por membros do Ministério Público, no interesse da Instituição e da sociedade, ainda que fora da carreira, são as chamadas funções relativas ao ciclo da persecução criminal, onde há íntima relação entre os órgãos executores da atividade policial e a atuação do membro do Ministério Público, não somente como fiscal da lei e titular da ação penal pública, mas inclusive como controlador externo da própria atividade dos agentes policiais.[48] Outra área estratégica é aquela relativa à administração do sistema penitenciário, onde estreitas relações são travadas com os interesses institucionais do Ministério Público, seja na área de execução penal, seja no próprio controle da criminalidade organizada no interior do sistema prisional.[49] Também as áreas ambiental[50] ou de defesa dos interesses das crianças e dos adolescentes[51] ou dos consumidores,[52] dos direitos humanos e da saúde pública, entre outras, podem assumir essa relevância constitucional, inegavelmente.

Caberá sempre, em última análise, ao chefe do Ministério Público, ou à sua cúpula, como o Conselho Superior, decidir se aquela função é intimamente ligada à Instituição como um todo, compatível com suas finalidades e interesses,[53] ou não. Isto porque uma dada função pode tornar-se incompatível com as finalidades institucionais do Ministério Público, seja em razão da matéria, seja em razão do *status* da função ou do cargo em exame.[54]

48. Art. 111, IV, da Constituição do Rio Grande do Sul; art. 129, VII, da CF; art. 3º da Lei Complementar 75/1993.

49. Art. 111, II, da Constituição do Rio Grande do Sul; arts. 67 e 68 da Lei 7.210/1984.

50. Arts. 1º, I, e 5º da Lei 7.347/1985; art. 5º, III, "d", da Lei Complementar 75/1993; art. 129, III, da CF.

51. Art. 201 da Lei 8.069/1990; art. 5º, III, da Lei Complementar 75/1993.

52. Arts. 1º, II, e 5º da Lei 7.347/1985; art. 81, I, da Lei 8.078/1990.

53. A competência de revisão dos próprios atos administrativos de parte do Ministério Público, especialmente das licenças concedidas a seus membros para desempenho de outras funções públicas, desde que compatíveis com as finalidades institucionais, decorre de um sólido conjunto de dispositivos legais: art. 52, VIII, da Lei 8.625/1993; art. 57, XI, "a", e XIX, da Lei Complementar 75/1993.

54. Funções incompatíveis poderiam ser, a título de exemplo, aquelas atinentes a Secretarias de

Pensamos que a melhor técnica para embasar decisão sobre cabimento de licença para exercício de outra função pública por agente ministerial é aquela que supõe fundamentação, ao menos do posicionamento prevalente, no tocante ao cabimento e compatibilidade das funções estranhas à carreira com as finalidades institucionais. O ideal, no entanto, é que houvesse uma regulamentação legal uniforme para o trato da matéria, disciplinando limites gerais e condicionantes específicos ao exercício de funções públicas fora dos quadros do Ministério Público, evitando que haja proliferação de licenças indevidas, em que os cargos ou funções ocupados sejam infinitamente inferiores à dimensão e ao *status* constitucionais do Ministério Público, órgão com alcance singular em nosso Estado Democrático de Direito.

É claro que a União pode e deve legislar sobre o assunto, respeitada a competência de iniciativa, a partir de trabalho de órgãos como os Conselhos Nacionais de Procuradores-Gerais dos Ministérios Públicos dos Estados e da União, Conselho Nacional de Corregedores-Gerais, além das associações nacionais de classe e de representantes da cidadania. O tratamento legal no plano federal não inibirá, por certo, iniciativas setoriais dos Estados na disciplina do assunto, em face das peculiaridades locais, com maior ou menor rigor, em perspectiva variável no tocante ao grau de restrição.

O que não pode ocorrer – e lamentavelmente é o que vem ocorrendo – é uma discussão superficial sobre tema tão relevante e estratégico como é a manutenção, e fortalecimento, de uma prerrogativa constitucional do Ministério Público Brasileiro, inscrita no art. 129, IX, da Magna Carta, cujas potencialidades ainda não têm sido exploradas em sua plenitude, à medida que tensas têm sido as situações que espelham problemas e possíveis desvios de finalidade, seja no deferimento das licenças, seja em sua manutenção, diante de posturas descabidas das autoridades licenciadas.

Pior ainda, ressalte-se que sérias, e extremamente nocivas aos interesses sociais, são as reações contrárias à presença de membros do Ministério Público em posições vitais à sociedade brasileira, ainda que externas à Instituição, fundamentando-se tanto em visões ainda não amadurecidas sobre tema tão relevante quanto em visões demasiado maduras na perspectiva dos interesses obscuros que sustentam, ambas tendo em comum, sem embargo, um viés corporativista inaceitável nos dias de hoje.

Resta-nos propor o resgate desse debate à luz do dia, de modo a reafirmar a contundente necessidade de o Ministério Público poder emprestar seus membros ao exercício de outras funções públicas, desde que compatíveis com as elevadas finalidades institucionais e sujeitas a controles da própria Instituição. A proposta, de tão singela e direta, talvez desmerecesse um esforço teórico maior. Todavia, diante do crescente agigantamento dos movimentos em prol da supressão dessa que é uma das mais estratégicas prerrogativas constitucionais do Ministério Público, a serviço dos interesses sociais, parece-nos

Estado ou Ministérios mais distantes das finalidades institucionais, tais como Turismo, Cultura, Transportes, Desporto etc. No tocante às funções públicas municipais há que se ter uma visão mais restritiva, por se tratar o Ministério Público de órgão federal ou estadual. Assim, somente grandes Municípios talvez comportassem a presença de agentes ministeriais em funções estratégicas. Outro detalhe a ser levado em consideração – já o dissemos – diz respeito à potencialidade de atritos do membro licenciado com a Instituição de origem. Se essa potencialidade for muito alta, talvez não seja recomendável a licença, matéria de competência do Conselho Superior e do Procurador-Geral. As grandes Capitais poderiam admitir a presença de agente ministerial em funções estratégicas, mas a matéria poderia ser controvertida, até mesmo porque os Municípios, em geral, apresentam enormes áreas de atritos em potencial com os agentes do Ministério Público. Essa lacuna é que há de ser suprida por uma disciplina legal federal, ainda que haja espaço para detalhamentos legais estaduais e para a inarredável discricionariedade administrativa do órgão ministerial competente.

oportuno formular convite ao debate mais aberto e crítico, com os enunciados discursivos transparentemente expostos, em todos os seus matizes.

Pensamos que o Ministério Público Brasileiro deve eleger alternativas em sua trajetória e evolução institucionais. Os contextos são cada vez mais velozes e complexos, estando superada a etapa histórica de afirmação da independência. Pensamos que o momento se presta à consolidação e ao fortalecimento da independência, através das parcerias e relacionamentos, priorizando-se as posturas construtivas mais que as posturas puramente repressivas ou de controle *a posteriori*. A independência há de ser implementada e fortalecida a partir da unidade institucional, que supõe democracia interna, garantias, controle de qualidade e resultados obtidos em equipe, sempre balizados pela responsabilidade.[55]

Os gestores do Ministério Público deverão entabular, na busca de qualidade institucional, relacionamentos com os mais diversos organismos e não poderão, sob hipótese alguma, alimentar políticas de fechamento corporativo, ainda que baseadas em receio de contaminação política ou cooptação de agentes ministeriais por outros órgãos públicos ou privados. Tais riscos devem ser enfrentados na forma adequada, jamais através do fechamento da Instituição à possibilidade de penetrar noutras esferas políticas e institucionais.

De modo que concordamos com aqueles que vislumbram horizontes difíceis, complexos e problemáticos,[56] e por isso mesmo não podemos deixar de acenar para a importância de o Ministério Público se fazer representar nos cenários externos, nomeadamente no campo da gestão pública, através de seus membros, num ambiente mais transparente e controlado, que satisfaça mais à Instituição e menos às pretensões meramente individualistas de atores vocacionados às atividades estranhas à carreira.

55. A independência funcional dos agentes do Ministério Público Brasileiro é um fato social, político e jurídico inquebrantável. Iniciativas que visem a inibi-la estarão sempre sob o crivo crítico da sociedade, dos órgãos institucionais e classistas do Ministério Público.

56. V. o contexto descrito por Macedo Jr. **[1999]**.

Referências Bibliográficas

BASTOS, Celso Ribeiro **[2000]**. *Comentários à Constituição do Brasil*. vol. 4, t. IV. São Paulo, Saraiva.

BARROSO, Luís Roberto **[2003]**. *Interpretação e Aplicação da Constituição*. 5ª ed. São Paulo, Saraiva.

CRETELLA JR., José **[1993]**. *Comentários à Constituição Brasileira de 1988*. 2ª ed. Rio de Janeiro, Forense Universitária.

FERRAZ, Antônio Augusto Mello de Camargo **[1999]**. *Ministério Público: Instituição e Processo*. São Paulo, Atlas.

GARCIA, Emerson **[2004]**. *Ministério Público. Organização, Atribuições e Regime Jurídico*. Rio de Janeiro, Lumen Juris.

GARCÍA DE ENTERRÍA, Eduardo **[1998]**. *Revolución Francesa y Administración Contemporanea*. Madri, Civitas.

MACEDO JR., Ronaldo Porto **[1999]**. "Evolução institucional do Ministério Público Brasileiro". In: FERRAZ, Antônio Augusto Mello de Camargo. *Ministério Público: Instituição e Processo*. São Paulo, Atlas.

————, e VIGLIAR, José Marcelo Menezes (coords.) **[1999]**. *Ministério Público II – Democracia*. São Paulo, Atlas.

MATHIAS, Éric **[1999]**. *Les Procureurs du Droit: de l'Imparcialité du Ministère Public en France et en Allemagne*. Paris, CNRS Éditions.

MAXIMILIANO, Carlos **[1991]**. *Hermenêutica e Aplicação do Direito*. 11ª ed. Rio de Janeiro, Forense.

MAZZILLI, Hugo Nigro **[1989]**. *O Ministério Público na Constituição Federal de 1988*. São Paulo, Saraiva.

———— **[1997]**. *Introdução ao Ministério Público*. São Paulo, Saraiva.

——— **[1998]**. *O Acesso à Justiça e o Ministério Público*. São Paulo, Saraiva.

——— **[2001]**. *Regime Jurídico do Ministério Público: Análise da Lei Orgânica Nacional do Ministério Público Instituída pela Lei 8.625, de 12.2.1993*. 3ª ed. São Paulo, Saraiva.

MEIRELLES, Hely Lopes **[2008]**. *Direito Administrativo Brasileiro*. 34ª ed. São Paulo, Malheiros Editores.

SALLES, Carlos Alberto de **[1999]**. "Entre a razão e a utopia: a formação histórica do Ministério Público". In: MACEDO JR., Ronaldo Porto, e VIGLIAR, José Marcelo Menezes (coords.). *Ministério Público II – Democracia*. São Paulo, Atlas.

VIGLIAR, José Marcelo Menezes, e MACEDO JR., Ronaldo Porto (coords.) **[1999]**. *Ministério Público II – Democracia*. São Paulo, Atlas.

DOUTRINA

PARCERIA PÚBLICO-PRIVADA E DIREITO AO DESENVOLVIMENTO: UMA ABORDAGEM NECESSÁRIA

GUSTAVO HENRIQUE JUSTINO DE OLIVEIRA

Doutor em Direito do Estado pela USP
– Professor no Instituto de Direito Romeu Felipe Bacellar
– Procurador do Estado do Paraná – Advogado e Consultor em Curitiba

1. A emergência do Estado Contratual. 2. Direito ao desenvolvimento na Constituição de 1988. 3. Linhas de transformação do contratualismo administrativo clássico. 4. Parceria público-privada e direito ao desenvolvimento. 5. Considerações finais.

1. A emergência do Estado Contratual

Nas últimas décadas do século XX difundiram-se em todo o mundo discursos sobre a crise, o esgotamento ou a falência do modelo *Estado do Bem-Estar Social*, estimulando os debates a respeito dos novos contornos e papéis do Estado na sociedade contemporânea.

Embora seja possível identificar variações do denominado modelo providencialista, a nota caracterizante do gênero *Estado do Bem-Estar Social* consiste, indubitavelmente, no forte intervencionismo estatal nas atividades econômicas, encarado como a forma mais adequada de proporcionar o desenvolvimento econômico e social da população.

Nesse cenário, em razão do impulso operado pela onda neoliberalizante, que, potencializando os efeitos econômicos da globalização, conferia suporte ao ideal da universalização do capitalismo, passaram a ser defendidos a superação do modelo providencialista e o retorno aos primórdios do modelo econômico liberalizante do século XIX.

Assim, a auto-regulação da economia pelas forças de mercado[1] constituiu-se em viga-mestra de muitos dos processos de *reforma de Estado* iniciados nas décadas de 80 e 90 do século XX, os quais intentavam

1. É patente que desde a década de 70 o FMI e o Banco Mundial apoiavam abertamente tal concepção, "que servia à economia americana de fins de século XX tão bem quanto servira à britânica de meados do século XIX, mas não necessariamente ao mundo" (Eric Hobsbawn, *Era dos Extremos: o Breve Século XX – 1914-1991*, 2ª ed., 7ª reimpr., São Paulo, Cia. das Letras, 1997, p. 556). Especialmente aos países latino-americanos, a auto-regulação da economia foi proposta em 1989 pela comunidade financeira mundial como diretriz reformadora, por intermédio do *Consenso de Washington*.

circunscrever os Poderes estatais ao mínimo necessário para a garantia da lei e da ordem pública.

Atualmente, parece certo que se encontra afastada a hegemonia do culto extremado ao mercado, entendido como mola propulsora e agente produtor do desenvolvimento. Colocou-se em xeque a celebrada invencibilidade do *primado do mercado*,[2] implicando a revalorização do papel do Estado como agente incentivador, promotor e condutor do desenvolvimento econômico e social.

É o *retorno do pêndulo*: antes estacionado na contemplação das *forças do mercado*, passa o pêndulo a sinalizar para as *forças do Estado* como sendo aquelas predestinadas a tomar e executar as decisões imprescindíveis à evolução de um país.[3]

Expostas as limitações das políticas desestatizantes, busca-se encontrar novas formas de atuação estatal, tendo surgido correntes que inclusive pregam a adoção de políticas reestatizantes.

Cumpre colocar em relevo ser primordial ao Estado permanentemente capacitar-se para evoluir em um processo de auto-renovação, por meio de ajustes e transformações, a serem concretizados de modo gradual.

Em virtude desse processo de constante adaptação que deve promover e ao qual deve se submeter, e a partir da noção de que o Estado contemporâneo há de assumir concomitantemente a posição de agente transformador e de paciente transformado, revela-se extremamente difícil identificar um modelo estatal específico e unificador de todas as organizações políticas desse início de século.

De todo modo, há indícios suficientes no sentido de que a tarefa principal do Estado contemporâneo não é a de realizar diretamente ações tendentes à satisfação das necessidades coletivas. Ao menos não de modo monopolístico e universal.

Isso se deve em virtude de duas razões.

Em *primeiro lugar*, porque assiste-se atualmente a uma repartição das responsabilidades entre Estado, iniciativa privada (responsabilidade social empresarial)[4]

2. Em artigo datado de 1995, Caio Tácito assinalava que "a propriedade privada retoma, de certa forma, sua autonomia, obscurecida pela exacerbação do intervencionismo estatal na economia, mas fica nítida a subordinação de sua atividade aos pressupostos da função social que dela se exige. Em termos contemporâneos o direito público passa a refletir (...) duas vertentes específicas: a política de privatização e de desburocratização da máquina estatal e o fortalecimento da associação entre a iniciativa privada e o serviço público" ("O retorno do pêndulo: serviço público e empresa privada: o exemplo brasileiro", in *Temas de Direito Público: Estudos e Pareceres*, vol. 1, Rio de Janeiro, Renovar, 1997, p. 730 [pp. 721-733]).

3. Consagrada é a construção de Norberto Bobbio, que assimila a dualidade economia/política à dicotomia privado/público. Entretanto, esclarece que no mundo contemporâneo coexistem dois processos peculiares: a *publicização do privado* e a *privatização do público*. Atesta que "o primeiro reflete o processo de subordinação dos interesses do privado aos interesses da coletividade representada pelo Estado que invade e engloba progressivamente a sociedade civil; o segundo representa a revanche dos interesses privados através da formação dos grandes grupos que se servem dos aparatos públicos para o alcance dos próprios objetivos" (Norberto Bobbio, *Estado, Governo e Sociedade: para uma Teoria Geral da Política*, 4ª ed., Rio de Janeiro, Paz e Terra, 1987, p. 27). E sustenta ser o Estado o "lugar onde se desenvolvem e se compõem, para novamente decompor-se e recompor-se, estes conflitos, através do instrumento jurídico de um acordo continuamente renovado, representação moderna da tradicional figura do contrato social" (idem, ibidem).

4. Intensifica-se mundialmente o movimento da *responsabilidade social empresarial*, compreendida como uma estratégia de sustentabilidade dos negócios privados, em que as organizações privadas lucrativas passam a contemplar em suas atividades diversos efeitos não-econômicos (social, ambiental, cultural, entre outros), agregando, assim, valores sociais às atividades comerciais por elas desenvolvidas. É o que a legislação brasileira prevê como *função social da empresa* ou *função social do empresário* (*v.g.*, parágrafo único do art. 116 e art. 154 da Lei das Sociedades Anônimas), vetor para a prática de atividades econômicas, que assim gera-

e sociedade civil (Terceiro Setor)[5] para a consecução de atividades que têm por fim gerar benefícios à coletividade. E, em *segundo lugar*, porque a universalidade na prestação direta de serviços públicos ou de benefícios de assistência social pelo Estado pode estar restrita a determinados serviços ou benefícios (não abrangendo a sua totalidade, portanto) ou, ainda, cingir-se a atender a determinados segmentos da população (focalização de serviços e benefícios, portanto).

O processo de transformação estatal no mundo contemporâneo desenvolve-se em torno da noção de um feixe mínimo de atividades essenciais de Estado. Respeitado esse núcleo essencial de atribuições,[6] o Estado deixa de exercer algumas atividades (desestatização) e passa a exercer outras, mais consentâneas com seu papel nesse quadro em constante mutação.

Há uma profusão de análises e construções teóricas acerca do tema.

Emerge com destaque a figura do *Estado Regulador*, pois a regulação é tida por muitos como *a* função tipicamente estatal no mundo de hoje.

Vital Moreira confere essa nova atribuição estatal de *regulador da economia privada* a uma série de fatores: (i) redução do papel econômico do Estado; (ii) privatização de empresas públicas; (iii) diminuição dos poderes regulatórios; (iv) liberalização dos setores anteriormente sujeitos a regime exclusivo público ou privado; (v) limitação ou eliminação de serviços públicos; e (vi) fomento da concorrência nacional e internacional. Para o autor, o processo de desintervenção econômica do Estado produz um intenso reforço da atividade regulatória estatal. E isso ocorreria por cinco razões básicas: (i) importa regular o mercado para garantir a concorrência; (ii) importa regular o mercado em razão de seus limites e falhas eventuais, para que o mesmo possa, então, funcionar; (iii) importa regular para afastar ou atenuar as externalidades negativas do funcionamento da economia (por exemplo, custos sociais associados a danos ambientais); (iv) importa regular para promover a proteção dos consumidores; e (v) importa regular para garantir as denominadas obrigações de serviço público.[7]

riam benefícios públicos com o emprego de recursos privados. Sobre o tema e suas implicações na conceituação do interesse público, cf. Manuel Villoria Mendieta, *La Modernización de la Administración como Instrumento al Servicio de la Democracia*, Madri, Inap, 1996, pp. 265-268. Acerca do tema responsabilidade social empresarial, cf.: David Grayson e Adrian Hodges, *Compromisso Social e Gestão Empresarial*, São Paulo, Publifolha, 2002; Fernando Mânica e Gustavo Henrique Justino de Oliveira, "Empresas e investimento social", *Gazeta do Povo* 6.8.2002, Curitiba, p. 13.

5. Entende-se por *Terceiro Setor* o conjunto de atividades voluntárias desenvolvidas por organizações privadas não-governamentais e sem ânimo de lucro (associações ou fundações) realizadas em prol da sociedade, independentemente dos demais setores (Estado e mercado), embora deles possa firmar parcerias e receber investimentos (públicos e privados). Para um panorama mundial sobre o Terceiro Setor, cf. Lester M. Salamon *et al.* (orgs.), *Government and the Third Sector: Emerging Relationships in Welfare States*, São Francisco, Jossey-Bass, 1992.

6. Norberto Bobbio elenca (i) o poder coercitivo (monopólio da força física), (ii) o poder de impor tributos e (iii) o poder jurisdicional (poder de julgar e decidir a razão e a sem-razão; o justo e o injusto) como *funções mínimas do Estado*, ou seja, "funções sem as quais o Estado não será mais Estado" ("O dever de sermos pessimistas", in *As Ideologias e o Poder em Crise*, 4ª ed., Brasília, UnB, 1999, p. 178 [pp. 177-181]). Sustenta que "todas as outras funções que o Estado Moderno se tem atribuído, desde a função de providenciar o ensino até a função assistencial, caracterizam o Estado não enquanto tal, mas certos tipos de Estado" (idem, ibidem).

7. Cf. Vital Moreira, "Serviço público e concorrência: a regulação no sector eléctrico", in *Os Caminhos da Privatização da Administração Pública*, Coimbra, Coimbra Editora, 2001, pp. 225-228 [pp. 223-247]). Consoante Vital Moreira, "a regulação estadual da economia é uma hetero-regulação, porquanto é exercida por uma instância estadual sobre os agentes económicos. (...). Mas a regulação pode ser auto-regulação quando os regula-

Marçal Justen Filho indica que o objetivo da regulação é "conjugar as vantagens provenientes da capacidade empresarial com a realização de fins de interesse público".[8] Prossegue, afirmando que, "especialmente quando a atividade apresentar relevância coletiva, o Estado determinará os fins a atingir, mesmo quando seja resguardada a autonomia privada no tocante à seleção dos meios".[9] Portanto, a regulação estatal teria contornos abertamente promocionais, pois "todas as atividades, inclusive aquelas até então desenvolvidas pelo Estado, são assumidas pelos particulares, mas assujeitadas a controle intenso e contínuo, com a finalidade de conduzir os particulares a atingir resultados necessários ao bem comum".[10]

Ainda em relação ao Estado Regulador, cabe ressaltar que a atividade regulatória contemporânea não está restrita tão-somente ao campo da economia. Ao lado dela, encontra-se a denominada *regulação social*.

Michel Crozier demonstra preocupação com o tema em sua clássica obra *Estado Modesto, Estado Moderno*. Considera o autor totalmente ultrapassada a separação entre o econômico (terreno do racional puro) e o social (terreno da justiça distributiva). Defende uma regulação do social (educação, saúde, assistência social) em bases diversas da regulação operada no campo econômico. Enquanto esta teria por foco a quantidade (segundo ele, um modelo colocado em xeque em atividades mais complexas), aquela teria por foco a qualidade e a relação humana: "A irrupção da concorrência japonesa fez explodir este modelo de racionalidade por demais perfeito, no mesmo momento em que a passagem para a sociedade pós-industrial, dominada pelos serviços e pela alta tecnologia, já começava a colocá-lo em questão. Nesta sociedade, de fato, o fator humano retoma a vantagem, os homens são cada vez menos intercambiáveis. Para permanecerem competitivas, as empresas devem mobilizar os recursos humanos dentro da organização e reintroduzir o cuidado com as complexas relações humanas no seu exterior, tanto com os clientes quanto com os fornecedores e empreiteiros. O social não se limita mais ao distributivo, mas torna-se um elemento essencial do conjunto dos fatores de produção. Trata-se no entanto de um outro social, não mais coletivo e categorizado, mas cada vez mais individualizado. O quantitativo, mais ainda que em qualquer outro campo, cede aí lugar ao qualitativo. Simultaneamente, aliás, o social à moda antiga já tendia a esgotar o econômico. Sua proliferação ameaçava o equilíbrio do racional. Os desvios provocados por ele faziam temer que, rapidamente, todo o produto nacional bruto viesse a ser absorvido pela irresistível mecânica do sempre mais despesas de saúde, de assistência e de educação".[11]

Com efeito, além de regulador econômico e social, o desempenho estatal em prol do desenvolvimento humano e comunitário é visto como uma das funções mais típicas na atualidade.

Conforme foi ressaltado, isso não mais ocorre, necessariamente, por intermédio da figura do Estado provedor de bens e serviços. É que há uma generalizada expectativa no sentido de que a vocação do Estado contemporâneo seja a de se configurar em agente financiador e fomentador de atividades que tenham por fim gerar a transformação social.

Sob tal perspectiva, destacam-se três construções teóricas.

dos são também os reguladores, através de esquemas organizatórios adequados, necessariamente através de decisões ou acordos estabelecidos por e entre as suas organizações associativas ou representativas" (Vital Moreira, *Auto-regulação Profissional e Administração Pública*, Coimbra, Livraria Almeida, 1997, p. 52).

8. Marçal Justen Filho, *O Direito das Agências Reguladoras Independentes*, São Paulo, Dialética, 2002, p. 30.

9. Idem, ibidem.

10. Idem, p. 28.

11. Michel Crozier, *Estado Modesto, Estado Moderno: Estratégia para uma Outra Mudança*, Brasília, FUNCEP, 1989, pp. 99-101.

Gaspar Ariño Ortiz enfatiza – ao lado do Estado Regulador – a concepção do *Estado Financiador*, concentrado na atividade de *fomento*, entendida como atividade de estímulo e pressão, realizada de modo não-coativo, sobre os cidadãos e grupos sociais, para imprimir um determinado sentido a suas atuações. Para o autor, por meio de subvenções, isenções fiscais e créditos, o Estado não obriga nem impõe; oferece e necessita de *colaboração* do particular para que a atividade fomentada seja levada a cabo.[12]

De grande repercussão mundial é a formulação do *Estado do Investimento Social*, de autoria de Anthony Giddens, um dos idealizadores da versão contemporânea da denominada *terceira via*.[13]

Partindo da crise do Estado do Bem-Estar Social, Giddens propõe uma nova forma de organização da economia, denominada *economia mista*.[14] Por meio dela buscar-se-ia uma sinergia entre os setores público e privado, com a utilização do dinamismo dos mercados sem perder de vista o interesse público.

Afirma Giddens que esse modelo econômico "envolve um equilíbrio entre regulação e desregulação, num nível transnacional bem como em níveis nacional e local; e um equilíbrio entre o econômico e o não-econômico na vida da sociedade".[15] Em substituição ao modelo do *Welfare State*, o autor propõe uma *sociedade de **welfare***, baseada em uma estrutura de *welfare* positivo, em que "os próprios indivíduos e outras instituições além do governo contribuem".[16]

Importante apresentar a *concepção desenvolvimentista de Estado*, formulada por Amartya Sen. Para o autor, *desenvolvimento* é "um processo de expansão das liberdades reais que as pessoas desfrutam".[17] E *expansão da liberdade* é o fim primordial e o principal meio do desenvolvimento.

12. Gaspar Ariño Ortiz, *Principios de Derecho Público Económico: Modelos de Estado, Gestión Pública, Regulación Económica*, Granada, Comares, 1999, p. 290.

13. Norberto Bobbio explica que o termo procura indicar a "ideologia segundo a qual uma meta, que é o socialismo, pode e deve ser alcançada através de um método, que é a democracia" (Norberto Bobbio, "A via democrática", in *As Ideologias e o Poder em Crise*, 4ª ed., p. 160 [pp. 160-164]). Anthony Giddens define a *terceira via* como uma estrutura de pensamento e de prática política que visa a adaptar a social-democracia a um mundo que se transformou fundamentalmente ao longo das duas últimas décadas. É uma terceira via no sentido de que "é uma tentativa de transcender tanto a social-democracia do velho estilo quanto o neoliberalismo" (*A Terceira Via: Reflexões sobre o Impasse Político Atual e o Futuro da Social-Democracia*, Rio de Janeiro, Record, 2000, p. 36). Os valores da terceira via seriam a igualdade, a proteção aos vulneráveis, liberdade como autonomia, inexistência de direitos sem responsabilidades, autoridade com democracia, pluralismo cosmopolita e conservadorismo filosófico. Como programa da terceira via, sugere: centro radical, novo Estado Democrático, sociedade civil ativa, família democrática, nova economia mista, igualdade como inclusão, *welfare* positivo, Estado do Investimento Social, nação cosmopolita e democracia cosmopolita. Para o autor, os integrantes dessa corrente devem estimular a colaboração internacional em cinco linhas básicas: (i) governo da economia mundial; (ii) gerenciamento ecológico global; (iii) regulamentação do poder corporativo; (iv) controle do *welfare*; e (v) promoção da democracia transnacional (Anthony Giddens, *A Terceira Via e seus Críticos*, Rio de Janeiro, Record, 2001, p. 126).

14. Vital Moreira sustenta que "a verdade é que hoje as economias capitalistas são mistas quanto ao modelo de coordenação, na medida em que combinam em doses variáveis a coordenação estadual, a coordenação pelo mercado e a auto-regulação, por intermédio dos próprios agente económicos. Dizer que uma economia é de mercado é dizer apenas que nela predomina o princípio da coordenação pelo mercado. Nenhuma economia, por mais liberal que seja, dispensa hoje níveis de regulação mais ou menos intensa (...)" (*Auto-Regulação Profissional e Administração Pública*, p. 32).

15. Anthony Giddens, *A Terceira Via: Reflexões sobre o Impasse Político Atual e o Futuro da Social-Democracia*, p. 110.

16. Idem, p. 127.

17. Amartya Sen, *Desenvolvimento como Liberdade*, São Paulo, Cia. das Letras, 2000, p. 52.

Assim, existiriam as *liberdades substanciais* (liberdade como fim do desenvolvimento),[18] representadas pelas capacidades elementares, tais como) ter condições de evitar privações como a fome, a subnutrição e a morte prematura, além daquelas correspondentes a saber ler, ter participação política e liberdade de expressão. Por outro lado, as *liberdades instrumentais* (liberdade como meio do desenvolvimento) representam o modo como diferentes tipos de direitos, oportunidades e garantias contribuem para a expansão da liberdade humana em geral e, assim, para a promoção do desenvolvimento.[19] Sen enumera (i) as liberdades políticas, (ii) as facilidades econômicas, (iii) as oportunidades sociais, (iv) as garantias de transparência e (v) a segurança protetora como espécies de liberdades instrumentais.

Um dos aspectos mais consideráveis do *Estado Desenvolvimentista* é que, embora Sen aponte que Estado e sociedade têm ambos o papel de fortalecimento das habilidades, capacidades e competências humanas, *resta claro tratar-se de função estatal a harmonização da perspectiva do crescimento econômico com o desenvolvimento humano e comunitário.*

Por óbvio, seria possível elencar várias outras construções teóricas que procuram explicar o atual papel do Estado no cenário mundial.

Contudo, agregando ao que foi exposto nesse item, concorda-se com afirmação de Norberto Bobbio, registrada em obra publicada em 1985, para quem "o Estado de hoje está muito mais propenso a exercer uma função de mediador e de garante, mais que a de detentor do poder de império".[20]

Dessarte, espera-se que o Estado contemporâneo aguce sua capacidade de agente conciliador dos conflitos imanentes à sociedade policêntrica da atualidade, não somente estabelecendo canais de participação e interlocução com seus representantes (*participação administrativa*), mas igualmente criando vínculos, acordos, alianças e parcerias com as entidades empresariais e sociais (*concertação administrativa*).

Dessome-se que a negociação não configura uma novidade do Estado contemporâneo. Há tempos o Estado reconhece e utiliza métodos consensuais, consagrando os *contratos* como formas adequadas à instrumentalização de compromissos no território das *relações patrimoniais*. Isso acontece sobretudo quando o objetivo visado é adquirir bens e serviços junto à iniciativa privada ou a ela transferir a execução de atividades estatais qualificadas como serviços públicos.

É o campo denominado por Eduardo García de Enterría e Tomás-Ramón Fernández de *colaboração* ou *intercâmbio patrimonial*, em que a Administração Pública "paga dinheiro ou transfere possibilidades de atuações a ela reservadas em troca de bens ou de serviços que busca e que recebe".[21]

Entretanto, as transformações pelas quais passa o Estado contemporâneo fazem com que o emprego do contrato ultrapasse a mera obtenção de resultados econômicos ou patrimoniais.

Por isso, concorda-se com Gaspar Ariño Ortiz, para quem o modelo estatal contemporâneo traduzir-se-ia em um *Estado Contratual*: "Do ponto de vista organizativo e institucional isso significa a substituição do antigo modelo de Estado administrativo-burocrático, hierárquico, unitário, centralizado e gestor direto, por um novo tipo de Administração em que uma multiplicidade de organizações, governamentais, privadas e o que vem sendo denominado 'Terceiro Setor' (público-privado) assumiriam a gestão de serviços com financiamento e contro-

18. Idem, p. 53.

19. Idem, p. 55.

20. Norberto Bobbio, *Estado, Governo e Sociedade: para uma Teoria Geral da Política*, 4ª ed.,. p. 26.

21. Eduardo García de Enterría e Tomás-Ramón Fernández, *Curso de Derecho Administrativo*, 9ª ed., vol. 1, Madri, Civitas, 1999, p. 660.

le do Estado. Isso não é uma invenção, é simplesmente a volta do antigo sistema da 'concessão', do 'concerto' ou da 'empresa mista' como forma de realizar a gestão privada das atividades públicas. É também a volta do princípio da subsidiariedade, o qual recebe atualmente novas formulações. *Assim, fala-se de uma das características mais importantes do Estado atual: sua condição de 'Estado Contratual', apontando a utilização pelo Estado de organizações privadas, com ou sem fins lucrativos, para alcançar os seus fins públicos*"[22] (sem grifos no original).

Ao que parece, *o fim do Estado contemporâneo é o de constituir-se em canal e instrumento indispensável para a promoção do desenvolvimento dos indivíduos e da própria sociedade*. Eis uma leitura atualizada da consagrada expressão "bem comum", entendida pela doutrina clássica como a finalidade a ser perseguida pelo Estado.

Assim, afloram novos modelos consensuais e novas formas contratuais, especificamente formatados para serem utilizados pelo Estado para promover o desenvolvimento. Essa nova dinâmica contratual no setor público tem bases distintas da tradicional modelagem do *contrato administrativo*, evidenciando linhas de transformação do contratualismo administrativo clássico.

Antes de examinar essa perspectiva evolucionista contratual, insta explicitar a existência em nosso sistema constitucional de um proeminente direito fundamental: o *direito ao desenvolvimento*.

2. *Direito ao desenvolvimento na Constituição de 1988*

Não há dúvidas de que a crise do modelo providencialista pôs em xeque a figura do *Estado Prestador*, trazendo à baila a discussão em torno de uma co-responsabilidade entre Estado, empresas e sociedade na busca da concretização de uma extensa lista de direitos – sobretudo aqueles com sede constitucional e, portanto, caracterizados formal e materialmente como *direitos fundamentais*.[23]

Em que pese às inúmeras transformações pelas quais passa o Estado contemporâneo, com ele permanece (e no caso brasileiro por expressa previsão constitucional) o *papel de indutor, promotor e garantidor do desenvolvimento nacional*. E se no centro da noção de desenvolvimento se encontra a *pessoa humana*, cumpre à organização estatal – mormente por meio de seu aparato administrativo – exercer ações em número, extensão e profundidade suficientes para bem desincumbir-se da obrigação constitucional de realizar um dos valores que funda-

22. Gaspar Ariño Ortiz, "El retorno a lo privado: ante una nueva encrucijada histórica. Tiempo". in Gaspar Ariño Ortiz (org.), *Privatización y Liberalización de Servicios*, Madri, Universidad Autónoma de Madrid, 1999, p. 26 (pp. 19-35).

23. Para Jorge Miranda, *direitos fundamentais* são "direitos ou posições jurídicas subjectivas das pessoas enquanto tais, individual ou institucionalmente consideradas, assentes na Constituição, seja na Constituição formal, seja na Constituição material – donde, direitos fundamentais em sentido formal e direitos fundamentais em sentido material" (*Manual de Direito Constitucional: Direitos Fundamentais*, t. 4, Coimbra, Coimbra Editora, 1988, p. 7); "são direitos inerentes à própria noção de pessoa, como direitos básicos da pessoa, como os direitos que constituem a base jurídica da vida humana no seu nível actual de dignidade (...)" (idem, p. 9.). Robert Alexy sustenta que "direitos fundamentais" em sentido formal seriam posições tão importantes que a decisão sobre sua outorga (ou não-outorga) não pode estar inserida no campo da lei ("simples maioria parlamentar"). Por seu turno, a concepção material de direitos fundamentais é determinada pelo conceito de "dignidade da pessoa". E acrescenta, no que tange aos direitos a prestações do Estado, que "toda a concepção material dos direitos a prestações inclui uma resposta à questão de saber se, desde o ponto de vista do direito constitucional, as posições de direitos a prestações que se têm em mira são tão importantes que não podem ser confiadas à simples maioria" (Robert Alexy, *Teoría de los Derechos Fundamentales*, Madri, Centro de Estudios Constitucionales, 1997, pp. 432-435).

mentam a República Federativa do Brasil: *a dignidade da pessoa humana* (inciso III do art. 2º da CF brasileira).[24]

Ainda que o protagonismo social visando à realização desses direitos tenha sido reforçado diante da crise do modelo estatal providencialista (Terceiro Setor), defende-se que o Estado somente cumprirá sua tarefa constitucional de efetivação dos direitos sociais se impulsionar o *crescimento econômico*.

No entanto, para atingir tal fim o Estado não deve se ocupar tão-somente com o crescimento econômico, mas principalmente com a promoção do desenvolvimento, em todas as dimensões federativas.

Nesse sentido, André Ramos Tavares: "O desenvolvimento do Estado passa prioritariamente pelo desenvolvimento do homem, de seu cidadão, de seus direitos fundamentais. Sem ele, o mero avanço econômico pouco significará, ou fará sentido para poucos. Assim, independentemente do conceito que determinada atitude possa ocupar nas teorias econômicas, ela será adotada se puder ser utilizada como instrumento para alcançar mencionado desenvolvimento. Portanto, a intervenção do Estado, sempre que servir para esse desiderato, será necessária, bem como as prestações de cunho social (e especialmente tais prestações), sem que isso signifique a assunção de um modelo socialista. Da mesma forma, a consagração da liberdade, incluindo a livre iniciativa e a livre concorrência, serão essenciais para que se implemente aquele grau de desenvolvimento desejado".[25]

Assim, possível é colocar em evidência um itinerário obrigatório a ser percorrido pelo ente estatal, mormente em respeito aos valores fundamentais do Estado Brasileiro, dispostos no art. 1º da Lei Maior.

Isso significa que mesmo diante da escassez de recursos públicos – fato que eventualmente pode ser tido como obstáculo para a efetivação de direitos sociais pela via direta da prestação de serviços públicos – o Estado não pode isentar-se de suas responsabilidades nesse campo. A ele cumpre promover uma série de outras ações (*v.g.*, fomento, regulação, parcerias), as quais igualmente visam a promover os valores fundamentais.

Basicamente, tais medidas ou providências estatais tendem a perseguir o desenvolvimento, o qual tem em seu cerne a valorização da pessoa humana. Estado, Governo e Administração Pública constituem-se, portanto, em intermediadores e promotores constitucionalmente vocacionados do desenvolvimento nacional.

Dessarte, reconhece-se no Direito Brasileiro um *direito ao desenvolvimento*, qualificado como *direito fundamental decorrente*, nos termos do § 2º do art. 5º da Constituição da República.

Em sua parte introdutória, a *Declaração sobre o Direito ao Desenvolvimento* da Organização das Nações Unidas/ONU estabeleceu que "o desenvolvimento é um processo econômico, social, cultural e político abrangente, que visa ao constante incremento do bem-estar de toda a população e de todos os indivíduos com base em sua participação ativa, livre e significativa no desenvolvimento e na distribuição justa dos

24. Marçal Justen Filho afirma que "a dignidade da pessoa humana é princípio fundamental, de que todos os demais princípios derivam e que norteia todas as regras jurídicas. (...). O ser humano não pode ser tratado como objeto. É o sujeito de toda a relação social e nunca pode ser sacrificado em homenagem a alguma necessidade circunstancial ou, mesmo, a propósito da realização de fins últimos de outros seres humanos ou de uma coletividade indeterminada. (...). Não há valor que possa equiparar-se ou sobrepor-se à pessoa humana, que é reconhecida como integridade, abrangendo aspectos físicos como também seus aspectos imateriais" ("Conceito de interesse público e a 'personalização' do direito administrativo", *RTDP* 26/125 [pp. 115-136], São Paulo, Malheiros Editores, 1999).

25. André Ramos Tavares, *Direito Constitucional Econômico*, São Paulo, Método, 2003, p. 68.

benefícios daí resultantes".[26] Configurando o *direito ao desenvolvimento* como um *direito humano inalienável* de titularidade das pessoas e dos povos, o documento reconhece que *a pessoa humana é o sujeito central do processo de desenvolvimento e deveria ser participante ativo e beneficiário do direito ao desenvolvimento* (art. 2.1).

Insta destacar o papel de *responsável primário* dos Estados na efetivação desse direito, previsto nos seguintes artigos da *Declaração*:

"Art. 2.3. Os Estados têm o direito e o dever de formular políticas nacionais adequadas para o desenvolvimento, que visem ao constante aprimoramento do bem-estar de toda a população e de todos os indivíduos, com base em sua participação ativa, livre e significativa e no desenvolvimento e na distribuição eqüitativa dos benefícios daí resultantes".

"Art. 3.1. Os Estados têm a responsabilidade primária pela criação das condições nacionais e internacionais favoráveis à realização do direito ao desenvolvimento."

"Art. 6.3. Os Estados devem tomar providências para eliminar os obstáculos ao desenvolvimento resultantes da falha na observância dos direitos civis e políticos, assim como dos direitos econômicos, sociais e culturais."

"Art. 8.1. Os Estados devem tomar, em nível nacional, todas as medidas necessárias para a realização do direito ao desenvolvimento e devem assegurar, *inter alia*, igualdade de oportunidade a todos, no acesso aos recursos básicos, educação, serviços de saúde, alimentação, habitação, emprego e distribuição eqüitativa da renda. (...). Reformas econômicas e sociais apropriadas devem ser efetuadas com vistas à erradicação de todas as injustiças sociais."

"Art. 8.2. Os Estados devem encorajar a participação popular em todas as esferas, como um fator importante no desenvolvimento e na plena realização de todos os direitos humanos."

"Art. 10. Os Estados deverão tomar medidas para assegurar o pleno exercício e fortalecimento progressivo do direito ao desenvolvimento, incluindo a formulação, adoção e implementação de políticas, medidas legislativas e outras, em níveis nacional e internacional."

Considerando o processo evolutivo dos direitos fundamentais, o *direito ao desenvolvimento* insere-se no segmento dos denominados *direitos fundamentais de terceira dimensão*.

Os *direitos fundamentais de terceira dimensão*, conhecidos por expressarem valores atinentes à solidariedade e à fraternidade,[27] são construídos em torno da titularidade coletiva ou difusa de um certo elenco de direitos, fruto de reivindicações e destinados à proteção de grupos humanos, povos, nações, coletividades regionais ou étnicas. Enfim, destinam-se ao gênero humano, em sentido amplo. Originalmente formatados no âmbito internacional, seriam aqueles direitos decorrentes da percepção da divisão do mundo entre nações desenvolvidas e subdesenvolvidas, nascendo na segunda metade do século XX, a partir de reflexões sobre temas como desenvolvimento, meio ambiente e paz, entre outros. Entretanto, solidificou-se o entendimento segundo o qual tratam-se de direitos dessa dimensão os relativos (i) ao desenvolvimento, (ii) à autodeterminação dos povos, (iii) à paz, (iv) ao meio ambiente e à qualidade de vida, (v)

26. Resolução 41/128 da Assembléia-Geral das Nações Unidas, 4.12.1986.

27. Manoel Gonçalves Ferreira Filho registra que "a primeira geração seria a dos direitos de liberdade, a segunda, dos direitos de igualdade, a terceira, assim, completaria o lema da Revolução Francesa: liberdade, igualdade, fraternidade" (*Direitos Humanos Fundamentais*, São Paulo, Saraiva, 1995, p. 57). Informa que foi Karel Vasak, em 1979, quem primeiro chamou a atenção para uma terceira dimensão de direitos fundamentais, denominando-os de *direitos da solidariedade* (idem, ibidem).

à conservação e utilização do patrimônio comum da Humanidade – histórico e cultural – e (vi) à comunicação.[28]

No que tange ao *direito ao desenvolvimento*, Manoel Gonçalves Ferreira Filho assevera que a titularidade pode ser tanto individual quanto coletiva. Tratando-se de um direito individual, o autor sustenta que sua realização ocorreria por meio da efetivação dos direitos sociais, "particularmente no direito à educação e nos direitos culturais".[29] Tratando-se de um direito coletivo ou difuso, aponta que a demanda por sua efetivação suscita dúvidas com relação à responsabilidade do Estado, de outros povos ou da comunidade internacional.

Nesse aspecto, citando posicionamento de Etiene-R. Mbaya, Paulo Bonavides afirma que "o direito ao desenvolvimento diz respeito tanto a Estados como a indivíduos (...); relativamente a indivíduos ele se traduz numa pretensão ao trabalho, à saúde e à alimentação adequada".[30]

Insta reiterar a construção do *Estado Desenvolvimentista* de Amartya Sen, para quem "o objetivo do desenvolvimento relaciona-se à avaliação das liberdades reais desfrutadas pelas pessoas. As capacidades individuais dependem crucialmente, entre outras coisas, de disposições econômicas, sociais e políticas".[31] Sustentando que "o Estado e a sociedade têm papéis amplos no fortalecimento e na proteção das capacidades humanas",[32] Sen destaca que "as pessoas têm de ser vistas como ativamente envolvidas – dada a oportunidade – na conformação de seu próprio destino, e não apenas como beneficiárias passivas dos frutos de engenhosos programas de desenvolvimento".[33]

Nesse sentido, no terreno da efetivação do direito ao desenvolvimento resta evidenciada a *função estatal de promoção do desenvolvimento dos indivíduos*. É a *responsabilidade estatal primária*, repetidamente veiculada na *Declaração sobre o Direito ao Desenvolvimento* da ONU. As liberdades e oportunidades assinaladas por Amartya Sen devem ser realizadas e garantidas pelo Estado, como meios para o exercício do direito ao desenvolvimento, e se consubstanciam em necessárias ações e intervenções levadas a cabo, prioritariamente, pela organização política em que os indivíduos se encontram inseridos.

Embora não expressamente previsto na Constituição brasileira de 1988, entende-se que o *direito ao desenvolvimento* é um *direito fundamental decorrente*, nos termos do § 2º do art. 5º da Constituição da República.

Ingo Wolfgang Sarlet sustenta que os *direitos fundamentais fora do catálogo* podem ser *escritos* (presentes na Lei Maior ou em tratados internacionais) ou *não-escritos, decorrentes do regime e dos princípios*. O autor aponta que, para serem assim qualificados, os direitos fundamentais fora de catálogo devem preencher os critérios de conteúdo e importância (substância e relevância), para que possam ser equiparados aos direitos integrantes do elenco do Título II da Constituição brasileira.[34]

No Preâmbulo da Constituição brasileira restou consolidado que ao Estado De-

28. Cf. Manoel Gonçalves Ferreira Filho, *Direitos Humanos Fundamentais*, pp. 57-68.

29. Idem, p. 65.

30. Paulo Bonavides, *Curso de Direito Constitucional*, 23ª ed., São Paulo, Malheiros Editores, 2008, p. 570. Esclarece o autor que o formulador do direito ao desenvolvimento foi Etine-R. Mbaya, objeto de uma aula que inaugurou os cursos do Instituto Internacional dos Direitos do Homem em 1972 (idem, ibidem.).

31. Amartya Sen, *Desenvolvimento como Liberdade*, p. 71. Acerca do tema das liberdades, cf. Amartya Sen, *Sobre Ética e Economia*, 2ª reimpr., São Paulo, Cia. das Letras, 1999.

32. Amartya Sen, *Desenvolvimento como Liberdade*, p. 71.

33. Idem, ibidem.

34. Ingo Wolfgang Sarlet, *A Eficácia dos Direitos Fundamentais*, 3ª ed., Porto Alegre, Livraria do Advogado, 2003, p. 99.

mocrático por ela instituído cabe assegurar, entre outros valores supremos da sociedade, o *desenvolvimento*. Por seu turno, o inciso II do art. 3º da Lei Maior expressa ser um dos objetivos fundamentais da República Federativa do Brasil *garantir o desenvolvimento nacional*, cabendo à lei estabelecer as diretrizes e bases do planejamento do desenvolvimento nacional equilibrado, o qual incorporará e compatibilizará os planos nacionais e regionais de desenvolvimento (§ 1º do art. 174). No entanto, insta ressaltar que o significado do termo, notadamente no sentido em que é empregado no texto constitucional – um dos objetivos fundamentais do Estado Brasileiro –, não está adstrito a aspectos econômicos.

Para Celso Furtado é irrealizável – e, por isso, representaria um mito – o *desenvolvimento econômico* entendido como a idéia de que os países com economias menos desenvolvidas podem algum dia desfrutar das formas de vida dos atuais países detentores de economias bem desenvolvidas. E aponta que, diante dessa falsa idéia de desenvolvimento, "tem sido possível desviar as atenções da tarefa básica de identificação das necessidades fundamentais da coletividade e das possibilidades que abrem ao homem o avanço da Ciência, para concentrá-las em objetivos abstratos, como são os investimentos, as exportações e o crescimento".[35]

Entretanto, cumpre destacar a análise de Calixto Salomão Filho sobre a *concepção jurídica do desenvolvimento econômico* adaptada à realidade dos países subdesenvolvidos, em que deve ocorrer "a difusão forçada do conhecimento econômico em razão da inexistência de mecanismos desenvolvidos para tanto".[36] Nessa linha, enfatiza o autor: "Característica comum a quase todos os países subdesenvolvidos é a extrema concentração de poder econômico. Esta concentração de poder limita a expressão das preferências e a habilidade da sociedade para mudar e crescer. Limita a mudança pois esta não é possível sem o conhecimento dos problemas e dos objetivos que a sociedade como um todo deseja perseguir. Limita o crescimento porque, como visto, a existência de centros propulsores de desenvolvimento baseados na demanda (consumidores) não é compatível com a concentração do conhecimento econômico".[37]

Entre os princípios que orientam a concepção jurídica do desenvolvimento econômico, impõe-se destacar o *princípio redistributivo*, cujo sentido é o de atribuir ao Estado a incumbência de redistribuição das riquezas (principalmente via universalização de serviços), como forma de conferir eficiência à ação estatal. Segundo Calixto Salomão Filho, é a figura de um Estado que "deve basear sua gestão (inclusive do campo econômico) em valores e não em objetivos econômicos".[38]

Assim, parece óbvio que a promoção do desenvolvimento há de visar à realização da *dignidade da pessoa humana*, e por isso estende-se a aspectos mais amplos, como os de natureza política, social, cultural e ambiental, entre outros.

Eis as razões pelas quais entende-se que a Carta Constitucional de 1988 contemplou o direito ao desenvolvimento como um direito fundamental, o qual deve ser plenamente satisfeito pelo Estado Brasileiro.

A seguir serão analisadas algumas implicações das noções "Estado Contratual" e "direito ao desenvolvimento" para a evolução da *teoria clássica dos contratos administrativos*.

35. Celso Furtado, *O Mito do Desenvolvimento Econômico*, 3ª ed., Rio de Janeiro, Paz e Terra, 1996, p. 89.

36. Calixto Salomão Filho, "Direito como instrumento de transformação social e econômica", *Revista de Direito Público da Economia* 1/25-26 (pp. 15-44), Ano 1, Belo Horizonte, janeiro-março/2003.

37. Idem, p. 26.

38. Idem, p. 33.

3. Linhas de transformação do contratualismo administrativo clássico

Embora tenha havido forte resistência à aceitação do contrato como um modo normal de atuação da Administração Pública,[39] consolidou-se a compatibilização da lógica da autoridade com a lógica do consenso,[40] redundando na figura do *contrato administrativo* como uma categoria jurídica do direito administrativo.

Celso Antônio Bandeira de Mello define *contrato administrativo* como "um tipo de avença travada entre a Administração e terceiros na qual, por força de lei, de cláusulas pactuadas ou do tipo de objeto, a permanência do vínculo e as condições preestabelecidas assujeitam-se a cambiáveis imposições de interesse público, ressalvados os interesses patrimoniais do contratante privado".[41]

Indubitavelmente, é a *vinculação direta e imediata ao interesse público* o elemento que qualifica um contrato como sendo um contrato administrativo.

Héctor Jorge Escola afirma que "os contratos administrativos (...) têm uma finalidade específica e própria (...) qual seja, a satisfação e o atingimento do interesse público, das necessidades coletivas, sendo precisamente essa finalidade a que lhes confere e define a natureza jurídica, efeitos e conseqüências específicas".[42] Continuando, o autor explicita que, em virtude disso, os contratos administrativos "estão sujeitos a formalidades especiais, previstas pelo direito administrativo, podendo conter cláusulas que são exorbitantes do direito privado, mas admissíveis no direito público".[43]

Um contrato administrativo é um *negócio jurídico bilateral*, pois para a sua formação demanda-se o obrigatório concurso de ao menos duas declarações de vontade, sendo que uma delas há de provir necessariamente de uma Administração Pública. Nesse ponto reside a exigência do prévio *consenso* das partes, fator que acarretará a formação do vínculo gerador dos efeitos jurídicos típicos de uma relação administrativa de índole contratual.

Entretanto, insta acentuar que uma das conseqüências da imprescindível bilateralidade do contrato administrativo não é a equiparação ou igualdade de posições entre as partes, e sim o *nivelamento das vontades declaradas* – ou, na expressão de

39. Praticamente superados, os argumentos defendidos pela doutrina negativista do contrato como modo de atuar administrativo seriam: (i) desigualdade das partes; (ii) falta de autonomia da vontade da Administração; (iii) incompatibilidade com as exigências do princípio da legalidade; e (iv) rigidez do contrato e a mutabilidade do interesse público. Sobre o tema, cf. a análise de José Casalta Nabais, *Contratos Fiscais: Reflexões Acerca da sua Admissibilidade*, Coimbra, Coimbra Editora, 1994, pp. 17-47.

40. É o que Celso Antônio Bandeira de Mello denomina "lógica do contrato administrativo", em que, "de um lado, o Poder Público usufrui de todos os poderes indispensáveis à proteção do interesse público substanciado no contrato. (...), De outro lado, cabe ao particular integral garantia aos interesses privados que ditaram sua participação no vínculo, consoante os termos ali constituídos" (*Curso de Direito Administrativo*, 25ª ed., 2ª tir., São Paulo, Malheiros Editores, 2008, pp. 613-614). Para o autor, "há duas ordens de interesses que se devem compor na relação em apreço. O interesse público, curado pela Administração, reclama dele flexibilidade suficiente para atendimento das vicissitudes administrativas e variações a que está sujeito. O interesse particular postula suprimento de uma legítima pretensão ao lucro, segundo os termos convencionados" (idem, p. 614). Em síntese, trata-se da "conjugação da consensualidade (própria de todo contrato) com a autoridade (própria do contrato administrativo)" (Pedro Gonçalves, *O Contrato Administrativo*, Coimbra, Livraria Almedina, 2003, p. 32).

41. Celso Antônio Bandeira de Mello, *Curso de Direito Administrativo*, 25ª ed., 2ª tir., pp. 610-611.

42. Héctor Jorge Escola, *El Interés Público como Fundamento del Derecho Administrativo*, Buenos Aires, Depalma, 1989, p. 160.

43. Idem, ibidem.

José Manuel Sérvulo Correia, a "igual valia das vontades".[44]

Em razão da magnitude dos interesses perseguidos e geridos pela Administração Pública (interesse público), não seria incorreto afirmar que, dependendo da conformação jurídico-normativa dos contratos administrativos, se os efeitos da bilateralidade se encontram fortes na *formação dos contratos administrativos*, os mesmos vão sendo relativamente diluídos ou enfraquecidos no transcurso da relação instaurada pelo ajuste.

Na *execução dos contratos administrativos* isso se torna evidente, pois o ordenamento confere à Administração-contratante prerrogativas de atuação unilateral sobre o particular-contratado, independentemente de sua prévia aquiescência. Nas formas de *extinção dos contratos administrativos* esses poderes unilaterais igualmente são previstos no ordenamento, pois há hipóteses de extinção do vínculo contratual por vontade exclusiva da contratante, sem que para isso o contratado concorra com sua culposa inexecução.

E mesmo na *formação dos contratos administrativos* visualiza-se um abrandamento dos efeitos oriundos dessa bilateralidade, pois uma das características de tais ajustes encontra-se no fato de representarem autênticos *contratos de adesão*, com a imposição, pela Administração Pública, da quase-totalidade das cláusulas que comporão o quadro regulatório da relação. Por isso, André de Laubadère sustenta que "o contrato administrativo é um contrato desigualitário, mas um contrato desigualitário não é um ato unilateral".[45]

No entanto, conforme registram Eduardo García de Enterría e Tomás-Ramón Fernández, não é possível ignorar que hodiernamente a "Administração negocia e que a negociação converteu-se em um instrumento imprescindível para a tarefa de administrar".[46]

No contexto da intensificação do emprego de formas negociais no Estado contemporâneo, Sabino Cassese defende a existência de *novos paradigmas do Estado*, os quais "colocam em discussão todas as noções, temas e problemas clássicos do direito público, da natureza do Poder Público e de sua atuação legal-racional orientada pela superioridade da lei, do lugar reservado à lei e de suas implicações (legalidade e tipicidade) para as relações público-privadas".[47] Um desses novos paradigmas seria **o** *fortalecimento da negociação na esfera da Administração Pública, expressada por via de acordos*, em que "passam ao primeiro plano a negociação em lugar do procedimento, a liberdade das formas em lugar da tipicidade, a permuta em lugar da ponderação".

Para Sabino Cassese, o *paradigma bipolar Estado/cidadão* daria lugar ao *paradigama multipolar*, em que "interesses privados coincidentes com interesses públicos comunitários estão em conflito com outros interesses públicos, de natureza nacional. Não há distinção ou oposição público/privado, assim como não há uma superioridade

44. José Manuel Sérvulo Correia, *Legalidade e Autonomia Contratual nos Contratos Administrativos*, Coimbra, Livraria Almedina, 1987, p. 347.

45. André de Laubadère *et al.*, *Traité des Contrats Administratifs*, vol. 1, Paris, LGDJ, 1983, p. 71. Em razão da posição da Administração e do co-contratante no equilíbrio contratual, Diogo Freitas do Amaral classifica os contratos administrativos em *contratos de subordinação* e *contratos de cooperação*. Nos primeiros, "a Administração manda, ordena, dirige, fiscaliza e pune (...) enquanto o particular obedece", ao passo que nos últimos "o contrato administrativo faz nascer relações de igualdade entre as partes, que cooperam no mesmo plano – são os contratos de cooperação paritária (que tanto podem ser contratos entre entidades públicas, como contratos entre entidades privadas ou ainda contratos de apoio da Administração ao sector privado)" (*Curso de Direito Administrativo*, vol. 2, Coimbra, Livraria Almedina, 2002, pp. 558-559).

46. Eduardo García de Enterría e Tomás-Ramón Fernández, *Curso de Derecho Administrativo*, vol. 1, 9ª ed., p. 663.

47. Sabino Cassese, "La arena pública: nuevos paradigmas para el Estado", in *La Crisis del Estado*, Buenos Aires, Abeledo-Perrot, 2003, p. 159 (pp. 101-160).

do momento público sobre o privado".[48] E inerente ao paradigma multipolar é a presença de múltiplos agentes e interessados na discussão de assuntos públicos, fato que eventualmente redunda em acordos, exigindo, para tanto, "permutas recíprocas, fundadas sobre a negociação".[49]

A expansão do consensualismo na Administração Pública vem acarretando a restrição de medidas de cunho unilateral e impositivo a determinadas áreas da ação administrativa. Isso provoca o florescimento da denominada *Administração Consensual* e a mudança de eixo do direito administrativo, que passa a ser orientado pela *lógica da autoridade* permanentemente flexionada pela *lógica do consenso.*

Por outro lado, é inegável que se assiste hodiernamente a uma aproximação entre o regime de direito público e o regime de direito privado, que, aliás, se constituiu em uma das prospecções para a Administração Pública contemporânea, apontada por Massimo Severo Giannini em 1980. À época o autor registrou que "o direito administrativo, como normativa pública de caráter autoritário, tende a reduzir-se, e as zonas que abandona são ocupadas novamente pelo direito privado".[50]

Nesse sentido, defende-se atualmente ser possível à Administração optar por formas de organização e de atuação oriundas do regime privado sempre que o ordenamento não veicular uma vedação (explícita ou implícita) que afaste tal opção.

Todavia, não é o caso de se posicionar favoravelmente à integral submissão das relações negociais administrativas aos ditames do regime jurídico privado. Visando à contenção da fuga da Administração Pública para o direito privado, Maria João Estorninho sustenta ser possível a circunscrição da atividade administrativa a um regime privatístico, desde que se exija da Administração, "a par das normas jurídico-privadas, ter em consideração certas normas e princípios gerais do direito público".[51]

Sob o enfoque eminentemente contratual, essas transformações não passam desapercebidas por Romeu Felipe Bacellar Filho: "Todavia, se, na vigência do antigo Código Civil brasileiro, os contratos de direito privado estavam alicerçados em princípios opostos aos contratos administrativos, as recentes alterações do novo Código Civil caminham num sentido de aproximação dos institutos. O *pacta sunt servanda*, que constituía mola-mestra dos contratos regidos pelo direito privado, foi substituído pelo princípio da função social dos contratos, como se depreende do art. 421 do novo CC: 'A liberdade de contratar será exercida em razão e nos limites da função social do contrato'. A concepção social do contrato apresenta-se, modernamente, como um dos pilares da teoria contratual. Defronta-se com o vetusto princípio *pacta sunt servanda*, exaltado, expressamente, pelos Códigos Civil francês (art. 1.134) e italiano (art. 1.372) para, atenuando a autonomia da vontade, promover a realização de uma justiça comutativa. A moldura limitante do contrato tem o escopo de acautelar as desigualdades substanciais entre os contraentes, como adverte José Lourenço, valendo como exemplo os contratos de adesão. O negócio jurídico haverá de ser fixado em seu conteúdo, segundo a vontade das partes. Esta, todavia, apresenta-se auto-regrada em razão e nos limites da função social, princípio determinante e fundamental que, tendo origem na valoração da dignidade humana (art. 1º

48. Idem, ibidem.

49. Idem, p. 106.

50. Massimo Severo Giannini, *Premisas Sociológicas e Históricas del Derecho Administrativo*, Madri, Instituto Nacional de Administración Pública, 1987, p. 83.

51. Maria João Estorninho, *A Fuga para o Direito Privado*, Coimbra, Livraria Almedina, 1996, pp. 160-161. Cf., ainda, Ricardo Rivero Ortega, *Administraciones Públicas y Derecho Privado*, Madri, Marcial Pons, 1998.

da CF), deve prescrever a ordem econômica e jurídica".[52]

A aproximação do regime de direito público e do regime de direito privado, apontada como uma linha de transformação do direito administrativo contemporâneo,[53] surte efeitos na tratativa principiológica, dogmática e legislativa correspondente aos contratos firmados pela Administração Pública, suscitando a reavaliação dos institutos e procedimentos existentes.

As mudanças acima expostas levam à reformulação da tradicional abordagem dos procedimentos pré-negociais e negociais observados pela Administração, com maior abertura para o diálogo acerca das cláusulas que irão reger a relação jurídica a ser instaurada pela via do ajuste.

Em franco desenvolvimento encontra-se o *novo contratualismo administrativo*, o qual se desenvolve em bases negociais mais amplas se comparadas aos modelos contratuais tradicionais, parecendo sinalizar para uma maior paridade entre Administração e particular, assim como para uma reforçada interdependência entre as prestações a cargo de ambas as partes (comutatividade). Daí aludir-se à expressão "Administração Pública paritária" para caracterizar uma forma de administrar fundada no consenso, em módulos negociais, originando relações jurídicas que tendem a considerar Administração e particulares em uma situação mais próxima à horizontalidade, em que o ordenamento confere a ambos um tratamento mais isonômico.

Mesmo nos contratos qualificados como tradicionais essas transformações podem ser visualizadas.

Exemplificando, a inoponibilidade da exceção do contrato não cumprido em sede de contratos administrativos vem sofrendo abrandamentos em seu significado e extensão, levando autores como Romeu Felipe Bacellar Filho a afirmar que "mesmo a continuidade do serviço público não poderia justificar a ruína do particular; valendo a aplicação da *exceptio non adimpleti contractus* sempre que se caracterize, no caso concreto, situação de (razoável) impedimento da execução contratual pelo particular, detectado com base num juízo de razoabilidade radicado no valor justiça".[54]

52. Romeu Felipe Bacellar Filho, "Contrato administrativo", in Romeu Felipe Bacellar Filho *et al.* (coords.), *Direito Administrativo Contemporâneo: Estudos em Memória do Professor Manoel de Oliveira Franco Sobrinho*, Belo Horizonte, Forum, 2004, p. 317 (pp. 307-326). Sobre o tema, cf. Eduardo Soto Kloss, "La contratación administrativa: un retorno a las fuentes clásicas del contrato". *Revista de Administración Pública* 2/569-585, Madri, 1978.

53. Convém ressaltar que a própria noção de *patrimonialidade* vem sendo colocada em xeque (ou, ao menos, relativizada) como conteúdo das relações contratuais no direito privado. Na atualidade, a estreita ligação entre direito constitucional e direito civil vem provocando mudanças significativas nos paradigmas clássicos do direito privado. Alude-se a repersonalização, funcionalização e despatrimonialização dos institutos clássicos do direito civil, com fortes reflexos no direito contratual. Nessa linha, Luiz Edson Fachin afirma que "são visíveis as novas feições dadas aos institutos basilares do direito civil: a propriedade, outrora de caráter absoluto, adquire, com a Constituição, um conteúdo funcionalizado; nas relações contratuais é reconhecida a superação do dogma da autonomia da vontade, fundado em uma igualdade formal, afastada da realidade fática (...)" (*Teoria Crítica do Direito Civil*, Rio de Janeiro, Renovar, 2000, p. 314). A patrimonialidade inerente às relações contratuais acaba sofrendo inflexões, por exemplo, dos valores e princípios constitucionais relativos à função social da propriedade, levando Luiz Edson Fachin a afirmar que "a garantia do direito de propriedade é, também, a garantia do patrimônio mínimo do cidadão" (idem, p. 301.). Ainda consoante o autor, "o sujeito de direito, nesse contexto, se concretiza quando, na prática, ele se torna sujeito do patrimônio, pelo quê o estatuto de acesso ao patrimônio mínimo é um elemento fundamental. Nessa perspectiva, estudar o direito civil significa estudar esses princípios a partir da Constituição" (idem, ibidem).

54. Romeu Felipe Bacellar Filho, "Contrato administrativo", in Romeu Felipe Bacellar Filho *et al.* (coords.), *Direito Administrativo Contemporâ-*

Sob a ótica desse *novo contratualismo administrativo*, Sabino Cassese prega a necessidade da *reciprocidade de concessões* entre a Administração Pública e particulares, situações geradores de *acordos administrativos*. Segundo o autor, o *enfoque da negociação* significa que Administração Pública, empresas, organizações não-governamentais e cidadãos natural e mutuamente *cedem* sobre pontos relativos ao objeto em discussão, favorecendo a obtenção de um *equilíbrio de interesses originalmente contrapostos*, os quais permaneceriam contrapostos se não fosse pela ocorrência de trocas e concessões entre as partes.[55]

Eis uma das principais conseqüências da intensificação das relações e do estreitamento dos laços entre Estado, empresas e organizações da sociedade civil no mundo contemporâneo. O *caminho da negociação* – e não o *percurso da imposição* – para a composição de eventuais dissensos entre as partes pressupõe o reconhecimento (ainda que relativizado pelo regime jurídico-administrativo) da autonomia das partes envolvidas.

Com isso, a *verticalização* entre a Administração Pública e o particular nas relações contratualizadas é – em algumas hipóteses – fortemente atenuada ou, mesmo, afastada. É que, em um cenário em que vigora a necessidade da realização de *parcerias*,[56] não há como sustentar uma relação de total subordinação entre a Administração e as entidades parceiras.

Alude-se à expressão "Administração Concertada", "em que a Administração renunciaria ao emprego de seus poderes com base na imperatividade e unilateralidade, aceitando realizar acordos com os particulares destinatários da aplicação concreta desses poderes, ganhando assim uma colaboração ativa dos administrados (...)".[57]

Por outro lado, enfatizou-se que Estado, Governo e Administração Pública originalmente são encarados como intermediadores e promotores constitucionalmente vocacionados do *desenvolvimento nacional*. Contudo, optando pela *parceria com a iniciativa privada* para atingir esse fim,[58] resta claro que o parceiro privado estará em uma posição distinta das situações ocupadas pelo particular enquanto mero fornecedor de bens e serviços, ou mesmo delegatário para a execução de serviços públicos nos termos e na forma em que a Administração determinar.

neo: Estudos em Memória do Professor Manoel de Oliveira Franco Sobrinho, p. 320.

55. Sabino Cassese, "La arena pública: nuevos paradigmas para el Estado", in *La Crisis del Estado, passim*.

56. Importa destacar que o caráter polissêmico do termo "parceria" é manifesto. Sem embargo, concorda-se com Jean-Pierre Gaudin, autor que alude à idéia de parceria para genericamente representar as "convenções múltiplas que ligam os Poderes Públicos, o setor privado e, outras vezes, o que denomina-se associações da 'sociedade civil'" (*Gouverner par Contrat: l'Action Publique en Question*, Paris, Presses de Sciences Politiques, 1999, p. 14. Cf. Maria Sylvia Zanella Di Pietro, *Parcerias na Administração Pública: Concessão, Permissão, Franquia, Terceirização e Outras Formas*, 4ª ed., São Paulo, Atlas, 2002, pp. 33-34).

57. Eduardo García de Enterría e Tomás-Ramón Fernández, *Curso de Derecho Administrativo*, 9ª ed., vol. 1, p. 661.

58. Marçal Justen Filho aponta uma configuração econômica e uma configuração jurídica para o vocábulo "parceria". Em sua configuração econômica, *parceria* retrata "contrato por meio do qual dois ou mais agentes econômicos se associam para exploração de certo empreendimento, mantendo (em princípio) cada qual autonomia jurídica e desempenhando atividades em nome próprio. Há conjugação econômica das atividades, com previsão de partilha dos lucros, se houver" (Marçal Justen Filho, *Teoria Geral das Concessões de Serviço Público*, São Paulo, Dialética, 2003, p. 138). Por outro lado, em sua configuração jurídica manifesta-se por meio de um contrato associativo, em que "uma pluralidade de sujeitos obriga-se a contribuir com seus recursos e (ou) esforços para a realização de um fim comum" (idem, ibidem). Para o autor, a característica fundamental da parceria é a partilha de resultados (idem, p. 139).

Assim, ajustes que pretendam formalizar *parcerias* entre os setores público e privado (lucrativo e não-lucrativo), visando a promover o desenvolvimento dos indivíduos, da sociedade e do país, devem ser permeados por novos parâmetros e instrumentalizados por meio de novas formas jurídicas.

No que tange à delegação dos serviços públicos – notadamente daqueles referentes à infra-estrutura –, a temática das *parcerias* vem provocando mudanças na disciplina normativa a que são submetidas as relações negociais em que a Administração Pública é parte.

Constatada uma evolução no desenvolvimento das relações administrativas em geral (admite-se o contrato, ao lado do ato administrativo, como um "processo próprio do agir da Administração Pública"),[59] parece claro que essa nova forma do agir administrativo resulta na ampliação das bases consensuais naquele campo em que consenso e bilateralidade são elementos indispensáveis: a atividade administrativa negocial.

Certamente que esses fenômenos devem ser interpretados sob a égide do regime jurídico-normativo a que se encontra vinculada a Administração Pública de um dado país. No entanto, o que vem recebendo constantes influxos dessa nova realidade é justamente a disciplina normativa a que são submetidas as relações negociais em que a Administração é parte, implicando, além de intensos câmbios na legislação preexistente, a criação de aparatos legislativos mais adequados ao desenvolvimento dessas relações preferencialmente paritárias.

No Brasil, os *contratos de parceria público-privada*[60] são um reflexo dos câmbios assinalados, e serão analisados a seguir.

59. José Manuel Sérvulo Correia, *Legalidade e Autonomia Contratual nos Contratos Administrativos*, p. 396.

60. Neste trabalho, será utilizada a sigla "PPP", amplamente difundida para caracterizar os contratos de parceria público-privada.

4. Parceria público-privada e direito ao desenvolvimento

Sem desconsiderar que em algumas unidades federativas foram aprovadas leis sobre a matéria,[61] atualmente é a Lei federal 11.079, de 30.12.2004, que institui normas gerais para licitação e contratação de *parceria público-privada*/PPP no âmbito no âmbito dos Poderes da União, dos Estados, do Distrito Federal e dos Municípios.[62]

Está-se diante de uma nova figura a ser empregada pelo setor público no campo negocial, a qual visa a instituir e formalizar uma relação jurídica entre a Administração Pública e os particulares em bases normativas diversas daquelas representadas pelas disposições inseridas nas Leis federais 8.666/1993 e 8.987/1995.

As PPPs podem ser entendidas como "parcerias entre autoridades públicas e empresas e investidores do setor privado, com o objetivo de conceber, planificar, financiar, construir e operar projetos de infra-estrutura habitualmente prestados através de mecanismos tradicionais como os contratos públicos".[63]

61. Cf. Lei do Estado de Minas Gerais, n. 14.862, de 16.12.2003; Lei do Estado de Santa Catarina, n. 12.930, de 4.2.2004; Lei do Estado de São Paulo, n. 11.688, de 19.5.2004; Lei do Estado de Goiás, n. 14.910, de 11.8.2004; Lei do Estado do Ceará, n. 13.557, de 30.12.2004; e Lei do Estado do Rio Grande do Sul, n. 12.234, de 13.1.2005.

62. O diploma legislativo assinalado visa a instituir normas gerais para licitação e contratação de PPP. O Projeto de Lei foi encaminhado pelo Poder Executivo ao Congresso Nacional em 19.11.2003, tendo tramitado na Câmara dos Deputados sob o n. 2.546/2003 e enviado ao Senado Federal em 24.3.2004, onde tramitou sob o n. 10/2004.

63. Corinne Namblard, "Para um enfoque pragmático da parceria público-privado", in Gautier Chatelus e Jean-Yves Perrot (dirs.), *Financiamento das Infra-Estruturas e dos Serviços Coletivos: o Recurso à Parceria Público-Privado. Os Exemplos da Experiência Francesa no Mundo*, Paris, DAEI, 1994, p. 15 (pp. 13-28). Sobre associações

Inserem-se em um cenário de escassez de recursos orçamentários para a execução de projetos de altos custos, em que existe um grave déficit de projetos estruturantes em áreas como transportes, saneamento básico e saúde.[64]

A experiência estrangeira para a realização e gestão de grandes infra-estruturas e de serviços coletivos vem fazendo uso da PPP, pois há um entendimento corrente no sentido de que tais contratos atualmente se traduzem na forma mais adequada de assegurar serviços públicos de melhor qualidade, com menores custos para a sociedade.

Subjacentes a essa nova modalidade contratual estão noções como (i) alta complexidade do objeto, execução e acompanhamento do ajuste; (ii) elevado nível de riscos a serem enfrentados pelos parceiros, em função do montante dos recursos financeiros envolvidos, das incertezas sobre os custos de construção e de operação e das dúvidas atinentes aos rendimentos a serem alcançados; (iii) estabelecimento de garantias especiais conferidas pelo parceiro público ao parceiro privado, destinadas a assegurar o cumprimento das obrigações assumidas pela Administração; e (iv) dificuldade em atingir – em sede contratual – a ótima regulamentação dos interesses em jogo, quais sejam, os do parceiro público, do parceiro privado e da coletividade em geral.

Nessa última característica jaz um aspecto que há de ser devidamente salientado, pois manifesta uma autêntica (r)evolução em matéria de contratualização no setor público.

Diversamente dos contratos disciplinados pelas Leis federais 8.666/1993 e 8.987/1995, as comumente denominadas *cláusulas exorbitantes* não estariam, a princípio, presentes de modo tão abundante nas PPPs. Com efeito, a tônica é justamente a ampliação das bases da negociação das cláusulas contratuais que irão estabelecer a regulamentação dos interesses dos parceiros, sem o enfraquecimento da (imanente) bilateralidade desse negócio jurídico.

Infere-se isso da enumeração proposta pelo art. 5º da Lei federal 11.079/2004, o qual dispõe que "as cláusulas dos contratos de parceria público-privada atenderão ao disposto no art. 23 da Lei n. 8.987, de 13 de fevereiro de 1995, no que couber, devendo também prever: I – o prazo de vigência do contrato, compatível com a amortização dos investimentos realizados, não inferior a 5 (cinco), nem superior a 35 (trinta e cinco) anos, incluindo eventual prorrogação; II – as penalidades aplicáveis à Administração Pública e ao parceiro privado em caso de inadimplemento contratual, fixadas sempre de forma proporcional à gravidade da falta cometida, e às obrigações assumidas; III – a repartição de riscos entre as partes, inclusive os referentes a caso fortuito, força maior, fato do príncipe e álea econômica extraordinária; IV – as formas de remuneração e de atualização dos valores contratuais; V – os mecanismos para a preservação da atualidade da prestação dos serviços; VI – os fatos que caracterizem a inadimplência pecuniária do parceiro público, os modos e o prazo de regularização e, quando houver, a forma de acionamento da garantia; VII – os critérios objetivos de avaliação do desempenho do parceiro privado; VIII – a prestação, pelo parceiro privado, de garantias de execução

mistas, envolvendo diferentes partícipes públicos e privados, cf. Maria Aparecida de Almeida Pinto S. Fagundes, "Parcerias em projetos de infra-estrutura", *RDA* 233/419-429, Rio de Janeiro, julho-setembro/2003.

64. Dados extraídos de Carlos Ari Sundfeld, *Parcerias Público-Privadas: Aspectos Jurídicos*, palestra proferida no Congresso Ibero-Americano de Direito Administrativo, Curitiba, 2003. Cf.: Marçal Justen Filho, *A PPP Brasileira e as Lições do Passado*, 2004, disponível em *http://www.baceventos.com.br/restrito/PPPmjf(2).doc* (acesso em 5.12.2004); e Gustavo Henrique Justino de Oliveira, "A arbitragem e a nova contratualização administrativa", in Edgard Guimarães (org.), *Cenários do Direito Administrativo: Estudos em Homenagem ao Professor Romeu Felipe Bacellar Filho*, Belo Horizonte, Forum, 2004, pp. 273-317.

suficientes e compatíveis com os ônus e riscos envolvidos, observados os limites dos §§ 3º e 5º do art. 56 da Lei n. 8.666, de 21 de junho de 1993, e, no que se refere às concessões patrocinadas, o disposto no inciso XV do art. 18 da Lei n. 8.987, de 13 de fevereiro de 1995; IX – o compartilhamento com a Administração Pública de ganhos econômicos efetivos do parceiro privado decorrentes da redução do risco de crédito dos financiamentos utilizados pelo parceiro privado; X – a realização de vistoria dos bens reversíveis, podendo o parceiro público reter os pagamentos ao parceiro privado, no valor necessário para reparar as irregularidades eventualmente detectadas".

Como todo e qualquer contrato (privado ou público), o parceiro público e o parceiro privado da PPP desejam obter benefícios da relação. Todavia, tais objetivos naturalmente têm pontos de convergência (*v.g.*, sucesso do empreendimento) e pontos de eventual divergência (*v.g.*, assunção dos riscos e divisão dos lucros). As negociações ocorrem para possibilitar um equilíbrio de todos esses interesses, "com vistas a alcançar os compromissos mais justos e eficazes possíveis dentre as perspectivas de ganhos, custos a serem arcados e dos riscos a serem corridos".[65]

Esse equilíbrio será expressado na pactuação das cláusulas do contrato de PPP, cujo conjunto desencadeará efeitos típicos dos *contratos sinalagmáticos*. E, no caso de se entender que os contratos administrativos regidos pelas Lei federais 8.666/1993 e 8.987/1995 também geram efeitos decorrentes do sinalagma (em verdade, é isso o que ocorre), a carga de efeitos caracteristicamente sinalagmáticos na PPP é muito maior (ou, ao menos, não é condicionada, debilitada ou neutralizada), se comparada aos efeitos produzidos pelos contratos administrativos tradicionais.

Assim, na PPP, parceiro público e parceiro privado simultaneamente ocuparão a posição de credor e de devedor, cujos direitos e obrigações submetem-se (tendencialmente) a um regime de dependência recíproca, em que a obrigação de um corresponde ao direito do outro, e vice-versa. Portanto, na PPP é possível defender que haverá uma forte correlação entre os direitos e as obrigações do parceiro público e do parceiro privado, diferentemente do que acontece nos contratos administrativos tradicionais, em que a relação jurídica instaurada é de caráter verticalizado, em função da disciplina normativa que os rege.

Em face do exposto, as PPPs também se encaixam no *novo contratualismo administrativo*, em que (i) privilegia-se sobremaneira a cultura do diálogo entre o parceiro público e o privado, (ii) confere-se maior atenção às negociações preliminares ao ajuste (que devem ser transparentes), (iii) abrem-se espaços para trocas e concessões mútuas entre os parceiros, visando a um balanceamento dos interesses envolvidos, (iv) diminui-se a imposição unilateral de cláusulas por parte da Administração, com o proporcional aumento da interação entre os parceiros para o delineamento e fixação das cláusulas que integração o contrato, e (v) institui-se uma maior interdependência entre as prestações correspondentes ao parceiro público e ao parceiro privado, inclusive com a repartição dos riscos e atribuição de garantias a esse último, tidas como não-usuais nos contratos tradicionais firmados pela Administração.

Todas essas diferentes perspectivas da atuação negocial levada a cabo em sede administrativa abalam o dogma da verticalização das relações contratuais entre Administração e particular, sinalizando um maior equilíbrio nas posições assumidas por ambas as partes.

É demasiadamente prematuro firmar posições sobre os câmbios que essas novas

65. Corinne Namblard, "Para um enfoque pragmático da parceria público-privado", in Gautier Chatelus e Jean-Yves Perrot (dirs.), *Financiamento das Infra-Estruturas e dos Serviços Coletivos: o Recurso à Parceria Público-Privado. Os Exemplos da Experiência Francesa no Mundo*, p. 27.

perspectivas podem desencadear na teoria geral dos contratos administrativos. No entanto, parece que uma forte linha de transformação reside na (relativa) superação da premissa do desnivelamento do particular-contratado em face da Administração-contratante, como elemento de caracterização de todo e qualquer contrato administrativo.

Nesse sentido, o *vetor da paridade das relações contratuais*, em ajustes que visem a atingir tais desideratos, parece ser a tônica da nova contratualização administrativa.

Essa paridade é manifestada notadamente na fase pré-negocial (negociações preliminares) e na fase de formação dos contratos que correspondam a esse novo perfil, como é o caso da PPP. Também nas fases de execução e extinção desses contratos a tendência – em razão da própria noção de parceria – caminha para novas bases consensuais e paritárias, com a possibilidade de redução do feixe de poderes unilaterais pela Administração, até hoje largamente utilizados no transcurso das relações contratuais.

Entretanto, mister enfatizar que tais considerações não transmudam a PPP em um contrato de direito privado.

Longe disso, por ser uma espécie de contrato administrativo, dele farão parte cláusulas que assegurem à Administração exercer sua potestade na proporção necessária ao resguardo dos interesses públicos envolvidos.

Mas é justamente a medida, a intensidade e a extensão do exercício dos poderes unilaterais da Administração no curso da relação contratual que podem e devem passar por uma filtragem, a partir dos ressaltados aspectos e fundamentos da nova contratualização administrativa.

Nos termos do art. 2º da Lei federal 11.079/2004, "parceria público-privada é o contrato administrativo de concessão, na modalidade patrocinada ou administrativa". A *concessão patrocinada* é a concessão de serviços públicos ou de obras públicas de que trata a Lei 8.987, de 13.2.1995, quando envolver, adicionalmente à tarifa cobrada dos usuários, contraprestação pecuniária do parceiro público ao parceiro privado (§ 1º do art. 2º). De outro lado, *concessão administrativa* é o contrato de prestação de serviços de que a Administração Pública seja a usuária direta ou indireta, ainda que envolva execução de obra ou fornecimento e instalação de bens (§ 2º do art. 2º).[66]

Segundo o art. 4º da Lei federal 11.079/2004, "na contratação de parceria público-privada serão observadas as seguintes diretrizes: I – eficiência no cumprimento das missões de Estado e no emprego dos recursos da sociedade; II – respeito aos interesses e direitos dos destinatários dos serviços e dos entes privados incumbidos da sua execução; III – indelegabilidade das funções de regulação, jurisdicional, do exercício do poder de polícia e de outras atividades exclusivas do Estado; IV – responsabilidade fiscal na celebração e execução das parcerias; V – transparência dos procedimentos e das decisões; VI – repartição objetiva de riscos entre as partes; VII – sustentabilidade financeira e vantagens socioeconômicas dos projetos de parceria".

A PPP é um *contrato administrativo de concessão*, cujo objeto é um serviço público passível de exploração lucrativa pelo parceiro privado. É o que Maria Sylvia Zanella Di Pietro denomina "serviço público comercial ou industrial", ou seja, "aquele que a

66. Segundo Marçal Justen Filho, "a concessão administrativa abrange os casos em que não existe serviço público. O contrato tem por objeto a construção pelo particular de uma infra-estrutura necessária ao desempenho de uma atividade estatal. Mas o contrato não se confunde com a contratação sujeita à Lei 8.666, porque o particular somente começará a ser remunerado depois de concluída e entregue a obra ao Estado, com um dever de arcar com os riscos atinentes à qualidade do produto – o que se traduz numa remuneração periódica, prevista para ser realizada durante longos períodos de tempo" (*A PPP Brasileira e as Lições do Passado*, pp. 2-3, disponível em *http://www.baceventos.com.br/restrito/PPPmjf(2).doc*, acesso em 5.12.2004).

Administração Pública executa, direta ou indiretamente, para atender às necessidades coletivas de ordem econômica".[67]

Com efeito, da exploração do serviço público objeto da PPP advém uma remuneração para o parceiro privado (cobrança de tarifa do usuário), acrescida da possibilidade do pagamento de uma contraprestação pecuniária por parte do parceiro público ao parceiro privado. Basicamente encaixam-se nessa categoria os serviços de infra-estrutura (*v.g.*, telefonia, energia elétrica, gás – entre outros).

Ao lado disso, as duas modalidades de PPP configuram autênticos contratos administrativos, porque são empregadas pela Administração Pública quando os objetivos visados são adquirir serviços junto à iniciativa privada (PPP como concessão administrativa) ou a ela transferir a execução de atividades estatais qualificadas como serviços públicos (PPP como concessão patrocinada).

Diferentemente de algumas leis estaduais, a Lei federal 11.079/2004 não elencou os serviços e obras que podem ser objeto de um contrato sob o regime da PPP. Entretanto, o diploma legislativo aludido estipulou, no § 4º do art. 2º, que "é vedada a celebração de contrato de parceria público-privada: I – cujo valor do contrato seja inferior a R$ 20.000.000,00 (vinte milhões de Reais); II – cujo período de prestação do serviço seja inferior a 5 (cinco) anos; ou III – que tenha como objeto único o fornecimento de mão-de-obra, o fornecimento e instalação de equipamentos ou a execução de obra pública".

Por seu turno, o art. 14 da Lei 11.079/2004 determina que "será instituído, por decreto, órgão gestor de parcerias público-privadas federais, com competência para: I – definir os serviços prioritários para a execução no regime de parceria público-privada; (...)".

67. Maria Sylvia Zanella Di Pietro, *Direito Administrativo*, 15ª ed., São Paulo, Atlas, 2003, p. 104.

Ressalte-se que a decisão pela celebração de uma PPP há de estar previamente afinada com a programação do Governo Federal, estabelecida no *Plano Plurianual/* PPA.

A Constituição Federal de 1988 estipula, no § 1º do art. 165, que "a lei que instituir o Plano Plurianual estabelecerá, de forma regionalizada, as diretrizes, objetivos e metas da Administração Pública Federal para as despesas de capital e outras delas decorrentes e para as relativas aos programas de duração continuada". De outro lado, entre as matérias objeto da Lei de Diretrizes Orçamentárias o § 2º do art. 165 arrola "as metas e prioridades da Administração Pública Federal (...)".

Assim, a *programação originária* das diretrizes, objetivos, metas e prioridades da Administração Pública Federal determinada pela Carta Magna é realizada pela legislação infraconstitucional correspondente.

A Lei federal 10.933, de 11.8.2004, a qual instituiu o Plano Plurianual 2004/2007,[68] dispõe, no § 1º do art. 1º, que "integram o Plano Plurianual: I – Anexo I – Orientação Estratégica de Governo; II – Anexo II – Programas de Governo; III – Anexo III – Órgão Responsável por Programa de Governo; e IV – Anexo IV – Programas Sociais". O art. 2º desse diploma legislativo estipula que "os Programas, no âmbito da Administração Pública Federal, para efeito do art. 165, § 1º, da Constituição, são os integrantes desta Lei". No Anexo I são descritos os mega-objetivos a serem perseguidos, quais sejam: (i) inclusão social e redução das desigualdades sociais; (ii) crescimento com geração de trabalho, emprego e renda, ambientalmente sustentável e redutor das desigualdades sociais; e (iii) promoção e expansão da cidadania e fortalecimento da democracia.

68. Sobre os Planos Plurianuais de 1991/1995, 1996/1999 e 2000/2003, cf. Ronaldo Coutinho Garcia, *A Reorganização do Processo de Planejamento do Governo Federal: o PPA 2000/2003*. Texto para discussão n. 726, Brasília, IPEA, 2000.

Ora, a possibilidade de que a programação originária prevista no PPA se concretize pela via da celebração de uma PPP é patente, razão pela qual é correto afirmar que no sistema administrativo brasileiro *a PPP é um instrumento para a efetivação do direito ao desenvolvimento.*

Isso decorre claramente de uma das diretrizes fixadas no inciso VII do art. 4º da Lei federal 11.079/2004, ou seja, que os projetos de PPPs observem e contemplem vantagens socioeconômicas. É o campo dos benefícios econômicos e sociais da PPP, examinados por Corinne Namblard: "Caso a preocupação dos protagonistas figure como sendo unicamente 'financeira', um projeto 'em PPP' corre o risco de ser penalizado por isso ao longo de sua duração. Com efeito, os benefícios econômicos e sociais devem ser o ponto central do recurso à PPP; em primeiro lugar porque o projeto, que será em grande parte financiado com base nos rendimentos extraídos de sua operação, deve antes de mais nada ser concebido com vistas a propiciar o melhor serviço pelo melhor preço, de forma a satisfazer a maior clientela. O princípio subjacente à noção de PPP repousa sobre o fato de que a autoridade pública permanece responsável pelo serviço prestado ao cidadão, mas não é necessário que ela seja responsável pelo investimento em si. Assim, através da montagem em PPP, a autoridade pública pode se desvencilhar do fardo do investimento para concentrar-se no controle da qualidade do serviço, enquanto a operadora privada que exerce esta atividade buscará a otimização de seu investimento para fornecer esta qualidade de serviço exigida. Além disso, o usuário torna-se um cliente, e a operadora deverá então otimizar a qualidade do serviço que ela lhe oferece".[69]

Essa preocupação de atrelar a PPP a projetos que visem ao desenvolvimento (efetivação do direito ao desenvolvimento) está explícita na Lei Paulista da PPP, em que consta que o Programa de Parcerias Público-Privadas é destinado a fomentar, coordenar, regular e fiscalizar a atividade de agentes do setor privado que, na condição de colaboradores, atuem na implementação das políticas públicas voltadas ao desenvolvimento do Estado e ao bem-estar coletivo (art. 1º).[70]

5. *Considerações finais*

A PPP expressa uma temática recém-inaugurada no direito administrativo brasileiro, a respeito da qual certamente serão produzidos estudos aprofundados.

Neste trabalho intentou-se proceder a uma correta contextualização e a uma possível prospecção dessa nova figura contratual do sistema administrativo brasileiro.

De um lado, a PPP deve ser entendida como um instrumento consensual de efetivação do direito ao desenvolvimento previsto na Constituição de 1988, pois o seu objeto visa a suprir necessidades dos indivíduos e da coletividade. A emergência do Estado Contratual, ou seja, aquele Estado que por meio de vínculos estáveis, firmados com a iniciativa privada e com a própria sociedade, almeja a realização do bem comum de modo concertado, suscita uma significativa alteração no modo de encarar as finalidades do emprego do contrato no setor público. Nesse sentido, exige-se dos projetos de PPP que estejam totalmente afinados com a programação originária do Estado Brasileiro, inscrita em nossa Carta Magna (programaticidade) e em nosso Plano Plurianual/PPA. Uma correta contextualização, portanto.

De outro lado, a PPP configura um modelo contratual que marca a evolução

69. Corinne Namblard, "Para um enfoque pragmático da parceria público-privado", in Gautier Chatelus e Jean-Yves Perrot (dirs.), *Financiamento das Infra-Estruturas e dos Serviços Coletivos: o Recurso à Parceria Público-Privado. Os Exemplos da Experiência Francesa no Mundo*, pp. 17-18.

70. A Lei Cearense da PPP segue a mesma diretriz da Lei Paulista.

do contratualismo administrativo clássico. A PPP somente pode ser compreendida e aplicada em um cenário em que seja privilegiada a realização de intensas negociações entre o Estado e a iniciativa privada. Isso não somente favorece a participação do maior número de empresas interessadas nos projetos de PPP, mas também permite que o regramento a ser definido para disciplinar o contrato efetivamente seja o resultado de recíprocas concessões e intercâmbios, facilitando, assim, o atendimento aos interesses do parceiro público e do parceiro privado. Uma possível prospecção, portanto.

No entanto, importa esclarecer que a PPP não é uma poção milagrosa para a viabilização do crescimento econômico e a promoção do desenvolvimento, nem um antídoto infalível à estagnação social que assola o país.

Com efeito, os propósitos perseguidos pela nova legislação estão intimamente relacionados com a obrigação de o Estado conferir respostas mais rápidas e adequadas aos anseios da população, instituindo um ambiente favorável ao desenvolvimento dos indivíduos e da coletividade. E, para que isso ocorra, pode o Estado incentivar e contar com a colaboração ativa da iniciativa privada (investimentos e execução de atividades públicas). Todavia, deve igualmente fomentar a participação e a vigilância constantes da sociedade (transparência e controle social). E, sob pena de não lograrem sucesso nessa nova empreitada, insta ressaltar que os contratos que ao final venham a instrumentalizar as PPPs devem ser fruto de uma decisão política consciente, antecedida de um diálogo qualificado e democrático com a sociedade brasileira.

ASPECTOS DA IMPOSIÇÃO DE PENALIDADES ADMINISTRATIVAS

HERALDO GARCIA VITTA

Juiz Federal Titular da 2ª Vara de Bauru-SP
– Mestre e Doutorando em Direito do Estado na PUC/SP
– Professor da Escola de Magistrados da Justiça Federal-3ª Região
– Professor da Instituição Toledo de Ensino (Bauru/SP)

1. Introdução. 2. Interpretação e aplicação de normas pelos agentes públicos. 3. Imposição de penas: 3.1 Concurso real de normas – 3.2 Concurso "aparente de normas – 3.3 Tentativa de infração administrativa – 3.4 Co-autoria e participação. 4. Conclusões. 5. Bibliografia.

1. Introdução

Um dos temas de Direito Administrativo que não tem sido objeto de análises e discussões jurídicas, no país, é o das penalidades ou sanções administrativas. Dada a inexistência de lei específica, bem como a insofismável aproximação com princípios e fundamentos do Direito Penal, a doutrina tem encontrado dificuldades, às vezes insuperáveis, para manejar, adequadamente, tópicos concernentes às infrações e sanções administrativas.

Este pequeno trabalho estuda aspectos jurídicos relevantes da *imposição* das penalidades *administrativas*, pelas autoridades públicas (administrativas), comparando a sistemática das normas e princípios de Direito Penal com os do Direito Administrativo. Analisaremos, sucintamente, o concurso aparente e o real de normas, a co-autoria e a participação, no âmbito do Direito Administrativo.

Antes, porém, ingressamos na análise, perfunctória, da interpretação e aplicação de normas pelos agentes públicos, pois, a fim de que haja *imposição* de penalidade administrativa, deve o agente público, proceder, necessariamente, à *interpretação* da norma jurídica.

2. Interpretação e aplicação de normas pelos agentes públicos

Na relação jurídico-administrativa, Administração é parte interessada, para regular a conduta do particular. A rigor, o Estado decide, depois de *prévio* processo administrativo, a conduta dos indivíduos, ampliando, ou restringindo, os respectivos direitos, de acordo com o ordenamento. Com essa finalidade, o agente público analisa as normas do sistema jurídico.

Conforme explica Cameo,[1] a importância da interpretação do ordenamento jurídico, pelo administrador público, resulta de dois fatores fundamentais: a especial *autoridade* e a particular *publicidade*.

(a) Sob o primeiro aspecto, o Estado tem funcionários especializados; pessoas preparadas, tecnicamente, para auxiliar os diversos órgãos no cumprimento das tarefas cotidianas.

Para resolver os problemas dos particulares, o Poder Público considera não apenas o *pedido* ou a *defesa* deles, mas igualmente, analisa, nos termos da lei, o *pedido de retratação*, dirigido à mesma autoridade que proferiu o ato, bem como o *recurso hierárquico*, por meio do qual o particular pede à autoridade superior reveja a decisão proferida. Tudo isso com a observância dos direitos e garantias fundamentais, como o contraditório, a ampla defesa, o devido processo legal etc.

(b) Quanto à particular publicidade, acentua o referido autor italiano, as declarações de vontade e os fatos materiais da Administração devem ser conhecidos do povo. Nesse sentido, a *motivação* é circundada de específico valor lógico, é mecanismo de *aplicação* e *interpretação* da ordem jurídica.

Na busca do *sentido*, *alcance* e *conteúdo* da norma jurídica, o intérprete – seja ele quem for, inclusive o agente público – deve conciliar ação eficaz dos "serviços públicos" e o respeito das liberdades públicas; isto é, nas palavras de H. Berthélemy, "para os administradores, uma autoridade mais forte e mais respeitada; para os administrados, liberdades mais amplas e melhores garantias".[2]

Os governantes exercem *funções*, ou seja, *deveres*, cumpridos em prol de *outrem*. Logo, o intérprete deverá saber, de *antemão*, os *deveres* dos agentes públicos, identificados nas respectivas *competências*, *vinculadas à lei*, bem como os correlatos *poderes*, os quais são meramente *instrumentais*. Acentua Celso Antônio Bandeira de Mello: "Destarte, ditos poderes têm caráter meramente *instrumental*; são meios à falta dos quais restaria impossível, para o sujeito, desempenhar-se do *dever* de cumprir o *interesse público*, que é, a final, o próprio objetivo visado e a razão mesma pela qual foi investido nos poderes atribuídos (...)".[3]

Como cediço, a *interpretação* refere ao sentido, alcance e conteúdo da norma jurídica. Explica Franco Montoro, duas normas podem ter o mesmo sentido, mas extensão ou alcance diferentes. É o caso do Estatuto dos Servidores Públicos Federais e da Consolidação das Leis do Trabalho, quanto ao descanso semanal remunerado. Ambas as legislações têm o mesmo sentido; porém, alcances diversos: o primeiro, refere-se aos servidores públicos federais; a segunda, empregados das empresas.[4] No tocante ao conteúdo da norma jurídica, ensina Karl Engisch (*Introdução ao Pensamento Jurídico*, p. 102), citado por Maria Helena Diniz, é feito por meio de "uma definição, ou seja, pela indicação das conotações conceituais".[5]

Depois da tarefa *interpretativa*, realizada, muitas vezes, com auxílio de técnicos ou especialistas da área do Direito, o administrador *aplicará* a norma jurídica, isto é, enquadrará o caso concreto à norma jurídica. De regra, ensina Oswaldo Aranha Bandeira de Mello, "a aplicação da lei realiza-se através de um silogismo, do qual a

1. *Corso di Diritto Amministrativo*, p. 222.

2. "Méthode applicable a l'étude du droit administratif", in Collège Libre des Sciences Sociales em 1910, *Les Méthodes Juridiques*, p. 84.

3. *Curso de Direito Administrativo*, p. 139 (grifos no original).

4. *Introdução à Ciência do Direito*, p. 370.

5. *Compêndio de Introdução à Ciência do Direito*, p. 383.

lei é a premissa maior, a relação de fato é a premissa menor, e a aplicação concreta daquela neste a conclusão (...)".[6]

Para aplicar a norma jurídica ao caso concreto, o agente deverá observar o caso concreto e suas circunstâncias, ou seja, a *quaestio facti*. Ele deve considerar os reflexos da aplicação da norma no meio social, no mundo circundante. Numa palavra: o interesse público protegido pela norma aplicada. Nesse sentido, ao impor as sanções administrativas, por conta da infração cometida pelo particular, a autoridade administrativa deve valer-se dessas experiências, advindas da realidade empírica, do mundo dos fatos.[7]

3. Imposição das penas[8]

Uma vez interpretadas as normas jurídicas, o agente público as aplicará, de acordo com o fato concreto, em vista do interesse público que lhe cabe proteger. No caso de penalidades administrativas[9] ocorre *imposição* delas, isto é, a autoridade *administrativa* declara a *direta* e *imediata conseqüência jurídica* acometida ao *infrator* ou *responsável*.[10]

Neste trabalho analisam-se temas estudados, a rigor, no Direito Penal: (a) matérias específicas do Direito Penal, estabelecidas pelo legislador, sem similaridade, contudo, no Direito Administrativo, devido ao regime distinto desses ramos jurídicos: concurso *real de normas*, *tentativa*, *co-autoria* e *participação*; (b) concurso *aparente de normas*, aplicável, em princípio, no Direito Administrativo, por conta de dogmas ou valores universais, a fim de evitar o denominado *bis in idem*.

3.1 Concurso real de normas

Fala-se em *concurso real de normas*, quando o particular, por meio de uma ou várias ações ou omissões, comete duas ou mais infrações administrativas. O concurso real de normas pode ser *material*, *formal* ou *continuado*.

No *concurso material*, o infrator, mediante duas ou mais ações ou omissões (condutas distintas), comete mais de uma infração. Por exemplo, o sujeito, falsificando dado documento, importa mercadorias sem o pagamento dos tributos exigidos pelo Estado, ficando sujeito à multa punitiva; depois de

6. *Princípios Gerais de Direito Administrativo*, v. I, p. 402.

7. Cf. Heraldo Garcia Vitta, *Aspectos da Teoria Geral no Direito Administrativo*, pp. 103 e ss.

8. Cf. Heraldo Garcia Vitta, *A Sanção no Direito Administrativo*, pp. 127 e ss.

9. O jurista Celso Antônio Bandeira de Mello explica *infração* e *sanção administrativas*, com ênfase no *critério formal*, o mais seguro, sem dúvidas, para distinguir objetos na área do Direito. Ensina o mestre: "*Infração administrativa* é o descumprimento voluntário de uma norma administrativa para o qual se prevê sanção cuja imposição é *decidida por uma autoridade administrativa* – ainda que não necessariamente aplicada nesta esfera. Reconhece-se a natureza administrativa de uma infração pela natureza da sanção que lhe corresponde, e se reconhece a natureza da sanção pela autoridade competente para impô-la. Não há, pois, cogitar de qualquer distinção substancial entre infrações e sanções administrativas e infrações e sanções penais. O que as aparta é única e exclusivamente a autoridade competente para impor a sanção, conforme correto e claríssimo ensinamento, que boamente sufragamos, de Heraldo Garcia Vitta *[1. A Sanção no Direito Administrativo, Malheiros Editores, 2003, pp. 30 e ss., notadamente p. 34]*. Com efeito, é disto que resulta o regime jurídico que lhes confere a própria feição, a identidade jurídica que lhes concerne, como acentuaram Régis Fernandes de Oliveira *[2. Em sua pioneira monografia Infrações e Sanções Administrativas, Ed. RT, 1985, o ilustre autor, no Capítulo 6, faz sintética mas excelente resenha de posições doutrinárias, concluindo por adotar um critério formal – o do regime jurídico – pp. 25-33]* e Daniel Ferreira *[Sanções Administrativas, Malheiros Editores, 2001, pp. 59-60. Sustenta o autor – tal como Régis Fernandes de Oliveira – que o único critério idôneo é o do regime jurídico – critério formal, portanto]*, enfatizando um critério formal" (ob. cit., pp. 823-824, grifos no original).

10. Daniel Ferreira, *Sanções Administrativas*, p. 197.

realizada a importação do produto, ao transportá-lo para o destino no interior do País, há um acidente, por culpa do administrado, em virtude do qual a mercadoria causa sérios danos ambientais, ficando, o sujeito-infrator, submetido à sanção administrativo-ambiental.

No *concurso formal*, o infrator, por meio de uma só ação ou omissão (uma só conduta), comete mais de uma infração. É o caso da pessoa que falsifica dado documento, a fim de importar mercadorias, deixando de pagar tributos devidos ao erário, bem como, devido àquela falsificação, livra-se da exigência de autorização do órgão sanitário para proceder à importação. Na espécie, há dois deveres jurídicos (tributário e sanitário), violados por meio de única conduta: falsificação de documento.

Na *continuidade*, por meio de mais de uma ação ou omissão, o indivíduo comete infrações administrativas, as quais, considerando-se as circunstâncias de tempo, de lugar de maneira de execução etc., são havidas como praticadas num único contexto ou em situações repetidas. O comerciante que não observa o "tabelamento de preços" de seus produtos, imposto pelo Governo, pratica infrações continuadas.

No Direito Penal brasileiro há regras explícitas sobre o concurso *real* de normas;[11] mas, como devemos encarar o problema sobre o prisma do Direito Administrativo? Simplesmente, aplicaremos as normas daquela seara do Direito?

No direito italiano, ao menos durante a vigência da Lei 689/1981, o art. 8º, 1º, regula o concurso *formal* de infrações, mas não a *continuidade* delas. Por isso, neste caso, ocorre o *cúmulo das sanções*, ou seja, "sem qualquer desconto decorrente de eventual unidade de desígnio", na expressão de Pasquale Cerbo.[12]

11. Arts. 69, 70 e 71 do Decreto-lei n. 2.848, de 7.12.1940 (Código Penal).

12. *Le Sanzioni Amministrative*, p. 103 (tradução nossa).

Expõe Carmine Pepe, ao comentar o fato de a legislação *previdenciária* e de *assistência* italiana prever a *continuidade* nas respectivas infrações administrativas: "A proibição da extensão analógica da norma de natureza penal é explicada, mais do que com a natureza excepcional da legislação, com o impedimento em face do princípio da continuidade à só hipótese constituída da matéria previdenciária e assistencial".[13]

Portanto, perfilha-se entendimento segundo o qual, na falta de texto expresso, ocorre o *cúmulo material*, pois nas palavras de Zanobini, "se a pessoa tinha um duplo dever de não cometer o fato, cometendo-o, viola duas diversas obrigações e deve suportar as conseqüências da dupla transgressão".[14]

O Direito Penal é *especial*, contém princípios, critérios, fundamentos e normas particulares, próprios desse ramo jurídico; por isso, a rigor, as regras dele não podem ser estendidas além dos casos para os quais foram instituídas. De fato, não se aplica norma jurídica senão à ordem de coisas para a qual foi estabelecida; não se pode pôr de lado a natureza da lei, nem o ramo do Direito a que pertence a regra tomada por base do *processo analógico*.[15] Na hipótese de concurso de crimes, o legislador escolheu critérios específicos, próprios desse ramo de Direito. Logo, não se justifica a *analogia* das normas do Direito Penal no tema *concurso real* de infrações administrativas.

13. *Ileccito e Sanzione Ammnistrativa*, pp. 135-136 (tradução nossa). Estabelece o art. 8, n. 2, da citada Lei n. 689/1981: "Alla stessa sanzione prevista dal precedente comma [sanzione prevista per la violazione più grave, aumentata sino al triplo] soggiace anche chi con più azioni od omissioni, esecutive di un medesimo disegno posto in essere in violazione di norme che stabiliscono sanzioni amministrative, commette anche in tempi diversi, più violazioni della stessa o di diverse norme di legge *in matéria di previdenza ed assistenza obbligatorie*" (destaques nossos).

14. *Le Sanzioni Amministrative*, p. 156 (tradução nossa).

15. Carlos Maximiliano, *Hermenêutica e Aplicação do Direito*, p. 212.

A "forma de sancionar" é instituída pelo legislador, segundo critérios de conveniência/oportunidade, isto é, discricionariedade. Compete-lhe elaborar, ou não, regras a respeito da concorrência de infrações administrativas. No silêncio, ocorre *cúmulo material*.

Aliás, no Direito Administrativo *brasileiro*, o legislador tem procurado determinar o *cúmulo material de infrações*, conforme se observa, por exemplo, no art. 266, da Lei n. 9.503, de 23.12.1997 (Código de Trânsito Brasileiro), segundo o qual "quando o infrator cometer, simultaneamente, duas ou mais infrações, ser-lhe-ão aplicadas, cumulativamente, as respectivas penalidades". Igualmente o art. 72, § 1º, da Lei n. 9.605, de 12.2.1998, que dispõe sobre sanções penais e administrativas derivadas de condutas lesivas ao meio ambiente: "Se o infrator cometer, simultaneamente, duas ou mais infrações *[administrativas, pois o disposto está inserido no Capítulo VI – Da Infração Administrativa]* ser-lhe-ão aplicadas, cumulativamente, as sanções a elas cominadas". E também o parágrafo único, do art. 56, da Lei n. 8.078, de 11.9.1990, que regula a proteção do consumidor: "As sanções *[administrativas]* previstas neste artigo serão aplicadas pela autoridade administrativa, no âmbito de sua atribuição, podendo ser aplicadas cumulativamente, inclusive por medida cautelar antecedente ou incidente de procedimento administrativo".[16]

3.2 Concurso "aparente" de normas

O *conflito ou concurso aparente de normas* tem os contornos jurídicos básicos estruturados pela doutrina do Direito Penal. Há concurso aparente de normas, quando o sujeito viola *mais de um dever*, normalmente estabelecido em normas jurídicas *diferentes*, no qual *somente* a penalidade estabelecida *numa dessas normas* é imposta, pela autoridade, no sujeito-infrator, por conta de princípios estabelecidos por motivo de *eqüidade* e *justiça*.

No concurso aparente de normas, como o nome indica, não há efetiva concorrência de sanções, porque princípios específicos, por motivo de eqüidade e justiça, justificam a *imposição de somente uma das penalidades* estabelecidas nas leis.

Esses dogmas refutam a aplicação simultânea de penalidades cominadas em diversas leis, atendendo ao princípio *non bis in idem*.

A doutrina, no Direito Penal, enuncia quatro princípios que resolvem o conflito aparente de normas: especialidade, consunção, alternatividade e subsidiariedade. Preferimos dividi-los em três, por razões práticas.

***1.** Princípio da especialidade* (*lex specialis derogat legis generali*) – Com efeito, uma norma é especial quando contém todos os requisitos de outra norma (geral), mais os requisitos ou elementos "especializantes", fazendo com que a primeira (especial) prevaleça diante da segunda (geral). Seguem hipóteses em que isso ocorre.

(a) As *causas de aumento* de penalidade administrativa (norma *especial*) prevalecem perante o "*tipo fundamental*" (norma *geral*). Por exemplo, o art. 43, *caput*, do Decreto n. 3.179, de 2.9.1999,[17] estabelece várias condutas protetoras do meio ambiente (tipo *fundamental*); já *o § 2º* dispõe: "Se o produto ou a substância *[tóxica, perigosa*

16. Evidentemente, se ocorrer, devido ao acúmulo de sanções, perante a hipótese concreta, pena exacerbada, mesmo quando observada imposição do mínimo legal, isto é, quando a autoridade administrativa tenha imposto cominação mínima, estabelecida na lei, ocorrerá invalidação do ato administrativo, devido ao *princípio da proporcionalidade*.

17. Estamos nos referindo ao decreto regulamentador da Lei Ambiental (Lei n. 9.605/1998) somente a título de amostra, pois, conforme estudamos noutra oportunidade, ato administrativo não pode instituir infrações administrativas na denominada *supremacia geral do Estado*. Essa tarefa incumbe à lei (v. Parte II, Capítulo II, item 3, esp. 1.3, *A Sanção no Direito Administrativo*).

ou nociva à saúde ou ao meio ambiente] for nuclear ou radioativa, a multa é aumentada ao quíntuplo" (norma *especial*), O sujeito responde às penas do § 2º.

(b) Pode ser que determinada conduta infracional, contida numa norma "A", seja, ao mesmo tempo, *qualificadora* (circunstâncias que demandam maior cominação) de outra infração descrita na norma "B", *mais severamente punida*.

Assim, a lei pode estabelecer penas administrativas à simples conduta "*posse de substância tóxica nociva à saúde*"; mas, essa conduta pode ser *qualificadora* do ilícito cujo tipo *fundamental* é *atear fogo nas matas ou florestas*. O infrator responderá, apenas, pelo fato "qualificado" pela ordem jurídica.

Esquematicamente:

• infração ambiental "A" (*autônoma*): possuir substância tóxica nociva à saúde. Pena: multa de R$ 500,00;

• infração ambiental "B" – *tipo fundamental*: atear fogo em floresta. Pena: multa de R$ 5.000,00.

• *qualificadora da infração "B"*: se a infração é cometida por meio de substância tóxica nociva à saúde, a multa é aumentada de um terço.

No exemplo, o infrator responderá somente pela infração "B", na forma qualificada, pois esta prevalece sobre a infração "A".

Assim, um dos requisitos para aplicação do princípio da especialidade é a ofensa à *mesma* "*ordem administrativa*"; vale dizer, a conduta do infrator deve ofender ao mesmo bem jurídico, protegido pela norma. No exemplo, a conduta do infrator viola a proteção do meio ambiente (infração administrativo-ambiental). Se o sujeito violar deveres de ordens administrativas diversas (por exemplo, tributária e ambiental), o referido princípio não será utilizado.

Além disso, há necessidade de a infração imposta ao infrator (com a qualificadora) ter *maior gravidade punitiva* do que o ilícito anterior (infração "A"); caso isso não ocorra, ou seja, se a primeira infração ("A") tiver maior gravidade punitiva do que a "forma qualificada" da outra infração ("B"), aquela deverá prevalecer ("A"), pois funciona como "soldado de reserva".

(c) A norma jurídica pode conter, a par do tipo fundamental, circunstâncias que *atenuem penalidade administrativa*. Em casos tais, prevalecem estas.

Esquematicamente:

• Infração (*caput*): construir muro fora dos padrões determinados pelos órgãos municipais. Pena: multa de R$ 500,00;

• Parágrafo: a pena será reduzida de um sexto, na hipótese de o infrator, uma vez notificado pela autoridade competente, destruir o muro.

2. Princípio da consunção (*lex consumens derogat legis consumptae*) – Ocorre a consunção quando o fato previsto por uma norma está compreendido em outra de âmbito maior e, portanto, só esta se aplica.

(a) É o que acontece com a *tentativa* e a *consumação* do ilícito: se o sujeito pratica infração (infração consumada), não responderá por tentativa (se prevista no ordenamento jurídico-administrativo), pois esta ficaria *absorvida*.

(b) O mesmo ocorre quanto aos *atos preparatórios* de infrações administrativas, em relação à infração *consumada*.

1. A norma jurídica pode estabelecer constituir infração administrativa o singelo fato de *alguém manter artefatos de fogo nas proximidades de florestas*.

2. Mas, se o sujeito, com esses instrumentos, põe fogo na mata, pode estar sujeito a outra infração hipotética – *atear fogo na floresta*.

Ocorre *absorção* do primeiro "ilícito" (1), pois se trata de "*antefactum* não punível"; o infrator responderá somente pelas penalidades administrativas referentes ao fato de ter colocado fogo na mata (2). Os atos anteriores restam absorvidos.

(c) Uma pessoa (A) *instiga* outra (B) a *colocar fogo na floresta*; – "A" é mero "*partícipe*" da respectiva infração administrativa, praticada por "B" – *autor da infração* (foi este quem ateou fogo na floresta).

"A" responde pela *participação*, apenas quando *esta for pressuposto de penalidade administrativa*, isto é, se norma jurídica estabelecer a conduta do *partícipe* como *infração administrativa*.[18]

Entretanto, se "A" (partícipe), depois de *instigar* "B" (autor), resolver ajudá-lo, efetivamente, na prática ilícita, *também pondo fogo na mata*, será considerada "*autora*", pois *executa* o comportamento descrito na norma jurídica como infração (colocar fogo na floresta). A conduta inicial, isto é, a mera participação, fica *absorvida* pela autoria; "A" responde apenas pela infração *pôr fogo na mata*.

(d) Suponham-se dois comportamentos, estabelecidos em normas jurídicas diferentes: *infração "A"*: o sujeito, sem autorização do agente competente, em horário proibido, entra em imóvel, pertencente ao poder público; *infração "B"*: o sujeito, sem autorização do agente competente, em horário proibido, entra em imóvel, pertencente ao poder público, *com a finalidade de destruir artefatos que ali estariam depositados, sob a responsabilidade do Estado*. No exemplo hipotético, ambas as condutas constituiriam infrações administrativas *distintas*, estabelecidas em normas diferentes.

No caso concreto, se, para praticar a *segunda* infração (b), o infrator tiver de, *necessariamente*, cometer a *primeira* (a), esta restará *absorvida*, pois é *meio necessário* ao cometimento daquela.

3. Princípio da alternatividade – Ocorre o princípio da alternatividade quando *uma norma jurídica* prevê diversas condutas, alternativamente, como modalidades de uma *mesma infração administrativa*; mesmo que o infrator cometa mais de uma dessas "condutas alternativas", isto é, se, acaso, violar mais de um dever jurídico, será *apenado somente uma vez*.[19]

É comum no Direito Ambiental a norma jurídica determinar várias modalidades de conduta para a mesma infração. Por exemplo, o art. 11, do Decreto n. 3.179, de 21.9.1999, que regulamenta a Lei n. 9.605/1998, estabelece: "Art. 11. Matar, perseguir, caçar, apanhar, utilizar espécimes da fauna silvestre, nativos ou em rota migratória, sem a devida permissão, licença ou autorização da autoridade competente, ou em desacordo com a obtida: multa de (...)".

O infrator será apenado apenas uma vez, ainda que realize diversos comportamentos estabelecidos na norma. Por exemplo, se a pessoa caça e depois mata determinado animal silvestre, sofrerá uma reprimenda, a que for cominada à infração.

Assim dispõe o art. 193, da Lei n. 9.503, de 23.9.1997, que institui o Código de Trânsito Brasileiro: "Art. 193. Transitar com o veículo em calçada, passeios, passarelas, ciclovias, ciclofaixas, ilhas, refúgios, ajardinamentos, canteiros centrais e divisores de pista de rolamento, acostamentos, marcas de canalização, gramados e jardins públicos: Penalidade: multa (...)".

Ao menos em linhas gerais, se a pessoa transita com o veículo na calçada, na ciclovia e depois no acostamento, não cometerá tantas infrações quantos forem os deveres violados; trata-se de ilícito administrativo de "condutas múltiplas", e ele sofrerá única sanção, em face do princípio da alternatividade.

3.3 Tentativa de infração administrativa

De acordo com o Código Penal Brasileiro (art. 14, II), diz-se *tentado o crime*, quan-

18. Conforme veremos no item 3.4 deste trabalho, a *participação*, na infração administrativa, é punível somente quando a lei estabelecer essa possibilidade.

19. Para aplicação do referido princípio, as *diversas condutas alternativas* devem estar previstas numa *mesma norma jurídica*.

do, iniciada a execução, ele não se consuma por circunstâncias alheias à vontade do agente. Assim, são elementos da tentativa: (1) início da execução; (2) a interrupção dela, não vinculada à vontade do agente, por fatores alheios a esta.

Logo, não se pode admitir, sequer em tese, a tentativa de infração administrativa *culposa*. Na *culpa*, o infrator não deseja praticar a infração, mas ela subsiste, por imprudência, negligência ou imperícia; na tentativa, ao contrário, o infrator envida todos os esforços para cometer (*dolo*) a infração administrativa, a qual não se efetiva, devido a circunstâncias alheias à sua vontade.

Do mesmo modo, não se admite a tentativa nas infrações administrativas *omissivas*. Assim, "na condução do veículo, deixar de sinalizar para ingressar na via direita ou esquerda" não há forma tentada.

Apesar dessas *considerações ontológicas*, é preciso verificar se a *tentativa* é possível no âmbito *jurídico-administrativo brasileiro*.

De fato, a norma jurídica que prevê a tentativa tem *eficácia extensiva*, vale dizer, amplia o campo de aplicação da norma jurídica, que prevê a conduta e a respectiva penalidade.

Por isso, haveria menoscabo ao *princípio da legalidade* se houvesse ampliação temporal de norma jurídica (pressuposto de pena), sem que outra norma jurídica, de idêntica ou superior hierarquia, não a contemplasse.

Na expressão jusfilosófica, a norma jurídica da tentativa está "subordinada" à norma jurídica que estabelece a conduta e a pena. É que, sem esta, aquela não se estabelece, ou não tem eficácia; a primeira é secundária em relação à segunda. O caráter coercitivo da norma jurídica da tentativa depende de outra norma jurídica. Uma é primária; outra, secundária, não autônoma. Afirma o prolífico jurista Oswaldo Aranha Bandeira de Mello, citando eminente jusfilósofo: "Como esclarece Del Vecchio, há normas jurídicas primárias que, por si mesmas, e de modo direto, exprimem uma regra obrigatória de ação, e secundárias, que não são autônomas, e, por isso mesmo, o seu caráter coercitivo depende de outras, a que se reportam (cf. *Lezione di Filosofia del Diritto*, 5ª ed., Milano, Dott. A Giuffrè Editore, 1946, pp. 221-223)".[20]

Além do mais, não se pode utilizar a norma jurídica do Código Penal Brasileiro que prevê a tentativa, pois seria analogia *in malam partem*, vedada em tema de penalidades.

É preciso norma expressa. Por exemplo, *tentada* a exportação de bens tombados, serão seqüestrados pela União ou pelo Estado em que se encontrarem (cf. Decreto-lei n. 25, de 30.11.1937); a Lei n. 8.884, de 11.6.1994, que regula a repressão às infrações contra a ordem econômica, o art. 20 dispõe acerca dos efeitos, "*ainda que não alcançados*", de atos praticados pelo infrator sob qualquer forma manifestada; e o art. 27, IV, da mesma lei, consoante o qual, na aplicação das penas, serão levados em consideração, entre outros fatores, "*a consumação ou não da infração*".

3.4 Co-autoria e participação

Denomina-se *autor* a pessoa que pratica, efetivamente, a infração; é quem realiza a conduta, pressuposto da penalidade; pratica a ação verbal contida na norma jurídica. Assim, o motorista que *dirige* o veículo sem carteira de habilitação, o indivíduo que *ateia* fogo na mata são *autores* de infrações administrativas.

Já o *partícipe* é a pessoa que, embora não praticando a conduta descrita na norma, de outro modo concorre para a sua realização. A pessoa que *instiga* o motorista a *dirigir* o veículo sem a carteira de habilitação; e a pessoa que *fornece* aparatos para que outro indivíduo *coloque* fogo na mata, são consideradas *partícipes* do ilícito administrativo, porque não realizaram a conduta, por assim

20. *Princípios Gerais...*, cit., v. I, p. 265.

dizer, "típica", descrita na norma jurídica, ou seja, no primeiro caso, "dirigir sem a devida habilitação"; no segundo, "colocar fogo na mata".

Dispõe o art. 29, *caput*, do Código Penal Brasileiro: "Quem, *de qualquer modo*, *concorrer* para o crime incide nas penas a este cominadas, na medida de sua culpabilidade".

Em princípio, tanto o *executor* do homicídio (que mata a pessoa) quanto o indivíduo que *entrega* a arma ao homicida, respondem pelo *tipo penal* "matar alguém", descrito no art. 121, do Código Penal.

Entretanto, no Direito *Administrativo* há necessidade de norma jurídica determinar e regular a *co-autoria* na infração administrativa. Cuida-se de norma que expande, estende, amplia a eficácia de outra norma jurídica, a qual, por sua vez, contém a conduta ilícita e as conseqüências respectivas, isto é, as penalidades.

Não havendo norma jurídica, estabelecendo a co-autoria, se acaso diversos autores praticarem o ilícito, ainda que estejam previamente ajustados, com identidade de vontades, cada qual sofrerá a respectiva sanção, independentemente da conduta dos outros – isto é, as condutas serão consideradas "autônomas" uma das outra: cada autor responderá na medida de sua conduta, considerada isoladamente. Assim, se duas ou mais pessoas deixarem de cumprir as normas sanitárias, embora com desígnios de propósitos e ajustados, cada uma delas responderá pelo ilícito administrativo, autonomamente.

No Direito Tributário italiano, Lorenzo del Federico explica: "Todavia, a questão é mais complexa do que possa parecer. Na realidade, na falta de uma disposição que consinta a direta aplicação do artigo 11 *[o autor refere-se à Lei n. 689/1981]*, não pareceria exato falar de lacuna normativa, pois em tal caso deveria operar o esquema naturalístico, segundo o qual cada transgressor, que realiza por inteiro o ilícito, responde pela sanção autonomamente aplicável; portanto, não deveria encontrar espaço algum o princípio da solidariedade do artigo 11, e nem o princípio da concursualidade, do artigo 5º (...)".[21]

O tema tem especial relevo na *participação*: se determinada pessoa, embora não praticando a infração, isto é, não executando o tipo da norma, instiga ou induz alguém à prática do ilícito administrativo, na falta de texto expresso, *não responderá por seus atos*. Apenas os autores (executores) da infração administrativa serão punidos.

Os conceitos jurídicos de *autor* e de *partícipe* não se confundem. Como são diversas as categorias conceituais, somente por norma expressa pode-se atribuir à participação idênticas conseqüências jurídicas da autoria.

Acrescente-se, se houvesse aplicação da norma do Direito Penal relativa à co-autoria (art. 29), haveria analogia *in malam partem*, vedada em tema de sanções administrativas.

Assim, sem norma expressa, não se admite a co-autoria no ilícito administrativo.

Por exemplo, a citada Lei n. 9.605, de 12.2.1998, que dispõe sobre sanções penais e administrativas referidas ao meio ambiente, no art. 3º estabelece: "As pessoas jurídicas serão responsabilizadas administrativa, civil e penalmente conforme o disposto nesta Lei, nos casos em que a infração seja cometida por decisão de seu representante legal ou contratual, ou de seu órgão colegiado, no interesse ou benefício da sua entidade. Parágrafo único. A responsabilidade das pessoas jurídicas não exclui a das pessoas físicas, autoras, co-autoras ou partícipes do mesmo fato".[22]

4. Conclusões

1. A interpretação da norma jurídica pelo agente público tem especial importância

21. *Le Sanzioni Amministrative nel Diritto Tributario*, p. 332, tradução nossa.

22. Cf. Heraldo Garcia Vitta, *A Sanção no Direito Administrativo*, pp. 127 e ss.

prática, pois os problemas dos particulares, em face do Estado, resolvem-se por meio de processos ou expedientes administrativos, providos de defesa e contraditório, e dirigidos por pessoas técnicas, capacitadas. Esse processo administrativo deve ser motivado, com ampla publicidade, servindo como mecanismo de controle da atividade pública.

2. A fim de aplicar a lei, o agente público, deve interpretá-la, adequadamente, isto é, conhecer o sentido, alcance e conteúdo da norma jurídica, os *deveres-competências* e os *instrumentos-poderes* de atuação do Estado. Ao aplicar a norma, o servidor deve verificar as circunstâncias do caso concreto, a questão fática, o interesse público protegido pela norma.

3. O concurso real de normas (material, formal e continuado), estudado no Direito Penal, em princípio, é próprio desse ramo jurídico, não se afeiçoando aos ditames do Direito Administrativo. Este ramo do Direito deve estabelecer normas específicas a respeito do concurso real de normas; no silêncio da lei, há o cúmulo material de infrações administrativas.

4. O mesmo não ocorre no concurso, ou conflito, aparente de normas, no qual os dogmas ou princípios do Direito Penal podem ser aplicados no Direito Administrativo, por motivo de eqüidade e justiça, evitando-se punições severíssimas, ou *bis in idem*.

5. A tentativa, a co-autoria e a mera participação, institutos, a rigor, conhecidos e estudados no Direito Penal, quanto às infrações e penas dessa seara do Direito, não se aplicam, automaticamente, no Direito Administrativo, na medida em que este ramo jurídico deverá estabelecer as respectivas regras. No silêncio da lei, não há punição na tentativa e na mera participação de infrações administrativas; quanto à co-autoria, cada um dos agentes responderá autonomamente, isto é, sem levar em conta a conduta do outro sujeito que praticou a infração.

Jan./2008.

Bibliografia

BANDEIRA DE MELLO, Celso Antônio. *Curso de Direito Administrativo*. 24ª ed., São Paulo, Malheiros Editores, 2007.

BANDEIRA DE MELLO, Oswaldo Aranha. *Princípios Gerais de Direito Administrativo*. v. I, 3ª ed., Rio de Janeiro, Forense, 2007.

CAMMEO, Federico. *Corso di Diritto Amministrativo*. Firenze, Cedam, 1960.

CERBO, Pasquale. *Le Sanzioni Amministrative*. Milano, Giuffrè Editore, 1999.

COLLÉGE LIBRE DES SCIENCES SOCIALES – 1910. *Les Méthodes Juridiques*. Paris, V. Giard & E. Brière, 1911.

DEL FEDERICO, Lorenzo. *Le Sanzioni Amministrative nel Diritto Tributario*. Milano, Giuffrè, 1993.

DINIZ, Maria Helena. *Compêndio de Introdução à Ciência do Direito*. 8ª ed., São Paulo, Saraiva, 1995.

FERREIRA, Daniel. *Sanções Administrativas*. São Paulo, Malheiros Editores, 2001.

MAXIMILIANO, Carlos. *Hermenêutica e Aplicação do Direito*. 18ª ed., Rio de Janeiro, Forense, 2000.

MONTORO, André Franco. *Introdução à Ciência do Direito*. 23ª ed., São Paulo, Ed. RT, 1995.

PEPE, Carmine. *Ilecito e Sanzione Amministrativa*. Verona, Cedam, 1990.

VITTA, Heraldo Garcia. *Aspectos da Teoria Geral no Direto Administrativo*. São Paulo, Malheiros Editores, 2001.

______. *A Sanção no Direito Administrativo*. São Paulo, Malheiros Editores, 2003.

ZANOBINI, Guido. *Le Sanzioni Amministrative*. Torino, Fratelli Bocca, 1924.

PARECERES

CONCESSÃO DE SERVIÇO PÚBLICO. DIREITO À RETOMADA. CONDIÇÕES EM QUE SE DARÁ AO CABO DO PRAZO CONTRATUAL

CELSO ANTÔNIO BANDEIRA DE MELLO

Professor Titular de Direito Administrativo da Faculdade de Direito da PUC/SP – Professor Emérito da mesma Universidade

Ilustre Advogado expõe-nos os fatos abaixo, acosta documentos instrutórios e à vista deles formula-nos a seguinte

CONSULTA

Expressivo número de Municípios catarinenses, na década de 70, celebrou convênio (contrato) com a Cia. Catarinense de Águas e Saneamento/CASAN, tendo por objeto a *concessão* de exploração de serviços públicos municipais de abastecimento de água e coleta e disposição de esgotos sanitários. Segue cópia do convênio celebrado com o Município de ..., e respectiva lei autorizadora, valendo frisar que, em todas as dezenas e dezenas de convênios celebrados, o texto, do contrato e da lei, é idêntico. *Prazo de duração: 30 anos.*

À medida do advento do termo contratual, os Municípios estão tentando retomar os serviços, mas encontram ferrenha resistência da concessionária, que, para justificar sua negativa, invoca os arts. 35, § 4º, 36 e 42 e seus §§, todos da Lei de Concessões, combinados com o art. 3º, inciso I, da Lei 9.097/1995, e conclui, em síntese: *que o advento do termo contratual não importa a extinção da concessão, nem a reversão dos bens ao Poder concedente, senão depois da prévia indenização dos investimentos não amortizados ou dos bens não depreciados.*

À vista disto, indaga-se:

I – O § 2º do art. 42 da Lei 8.987, de 13.2.1995, aplica-se a concessões outorgadas antes do advento dessa lei, que estavam em vigor quando de sua publicação e cujo prazo de encerramento ocorreu após essa data?

II – A não-realização do levantamento previsto no § 4º do art. 35 da citada lei autoriza a concessionária a permanecer na exploração do serviço após a expiração do prazo contratual?

III – Considerando o disposto no art. 36 da Lei 8.987 e o que consta das Cláusulas 6ª e 14ª do convênio, no caso de a extinção da concessão dar-se por advento do termo contratual, a assunção dos serviços pelo Município está condicionada ao pagamento de indenização prévia?

IV – A Constituição de 1967 vedava a fixação de tarifas que, em sua composição, tivessem previsão de percentual destinado a amortizar ou recuperar os investimentos feitos pela concessionária?

V – A reversão constitui modalidade de desapropriação, a exigir indenização prévia?

Às indagações respondo nos termos que seguem.

PARECER

1. A Lei 8.987, de 13.2.1995, dispôs sobre o regime da concessão e permissão de serviços públicos, para dar cumprimento ao previsto no art. 175 da CF. Ante o fato de que em tal matéria era imensa a quantidade de situações fáticas irregulares ou, de todo modo, muito divergentes das disposições previstas nesta lei, tratou de oferecer, em suas "Disposições Finais e Transitórias", nos arts. 42 e ss., um tratamento específico àquelas que mencionou.

Ressalvou, na cabeça deste artigo, que seriam consideradas válidas pelo prazo fixado no contrato ou no ato de outorga as que haviam sido outorgadas antes da lei, excetuadas as instauradas sem licitação após a vigência da Constituição de 1988 (as quais seriam consideradas extintas, a teor do art. 43), e estabeleceu determinadas regras especiais para as específicas situações que arrolou no § 2º, segundo cujos termos:

"As concessões em caráter precário, as que estiverem com prazo vencido e as que estiverem em vigor com prazo indeterminado, inclusive por força de legislação anterior, permanecerão válidas pelo prazo necessário à realização dos levantamentos e avaliações indispensáveis à organização das licitações que precederão a outorga das concessões que as substituirão, prazo esse que não será inferior a 24 (vinte e quatro) meses."

Foram, como nele se lê, três – e unicamente três – as hipóteses em que determinou o reconhecimento de suas validades pelo prazo (que não seria inferior a 24 meses) necessário à efetivação das licitações para as concessões que as substituiriam, a saber:

(i) tratar-se de concessões que estavam existindo em caráter precário;

(ii) tratar-se de concessões com prazo vencido;

(ii) tratar-se de concessões que estivessem em vigor por prazo indeterminado, ainda que por força de legislação anterior.

Ora bem, no caso que nos foi submetido à consulta, (i) *não se trata de concessões em caráter precário*, mas regularmente firmadas e com previsão de prazo de 30 anos. Além disto, (ii) *quando sobreveio a lei em apreço não estavam com prazo vencido*, mas em pleno vigor. Também (iii) *não se está a tratar de concessões com prazo indeterminado*, fosse ou não por força de legislação precedente, visto que, como dito, sua vigência foi prevista por um trintênio. Logo, é claro a todas luzes que o preceptivo em causa nada, absolutamente nada, tem a ver com as concessões a que alude a consulta.

Assim, é evidente que a elas não se aplica o disposto no § 2º do art. 42 da Lei 8.987, já que dito preceptivo está reportado a situações completamente distintas do que foi objeto de indagação. Em suma: o artigo em pauta cogita de hipóteses em tudo e por tudo estranhas às relações travadas entre a CASAN e os Municípios de Santa Catarina que foram propostas como objeto da consulta. Tão radicalmente díspares são as respectivas situações, e tão óbvio o descabimento da aplicação do art. 42, § 2º, da Lei 8.987 ao caso *sub examine*, que chega a causar surpresa a formulação de questão que ponha em causa tal tópico.

2. Cumpre, desde logo, lembrar que, à exceção do ensino, saúde, assistência social e previdência, todo serviço público é *res extra commercium*. Por isto a completa e total disponibilidade sobre ele assiste à pessoa jurídica de capacidade política (União, Estados, Distrito Federal e Municípios) a cuja órbita o serviço pertença, de sorte que concessionário só pode prestá-lo *se, quando, como e enquanto* seu titular considerar conveniente ao interesse público. Com efeito, tal serviço está inamovivelmente sediado na esfera pública. Foi o que, de outra feita, em obra teórica dissemos. *Sic*:

"Só há concessão de serviço público quando o Estado considera o serviço em causa como próprio e como privativo do Poder Público.

"Em rigor, por ser público e privativo do Estado, o serviço é *res extra commercium*, inegociável, inamovivelmente sediado na esfera pública, razão por que não há transferência da titularidade do serviço para o particular.

"Só as pessoas de natureza pública podem ser titulares, ter como próprias as atividades públicas. Um particular jamais poderá reter (seja pelo tempo que for) em suas mãos, como senhor, um serviço público. Por isso, o que se transfere para o concessionário – diversamente do que ocorre no caso das autarquias – é tão-só e simplesmente o exercício da atividade pública.

"O Estado mantém, por isso mesmo, sempre e permanentemente, total disponibilidade sobre o serviço concedido. Daí se segue que *o concessionário o desempenhará se, quando, como e enquanto* conveniente ao interesse público" (*Curso de Direito Administrativo*, 21ª ed., São Paulo, Malheiros Editores, 2006, Capítulo XII).

É Zanobini quem, com magistral proficiência, observa, a propósito dos particulares investidos de poderes públicos: "di tali poteri questi soggetti non hanno mai la titolarità, ma possono avvere soltanto l'esercizio, in forza di una concessione fatta dello Stato e sempre da questo revocabile senza che l'ente venga meno" (Guido Zanobini, *Corso di Diritto Amministrativo*, vol. I, Pádua, CEDAM, 1944, p. 139).

Compreende-se que assim seja. Não é apenas a índole da atividade que determina irremissivelmente esta situação. Deveras, além disto, para o concessionário a prestação do serviço é tão-só um *meio* através do qual obtém o fim que almeja: o *lucro*. De revés, para o concedente, o lucro que proporciona ao concessionário é tão-só o *meio* pelo qual busca o atendimento de sua *finalidade*, da qual aliás, não tem o direito de se desgarrar: a *boa prestação do serviço*. Foi o eminente precitado mestre Zanobini quem, com precisão e perfeição, averbou:

"(...) nel soggetto privato, il fine, che questo si propone nell'esercizio della pubblica funzione, è distinto dal fine statuale a cui questa funzione provvede, perchè è un fine privato, di solito un fine di lucro. Si può dire, anzi, che il servizio pubblico, o la pubblica funzione, serve di mezzo al privato per conseguimento di questo suo fine personale" (*Corso di Diritto Amministrativo*, vol. I, p. 181).

O regime da concessão procede da lógica da situação instaurada nestes termos.

Ao Estado assistem todas as garantias necessárias à obtenção de seu desiderato. Por esta razão, pode dispor livremente sobre as condições de prestação do serviço e modificá-las sempre que o interesse público o reclamar, assim como retomá-lo sem que caiba oposição do concessionário.

Independentemente, então, das razões previamente anotadas, a simples disparidade dos interesses em conflito já seria suficiente, pois, para se chegar à incontendível conclusão de que seria teratológico admitir um "direito de retenção", típico de relações de direito privado, por parte de concessionário que tivesse pretensões a alguma compensação econômica excedente da que retirou por meio das tarifas auferidas por longuíssimo período. Para que existisse tão surpreendente possibilidade seria necessário, quando menos, disposição legal explícita e incontestável atribuindo-lhe tal rebarbativo direito. Retenção de um serviço público a título de garantia de indenização é algo literalmente disparatado.

3. A Lei 8.987, de 13.2.1995, em seu art. 35, § 4º, estatui que, nos casos de extinção da concessão por advento do termo contratual e nos de encampação, o concedente, antecipando-se à extinção, deve proceder aos levantamentos e avaliações necessários à determinação dos montantes da indenização que será devida à concessionária, na forma dos arts. 36 e 37.

Sem embargo, a não-realização tempestiva do levantamento a que alude o artigo poderá ter quaisquer conseqüências mas, seguramente, não a de obstar à disponibilidade do concedente sobre o serviço, porquanto isto significaria fazer prevalecer o interesse de um particular concessionário sobre o interesse da coletividade representada pelo titular do serviço.

Não se crê que isto pudesse ser aceito em nosso Direito, e por isto o referido artigo impõe a obrigação aludida, *mas não impõe como consectário dela a retenção do serviço pelo concessionário*, tanto que, como além melhor se dirá, *só exigiu a indenização prévia* quando se tratasse de encampação, e não na hipótese de expiração de prazo. De resto, como também se esclarece mais adiante, nesta última hipótese a presunção é de que já terá havido plena satisfação dos objetivos patrimoniais do concessionário.

O que pode ocorrer, então é que, se porventura a concessionária viesse a provar ulteriormente em juízo que ainda tinha algo a receber (hipótese estranha e de dificílima ocorrência, em face das Cláusulas 6ª e 8ª do convênio), o concedente seria constrangido a pagar juros de mora e eventuais perdas e danos pelo atraso advindo da inexistência do tempestivo levantamento a que alude o § 4º do art. 35 da lei. O certo, pois, é que a concessionária não pode de modo algum permanecer, contra a vontade do concedente, na exploração do serviço após a expiração do prazo contratual. De resto, o único título que a habilitava a isto, o "contrato" (na linguagem da lei), consuma-se com o advento do termo previsto – isto é, nada mais sustenta sua permanência à testa do serviço.

4. Anote-se que o art. 36 da Lei 8.987 cifra-se a enunciar a regra geral segundo a qual há um dever do concedente de indenizar os investimentos vinculados a bens reversíveis *não amortizados ou depreciados e que foram feitos a bem da continuidade e atualização do serviço*. São estes seus termos literais:

"A reversão no advento do termo contratual far-se-á com a indenização das parcelas dos investimentos vinculados a bens reversíveis, ainda não amortizados ou depreciados e que tenham sido realizados com o objetivo de garantir a continuidade e atualidade do serviço concedido."

Aí, pois, fala-se em "indenização do que não foi amortizado ou depreciado" e não do que já tenha sido amortizado ou depreciado. Além disto, também não se diz que tal indenização, ao cabo do termo contratual, quando cabível, deverá ser prévia. Este requisito foi – isto, sim – expressamente previsto em único caso: *o da encampação*, que é justamente a retomada do serviço *antes da conclusão do prazo previsto para encerramento da concessão*, algo totalmente distinto de uma concessão com prazo vencido. É o que se lê no art. 37 da lei em apreço:

"Considera-se encampação a retomada do serviço pelo Poder concedente durante o prazo da concessão, por motivo de interesse público, mediante lei autorizativa específica e após prévio pagamento da indenização, na forma do artigo anterior."

Ora, se a lei estabeleceu dita previsão em um caso específico e não estabeleceu nos demais, é claro que pretendeu restringir-lhe a obrigatoriedade à hipótese contemplada,e não a quaisquer outras.

5. Ressalte-se que a Cláusula *6ª* do Convênio explicita que as tarifas deverão atender à *amortização dos investimentos*, à *cobertura dos custos de operação e manutenção* e à *provisão de reservas tanto para* **depreciação do equipamento** *como para financiamento e expansão dos serviços*. Ou seja: as tarifas devem dar conta de todo e qualquer ônus do concessionário no que atina ao investimento necessário e à prestação do serviço. De acordo com a mesma cláusula – consagradora, aliás, de um estuporante absurdo – é a própria concessionária – e não o concedente – *quem fixa e reajusta as tarifas de maneira a acobertar os dispêndios aludidos*. *Sic*:

"A CASAN fixará, reajustará e arrecadará as tarifas relativas aos serviços concedidos, de forma a atender à amortização dos investimentos, à cobertura dos custos de operação e manutenção, bem como à provisão de reservas para depreciação e financiamento da expansão e melhoramentos.

"Além das tarifas mencionadas a CASAN promoverá, aditivamente, a arrecadação de quaisquer tributos que venham a incidir sobre os serviços concedidos."

Embora toque as raias do inimaginável atribuir ao "contratado" do Poder Público o poder de fixar e reajustar, ao seu critério, a própria remuneração, ademais, assegurando-o expressamente no dever e no direito de produzir por tal meio o mais total e completo acobertamento de seus custos e investimentos, foi isto o que na época se fez.

Não é o caso de analisar o restante do "convênio", o qual se constitui em um relacionamento escandalosamente leonino, no qual a Prefeitura se coloca em estado de radical submissão ao seu contratado, ao ponto de ficar proibida de conceder isenções tarifárias a pessoa de direito privado ou público, renunciando, pois, a irrenunciáveis poderes constitucionais (Cláusula 7ª), de aceitar as normas do regulamento desta empresa, "que passa a integrar o contrato" (Cláusula 13ª), de aceder previamente a que a contratada transfira total ou parcialmente, se o desejar, direitos e obrigações decorrentes do convênio a empresas subsidiárias "ou *outras*, particulares ou públicas" (Cláusula 11ª).

Estas são apenas algumas amostras da esmagadora supremacia da concessionária sobre a concedente, do privado sobre o público. Evidentemente, escândalo deste porte só pode ocorrer porque tais "convênios" foram impostos "goela a dentro" dos Municípios durante o período do golpe militar, época em que as imposições castrenses se realizavam sem qualquer consideração a comezinhos princípios de Direito ou mesmo às competências próprias das distintas pessoas jurídicas de direito público de capacidade política.

6. Eis, pois, que a simples leitura da Cláusula 6ª já exibe a impossibilidade de a concessionária ter algo a receber da concedente ao cabo dos 30 anos da concessão (Cláusula 12ª). Com efeito, foi ela própria quem estipulou quanto queria receber e quando e quanto queria reajustar para vir a se encontrar, ao final do prazo, absolutamente saciada por todos os dispêndios que efetuou ou que efetuasse, assim como pela captação do lucro. Aliás, este privilégio não era apenas um direito, mas um dever, por se constituir na forma *convencionalmente ajustada de acobertamento dos encargos implicados na prestação do serviço e sua melhoria*.

Dessarte, quando a Cláusula *14ª* estabeleceu que a rescisão só se efetivaria com a entrega à Prefeitura dos bens afetos ao serviço, depois de indenizada a concessionária pelos investimentos feitos, monetariamente corrigidos *e deduzida a contribuição da concedente prevista na Cláusula 8ª*, é bem de ver que seus termos só podem afetar *o que a concessionária acaso tenha a devolver em relação a este último montante*, pois no que atina ao demais terão de estar cobertos pelas tarifas, a teor do previsto na Cláusula *6ª*. É que a Cláusula 8ª previu que a concedente concorreria com uma parcela de, no mínimo, 25% do custo dos investimentos. Assim, quaisquer levantamentos a serem feitos para fins de apurar eventuais valores a descoberto só podem dizer respeito ao que a Prefeitura tenha a receber por força destes 25%.

Em suma: à vista do que foi previsto na Cláusula 6ª e mesmo ao lume do que ensina a doutrina quanto à composição patrimonial no encerramento do prazo da concessão, presume-se que já houve, ao se implementar o termo final dela, a plena satisfação dos interesses patrimoniais do concessionário. Nós mesmos, na obra retrocitada, a respeito, averbamos:

"Finalmente, é bem de ver que, no ato da concessão, os prazos fixados, quando longos, e as tarifas estabelecidas – que não são, já se viu, imutáveis, mas constituem elementos para composição da equação econômico-financeira –, ao delinearem o conteúdo patrimonial do acordo, são estabelecidos em vista não só de proporcionar lucro ao concessionário, mas também de amortizar-lhe o capital, paulatinamente. Por isso, quando a concessão se extingue por expiração de prazo, os bens aplicados ao serviço já estarão amortizados e o lucro esperado já terá sido fruído (salvo quando hajam ocorrido inversões em época próxima à do advento do termo previsto para ela). Segue-se, então, que a reversão do equipamento é conseqüência natural, pois o concessionário já haverá extraído da concessão tudo o que patrimonialmente podia esperar dela: lucro e compensação do capital investido, cuja equivalência haverá percebido ao longo do período de exploração do serviço" (*Curso de Direito Administrativo*, 21ª ed., Capítulo XII, n. 79).

Visto isto, deve-se entender que, encerrado o longo prazo da concessão, já ocorreu uma prévia indenização da concessionária – presunção, esta, que, se acaso puder ser desfeita, terá de sê-lo por apuração a ser efetuada *depois de retomada a concessão*.

7. A Consulente quer saber, ainda, se a Carta de 1967, dita Constituição, vedava a fixação de tarifas inclusivas do necessário para amortização dos investimentos do concessionário.

É difícil imaginar o que teria originado tal dúvida, visto que no referido Diploma nada, absolutamente nada, poder ser encontrado que sugira tão estapafúrdia hipótese. Com efeito, naquela Carta as únicas referências a tarifas são as residentes no art. 160, de acordo com o qual:

"Art. 160. A lei disporá sobre o regime das empresas concessionárias de serviços públicos federais, estaduais e municipais, estabelecendo:

"I – obrigação de manter serviço adequado;

"II – tarifas que permitam a justa remuneração do capital, o melhoramento e a expansão dos serviços e assegurem o equilíbrio econômico e financeiro do contrato;

"III – fiscalização permanente e revisão periódica das tarifas, ainda que estipuladas em contrato anterior."

Nem mesmo o mais desavisado dos intérpretes daí extrairia alguma vedação a que as tarifas acobertassem o investimento, pois do fato de se prever lei federal que estabeleça tarifas justas para remunerar o capital, melhorar e expandir os serviços e assegurar equilíbrio econômico-financeiro, a toda evidência, não se segue que seja interdito abranger nelas o necessário à amortização do investimento.

Pelo contrário, do momento em que ali se fala em assegurar, através das tarifas, o "equilíbrio econômico e financeiro do contrato", toda vez que haja previsão de reversão de bens ao se completar o prazo da concessão estará, *ipso facto*, presumido que as tarifas devem incluir o necessário para amortizar o investimento; caso contrário não haveria o exigido "equilíbrio econômico-financeiro" do contrato, mas o inverso disto.

Eis, pois, que afirmar que a Carta de 1967 proibia o acobertamento do investimento pelas tarifas seria um absurdo de proporções escandalosas.

8. Indaga, finalmente a consulta se procederia estabelecer um dever de indenização prévia para a reversão de bens na concessão com base em similitude jurídica com a exigência constitucional dessarte feita em tema de desapropriação.

É absolutamente impossível, do ponto de vista jurídico, filiar alguma indenização prévia ao cabo de concessão a uma suposta similitude ao caso da desapropriação. Entre as duas situações há diferenças literalmente abissais.

A desapropriação, como se sabe, é fruto do exercício da supremacia geral do Estado, fundada unicamente na vontade do Poder Público, sendo, pois, absolutamente *irrelevante qualquer vontade do particular em aceder ou não a ela*, uma vez atendidos os pressupostos de sua decretação. Ao decidir desapropriar o Estado funda-se tão-só no exercício da prerrogativa, que a Constituição lhe confere, de demitir compulsoriamente alguém de uma propriedade, suscitada por uma necessidade pública, uma utilidade pública ou um interesse social, todos da mais variada espécie e tipologia.

Já a reversão dos bens na concessão é fruto de uma relação jurídica *consensual*, considerada entre nós como um contrato. É o quanto basta para perceber o mais cabal descabimento de imaginar a reversão como modalidade de desapropriação. É conhecida a parêmia *volenti non facit injuria*. Deveras, ela só existe em decorrência de vínculo prévio constituído ao qual está atrelada: o da concessão – vínculo, este, que jamais se formaria sem a *aquiescência* daquele que vem a ser o concessionário. Sem ele não haveria cogitar-se da reversão de bens, diversamente do que ocorre nos casos de desapropriação, que se desencadeia sem que tenha de existir previamente algum liame entrelaçador das partes.

9. Implantada a questão em raízes teóricas mais profundas, de imediato se é advertido para o fato de que um e outro destes institutos se alocam em tópicos jurídicos muito distintos, pois a reversão de bens na concessão é fruto da chamada "supremacia especial" ou "sujeição especial", ao passo que a desapropriação radica na chamada "supremacia geral".

Não é o caso de desenvolver, neste passo, o discrímen destas figuras, notórias nos Direitos Alemão (de onde promana), Italiano e Espanhol, embora praticamente ignoradas pela doutrina brasileira. Basta referir que nas hipóteses da chamada supremacia geral as prerrogativas públicas emanam diretamente da lei, ao passo que nos casos de supremacia especial as prerrogativas procedem diretamente de uma relação específica travada entre o Poder Público e alguém, sem prejuízo de estarem reportadas a uma lei que lhes serviu de estribo último (sobre o tema fizemos exposição mais detida no *Curso de Direito Administrativo*, precitado, 21ª ed., no Capítulo XIV, ns. 12-15).

De resto, é uma inerência da própria concessão a reversão de bens ao final dela, em todos os casos em que a implantação de bens ao solo corresponde a uma necessidade da prestação do serviço. Efetuá-la interessa tanto ao concedente como ao concessionário. Ao respeito, de outra feita, em obra teórica dantes referida, averbamos o que segue:

"Com efeito, os bens aplicados ao serviço pouca ou nenhuma significação econômica teriam para o concessionário, apresentando, pelo contrário, profundo interesse para o concedente. Realmente, a utilidade dos bens aplicados ao serviço só existe para o concessionário enquanto desfruta desta situação jurídica. Figuremos alguns exemplos para demonstrá-lo. Os vagões ferroviários, as locomotivas, os pátios de manobras, as estações de embarque e desembarque de passageiros ou cargas, os trilhos, só podem ser utilizados, adquirindo, assim, expressão econômica, por um concessionário de transporte ferroviário. Sem esta qualidade a empresa nada poderá fazer com eles, e pouco proveito econômico poderá extrair deles. Reversamente, para o Poder Público eles se constituem precisamente nas condições indispensáveis para prosseguir o serviço.

"Os diques, os cais de embarque e desembarque em um porto marítimo, os guindastes, os pequenos ramais ferroviários de transporte, os armazéns, as dragas marítimas, só apresentam significação de alta valia econômica para um concessionário de serviços portuários enquanto desfrutar desta qualidade jurídica. Ao desafetá-los daquela utilidade, não terá como empregá-los, pois se constituem em equipamentos, aderentes ao solo ou não, cuja significação econômica está intimamente relacionada com uma utilização que só pode ser realizada em razão do título jurídico de concessionário de serviços portuários. De revés, para o Poder concedente são indispensáveis à continuação do serviço.

"Sobremais, substancial parte dos equipamentos em uma concessão de serviço público é constituída de edificações ou bens que aderem ao solo e que não podem ser removidos ou que, em sendo removíveis, perdem nisto toda ou muita de sua substância econômica. Pense-se nas edificações de centrais elétricas, torres de retransmissão, usinas de transformação ou geradores de energia ou, para retornar aos exemplos anteriores, nos armazéns e cais de embarque e desembarque de cargas ou de passageiros.

"Daí que ao concessionário pequena significação econômica tem o equipamento necessário à prestação do serviço, uma vez finda a concessão. Reversamente, para o concedente eles se constituem na indispensável condição para continuidade do serviço."

Assim que, a respeito da cláusula de reversão, disse o eminente mestre Marcel Valine: "Cette clause se légitime au profit du concédant qui a besoin de ces objets pour continuer immédiatement l'exploitation et au profit du concessionnaire, qui ne saurait que faire de ces objets désormais sans utilité pour lui" (*Droit Administratif*, 9ª ed., Paris, Sirey, 1963, p. 727, n. 1.238).

Assim, pois, não há que estabelecer qualquer relação entre a forma e o dever de indenizar os bens revertidos ao cabo da conclusão do prazo de uma concessão de serviço público e a forma de indenizar bens desapropriados. Como se viu, tratase de institutos jurídicos profundamente distintos e que não comportam qualquer assimilação.

10. Ante todo o exposto e considerado, às indagações da consulta respondo:

I – O § 2º do art. 42 da Lei 8.987, evidentemente, não se aplica a concessões a prazo certo outorgadas antes de seu advento e cujo prazo de encerramento ocorreu depois da publicação da lei.

II – A não-realização do levantamento previsto no § 4º do art. 35 da citada lei de modo algum autoriza a concessionária a permanecer na exploração de serviço após a expiração do prazo contratual, podendo apenas ensejar, se for o caso, o pagamento de juros de mora e perdas e danos.

III – Considerando o disposto no art. 36 da Lei 8.987 e o que consta das Cláusulas 6ª e 14ª do convênio celebrado entre a CASAN e Municípios catarinenses, a assunção dos serviços concedidos ao cabo da expiração do prazo da concessão não está condicionada ao pagamento de alguma indenização prévia, senão a daquela mesma que resultou da cobrança de tarifas ao longo da concessão; no caso concreto, o presumível é que a CASAN tenha dívidas a serem cobradas pelo Município, a teor da Cláusula 14ª combinada com a 8ª do Convênio.

IV – A Constituição de 1967 não vedou a fixação de tarifas que em sua composição acobertassem a amortização do capital investido pelo concessionário; pelo contrário: ela presume tal acobertamento.

V – A reversão não se constitui em modalidade de desapropriação e que estivesse, por isso mesmo, a exigir pagamento de prévia indenização. Antes, são institutos de tal modo distintos e com fundamentos tão diversos que qualquer assimilação entre eles deve ser rejeitada, como um equívoco de grandes proporções.

É o meu parecer.

São Paulo, 7 de março de 2007

REFERENDO POPULAR SOBRE MATÉRIA ADMINISTRATIVA – CONSTITUCIONALIDADE

GILBERTO BERCOVICI

Professor Associado da Faculdade de Direito da USP
– Doutor em Direito do Estado e Livre-Docente em Direito Econômico
pela Faculdade de Direito da USP

CONSULTA

O Município de Fortaleza, por intermédio de seu Procurador-Geral, Dr. Martonio Mont'Alverne Barreto Lima, honra-me com a formulação da seguinte consulta, para análise e produção de parecer:

É constitucional a aplicação da Lei municipal 8.025, de 14.6.1997, para fins de submeter a consulta popular por referendo empreendimento imobiliário detentor de licença ambiental e alvará de construção aprovados?

PARECER

1. A presente consulta trata da polêmica gerada pelo empreendimento "Empresarial Iguatemi", do grupo empresarial "Jereissati Centros Comerciais S/A", cujo projeto foi submetido à aprovação perante os órgãos municipais de controle urbano, obtendo aprovação inicial. No entanto, devido ao fato de sua construção estar projetada para as margens da área de preservação do Parque do Rio Cocó (onde já se localiza o "Shopping Center Iguatemi", do mesmo grupo), houve um verdadeiro clamor por parte da sociedade civil – cuja entidade de maior representatividade é a "SOS Cocó" – e da população, contrários à construção de mais um empreendimento de grande porte a pouco mais de 50m das margens da área de preservação permanente.

Atendendo a esta reivindicação, a Prefeita de Fortaleza provocou a Câmara Municipal para, nos termos da Lei municipal 8.025/1997, deliberar acerca da expedição de decreto legislativo convocatório de referendo[1] sobre a possibilidade de realização

1. Desde já relembro que se trata de referendo, e não plebiscito. Afinal, o referendo é convocado sempre depois da adoção ou edição de atos normativos (constitucionais, legislativos ou administrativos), servindo para confirmar ou rejeitar atos normativos (*lato sensu*) em vigor. O plebiscito, por sua vez, é uma consulta sobre medidas futuras. V., por todos, Maria Victória de Mesquita Benevides, *A Cidadania Ativa: Referendo, Plebiscito e Iniciativa Popular*, São Paulo, Ática, 1991, pp. 39-41 e 132-133.

Esta distinção, consagrada doutrinariamente, foi a adotada também pelo art. 2º da Lei 9.709, de 18.11.1998.

do referido empreendimento junto à área de preservação ambiental.

2. Em primeiro lugar, devo ressaltar que consiste obrigação constitucional do Município de Fortaleza zelar pela qualidade de vida de sua população, incluída aqui a preservação do meio ambiente (arts. 23, III, VI e VII, 182 e 225 da CF de 1988). A concessão de licença ambiental e a aprovação de alvará de construção não consistem direitos adquiridos do particular outorgado em relação à Administração outorgante quando se constata, inclusive posteriormente, que a realização do projeto aprovado pode gerar prejuízos de muito maior monta para a totalidade da população. Aqui, tratase, em um primeiro momento, da clássica contraposição entre o interesse público e os interesses privados. Preservar e agir de acordo com o interesse público[2] é o dever fundamental da Administração Pública; ou seja, o interesse público é indisponível por parte da Administração Pública, fundamentando o que Rogério Ehrhardt Soares denomina de "dever da boa administração": o administrador público deve atuar, e esta atuação deve ocorrer em uma determinada direção, expressa nas diretrizes e princípios constitucionais.[3]

Nas palavras de Celso Antônio Bandeira de Mello:

"Quem exerce 'função administrativa' está adscrito a satisfazer interesses públicos, ou seja, interesses de outrem: a coletividade. Por isso, o uso das prerrogativas da Administração é legítimo se, quando e na medida indispensável ao atendimento dos interesses públicos: vale dizer, do povo, porquanto nos Estados Democráticos o poder emana do povo e em seu proveito terá de ser exercido".[4]

Mesmo os autores que recentemente vêm defendendo a "relativização", ou mesmo o fim, da supremacia do interesse público sobre os interesses privados[5] concordam que é dever do Estado e da Administração Pública a proteção aos direitos fundamentais,[6] como, no caso aqui analisado, o direito ao meio ambiente equilibrado e a proteção à qualidade de vida da população. Caso a concessão de licença ambiental e alvará de construção realmente configurasse direito adquirido do particular, este caso seria, na melhor das hipóteses, um típico caso de conflito entre direitos fundamentais. Mas nem disto se trata, pois a tentativa contestada de realizar referendo diz respeito à localização do empreendimento em terreno limítrofe à área de preservação ambiental, não é a contestação do empreendimento em si – o que

2. Sobre a supremacia do interesse público, v.: Celso Antônio Bandeira de Mello, *Curso de Direito Administrativo*, 20ª ed., São Paulo, Malheiros Editores, 2006, pp. 58-75 e 85-88; e Maria Sylvia Zanella Di Pietro, *Direito Administrativo*, 20ª ed., São Paulo, Atlas, 2007, pp. 59-62.

3. Rogério Guilherme Ehrhardt Soares, *Interesse Público, Legalidade e Mérito*, Coimbra, Faculdade de Direito da Universidade de Coimbra, 1955, pp. 179-205; e Celso Antônio Bandeira de Mello, *Curso de Direito Administrativo*, 20ª ed., pp. 62-63.

4. Celso Antônio Bandeira de Mello, *Curso de Direito Administrativo*, 20ª ed., p. 60.

5. V., por todos, Peter Häberle, *Öffentliches Interesse als juristisches Problem: Eine Analyse von Gesetzgebung und Rechtsprechung*, 2ª ed., Berlim, Berliner Wissenschafts Verlag, 2006, especialmente pp. 52-53, 60-70 e 525-552. No Brasil, v. a obra coletiva *Interesses Públicos "Versus" Interesses Privados: Desconstruindo o Princípio de Supremacia do Interesse Público*, Daniel Sarmento (org.), Rio de Janeiro, Lumen Juris, 2005.

6. Peter Häberle, *Öffentliches Interesse als juristisches Problem: : Eine Analyse von Gesetzgebung und Rechtsprechung*, 2ª ed., pp. 351-359; Daniel Sarmento, "Interesses públicos *vs.* interesses privados na perspectiva da teoria e da filosofia constitucional", pp. 79-109, e Paulo Ricardo Schier, "Ensaio sobre a supremacia do interesse público sobre o privado e o regime jurídico dos direitos fundamentais", pp. 217-242, ambos ensaios publicados na já referida obra coletiva (Daniel Sarmento (org.), *Interesses Públicos "Versus" Interesses Privados: Desconstruindo o Princípio de Supremacia do Interesse Público*).

descarta qualquer argumento em relação a algum suposto direito adquirido[7] do particular em relação à Administração Pública.

Deste modo, o Poder Público Municipal de Fortaleza poderia, simplesmente, ter cassado a licença e o alvará do referido empreendimento, com a ocorrência do que se denomina "caducidade" do ato administrativo – ou seja, com o desaparecimento do pressuposto de fato em vista do qual o ato foi emitido ou com a edição de norma jurídica que torna inadmissível a situação anterior,[8] que justifica sua extinção.

No entanto, a Prefeita Municipal, ao invés de decidir unilateralmente sobre o empreendimento, resolveu, acertadamente, tornar concretas as disposições constitucionais e legais sobre a "gestão democrática da cidade" (art. 182 da CF de 1988; art. 43 da Lei 10.257, de 10.7.2001 – o "Estatuto da Cidade"; e arts. 2º e 59 a 62 da Lei Orgânica do Município de Fortaleza),[9] solicitando à Câmara Municipal que se manifestasse sobre a realização de um referendo versando a realização, ou não, do empreendimento na área limítrofe ao Parque do Rio Cocó. Ou seja, não trata, a proposta de referendo, da realização, ou não, do empreendimento – o que poderia violar o princípio da boa-fé da Administração Pública.[10] Mas trata a proposta da realização, ou não, do empreendimento na área limítrofe do Parque do Rio Cocó, cuja preservação interessa a toda a população de Fortaleza, independentemente dos lucros maiores ou menores que os investidores privados poderão obter com a localização do mencionado empreendimento empresarial.

3. A importância da participação popular e da democracia participativa é reiteradamente demonstrada nos ensinamentos de Paulo Bonavides, que vê na democracia

7. A doutrina brasileira, em sua imensa maioria, adota ainda uma concepção subjetivista de *direito adquirido*, inspirada no italiano Gabba. Para Clóvis Beviláqua, *direito adquirido* é "o direito incorporado ao patrimonio do individuo" (*Theoria Geral do Direito Civil*, 2ª ed., Rio de Janeiro, Francisco Alves, 1929, p. 23). Defendendo posição distinta, v. a convincente argumentação de Daniel Sarmento, "Direito adquirido, emenda constitucional, democracia e justiça social", in *Livres e Iguais: Estudos de Direito Constitucional*, Rio de Janeiro, Lumen Juris, 2006, pp. 24-31.

Esta argumentação tradicional favorável ao direito adquirido não prevaleceu no julgamento da ADI 3.105-DF, em que a maioria dos ministros do STF votou pela constitucionalidade da cobrança da contribuição previdenciária dos inativos, entendendo não existir direito adquirido contra cobrança de tributo a partir de fato gerador futuro.

8. V., por exemplo, Celso Antônio Bandeira de Mello, *Curso de Direito Administrativo*, 20ª ed., p. 416; Maria Sylvia Zanella Di Pietro, *Direito Administrativo*, 20ª ed., p. 218; e Régis Fernandes de Oliveira, *Ato Administrativo*, 3ª ed., São Paulo, Ed. RT, 1992, p. 106. Para o caso específico da revogação de alvará por interesse público superveniente, v. Hely Lopes Meirelles, *Direito Municipal Brasileiro*, 9ª ed., São Paulo, Malheiros Editores, 1997, p. 348.

9. Sobre a "gestão democrática da cidade", v. as considerações de Maria Paula Dallari Bucci, "Gestão democrática da cidade (arts. 43 a 45)", in Adilson Abreu Dallari & Sérgio Ferraz (coords.), *Estatuto da Cidade (Comentários à Lei Federal 10.257/2001)*, reimpr., São Paulo, Malheiros Editores, 2003, pp. 322-327.

10. O princípio da boa-fé, em seu conteúdo essencial, é decorrência do princípio da moralidade e do regime republicano, pois versa sobre a confiança do cidadão no Estado Democrático de Direito, em qualquer de suas manifestações, seja no administrador, seja no legislador ou no julgador. Sobre o princípio da boa-fé como confiança do cidadão no Estado, v. Fritz Fleiner, *Les Principes Généraux du Droit Administratif Allemand*, Paris, Librairie Delagrave, 1933, pp. 126-132; Ernst Forsthoff, *Lehrbuch des Verwaltungsrechts*, 9ª ed., vol. 1, Munique, Verlag C. H. Beck, 1966, pp. 252-255; Celso Antônio Bandeira de Mello, *Curso de Direito Administrativo*, 20ª ed., pp. 107-108; Juarez Freitas, "Repensando a natureza da relação jurídico-administrativa e os limites principiológicos à anulação dos atos administrativos", in *Estudos de Direito Administrativo*, São Paulo, Malheiros Editores, 1995, pp. 9-30, e *O Controle dos Atos Administrativos e os Princípios Fundamentais*, São Paulo, Malheiros Editores, 1997, pp. 72-75; e Marcelo Figueiredo, *O Controle da Moralidade na Constituição*, São Paulo, Malheiros Editores, 1999, pp. 104-107.

participativa a concretização da soberania popular:[11] "Essa estrada, que conduz o povo ao pleno e eficaz e adequado exercício de sua vontade soberana, não é outra senão a democracia participativa".[12]

E afirma categoricamente, mais adiante, Paulo Bonavides: "O substantivo da democracia é, portanto, a participação. Quem diz democracia diz, do mesmo passo, máxima presença do povo no governo, porque, sem participação popular, democracia é quimera, é utopia, é ilusão, é retórica, é promessa sem arrimo na realidade, sem raiz na história, sem sentido na doutrina, sem conteúdo nas leis".[13]

Este é o mesmo posicionamento de Fábio Konder Comparato: "O princípio da participação implica, pois, a realização mais concreta da soberania popular. Soberano é o povo, não apenas periodicamente, quando os cidadãos se deslocam para manifestar o seu voto, mas também e sobretudo quando eles exercem diretamente funções públicas no interesse coletivo. Protetor das liberdades é o Poder Público que interfere na vida econômica privada, corrigindo desvios ou impedindo que a concentração de poder em mãos de particulares se faça em detrimento do bem comum; quando exerce efetivamente as funções de serviço público, de educação e saúde, por exemplo, que a iniciativa privada negligencia. O Estado aí não apenas pode, mas tem o dever constitucional de agir, sem que isso represente invasão do território particular, apropriado pelos indivíduos ou classes na sociedade civil. Se se deve tomar a sério a idéia de que todo o poder emana do povo e em seu nome é exercido, qualquer do povo tem o direito de exercer diretamente funções públicas, sem ser funcionário ou agente público".[14]

Portanto, no Estado Democrático de Direito, como o consagrado pela Constituição de 1988, nenhum poder e nenhuma função estatal estão imunes à participação popular, muito menos a Administração Pública.[15]

4. A doutrina brasileira do direito administrativo, em sua maioria, defende a participação popular na função administrativa, entendendo esta participação não só legítima, mas também útil e eficiente, pois decorre diretamente da estrutura constitucional que consagra o Estado de Direito e a democracia.[16] De acordo com Maria Sylvia Zanella Di Pietro: "É esse, provavelmente,

11. Paulo Bonavides, *Teoria Constitucional da Democracia Participativa: por um Direito Constitucional de Luta e Resistência, por uma Nova Hermenêutica, por uma Repolitização da Legitimidade*, 2ª ed., São Paulo, Malheiros Editores, 2003, pp. 10-11, 40-43, 60, 283-285, 343 e ss., entre outras.

12. Paulo Bonavides, *Teoria Constitucional da Democracia Participativa: por um Direito Constitucional de Luta e Resistência, por uma Nova Hermenêutica, por uma Repolitização da Legitimidade*, 2ª ed., p. 2.

13. Idem, p. 283.

14. Fábio Konder Comparato, *Para Viver a Democracia*, São Paulo, Brasiliense, 1989, p. 127. No mesmo sentido defendido por Paulo Bonavides e Fábio Konder Comparato, v. Gilberto Bercovici, "O impasse da democracia representativa", in Fernando Luiz Ximenes Rocha e Filomeno Moraes (coords.), *Direito Constitucional Contemporâneo: Estudos em Homenagem ao Professor Paulo Bonavides*, Belo Horizonte, Del Rey, 2005, pp. 296-303.

15. Cf. Marcos Augusto Perez, *A Administração Pública Democrática: Institutos de Participação Popular na Administração Pública*, Belo Horizonte, Fórum, 2004, pp. 36 e 62-66.

16. Adilson Abreu Dallari, "Município e participação popular", *RDP* 57-58/211-221, São Paulo, Ed. RT, janeiro-junho/1981; Diogo de Figueiredo Moreira Neto, *Direito da Participação Política: Legislativa – Administrativa – Judicial (Fundamentos e Técnicas Constitucionais da Democracia)*, Rio de Janeiro, Renovar, 1992, pp. 87-90, 110-114 e 123-125; Maria Sylvia Zanella Di Pietro, "Participação popular na Administração Pública", *RTDP* 1/127 e 133-139, São Paulo, Malheiros Editores, 1993; Caio Tácito, "Direito administrativo participativo", *RDA* 209/2-6, Rio de Janeiro, Renovar/FGV, julho-setembro/1997; e Marcos Augusto Perez, *A Administração Pública Democrática: Institutos de Participação Popular na Administração Pública*, pp. 71-74, 80-85 e 204.

o mais eficaz meio de controle da Administração Pública: o controle popular".[17]

No mesmo sentido, afirma Diogo de Figueiredo Moreira Neto: "(...) a eficiência consiste não apenas em adotar a melhor solução, em termos de custos e de tempo, de abrangência e de qualidade, como também a mais *legítima*, por ser a que melhor corresponde aos interesses dos administrados. É, assim, a *legitimidade*, e a sua busca incessante, não só na escolha dos mandatários e não só da opção legislativa como, casuisticamente, na tomada de *decisão administrativa*, o grande desafio do direito público neste final de século".[18]

A utilização do plebiscito e do referendo para atos e decisões administrativas é fundamental para temas que necessitam de nítido respaldo popular, como a possibilidade de a Administração Pública tomar decisões que afetem consideravelmente a qualidade de vida da sociedade.[19] A matéria que pode ser submetida a referendo depende também do âmbito territorial da consulta. No plano municipal, questões de interesse local, como obras e serviços públicos, podem ser submetidas sem qualquer restrição à deliberação popular; afinal, o eleitorado no nível municipal tem todas as condições para conhecer, participar e decidir sobre estas questões.[20] Nas palavras de Maria Victória Benevides: "No plano regional e municipal, é claro que a população pode e deve discutir – com pormenores até sobre aspectos técnicos – questões de interesse local. No plano nacional, o povo deve ser chamado a se pronunciar diretamente em questões de elevado interesse ético, como anistia ou indulto de responsáveis por crimes políticos ou contra a economia popular, ou, ainda, sobre a responsabilidade de servidores públicos. No plano local, o povo está capacitado para decidir, entre diversas opções, em questões referentes à vida urbana e à prestação de serviços públicos".[21]

E, neste mesmo sentido, afirma Paulo Bonavides: "O Município, ente político e autônomo da comunhão federativa, é o espaço constitucional mais adequado, em termos de observação e experiência, ao emprego das técnicas plebiscitárias da democracia participativa. Introduzir, portanto, com extrema freqüência e máxima intensidade os sufrágios plebiscitários na esfera municipal – onde se acham, conforme tantas vezes já assinalamos, as células dos corpos autônomos das Federações – é, no caso brasileiro, fortalecer o constitucionalismo da Carta de 1988".[22]

A possibilidade de referendos versando sobre atos administrativos sequer é novidade no Direito Comparado. Vários Estados Norte-Americanos e Cantões Suíços utilizam os referendos, e inúmeros Municípios nestes países adotam referendos municipais sobre atos administrativos.[23] E ninguém pode afirmar que o referendo – ou os demais me-

17. Maria Sylvia Zanella Di Pietro, *Direito Administrativo*, 20ª ed., p. 671.

18. Diogo de Figueiredo Moreira Neto, *Direito da Participação Política: Legislativa – Administrativa – Judicial (Fundamentos e Técnicas Constitucionais da Democracia)*, p. 88 (grifos do autor). No mesmo sentido, v., ainda, Marcos Augusto Perez, *A Administração Pública Democrática: Institutos de Participação Popular na Administração Pública*, pp. 53-54.

19. Diogo de Figueiredo Moreira Neto, *Direito da Participação Política: Legislativa – Administrativa – Judicial (Fundamentos e Técnicas Constitucionais da Democracia)*, p. 112.

20. Maria Victória de Mesquita Benevides, *A Cidadania Ativa: Referendo, Plebiscito e Iniciativa Popular*, pp. 139-140. V. também José Luiz Quadros de Magalhães, *Poder Municipal: Paradigmas para o Estado Constitucional Brasileiro*, 2ª ed., Belo Horizonte, Del Rey, 1999, pp. 130-134.

21. Maria Victória de Mesquita Benevides, *A Cidadania Ativa: Referendo, Plebiscito e Iniciativa Popular*, p. 85.

22. Paulo Bonavides, *Teoria Constitucional da Democracia Participativa: por um Direito Constitucional de Luta e Resistência, por uma Nova Hermenêutica, por uma Repolitização da Legitimidade*, 2ª ed., p. 289.

23. Sobre as experiências estrangeiras de plebiscito e referendo, com ênfase nas experiências

canismos de participação popular – ameaça a estabilidade das relações jurídicas ou o regime democrático na Suíça ou nos Estados Unidos. Portanto, não há razão para se estranhar que a possibilidade de plebiscitos e referendos na esfera administrativa tenha sido também, corretamente, adotada pela Lei 9.709/1998, que prevê, em seu art. 2º, que o âmbito de matérias submetidas ao povo para deliberação, por plebiscito ou referendo, inclui matérias de natureza constitucional, legislativa ou administrativa.

5. Um dos argumentos levantados para inviabilizar a utilização do referendo sobre atos administrativos é o da "violação do princípio da separação dos Poderes".[24] A visão defendida pelos opositores da democracia participativa é, inclusive, mais ortodoxa que a do próprio Montesquieu, que, no célebre Capítulo VI do Livro XI do livro *De l'Esprit des Lois* (1748), teria consagrado a "separação de Poderes".[25] Na realidade, Montesquieu jamais afirmou que os Poderes são separados de forma estanque. Esta interpretação, chamada por Charles Eisenmann de *interprétation séparatiste*,[26] ignorou a intenção de Montesquieu, que, dentro da tradição do chamado "governo misto",[27] buscava a instituição de um governo moderado, controlado. A separação de Montesquieu diz respeito à não-confusão, à não-identidade entre os componentes das várias funções estatais; nada tem a ver com separação total e absoluta. Pelo contrário, Montesquieu exige que um Poder controle o outro. O controle recíproco é essencial em seu sistema, para evitar o abuso de qualquer um dos Poderes sobre os outros.

Os próprios norte-americanos entenderam que a "separação dos Poderes"

municipais, inclusive sobre atos administrativos, v.: Ernst Fraenkel, *La Componente Rappresentativa e Plebiscitaria nello Stato Costituzionale Democratico*, Turim, G. Giappichelli Editore, 1994, pp. 60-65; Maria Victória de Mesquita Benevides, *A Cidadania Ativa: Referendo, Plebiscito e Iniciativa Popular*, p. 139; Marcos Augusto Perez, *A Administração Pública Democrática: Institutos de Participação Popular na Administração Pública*, pp. 109-115; e Peter Krause, "Verfassungsrechtliche Möglichkeiten unmittelbarer Demokratie", in Josef Isensee & Paul Kirchhof (orgs.), *Handbuch des Staatsrechts der Bundesrepublik Deutschland*, 3ª ed., vol. 3, Heidelberg, C. F. Müller Verlag, 2005, pp. 79-80.

24. Devo ressaltar, inclusive, que a "separação de Poderes", na realidade, não é um princípio, no sentido de um "mandamento de otimização", como defende a teoria de Robert Alexy. A distinção, hoje amplamente divulgada, entre *regras/princípios*, segundo Möllers, não é adequada para os dispositivos constitucionais de natureza organizatória ou procedimental (cf. Christoph Möllers, *Gewaltengliederung: Legitimation und Dogmatik im nationalen und internationalen Rechtsvergleich*, Tübingen, J. C. B. Mohr (Paul Siebeck), 2005, p. 6).

25. Montesquieu, *De l'Esprit des Lois*, in *Oeuvres Complètes*, reimpr., Paris, Éditions du Seuil, 1990, Livro XI, Capítulo VI.

26. Charles Eisenmann, "La pensée constitutionnelle de Montesquieu", *Cahiers de Philosophie Politique* 2-3: *Montesquieu*, Bruxelas, Éditions Ousia, 1985, pp. 38-50. V. também Michel Troper, *La Séparation des Pouvoirs et l'Histoire Constitutionnelle Française*, Paris, LGDJ, 1980, pp. 109-120. Na doutrina brasileira, v. as posições críticas ao dogma da "separação de Poderes" de Fábio Konder Comparato, *Para Viver a Democracia*, pp. 78-79 e 84-107; de Eros Roberto Grau, "Crítica da 'separação dos Poderes': as funções estatais, os regulamentos e a legalidade no Direito Brasileiro, as 'leis-medida'", in *O Direito Posto e o Direito Pressuposto*, 5ª ed., São Paulo, Malheiros Editores, 2003, pp. 229-235; e de José Filomeno de Moraes Filho, "Separação de Poderes no Brasil pós-88: princípio constitucional e práxis política", in Cláudio Pereira de Souza Neto, Gilberto Bercovici, José Filomeno de Moraes Filho e Martonio Mont'Alverne Barreto Lima, *Teoria da Constituição: Estudos sobre o Lugar da Política no Direito Constitucional*, Rio de Janeiro, Lumen Juris, 2003, pp. 158-166.

27. Sobre a tradição do "governo misto" e da "Constituição mista", provenientes de Políbio e recorrentes na formação do Constitucionalismo ocidental, especialmente na tradição inglesa, v., por todos, J. G. A. Pocock, *The Machiavellian Moment: Florentine Political Thought and the Atlantic Republican Tradition*, Princeton, Princeton University Press, 1975, especialmente Capítulos IX e XI, pp. 272-273, 277, 286, 297-300, 304-308, 315-316, 323-328, 364-371, 382 e 395.

não exigiria que os Poderes Legislativo, Executivo e Judiciário fossem inteiramente desvinculados uns dos outros. Na realidade, o essencial era, inclusive, sua vinculação e interpenetração, realizadas de maneira a que cada um dos Poderes obtivesse o controle constitucional sobre os demais. A mera declaração escrita dos limites dos vários Poderes não era suficiente.[28] O mecanismo encontrado na Constituição norte-americana foi, ao invés da separação total e absoluta dos Poderes, a introdução do sistema de *freios e contrapesos* (*checks and balances*).

No mesmo sentido, o célebre art. 16 da Declaração dos Direitos do Homem e do Cidadão, de 26.8.1789,[29] não propõe um modelo ideal para toda e qualquer Constituição, como muitos chegaram a interpretar. Pelo contrário, trata-se de uma afirmação de que a França, naquele momento, estava sem Constituição, pois o Poder todo estava concentrado nas mãos do rei e, portanto, competia à Assembléia Nacional elaborar uma Constituição para os franceses em que se garantissem os direitos individuais e a separação de Poderes, novamente, no sentido de não-concentração de todas as funções estatais nas mãos de uma mesma pessoa.[30]

Não bastasse isto, a realização de referendo sobre ato administrativo não fere a "separação de Poderes". Não a viola porque aqui se trata de esferas distintas da organização política. A unidade política do Estado, manifesta na concepção de soberania, não impede a divisão vertical (federalismo) ou horizontal (organização dos Poderes) de seu exercício.[31] Em outras palavras, o Poder estatal tem por fundamento a soberania popular, conforme o art. 1º da CF de 1988. A participação popular não desvirtua a "separação de Poderes", pois é decorrência direta do pressuposto de legitimidade do Poder estatal.[32] A "separação de Poderes" diz respeito à estrutura da organização estatal, da relação dos Poderes constituídos do Estado entre si. O referendo, assim como os demais mecanismos da democracia participativa, diz respeito à relação entre governantes e governados na democracia, cujo pressuposto é a soberania do povo.

Em outra oportunidade, analisando a tentativa de imposição de limites à iniciativa popular legislativa, tive a oportunidade de rebater o mesmo argumento.[33] Os defensores da limitação do referendo estão, como afirmei acima, confundindo a posição institucional do Poder Legislativo e do Poder Executivo no regime constitucional. Falta, pelo visto, relembrar a velha e célebre distinção difundida por Sieyès, ainda em 1789, entre *pouvoir constituant* e *pouvoirs constitués*.[34] A argumentação dos opositores da democracia participativa confunde a posição constitucional dos Poderes do Estado. De Poderes constituídos, que efetivamente são – portanto, submetidos aos limites da Constituição e da lei –, passariam a verda-

28. Alexander Hamilton, James Madison e John Jay, *The Federalist Papers*, Londres/Nova York, Penguin Books, 1987, artigo n. 48.

29. "Art. 16. Toute société dans laquelle la garantie des droits n'est pas assurée, ni la séparation des Pouvoirs déterminée, n'a point de Constitution."

30. V. : Michel Troper, *La Séparation des Pouvoirs et l'Histoire Constitutionnelle Française*, pp. 157-160; e Stéphane Rials, *La Déclaration des Droits de l'Homme et du Citoyen*, Paris, Hachette, 1988, pp. 252-254.

31. Olivier Beaud, *La Puissance de l'État*, Paris, PUF, 1994, pp. 15-17.

32. V . Marcos Augusto Perez, *A Administração Pública Democrática: Institutos de Participação Popular na Administração Pública*, pp. 139-141.

33. V. Gilberto Bercovici, "Projeto de lei de iniciativa popular – Criação do Sistema Nacional de Habitação de Interesse Social – Ausência de vício de iniciativa legislativa – Constitucionalidade", *RDA* 241/363-365, Rio de Janeiro, julho-setembro/2005. Também pude tratar deste tema no ensaio "O controle externo do Judiciário e a soberania popular", in André Ramos Tavares, Pedro Lenza e Pietro de Jesús Lora Alarcón (coords.), *Reforma do Judiciário: Analisada e Comentada – Emenda Constitucional 45/2004*, São Paulo, Método, 2005, pp. 185-191.

34. Emmanuel-Joseph Sieyès, *Qu'est-ce que le Tiers État?*, 2ª ed., Paris, PUF, 1989, Capítulo V.

deiros soberanos, sem qualquer espécie de controle. Afinal, o soberano é absoluto – o que significa incontrolável, não necessariamente totalitário ou autoritário.[35]

Como defende Paulo Bonavides, a legitimidade precisa ser repolitizada, a soberania popular deve ser efetiva.[36] E, em uma democracia, o ponto fundamental é entender o povo como o sujeito da soberania.[37] A soberania popular não é uma mera fórmula gravada nas Constituições democráticas. Aliás, este era, também, um dos equívocos da doutrina constitucionalista de Weimar, na opinião de Hermann Heller: a atribuição de nenhuma ou pouca importância ao princípio constitucional de que todo o poder do Estado emana do povo. Afinal, a Constituição só pode ser compreendida a partir deste princípio da soberania popular. Para Heller, a Teoria do Estado deve ser orientada para a democracia, buscando a integração da pluralidade do povo na unidade do Estado. Com a supremacia do povo como unidade sobre o povo como pluralidade, está excluída qualquer possibilidade de soberania dos órgãos estatais e, ao mesmo tempo, se identifica a soberania do Estado com a soberania do povo;[38] ou seja, há uma completa identificação entre soberania estatal e soberania popular.[39]

O emprego do referendo para que o povo decida sobre atos da Administração Pública não é usurpação de funções ou de competências entre Poderes constituídos. O povo não é um poder do Estado, controlado e limitado pelos demais Poderes. O povo não é um elemento ou órgão do Estado, como definia a Teoria Geral do Estado do século XIX.[40] O povo é o soberano no Estado Democrático de Direito. A questão dos instrumentos de democracia participativa – como o referendo –, portanto, diz respeito à questão sobre quem é o soberano no Estado Democrático de Direito, a relação entre poder constituinte e Poderes constituídos. A limitação destes instrumentos nada mais é – como afirmou Maria Victória de

35. Sobre esta concepção, v. Olivier Beaud, "Le souverain", *Pouvoirs* 67/36, Paris, PUF, 1993.

36. Paulo Bonavides, "A despolitização da legitimidade", in *A Constituição Aberta: Temas Políticos e Constitucionais da Atualidade, com Ênfase no Federalismo das Regiões*, 2ª ed., São Paulo, Malheiros Editores, 1996, pp. 33-51, e *Teoria Constitucional da Democracia Participativa: por um Direito Constitucional de Luta e Resistência, por uma Nova Hermenêutica, por uma Repolitização da Legitimidade*, 2ª ed., pp. 11, 18-21 e, especialmente, 25-65.

37. V. Hermann Heller, *Die Souveränität: Ein Beitrag zur Theorie des Staats- und Völkerrechts in Gesammelte Schriften*, 2ª ed., vol. 2, Tübingen, J.C.B. Mohr (Paul Siebeck), 1992, pp. 95-99. V. também Olivier Beaud, *La Puissance de l'État*, pp. 24-25 e 201.

38. Para o entendimento positivista da soberania popular na Constituição de Weimar, v. o comentário ao art. 1º feito por Gerhard Anschütz, *Die Verfassung des Deutschen Reichs vom 11. August 1919*, 14ª ed., reimpr., Aalen, Scientia Verlag, 1987, pp. 32-33 e 38-42. Para a crítica de Heller à interpretação positivista tradicional da soberania popular no texto constitucional de Weimar, v. Hermann Heller, *Die Souveränität: Ein Beitrag zur Theorie des Staats- und Völkerrechts in Gesammelte Schriften*, 2ª ed., pp. 97-99. Sobre este debate, v. Gilberto Bercovici, *Constituição e Estado de Exceção Permanente: Atualidade de Weimar*, Rio de Janeiro, Azougue Editorial, 2004, pp. 119-122. Contra a redução da soberania a mero princípio constitucional – colocado, portanto, à disposição de parlamentares e juízes –, v., ainda, a argumentação de Olivier Beaud, *La Puissance de l'État*, pp. 469-476, 479-482 e 490-491.

39. "Staats und Volkssouveränität sind identifiziert", in Hermann Heller, *Die Souveränität: Ein Beitrag zur Theorie des Staats- und Völkerrechts in Gesammelte Schriften*, 2ª ed., p. 99.

40. V. Georg Jellinek, *Allgemeine Staatslehre*, 3ª ed., reimpr., Darmstadt, Wissenschaftliche Buchgesellschaft, 1960, pp. 406-427. Para uma crítica desta visão, v. Egidio Tosato, "Sovranità del popolo e sovranità dello Stato", *Rivista Trimestrale di Diritto Pubblico* 1957 – n. 1/8-37, Milão, Giuffrè Editore, janeiro-março/1957. V., ainda, Gilberto Bercovici, *Soberania e Constituição: Poder Constituinte, Estado de Exceção e os Limites da Teoria Constitucional*, *mimeo*, São Paulo, Faculdade de Direito da USP (Tese de Titularidade), 2005, Capítulo 5.

Mesquita Benevides –, que uma tentativa de bloqueio da participação popular pelos Poderes constituídos.[41]

O referendo nada mais é que uma das formas de manifestação da soberania popular e da vontade constituinte do povo perante os Poderes constituídos. Não se pode fechar os olhos para a realidade constitucional, absolutizando as soluções constitucionais históricas do Liberalismo como atemporais.[42] As Constituições são obra do povo, não criaturas de poderes misteriosos, metafísicos. O poder constituinte refere-se ao povo real, não ao idealismo jusnaturalista ou à norma fundamental pressuposta, pois diz respeito à força e autoridade do povo para estabelecer a Constituição com pretensão normativa, para mantê-la e revogá-la. O poder constituinte não se limita a estabelecer a Constituição, mas tem existência permanente, pois dele deriva a própria força normativa da Constituição.[43] Deste modo, a oposição aos instrumentos de participação direta do povo nas decisões políticas com o argumento falacioso da "violação ao princípio da separação de Poderes", em suma, parece dar razão à afirmação de Victor Nunes Leal: "Aí está, portanto, explicado o verdadeiro sentido sociológico da divisão de Poderes. Era um sistema concebido menos para impedir as usurpações do Executivo que para obstar às reivindicações das massas populares (ainda em embrião, mas já carregadas de ameaça)".[44]

6. O referendo administrativo, possível constitucionalmente e previsto na Lei 9.709/1998, nas palavras de Marcos Augusto Perez, é um "procedimento decisório aberto à participação dos administrados"; ou seja, Estados e Municípios podem utilizá-lo, desde que a matéria levada para a decisão popular esteja no âmbito de suas competências. A competência exclusiva do Congresso Nacional de autorizar referendo e convocar plebiscito (art. 49, XV, da CF) diz respeito aos referendos e plebiscitos de âmbito nacional, não estadual ou municipal.[45]

Os entes da Federação têm autonomia para elaborar sua própria legislação sobre os instrumentos de participação popular nas decisões políticas de sua esfera de competências. Inclusive, vários Estados e Municípios elaboraram suas leis sobre instrumentos de participação popular antes da promulgação da Lei 9.709/1998. E a Lei 9.709/1998 estabelece, ao mesmo tempo, dispositivos nacionais e dispositivos federais sobre a participação popular.[46] Neste sentido, em

41. Maria Victória de Mesquita Benevides, *A Cidadania Ativa: Referendo, Plebiscito e Iniciativa Popular*, pp. 164-169.

42. Rogério Guilherme Ehrhardt Soares, *Direito Público e Sociedade Técnica*, Coimbra, Atlántida Editorial, 1969, p. 27.

43. Cf. Ernst-Wolfgang Böckenförde, "Demokratie als Verfassungsprinzip", in *Staat, Verfassung, Demokratie: Studien zur Verfassungstheorie und zum Verfassungsrecht*, 2ª ed., Frankfurt-am-Main, Suhrkamp, 1992, pp. 293-295, 297-301 e 311-315; e Friedrich Müller, *Wer ist das Volk? Die Grundfrage der Demokratie: Elemente einer Verfassungstheorie VI*, Berlin, Duncker & Humblot, 1997, pp. 59-62. Sobre a permanência do poder constituinte do povo, v., ainda: Raymundo Faoro, *Assembléia Constituinte: a Legitimidade Recuperada*, 5ª ed., São Paulo, Brasiliense, 1986, pp. 90 e 95; Nelson Saldanha, *O Poder Constituinte*, São Paulo, Ed. RT, 1986, pp. 83-86; Paulo Bonavides, *Curso de Direito Constitucional*, 7ª ed., São Paulo, Malheiros Editores, 1998, pp. 162-164; Olivier Beaud, *La Puissance de l'État*, pp. 404-434; e Gilberto Bercovici, *Soberania e Constituição: Poder Constituinte, Estado de Exceção e os Limites da Teoria Constitucional*, *mimeo*, Capítulo 1.

44. Victor Nunes Leal, "A divisão dos Poderes no quadro político da burguesia", in Instituto de Direito Público e Ciência Política, *Cinco Estudos: A Federação – A Divisão de Poderes (2 Estudos) – Os Partidos Políticos – A Intervenção do Estado*, Rio de Janeiro, FGV, 1955, p. 108.

45. Marcos Augusto Perez, *A Administração Pública Democrática: Institutos de Participação Popular na Administração Pública*, pp. 154-157 e 206-207.

46. Este argumento da existência da Lei 9.709/1998, inclusive, foi utilizado, equivocadamente, para o veto presidencial ao inciso V do art. 43 da Lei 10.257/2001, que previa como instrumentos da

estudo clássico sobre o assunto, Geraldo Ataliba já afirmava que as leis nacionais têm em comum com as leis federais apenas o mesmo legislador – o Congresso Nacional. A lei federal diz respeito às competências da União, dirige-se à Administração Pública ou aos órgãos governamentais federais. A lei nacional abrange todos os brasileiros, sem distinção, transcendendo as esferas de divisão federativa de competências.[47] De acordo com Tércio Sampaio Ferraz Jr, a expressão "normas gerais" exige que seu conteúdo seja analisado de maneira teleológica. As "normas gerais" devem se reportar ao interesse fundamental da ordem federativa. Como a Federação Brasileira tem por fundamento a solidariedade, que exige a colaboração de todos os seus integrantes, existe a necessidade de uniformização de certos interesses como base desta cooperação. Desta maneira, toda matéria que ultrapassar o interesse particular de um ente federado porque é comum – ou seja, interessa a todos –, ou envolver conceituações que, se fossem particularizadas num âmbito subnacional, gerariam conflitos ou dificuldades nacionalmente, é matéria de "norma geral".[48]

Ou seja, a Lei 9.709/1998 contém disposições que se aplicam nacionalmente, para todos os entes políticos integrantes da Federação Brasileira, e disposições que se aplicam apenas para a realização de referendo, plebiscito e iniciativa legislativa popular no âmbito da esfera federal. Há determinações que valem para todo o país, devendo ser seguidas por todas as legislações estaduais e municipais; e há determinações que só se aplicam aos plebiscitos e referendos nacionais e para a iniciativa legislativa popular junto ao Congresso Nacional. Por exemplo, as definições sobre plebiscito e referendo (arts. 1º e 2º da Lei 9.709/1998) são nacionais, bem como as disposições relativas à realização de plebiscitos destinados à criação, incorporação, fusão ou desmembramento de Estados e Municípios (arts. 4º a 7º da Lei 9.709/1998). Todas as demais disposições da Lei 9.709/1998 são federais, não nacionais, inclusive o prazo estipulado de 30 dias para a realização de referendo (art. 11 da Lei 9.709/1998). É a própria Lei 9.709/1998, em seu art. 6º, que confirma este entendimento: "Art. 6º. Nas demais questões, de competência dos Estados, do Distrito Federal e dos Municípios, o plebiscito e o referendo serão convocados em conformidade, respectivamente, com a Constituição Estadual e com a Lei Orgânica".

Portanto, o Município de Fortaleza pode elaborar sua própria legislação sobre os instrumentos de democracia participativa, em conformidade com sua Lei Orgânica Municipal, desde que respeitados os con-

gestão democrática da cidade o referendo popular e o plebiscito. Para a Presidência da República de então, o fato de o referendo e o plebiscito já estarem disciplinados por outra lei justificaria o veto à sua repetição no Estatuto da Cidade, por razões de "boa técnica legislativa". Como se o plebiscito e o referendo fossem as únicas matérias do "Estatuto da Cidade" já disciplinadas por outras leis... Para a transcrição das razões do veto e sua crítica, que adoto aqui, v. Maria Paula Dallari Bucci, "Gestão democrática da cidade (arts. 43 a 45)", in Adilson Abreu Dallari & Sérgio Ferraz (coords.), *Estatuto da Cidade (Comentários à Lei Federal 10.257/2001)*, p. 338.

47. Geraldo Ataliba, "Normas gerais de direito financeiro e tributário e autonomia dos Estados e Municípios: limites à norma geral – Código Tributário Nacional", *RDP* 10/49-51, São Paulo, Ed. RT. Ainda sobra a questão da norma geral como norma nacional, v. as considerações de Eros Roberto Grau, *Licitação e Contrato Administrativo (Estudos sobre a Interpretação da Lei)*, São Paulo, Malheiros Editores, 1995, pp. 9-13, e de André Luiz Borges Netto, *Competências Legislativas dos Estados-Membros*, São Paulo, Ed. RT, 1999, pp. 136-143.

48. Cf. Tércio Sampaio Ferraz Jr, "Normas gerais e competência concorrente – Uma exegese do art. 24 da Constituição Federal", *RTDP* 7/18-19, São Paulo, Malheiros Editores, 1994. Para uma crítica à doutrina publicista brasileira neste assunto, v. Andreas Joachim Krell, "A constitucionalidade da regulamentação da Lei de Consórcios Públicos (n. 11.107/2005) por decreto presidencial", *Revista de Direito do Estado* 5/353-355 e 362-367, Rio de Janeiro, Renovar, janeiro/março de 2007.

teúdos de "norma geral" da Lei 9.709/1998 – o que, certamente, não inclui questões de prazo, sob pena de violação da autonomia municipal.

7. No exercício de sua autonomia constitucional, o Município de Fortaleza promulgou a Lei municipal 8.025, de 26.6.1997, que disciplina o uso de plebiscito e referendo no âmbito local. Durante o ano de 2006 a Câmara Municipal de Fortaleza desencadeou processo de atualização da Lei Orgânica do Município, em virtude da elevada quantidade de dispositivos com eficácia suspensa por força de ações diretas de inconstitucionalidade ajuizadas perante o TJCE, além de buscar recepcionar formalmente várias das alterações da Constituição Federal. Um dos pontos mais inovadores deste processo de atualização foi o aperfeiçoamento dos institutos de democracia direta, com a introdução do veto popular (arts. 5º, 59, V, 60, III, e 61, II, da Lei Orgânica do Município de Fortaleza). Este mesmo processo de reforma modificou a redação do art. 62 da Lei Orgânica de Fortaleza, que passou a exigir que os instrumentos de democracia participativa, como o plebiscito e o referendo, sejam regulamentados por lei complementar (art. 62, § 2º, da Lei Orgânica de Fortaleza).

Embora a nova redação da Lei Orgânica de Fortaleza exija lei complementar para a regulamentação dos institutos de participação popular, esta determinação não atinge a atual Lei municipal 8.025/1997. A necessidade de lei complementar diz respeito à nova lei que deverá ser elaborada pela Câmara Municipal de Fortaleza. Até que esta lei seja elaborada, seguindo as exigências do processo legislativo municipal no tocante à elaboração de lei complementar, continua em vigor a Lei municipal 8.025/1997, sob pena de os institutos da democracia participativa ficarem sem possibilidade de concretização – o que consubstanciaria uma violação ao próprio regime constitucional democrático. Neste sentido, ainda que se referindo ao regime da Carta de 1967, é digno de menção o pensamento de Geraldo Ataliba:

"Daí por que ser possível que lei ordinária regule matéria de lei complementar; basta que seja anterior à Constituição. (...). Não se trata, portanto, de impossibilidade de a lei ordinária revogar a lei ordinária. Mas de lei ordinária (a anterior) convertida em lei complementar (*ratione materiae*) pela Constituição; daí sòmente ser revogável por lei complementar. Com o correr do tempo, o legislador irá operando o preenchimento do campo da lei complementar, de tal sorte que, a final ter-se-á todo êsse setor preenchido por legislação complementar nova. E a antiga legislação prevalecerá, como lei complementar, enquanto não sobrevenha norma apta a modificá-la."[49]

Celso Bastos, já sob a Constituição de 1988, emite a mesma opinião: "O que importa para a nova Constituição é a adequação das leis anteriores com os seus preceitos substanciais, não sendo em nada relevante o saber-se como, no passado, se chegou à elaboração da regra. É curial que, no futuro, isto é, depois da entrada em vigor da Constituição, os preceitos formais e substanciais são igualmente importantes para caracterizar a inconstitucionalidade. Dentro dessa linha de raciocínio, afigura-se clara a conclusão de que a lei preexistente que discipline matéria, no momento, reservada à lei complementar continua vigente".[50]

Este é o entendimento praticamente unânime da doutrina nacional, inclusive justificando a permanência em vigor de diplomas legais como o Código Tributário Nacional (Lei 5.172, de 25.10.1966), que foi elaborado como lei ordinária e regula matéria que os textos constitucionais pos-

49. Geraldo Ataliba, *Lei Complementar na Constituição*, São Paulo, Ed. RT, 1971, pp. 55-56.

50. Celso Ribeiro Bastos, *Lei Complementar: Teoria e Comentários*, 2ª ed., São Paulo, Instituto Brasileiro de Direito Constitucional/Celso Bastos Editor, 1999, p. 137.

teriores (1967, 1969 e 1988) atribuíram à lei complementar.[51] Deste modo, a alteração da Lei Orgânica de Fortaleza, que passa a exigir lei complementar para regulamentar a utilização de plebiscito e referendo no âmbito municipal, não atinge a vigência da Lei municipal 8.025/1997, que continua em vigor até que uma nova lei – esta, sob a forma de lei complementar – seja elaborada pela Câmara Municipal de Fortaleza.

8. Todos os argumentos levantados contra a possibilidade de ser realizado referendo sobre ato administrativo que autoriza a construção de um empreendimento imobiliário em terreno limítrofe a área de preservação ambiental, com base na Lei municipal 8.025/1997, estão, conforme busquei demonstrar acima, eivados de desconfiança contra a capacidade do povo de decidir diretamente sobre as questões político-administrativas, que são de seu interesse tanto ou mais que do interesse dos governantes ou representantes políticos. Para os opositores da efetivação da democracia participativa o Estado Democrático de Direito serve para tutelar a propriedade privada em detrimento do interesse público e da soberania popular. Suas críticas à democracia participativa podem ser resumidas a uma frase só, carregada de preconceitos de classe: "o povo não sabe votar".[52]

Esquecem-se de que a República Federativa do Brasil é um Estado Democrático de Direito fundado na soberania do povo, que, além de fonte do Poder, o exerce por meio de representantes eleitos, ou diretamente, nos termos da Constituição de 1988. Neste sentido, não há cabimento algum em se utilizar contra os institutos da participação popular uma decisão do STF de 1983, proferida na Repr 1.131-RS, julgada em 1.7.1983 (publicada no *DJU* 2.9.1983), cujo relator foi o Min. Décio Miranda: "*Ementa:* Constitucional – Plebiscito – Referendo popular instituído sob o título de 'Consulta Referendária' à população do Estado, através dos eleitores inscritos, e destinado à aprovação ou rejeição de atos, autorizações ou concessões do Poder Executivo, bem como de matéria legislativa sancionada ou vetada (Emenda Constitucional n. 21, de 22.10.1981, do Estado do Rio Grande do Sul) – Inconstitucionalidade desse instituto, lesivo ao princípio da independência e harmonia entre os Poderes do Estado-membro, e assim feridos, na CF, os arts. 6º e 13, este último nos seus incisos I e III, e o primeiro combinado com o art. 10, VII, letra 'c'".

Esta decisão foi tomada *antes* da Constituição de 1988, sob os estertores da Carta de 1969, imposta, com base nos AI 5 e 16, pela Junta Militar sob o formato de "Emenda n. 1, de 17 de outubro de 1969". Uma Carta com tal origem não tinha, obviamente, qualquer preocupação em implementar a democracia participativa, quanto mais com a própria "separação de Poderes".[53] A utilização deste tipo de argumento, que não tem fundamento algum sob a Constituição democrática de 1988, parece dar razão à afirmação do historiador José Luiz Werneck da Silva sobre o papel de certos "juristas" na implantação e manutenção do autoritarismo no Brasil: "É simples: 1937, 1964-1965, 1967 e 1969 estão doutrinariamente ligados entre si pela

51. Para o debate sobre a recepção do Código Tributário Nacional e seu âmbito material de lei complementar, v. Celso Ribeiro Bastos, *Lei Complementar: Teoria e Comentários*, 2ª ed., pp. 162-173.

52. Para a crítica a essa visão elitista da democracia, v. Maria Victória de Mesquita Benevides, *A Cidadania Ativa: Referendo, Plebiscito e Iniciativa Popular*, pp. 80-110.

53. Sobre a centralização de poderes e competências no Executivo sob o regime da Carta de 1969, v. José Filomeno de Moraes Filho, "Separação de Poderes no Brasil pós-88: princípio constitucional e práxis política", in Cláudio Pereira de Souza Neto, Gilberto Bercovici, José Filomeno de Moraes Filho e Martonio Mont'Alverne Barreto Lima, *Teoria da Constituição: Estudos sobre o Lugar da Política no Direito Constitucional*, pp. 173-176.

genealogia de juristas de filiação autoritária que sempre estiveram de plantão".[54]

E, infelizmente, a comprovação de que este pensamento autoritário e patrimonialista, de utilização das instituições públicas para fins privados, ainda prevalece entre nós é a utilização de um partido político, instrumento constitucional da soberania popular, contra o direito de decisão política do povo e a favor da proteção do interesse privado – no caso, do grupo empresarial de um de seus dirigentes.

Uma das grandes novidades que surgiram com a democracia de massas foi o papel crescente dos partidos políticos – o que justifica teóricos, como Gerhard Leibholz, começarem a tratar do "Estado de Partidos", cujo pressuposto é justamente a pluralidade de partidos dentro da totalidade estatal, não o monopólio de um partido único. O "Estado de Partidos" é um fenômeno da democracia: apenas o partido de massa pode agir politicamente pelo povo.[55] Segundo o diagnóstico exposto por Fioravanti – que adoto aqui –, o partido político era o instrumento pensado para tornar concreta a soberania popular, devendo organizar e politizar o povo, conduzindo o soberano dentro dos Poderes constituídos, especialmente o Poder Legislativo. O partido político conciliaria o poder constituinte com os Poderes constituídos e manteria o povo soberano presente na política regular. O pressuposto era o de que os partidos se manteriam fiéis ao pacto constitucional, desenvolvendo a Constituição e o seu conteúdo. Não por acaso, vários autores falam, a todo tempo, de "política constitucional". A crise desse papel dos partidos políticos, para Fioravanti, é justamente a crise do modelo do Constitucionalismo social. Sem uma política voltada para atender aos fins constitucionais, o modelo entra em crise.[56]

A defesa por um partido político – que, ideologias à parte, tem por obrigação constitucional defender a soberania nacional, o regime democrático, o pluripartidarismo e os direitos fundamentais da pessoa humana (art. 17, *caput*, da CF de 1988) – dos interesses empresariais de um de seus dirigentes, buscando, para tanto, atacar a legislação que consagra a democracia participativa e os instrumentos de decisão popular direta no sistema político brasileiro, demonstra bem a instrumentalização das instituições públicas pelos interesses privados e a necessidade de reforçar a participação direta do povo nas decisões políticas. Afinal, na síntese de Hermann Heller, a partir do fim da Idade Média o poder político lutou para ganhar autonomia em relação ao poder religioso. Esta luta, desde o início do século XX, se trava agora pela libertação do poder político do poder econômico privado.[57]

54. Cf. José Luiz Werneck da Silva, "O feixe do autoritarismo e o prisma do Estado Novo", in José Luiz Werneck da SILVA (org.), *O Feixe e o Prisma: uma Revisão do Estado Novo*, vol. 1, Rio de Janeiro, Jorge Zahar, 1991, p. 24.

55. Sobre o "Estado de Partidos", v. Gerhard Leibholz, *Das Wesen der Repräsentation und der Gestaltwandel der Demokratie im 20. Jahrhundert*, 3ª ed., Berlim, Walter de Gruyter & Co., 1966, pp. 102-104 e 113-123. V., ainda, Manuel García-Pelayo, *El Estado de Partidos*, reimpr., Madri, Alianza Editorial, 1996, pp. 29-46 e 73-116, e Orides Mezzaroba, *Introdução ao Direito Partidário Brasileiro*, 2ª ed., Rio de Janeiro, Lumen Juris, 2004, pp. 157-160 e 165-185, especialmente pp. 176-185.

56. Maurizio Fioravanti, *Costituzione e Popolo Sovrano: la Costituzione Italiana nella Storia del Costituzionalismo Moderno*, Bolonha, Il Mulino, 1998, pp. 12-16, e "Costituzione e Politica: bilancio di fine secolo". in *La Scienza del Diritto Pubblico: Dottrine dello Stato e della Costituzione tra Otto e Novecento*, vol. 2, Milão, Giuffrè Editore, 2001, pp. 880-882. Para a concepção do partido político como o grande ator constitucional, v. Dieter GRIMM, "Die Zukunft der Verfassung", in *Die Zukunft der Verfassung*, 2ª ed., Frankfurt am Main, Suhrkamp, 1994, pp. 424-427, e Manuel García-Pelayo, *El Estado de Partidos*, pp. 47-71.

57. Hermann Heller, "Political power", in *Gesammelte Schriften*, vol. 3, pp. 39-40.

RESPOSTA

Diante da argumentação exposta, concluo:

Sim. É constitucional a aplicação da Lei municipal 8.025, de 14.7.1997, para fins de submeter a consulta popular por referendo empreendimento imobiliário detentor de licença ambiental e alvará de construção aprovados.

Este é o meu parecer.

São Paulo, 2 de julho de 2007

PLEBISCITO SOBRE A BACIA HIDROGRÁFICA DO RIO SÃO FRANCISCO – PARTICIPAÇÃO DE TODOS OS CIDADÃOS BRASILEIROS – COINCIDÊNCIA DA REALIZAÇÃO DE PLEBISCITO COM AS ELEIÇÕES

JOSÉ DE ALBUQUERQUE ROCHA

Professor da Faculdade de Direito da Universidade de Fortaleza/UNIFOR
e da Faculdade de Direito da Universidade Federal do Ceará/UFC
– Mestre e Doutor em Direito pela PUC/SP

MARTONIO MONT'ALVERNE BARRETO LIMA

Doutor em Direito pela Universidade de *Frankfurt-am-Main* (Alemanha)
– Professor da Faculdade de Direito da Universidade de Fortaleza/UNIFOR
– Procurador-Geral do Município de Fortaleza

I

Solicita-nos o Exmo. Sr. deputado federal João Alfredo Telles Melo, do Partido dos Trabalhadores/PT do Ceará, parecer sobre o Projeto de Decreto Legislativo s.n./2005, de autoria do deputado federal Luís Antônio Vasconcellos Carreira, do Partido da Frente Liberal/PFL da Bahia, que trata da realização de plebiscito sobre a Bacia Hidrográfica do Rio São Francisco, a se realizar no primeiro domingo do mês de outubro/2006, cuja cópia foi enviada com o Ofício 77/2005, de 17.1.2005, pelo Consulente.

Não formula – o deputado federal Consulente – indagação específica a ser respondida. Em virtude desta ausência, expressaremos nossa opinião acerca de dois pontos, que nos parecem fundamentais no Projeto mencionado:

1. A participação de todos os brasileiros no planejado plebiscito encontra respaldo na Constituição Federal?

2. Corresponde aos preceitos constitucionais a coincidência de datas do plebiscito e das eleições para os cargos de Presidente da República, Governador de Estado, Deputados Federais e Estaduais no primeiro domingo de outubro/2006?

II

Para a adequada compreensão que possibilite um razoável entendimento a respeito da primeira pergunta, parece-nos importante que se procure estabelecer a qualidade do pacto federativo brasileiro, isto é, qual o sentido do federalismo brasileiro que se pode extrair da Constituição Federal, articulada essa reflexão com a contextualização histórica, política e social do Estado Federal no Brasil. Merece registro, aqui, o fato de que o federalismo no Brasil não se constitui numa idéia importada exclusivamente dos Estados Unidos da América, quando da Constituição de 1891, e como deseja crer grande parte da doutrina constitucional pátria. Na verdade, o debate existente na primeira metade do século XIX entre Aureliano Cândido Tavares Bastos – principalmente por meio de sua obra *A Província* – e Paulino José Soares de Souza, o Visconde de Uruguay – com seu trabalho *Ensaio sobre o Direito Administrativo Brasileiro* – bem retrata a presença de alguma originalidade intelectual sobre centralização e descentralização no Brasil ainda monárquico. Da mesma forma, a inovação mundial do Constitucionalismo nacional deixa-se comprovar por intermédio da figura do Município na atual Constituição, sob a forma de ente integrante da Federação no mesmo nível que União, Estados e Distrito Federal. Esta segunda realidade encontra obstáculos à sua aceitação até dos dias atuais, explicável somente em razão de matrizes de preconceitos culturais presentes em nossa capacidade de formulação; preconceitos culturais que sempre enxergaram no Poder central – ou, no máximo, no regional – a função redentora da superação dos problemas ligados ao desenvolvimento regional.

Estes comentários iniciais são relevantes para que, no espaço que aqui nos é permitido, não restem dúvidas quanto à posição dos pareceristas sobre a natureza do pacto federativo celebrado em 5.10.1988, com o advento da Constituição da República. Temos que se trata de federalismo inovador, que inclui competências constitucionais legislativas razoavelmente precisas e materiais devidamente explicitadas, determinando uma singular novidade, que é a figura do Município. Pensamos que o fundamento de respectiva posição deriva do acúmulo histórico que possuem estudos sobre Poder local no Brasil, cujos clássicos exemplos são as obras de Victor Nunes Leal e de Maria Isaura Pereira de Queiroz, e, uma vez merecedor de cuidadosa atenção científica, é ainda o estudo sobre Municípios revelador de quão importante para a formação do Brasil é o Poder local.

Principalmente em razão do conjunto articulado de competências, não parece possível outro juízo senão aquele de que o sistema federativo brasileiro é cooperativo. Gilberto Bercovici, em primoroso trabalho sobre o desenvolvimento regional brasileiro, não deixa dúvidas quando afirma que: "(...) com a Constituição de 1988, existe a possibilidade de renovação das estruturas federais no Brasil, com sua ênfase na cooperação federativa e superação das desigualdades regionais".[1] A materialização de referida cooperação verifica-se quando da "interdependência" diante dos entes federados, em que se localizam as questões de desenvolvimento, "o que dificulta (quando não impede) a sua atribuição exclusiva ou preponderante a um determinado ente, diferenciando, em termos de repartição de competências, as competências comuns das competências concorrentes e exclusivas".[2]

Expostas as coisas desta forma, reafirmamos que o pacto federativo brasileiro tem uma natureza de cooperação. Conseqüentemente, o desenvolvimento regional – e o projeto sobre a Bacia Hidrográfica do Rio São Francisco é um projeto de desenvolvimento regional – toca à Federação por inteiro, envolvendo uma questão secular: a do desenvolvimento do Nordeste e de sua segurança hídrica, com garantia de água potável para populações que vivem historicamente o fenômeno climático das secas. Assim, "em um Estado intervencionista e voltado para a implementação de políticas

1. Gilberto Bercovici, *Desigualdades Regionais, Estado e Constituição*, São Paulo, Max Limonad, 2003, p. 149.

2. Idem, p. 153.

públicas, as esferas subnacionais não têm mais como analisar e decidir, originariamente, sobre inúmeros setores da atuação estatal, que necessitem de um tratamento uniforme em escala nacional. Isso ocorre principalmente com os setores econômico e social, que exigem uma unidade de planejamento e direção".[3]

Subsiste, porém, o tema central da indagação: é compatível com a ordem constitucional vigente e seu sistema federativo a realização de um plebiscito de âmbito nacional para uma questão tradicionalmente concebida como desafio nordestino? Cremos que sim. A qualidade de Estado intervencionista no Brasil não possibilita outra resposta que não aquela positiva. Não fosse assim, como compreender o sentido, por exemplo, da competência exclusiva da União, contida no art. 21, IX, da CF, de "elaborar e executar planos regionais de ordenação do território e de desenvolvimento econômico e social" e a existência de uma competência concorrente – repartida com os Estados – para tratar de matéria de direito econômico, como impõe o art. 24, I, da Constituição da República? Lembramos que a competência concorrente é legislativa, exercida pela União, Estados e Distrito Federal, o que confirma o entendimento do caráter nacional dos projetos de desenvolvimento.

A objetividade dos dispositivos constitucionais adverte que o federalismo brasileiro é cooperativo, garantido, para além da interdependência entre suas entidades, pela preponderância do Estado Nacional – este, sim, elemento motor para o desenvolvimento regional e força agregadora de todos os interesses, exatamente em virtude de seu caráter intervencionista. Por isso é que "(...) a política nacional de desenvolvimento regional não pode tratar a questão regional de forma genérica, mas deve respeitar as especificidades de cada região, contemplando de maneira detalhada a heterogeneidade nacional. (...). A proposta política nacional de desenvolvimento regional exige a presença ativa e coordenadora do Estado Nacional (não apenas o Governo Federal) (...)".[4]

Eis, desta maneira, como respondemos à primeira das perguntas formuladas:

Sim, encontra respaldo na Constituição da República a participação de todos os brasileiros no plebiscito sobre a Bacia Hidrográfica do Rio São Francisco, por força da qualidade cooperativa do pacto federativo brasileiro e da natureza constitucional intervencionista que detém o Estado no Brasil.

III

Passamos à segunda das indagações, onde se enfrenta a coincidência das datas do planejado plebiscito a ser efetivado e das eleições gerais no primeiro domingo de 2006. Mesmo um olhar desatento permite antever que o debate em torno do projeto da Bacia Hidrográfica do Rio São Francisco, desde que realizado na data das eleições gerais, será devorado pelo temário que estas apresentarão. Não somente por serem eleições gerais que constarão da agenda política, porém pelo fato de se tratar de eleições que envolverão discussões sobre o Estado Brasileiro, na medida em que será escolhido um novo Presidente da República. Se recomenda a boa razão democrática a separação dos temas, é necessário, novamente, que se investigue se tanto a legalidade infraconstitucional como a própria Constituição da República autorizam, objetivamente, referida recomendação.

O art. 1º da Lei 9.504, de 30.9.1997, prevê que "as eleições para Presidente e Vice-Presidente da República, Governador e Vice-Governador de Estado e do Distrito Federal, Prefeito e Vice-Prefeito, Senador, Deputado Federal, Deputado Estadual, Deputado Distrital e Vereador dar-se-ão, em todo o País, no primeiro domingo de outubro do ano respectivo".

3. Idem, p. 156.

4. Idem, p. 269.

Por sua vez, o art. 8º, I, da Lei 9.709, de 18.11.1998, que regulamenta a execução dos instrumentos de soberania popular, explicitados no art. 14 da CF, diz que: "Art. 8º. Aprovado o ato convocatório, o Presidente do Congresso Nacional dará ciência à Justiça Eleitoral, a quem incumbirá, nos limites de sua circunscrição: I – fixar a data da consulta popular; (...)". Portanto, é atribuição da Justiça Eleitoral, derivada expressamente de dispositivo legal, a fixação da data do plebiscito de que trata o projeto de decreto legislativo em questão, e não da Câmara dos Deputados. Não há como se sustentar, portanto, que o art. 2º do texto do citado decreto legislativo seja compatível com a normatividade sobre a matéria. À Câmara dos Deputados é defeso interferir neste âmbito do assunto, uma vez que a Justiça Eleitoral, além de fixar as datas, será responsável pela execução, em todos os passos, da consulta planejada. Não bastasse este impedimento, outros derivam de compreensão constitucional para que se afirme que a coincidência das datas de consulta plebiscitária e eleições gerais representa mais que singela inconveniência.

Numa perspectiva democrática, o povo é o soberano, sendo, portanto, aquele que não está sujeito a poder algum, a não ser à própria razão. Afigura-se como razoável a prevalência dos mecanismos de democracia direta sobre os da democracia representativa. Assim não fosse, como entender o sentido peremptório da primeira parte do parágrafo único do art. 1º da Constituição Federal, de que "todo o poder emana do povo", e somente a partir desta condição é que será tal poder exercido por meio de representantes eleitos ou diretamente? Como se está diante de uma ordem constitucional democrática, de Estado intervencionista, o comando "democracia" terá que ser entendido por meio de sua contextualização histórica, política e social, vinculada à experiência concreta do povo brasileiro, progressiva no rumo da superação de suas necessidades e problemas.

Neste instante, é importante que se busque nas origens do pensamento emancipatório – responsáveis pela prática e mecanismos de democracia direta conviventes com a democracia representativa – o autêntico significado da soberania popular, desenvolvido a partir das idéias do Iluminismo.

Um dos pontos onde se cruzam as idéias de Immanuel Kant – consolidador das idéias iluministas – e de Karl Marx – verdadeiro pensador da emancipação dos homens – é o do universalismo. Kant, na sua filosofia da paz, entende-se como um cidadão do mundo. À qualidade de cidadão do mundo equivale a aceitação democrática e fraterna do outro, de outras culturas; a recepção dessas outras culturas no próprio lar e a convivência no mesmo espaço. O universalismo tem o potencial de amenizar no homem seus mais arraigados instintos egoísticos, podendo construir um novo mundo. Este requisito leva Kant a discursar sobre um Direito cosmopolita, Direito internacional, Federação de Estados, hospitalidade, fazendo de tais pontos os artigos centrais de sua teoria da paz. Longe de se apresentar como forma idealista, a definição do homem como cidadão do mundo requer que seja esse homem livre de todos as limitações, onde tais liberdades estariam garantidas no Direito, na Constituição democrática – portanto, numa forma realista. Como se vê, Kant não acalenta ilusões no sentido de que se não se dispuser de uma Constituição republicana, elaborada pelo próprio povo e em permanente consulta e participação na elaboração das leis, muito pouco fará com que o homem progrida em democracia.

O universalismo de participação do homem de Marx é de outra ordem – como em Kant, homem senhor de si próprio, liberto de qualquer vínculo produzido pela alienação –, embora o apelo não se altere: o desenvolvimento da solidariedade entre os povos, construído pela ação revolucionária humana. Revolucionária, sim, pois somente uma autêntica radicalidade seria capaz de alterar a situação de *status quo* em que se encontram homem, sociedade e Estado no século XIX. Como afirma Megill, o ponto do universalismo repetido por Marx – já que o Estado representa somente o particular, e não o geral, o universal[5] – é um ponto esboçado por Rousseau, Kant e Hegel.

É, pois, o Constitucionalismo brasileiro herdeiro da tradição reflexiva democrática, também em razão do momento constituinte que se viveu nos anos de 1987/1988. Seguindo-se esta tradição, não há como minimizar o poder que se conferiu ao povo, mesmo diante dos preceitos da democracia representativa. Alimentada por esta fonte é que a natureza de um processo democrático que derivou na atual Constituição Federal permite que se ponha a democracia direta – emancipatória – na dianteira da democracia representativa. Para Rousseau, ancestral da democracia direta, somente as leis passadas pela aprovação do povo é que podem ser válidas – o que reveste o momento constituinte de outra versão, abandonada pelo Liberalismo: ele não se esgota após a promulgação da Constituição. Este é exatamente o momento em que ele inicia sua tarefa entre os homens. No âmbito desta reflexão, a assertiva de Immanuel Kant de que "o Poder Legislativo somente pode corresponder à vontade unificada do povo"[6] recebe novo contorno. A força desta afirmação ganha em significado quando se constata que, numa Constituição democrática, deve a vontade permanente do constituinte manifestar-se em primeiro lugar, para, então, dirigir a vontade do Poder Legislativo.

Qual a implicação de tais argumentações teóricas para o caso que se tem? Como manifestamos nosso entendimento, o plebiscito a ser realizado é uma questão nacional, por sua natureza e por imposição realista – e jamais idealista – advinda das determinações constitucionais que se têm no Brasil. Se se planeja a realização de um plebiscito ou de qualquer outra forma de manifestação de soberania popular, estes não poderão ser confundidos – espacial, material ou temporalmente – com manifestações sobre os governantes ou legisladores. Outra não pode ser a conseqüência possível, na medida em que a partir do resultado do plebiscito é que se manifestará a democracia representativa, para tornar concreto o que o povo decidiu. A essa postura é que corresponde o entendimento dos teóricos iluministas da democracia – como Kant e Rousseau –, atualizados pela vocação emancipatória de Marx.

Este sentido, é, sim, compatível com a Constituição Federal, como temos insistido, em razão do comando que a abre: a República Federativa do Brasil é um Estado Democrático de Direito.

Tão forte sentença traduz uma inequívoca imposição a todos aqueles que manejam o Direito: a compreensão constitucional e infraconstitucional terá que buscar o sentido democrático, com base nesta realidade concreta que se vive, tendo por referência o acúmulo de uma experiência histórica que, em sua racionalidade, busca o progresso humano, embora se reconheça que nem sempre o conseguiu. Mais uma vez: a realização de consulta plebiscitária separadamente da data das eleições gerais não é desvario, envolve um desafio nacional e deve submeter-se tanto à vontade direta do povo como à de seus representantes. Primeiro, àquela; segundo, a esta, separadamente.

Compreender o inverso seria o recurso ao realismo cínico, que distorce e esvazia o novo, fazendo com que as novidades democráticas nada ou pouco possam e produzam. Essa liberal estratégia – de muito tempo detectada pela história do pensamento político e filosófico – merece ser mencionada não para sua utilização, mas para que não

5. Allan Megill, *The Burden of Reason (Why Marx Rejected Politics and the Market)*, Laham/Boulder/Nova York/Oxford, Rowman & Littlefield Publishers, 2002, p 95: "Marx repeatedly insists – *a Rousseaunian, Kantian, and Hegelian point* – that the State should represent the general or universal, as opposed to the particular. The universal is rational and the rational is universal" (grifamos).

6. Immanuel Kant, "Metaphysik der Sitten", in *Kant Werke*, Sonderausgabe, 1983, Darmstadt, Wissenschaftliche Buchgesellschaft, 1983, p. 432. Originalmente: "Die gesetzgebende Gewalt kann nur dem vereinigten Willen des Volkes zukommen".

prolifere no ambiente democrático e emancipatório.

Com estas palavras, respondemos à segunda indagação negativamente:

Não, não corresponde aos preceitos constitucionais a coincidência de datas do plebiscito e das eleições para os cargos de Presidente da República, Governador de Estado, Deputados Federais e Estaduais no primeiro domingo de outubro de 2006. E, se não pode a Câmara dos Deputados fixar datas coincidentes, também o é vedado a quem compete referida definição, no caso, a Justiça Eleitoral.

De forma resumida, as perguntas formuladas merecem, portanto, as seguintes respostas:

1. *Sim.*
2. *Não.*

É nosso parecer, sempre *sub censura*.

Fortaleza, 30 de maio de 2005

INCIDÊNCIA DO IMPOSTO DE RENDA NA FONTE SOBRE O ABONO PECUNIÁRIO

GEORGHIO TOMELIN

Consultor em Direito Público

1. As Súmulas 125 e 136 do STJ. 2. Terço de férias convertido em pecúnia. 3. Princípio da continuidade: no caso, mero argumento de reforço. 4. Rápidas considerações sobre o imposto de renda. 5. Valor do abono nunca poderia ser base de cálculo para tributos. 6. Jurisprudência unânime e posturas administrativas. 7. Conclusões.

CONSULTA

Consulta-nos o SINCOHAB-SP – Sindicato dos Trabalhadores em Empresas de Planejamento e Desenvolvimento Urbano, Empresas e Cooperativas Habitacionais no Estado de São Paulo – acerca da incidência, na fonte, do imposto de renda sobre o abono resultante da conversão em pecúnia de 10 dias de férias. O tema tem sido causa de grandes controvérsias e disputas judiciais, o que torna necessário o vertente parecer, com vistas a orientar os sindicalizados e demais integrantes da categoria sobre as medidas cabíveis. Fica desde já autorizada aos sindicalizados do SINCOHAB a utilização deste, seja administrativa ou judicialmente, para a defesa dos direitos que a eles assistem.

PARECER

1. As Súmulas 125 e 136 do STJ

A essência do tema já foi debatida no STJ, e desse debate surgiram as Súmulas 125 e 136:

Súmula 125 do STJ: "O pagamento de férias não gozadas por necessidade do serviço não está sujeito à incidência do imposto de renda".

Súmula 136 do STJ: "O pagamento de licença-prêmio não gozada por necessidade do serviço não está sujeito ao imposto de renda".

O tema aparece inicialmente em razão de a Constituição da República determinar que pertence aos Estados e aos Municípios "o produto da arrecadação do imposto da União sobre renda e proventos de qualquer natureza, incidente na fonte, sobre rendimentos pagos, a qualquer título, por eles, suas autarquias e pelas fundações que instituírem e mantiverem" (arts. 157, I, e 158, I, da CF). Assim, aquilo que Estados e Municípios descontam em folha de salário, a título de IR, nem chega aos cofres da União (art. 159, § 1º, da CF).

Imagine-se, então, que o trabalhador recebe, em contracheque, um determinado valor a título de indenização (férias não-gozadas, licença-prêmio ou abono, todos convertidos em pecúnia). Diz a jurisprudência dos tribunais, em uníssono, que não é devido IR em relação a tais valores. Para fazer, de início, uma simples mas sugestiva comparação, nas empresas privadas a diferença estaria entre colocar o dinheiro no bolso do trabalhador ou no bolso do Governo Federal. Já para Estados e Municípios a diferença ficaria entre deixar o dinheiro em poder do servidor ou em poder do próprio Tesouro Público, sendo que, nesta última hipótese, a apropriação da pecúnia se faria, validamente, com direto apoio na Constituição.

Muitos Estados e Municípios aplicaram o desconto nas situações apontadas – postura administrativa irregular, que gerou as Súmulas 125 e 136 do STJ. Como argumento de reforço para deferir o pleito dos servidores, os tribunais sempre utilizaram o princípio da continuidade do serviço público, no sentido de dizer que a Administração não poderia determinar que o servidor trabalhasse durante as férias para depois enquadrar como salário regular tais verbas indenizatórias.

É justamente neste ponto que entra a discussão que interessa ao SINCOHAB. Nossas empresas governamentais de habitação e desenvolvimento urbano são pessoas jurídicas de direito privado, criadas por lei para a busca do interesse público (acesso à moradia e direito ao desenvolvimento). Nessa condição, muitas delas têm descontado na fonte o IR incidente sobre o abono, com enormes prejuízos para o bolso dos servidores.

Neste estudo vamos demonstrar a irregularidade de promover tais descontos, com apoio na correta leitura da lei e, também, no que vem sendo decidido em nossos Tribunais.

2. *Terço de férias convertido em pecúnia*

Toda a controvérsia surge ao ensejo da interpretação do texto do art. 144 da CLT. Dizia a Consolidação das Leis do Trabalho original: "Art. 144. No caso de falência, concordata ou concurso de credores, constituirá crédito privilegiado a importância relativa às férias a que tiver direito o empregado".

O dispositivo nem tratava, inicialmente, do abono de férias, o que somente veio a ocorrer com o Decreto-lei 1.535, de 13.4.1977: "Art. 144. O abono de férias de que trata o artigo anterior, bem como o concedido em virtude de cláusula do contrato de trabalho, do regulamento da empresa, de convenção ou acordo coletivo, desde que não excedente de 20 (vinte) dias do salário, *não integrarão a remuneração do empregado para os efeitos da legislação do trabalho e da previdência social*" (grifamos).

Novamente o art. 144 sofreu mudança, com a Lei federal 9.528, de 10.12.1997, que também alterou as leis federais de regência do sistema de previdência: "Art. 144. O abono de férias de que trata o artigo anterior, bem como o concedido em virtude de cláusula do contrato de trabalho, do regulamento da empresa, de convenção ou acordo coletivo, desde que não excedente de 20 (vinte) dias do salário, *não integrarão a remuneração do empregado para os efeitos da legislação do trabalho*" (grifamos).

Pela nova redação, o art. 144 singelamente passa a dizer que o abono de férias convertido em abono pecuniário, nos termos do art. 143, não integra a remuneração do empregado. Tal hipótese de conversão de parte das férias em dinheiro veio para regularizar algo que já ocorria na prática: a venda das férias. "O mais importante é que o direito de receber uma parte das férias em dinheiro é uma opção legal conferida ao trabalhador, que pode aproveitá-la ou não; ninguém melhor que ele para medir suas conveniências, necessidades econômicas pessoais e familiares no momento da escolha" (cf. Valentin Carrion, *Comentários à Consolidação das Leis do Trabalho*, 30ª ed., São Paulo, Saraiva, 2005, p. 161).

Nossa Constituição determina que às empresas públicas e sociedades de economia mista se aplique o mesmo regime das demais empresas privadas: "Art. 173. (...) II – a sujeição ao regime jurídico próprio das empresas privadas, *inclusive quanto aos direitos e obrigações civis, comerciais, trabalhistas e tributários*; (...)" (grifamos).

Para os ocupantes de cargo público, os direitos aqui em debate apóiam-se no art. 39, § 3º, da CF, e assim podemos dizer que todos os trabalhadores brasileiros teriam, em tese, o mesmo direito. Sempre que optarem, poderão converter um terço de suas férias em dinheiro, o que dará ensejo ao pagamento dobrado nesse período. Para os trabalhadores das empresas do setor privado isto é uma faculdade. Já para aqueles que entregam sua força de trabalho aos entes estatais, para além de ser uma faculdade, é também uma forma de garantir a continuidade do serviço público.

3. *Princípio da continuidade: no caso, mero argumento de reforço*

As Súmulas 125 e 136 do colendo STJ utilizam a "necessidade de serviço" como argumento de reforço ao caráter indenizatório da conversão de férias ou licenças em dinheiro. Nas entidades que prestem algum tipo de serviço de interesse público, como as companhias de habitação ou de desenvolvimento urbano – que nada mais são que prestadoras de serviço público –, estaremos também diante do princípio da continuidade.

Segundo Celso Antônio Bandeira de Mello, "uma vez que a Administração é curadora de determinados interesses que a lei define como públicos e considerando que a defesa, e prosseguimento deles, é, para ela, obrigatória, verdadeiro dever, *a continuidade da atividade administrativa é princípio que se impõe e prevalece em quaisquer circunstâncias*. É por isso mesmo que Jèze esclarecia que a Administração tem o dever, mesmo no curso de uma concessão de serviço público, de assumir o serviço, provisória ou definitivamente, no caso de o concessionário, com culpa ou sem culpa, deixar de prossegui-lo convenientemente" (*Curso de Direito Administrativo*, 19ª ed., São Paulo, Malheiros Editores, julho/2005, p. 70, Capítulo I, item 65) (grifamos).

No caso presente, temos entidades que cuidam de sanar o déficit de moradia, erigido em cláusula constitucional pela Emenda 26/2000: "Art. 6º. *São direitos sociais* a educação, a saúde, o trabalho, *a moradia*, o lazer, a segurança, a previdência social, a proteção à maternidade e à infância, *a assistência aos desamparados*, na forma desta Constituição" (grifamos).

O que não se há confundir é a *faculdade* deferida ao trabalhador de converter um terço de suas férias em trabalho – como meio de ajudar o Poder Público no atingimento de seus fins – com a *possibilidade* de sobejar a necessidade de serviço em cada caso. No que se refere às companhias de habitação e desenvolvimento urbano a necessidade de serviço existe, presumidamente, enquanto houver déficit de moradia em nosso país – o que é notório.

Nenhum sentido faria construir o raciocínio cerebrino de que o servidor somente exerceria a faculdade de conversão de férias em nome do interesse público quando a Administração assim se manifestasse. Quando um servidor público atua, ele sempre estará prestando um serviço de interesse público, até porque seus atos, nessa qualidade, gozam de fé pública e geram responsabilidade da Administração (art. 37, § 6º, da CF).

Pouco importa, assim, a prova de que foi a necessidade de serviço que "forçou" o servidor a trabalhar. Basta que não tenha gozado do benefício das férias integrais para que faça jus à não-incidência do IR. Tem direito à indenização pelo não-gozo de um direito, que restou convertido em pecúnia. A continuidade do serviço é, nestes casos, um reforço ao direito do servidor, e não uma *capitis deminutio*, pois seu não-afastamento vem sempre a somar com os interesses estatais. Assim também o entendimento unânime do sempre colendo STJ nos julgados mais recentes:

"Processual civil – Tributário – Verbas indenizatórias – Imposto de renda – Ônus da prova – Presunção em favor do empregado – Divergência jurisprudencial configurada.

"*É desnecessária a comprovação de que as férias não foram gozadas por necessidade do serviço, já que o não afastamento do empregado, abrindo mão de um direito, estabelece uma presunção em seu favor.*

"Recurso especial conhecido e provido" (2ª Turma, REsp 718.937-SP, 2005/0010535-0, rel. Min. Francisco Peçanha Martins, j. 9.8.2005, *DJU* 26.9.2005, p. 337) (grifamos).

4. Rápidas considerações sobre o imposto de renda

A União pode tributar o acréscimo patrimonial dos que auferem renda no Brasil. Nem sempre é fácil dizer o que é efetivamente *renda*. Tanto é verdade que a própria legislação cria faixas de isenção quando qualifica aquele mínimo existencial que permite aos trabalhadores simplesmente viver, sem nada acumular.

Nesse mesmo sentido é também inegável que aquelas verbas que não se qualifiquem como salário não devem ser tributadas pelo IR. Justamente por esta razão, a jurisprudência brasileira afasta da incidência do IR os valores recebidos a título de ressarcimento, tais como as férias não-gozadas, as licenças-prêmio e os abonos convertidos em pecúnia. Se o trabalhador já deixou de exercer seu direito ao regular gozo do benefício, não faria sentido triturar ainda mais seu plexo de direitos, "garfando" uma parte do seu conteúdo por meio de imposto federal.

Mesmo assim, é fonte de grandes controvérsias o tema de se saber o quê, exatamente, se poderia enquadrar como renda criadora de acréscimo patrimonial, à luz do que dita a Constituição. Em comento ao art. 43 do CTN, diz Zuudi Sakakihara: "Como nem a Constituição nem o Código Tributário Nacional definem o que seja o acréscimo patrimonial, *o legislador ordinário fica livre* para dar-lhe tanto uma conotação dinâmica quanto estática. Disso decorre que *é da maior importância saber qual foi o critério adotado pela lei ordinária*, antes de decidir se dada renda, ou certo provento, implica, ou não, acréscimo patrimonial" (in Vladimir Passos de Freitas (coord.), *Código Tributário Nacional Comentado*, 3ª ed., 2005, p. 157) (grifamos).

Tem inteira razão o comentarista. Para saber o que é "renda", precisamos seguir o critério legal. E o que dita a Consolidação das Leis do Trabalho quando trata de abono de férias ? Vejamos novamente o dispositivo: "Art. 144. O abono de férias de que trata o artigo anterior, bem como o concedido em virtude de cláusula do contrato de trabalho, do regulamento da empresa, de convenção ou acordo coletivo, desde que não excedente de 20 (vinte) dias do salário, *não integrarão a remuneração do empregado para os efeitos da legislação do trabalho*" (grifamos).

A lei especial trabalhista diz que tais valores não integram a remuneração do trabalhador. Portanto, tais valores não são levados em conta sequer para fins de FGTS. Como pretender, então, que sejam considerados para fins de retenção na fonte de IR?

Neste ponto, uma diferenciação com maior acuidade é ainda salutar. Se o trabalhador recebe férias, deve pagar IR sobre tais valores, pois integram a remuneração do empregado para todos os fins. Mas, nos casos em que o trabalhador "venda suas férias", recebendo em dobro naquele mês, sobre tais valores não deverá recolher IR, dado o caráter meramente indenizatório. É o que diz a decisão unânime do colendo STJ:

"Tributário – Imposto de renda – Pagamento de indenização a servidor público – Férias indeferidas por necessidade do serviço – Não incidência.

"1. *O pagamento em pecúnia a servidor público, referente a períodos de férias não gozadas*, por necessidade do serviço, não constitui renda ou proventos, pois *não caracteriza acréscimo patrimonial, dado o caráter compensatório da verba.*

"2. Recurso desprovido" (1ª Turma, REsp 36.084-SP, 1993/0017026-0, rel. Min. Humberto Gomes de Barros, j. 16.9.1992, *DJU* 27.6.1994, p. 16.905; *Lex-STJ* 82/167; *RSTJ* 72/191) (grifamos).

No mesmíssimo sentido vai a mais moderna doutrina. Vejamos o entendimento do professor Roque Antônio Carrazza, na recentíssima obra *Imposto sobre a Renda (Perfil Constitucional e Temas Específicos)*:

"Registre-se, antes de mais nada, que, quando o servidor tira regularmente suas férias ou licenças-prêmio, recebe em dinheiro o valor correspondente ao período aquisitivo e, ainda por cima, goza do devido período de descanso. Os valores são, sem dúvida, tributáveis por meio de IR.

"*Situação diversa ocorre quando há recebimento em pecúnia de férias e licenças-prêmio vencidas e não-gozadas*, por absoluta necessidade de serviço. Agora, o servidor não experimenta período algum de descanso; antes, prossegue trabalhando. *[grifamos]*

"*Os valores recebidos nesta hipótese têm caráter indenizatório.* Ou, se preferirmos, a quantia recebida pelo servidor público a título de ressarcimento pelas férias e licenças-prêmio vencidas e não gozadas, por absoluta necessidade de serviço, tipifica indenização. *É medida reparatória que recompõe seu patrimônio – e, portanto, não lhe propicia* ***riquezas novas****, [grifamos]* isto é, *rendimentos* ou *ganhos de capital*" (São Paulo, Malheiros Editores, junho/2005, p. 193).

5. Valor do abono nunca poderia ser base de cálculo para tributos

Ocorre que o apetite arrecadatório do Estado está sempre tentando alcançar o bolso do contribuinte. Esta foi a razão de se ter alterado o conteúdo do art. 144 da CLT, para que as contribuições previdenciárias passassem a incidir sobre os valores do abono. Isso, é claro, com o Governo sempre desconsiderando a grita geral dos sindicatos, da doutrina e da jurisprudência.

Vejamos o que leciona Maurício Godinho Delgado sobre o ponto em debate: "Registre-se, por fim, a este respeito, que o Diploma Previdenciário 9.528, de 10.12.1997 (resultante de conversão de medida provisória, a contar da Medida Provisória 1.523/1996, e subseqüentes), alterou o art. 144 da CLT, restringindo à esfera meramente trabalhista (e não previdenciária) o caráter indenizatório conferido às parcelas referidas no preceito. A sanha arrecadadora do Estado cometeu, porém, no caso, um equívoco: o valor resultante da conversão pecuniária de parte das férias (*abono* do art. 143 da CLT) não tem, *por sua própria natureza*, caráter de salário, e sim de indenização, inclusive eventual. Por estas razões, seria inválida norma de lei ordinária que determinasse arrecadação previdenciária sobre esta verba estritamente indenizatória (art. 195, I, II, III, e § 4º, e art. 201, § 4º, da Constituição da República). O equívoco na concepção da referida norma – que levava, é claro, à sua esterilidade, em virtude de afronta à Carta Magna – foi reconhecido, felizmente, pelo próprio legislador, pouco depois. Assim, a Lei 9.711, de 20.11.1998, excluiu da base de cálculo do salário de contribuição previdenciário as importâncias 'recebidas a título de abono de férias na forma dos arts. 143 e 144 da CLT'. Restaurou-se, portanto, o cenário jurídico tradicional (e racional) neste campo" (*Curso de Direito do Trabalho*, 3ª ed., São Paulo, LTr, julho/2004, pp. 979-980).

Permitimo-nos ir ainda mais longe que o ilustre professor. A anterior redação do art. 144 da CLT até mesmo daria margem ao entendimento de que sobre os valores do abono incidiria o IR. Sim, pois, ao excluir nomeadamente as contribuições sociais, muitos poderiam defender a incidência do IR em razão de indisfarçável silêncio eloqüente. A nova redação é até mais favorável à não-incidência de IR ou contribuições, uma vez que permite uma interpretação voltada para a natureza do instituto das "férias" regidas pela Consolidação das Leis do Trabalho.

Mas não deixa de ter importância a lei nova quando exime tais valores da cobrança de contribuições. E no mesmo sentido do que entendemos vai a mais atual jurisprudência, também voltada a proteger os trabalhadores da incidência do IR. Vejamos um julgado unânime do STJ deste ano de 2005:

"Tributário e processual civil – Imposto de renda – Indenização especial – Abono pecuniário de férias – APIP – Conversão em pecúnia – Caráter indenizatório – Violação ao art. 43 do CTN não configurada – Honorários advocatícios – Sucumbência da Fazenda Pública – Fixação – Limite percentual – Art. 20, §§ 3º e 4º, do CPC – Violação não configurada.

"A 1ª Seção deste Tribunal *pacificou o entendimento de que a indenização recebida a título de* ausência permitida ao trabalho/APIP não gozada e o ***abono pecuniário de férias*** *estão ao abrigo da incidência do imposto de renda, seguindo a orientação de que tais verbas não constituem acréscimos patrimoniais subsumidos na hipótese do art. 43 do CTN.*

"Os honorários advocatícios podem ser fixados em percentual inferior àquele mínimo indicado no § 3º do art. 20 do CPC, a teor do disposto no § 4º do mesmo preceito legal, que não restringe o arbitramento pelo julgador.

"O reexame dos elementos de fato que influenciaram as instâncias de origem no arbitramento dos honorários advocatícios é vedado em sede de recurso especial, a teor do disposto no verbete 07 da Súmula do STJ.

"Recurso especial conhecido, mas improvido" (2ª Turma, REsp 584.243-CE, 2003/0131486-6, rel. Min. Francisco Peçanha Martins, j. 16.6.2005, *DJU* 8.8.2005, p. 255).

6. Jurisprudência unânime e posturas administrativas

Pauta-se este rápido parecer na precisa linha da jurisprudência da mais alta Corte Federal. Em adição a isso, cabe lembrar que tanto o TJSP quanto o TRF-3ª Região vão no mesmo sentido:

"Mandado de segurança – Propositura por funcionária pública do Estado objetivando a não-incidência do imposto de renda sobre o valor da indenização de suas férias não gozadas – Segurança concedida. Pelo sistema da Lei Maior, à União se reservou competência para 'instituir' o questionado tributo. Pertence ele, todavia, aos Estados, quando nascido de proventos de servidor público. Daí caber-lhe a 'arrecadação', segundo o art. 157, I, da Constituição da República/1988. Ressente-se de validade a exigência tributária estatal quando incidente sobre fato não abrigado pelo conceito científico de 'renda'. O reconhecimento de indenização não configura a situação objetiva, definida pelo art. 43 do CTN, como fato gerador do tributo, eis que não acarreta acréscimo patrimonial, mas reposição dele, como substituição da perda sofrida. O equivalente pecuniário de ressarcimento de dano não retrata hipótese de acréscimo patrimonial" (TJSP, MS 143.348-1, de São Paulo, rel. Des. Jorge Almeida, j. 27.3.1991).

"Tributário – Licença-prêmio e abono de férias – Não incidência de imposto de renda – Compensação – Juros moratórios – Honorários advocatícios.

"1. Os documentos relativos a futuras verbas a serem pagas constituem prova documental imprescindível à demonstração da utilidade do provimento jurisdicional – Carência da ação que se reconhece de ofício.

"2. *Não se inserem no conceito constitucional de renda, e tampouco representam acréscimo patrimonial, os valores pagos a título de indenização por* licença-prêmio, *abono de férias* e APIP não gozados por necessidade de serviço, em razão do caráter compensatório, *sendo despiciendo indagar-se da comprovação da efetiva necessidade de serviço, porquanto a regra de não-incidência tem por base o caráter indenizatório das referidas verbas* – Inteligência da Súmula n. 136 do STJ.

"3. *Nos casos de pagamento indevido ou a maior de tributos e contribuições federais, o contribuinte poderá compensar esses valores com débitos referentes a contribuições da mesma espécie.*

"Inteligência do § 1º do art. 66 da Lei n. 8.383/1991 c/c o art. 170 do CTN.

"4. Possibilidade de compensação dos valores recolhidos a título de IRPF apenas com parcelas da própria exação.

"5. Incabíveis os juros moratórios em sede de compensação, em razão da não-constituição em mora do devedor – Precedentes do colendo STJ.

"6. Honorários advocatícios a cargo das partes em relação aos seus respectivos procuradores, em face da sucumbência recíproca.

"7. Ressalvado o direito da autoridade administrativa em proceder à plena fiscalização acerca da existência ou não de créditos a serem compensados, exatidão dos números e documentos comprobatórios, *quantum* a compensar e conformidade do procedimento adotado com os termos da Lei n. 8383/1991" (TRF-3ª Região, 6ª Turma, AC 1014751, 2005.03.99.011576-4-SP, rel. Des. Federal Mairan Maria, j. 8.6.2005, v.u., *DJU* 17.6.2005, p. 639) (grifamos).

Nunca é demais lembrar que o lançamento é ato vinculado. Nenhum sentido faria permitir que a Fiscalização continuasse produzindo autos de infração em descompasso com o que dizem a legislação e a jurisprudência unânime dos tribunais, já que tal postura não propiciaria senão um passivo judicial ao Poder Público, por reiteradas sucumbências.

Sobre o lançamento do IR, ensina o professor José Artur Lima Gonçalves: "O chamado auto de infração também pode conter um lançamento tributário quando dele constar, desde logo, a formalização da exigência tributária, hipótese na qual é denominado de lançamento direto ou de ofício. *O lançamento, nunca é demais repetir, é ato administrativo plenamente vinculado, sob pena de responsabilidade funcional do agente administrativo.* Desdobraremos, para cabal esclarecimento, esta noção. Ato administrativo vinculado, como já vimos, é aquele que *deve ser praticado pelo agente público se e quando* – e na forma em que – *a lei o determinar*" (*Imposto sobre a Renda – Pressupostos Constitucionais*, 1ª ed., 2ª tir., São Paulo, Malheiros Editores, 2002, p. 102) (grifamos).

O que estamos a afirmar é que não existe no sistema uma legislação que determine – aos agentes públicos envolvidos na cobrança do IR – o lançamento de IR incidente sobre a conversão do terço de férias em abono pecuniário. Ao contrário, o que existe é norma que claramente determina que tais valores não integram a remuneração do trabalhador. Assim sendo, a correta postura administrativa neste caso seria a de não reter IR sobre o abono pecuniário a que se referem os arts. 143 e 144 da CLT. Nos casos mais graves, a insistência dos servidores em lançar tributos ou contribuições a maior poderia mesmo configurar crime, a teor do que determina o Código Penal brasileiro:

"(Concussão).

"Art. 316. (...).

"Excesso de exação

"§ 1º. *Se o funcionário exige tributo ou contribuição social que sabe ou deveria saber indevido*, ou, quando devido, emprega na cobrança meio vexatório ou gravoso, que a lei não autoriza: *[redação dada pela Lei 8.137, de 27.12.1990]*

"Pena – reclusão, de 3 (três) a 8 (oito) anos, e multa. *[Redação dada pela Lei 8.137, de 27.12.1990]*

Justamente para prevenir o excesso de exação é que a Secretaria da Receita Federal fez publicar no *Diário Oficial* de 28.4.2005 o ato declaratório interpretativo cujo teor integral transcrevemos, rogando especial atenção para seu art. 1º:

Ato Declaratório Interpretativo SRF n. 5, de 27 de abril de 2005

Dispõe sobre a revisão de crédito tributário relativo ao imposto sobre a renda incidente sobre os valores pagos (em pecúnia) a título de licença-prêmio e férias não gozadas por necessidade do serviço, a trabalhadores em geral ou a servidores públicos, e determina o cancelamento de lançamento no caso em que especifica.

O Secretário da Receita Federal, no uso da atribuição que lhe confere o inciso III do art. 230 do Regimento Interno da Secretaria da Receita Federal, aprovado pela Portaria MF n. 30, de 25 de fevereiro de 2005, e tendo em vista o disposto nos §§ 4º e 5º do art. 19 da Lei n. 10.522, de 19 de julho de 2002, e o que consta no Processo n. 10168.001185/2005-33, e considerando que a Procuradoria-Geral da Fazenda Nacional, com base no art. 19, II, da Lei n. 10.522, de 19 de julho de 2002, c/c o art. 5º do Decreto n. 2.346, de 10 de outubro de 1997, autorizou a dispensa de interposição de recursos e a desistência dos já interpostos, desde que inexista outro fundamento relevante com relação às decisões que afastaram a incidência do imposto de renda das pessoas físicas sobre as verbas recebidas em face da conversão em pecúnia de licença-prêmio e férias não gozadas por necessidade do serviço, por trabalhadores em geral ou por servidores públicos, por meio dos seguintes pareceres e atos declaratórios:

I – Parecer PGFN/CRJ n. 921/1999, aprovado por despacho do Ministro da Fazenda, publicado no *Diário Oficial da União* (*DOU*) de 6 de agosto de 1999, e do Ato Declaratório PGFN n. 4, de 12 de agosto de 2002, publicado no *DOU* de 15 de agosto de 2002;

II – Parecer PGFN/CRJ n. 1.458/1999, aprovado por despacho do Ministro da Fazenda, publicado no *DOU* de 31 de março de 2000, e do Ato Declaratório PGFN n. 8, de 12 de agosto de 2002, publicado no *DOU* de 15 de agosto de 2002; e

III – Parecer PGFN/CRJ n. 1.905/2004, aprovado por despacho do Ministro da Fazenda, publicado no *DOU* de 18 de fevereiro de 2005, e do Ato Declaratório PGFN n. 1, de 18 de fevereiro de 2005, publicado no *DOU* de 22 de fevereiro de 2005, Declara:

Art. 1º. *Os Delegados e Inspetores da Receita Federal deverão rever de ofício os lançamentos referentes ao imposto sobre a renda incidente sobre os valores pagos (em pecúnia)* a título de licença-prêmio e *férias não gozadas*, por necessidade do serviço, *a trabalhadores em geral ou a servidor público*, desde que inexista qualquer outro fundamento relevante, para fins de alterar, total ou parcialmente, o respectivo crédito tributário. *[grifamos]*

Art. 2º. A autoridade julgadora, nas Delegacias da Receita Federal de Julgamento, subtrairá a matéria de que trata o art. 1º na hipótese de crédito tributário já constituído cujo processo esteja pendente de julgamento.

Art. 3º. Fica formalmente revogado, sem a interrupção de sua força normativa, o Ato Declaratório Interpretativo SRF n. 23, de 25 de agosto de 2004. – Dr. *Jorge Antonio Deher Rachid.*

7. Conclusões

7.1 Os empregados públicos em habitação e desenvolvimento urbano que optarem por converter um terço de suas férias em abono pecuniário reforçam, com seu trabalho, o interesse público – no caso, o interesse na efetivação do acesso à moradia e ao desenvolvimento urbano.

7.2 Todos os trabalhadores em habitação e desenvolvimento urbano têm a faculdade de não aceitar a conversão de um terço de suas férias em pecúnia, sempre que preferirem gozar integralmente do referido direito.

7.3 Os valores pagos pelas empresas e sociedades governamentais de habitação e desenvolvimento urbano a seus empregados como ressarcimento pelo não-gozo da integralidade das férias configuram indenização, e não remuneração. Se o trabalhador tem o direito de não trabalhar, mas está trabalhando, o que recebe a este título não pode ser considerado salário.

7.4 Sobre tais valores, pagos aos empregados a título de indenização pelo não-gozo de parte das férias, não incidem fontes retentoras de IR, devendo mesmo ser revistos de ofício lançamentos irregularmente feitos, a teor do que determina a Secretaria da Receita Federal.

7.5 O lançamento de tributos pode gerar a responsabilidade pessoal de todos os agentes envolvidos, uma vez que, nos casos mais graves, poderá até configurar excesso de exação.

7.6 As conclusões deste parecer aplicam-se a todos os integrantes da categoria e demais sindicalizados do SINCOHAB, pelo quê todos têm o direito individual e coletivo de pleitear a conseqüente tutela jurisdicional caso esta se faça necessária.

É o parecer.

São Paulo, 26 de outubro de 2005

ESTUDOS E COMENTÁRIOS

DA DISPENSA DE LICITAÇÃO NA CONTRATAÇÃO DE ÓRGÃO OU ENTIDADE EXPLORADORA DE ATIVIDADE ECONÔMICA

EDUARDO AZEREDO RODRIGUES

Procurador do Tribunal de Contas do Estado do Rio de Janeiro
– Professor da Escola da Magistratura/EMERJ
e da Faculdade Nacional de Direito/UFRJ

1. Introdução. 2. Impossibilidade de aplicação do art. 24, VIII, da Lei 8.666/1993 às contratações que envolvam diferentes esferas federativas. 3. Conclusão.

1. Introdução

O presente estudo tem por objetivo analisar a possibilidade de contratação de entidade integrante da Administração Pública indireta de esferas federativas distintas, com dispensa de licitação, por aplicação do art. 24, VIII, da Lei 8.666/1993, sendo a contratada, embora criada para tal fim específico, antes do advento daquele diploma legal, exploradora de atividade econômica.

As hipóteses nas quais é dispensável a realização de certame encontram-se abrigadas no dispositivo citado, dentre as quais aquela prevista em seu inciso VIII, *in verbis*: "Art. 24. É dispensável a licitação: (...) VIII – para a aquisição, por pessoa jurídica de direito público interno, de bens produzidos ou serviços prestados por órgão ou entidade que integre a Administração Pública e que tenha sido criado para esse fim específico em data anterior à vigência desta Lei, desde que o preço contratado seja compatível com o praticado no mercado; (...)".

Com efeito, esse inciso preconiza hipótese de licitação dispensável para fins de aquisição, por pessoa jurídica de direito público interno, de bens ou serviços oferecidos por órgão ou entidade que integre a Administração Pública e que tenha sido criado para esse fim específico em data anterior à vigência da Lei das Licitações, desde que o preço contratado seja compatível com o de mercado.

Não há entendimento pacífico no que toca à interpretação do referido dispositivo, caracterizando-se nítida divisão doutrinária e jurisprudencial acerca do mesmo.

Jessé Torres Pereira Jr.[1] não hesita em reconhecer a possibilidade de contratação com dispensa de licitação tratando-se de paraestatal criada antes da vigência da Lei 8.666/1993, desde que tenha sido constituída com o fim específico semelhante ao objeto contratado, inclusive na hipótese de distribuição de combustível.

No mesmo sentido, o egrégio TCRJ já entendeu por bem, por ocasião da apreciação de ato de dispensa de licitação[2] formalizado com base no art. 24, VIII, da Lei 8.666/1993, conhecer e arquivar o processo.

Por outro lado, outra parte da doutrina entende que não é de ser dispensada a licitação nas hipóteses em que o órgão ou entidade, embora integrante da Administração Pública, exerça atividade econômica, em razão da disciplina constitucional vigente, principalmente após o advento da Emenda Constitucional 19/1998, que, em um contexto de desestatização, modificou o § 1º do art. 173 da Carta da República, nos seguintes termos:

"Art. 173. Ressalvados os casos previstos nesta Constituição, a exploração direta de atividade econômica pelo Estado só será permitida quando necessária aos imperativos da segurança nacional ou a relevante interesse coletivo, conforme definidos em lei.

"§ 1º. A lei estabelecerá o estatuto jurídico da empresa pública, da sociedade de economia mista e de suas subsidiárias que explorem atividade econômica de produção ou comercialização de bens ou de prestação de serviços, dispondo sobre: (...) II – a sujeição ao regime jurídico próprio das empresas privadas, inclusive quanto aos direitos e obrigações civis, comerciais, trabalhistas e tributários; (...)."

O referido dispositivo, em sintonia com o princípio da livre iniciativa – um dos fundamentos sobre os quais foi erigido o nosso Estado Democrático de Direito, *ex vi* do art. 1º, IV, da Carta Magna –, deixa estreme de dúvidas que o Estado, não obstante atue como agente normativo e regulador da economia,[3] exercerá diretamente a atividade econômica, porém apenas *excepcionalmente*, nas hipóteses em que tal se mostre necessário aos imperativos da segurança nacional ou haja relevante interesse coletivo.

A partir de então, formaram-se dois entendimentos principais a respeito do aludido dispositivo.

Jessé Torres Pereira Jr.,[4] analisando a necessidade de realização de licitação pelas

1. Jessé Torres Pereira Jr., *Comentários à Lei das Licitações e Contratações da Administração Pública*, 5ª ed., Rio de Janeiro, Renovar, p. 275: "A Lei 8.666/1993 fez a hipótese do inciso VIII girar 180 graus ao tornar dispensável a licitação se: (a) o adquirente for pessoa jurídica de direito público interno (logo, a regra não se aplica às empresas públicas, sociedades de economia mista e fundações públicas de direito privado na posição de adquirentes); (b) o bem ou serviço objeto da aquisição for produzido por órgão (Administração direta) ou entidade (Administração indireta) integrante da Administração Pública; (c) o órgão ou a entidade fornecedor haja sido criado anteriormente à Lei 8.666/1993 e com o fim específico de produzir aqueles bens ou serviços; (d) o preço seja compatível com o que se encontre no mercado. Desde que atendidas estas últimas condições, podem ser contratados diretamente os bens ou serviços produzidos, por exemplo, por fundações e empresas públicas de assistência a ex-presidiários e menores carentes, seguradoras, distribuidoras de combustível e derivados, entre outras entidades da Administração indireta".

2. Processo TCE/RJ 100.040-5/01. O mesmo entendimento foi declinado em votos proferidos nos autos dos Processos TCE/RJ 104.842-7/00; 105.733-0/98; 107.242-7/99; 107.721-3/99; 110.495-9/99; 110.568-7/00112.752-4/00100.157-2/00; 103.041-8/00 (alguns com determinações).

3. Art. 174 da CF.

4. Jessé Torres Pereira Jr., *Comentários à Lei das Licitações e Contratações da Administração Pública*, 5ª ed., pp. 21-27: "A doutrina já registra o confronto de interpretações discrepantes em pelo menos um ponto fundamental, qual seja, o da abrangência da nova diretriz constitucional. A síntese é de Alice González Borges: 'Uns vêem neste dispositivo, quando alude à 'exploração de atividade econômica, de produção ou comercialização

empresas públicas e sociedades de economia mista e fazendo uma interpretação conjugada dos arts. 22, XXVII, e 173, § 1º, III, da CF, pontuou a divergência que repousa sobre o último dispositivo legal, mormente após a reforma promovida pela Emenda Constitucional 19/1998, concluindo seu raciocínio no sentido de que todas as empresas públicas e sociedades de economia mista, quer prestem serviços públicos, quer explorem atividade econômica, estarão submetidas ao estatuto a que alude o § 1º do art. 173 da Lei Maior.

Por outro lado, outra parte da doutrina – na qual se inserem Marçal Justen Filho, Antônio Carlos Cintra do Amaral e Celso Antônio Bandeira de Mello – restringe o alcance do art. 173 da Carta da República às paraestatais que exercem atividades econômicas. O último publicista assevera que "ocorre que o art. 173 e seu § 1º (ao qual se remete o art. 22, XXVII) são perfeitamente explícitos em elucidar que o neles disposto está reportado única e exclusivamente a entidades exploradoras de atividade econômica. Veja-se. Diz o referido artigo: 'Ressalvados os casos previstos nesta Constituição, a *exploração direta de atividade econômica pelo Estado* só será permitida quando necessária aos imperativos da segurança nacional ou a relevante interesse coletivo, conforme definidos em lei'. Assim, é claro a todas as luzes que o preceito em causa *não está a tratar da prestação de serviços públicos*, que são atividades estatais por excelência, típicas do Poder Público, mas, pelo contrário, de exploração de atividade econômica, que, inversamente, por definição constitucional, é atividade dos particulares. Tanto isto é exato que o Estado só pode desenvolvê-la diretamente em hipóteses invulgares: quando acicatado por 'imperativos da segurança nacional' ou por 'relevante interesse coletivo', e, ainda assim, obedecida a prévia caracterização legal daquilo que como tal se deva entender".[5]

Com efeito, e com a devida vênia que devo ao entendimento adotado pelo eminente Des. Jessé Torres Pereira Jr. – o qual, registre-se, muito tem me auxiliado com sua valiosa obra sobre licitações e contratos administrativos no exercício de minhas atribuições na Corte de Contas do Estado do Rio de Janeiro –, penso que a tese acima sustentada é a que melhor se compatibiliza com as peculiaridades que ostentam as entidades da Administração Pública indireta que se prestam ao desempenho de atividades econômicas.

Foi justamente para acomodar ao regime jurídico pertinente as empresas públicas e sociedades de economia mista exploradoras de atividades econômicas, que visivelmente precisavam receber um tratamento diferente daquele conferido às prestadoras de serviços públicos, que o constituinte, por meio da Emenda Constitucional 19, determinou fosse estabelecido o estatuto jurídico daquelas paraestatais, por lei específica, sujeitando-as a regime próprio de direito privado.

O Pretório Excelso[6] reconheceu a dicotomia entre o regime jurídico das paraestatais

de bens ou prestação de serviços', a abrangência, por esse estatuto jurídico, também das sociedades de economia mista e das empresas públicas que se destinem à prestação de serviços públicos (...). Outros – Marçal Justen Filho e Antônio Carlos Cintra do Amaral, que fazem parte da Comissão de elaboração do projeto da nova lei – entendem que o estatuto jurídico do § 1º do art. 173 somente disciplinará um tipo de empresa estatal: a destinada à exploração de atividade econômica, nas suas modalidades de produção ou comercialização de bens ou de prestação de serviços. Não haveria lugar, pois, nesse estatuto jurídico, para as estatais destinadas à prestação de serviço público – que, entretanto, constituem a grande maioria atualmente existente no país (...)'".

5. Celso Antônio Bandeira de Mello, "Licitação nas estatais em face da Emenda Constitucional 19", *Revista Diálogo Jurídico* 12, Salvador, CAJ/Centro de Atualização Jurídica, março/2002 (disponível na *Internet* em *http://www.direitopublico.com.br*).

6. RE 220.906-DF (*Informativo do STF* 213, dezembro/2000 – "Transcrições").

prestadoras de serviço público e o das exploradoras de atividade econômica, julgando a impenhorabilidade dos bens da ECT/Empresa de Correios e Telégrafos e estendendo à mesma os privilégios da Fazenda Pública, por se tratar de empresa pública federal que, não obstante explore atividade cujo conteúdo não deixa de ser econômico, presta serviço público tipicamente estatal, cujo monopólio é da União, nos termos do art. 21, X, da Carta da República, escapando da incidência da norma do art. 173, que ressalvou, expressamente, os casos previstos na Constituição, como o tal. Vale trazer à baila a transcrição de parte daquele julgado:

"6. Dispõe o art. 173, *caput*, da Carta Federal que, 'ressalvados os casos previstos nesta Constituição, a exploração direta de atividade econômica pelo Estado só será permitida quando necessária aos imperativos da segurança nacional ou a relevante interesse coletivo, conforme definidos em lei'. Em seu § 1º reza que 'a empresa pública, a sociedade de economia mista e outras entidades que explorem atividade econômica sujeitam-se ao regime próprio das empresas privadas, inclusive quanto às obrigações trabalhistas e tributárias'. Daí não há como se inferir que seja dispensável a expedição de precatórios nas execuções contra empresas públicas que exerçam atividade tipicamente estatal.

"7. Note-se que as empresas prestadoras de serviço público operam em setor próprio do Estado, no qual só podem atuar em decorrência de ato dele emanado. Assim, o fato de as empresas públicas, as sociedades de economia mista e outras entidades que explorem atividade econômica estarem sujeitas ao regime jurídico das empresas privadas não significa que a elas sejam equiparadas sem qualquer restrição. Veja-se, por exemplo, que, em face da norma constitucional, as empresas públicas somente podem admitir servidores mediante concurso público, vedada a acumulação de cargos. No entanto, tais limitações não se aplicam às empresas privadas.

"8. Há ainda que se indagar quanto ao alcance da expressão 'que explorem atividade econômica (...)', contida no art. 173, § 1º, da CF. Preleciona José Afonso da Silva (*Curso de Direito Constitucional Positivo*, 12ª ed., São Paulo, Malheiros Editores, 1996, pp. 732 e ss.) que o tema da atuação do Estado no domínio econômico exige prévia distinção entre *serviços públicos*, especialmente os de conteúdo econômico e social, e *atividades econômicas*. Enquanto a atividade econômica se desenvolve no regime da livre iniciativa sob a orientação de administradores privados, o serviço público, dada sua natureza estatal, sujeita-se ao regime jurídico do direito público.

"9. Conclui o eminente jurista que "a exploração dos serviços públicos por empresa estatal não se subordina às limitações do art. 173, que nada tem com eles, sendo certo que a empresa estatal prestadora daqueles e outros serviços públicos pode assumir formas diversas, não necessariamente sob o regime jurídico próprio das empresas privadas", já que somente por lei, e não pela via contratual, os serviços são outorgados às estatais (CF, art. 37, XIX). Assim, não se aplica às empresas públicas, às sociedades de economia mista e a outras entidades estatais ou paraestatais que explorem serviços públicos a restrição contida no art. 173, § 1º, da CF, isto é, a submissão ao regime jurídico próprio das empresas privadas, inclusive quanto às obrigações trabalhistas e tributárias, nem a vedação do gozo de privilégios fiscais não extensivos às do setor privado (CF, art. 173, § 2º).

"10. A interferência do Estado na ordem econômica está consagrada nos arts. 173 e 174 da CF: o próprio Estado, em casos excepcionais, atua empresarialmente no setor, mediante pessoas jurídicas instituídas por lei para tal fim; o Estado, como agente normativo e regulador, fiscaliza, incentiva e planeja a atividade econômica.

"11. Desse modo, os princípios gerais que informam a distribuição de atividades entre o Estado e a iniciativa privada resultam dos princípios da participação estatal na economia e da subsidiariedade, em seus aspectos suplementar e complementar à iniciativa privada.

"12. Em obediência a esses princípios, a atividade econômica estatal exsurge nos serviços públicos, nos serviços públicos econômicos e nos de interesse geral, donde a possibilidade de o Estado (CF, art. 173) monopolizar os serviços públicos específicos, os de interesse geral e ainda os econômicos, por motivo de segurança nacional ou relevante interesse coletivo. Vê-se, pois, que a legitimidade da participação do Estado na economia se fundamenta em três conceitos fundamentais: segurança nacional, serviço público econômico e interesse público."

No mesmo sentido, Marçal Justen Filho[7] reconhece a sujeição das entidades exploradoras de atividade econômica ao regime jurídico de direito privado, na exata dicção do texto constitucional transcrito, destacando que o inciso VIII do art. 24 da Lei 8.666/1993 não pode estender seus efeitos nos contratos celebrados com os órgãos ou entidades da Administração Pública que prestem tais atividades, pois haveria ofensa ao regime jurídico de direito privado que lhes confere o inciso II do § 1º do art. 173 da Carta Magna, violando os princípios da isonomia e da livre concorrência (este, princípio setorial que sustenta a ordem econômica).

Outro aspecto deve ser considerado para o deslinde da questão *sub examine*, no que toca à atividade de exploração de petróleo e gás natural. A Lei 9.478/1997, vindo a lume no mesmo contexto político-econômico em que se dava a reforma do Programa Nacional de Desestatização, dispôs sobre a titularidade da União de monopolizar as referidas atividades, nos termos do art. 177 da Carta Magna, até então empreendida exclusivamente por meio do Conselho Nacional de Petróleo e da PETROBRÁS. Depois que a Emenda Constitucional 9 modificou o § 1º do art. 177 da CF, viabilizando a contratação, pela União, de estatais ou de empresas privadas para o fito de empreender o monopólio que lhe fora conferido pelo aludido dispositivo constitucional, a referida Lei 9.478/1997 estatuiu, em seu art. 23, que as atividades de exploração, desenvolvimento e produção de petróleo e de gás natural passariam a ser exercidas mediante contratos de concessão, assegurando à PETROBRÁS os direitos sobre os campos que já se encontrassem efetivamente em produção.

Se até mesmo a atividade que outrora era exercida exclusivamente por paraestatal criada para tal fim tornou-se passível de delegação contratual, por meio de concessão, à atividade privada, não há que se reconhecer qualquer privilégio no que toca ao fornecimento de derivados de petróleo, a justificar a dispensa de licitação, ainda que tal entidade o tenha como seu objeto específico de atuação, e ainda que tenha sido criada antes da vigência da Lei 8.666/1993.

2. Impossibilidade de aplicação do art. 24, VIII, da Lei 8.666/1993 às contratações que envolvam diferentes esferas federativas

Não obstante opiniões em contrário, perfilho o entendimento segundo o qual é inviável aplicar-se o comentado art. 24, VIII, da Lei 8.666/1993 para legitimar contratações diretas por determinada pessoa jurídica de direito público interno de órgão ou entidade integrante de outro ente federativo, no mesmo sentido em que foi sustentado pelo douto Ministério Público junto à Corte de Contas, em parecer[8] exarado, em que se

7. Marçal Justen Filho, *Comentários à Lei das Licitações e Contratos Administrativos*, 8ª ed., São Paulo, Dialética, pp. 248-249.

8. Marçal Justen Filho, *Informativo Licitações e Contratos – ILC* 7/71, janeiro/2000, Zênite, "Doutrina/Parecer": "'A 'contratação' entre a pessoa da Administração direta e aquela da sua Administração

analisava a possibilidade de contratação, com dispensa de licitação, da PETROBRÁS por pessoa jurídica de direito público diversa da União.

No mesmo sentido foi editada a Súmula 001[9] da Consultoria Zênite, com a seguinte ementa: "*Dispensa de licitação com fundamento no art. 24, VIII, da Lei 8.666/1993 só será válida se o órgão ou entidade a ser contratado for instrumento de atuação da própria pessoa jurídica de direito público interessada*".

Com base no mesmo entendimento, indagada a respeito da possibilidade de aquisição direta de combustível, óleo diesel e derivados da PETROBRÁS, respondeu que, "em princípio, combustível, óleo diesel e derivados constituem objeto licitável"; "todavia, entidades da Administração Federal podem adquirir combustível diretamente da PETROBRÁS, dispensando a licitação com fundamento no art. 24, inciso VIII, da Lei 8.666/1993".[10]

Diógenes Gasparini[11] não destoa desse entendimento, asseverando, ainda, que se, embora pertencente à mesma pessoa federativa, o órgão ou entidade prestar serviços ou produzir bens para outrem, tratar-se-á de licitação indispensável, uma vez que a locução "que tenha sido criado para tal fim específico", no dispositivo em comento, não comporta interpretação diferente, pena de retirar-se a vigência da mesma.

Por sua vez, o egrégio TCU[12] não se afasta do entendimento sustentado. Em consulta formulada pelo Secretário de Controle Interno do STJ, o Ministério Público atuante naquela Corte de Contas verberou que "o art. 2º, *caput*, da Lei n. 8.666/1993 diz ser exigível a licitação quando a Administração contrata 'com terceiros'. Ora, as várias entidades da mesma pessoa política não são terceiros em relação a ela ou em relação umas às outras. São, todas, integrantes da mesma Administração Pública. Pouco importa a personalidade própria de que dispõem: isso não as torna, para os fins da lei, estranhas ou distintas ('terceiros') da Administração que integram. Logo, se o ente paraestatal não é 'terceiro', sua contratação não está sujeita a licitação". *A contrario sensu* deste raciocínio, uma paraestatal de outra esfera jurídica considera-se terceiro, submetendo-se à necessidade de concorrer com as demais por via de certame licitatório.

A mesma Corte de Contas, apreciando denúncia[13] contra possíveis irregularidades

indireta, especificamente constituída para realizar certas atividades, também não se sujeita a prévia licitação. Aplica-se o princípio consagrado no art. 24, inciso VIII, da Lei 8.666. Isso significa, então, que o dispositivo apenas pode incidir na mesma órbita federativa. (...). Ele incide apenas quando a entidade da Administração indireta tiver sido criada com o fim específico de atuar em benefício da pessoa jurídica de direito público'. Então, como verificado pela exposição do autor da obra *Comentários à Lei de Licitações e Contratos Administrativos*, somente caberia a invocação do art. 24, inciso VIII, daquela lei no caso de contratação na mesma órbita federativa, ou seja, entre União, Estados, Distrito Federal Municípios e suas entidades (...). Isso posto, entende este Ministério Público junto ao Tribunal de Contas pelo conhecimento desta consulta, e pela resposta no sentido da impossibilidade da contratação direta com a PETROBRÁS Distribuidora S/A, porque se trata de empresa que explora atividade econômica, em regime de concorrência direta com a iniciativa privada, devendo sujeitar-se ao regime próprio (art. 173, § 1º, da CF), e porque o disposto no art. 24, inciso VIII, da Lei 8.666/1993 aplica-se apenas às contratações entre entidades da mesma órbita federativa (União, Estados, Distrito Federal, Municípios e suas empresas), mas não entre entidades das pessoas políticas de direito público interno".

9. *Informativo Licitações e Contratos – ILC* 35/23, janeiro/1996, Zênite, "Súmulas".

10. *Informativo Licitações e Contratos – ILC* 449/16, junho/1995, Zênite, "Perguntas e Respostas".

11. Diógenes Gasparini, *Direito Administrativo*, 4ª ed., São Paulo, Saraiva, 1995, p. 310.

12. Plenário, Decisão 431/1997.

13. Plenário, Decisão 608/1999. Precedentes citados: 2ª Câmara, Decisão 118/1998 (Ata 9/1996); Plenário, Decisão 253/1997 (Ata 16/1997); Ple-

cometidas por órgãos públicos na contratação direta da PETROBRÁS Distribuidoras S/A para fornecimento de combustíveis e derivados de petróleo, ressaltou que a aquisição de combustível se sujeita ao processo licitatório previsto no art. 2º da Lei 8.666/1993, não se aplicando ao caso a hipótese de dispensa de licitação prevista no inciso VIII do art. 24 da Lei 8.666/1993.

O Departamento de Licitações, Contratos e Convênios do TCSC divulgou a realização de licitação na modalidade convite (CV 23/2002) para fornecimento de combustíveis para abastecimento dos veículos automotores daquela Corte para o ano de 2003, do que avulta o entendimento segundo o qual não há de se aplicar a dispensa[14] *sub examine*.

3. Conclusão

De acordo com a linha de entendimento que venho desenvolvendo, concluo ser inviável a contratação direta por qualquer ente, com dispensa de licitação, de órgão ou entidade que explore atividade econômica, quando mais se cogite da possibilidade de que a contratação envolva pessoas jurídicas de diferentes órbitas federativas.

nário, Acórdão 29/1999 (Ata 11/1999); Plenário, Acórdão 56/1999 (Ata 19/1999).

14. Para alguns, *inexigibilidade*.

ESTUDOS E COMENTÁRIOS

TEMAS DIVERSOS SOBRE A CONCESSÃO DE DIREITO REAL DE USO CELEBRADA POR SOCIEDADE DE ECONOMIA MISTA

VLADIMIR DA ROCHA FRANÇA

Mestre em Direito Público pela UFPE
– Doutor em Direito Administrativo pela PUC/SP
– Professor Adjunto do Departamento de Direito Público da UFRN
– Advogado em Natal/RN

1. Considerações gerais sobre a concessão de direito real de uso. 2. Sobre a teoria da imprevisão e a onerosidade excessiva. 3. Limites à revisão de concessão de direito real de uso celebrada por sociedade de economia mista. 4. A questão da modificação do objeto da concessão de direito real de uso em razão de inviabilidade econômica. 5. Extinção da concessão de direito real de uso e a questão do ressarcimento das benfeitorias realizadas pelo concessionário. 6. Considerações finais.

1. Considerações gerais sobre a concessão de direito real de uso

Mediante a concessão de direito real de uso, a Administração Pública pode ceder o uso de bens de seu domínio para o particular, de forma remunerada ou gratuita, por tempo certo ou indeterminado, sob a forma de direito real resolúvel, para o desenvolvimento e implementação de atividades socioeconômicas que sejam relevantes para o interesse público.

É o que se depreende do art. 7º, *caput*, do Decreto-lei 271, de 28.2.1967,[1] conjugado com o disposto no art. 17, § 2º, da Lei 8.666, de 21.6.1993.[2]

1. "Art. 7º. É instituída a concessão de uso de terrenos públicos ou particulares, remunerada ou gratuita, por tempo certo ou indeterminado, como direito real resolúvel, para fins específicos de urbanização, industrialização, edificação, cultivo da terra ou outra utilização de interesse social."

2. "Art. 17. (...).

"(...).

Ao comentar esse instituto, assevera Tácito **[1997:1.792]**:

"A concessão de uso é um direito real que não absorve nem extingue o domínio público, constituindo-se em fruição qualificada de interesse social. Oponível a terceiros, guarda perante a Administração, proprietária do bem, cujo domínio subsiste íntegro, o vínculo da condição resolutiva de destinação à finalidade pública estipulada, sob pena de perecimento de direito."[3]

As sociedades de economia mista,[4] enquanto entidades da Administração indireta, podem empregar o referido instituto, desde que haja avaliação prévia do bem e a realização de licitação, na modalidade concorrência.[5] Afinal, essas entidades têm personalidade jurídica e patrimônio jurídico próprios.

Embora orientada às pessoas jurídicas de direito público, é pertinente esta lição de Araújo **[2005:689]**:

"Assim como a titularidade do serviço público determina qual a entidade concedente na concessão de serviço público, também a titularidade, ou seja, a *propriedade* do imóvel público, firma a competência para concessões de uso de bem público" (grifo no original).

Como bem adverte Di Pietro **[2006:667]**, a concessão de direito real de uso não é instrumento exclusivo do direito público, pois pode ser utilizado por particulares. Diante disso, parece claro que essas concessões, quando expedidas por sociedades de economia mista, não devem ser classificadas como contratos administrativos. Afinal, elas se submetem ao mesmo regime jurídico de suas congêneres privadas[6] e seus bens não podem ser enquadrados como bens públicos.[7]

Logo, as prerrogativas especiais que se reconhecem como implícitas aos contratos administrativos – as chamadas *cláusulas exorbitantes*[8] – somente poderiam ser admitidas nas concessões de direito real de uso celebradas por sociedades de economia mista em caso de previsão expressa no edital da licitação ou no instrumento contratual, nos termos da lei.[9]

A lei que determina a incorporação de bens públicos ao domínio das sociedades de economia mista pode restringir ou condicionar o emprego da concessão de direito real de uso, para a proteção do interesse público que justificou a criação de tais entidades. Apesar da autonomia gerencial que se reconhece às empresas estatais, elas não devem se abster

"§ 2º. A Administração poderá conceder direito real de uso de bens imóveis, dispensada a licitação, quando o uso se destina a outro órgão ou entidade da Administração Pública."

3. V. também Fernandes **[1974]**.

4. As sociedades de economia mista são pessoas jurídicas de direito privado que integram a Administração indireta do ente federativo que as criou, atuando na exploração de atividade econômica ou de serviços públicos que podem ser prestados sob regime empresarial. Elas devem ser constituídas mediante autorização legislativa e somente assumem a forma de sociedade anônima. Embora haja em seu capital a presença de recursos particulares, o controle acionário deve residir no Poder Público. Sobre o assunto, consultar Bandeira de Mello **[2005:173-207]**.

5. V. arts. 17, I, e 23, § 3º, da Lei federal 8.666/1993. É admissível a concessão de direito real de uso mediante dispensa de licitação caso o concessionário seja ente da Administração Pública, nos termos do art. 17, § 2º, do mesmo diploma legal.

6. V. art. 173, § 1º, II, da CF.

7. Neste sentido, consultar: Carvalho Filho **[2005:847-848]** e Figueiredo **[1999:506-508]**. Em sentido contrário: Meirelles **[1995:430-431]**. V. art. 98 do CC em vigor.

8. V. art. 58 da Lei federal 8.666/1993.

9. Leciona Di Pietro **[2006:263]**:

"(...).

"Quando a Administração celebra contratos de direito privado, normalmente ela não necessita dessa supremacia e sua posição pode nivelar-se à do particular; excepcionalmente, algumas cláusulas exorbitantes podem constar, mas elas não resultam implicitamente do contrato; *elas têm que ser expressamente previstas*, com base em lei que derrogue o direito comum" (grifos no original). V. art. 62, § 3º, I, da Lei federal 8.666/1993.

de cumprir a lei emanada pela pessoa política que as instituiu, nem ignorar as políticas públicas traçadas pela Administração direta. Ademais, o princípio da legalidade também integra o regime jurídico das sociedades de economia mista.

A concessão de direito real de uso poderá ser formalizada por instrumento público ou particular, ou por simples termo administrativo, e será inscrita e cancelada em livro especial.[10] Registrado o contrato no ofício notarial competente, o concessionário fruirá plenamente do terreno para os fins convencionados, respondendo por todos os encargos civis, administrativos e tributários que venham a incidir sobre o imóvel e suas rendas.[11]

Ainda segundo a legislação em vigor, prevê-se a resolução da concessão antes de seu termo em duas situações: (i) destinação diversa daquela fixada no contrato ou termo; (ii) descumprimento de cláusula resolutória do ajuste.[12] Em ambas os casos o concessionário será penalizado com a perda de todas as benfeitorias que houver realizado no imóvel concedido, sem direito a indenização.

Se não houver disposição em contrário, admite-se a transferência da concessão por ato *inter vivos* ou mediante sucessão legítima ou testamentária, observado o devido procedimento notarial.[13]

Os preceitos do art. 7º do Decreto-lei 271/1967 são plenamente aplicáveis às sociedades de economia mista. Contudo, não se pode perder de vista que essas entidades seguem o regime jurídico de direito privado no que for compatível com os princípios fundamentais do direito administrativo.

Feitas essas considerações, mostra-se indispensável elucidar alguns aspectos que devem ser levados em consideração para a análise dos limites que devem ser observados na revisão de concessão de direito real de uso celebrada por sociedade de economia mista.

2. Sobre a teoria da imprevisão e a onerosidade excessiva

Dentre os princípios fundamentais do direito contratual destaca-se a *força obrigatória dos contratos*. Mediante o contrato, as partes envolvidas estipulam livremente preceitos imperativos e irretratáveis que regularão interesses determinados. Trata-se de preceito que garante a efetividade da autonomia privada dentro da segurança jurídica.[14]

Todavia, como se sabe, o preceito da força vinculante dos contratos não é absoluto. No regime jurídico-contratual a intangibilidade do conteúdo da avença está condicionada às circunstâncias que predominavam no momento da celebração do negócio jurídico. A alteração do estado de fato existente nesta ocasião enseja a possibilidade de revisão (ou mesmo a extinção) das regras convencionadas entre as partes. É a *cláusula rebus sic stantibus*, entendida como implícita aos contratos de execução diferida[15] e, por conseguinte, *às concessões de direito real de uso sob apreciação*.

A respeito do assunto, leciona Gomes **[1993:40]**:

10. V. art. 7º, § 1º, do Decreto-lei 271/1967.

11. V. art. 7º, § 2º, do Decreto-lei 271/1967.

12. V. art. 7º, § 3º, do Decreto-lei 271/1967.

13. V. art. 7º, § 3º, do Decreto-lei 271/1967.

14. Sobre a matéria, consultar: Gomes **[1993:38-42]** e Rizzardo **[2004:139-143]**.

15. Como bem ensina Pereira **[2004:70]**, *contrato de execução diferida* é "aquele em que a prestação de uma das partes não se dá de um só jato, porém a termo, não ocorrendo a extinção da obrigação enquanto não se completar a *solutio*". Na concessão de direito real de uso, em apreço, nota-se que o adimplemento somente se aperfeiçoa quando o concessionário termina a obra planejada e passa a desenvolver a atividade empresarial prometida, respeitado o termo que a lei impôs a esse negócio jurídico.

"(...). Não deve bastar, com efeito, a alteração do estado de fato no momento da formação do vínculo. É preciso algo mais que justifique a quebra da fé jurada. A impossibilidade de prever mudança desse estado veio a ser considerada condição indispensável à modificação do conteúdo do contrato pela autoridade judicial, ou à sua resolução. Julgou-se esse requisito tão importante que a construção nova passou a se conhecer sob a denominação de *teoria da imprevisão*" (grifo no original).

A idéia da teoria da imprevisão foi adotada pelo Código Civil em vigor, como se depreende da análise de seus arts. 478, 479 e 480:

"Art. 478. Nos contratos de execução continuada ou diferida, se a prestação de uma das partes se tornar excessivamente onerosa, com extrema vantagem para a outra, em virtude de acontecimentos extraordinários e imprevisíveis, poderá o devedor pedir a resolução do contrato. Os efeitos da sentença que a decretar retroagirão à data da citação.

"Art. 479. A resolução poderá ser evitada, oferecendo-se o réu a modificar eqüitativamente as condições do contrato.

"Art. 480. Se no contrato as obrigações couberem a apenas uma das partes, poderá ela pleitear que a sua prestação seja reduzida, ou alterado o modo de executá-la, a fim de evitar a onerosidade excessiva."[16]

Alguns requisitos são exigidos para a aplicação da teoria da imprevisão aos contratos de execução diferida.

Em primeiro lugar, faz-se necessário que o estado de fato que vigorava no momento da celebração do negócio jurídico tenha sido atingido decisivamente por um acontecimento que, além de *superveniente*, deve ser *extraordinário e imprevisível*. Ademais, a lei civil exige a configuração de uma *onerosidade excessiva da prestação acertada, ensejando extrema vantagem para a outra parte*.

Sobre o assunto, lembra com precisão Díaz **[2004:207]**:

"(...) não deverá equiparar-se 'excessiva onerosidade' com impossibilidade de cumprimento. Na excessiva onerosidade, a obrigação pode ser cumprida, mas seu adimplemento irá representar um sacrifício de tal intensidade que poderia significar a ruína do devedor."[17]

Tratando-se de inviabilidade que existia no momento da celebração do contrato, a parte interessada poderia argüir erro[18] ou lesão[19] para solicitar sua rescisão na forma da lei.[20]

A onerosidade excessiva pressupõe a superveniência da modificação fática que comprometeu a consolidação do negócio jurídico.

Diante dessas anotações, mostra-se cristalino que a teoria da imprevisão não abrange o risco inerente à natureza do contrato.

Também se faz necessário que haja a demonstração inequívoca do benefício que uma parte teve em detrimento da outra, quebrando o equilíbrio contratual.

3. *Limites à revisão de concessão de direito real de uso celebrada por sociedade de economia mista*

As concessões de direito real de uso podem ser empregadas de modo vinculado a

16. Embora o Código Civil revogado não dispusesse expressamente sobre a teoria da imprevisão e a possibilidade de resolução contratual em virtude de onerosidade excessiva, cumpre anotar que a doutrina e a jurisprudência pátrias já determinavam o emprego desse instrumental na compreensão e aplicação do regime jurídico dos contratos.

17. No mesmo sentido, v. Gomes **[1993:41]**.

18. V. arts. 138 e 142 do CC em vigor.

19. V. art. 157 do CC em vigor.

20. Consultar: Díaz **[2004:212-213]** e Rizzardo **[2004:281-282]**.

um projeto governamental de urbanização e progresso econômico de determinada região. Por meio desses contratos, o Poder Público procura atrair investimentos da iniciativa privada em troca da outorga de benefícios estatais, mediante a criação, por exemplo, de uma área destinada à exploração de hotelaria, turismo e lazer.[21]

Malgrado a admissibilidade do fomento da atividade econômica pelo Estado, nos termos do art. 174, *caput*, da CF,[22] a omissão do Poder Público em fazê-lo não impede nem embaraça necessariamente a atuação da iniciativa privada. Os agentes econômicos privados desse mercado devem levar em consideração que a formulação de políticas públicas para o referido setor fica sujeita à discrição governamental, não havendo no ordenamento jurídico em vigor o dever do Estado de expedir normas indutivas específicas.[23] Merece ainda destaque que *a reivindicação de obras e serviços públicos não pode ser visualizada como um direito subjetivo das empresas que se beneficiariam indiretamente dessas ações administrativas*.

A não ser, ressalte-se, *que tenha havido promessa governamental, em sede de contrato ou por determinação legal expressa, acolhida pela iniciativa privada e frustrada pela desídia estatal* **[cf. Scaff 1990:103-109]**.

Ademais, *não é juridicamente viável responsabilizar o Estado pelo malogro de expectativas que jamais poderiam ser integralmente garantidas. Decepção que, aliás, integra a margem de risco de qualquer atividade econômica.*

Também faz parte da álea ordinária do contrato sob exame a possibilidade de que os demais concessionários não honrem os compromissos que assumiram perante a empresa concedente, prejudicando a atração de consumidores ao estabelecimento que seria gerenciado.

Por conseguinte, não demonstrada a viabilidade da teoria da imprevisão, a incidência dos arts. 479 e 480 do Código Civil em vigor no caso concreto fica naturalmente comprometida.

A eqüidade não seria aplicável para diminuir o risco inerente ao negócio jurídico, mediante a modificação de suas cláusulas ou do modo de sua execução.

Não prosperaria igualmente a alegação de caso fortuito ou força maior. Para a configuração de eventos desse jaez demanda-se a comprovação da inevitabilidade e da imprevisibilidade, nos termos do art. 393 do Código Civil de 2002.

Ainda que a ineficiência do Poder Público, assim como a inadimplência de outros concessionários, não decorra de culpa da concessionária, não se pode deixar de reconhecer que as conseqüências desses fatos deveriam ser levadas em consideração no momento da celebração do contrato comentado.

Tomando-se nota dessas assertivas, poderia a empresa concedente, mediante acordo com o concessionário, ampliar ainda mais o prazo previsto em lei para o adimplemento da obrigação principal determinada na concessão de direito real de uso?

Diante da inaplicabilidade da teoria da imprevisão e da não-configuração de força maior, verifica-se que tal benefício legal não poderia ser alterado por via convencional, sob pena de violação direta do princípio da legalidade.

Somente por meio do processo legislativo poder-se-ia determinar uma nova

21. V. o art. 180 da CF, por exemplo.

22. "Art. 174. Como agente normativo e regulador da atividade econômica, o Estado exercerá, na forma da lei, as funções de fiscalização, incentivo e planejamento, sendo este determinante para o setor público e indicativo para o setor privado."

23. A norma indutiva permite ao Estado estimular ou desestimular a atuação dos agentes econômicos privados por meio da concessão de benefícios ou da imposição de ônus, segundo uma finalidade de natureza político-econômica. Sobre o assunto, consultar França **[2000:28-299]**, Grau **[2002]** e Scaff **[1990]**.

distensão do lapso temporal instituído para o adimplemento das obrigações consubstanciadas nesses negócios jurídicos, na situação jurídica aqui exposta.

4. A questão da modificação do objeto da concessão de direito real de uso em razão de inviabilidade econômica

Como já foi elucidado, embora a concessão de direito real de uso celebrada por sociedade de economia mista seja um contrato privado, exige-se realização de licitação para tanto, ressalvadas as hipóteses de dispensa deste procedimento previstas em lei.

Dentre os princípios que orientam o processo de licitação, destaca-se, aqui, o *princípio da vinculação ao instrumento convocatório*, constante do rol do art. 3º, *caput*, da Lei federal 8.666/1993, e reiterado no art. 41, *caput*, do mesmo diploma legal:

"Art. 41. A Administração não pode descumprir as normas e condições do edital, ao qual se acha estritamente vinculada."

A respeito do assunto, lembra, com precisão, Dallari **[1997:96]**:

"(...) não se pode licitar uma coisa e contratar outra coisa diferente, mas nada impede que o contrato se refira à mesma coisa licitada, mas com alterações ou adaptações destinadas à plena satisfação do interesse público".

O art. 62, § 3º, I, da Lei federal 8.666/1993, que menciona os contratos de direito privado da Administração Pública, determina a aplicação, *no que couber*, do art. 55 do mesmo diploma legal. Neste, determina-se, em seu inciso XI, que "a vinculação ao edital de licitação ou ao termo que a dispensou ou a inexigiu, ao convite e à proposta do licitante vencedor" é cláusula indispensável para o negócio jurídico dessa natureza. Por conseguinte, parece nítida a plena incidência do disposto no art. 54, § 1º, do Estatuto das Licitações e Contratos na situação jurídica que se estuda aqui:

"Art. 54. (...).

"§ 1º. Os contratos devem estabelecer com clareza e precisão as condições para sua execução, expressas em cláusulas que definam os direitos, obrigações e responsabilidades das partes, *em conformidade com os termos da licitação e da proposta a que se vinculam*" (grifos acrescidos).

A determinação clássica de que o edital é a "lei interna da licitação e do contrato" existe para se preservar os princípios da igualdade e da moralidade. Ainda que se trate de contrato privado da Administração Pública, as concessões sob apreciação não podem ter os respectivos objetos substancialmente modificados, mesmo pela via consensual.

Lembra, com precisão, Justen Filho **[2004:500]**, ao discorrer sobre os limites à alteração de contratos administrativos:

"O limite às alterações tanto se impõe pelo princípio da vinculação do contrato ao ato convocatório como pela tutela ao interesse do particular contratado.

"Mesmo se a mudança for compatível com o ato convocatório, dependerá da concordância do contratado quando envolver as cláusulas econômico-financeiras.

"*Não se admite, porém, a mudança das cláusulas econômico-financeiras, nem mesmo com a concordância do contratado, se isso representar frustração aos princípios da moralidade, da licitação ou da isonomia. Ou seja, não é possível conceder benefícios maiores para o particular que os constantes da lei, do edital e do contrato. A ampliação dos benefícios, se concretizada antes da apresentação das propostas, poderia ter motivado outros terceiros a participar da licitação; ou, mesmo, poderia ter conduzido os licitantes derrotados a formular propostas mais vantajosas, que teriam representado benefícios mais amplos para a Administração*" (grifos acrescidos).[24]

24. V. também Meirelles **[1995:205-206]**.

Essas considerações são inteiramente pertinentes à concessão de direito real de uso expedida pela sociedade de economia mista.

É certo que o poder de modificação unilateral, enquanto cláusula exorbitante, somente seria admissível num contrato privado da Administração Pública quando expressamente previsto no instrumento contratual. Se não houver tal estipulação, o negócio jurídico somente poderia ser alterado por acordo entre as partes.

A alteração unilateral de contrato privado da Administração Pública – quando admitida, reitere-se – deverá atender às balizas impostas pelo Estatuto Federal de Licitações e Contratos, observado o equilíbrio econômico-financeiro da avença. A modificação bilateral, por sua vez, poderia eventualmente exceder esses limites, se compatível com os princípios da razoabilidade e da proporcionalidade.[25] *Todavia, o objeto da concessão de direito real de uso celebrada nas circunstâncias descritas jamais poderia ser descaracterizado em seus elementos essenciais, sob pena de se configurar violação frontal ao princípio da licitação e aos valores que esse instituto visa a proteger.*

Quando o objeto do contrato é, na sua origem, economicamente inviável, embora possa ser implementado com grave ônus para o particular, cabe ao interessado solicitar a invalidação do negócio jurídico fundado em erro ou em lesão, haja vista a presença de uma *anulabilidade*.[26]

Se comprovado que a viabilidade econômica da obrigação principal foi decisivamente prejudicada em virtude de onerosidade excessiva, compete à parte lesionada solicitar judicialmente sua *resolução*. Naturalmente, será indispensável comprovar a ausência de inadimplemento contratual, nos termos do ordenamento jurídico em vigor.

Mostra-se juridicamente impossível, em ambos os casos, a manutenção do negócio jurídico mediante a alteração de seu objeto.

Em tais circunstâncias, somente a *extinção do vínculo contratual* ou a *celebração de um novo pacto* atenderiam aos interesses da parte atingida pela perda de viabilidade econômica da obrigação principal.

5. *Extinção da concessão de direito real de uso e a questão do ressarcimento das benfeitorias realizadas pelo concessionário*

De acordo com as observações já realizadas, viu-se que a concessão de direito real de uso celebrada por sociedade de economia mista não pode ser classificada como contrato administrativo, carecendo o ente estatal de uma posição de autoridade e supremacia.

Logo, carece a empresa concedente do poder de aplicar sanções administrativas ao concessionário ou de rescindir unilateralmente o contrato, na forma da Lei 8.666/1993. Contudo, o Decreto-lei 271/1967 determina, em seu art. 7º, § 3º:

"Art. 7º. (...)

"(...).

"§ 3º. Resolve-se a concessão antes de seu termo desde que o concessionário dê ao imóvel destinação diversa da estabelecida no contrato ou termo, ou descumpra cláusula resolutória do ajuste, perdendo, neste caso, as benfeitorias de qualquer natureza."

Diante da inobservância de cláusula resolutória ou desvio de finalidade, a empresa concedente tem legitimidade para solicitar a resolução judicial do contrato. Ainda que benfeitorias tenham sido feitas no

25. Sobre a matéria, consultar: Amaral **[2002:73-84]** e Grau **[1994:18-49]**.

26. V. art. 171, II, do CC em vigor. Anote-se que os civilistas tradicionalmente prescrevem a *rescisão* para a desconstituição de negócios jurídicos inválidos.

imóvel cedido pela concessionária inadimplente, nenhuma pretensão indenizatória seria legítima, salvo diante da comprovação de onerosidade excessiva, caso fortuito ou força maior como causa da frustração da ***solutio*** *da obrigação convencionada.*

6. Considerações finais

A partir dos apontamentos realizados sobre o instituto em apreço, é possível verificar que as sociedades de economia mista podem celebrar concessões de direito real de uso, fundadas no art. 7º do Decreto-lei 271/1967. Contudo, esses contratos não podem ser qualificados como contratos administrativos, mas sim como contratos de direito privado da Administração Pública.

Assim, as *cláusulas exorbitantes* somente seriam aplicáveis a esses negócios jurídicos quando previstas no instrumento contratual.

Também pode ser apurado que a revisão das concessões mencionadas não deve ser reconhecida em favor do concessionário diante da argüição de omissão do Estado na formulação de políticas públicas. O mesmo pode ser dito quanto ao inadimplemento de outros concessionários, dentro de um mesmo programa de fomento público.

Foi visto igualmente que o objeto da concessão não deve ser descaracterizado, ainda que sob o argumento de que era ou se tornou economicamente inviável para o concessionário. Levando-se em consideração que as sociedades de economia mista devem licitar concessões de direito real de uso, é notório que o princípio da vinculação do instrumento convocatório e os valores da igualdade e da moralidade impedem essa providência. Se o objeto padece de tal ônus para o concessionário, só lhe resta solicitar sua extinção.

Por fim, verificou-se que carece o concessionário do direito de pedir indenização pelas benfeitorias realizadas no imóvel cedido, a não ser que seja demonstrada a presença de onerosidade excessiva ou de caso fortuito ou força maior.

Referências Bibliográficas

AMARAL, Antônio Carlos Cintra do **[2002]**. *Comentando as Licitações Públicas*. Rio de Janeiro, Temas & Idéias Editora.

ARAÚJO, Edmir Netto de **[2005]**. *Curso de Direito Administrativo*. São Paulo, Saraiva.

BANDEIRA DE MELLO, Celso Antônio **[2005]**. *Curso de Direito Administrativo*. 19ª ed. São Paulo, Malheiros Editores (25ª ed., 2ª tir. São Paulo, Malheiros Editores, 2008).

CARVALHO FILHO, José dos Santos **[2005]**. *Manual de Direito Administrativo*. 13ª ed. Rio de Janeiro, Lumen Juris.

DALLARI, Adilson Abreu **[1997]**. *Aspectos Jurídicos da Licitação*. 4ª ed. São Paulo, Saraiva.

DI PIETRO, Maria Sylvia Zanella **[2006]**. *Direito Administrativo*. 19ª ed. São Paulo, Jurídico Atlas.

DÍAZ, Júlio Alberto **[2004]**. "A teoria da imprevisão no novo Código Civil brasileiro". *RDPrivado* 20/207-216. São Paulo, Ed. RT (outubro-dezembro/2004).

FERNANDES, Raimundo Nonato **[1974]**. "Concessão de uso de bens públicos". *RDA* 118/1-11. Rio de Janeiro, FGV (outubro-dezembro/1974).

FIGUEIREDO, Lúcia Valle **[2000]**. *Curso de Direito Administrativo*. 4ª ed. São Paulo, Malheiros Editores (9ª ed. São Paulo, Malheiros Editores, 2008).

FRANÇA, Vladimir da Rocha **[2000]**. *Invalidação Judicial da Discricionariedade Administrativa no Regime Jurídico-Administrativo Brasileiro*. Rio de Janeiro, Forense.

GOMES, Orlando **[1993]**. *Contratos*. 12ª ed. Rio de Janeiro, Forense.

GRAU, Eros Roberto **[1994]**. *Licitação e Contrato Administrativo (Estudos sobre a Interpretação da Lei)*. São Paulo, Malheiros Editores.

———— **[2002]**. *A Ordem Econômica na Constituição de 1988 (Interpretação e Crítica)*. 7ª ed. São Paulo, Malheiros Editores (13ª ed. São Paulo, Malheiros Editores, 2008).

JUSTEN FILHO, Marçal **[2004]**. *Comentários à Lei de Licitações e Contratos Administrativos*. 10ª ed. São Paulo, Dialética.

MEIRELLES, Hely Lopes **[1995]**. *Direito Administrativo Brasileiro*. 20ª ed., atualizada por Eurico de Andrade Azevedo e outros. São Paulo, Malheiros Editores (34ª ed. São Paulo, Malheiros Editores, 2008).

PEREIRA, Caio Mário da Silva **[2004]**. *Instituições de Direito Civil*. 11ª ed., atualizada por Régis Fichtner. Rio de Janeiro, Forense.

RIZZARDO, Arnaldo **[2004]**. *Contratos*. 3ª ed. Rio de Janeiro, Forense.

SCAFF, Fernando Facury **[1990]**. *Responsabilidade do Estado Intervencionista*. São Paulo, Saraiva.

TÁCITO, Caio **[1997]**. *Temas de Direito Público*. vol. 2. Rio de Janeiro, Renovar.

AS SÚMULAS DOS TRIBUNAIS ADMINISTRATIVOS E OS LIMITES DE SUA OBRIGATORIEDADE POR SEUS ÓRGÃOS JULGADORES

FERNANDO L. LOBO D'EÇA

Advogado Tributarista em São Paulo

1. Introdução. 2. Os limites jurisdicionais dos tribunais administrativos e seus órgãos julgadores: os princípios da independência, da imparcialidade e da livre convicção motivada. 3. A obrigatoriedade de observância às súmulas do STF por órgãos do Poder Judiciário e da Administração Pública direta e indireta. 4. Os limites da obrigatoriedade de observância às súmulas editadas por órgãos singulares ou coletivos de jurisdição administrativa. 5. A impossibilidade de imposição de punição ou perda de mandato ao julgador administrativo pela não-aplicação de súmula. 6. Conclusões.

1. Introdução

As recentes modificações do Regimento Interno dos Conselhos de Contribuintes, para a introdução da obrigatoriedade de observância de súmulas de jurisprudência nos julgamentos de suas Câmaras e da conseqüente possibilidade de indeferimento de recursos administrativos por mero despacho de presidentes de Câmaras, quando contrariem súmula em vigor, evocam uma reflexão sobre os limites de autotutela exercida por aqueles órgãos administrativos, bem como sobre a liberdade e independência dos julgadores administrativos na análise dos recursos que lhes são submetidos à apreciação.

Embora não se possam ignorar os inegáveis benefícios da instituição de súmulas como técnica de sumarização dos julgamentos dos tribunais e referência oficial aos precedentes jurisprudenciais nelas compendiados, conferindo maior estabilidade à jurisprudência predominante nos tribunais e, assim, possibilitando maior celeridade dos julgamentos e evitando que sejam contraditórios, não se pode esquecer das intransponíveis limitações das súmulas como fonte de Direito e das indesejáveis interferências na liberdade, independência e imparcialidade dos julgadores, que não só podem comprometer a realização da justiça no caso concreto, neutralizando as virtudes da autotutela[1] dos atos administrativos, que obviamente não deve desbordar em

1. J. Cretella Jr., em artigo intitulado "Da autotutela administrativa", publicado na *RDA* 108/47-63, explica que "há todo o interesse do Estado em que seus atos observem os requisitos de legalidade e de mérito", sendo que para tanto "o *policiamento* exercido pela Administração sobre os

instrumento de arbítrio do Poder Público na imposição de seu entendimento.

Realmente, não se pode perder de vista que, a par de possibilitar maior eficácia e controle de decisões, que propicia o aperfeiçoamento e evita a corrupção dos órgãos públicos, a *autotutela* dos atos administrativos e os recursos a ela inerentes não são instituídos somente no *interesse dos administrados*, mas principalmente no *interesse* e *aperfeiçoamento da própria Administração*,[2] no chamado *autocontrole da legalidade* dos atos administrativos, evitando, assim, que a Fazenda Pública se apresente perante o Poder Judiciário, como autora ou como ré, lastreada em *atos ou títulos eivados de ilegalidade, irregularidade* – e, portanto, *ilíquidos, incertos e inexigíveis*, com todas as funestas conseqüências jurídicas da sucumbência judicial.

Daí a necessidade de uma reflexão mais acurada sobre os *limites de atuação dos julgadores administrativos*, de modo a *compatibilizar* os vários *interesses em disputa*, de um lado assegurando as *necessidades de controle, eficiência e eficácia* das decisões administrativas e, de outro, assegurando as imprescindíveis *independência e imparcialidade* na atuação dos julgadores administrativos, assim proporcionando *rapidez, segurança e qualidade* na *solução pacífica dos conflitos* submetidos à instância administrativa. Vejamos quais são estes limites.

2. *Os limites jurisdicionais dos tribunais administrativos e seus órgãos julgadores: os princípios da independência, da imparcialidade e da livre convicção motivada*

É elementar, e nos lembra Themístocles Brandão Cavalcanti, que "um dos *deveres primordiais* do Estado é *garantir o exercício de todos os direitos individuais*",[3] de modo a propiciar um *equilíbrio* e um *tratamento equânime* entre as pessoas (físicas e jurídicas) em suas relações jurídicas, sociais e econômicas, principalmente no exercício dos direitos que a própria Constituição assegura aos cidadãos.

atos administrativos é *exercido*, na prática, por uma série de providências espontâneas do Poder Público" que consubstanciam a denominada "autotutela", definida sinteticamente como "o *poder de polícia da Administração, dirigido aos atos administrativos*". "A *ilegalidade*" – complementa o festejado jurista – "*pode ser descoberta espontaneamente pela Administração* ou pode ser *denunciada pelo interessado, mediante recurso administrativo*, interposto no próprio âmbito do Poder Executivo"; e, portanto, "além de recair sobre os atos administrativos, (...), a *autotutela pode ainda recair sobre os processos administrativos*". Assim, "os *aspectos formais do processo administrativo* (...) *devem estar de acordo com a lei geral e com as leis especiais que os regem*, cabendo, pois, ao Estado, mediante a *autotutela*, verificar *se foram cumpridos* tais aspectos. Em caso contrário, ainda em conseqüência da *verificação autotutelar*, o processo administrativo e a concorrência serão *anulados*, inteiramente. (...). Processos administrativos, *em todas as fases* (...) sofrem impacto sensível do *procedimento autotutelar* e, como conseqüência, são *expurgados de vícios que os inquinam, ou são anulados*. (...). Em suma, a *autotutela* é *vigilância, fiscalização, policiamento*, condição precípua da própria Administração" (cf. *RDA* 10/50, 51, 55, 57 e 61-63).

2. Nesse sentido, ao comentar a função do TIT, Gastão Luiz F. da G. Lobo d'Eça ressalta que: "O Tribunal de Impostos e Taxas é um órgão de segunda instância, especializado em matéria fiscal, que foi criado pela lei no *interesse da própria Administração*, já que, ao distribuir justiça fiscal na instância administrativa, o Tribunal exerce também o chamado *autocontrole da legalidade dos atos administrativos* de natureza tributária, evitando, assim, que a Fazenda Estadual compareça a juízo, como autora ou como ré, munida de *título eivado de ilegalidade ou irregularidade*" (in *Institucionalização do Processo Administrativo-Fiscal*, Ciclo de Conferências Comemorativo do 45º Aniversário de Criação do TIT, vol. II, Ed. APT da DIPLAT da SNFESP, 1982, p. 62).

3. Themístocles Brandão Cavalcante, *Tratado de Direito Administrativo*, 2ª ed., t. V, Tio de Janeiro, Livraria Freitas Bastos, 1950, p. 364.

Nessa ordem de idéias, Castro Nunes[4] há muito já esclarecia que "o *conceito de jurisdição* é de *direito público*", mas "*não se confina* nas estreitezas do *direito judiciário*", vez que "as vias judiciárias *não esgotam a função jurisdicional*", porquanto, "do ponto de vista material, o *ato jurisdicional tanto pode ser praticado por um funcionário ou agente do Poder Público* como por um *magistrado*", donde decorre que o "*contencioso administrativo* ou, mais corretamente *matéria contenciosa administrativa* existe mesmo nos Estados onde não haja jurisdição administrativa organizada como *via paralela às vias judiciárias*", sendo certo que "a *autoridade que decide por aplicação da norma legal invocada como fundamento do direito reclamado pratica necessariamente um ato de jurisdição*, na *acepção material* desta palavra".

Distinguindo claramente as atividades exercidas pelo Poder Judiciário das exercidas pelo Poder Executivo, a melhor doutrina[5] acentua que a denominada "*jurisdição administrativa* é considerada apenas uma *faculdade jurisdicional do poder administrativo*, e não um desmembramento da jurisdição judicial"; razão pela qual "os *tribunais administrativos são órgãos jurisdicionais*, por meio dos quais o *Poder Executivo impõe à Administração respeito ao Direito*", consubstanciando "apenas *uma das formas* por meio das quais *se exerce a autoridade administrativa*"; e, portanto "são *parte integrante do sistema da administração* julgando os seus próprios atos", donde resulta que "as *decisões das instâncias administrativas coletivas estão sujeitas à apreciação judicial*, podendo o Judiciário comum considerar tais decisões como verdadeiros atos administrativos".

Em suma, na sempre atual lição do saudoso Francisco Campos, é inquestionável que "a *Administração, quando aplica a lei*, ou estabelece que se verificaram as condições de fato para a sua aplicação, *exerce uma função jurisdicional* ou *em todos os pontos análoga ou idêntica à função judicial*. A identidade será completa na hipótese em que a lei prescreva à Administração um *processo contraditório*, ou do qual participem os interessados, isto é, um *processo de natureza judicial*".[6]

O *caráter jurisdicional das decisões administrativas* exaradas em processos contenciosos de natureza fiscal não somente é matéria há muito *pacificada* na *doutrina*,[7] como está reconhecido no CTN, que, em seu art. 100, II, expressamente se refere às "decisões de órgãos singulares ou coletivos de jurisdição administrativa".

Ao tratar das características dos *tribunais administrativos paritários* (*Balanced Tribunals*) e de seus integrantes, por meio dos quais se exerce a jurisdição administrativa nos Estados Unidos e na Inglaterra, os ilustres administrativistas Bernard Schwartz e H. W. R. Wade acentuam que:

4. Castro Nunes, *Teoria e Prática do Poder Judiciário*, Rio de Janeiro, Revista Forense, 1943, pp. 3-4 e 16-17. Mais recentemente, Hely Lopes Meirelles adverte que *se afaste a errônea idéia de que decisão jurisdicional ou ato de jurisdição é privativo do Judiciário*, uma vez que "todos *os órgãos e Poderes têm e exercem jurisdição nos limites de sua competência institucional, quando aplicam o Direito e decidem controvérsia sujeita à sua apreciação. Privativa do Judiciário é só a decisão judicial, que faz coisa julgada em sentido material,* ***erga omnes***. Mas a *decisão judicial é espécie do gênero jurisdicional, que abrange toda decisão de controvérsia no âmbito judicial ou administrativo* (cf., nesse sentido: Franco Sobrinho, *Introdução ao Direito Processual Administrativo*, São Paulo, 1971, p. 163; Villar y Romero, *Derecho Procesal Administrativo*, Madri, 1948, pp. 5 e ss.)" (*O Processo Administrativo e em Especial o Tributário*, co-edição).

5. Cf. Themístocles Brandão Cavalcanti, *Tratado de Direito Administrativo*, 5ª ed., t. IV, Rio de Janeiro, Livraria Freitas Bastos, 1964, pp. 472 e 478.

6. Cf. Francisco Campos, *Direito Administrativo*, vol. II, p. 23.

7. Cf. Rubens Gomes de Souza, in *RDA* 29/441.

"A característica dos tribunais é determinada pelo tipo de pessoas que prestam serviço neles. Embora haja exceções a quase todas as regras gerais que se possam estabelecer, há alguns princípios impostergáveis.

"*Imparcialidade.* O primeiro e mais importante repousa na imparcialidade. Os tribunais são integrados por pessoas independentes, não por funcionários do governo. Sua jurisdição lhes é dada por ato do Parlamento e é axiomático que eles não estão sujeitos a ordens e influências externas de nenhuma espécie. Qualquer tentativa de um ministério de intervir tornará a decisão legalmente inválida, (...). De fato, está plenamente reconhecido pelo governo, assim como por todos, que os tribunais estão inseridos no princípio de independência do Judiciário e que qualquer tentativa de influenciar suas decisões seria totalmente imprópria.

"*Tribunais paritários ('Balanced' Tribunals).* A grande maioria dos tribunais são integrados por cidadãos privados servindo meio período (*part time*). (...). Da mesma forma como os jurados administrando o direito criminal precisam ser representantes de todas as classes da sociedade, esses tribunais devem adequadamente representar divergentes interesses sociais e econômicos."[8]

Entre nós, conceituando a relação jurídica dos integrantes dos diversos tribunais administrativos de composição paritária, como é o caso dos Conselhos de Contribuintes, Hely Lopes Meirelles ensina que se trata de:

"*Agentes honoríficos*: são cidadãos convocados, designados ou nomeados para prestar, transitoriamente, determinados serviços ao Estado, em razão de sua condição cívica, de sua honorabilidade ou de sua notória capacidade profissional, mas sem qualquer vínculo empregatício ou estatutário e, normalmente, sem remuneração. Tais serviços constituem o chamado múnus público, ou serviços públicos relevantes, de que são exemplos a função de jurado, de mesário eleitoral, de comissário de menores, de presidente ou membro de comissão de estudo ou de julgamento e outros dessa natureza.

"Os agentes honoríficos não são servidores públicos, mas momentaneamente exercem uma função pública e, enquanto a desempenham, sujeitam-se à hierarquia e disciplina do órgão a que estão servindo, podendo perceber um *pro labore* e contar o período de trabalho como de serviço público. Sobre estes agentes eventuais do Poder Público não incidem as proibições constitucionais de acumulação de cargos, funções ou empregos (art. 37, XVI e XVII), porque sua vinculação com o Estado é sempre transitória e a título de colaboração cívica, sem caráter empregatício. A Lei 9.608, de 18.2.1998, dispondo sobre o serviço voluntário, define-o como a atividade não remunerada prestada por pessoa física a entidade pública de qualquer natureza ou instituição privada sem fins lucrativos com objetivos cívicos, culturais, educacionais, científicos, recreativos ou de assistência social, inclusive mutualidade. Tal serviço não gera vínculo empregatício, nem obrigações de natureza trabalhista, previdenciária ou afim entre prestador e tomador. A lei permite o ressarcimento das despesas comprovadamente realizadas pelo prestador, desde que estejam autorizadas pela entidade a que for prestado o serviço voluntário. Somente para fins penais é que esses agentes são equiparados a funcionários públicos quanto aos crimes relacionados com o exercício da função, nos expressos termos do art. 327 do CP."[9]

Atento às advertências da melhor doutrina, verifica-se que nosso legislador constituinte foi cauteloso e pródigo, não só numa *extensa declaração dos direitos individuais*, como na explicitação das *garantias procedi-*

8. Cf. Bernard Schwartz e H. W. R. Wade, *Legal Control of Government – Administrative Law in Great Britain and the United States*, Oxford, Clarendon Press, 1972, pp. 160-161.

9. Hely Lopes Meirelles, *Direito Administrativo Brasileiro*, 28ª ed.,São Paulo, Malheiros Editores, 2003, p. 79.

mentais com as quais pretendeu assegurar os direitos formalmente declarados, sendo que em relação a estas últimas não se restringiu à clássica e irrestrita franquia do *acesso ao Poder Judiciário*, mas incorporou os avanços[10] havidos nos *procedimentos contenciosos administrativos* como integrantes e *limitativos* da atividade do Estado, assegurando aos litigantes, naqueles procedimentos, as mesmas garantias asseguradas nos procedimentos judiciais e todos os "recursos e meios"[11] *inerentes à ampla defesa e ao contraditório*, além de todas as demais garantias decorrentes do *princípio do devido processo legal*,[12] entre as quais se contam a *isonomia processual* e a *bilateralidade dos atos procedimentais*,[13] a *imparcialidade*[14] *e decorrente independência dos órgãos julgadores, dentre outras*.

Na aplicação concreta desses princípios de independência e imparcialidade, imprescindíveis e aplicáveis aos procedimentos administrativos,[15] a jurisprudência do egrégio STJ tem reiteradamente afirmado que "ao juiz, no exercício de suas funções judicantes, deve ser garantida total independência, que também se manifesta através do princípio do livre convencimento, sem subordiná-lo à aceitação de qualquer argumento ou prova que se apresente nos autos",[16] nem de "pareceres e relatórios técnicos"[17] ou de

10. Manoel de Oliveira Franco Sobrinho já na década de 70 ressaltava que "a evolução do Direito chegou a um estágio de progresso que não é mais possível desconhecer a realidade da jurisdição administrativa como integrante e limitativa da atividade do Estado" (*Introdução ao Direito Processual Administrativo*, São Paulo, Ed. RT, 1971, p. 117).

11. "Art. 5º. Todos são iguais perante a lei, sem distinção de qualquer natureza, garantindo-se aos brasileiros e aos estrangeiros residentes no país a inviolabilidade do direito à vida, à liberdade, à igualdade, à segurança e à propriedade, nos termos seguintes: (...) XXXIV – são a todos assegurados, independentemente do pagamento de taxas: a) o direito de petição aos Poderes Públicos em defesa de direitos ou contra ilegalidade ou abuso de poder; (...) LIV – ninguém será privado da liberdade ou de seus bens sem o devido processo legal; LV – aos litigantes, em processo judicial ou administrativo, e aos acusados em geral são assegurados o contraditório e ampla defesa, com os meios e recursos a ela inerentes (...)."

12. Cf. o art. 5º, LIV, da CF de 1988, que estabelece: "LIV – ninguém será privado da liberdade ou de seus bens sem o devido processo legal". Nesse sentido, a jurisprudência do egrégio STJ já assentou que, "embora dotado de informalismo, o processo administrativo deve obedecer às regras do devido processo legal, em virtude do princípio da legalidade, ao qual a Administração se encontra submetida, por expressa determinação constitucional" (cf. acórdão da 3ª Seção do STJ no MS 10.756-DF, reg. 2005/0101163-2, rel. Min. Paulo Medina, sessão de 24.5.2006, *DJU* 30.10.2006, p. 237).

13. Cf. José Afonso da Silva, *Curso de Direito Constitucional Positivo*, 15ª ed., São Paulo, Malheiros Editores, 1998, p. 433. A Suprema Corte já assentou que "a igualdade das partes é imanente ao *procedural due process of law*; quando uma das partes é o Estado" e "no caminho da efetivação do *due process of law* – que tem particular relevo na construção sempre inacabada do Estado de Direito Democrático –, a tendência há de ser a da gradativa superação dos privilégios processuais do Estado, à custa da melhoria de suas instituições de defesa em juízo, e nunca a da ampliação deles ou a da criação de outros, como – é preciso dizê-lo – se tem observado neste decênio no Brasil" (cf. acórdão do STF, Pleno na ADI/MC 1.910-DF, rel. Min. Sepúlveda Pertence, sessão de 22.4.2004, *DJU* 27.2.2004, p. 19, e *RTJ* 189/513).

14. Nesse sentido a jurisprudência do egrégio STJ já assentou que "o *princípio da imparcialidade* (...) deve reger não só o processo judicial, como também o processo administrativo, só restando anular a respectiva decisão, para que retome o feito seu curso regular" (cf. acórdão da 6ª Turma do STJ no RMS 17.403-PE, reg. 2003/0204727-5, rel. Min. Hélio Quaglia Barbosa, sessão de 28.6.2005, *DJU* 7.11.2005, p. 384).

15. Cf. acórdão da 6ª Turma do STJ no RMS 17.403-PE, reg. 2003/0204727-5, rel. Min. Hélio Quaglia Barbosa, sessão de 28.6.2005, *DJU* 7.11.2005, p. 384.

16. Cf. acórdão da 5ª Turma do STJ no HC 45.671-SP, reg. 2005/0113438-4, rel. Min. Arnaldo Esteves Lima, sessão de 9.8.2007, *DJU* 10.9.2007, p. 248.

17. Cf. acórdão da 5ª Turma do STJ no HC 49.104-SP, reg. 2005/0176088-6, rel. Min. Arnal-

"interpretação administrativa",[18] vez que "o princípio do livre convencimento motivado apenas reclama do juiz que fundamente sua decisão, em face dos elementos dos autos e do ordenamento jurídico".[19] Como também tem reiterado a jurisprudência daquela egrégia Corte Superior de justiça, "o princípio do livre convencimento exige fundamentação concreta", sempre "vinculada à prova dos autos"[20] e às *regras do direito* e da *razoabilidade*, o que *preexclui* e não se confunde com o mero *capricho ou arbítrio* do julgador, revelado em *vagas e fantasiosas convicções íntimas* ou em *opiniões e afeições pessoais* do julgador, que obviamente comprometeriam a validade da decisão.[21]

Desses judiciosos preceitos resulta claro que, *exercendo uma função jurisdicional* ou *em todos os pontos análoga ou idêntica à função judicial, os órgãos singulares ou coletivos de jurisdição administrativa gozam das mesmas garantias de independência e imparcialidade* asseguradas aos órgãos do Judiciário que se manifestam através do *princípio do livre convencimento motivado*,[22] sendo *axiomático* que, no julgamento dos processos administrativos que lhes são submetidos à apreciação, estes *órgãos administrativos não estão sujeitos a ordens e influências externas de nenhuma espécie, e qualquer tentativa de um ministério de intervir no julgamento ou na livre convicção do julgador administrativo tornará a decisão legalmente inválida.*

Nesse sentido a jurisprudência do STJ já assentou que "a Constituição Federal tem como um dos primados dos direitos fundamentais do homem e do cidadão o julgamento imparcial e a ampla defesa",[23] donde

do Esteves Lima, sessão de 18.10.2007, *DJU* 5.11.2007, p. 296.

18. Cf. acórdão da 2ª Turma do STJ no Ag/AgR 217.275-SP, reg. 1998/0094994-1, rel. Min. Aldir Passarinho Jr., sessão de 27.4.1999, *DJU* 9.8.1999, p. 164.

19. Cf. acórdão da 4ª Turma do STJ no REsp 400.977-PE, reg. 2001/0192646-7, rel. Min. Sálvio de Figueiredo Teixeira, sessão de 21.3.2002, *DJU* 3.6.2002, p. 212.

20. Cf. acórdão da 5ª Turma do STJ no REsp 184.156-SP, reg. 1998/0056679-1, rel. Min. Félix Fischer, sessão de 1.10.1998, *DJU* 9.11.1998, p. 161, e *JSTJ* 4/323 e *RSTJ* 114/353.

21. Nesse sentido a jurisprudência do STJ já assentou que, "a toda evidência, a *fundamentação das decisões do Poder Judiciário*, tal como resulta da letra do inciso IX do art. 93 da Constituição da República, *é condição absoluta de sua validade* e, portanto, *pressuposto da sua eficácia, substanciando-se na definição suficiente dos fatos e do direito que a sustentam*, de modo a *certificar a realização da hipótese de incidência da norma e os efeitos dela resultantes*. (...). Tal *fundamentação*, para mais, *deve ser deduzida em relação necessária com as questões de direito e de fato postas na pretensão e na sua resistência, dentro dos limites do pedido, não se confundindo*, de modo algum, com a *simples reprodução de expressões ou termos legais*, postos em relação não raramente com *fatos e juízos abstratos, inidôneos à incidência da norma invocada*" (cf. acórdão da 6ª Turma do STJ no HC 25.221-RJ, reg. 200201447978, rel. Min. Paulo Medina, sessão de 21.10.2003, *DJU* 22.11.2004, p. 389). No mesmo sentido, relativamente às *decisões administrativas*, o egrégio STJ esclarece que "o motivo é requisito necessário à formação do ato administrativo e a motivação, alçada à categoria de princípio, é obrigatória ao exame da legalidade, da finalidade e da moralidade administrativa" (cf. acórdão da 6ª Turma do STJ no RMS/AgR 15.350-DF, reg. 2002/0121434-8, rel. Min. Hamilton Carvalhido, sessão de 12.8.2003, *DJU* 8.9.2003, p. 367).

22. Nesse sentido a jurisprudência do STJ já assentou que: "Os motivos que determinaram a vontade do agente público, consubstanciados nos fatos que serviram de suporte à sua decisão, integram a validade do ato, eis que a ele se vinculam visceralmente. É o que reza a prestigiada teoria dos motivos determinantes" (cf. acórdão da 2ª Turma do STJ no RMS 13.617-MG, reg. 2001/0101563-0, rela. Min. Laurita Vaz, sessão de 12.3.2002, *DJU* 22.4.2002, p. 183).

23. Cf. acórdão da 6ª Turma do STJ no RHC 4.591-MG, reg. 1995/0023679-6, rel. Min. Adhemar Maciel, sessão de 12.6.1995, *DJU* 25.9.1995, p. 31.153, e *RT* 724/593. No mesmo sentido, o STJ assentou que "a imparcialidade do magistrado, um dos pilares do princípio do juiz natural, que reclama juiz legalmente investido na função, competente e imparcial, se inclui entre os pressupostos de validade

decorre que "a competência ministerial para controlar os atos da Administração pressupõe a existência de algo descontrolado", não se admitindo interferência ministerial "nas hipóteses em que o órgão controlado se conteve no âmbito de sua competência e do devido processo legal", eis que "o controle do Ministro da Fazenda (arts. 19 e 20 do Decreto-lei n. 200/1967) sobre os acórdãos dos Conselhos de Contribuintes tem como escopo e limite o reparo de nulidades", não sendo "lícito ao Ministro cassar tais decisões, sob o argumento de que o Colegiado errou na interpretação da Lei".[24]

Uma vez estabelecidos os *limites jurisdicionais dos tribunais administrativos* e as *garantias de independência e imparcialidade* asseguradas a seus órgãos julgadores, passemos ao exame da *influência* e *obrigatoriedade* das Súmulas nos julgamentos no *âmbito judicial* e *administrativo*.

3. A obrigatoriedade de observância às súmulas do STF por órgãos do Poder Judiciário e da Administração Pública direta e indireta

Revestida de autoridade para *interpretar* e *fazer respeitar os direitos e poderes* constitucionalmente outorgados, *reprimindo* qualquer ato que lhes seja contrário, a *competência jurisdicional* do Poder Judiciário – que incide sobre toda e qualquer questão que envolva *lesão ou ameaça a direito*[25] que resulte da aplicação da Constituição, das leis e tratados – é *partilhada* na própria Constituição e se exerce através de *duas ordens paralelas* de juízes e tribunais, *autônomas e independentes*[26] (Justiça Federal e Justiças Estaduais), cada qual com *competências distintas* e *não-subordinadas*, mas antes *coordenadas*, *ex aequo*, no mesmo *pé-de-igualdade*, por dois Tribunais Federais Superiores (STF e STJ), que são incumbidos de exercer, nos limites das respectivas competências, em *última instância*, o *controle da constitucionalidade das leis e atos* dos Poderes Públicos, bem como a *uniformidade jurisprudencial* na *aplicação do Direito federal*, que, no caso brasileiro, se dá em *instâncias de superposição*.[27]

O egrégio STJ recentemente *justificou* essa *tendência sumular* aos fundamentos de que "a força da jurisprudência foi erigida como técnica de sumarização dos julgamentos dos tribunais, de tal sorte que os relatores dos apelos extremos, como soem ser o recurso extraordinário e o recurso especial, têm o poder de substituir o colegiado e negar seguimento às impugnações por motivo de mérito. (...). Deveras, a estratégia político-jurisdicional do precedente, mercê de timbrar a interpenetração dos sistemas do *civil law* e do *common law*, consubstancia técnica de aprimoramento da aplicação

da relação processual" (cf. 4ª Turma do STJ no REsp 230.009-RJ, reg. 1999/0082217-0, rel. Min. Sálvio de Figueiredo Teixeira, sessão de 8.2.2000, *DJU* 27.3.2000, p. 113).

24. Cf. acórdão da 1ª Seção do STJ no MS 8.810-DF, reg. 2002/0170102-1, rel. Min. Humberto Gomes de Barros, sessão de 13.8.2003, *DJU* 6.10.2003, p. 197, *RDDT* 109/180, *RDR* 27/226 e *RSTJ* 190/51.

25. Cf. art. 5º, XXXV, da CF de 1988.

26. João Mendes de Almeida Jr. esclarece que "as Justiças dos Estados não podem interferir em questões submetidas aos Tribunais Federais, nem anular, alterar ou suspender as suas sentenças ou ordens. (...). E, reciprocamente, a Justiça Federal não pode intervir em questões submetidas aos Tribunais dos Estados, nem anular ou suspender as decisões ou ordens destes, excetuados os casos expressamente declarados na Constituição" (*Direito Judiciário Brasileiro*, 5ª ed., Rio de Janeiro, Livraria Freitas Bastos, 1960, p. 398; no mesmo sentido, cf. Castro Nunes, *Teoria e Prática do Poder Judiciário*, Rio de Janeiro, Revista Forense, 1943, pp. 535-536).

27. Cândido Rangel Dinamarco esclarece que no Brasil "esses tribunais *não se limitam à cassação dos julgados*, mas à sua *revisão*, no sentido de que eles aplicam ao caso concreto a interpretação jurídica dada por correta, *substituindo o* ***decisum*** *inferior* e julgando a causa" (*Fundamentos do Processo Civil Moderno*, 3ª ed., vol. II, São Paulo, Malheiros Editores, 2000, p. 784).

isonômica do Direito, por isso que, para 'casos iguais', 'soluções iguais'. (...). A real ideologia do sistema processual, à luz do princípio da efetividade processual, do qual emerge o reclamo da celeridade em todos os graus de jurisdição, impõe que o STJ decida consoante o STF acerca da mesma questão, porquanto do contrário, em razão de a Corte Suprema emitir a última palavra sobre o tema, decisão desconforme do STJ implicará o ônus de a parte novamente recorrer para obter o resultado que se conhece e que na sua natureza tem função uniformizadora e, *a fortiori, erga omnes*".[28]

Incorporando à Constituição esses inegáveis benefícios e visando a compatibilizar os princípios de *independência* e *imparcialidade*, há pouco lembrados, com a *eficiência* e a *celeridade* dos procedimentos judiciais e administrativos imprescindíveis à realização da justiça, a Emenda Constitucional 45/2004,[29] dentre várias inovações, veio a estabelecer expressamente que: (i) "a todos, no âmbito judicial e administrativo, são assegurados a razoável duração do processo e os meios que garantam a celeridade de sua tramitação" (art. 5º, LXXVIII, da CF de 1988); (ii) as súmulas editadas pelo STF que tenham por objeto a validade, a interpretação e a eficácia de determinadas normas acerca das quais haja controvérsia atual entre órgãos judiciários ou entre esses e a Administração Pública e que acarretem grave insegurança jurídica e relevante multiplicação de processos sobre questão idêntica a partir de sua publicação passam a ter "efeito vinculante em relação aos demais órgãos do Poder Judiciário e à Administração Pública direta e indireta, nas esferas federal, estadual e municipal" (cf. art. 103-A e § 1º da CF de 1988); (iii) as "decisões definitivas de mérito" proferidas pelo STF nas "ações diretas de inconstitucionalidade e nas ações declaratórias de constitucionalidade produzirão eficácia contra todos e efeito vinculante, relativamente aos demais órgãos do Poder Judiciário e à Administração Pública direta e indireta, nas esferas federal, estadual e municipal" (cf. art. 102, § 2º, da CF de 1988); e que (iv) "do ato administrativo ou decisão judicial que contrariar a súmula aplicável ou que indevidamente a aplicar caberá reclamação ao STF, que, julgando-a procedente, anulará o ato administrativo ou cassará a decisão judicial reclamada, e determinará que outra seja proferida com ou sem a aplicação da súmula, conforme o caso" (cf. art. 103-A e § 3º da CF de 1988).

Por seu turno, ao regulamentar o referido dispositivo constitucional que atribuiu o *efeito vinculante* às súmulas do STF relativamente aos órgãos da Administração Pública direta e indireta, a Lei federal 11.417/2006[30] alterou a Lei 9.784/1999,[31] que regula o processo administrativo no âmbito da Administração Pública Federal, para estabelecer que

28. Cf. acórdão da 1ª Turma do STJ no RMS 14.866-MT, reg. 2002/0052709-0, rel. Min. Luiz Fux, sessão de 7.11.2002, *DJU* 17.2.2003, p. 223.

29. Emenda Constitucional 45, de 8.12.2004 (*DOU* 31.12.2004), em vigor desde a publicação.

30. O art. 7º, § 1º, Lei 11.417/2006 (*DOU* 20.12.2006), em vigor três meses após a publicação, expressamente dispõe que:

"Art. 7º. Da decisão judicial ou do ato administrativo que contrariar enunciado de súmula vinculante, negar-lhe vigência ou aplicá-lo indevidamente caberá reclamação ao Supremo Tribunal Federal, sem prejuízo dos recursos ou outros meios admissíveis de impugnação.

"§ 1º. Contra omissão ou ato da Administração Pública, o uso da reclamação só será admitido após esgotamento das vias administrativas.

"§ 2º. Ao julgar procedente a reclamação, o Supremo Tribunal Federal anulará o ato administrativo ou cassará a decisão judicial impugnada, determinando que outra seja proferida com ou sem aplicação da súmula, conforme o caso."

31. Os artigos da Lei 9.784/1999, que regula o processo administrativo no âmbito da Administração Pública Federal, alterados pela Lei federal 11.417/2006 expressamente dispõem que:

"Art. 56. Das decisões administrativas cabe recurso, em face de razões de legalidade e de mérito. (...).

"(...).

"§ 3º. Se o recorrente alegar que a decisão administrativa contraria enunciado da súmula vin-

"o uso da reclamação só será admitido após esgotamento das vias administrativas" (art. 7º, § 1º, da Lei 11.417/2006), e se naquelas vias os administrados alegarem "omissão", "contrariedade", "negativa de vigência" ou "aplicação indevida" à súmula vinculante do STF, tanto a autoridade prolatora da decisão impugnada, se não a reconsiderar (art. 56, § 3º, da Lei 9.784/1999), como o órgão competente para decidir o recurso (art. 64-A da Lei 9.784/1999) devem explicitar "as razões da aplicabilidade ou inaplicabilidade da súmula, conforme o caso", sendo que em ambas as hipóteses, uma vez "acolhida pelo Supremo Tribunal Federal a reclamação fundada em violação de enunciado da súmula vinculante, dar-se-á ciência à autoridade prolatora e ao órgão competente para o julgamento do recurso, que deverão adequar as futuras decisões administrativas em casos semelhantes, sob pena de responsabilização pessoal nas esferas cível, administrativa e penal" (art. 64-B da Lei 9.784/1999).

Dos preceitos expostos resulta claro que, longe de coartar a atividade jurisdicional do juiz ou das autoridades e órgãos administrativos, as disposições constitucionais e legais que instituíram o efeito vinculante às súmulas do STF preservam os princípios de independência e imparcialidade imprescindíveis aos julgamentos administrativos e judiciais, através do "princípio do livre convencimento motivado", exigindo que tanto o juiz como as autoridades e órgãos administrativos de julgamento explicitem as razões da aplicabilidade ou inaplicabilidade da súmula do STF, sendo que somente quando acolhida pelo STF a reclamação fundada em violação de enunciado da súmula vinculante e regularmente cientificados a autoridade prolatora da decisão administrativa e o órgão competente para o julgamento do recurso administrativo é que estes deverão adequar as futuras decisões administrativas em casos semelhantes, sob pena de responsabilização pessoal nas esferas cível, administrativa e penal.

Uma vez estabelecidos os limites de vinculação e obrigatoriedade de observância às súmulas vinculantes editadas pelo STF por órgãos do Poder Judiciário e pelos órgãos da Administração Pública direta e indireta, passemos ao exame dos limites de obrigatoriedade de súmulas editadas por órgãos singulares ou coletivos de jurisdição administrativa.

4. Os limites da obrigatoriedade de observância às súmulas editadas por órgãos singulares ou coletivos de jurisdição administrativa

Como é elementar e já assentou a Suprema Corte,[32] na voz do eminente Min. Celso Mello, "a imposição estatal de restrições de ordem jurídica, quer se concretize na esfera judicial, quer se realize no âmbito estritamente administrativo (...), supõe, para legitimar-se constitucionalmente, o efetivo respeito, pelo Poder Público, da

culante, caberá à autoridade prolatora da decisão impugnada, se não a reconsiderar, explicitar, antes de encaminhar o recurso à autoridade superior, as razões da aplicabilidade ou inaplicabilidade da súmula, conforme o caso" (§ 3º acrescido pela Lei 11.417, de 19.12.2006, *DOU* 20.12.2006 – em vigor três meses após a publicação).

"Art. 64-A. Se o recorrente alegar violação de enunciado da súmula vinculante, o órgão competente para decidir o recurso explicitará as razões da aplicabilidade ou inaplicabilidade da súmula, conforme o caso" (artigo acrescido pela Lei 11.417, de 19.12.2006, *DOU* 20.12.2006 – em vigor três meses após a publicação).

"Art. 64-B. Acolhida pelo Supremo Tribunal Federal a reclamação fundada em violação de enunciado da súmula vinculante, dar-se-á ciência à autoridade prolatora e ao órgão competente para o julgamento do recurso, que deverão adequar as futuras decisões administrativas em casos semelhantes, sob pena de responsabilização pessoal nas esferas cível, administrativa e penal" (artigo acrescido pela Lei 11.417, de 19.12.2006, *DOU* 20.12.2006 – em vigor três meses após a publicação).

32. Cf. acórdão do Pleno do STF na ACO/QO 1.048-RS, rel. Min. Celso de Mello, sessão de 30.8.2007, *DJU* 31.10.2007, p. 77, *Ement.* 02296-01/01.

garantia indisponível do *due process of law*, assegurada, pela Constituição da República (art. 5º, LIV), à generalidade das pessoas, inclusive às *próprias pessoas jurídicas de direito público*, eis que o Estado, em tema de limitação ou supressão de direitos, não pode exercer a sua autoridade de maneira abusiva e arbitrária". Na mesma assentada a Suprema Corte nos lembra que "o princípio da reserva de lei atua como expressiva limitação constitucional ao poder do Estado, cuja competência regulamentar, por tal razão, não se reveste de suficiente idoneidade jurídica que lhe permita restringir direitos ou criar obrigações. Nenhum ato regulamentar pode criar obrigações ou restringir direitos, sob pena de incidir em domínio constitucionalmente reservado ao âmbito de atuação material da lei em sentido formal".

Nessa ordem de idéias, a Suprema Corte[33] esclarece que "a competência regulamentar deferida aos ministros de Estado, mesmo sendo de segundo grau, possui inquestionável extração constitucional (CF, art. 87, parágrafo único, II), de tal modo que o poder jurídico de expedir instruções para a fiel execução das leis compõe, no quadro do sistema normativo vigente no Brasil, uma prerrogativa que também assiste, *ope constitutionis*, a esses qualificados agentes auxiliares do chefe do Poder Executivo da União", razão pela qual "as instruções regulamentares, quando emanarem de ministro de Estado, qualificar-se-ão como regulamentos executivos, necessariamente subordinados aos limites jurídicos definidos na regra legal a cuja implementação elas se destinam, pois o exercício ministerial do poder regulamentar não pode transgredir a lei, seja para exigir o que esta não exigiu, seja para estabelecer distinções onde a própria lei não distinguiu, notadamente em tema de direito tributário".

Ao regulamentar a atividade dos órgãos singulares ou coletivos de jurisdição administrativa, o Ministério da Fazenda impõe aos julgadores fiel observância e obediência às leis, decretos tratados e acordos internacionais, expressamente estabelecendo no art. 49 do Regimento Interno dos Conselhos de Contribuintes[34] que:

"Art. 49. No julgamento de recurso voluntário ou de ofício, fica vedado aos Conselhos de Contribuintes afastar a aplicação ou deixar de observar tratado, acordo internacional, lei ou decreto, sob fundamento de inconstitucionalidade.

"Parágrafo único. O disposto no *caput* não se aplica aos casos de tratado, acordo internacional, lei ou ato normativo: I – que já tenha sido declarado inconstitucional por decisão plenária definitiva do Supremo Tribunal Federal; II – que fundamente crédito tributário objeto de: a) dispensa legal de constituição ou de ato declaratório do Procurador-Geral da Fazenda Nacional, na forma dos arts. 18 e 19 da Lei n. 10.522, de 19 de junho de 2002; b) súmula da Advocacia-Geral da União, na forma do art. 43 da Lei Complementar n. 73, de 10 de fevereiro de 1993; ou c) pareceres do Advogado-Geral da União aprovados pelo Presidente da República, na forma do art. 40 da Lei Complementar n. 73, de 10 de fevereiro de 1993."

Por seu turno, seguindo tendência sumular, como técnica de sumarização dos julgamentos dos Tribunais, o art. 53 mesmo Regimento Interno veio a instituir súmulas "de aplicação obrigatória pelo respectivo Conselho", atribuindo ao Presidente da respectiva Câmara o poder de substituir o colegiado e negar seguimento aos recursos, nos seguintes termos:

33. Cf. acórdão do Pleno do STF na ADI/MC 1.075-DF, rel. Min. Celso de Mello, sessão de 17.6.1998, *DJU* 24.11.2006, p. 59, *Ement.* 02257-01/156.

34. O Regimento Interno dos Conselhos de Contribuintes foi aprovado pela Portaria MF-147, de 25.6.2007, com as alterações da Portaria MF-222, de 4.9.2007.

"Art. 53. As decisões unânimes, reiteradas e uniformes dos Conselhos serão consubstanciadas em súmula, de aplicação obrigatória pelo respectivo Conselho.

"§ 1º. A súmula será publicada no *Diário Oficial da União*, entrando em vigor na data de sua publicação.

"§ 2º. Será indeferido pelo Presidente da Câmara, ou por proposta do Relator e despacho do Presidente, o recurso que contrarie súmula em vigor, quando não houver outra matéria objeto do recurso."

A expressão "súmula, de aplicação obrigatória pelo respectivo Conselho", utilizada pelo dispositivo regimental, tem suscitado dúvidas e perplexidade, eis que se pretende sustentar que a referida norma estaria emprestando à súmula editada por órgão julgador administrativo os mesmos efeitos da súmula vinculante editada pelo STF, ensejando, inclusive, a possibilidade de punição do julgador administrativo que afastasse a aplicação da súmula.

Inicialmente releva notar que, tal como ocorre com as súmulas editadas por tribunais inferiores do Poder Judiciário – que são desprovidas de efeito vinculante, por não deterem a última palavra sobre a interpretação da Constituição, leis e tratados internacionais –, o Regimento Interno do Conselho de Contribuintes veio estabelecer que as súmulas somente têm aplicação obrigatória pelos presidentes de Câmaras, que, sob invocação das súmulas, podem substituir o colegiado, o mesmo não ocorrendo com os demais integrantes dos órgãos colegiados, cujos votos, por não substituírem o colegiado, estão preservados na sua imprescindível independência, obrigando-se exclusivamente a obedecer aos acordos internacionais, às leis e aos decretos (cf. art. 49 do Regimento Interno dos Conselhos de Contribuintes).

Assim, tal como ocorria nos tribunais inferiores do Judiciário quando ainda não havia previsão legislativa para o relator substituir o colegiado, as súmulas não têm efeito vinculante para os órgãos singulares ou coletivos de jurisdição, pois, como proclamado pela torrencial jurisprudência,[35]

35. "Embargos de declaração em agravo regimental em agravo de instrumento – Omissão caracterizada – Acolhimento.

"1. (...).

"2. (...). Aliás, precisamente porque desprovidas de efeito vinculante as decisões do Poder Judiciário é que à parte é oportunizado o direito de buscar a positivação do direito que entende ser legítima. Tudo, acrescente-se, em obséquio do direito à ampla defesa, com os recursos a ela inerentes, assegurado pelo art. 5º, inciso LV, da Constituição da República.

"3. Embargos de declaração acolhidos para, sem conferir-lhes efeitos infringentes, apenas declarar que o embargado não se houve com má-fé" (cf. acórdão da 6ª Turma do STJ no Ag/AgR/ED 281.349-SP, reg. 2000/0000463-4, rel. Min. Hamilton Carvalhido, sessão de 11.6.2002, *DJU* 19.12.2002, p. 459).

"Processual civil – Apelação e remessa oficial – Negativa de seguimento com apoio em entendimento predominante do Tribunal *a quo*.

"1. As súmulas dos TRFs, embora espelhando a sua jurisprudência preponderante, não possuem efeito vinculante para impedir a admissão e conhecimento da apelação e a apreciação da remessa oficial. Não são invocáveis os específicos requisitos de admissibilidade próprios do recurso especial. Interposta a apelação dentro do prazo legal, 'não pode ter seguimento obstado pelo argumento de que a orientação jurisprudencial da Corte já se firmou no sentido da decisão apelada' (REsp n. 90.078-CE, rel. Min. Assis Toledo).

"2. Havendo necessidade de exame da remessa de ofício, é limitada a extensão normativa do art. 557 do CPC (REsp n. 153.300-AL, rel. Min. Vicente Cernicchiaro) (REsp 104.106-PB, rel. Min. Milton Pereira)" (cf. acórdão da 1ª Turma do STJ no REsp 173.773-MT, reg. 1998/0032104-7, rel. Min. Humberto Gomes de Barros, sessão de 14.12.1998, *DJU* 22.3.1999, p. 68; REsp 160.945-AM; REsp 1997/0093301-6).

"Processual civil – Apelação e remessa oficial – Negativa de seguimento com apoio em entendimento predominante do Tribunal *a quo*.

"1. A súmula do TRF, embora espelhando a respectiva jurisprudência preponderante, não possui efeito vinculante para impedir a admissão e conhecimento da apelação e a apreciação da remessa oficial. Não são invocáveis em apelação os "precisamente porque desprovidas de efeito vinculante as decisões do Poder Judiciário é que à parte é oportunizado o direito de buscar a positivação do direito que entende ser legítima, através do recurso cabível", donde decorre que "as súmulas dos TRFs, embora espelhando a sua jurisprudência preponderante, não possuem efeito vinculante para impedir a admissão e conhecimento" dos recursos cabíveis, que, uma vez interpostos no prazo, não podem ter "seguimento obstado pelo argumento de que a orientação jurisprudencial da Corte já se firmou no sentido da decisão" recorrida.

Visando a dissipar os eventuais equívocos de interpretação suscitados perante o Poder Judiciário, solidamente apoiada na melhor doutrina, a Suprema Corte recentemente definiu os limites de aplicação e obrigatoriedade das súmulas editadas por tribunais inferiores, quando, na voz do ínclito Min. Celso de Mello, esclareceu que:

"A súmula – enquanto instrumento de formal enunciação da jurisprudência consolidada e predominante de uma Corte judiciária - constitui mera proposição jurídica destituída de caráter prescritivo no que se refere à atuação dos magistrados e tribunais inferiores. A súmula, por isso mesmo, não se reduz à condição jurídica de

específicos requisitos de admissibilidade próprios do recurso especial. Interposta a apelação dentro do prazo legal, 'não pode ter seguimento obstado pelo argumento de que a orientação jurisprudencial da Corte já se firmou no sentido da decisão apelada' (REsp n. 90.078-CE, rel. Min. Assis Toledo).

"2. Havendo necessidade de exame da remessa de ofício, é limitada a extensão normativa do art. 557 do CPC (REsp n. 153.300-AL, rel. Min. Vicente Cernicchiaro) (REsp n. 104.106-PB, rel. Min. Milton Pereira)" (cf. acórdão da 1ª Turma do STJ no REsp 160.945-AM, reg. 1997/0093301-6, rel. Min. Humberto Gomes de Barros, sessão de 12.11.1998, *DJU* 15.3.1999, p. 102).

"Processual civil e previdenciário – Súmulas de tribunais – Carência de efeito vinculante – Recorribilidade.

"Embora consubstanciem a jurisprudência dominante, as sumulas dos tribunais não possuem efeito vinculante de modo a permitir que a aplicação de seu enunciado, por despacho monocrático do relator da apelação, constitua decisão de única ou última instância e sujeita a recurso especial.

"Salários de contribuição – Jurisprudência assentada no sentido da eficácia plena e aplicabilidade imediata da norma do art. 202 da CF/1988 – Precedentes" (cf. acórdão da 5ª Turma do STJ no REsp 90.078-CE, reg. 1996/0015030-3, rel. para o acórdão Min. José Dantas, sessão de 10.6.1996, *DJU* 5.8.1996, p. 26.394; *RSTJ* 89/388).

"Adicional de indenização do trabalhador portuário – Recurso – Requerimento – Súmulas – TRF.

"Sendo vários tribunais, cada um tem ou pode ter súmulas diferentes ou até opostas. Se um Tribunal Regional nega seguimento a recurso de apelação com base em uma de suas súmulas, impede que a questão seja examinada pelo colendo STF e pelo egrégio STJ, usurpando a competência destes Tribunais.

"Recurso provido" (cf. acórdão da 1ª Turma do STJ no REsp 134.450-BA, reg. 1997/0038197-8, rel. Min. Garcia Vieira, sessão de 14.4.1998, *DJU* 10.8.1998, p. 20; *RSTJ* 112/80).

"Processual civil – Remessa de ofício desconsiderada – Apelação inadmitida – Aplicação de súmula de TRF – Ausência de efeito vinculante – Apelação inadmitida – Recurso especial – CPC, arts. 475 e 557.

"1. As súmulas dos TRFs, embora espelhando a sua jurisprudência preponderante, não possuem efeito vinculante para impedir a admissão e conhecimento da apelação e a apreciação da remessa oficial. Não são invocáveis os específicos requisitos de admissibilidade próprios do recurso especial. Interposta a apelação dentro do prazo legal, 'não pode ter seguimento obstado pelo argumento de que a orientação jurisprudencial da Corte já se firmou no sentido da decisão apelada' (REsp n. 90.078-CE, rel. Min. Assis Toledo).

"2. Havendo necessidade de exame da remessa de ofício, e limitada a extensão normativa do art. 557 do CPC (REsp n. 153.300-AL, rel. Min. Vicente Cernicchiaro).

"3. Precedentes jurisprudenciais.

"4. Recurso provido" (cf. acórdão da 1ª Turma do STJ no REsp 104.106-PB, reg. 1996/0051306-6, rel. Min. Milton Luiz Pereira, sessão de 12.5.1998, *DJU* 22.6.1998, p. 24).

ato estatal provido de suficiente estrutura de normatividade.

"(...).

"Nesse contexto, é inquestionável que a súmula não realiza as funções específicas da norma. A formulação sumular, embora refletindo precedente jurisprudencial, não se reveste de caráter impositivo, prescritivo, permissivo, autorizativo ou derrogatório de condutas individuais ou sociais.

"A súmula de jurisprudência, portanto, encerra mero conteúdo descritivo. Ao ostentar essa condição, torna-se lícito acentuar que lhe falece a nota da multidimensionalidade funcional que tipifica, sob os atributos da imposição, da permissão, da autorização e da derrogação, as funções específicas da norma jurídica.

"Daí a advertência da doutrina, segundo a qual o direito proclamado pelas formulações jurisprudenciais tem valor meramente persuasivo, '(...) maior ou menor, na medida do prestígio jurídico de que desfrutem os juízes ou tribunais de onde ele procede' (Rubem Nogueira, 'Desempenho normativo da jurisprudência do STF', cf. *RT* 448/24).

"A interpretação jurisprudencial consubstanciada no enunciado sumular constitui, em nosso sistema jurídico – que se ajusta, em sua linhagem histórica, ao sistema de direito estatutário – precedente de valor meramente relativo, despojado, não obstante a estatalidade de que se reveste, da força vinculante e da autoridade subordinante da lei, tal como acentua o magistério doutrinário (José Carlos Barbosa Moreira, *O Novo Processo Civil Brasileiro*, p. 245; Vicente Greco Filho, *Direito Processual Civil Brasileiro*, vol. 2, p. 322; Humberto Theodoro Jr., *Processo de Conhecimento*, vol. 11, p. 751; Ernane Fidélis dos Santos, *Manual de Direito Processual Civil*, vol. 2, p. 280; e Roberto Rosas e Paulo Cézar Aragão, *Comentários ao Código de Processo Civil*, vol. V, p. 70, *v.g.*).

"Cumpre enfatizar, neste ponto, a autorizada advertência de José Frederico Marques (*Manual de Direito Processo Civil*, vol. 3, p. 206) – que recebeu a prestigiosa adesão de José Carlos Barbosa Moreira (*Comentários ao Código de Processo Civil*, vol. V, pp. 38-39) – no sentido de que os precedentes e as súmulas, porque desprovidos do conteúdo eficacial pertinente ao ato legislativo, '(...) não passam de indicações úteis para uniformizar-se a jurisprudência, a que, entretanto, juízes e tribunais não se encontram presos', eis que – consoante acentua o Mestre paulista – 'vinculação dessa ordem, só a Constituição poderia criar'.

Sabemos que a súmula – idealizada e concebida, entre nós, pelo saudoso Min. Victor Nunes Leal ('Passado e futuro da súmula do STF', in *RDA* 145/1-20) – desempenha, na lição desse eminente Magistrado, enquanto método de trabalho e ato provido de eficácia *interna corporis*, várias e significativas funções, pois (a) confere maior estabilidade à jurisprudência predominante nos tribunais; (b) atua como instrumento de referência oficial aos precedentes jurisprudenciais nela compendiados; (c) acelera o julgamento das causas; e (d) evita julgados contraditórios.

"A súmula, contudo, ao contrário das notas que tipificam o ato normativo, não se reveste de compulsoriedade na sua observância externa e de cogência na sua aplicação por terceiros. A súmula, na realidade, configura mero instrumento formal de exteriorização interpretativa de uma orientação jurisprudencial.

"A súmula, portanto, tendo em vista a tese jurisprudencial não vinculante que nela se acha consagrada, encerra, apenas, um resultado paradigmático para decisões futuras.

"A jurisprudência compendiada na formulação sumular, desse modo, não se reveste de expressão normativa, muito embora traduza, a partir da experiência jurídica motivada pela atuação jurisdicional do Estado, o significado da norma de direito positivo, tal como ela é compreendida e constatada pela atividade cognitiva e interpretativa dos tribunais.

"A súmula, não obstante reflita a consagração jurisprudencial de uma dada interpretação normativa, não constitui, ela própria, norma de decisão, mas, isso, sim, decisão sobre normas, na medida em que exprime – no conteúdo de sua formulação – o resultado de pronunciamentos jurisdicionais reiterados sobre o sentido, o significado e a aplicabilidade das regras jurídicas editadas pelo Estado.

"Em uma palavra: a súmula não é, em nosso sistema de direito positivo – e para utilizar uma significativa expressão de Karl Larenz – *uma pauta vinculante de julgamento*.

"Sendo assim – e diversamente do que ocorria com os *Arrêts de Règlement* dos órgãos judiciários franceses, de que emanavam as *Lois Provisionelles* no sistema anterior ao da Revolução de 1789, e com os *Assentos* da Casa de Suplicação, que dispunham de força de lei e de conseqüente eficácia vinculante –, a súmula configura modelo de conteúdo descritivo, qualificável como fonte de conhecimento – e não de produção – do Direito, a partir da interpretação jurisprudencial das normas jurídicas nela consubstanciada.

"Cumpre relembrar, por isso mesmo, a lição de Karl Larenz (*Metodologia da Ciência do Direito*, p. 499, item n. 4, 2ª ed., 1978, Fundação Calouste Gulbenkian) sobre o valor e o significado do direito revelado pela interpretação dos tribunais: 'Quem quiser conhecer o Direito tal como é realmente aplicado e 'vive', não pode contentar-se com as *normas*, tem de inquirir do *entendimento que lhes é dado pela jurisprudência. Os precedentes são, pois, uma fonte de conhecimento do Direito. Não, porém, uma fonte de normas jurídicas imediatamente vinculativas* (...)' (grifei).

"Concluindo: a formulação sumular, que não se qualifica como 'pauta vinculante de julgamento', há de ser entendida, consideradas as múltiplas funções que lhe são inerentes – função de estabilidade do sistema, função de segurança jurídica, função de orientação jurisprudencial, função de simplificação da atividade processual e função de previsibilidade decisória, *v.g.* (*RDA* 78/453-459; *RDA* 145/1-20) –, como resultado paradigmático a ser autonomamente observado, sem caráter impositivo, pelos magistrados e demais tribunais judiciários, nas decisões que venham a proferir."[36]

Note-se que mesmo que houvesse lei (e não há) atribuindo eficácia normativa às súmulas como normas complementares das leis,[37] ainda assim as súmulas somente seriam de observância obrigatória para os funcionários públicos do Executivo e nos limites da lei, não obrigando os demais julgadores dos órgãos coletivos de jurisdição, que, como se demonstrou, não são funcionários, pois há muito já ensinava Aliomar Baleeiro:

"(...) como regulamento em relação à lei (art. 99 do CTN), os atos normativos das autoridades administrativas não podem inovar, indo além do que está na lei ou no regulamento; subordinam-se a este e àquele, pois se destinam à sua fiel execução. O mesmo quanto aos atos dos diretores de departamento e órgãos hierarquicamente colocados abaixo do auxiliar imediato do Poder Executivo.

"(...).

"(...) são regras internas endereçadas aos funcionários, que lhes devem obediência, pelo princípio hierárquico, até o limite da lei. Mas não suprem a lei nem o decreto

36. Cf. acórdão da 1ª Turma do STF no AI/AgR 179.560-RJ, rel. Min. Celso de Mello, sessão de 23.4.1996, *DJU* 27.5.2005, p. 12; *Ement.* 02193-02/236; *RDDP* 29/238-239, 2005; *RTJ* 195-01/281.

37. O art. 100, II, do CTN estabelece que somente gozam do *status* de "normas complementares das leis" as "decisões dos órgãos singulares ou coletivos de jurisdição administrativa a que a lei atribua eficácia normativa", cuja "observância (...) exclui a imposição de penalidades, a cobrança de juros de mora e a atualização do valor monetário da base de cálculo do tributo" (cf. parágrafo único do art. 100 do CTN).

regulamentar, não compelem à obediência o cidadão, salvo na medida que expressam o que já está contido na lei.

"(...).

"A portaria do Ministério da Fazenda, segundo os arts. 99 e 100 do CTN, realmente participa do conceito genérico de 'legislação tributária', como norma complementar da lei ou do regulamento. Mas isso apenas para estabelecer pormenores de serviço interno a serem obedecidos pelos funcionários públicos, sem eficácia, todavia, para os cidadãos, salvo quando se limitam a exigir deles o que já está determinado na lei tributária."[38]

Ao regulamentar o processo administrativo no âmbito da Administração Federal direta e indireta, a Lei federal 9.784/1999,[39] em seu art. 2º, expressamente impôs à Administração Pública obediência, dentre outros, aos "princípios da legalidade, finalidade, motivação e segurança jurídica", estabelecendo que "nos processos administrativos serão observados", primacialmente, os critérios de "atuação conforme a lei e o Direito" e do "atendimento a fins de interesse geral, vedada a renúncia total ou parcial de poderes ou competências, salvo autorização em lei" – o que de plano já revela a total impossibilidade de dispositivo regimental regulamentar matéria sujeita ao princípio da reserva de lei, não se revestindo de suficiente idoneidade jurídica que lhe permita restringir direitos ou criar obrigações dos órgãos singulares ou coletivos de jurisdição, posto que este domínio é constitucionalmente reservado ao âmbito de atuação material da lei em sentido formal.

Nesse sentido, a jurisprudência do egrégio STJ já assentou que "o ato administrativo, no Estado Democrático de Direito, está subordinado ao princípio da legalidade (CF/1988, arts. 5º, II, 37, *caput*, e 84, IV), o que equivale a assentar que a Administração só pode atuar de acordo com o que a lei determina. Desta sorte, ao expedir um ato que tem por finalidade regulamentar a lei (decreto, regulamento, instrução, portaria etc.), não pode a Administração inovar na ordem jurídica, impondo obrigações ou limitações a direitos de terceiros. (...). Consoante a melhor doutrina, 'é livre de qualquer dúvida ou entredúvida que, entre nós, por força dos arts. 5º, II, 84, IV, e 37 da Constituição, só por lei se regula liberdade e propriedade; só por lei se impõem obrigações de fazer ou não fazer. Vale dizer: restrição alguma se impõem à liberdade ou à propriedade pode ser imposta se não estiver previamente delineada, configurada e estabelecida em alguma lei, e só para cumprir dispositivos legais é que o Executivo pode expedir decretos e regulamentos' (Celso Antônio Bandeira de Mello, *Curso de Direito Administrativo*, São Paulo, Malheiros Editores, 2002, pp. 306-331)".[40]

Assim, parece não haver dúvida de que a pretendida observância obrigatória de súmulas dos Conselhos de Contribuintes pelos integrantes dos órgãos coletivos de jurisdição sem lei que a instituísse usurpa parcialmente a competência e os poderes do colegiado, interferindo na sua independência antes mesmo que este pudesse apreciar livremente o recurso em segunda instância administrativa, impondo-lhe um novo requisito recursal não previsto em lei, além impor um *pré-julgamento* à questão que lhe foi submetida, em flagrante violação aos direi-

38. Cf. acórdão da 1ª Turma do STF no AI 57.279, rel. Min. Aliomar Baleeiro, *RDA* 119/320-322.

39. O egrégio STJ já assentou que "a Lei n. 9.784, de 29.1.1999, que veio regular todo o processo administrativo no âmbito da Administração Federal, (...), essa lei deve sempre ser aplicada subsidiariamente quando norma específica não dispuser em contrário, como no caso em exame. (...)" (cf. acórdão da 1ª Seção do STJ no MS 7.045-DF, reg. 2000/0056807-4, rel. Min. José Delgado, sessão de 22.11.2000, *DJU* 5.3.2001, p. 119).

40. Cf. acórdão da 1ª Turma do STJ no REsp 584.798-PE, reg. 2003/0157195-7, rel. Min. Luiz Fux, sessão de 4.11.2004, *DJU* 6.12.2004, p. 205.

tos da defesa[41] e ao devido processo legal,[42] constitucionalmente assegurados.

Nesse sentido, solidamente apoiado na melhor doutrina, o egrégio STJ já assentou que "a Administração Pública, no aplicar as regras impostas para a tramitação dos processos administrativos, está, também, obrigada a obedecer ao devido processo legal", em cujo âmbito "está o direito das partes utilizarem-se de recursos para todas as instâncias administrativas, assegurando-se-lhes, assim, ampla defesa, contraditório e segurança do julgamento", eis que "os recursos administrativos são um corolário do Estado de Direito e uma prerrogativa de todo administrado ou servidor atingido por qualquer ato administrativo", sendo "inconcebível" "a decisão administrativa única e irrecorrível, porque isto contraria a índole democrática de todo julgamento que possa ferir direitos individuais e afronta o princípio constitucional da ampla defesa, que pressupõe mais de um grau de jurisdição", razão pela qual "decisão única e irrecorrível é a consagração do arbítrio, intolerado pelo nosso Direito", vez que "a Lei n. 9.784, de janeiro/1999, em seu art. 2º, X, c/c o art. 56, ao regular o processo administrativo, assegura ao administrado o direito de esgotar as instâncias administrativas, pelas vias recursais".[43]

Finalmente, é suficiente considerar a velocidade da edição de modificações legislativas no campo tributário para evidenciar a irrazoabilidade do engessamento da jurisprudência através de súmulas, pois, como já foi ressaltado pela jurisprudência, "perpetuar a tese jurídica refletida na súmula, imprimindo-lhe eficácia vinculativa a todos os demais casos, além do concreto, gerador daquele pronunciamento, significaria uma estagnação da jurisprudência, fazendo com que a norma jurídica jurisprudencial venha a tornar-se anacrônica, à vista da norma jurídica legal; significaria coartar a atividade jurisdicional do juiz, que não está obrigado a aceitar pretéritos julgamentos, como norma de decidir, mas, sim, deve ter no desenvolvimento daquela, como diretriz, a sua consciência e a lei (...). Se assim não fosse, (...) desapareceria o então conflito de teses jurídicas após incidente de uniformização e a súmula gerada seria sempre empregada indiscriminadamente".[44]

Diante da comprovada inidoneidade jurídica da norma regimental para instituir observância obrigatória de súmulas dos Conselhos de Contribuintes pelos componentes

41. A Suprema Corte recentemente reconheceu que "o direito de defesa foi ampliado com a Constituição de 1988", contemplando "todos os processos, judiciais ou administrativos, e não se resume a um simples direito de manifestação no processo", reconhecendo que a "pretensão à tutela jurídica" da defesa envolve não só o direito de manifestação e de informação, mas também o direito de ver seus argumentos contemplados pelo órgão julgador (cf. acórdão do Pleno do STF no MS 24268-MG, rela. Min. Ellen Gracie, rel. para o acórdão Min. Gilmar Mendes, sessão de 5.2.2004, *DJU* 17.9.2004, p. 53, *Ement.* 02164-01/00154; *RDDP* 23/133-151, 2005; *RTJ* 191-03/922); que a "garantia constitucional alusiva ao acesso ao Judiciário engloba a entrega da prestação jurisdicional de forma completa, emitindo o Estado-juiz entendimento explícito sobre as matérias de defesa veiculadas pelas partes", onde se encontra "a essência da norma inserta no inciso XXXV do art. 5º da Carta da República" (cf. acórdão da 2ª Turma do STF no RE 172.084-1-MG, rel. Min. Marco Aurélio, *JSTF*-Lex 198/227).

42. A Suprema Corte reafirmou que "a garantia do devido processo legal engloba o direito ao duplo grau de jurisdição, sobrepondo-se" à legislação ordinária, de vez que "o acesso à instância recursal superior consubstancia direito que se encontra incorporado ao sistema pátrio de direitos e garantias fundamentais" (cf. acórdão da 1ª Turma do STF no HC 88.420-PR, rel. Min. Ricardo Lewandowski, sessão de 17.4.2007, *DJU* 8.6.2007, p. 37, *Ement.* 02279-03/00429).

43. Cf. acórdão da 1ª Seção do STJ no MS 7.225-DF, reg. 2000/0115079-0, rel. Min. José Delgado, sessão de 13.6.2001, *DJU* 25.6.2001, p. 98; *JBCC* 192/408.

44. Cf. acórdão da 7ª Câmara do antigo TACSP no MS 209.567-4, de São Paulo, rel. Juiz Franklinn Neiva, *RT* 623/144-146.

dos órgãos coletivos de jurisdição administrativa, passemos ao exame da possibilidade de imposição de punição ou perda de mandato ao julgador administrativo que, por quaisquer das vias ("omissão", "contrariedade" ou "negativa de vigência"), afaste a aplicação da súmula.

5. *A impossibilidade de imposição de punição ou perda de mandato ao julgador administrativo pela não-aplicação de súmula*

A Suprema Corte já assentou definitivamente que "o Estado, em tema de punições disciplinares ou de restrição a direitos, qualquer que seja o destinatário de tais medidas, não pode exercer a sua autoridade de maneira abusiva ou arbitrária, desconsiderando, no exercício de sua atividade, o postulado da plenitude de defesa, pois o reconhecimento da legitimidade ético-jurídica de qualquer medida estatal – que importe em punição disciplinar ou em limitação de direitos – exige, ainda que se cuide de procedimento meramente administrativo (CF, art. 5º, LV), a fiel observância do princípio do devido processo legal. A jurisprudência do STF tem reafirmado a essencialidade desse princípio, nele reconhecendo uma insuprimível garantia, que, instituída em favor de qualquer pessoa ou entidade, rege e condiciona o exercício, pelo Poder Público, de sua atividade, ainda que em sede materialmente administrativa, sob pena de nulidade do próprio ato punitivo ou da medida restritiva de direitos".[45]

Nessa mesma ordem de idéias, a jurisprudência do egrégio STJ tem reiterado que "a aplicação de sanções administrativas, (...), somente se torna legítima quando o ato praticado pelo administrado estiver previamente definido pela lei como infração administrativa", sendo "descabida, assim, a aplicação de sanção administrativa à conduta que não está prevista como infração",[46] bem como "a utilização de analogias ou de interpretações ampliativas", que, "longe de conferir ao administrado uma acusação transparente, pública, e legalmente justa, afronta o princípio da tipicidade, corolário do princípio da legalidade, segundo as máximas: *nullum crimen nulla poena sine lege stricta* e *nullum crimen nulla poena sine lege certa*, postura incompatível com o Estado Democrático de Direito".[47]

Cotejando-se as diversas hipóteses que tipificam a punição de integrante dos órgãos coletivos de jurisdição administrativa previstas no Regimento Interno do Conselho de Contribuintes,[48] desde logo verifica-se que

45. Cf. acórdão da 2ª Turma do STF no AI/AgR 241.201, rel. Min. Celso de Mello, *RTJ* 183/371. No mesmo sentido, ao tratar das *sanções administrativas*, o egrégio STJ, na voz do emniente Min. Luiz Fux, ressaltou que "o procedimento administrativo é informado pelo princípio do *due process of law*" e que "a Administração Pública, mesmo no exercício do seu poder de polícia e nas atividades *self executing*, não pode impor aos administrados sanções que repercutam no seu patrimônio sem a preservação da ampla defesa (...)" (acórdão da 1ª Turma do STJ no REsp 536.463-SC, reg. 200300853863, rel. Min. Luiz Fux, sessão de 25.11.2003, *DJU* 10.12.2003, p. 360).

46. Cf. acórdão da 1ª Turma do STJ no RMS 21.274-GO, reg. 2006/0007601-6, rela. Min. Denise Arruda, sessão de 26.9.2006, *DJU* 16.10.2006, p. 292; no mesmo sentido, cf. acórdão da 1ª Turma do STJ no RMS 19.510-GO, rel. Min. Teori Albino Zavascki, *DJU* 3.8.2006.

47. Cf. acórdão da 5ª Turma do STJ no RMS 16264-GO, reg. 2003/0060165-4, rela. Min. Laurita Vaz, sessão de 21.3.2006, *DJU* 2.5.2006, p. 339.

48. O art. 18 do Regimento Interno dos Conselhos de Contribuintes, aprovado pela Portaria MF-147, de 25.6.2007, com as alterações da Portaria MF-222, de 4.9.2007, expressamente dispõe que:

"Art. 18. Perderá o mandato o conselheiro, titular ou suplente, que: I – descumprir os deveres previstos neste Regimento; II – retiver processos para relatar por prazo superior a 6 (seis) reuniões, contado a partir da data da distribuição, permitida a prorrogação, quando justificada e expressamente autorizada pelo Presidente da Câmara; III – retiver processos ou procrastinar a prática de atos procesdeste último não consta qualquer tipificação de infração ou de imposição de punição ou perda de mandato ao julgador administrativo que se omita, contrarie ou negue vigência à súmula do Conselho, sendo certo que a previsão genérica de "descumprir os deveres previstos neste Regimento", por si só, não seria suficiente para autorizar a imposição de pena ao julgador que decidisse contra súmula, eis que, como exaustivamente demonstrado, o Regimento Interno, aprovado por portaria ministerial, sequer se reveste de suficiente idoneidade jurídica para restringir direitos ou criar obrigações aos integrantes dos órgãos singulares ou coletivos de jurisdição, cujo domínio é constitucionalmente reservado ao âmbito de atuação materialmente reservado à lei em sentido formal.

Portanto, a pretensão de aplicação de sanção administrativa à conduta de julgador que não se acha expressamente tipificada em lei como infração administrativa, a par de afrontar os princípios da tipicidade, da legalidade e do devido processo legal, consubstanciaria nítido abuso ou desvio de poder,[49] na medida em que representaria instrumento de coação, para assim impor e fazer prevalecer interpretação administrativa – o que se revela absolutamente incompatível não só com a independência e a imparcialidade que devem revestir aqueles órgãos singulares ou coletivos de jurisdição, mas com a moralidade administrativa[50] e com o Estado Democrático de Direito.

suais, além dos prazos legais ou regimentais; IV – deixar de praticar atos processuais, após devidamente intimado pelo Presidente do Conselho ou da Câmara, pelo prazo improrrogável de 30 (trinta) dias; V – deixar de entregar voto para o qual foi designado redator no prazo de duas reuniões, contado a partir da data na qual recebeu o processo e a cópia em meio eletrônico do relatório e voto do relator originário; VI – praticar atos de comprovado favorecimento no exercício da função; VII – deixar de comparecer, sem motivo justificado, a 8 (oito) das sessões, ordinárias ou extraordinárias, no período de 1 (um) ano; VIII – assumir cargo ou função fora do âmbito dos Conselhos de Contribuintes que impeça o exercício regular das atribuições de conselheiro; IX – portar-se de forma incompatível com o decoro e a dignidade da função perante os demais conselheiros, partes no processo administrativo ou público em geral; X – demonstrar insuficiência de desempenho; XI – praticar ilícito penal ou administrativo grave; XII – praticar atos processuais perante as Delegacias da Receita Federal do Brasil de Julgamento, os Conselhos de Contribuintes e a Câmara Superior de Recursos Fiscais, exceto em causa própria; XIII – participar do julgamento de recurso, em cujo processo deveria saber estar impedido; e XIV – incidir nas condutas dispostas no art. 127, II a VI, da Lei n. 8.112, de 1990, no caso de conselheiro representante da Fazenda Nacional.

"§ 1º. A perda do mandato será declarada pelo Ministro de Estado da Fazenda.

"§ 2º. Aplica-se à perda de mandato, no que couber, os procedimentos dispostos na Lei n. 8.112, de 1990, incluindo o afastamento preventivo."

49. Nesse sentido a jurisprudência do STJ já assentou que "a sanção, ainda que administrativa, não pode, em hipótese alguma, ultrapassar em espécie ou quantidade o limite da culpabilidade do autor do fato. A afronta ou a não-observância do princípio da proporcionalidade da pena no procedimento administrativo implica em desvio de finalidade do agente público, tornando a sanção aplicada ilegal e sujeita a revisão do Poder Judiciário. (...). Decisão da autoridade coatora que, pela ausência de fundamentação, afronta o disposto no art. 38, § 1º, da Lei n. 9.784/1999, imbuindo-a, portanto, de vicissitudes que a invalidam" (cf. acórdão da 2ª Turma do STJ no RMS 13.617-MG, reg. 2001/0101563-0, rela. Min. Laurita Vaz, sessão de 12.3.2002, *DJU* 22.4.2002, p. 183).

50. A Suprema Corte assentou que "o princípio da moralidade administrativa – enquanto valor constitucional revestido de caráter ético-jurídico – condiciona a legitimidade e a validade dos atos estatais. A atividade estatal, qualquer que seja o domínio institucional de sua incidência, está necessariamente subordinada à observância de parâmetros ético-jurídicos que se refletem na consagração constitucional do princípio da moralidade administrativa. Esse postulado fundamenta a atuação do Poder Público, confere substância e dá expressão a uma pauta de valores éticos sobre os quais se funda a ordem positiva do Estado. O princípio constitucional da moralidade administrativa, ao impor limitações ao exercício do poder estatal, legitima o controle jurisdicional de todos os atos do Poder Público que transgridam os

Diante de tão eloqüentes e judiciosos pronunciamentos da doutrina e da jurisprudência, verifica-se que se mostram atuais e plenamente pertinentes as advertências da jurisprudência da Suprema Corte, ainda na vigência da Constituição anterior, quanto aos perigos de abusos no exercício da competência para regular o processo administrativo fiscal, lembrados no memorável voto do eminente Min. Décio Miranda, que há muito já alertava que, "mesmo por lei, não se pode confiar inteiramente ao regulamento o poder de regular o processo administrativo fiscal. Este se insere no feixe de garantias do contribuinte, e não é possível deixá-las tão amplamente subordinadas ao próprio administrador, que, inevitavelmente, e *pro domo sua*, as restringirá de maneira insuportável.

O contribuinte, que já submete seu pleito, por força das circunstâncias, às próprias autoridades administrativas – no fundo, penetradas do empenho de defender o critério da Administração –, ainda ficaria sujeito ao alvedrio das mesmas autoridades quanto às próprias garantias do processo fiscal".[51-52]

6. Conclusões

6.1 O caráter jurisdicional das decisões administrativas exaradas em processos contenciosos de natureza fiscal não somente é matéria há muito pacificada na doutrina, como está reconhecido no CTN, que, em seu art. 100, II, expressamente se refere às "decisões de órgãos singulares ou coletivos de jurisdição administrativa".

6.2 Exercendo uma função jurisdicional ou em todos os pontos análoga ou idêntica à função judicial, os órgãos singulares ou coletivos de jurisdição administrativa gozam das mesmas garantias de independência e imparcialidade asseguradas aos órgãos do Judiciário que se manifestam através do princípio do livre convencimento motivado, sem subordiná-los à aceitação de qualquer argumento ou prova que se apresente nos autos, nem de "pareceres e relatórios técnicos" ou de "interpretação administrativa", sendo axiomático que, no julgamento dos processos administrativos que lhes são submetidos à apreciação, estes órgãos administrativos não estão sujeitos a ordens e influências externas de qualquer espécie, e qualquer tentativa de um ministério de intervir no julgamento ou na livre convicção do julgador administrativo tornará a decisão legalmente inválida, eis que o controle do Ministro da Fazenda sobre os acórdãos dos Conselhos de Contribuintes tem como escopo e limite o reparo de nulidades, não lhe sendo lícito cassar tais decisões, sob o argumento de que o colegiado errou na interpretação da lei.

6.3 Longe de coartar a atividade jurisdicional do juiz ou das autoridades e

valores éticos que devem pautar o comportamento dos agentes e órgãos governamentais. (...)" (cf. acórdão do Pleno do STF na ADI 2.661-MA, rel. Min. Celso de Mello, *RTJ* 182/525).

51. Cf. acórdão da 2ª Turma do STF no RE 93.685-8-RJ, voto do Min. Décio Miranda, *JSTF*-Lex 32/222-226.

52. No mesmo sentido, enfocando o caso específico dos recursos no processo administrativo de lançamento tributário na vigência da anterior Constituição, a jurisprudência já se pronunciou sobre a indelegabilidade de competência e impossibilidade de o Presidente da República legislar sobre o processo administrativo, quando assentou que, "no exercício do poder de regulamentar leis e dispor sobre a estruturação e atribuições de órgãos da Administração Federal, conferido ao Presidente da República nos dispositivos referenciados, não se inclui o de legislar sobre o processo administrativo, nem, muito menos, o de suprimir uma causa de suspensão da exigibilidade do crédito tributário, matéria reservada à lei pelo Código Tributário (Lei n. 5.172/1966) no art. 97, VI" (cf. acórdão da 1ª Turma do STF no RE 104.995-2-DF, rel. Min. Oscar Corrêa, *JSTF*-Lex 82/274-283; no mesmo sentido, cf. também acórdãos do antigo TRF: 4ª Turma, na AMS 109.343-SP, rel. Min. Ilmar Galvão, *RTFR* 148/345-349; 4ª Turma, na AMS 83.500-RJ, rel. Min. Hugo Machado, *RTFR* 164/343-345; 5ª Turma, na AMS 109.312-SP e AMS/ED 109.312-SP, rel. Min. Sebastião Reis, *RTFR* 140/309-317.

órgãos administrativos, o efeito vinculante emprestado às súmulas do STF, embora consubstanciando a última palavra sobre a interpretação da Constituição, leis e tratados internacionais, preserva os princípios de independência e imparcialidade imprescindíveis aos julgamentos administrativos e judiciais, através do "princípio do livre convencimento motivado", exigindo que tanto o juiz como as autoridades e órgãos administrativos de julgamento explicitem as razões da aplicabilidade ou inaplicabilidade da súmula do STF, sendo que somente quando acolhida pelo STF a reclamação fundada em violação de enunciado da súmula vinculante, e regularmente cientificados a autoridade prolatora da decisão administrativa e o órgão competente para o julgamento do recurso administrativo, é que estes deverão adequar as futuras decisões administrativas em casos semelhantes, sob pena de responsabilização pessoal nas esferas cível, administrativa e penal.

6.4 De acordo com a orientação da Suprema Corte, os precedentes e as súmulas dos demais tribunais inferiores, porque desprovidos do conteúdo eficacial pertinente ao ato legislativo, não passam de indicações úteis para uniformizar a jurisprudência, a que, entretanto, juízes e tribunais não se encontram presos, eis que vinculação dessa ordem só a Constituição poderia criar; e, não se qualificando como "pauta vinculante de julgamento", hão de ser entendidos, consideradas as múltiplas funções que lhes são inerentes – função de estabilidade do sistema, função de segurança jurídica, função de orientação jurisprudencial, função de simplificação da atividade processual e função de previsibilidade decisória –, como resultados paradigmáticos a serem observados, sem caráter impositivo, pelos magistrados e demais tribunais inferiores nas decisões que venham a proferir.

6.5 A Lei federal 9.784/1999 expressamente impõe à Administração Pública obediência aos "princípios da legalidade, finalidade, motivação e segurança jurídica", sendo certo que nos processos administrativos serão observados, antes de tudo, os critérios de "atuação conforme a lei e o Direito" e do "atendimento a fins de interesse geral, vedada a renúncia total ou parcial de poderes ou competências, salvo autorização em lei"; o que de plano impossibilita que dispositivo regimental regulamente matéria sujeita ao princípio da reserva de lei, não se revestindo de suficiente idoneidade jurídica que lhe permita restringir direitos ou criar obrigações dos órgãos singulares ou coletivos de jurisdição, posto que este domínio é constitucionalmente reservado ao âmbito de atuação material da lei em sentido formal.

6.6 A pretendida observância obrigatória de súmulas dos Conselhos de Contribuintes sem lei que a instituísse usurpa parcialmente a competência e os poderes do colegiado, interferindo na sua independência antes mesmo que este pudesse apreciar livremente o recurso em segunda instância administrativa, impondo-lhe um novo requisito recursal não previsto em lei, além impor um pré-julgamento à questão que lhe foi submetida, em flagrante violação aos direitos da defesa e ao devido processo legal, constitucionalmente assegurados, entre os quais se conta o direito ao duplo grau de jurisdição administrativa.

6.7 A velocidade da edição de modificações legislativas no campo tributário torna a irrazoável o engessamento da jurisprudência administrativa através de súmulas, eis que significaria uma estagnação da jurisprudência, fazendo com que a norma jurídica jurisprudencial venha a se tornar anacrônica, à vista da nova norma jurídica legal, coartando a atividade jurisdicional do juiz e impedindo o desenvolvimento jurisprudencial.

6.8 Não consta do Regimento Interno dos Conselhos de Contribuintes qualquer previsão de imposição de punição ou perda de mandato ao julgador administrativo que se omita, contrarie ou negue vigência à súmula, sendo certo que a pretensão de aplicação de sanção administrativa a conduta de julgador não expressamente prevista em lei como infração administrativa, a par de afrontar os princípios da tipicidade, da legalidade e do devido processo legal, consubstanciaria, ainda, abuso ou desvio de poder, na medida em que representaria instrumento de coação para assim impor a prevalência de interpretação administrativa, absolutamente incompatível com a independência daqueles órgãos singulares ou coletivos de jurisdição, com a moralidade administrativa e com o Estado Democrático de Direito.

Referências Bibliográficas

ALMEIDA JR., João Mendes de. *Direito Judiciário Brasileiro*. 5ª ed. Rio de Janeiro, Livraria Freitas Bastos, 1960.

BANDEIRA DE MELLO, Celso Antônio. *Curso de Direito Administrativo*. São Paulo, Malheiros Editores, 2002 (25ª ed., 2ª tir. São Paulo, Malheiros Editores, 2008).

CAMPOS, Francisco. *Direito Administrativo*. vol. II.

CAVALCANTI, Themístocles Brandão. *Tratado de Direito Administrativo*. 5ª ed., t. IV. Rio de Janeiro, Livraria Freitas Bastos, 1964; 2ª ed., t. V. Rio de Janeiro, Livraria Freitas Bastos, 1950.

CRETELLA Jr., José. "Da autotutela administrativa". *RDA* 108/47-63.

DINAMARCO, Cândido Rangel. *Fundamentos do Processo Civil Moderno*. 3ª ed., vol. II. São Paulo, Malheiros Editores, 2000 (5ª ed., vol. II. São Paulo, Malheiros Editores, 2002).

FRANCO SOBRINHO, Manoel de Oliveira. *Introdução ao Direito Processual Administrativo*. São Paulo, Ed. RT, 1971.

LOBO D'EÇA, Gastão Luiz F. da G. *Institucionalização do Processo Administrativo-Fiscal*. Ciclo de Conferências Comemorativo do 45º Aniversário de criação do TIT. vol. II. Ed. APT da DIPLAT da SNFESP, 1982.

MEIRELLES, Hely Lopes. *Direito Administrativo Brasileiro*. 28ª ed. São Paulo, Malheiros Editores, 2003 (34ª ed. São Paulo, Malheiros Editores, 2008).

————. *O Processo Administrativo e em Especial o Tributário*. Co-edição.

NUNES, Castro. *Teoria e Prática do Poder Judiciário*. Rio de Janeiro, Revista Forense, 1943.

SCHWARTZ, Bernard, e WADE, H. W. R. *Legal Control of Government – Administrative Law in Great Britain and the United States*. Oxford, Clarendon Press, 1972.

SOUZA, Rubens Gomes de. In: *RDA* 29/441.

WADE, H. W. R., e SCHWARTZ, Bernard. *Legal Control of Government – Administrative Law in Great Britain and the United States*. Oxford, Clarendon Press, 1972.

Jurisprudência Citada

STF

- **Pleno**: *ACO/QO 1.048-RS*, rel. Min. Celso de Mello, j. 30.8.2007, *DJU* 31.10.2007, p. 77/*Ement.* 02296-01/01; *ADI 2.661-MA*, rel. Min. Celso de Mello, *RTJ 182/525; ADI/MC 1.075-DF*, rel. Min. Celso de Mello, j. 17.6.1998, *DJU* 24.11.2006, p. 59/*Ement.* 02257-01/156; *ADI/MC 1.910-DF*, rel. Min. Sepúlveda Pertence, j. 22.4.2004, *DJU* 27.2.2004, p. 19/*RTJ* 189/513; *MS 24.268-MG*, rela. Min. Ellen Gracie, rel. para o acórdão Min. Gilmar Mendes, j. 5.2.2004, *DJU* 17.9.2004, p. 53/*Ement.* 02164-01/00154/*RDDP* 23/133-151, 2005/*RTJ* 191-03/922.
- **1ª Turma**: *AI 57.279*, rel. Min. Aliomar Baleeiro, *RDA* 119/320-322; *AI/AgR 179.560-RJ*, rel. Min. Celso de Mello, j. 23.4.1996, *DJU* 27.5.2005, p. 12/*Ement.* 02193-02/236/*RDDP* 29/238-239, 2005/*RTJ* 195-01/281; *HC 88.420-PR*, rel. Min. Ricardo Lewandowski, j. 17.4.2007, *DJU* 8.6.2007, p. 37/*Ement.* 02279-03/00429; *RE 104.995-2-DF*, rel. Min. Oscar Corrêa, *JSTF*-Lex 82/274-283.
- **2ª Turma**: *AI/AgR 241.201*, rel. Min. Celso de Mello, *RTJ* 183/371; *RE 93.685-8-RJ*, voto do Min. Décio Miranda, *JSTF*-Lex 32/222-226; *RE 172.084-1-MG*, rel. Min. Marco Aurélio, *JSTF*-Lex 198/227.

STJ

- **1ª Seção**: *MS 7.045-DF*, reg. 2000/0056807-4, rel. Min. José Delgado, j. 22.11.2000,

DJU 5.3.2001, p. 119; *MS 7.225- DF*, reg. 2000/0115079-0, rel. Min. José Delgado, j. 13.6.2001, *DJU* 25.6.2001 p. 98/*JBCC* 192/408; *MS 8.810-DF*, reg. 2002/0170102-1, rel. Min. Humberto Gomes de Barros, j. 13.8.2003, *DJU* 6.10.2003 p. 197/*RDDT* 109/180/*RDR* 27/226/*RSTJ* 190/51.

– **3ª Seção**: *MS 10.756-DF*, reg. 2005/0101163-2, rel. Min. Paulo Medina, j. 24.5.2006, *DJU* 30.10.2006 p. 237.

– **1ª Turma**: *AI/AgR 179.560-RJ*, rel. Min. Celso de Mello, j. 23.4.1996, *DJU* 27.5.2005, p. 12/*Ement.* 02193-02/236/*RDDP* 29/238-239, 2005/*RTJ* 195-01/281; *REsp 104.106-PB*, reg. 1996/0051306-6, rel. Min. Milton Luiz Pereira, j. 12.5.1998, *DJU* 22.6.1998, p. 24; *REsp 134.450-BA*, reg. 1997/0038197-8, rel. Min. Garcia Vieira, j. 14.4.1998, *DJU* 10.8.1998, p. 20/*RSTJ* 112/80; *REsp 160.945-AM*, reg. 1997/0093301-6, rel. Min. Humberto Gomes de Barros, j. 12.11.1998, *DJU* 15.3.1999, p. 102; *REsp 173.773-MT*, reg. 1998/0032104-7, rel. Min. Humberto Gomes de Barros, j. 14.12.1998, *DJU* 22.3.1999 p. 68 (REsp 160.945/AM; REsp 1997/0093301-6); *REsp 536.463-SC*, reg. 200300853863, rel. Min. Luiz Fux, j. 25.11.2003, *DJU* 10.12.2003, p. 360; *REsp 584.798-PE*, reg. 2003/0157195-7, rel. Min. Luix Fux, j. 4.11.2004, *DJU* 6.12.2004, p. 205; *RMS 14.866-MT*, reg. 2002/0052709-0, rel. Min. Luiz Fux, j. 7.11.2002, *DJU* 17.2.2003, p. 223; *RMS 19.510-GO*, rel. Min. Teori Albino Zavascki, *DJU* 3.8.2006; *RMS 21.274-GO*, reg. 2006/0007601-6, rela Min. Denise Arruda, j. 26.9.2006, *DJU* 16.10.2006, p. 292;.

– **2ª Turma**: *Ag/AgR 217.275-SP*, reg. 1998/0094994-1, rel. Min. Aldir Passarinho, j. 27.4.1999, *DJU* 9.8.1999, p. 164; *RMS 13.617-MG*, reg. 2001/0101563-0, rela. Min. Laurita Vaz, j. 12.3.2002, *DJU* 22.4.2002, p. 183.

– **4ª Turma**: *REsp 230.009-RJ*, reg. 1999/0082217-0, rel. Min. Sálvio de Figueiredo Teixeira, j. 8.2.2000, *DJU* 27.3.2000, p. 113; *REsp 400.977-PE*, reg. 2001/0192646-7, rel. Min. Sálvio de Figueiredo Teixeira, j. 21.3.2002, *DJU* 3.6.2002, p. 212.

– **5ª Turma**: *HC 45.671-SP*, reg. 2005/0113438-4, rel. Min. Arnaldo Esteves Lima, j. 9.8.2007, *DJU* 10.9.2007, p. 248; *HC 49.104-SP*, reg. 2005/0176088-6, rel. Min. Arnaldo Esteves Lima, j. 18.10.2007, *DJU* 5.11.2007, p. 296; *REsp 90.078-CE*, reg. 1996/0015030-3, rel. para o acórdão Min. José Dantas, j. 10.6.1996, *DJU* 5.8.1996, p. 26.394/*RSTJ* 89/388; *REsp 184.156-SP*, reg. 1998/0056679-1, rel. Min. Félix Fuscher, j. 1.10.1998, *DJU* 9.11.1998, p. 161/ *JSTJ* 4/323/*RSTJ* 114/353; *RMS 16.264-GO*, reg. 2003/0060165-4, rela. Min. Laurita Vaz, j. 21.3.2006, *DJU* 2.5.2006, p. 339.

– **6ª Turma**: *Ag/AgR/ED 281.349-SP*, reg. 2000/0000463-4, rel. Min. Hamilton Carvalhido, j. 11.6.2002, *DJU* 19.12.2002, p. 459; *HC 25.221-RJ*, reg. 200201447978, rel. Min. Paulo Medina, j. 21.10.2003, *DJU* 22.11.2004, p. 389; *RHC 4.591-MG*, reg. 1995/0023679-6, rel. Min. Adhemar Maciel, j. 12.6.1995, *DJU* 25.9.1995, p. 31.153/*RT* 724/593; *RMS 17.403-PE*. reg. 2003/0204727-5, rel. Min. Hélio Quaglia Barbosa, j. 28.6.2005, *DJU* 7.11.2005, p. 384; *RMS/AgR 15.350-DF*, reg. 2002/0121434-8, rel. Min. Hamilton Carvalhido, j. 12.8.2003, *DJU* 8.9.2003, p. 367.

TACSP

– **7ª Câmara**: *MS 209.567-4*, de São Paulo, rel. Juiz Franklinn Neiva, *RT* 623/144-146.

TFR

– **4ª Turma**: *AMS 83.500-RJ*, rel. Min. Hugo Machado, *RTFR* 164/343-345; *AMS 109.312-SP* e *AMS/ED 109.312-SP*, rel. Min. Sebastião Reis, *RTFR* 140/309-317; *AMS 109.343-SP*, rel. Min. Ilmar Galvão, *RTFR* 148/345-349.

ATRIBUTOS DOS ATOS ADMINISTRATIVOS: PECULIARIDADES DOS ATOS AMPLIATIVOS E RESTRITIVOS DE DIREITOS

ANGÉLICA PETIAN

Especialista em Direito Administrativo pela PUC/SP – Mestranda em Direito do Estado pela PUC/SP – Membro do Instituto de Direito Administrativo Paulista

1. Introdução. 2. O ato administrativo como espécie do gênero "ato jurídico". 3. Conceito de "ato administrativo". 4. Atos administrativos ampliativos e restritivos de direito. 5. Breves considerações sobre os atributos dos atos administrativos. 6. Atributos dos atos administrativos sob a ótica dos resultados que o ato acarreta à esfera jurídica dos administrados: atos ampliativos ou restritivos de direito. 7. Conclusão.

1. Introdução

A Administração Pública, no exercício da função administrativa e na incessante busca da realização do interesse público prescrito pela lei, de maneira mais ou menos clara, expede atos administrativos dos mais variados conteúdos e formas. No entanto, todos esses atos, por mais diferentes que possam parecer, têm, sempre, um ponto de convergência: a sua finalidade.

A finalidade de todo e qualquer ato administrativo é a satisfação do interesse público, compreendido este como o interesse público primário, ao qual tão bem se refere Renato Alessi. Para que esse fim seja alcançado, o ordenamento jurídico dotou a Administração Pública de certas prerrogativas, inexistentes, ao menos em regra, no regime jurídico-privado; dentre as quais merecem destaque os atributos dos atos administrativos.

Os chamados *atributos dos atos administrativos* nada mais são que qualidades por meio das quais o Poder Público dita, impõe, exige e executa uma manifestação unilateral de vontade, complementar à lei e aplicável em determinado caso concreto.

É certo, contudo, que essas manifestações unilaterais e concretas do Estado, ou de quem lhe faça as vezes, produzem efeitos diversos na esfera jurídica dos destinatários do ato, por vezes ampliando sua esfera jurídica e, por outras, restringindo-a.

A consideração de que os atos administrativos ampliativos e restritivos de direito apresentam peculiaridades que não permitem sejam tratados de forma idêntica exige que os estudiosos do direito administrativo se debrucem sobre o assunto, com o objetivo de traçar o regime jurídico dessas espécies de atos, cujas diferenças vão muito além dos atributos dos atos.

No entanto, neste trabalho nos limitaremos a invocar essa bipartição entre atos *ampliativos* e *restritivos* de direito, para examinar sua influência sobre os atributos dos atos administrativos, a fim de descortinar as peculiaridades de cada um deles e delimitar o âmbito de sua aplicação.

Para cumprir tal mister passaremos, ainda que brevemente, pelo conceito de "ato administrativo" e pelo exame de cada um dos seus atributos.

2. O ato administrativo como espécie do gênero "ato jurídico"

O ato administrativo, tratado pela doutrina nacional e estrangeira como a principal forma de exercício da função administrativa,[1] é espécie de ato jurídico, que tem autonomia estrutural e funcional em relação ao gênero.

A vontade declarada tem no universo jurídico poderosa força criadora, vez que pela realização das condições de fato, disciplinadas pela norma, estabelece relações jurídicas entre as pessoas, determinando, em particular, a criação, modificação e extinção de direitos.

Toda declaração que produz efeitos jurídicos está compreendida no gênero "ato jurídico". No entanto, não somente dos atos derivam efeitos jurídicos. Os fatos jurídicos também são produtores de conseqüências jurídicas. A diferença reside, como bem observou Celso Antônio Bandeira de Mello, no conteúdo prescritivo, presente apenas no ato jurídico.

Considerando o conteúdo prescritivo do ato jurídico, podemos afirmar que se trata de uma norma,[2] ou seja, de uma regra imperativa destinada a regular comportamentos sociais ou qualificar situações. Com isso, notamos que a distinção entre *ato* e *fato jurídico* está precisamente relacionada à noção de *norma jurídica*, pois, enquanto o ato jurídico é prescritivo e, por isso, lhe é conferido o significado de norma, o fato jurídico é apenas o pressuposto de incidência de uma norma.

Isolada a característica que nos permite chegar ao conceito de ato jurídico – o conteúdo prescritivo –, resta analisar seu tratamento no campo do direito público, mais especificamente do direito administrativo. Nesse percurso cumpre-nos fazer uma referência, ainda que breve, à necessidade de analisar o ato administrativo como espécie de ato jurídico que tem autonomia estrutural e funcional em relação aos atos jurídicos privados e que, por essa razão, com eles não se confunde.

Autores da envergadura de Renato Alessi[3] cuidaram de traçar os elementos diferenciadores do ato jurídico privado e do ato administrativo. O autor italiano ressaltou peculiaridades da Administração Pública que individualizam e caracterizam

1. Adotamos o conceito de "função administrativa" proposto por Celso Antônio Bandeira de Mello, que, ao eleger o critério formal para identificar as funções do Estado, afirma ser "a função que o Estado, ou quem lhe faça as vezes, exerce *na intimidade de uma estrutura e regime hierárquicos* e que no sistema constitucional brasileiro se caracteriza pelo fato de ser *desempenhada mediante comportamentos infralegais* ou, excepcionalmente, infraconstitucionais, submissos todos a *controle de legalidade pelo Poder Judiciário*" (*Curso de Direito Administrativo*, 22ª ed., São Paulo, Malheiros Editores, 2007, p. 36).

2. A norma não se confunde com as condições de fato verificáveis no plano do ser. A norma é a própria prescrição, nas palavras de Paulo de Barros Carvalho, é o ato de apreensão e está no plano do dever-ser. Para maior aprofundamento, consultar Paulo de Barros Carvalho, *Direito Tributário: Fundamentos Jurídicos da Incidência*, 2ª ed., São Paulo, Saraiva, 1999, p. 90.

3. Renato Alessi, *Instituciones de Derecho Administrativo*, t. I, trad. da 3ª ed. italiana por Buenaventura Pelissé Prats, Barcelona, Bosch, 1970, pp. 240-253.

sua atuação e, por via de conseqüência, afetam a noção de ato administrativo, dentre as quais destacamos: (i) a Administração goza de posição de superioridade, como titular de poder de império; (ii) seus atos, por imperativos que são, ingressam na esfera jurídica de sujeitos estranhos à Administração Pública; (iii) a atividade administrativa destina-se à satisfação do interesse público primário e está adstrita à legalidade como condição de validade.

Esses traços característicos da atividade administrativa dão identidade ao ato administrativo, impedindo que ele seja tratado do mesmo modo como o são os atos de direito privado.[4] Aliás, essa é só mais um faceta de afirmação da grande e antiga dicotomia entre direito público e direito privado, que remonta à época do Direito Romano.[5]

Norberto Bobbio,[6] ao teorizar sobre a dicotomia entre público e privado,[7] afirma que ela compreende outros aspectos além da distinção entre normas de direito público e normas de direito privado. Trata o autor da dicotomia entre "sociedade de iguais e desiguais"; "lei e contrato" e "justiça comutativa e distributiva".

De fato, enquanto o direito privado está alicerçado sobre relações jurídicas entre iguais que fazem uso da autonomia da vontade para atingir objetivos traçados pelos interessados, o direito público lida com a desigualdade das partes e submete as atividades administrativas ao princípio da legalidade[8] e à perseguição do interesse público primário. Sob outro enfoque – o da justiça –, o direito privado relaciona-se com a justiça comutativa, que governa as relações entre particulares e é, corriqueiramente, definida com a expressão "dar a cada um o que é seu"; enquanto o direito público ocupa-se da justiça distributiva, que se relaciona à repartição dos benefícios entre os membros da sociedade de acordo com critérios variáveis

4. Ao tratar das diferenças entre o *ato administrativo* e o *ato jurídico de direito privado*, Michel Stassinopoulos assinala que o ponto fundamental para a distinção consiste no fato que o ato administrativo caracteriza-se pelo exercício da *puissance publique*, elemento, este, faltante no ato privado (*Traité des Actes Administratifs*, Collection de l'Institut Français d'Athènes, Atenas/Paris, Recueil Sirey, 1954, p. 32).

5. Sobre essa dicotomia, Ulpiano asseverou "ius publicum est quod ad statum rei romanae spectat, privatum quod ad singulorum utilitatem" ("Direito público é o que diz respeito ao interesse do Estado Romano, direito privado o que se refere a interesse dos particulares") (D.I, 1, 1, 2).

6. Norberto Bobbio, *Estado, Governo, Sociedade: por uma Teoria Geral da Política*, Trad. de Marco Aurélio Nogueira, Paz e Terra, 1987.

7. Importante contribuição para a distinção entre direito público e direito privado nos deu o saudoso publicista Oswaldo Aranha Bandeira de Mello:

"As normas jurídicas que organizam o Estado-poder e regulam a sua ação – seja em relação com outros Estados, seja em relação com a própria entidade, através dos seus órgãos, ou com outras pessoas, que receberam o encargo de fazer as suas vezes, ou mesmo com terceiros, particulares, no Estado-sociedade, a fim de realizar o *objetivo* deste – são de valor social diferente das normas jurídicas prescritas para reger as relações dos particulares, entre si, ou das comunidades por eles formadas.

"Isso se explica porque ordenam institutos jurídicos para o Estado-poder alcançar o bem comum dos indivíduos coletivamente considerados, como elementos do Estado-sociedade, como participantes de um todo político. Não se confundem com os oferecidos aos particulares para alcançarem imediatamente o seu bem individual, de cada qual isoladamente considerado, nas suas relações recíprocas" (*Princípios Gerais de Direito Administrativo*, 3ª ed., vol. I, São Paulo, Malheiros Editores, 2007, p. 39).

8. A concepção de legalidade sofreu forte influência do Positivismo Jurídico e consagrou-se como princípio limitador da atividade administrativa, impondo a autoridade da lei tanto para administradores quanto para administrados. Sobre a submissão da atividade administrativa à lei, Francis-Paul Bénoît afirma: "C'est là ce que l'on appelle le 'principe de la légalité', qui domine toute l'action administrative, la loi s'impose à l'Administration de la même manière qu'aux particuliers" (*Le Droit Administratif Français*, Paris, Librairie Dalloz, 1968, p. 77).

em face da diversidade de situações objetivas (dar a cada um o que lhe cabe segundo o mérito, a necessidade, o trabalho).

Esses pontos de distinção entre o direito privado e o direito público são úteis, neste momento, para fundamentar a impossibilidade lógica de transpor para o campo do direito administrativo a teoria do negócio jurídico[9] – principal espécie de ato jurídico privado –, formulada sob as luzes do regime jurídico de direito privado.

Resta assentada, assim, a necessidade de isolar uma categoria homogênea de atos da Administração Pública e traçar os pontos de convergência e divergência para, então, se chegar ao que Renato Alessi denominou de "teoria principal" entre as teorias parciais dos administrativos.[10]

Antes, contudo, de passarmos à delimitação do conceito de "ato administrativo", cabe salientar que a Administração Pública pratica inúmeros atos cujo enquadramento na categoria dos atos administrativos não traz utilidade alguma.

Com o avançar dos tempos a Administração Pública tem se valido, com maior freqüência, de formas jurídico-privadas para o cumprimento de sua finalidade. Para tratar desses atos a doutrina criou uma categoria autônoma, denominando-os de "atos da Administração" para diferenciá-los dos atos administrativos, que são praticados, sempre, no exercício de poder público. De acordo com a sistematização proposta por Celso Antônio Bandeira de Mello,[11] estão excluídos da classe dos atos administrativos: (i) atos regidos pelo direito privado; (ii) atos materiais; e (iii) atos políticos ou de governo.

A exclusão dos atos regidos pelo direito privado, a qual acolhemos, não é questão pacífica na doutrina. Há quem entenda que devam ser tratados sob o manto do ato administrativo, por ser o direito administrativo que lhes impõe as condições de produção do ato.[12] Não obstante essa afirmativa seja verdadeira, há que se considerar que o direito administrativo não cuida do conteúdo desses atos, tampouco dos respectivos efeitos.

Oswaldo Aranha Bandeira de Mello já acenava para a importância de propor um conceito jurídico considerando o regime que preside o instituto, quando, ao lado de outros atos, defendia a exclusão dos atos regidos pelo direito privado da categoria dos atos administrativos.[13]

Maria Sylvia Zanella Di Pietro afirma que a definição de ato administrativo deve considerar, dentre outros dados, a sujeição do ato ao "regime jurídico-administrativo, pois a Administração aparece com todas as prerrogativas e restrições próprias do Poder Público; com isto, afastam-se os atos de direito privado praticados pelo Estado".[14]

9. O Código Civil de 2002 positivou *a teoria do negócio jurídico* no Brasil, fazendo uso expresso dessa expressão. No entanto, a doutrina civilista afirma que o Código Civil de 1916, sob a batuta de Clóvis Beviláqua, já contemplava uma teoria dos negócios jurídicos, sem usar essa terminologia. A autenticidade do antigo Código foi dispor sobre uma Parte Geral que, na realidade, se tornou base para toda a Ciência do Direito, ao invés de se limitar a seguir, de forma servil, o texto do Código francês que já vigorava por tanta décadas.

10. Renato Alessi, *Instituciones de Derecho Administrativo*, t. I, p. 249.

11. Celso Antônio Bandeira de Mello, *Curso de Direito Administrativo*, 22ª ed., p. 367.

12. Nesse sentido é a posição de Agustín Gordillo, *Tratado de Derecho Administrativo*, 6ª ed., t. 3, Belo Horizonte, Del Rey, 2003, p. II-30.

13. "Ao conceito de *ato administrativo* se opõe o de *ato de administração*. Este enfeixa qualquer ato da Administração Pública, tanto o de atividade material, de execução de obra e prestação de serviço, como o jurídico, seja praticado enquanto Poder Público, ou nas mesmas condições de um particular; portanto, compreende o ato jurídico da Administração Pública, regido pelo direito administrativo, como o regido pelo direito privado" (Oswaldo Aranha Bandeira de Mello, *Princípios Gerais de Direito Administrativo*, 3ª ed., vol. I, p. 475).

14. Maria Sylvia Zanella Di Pietro, *Direito Administrativo*, 17ª ed., São Paulo, Atlas, 2004, p. 188.

O fundamento para apartar os atos materiais dos atos administrativos reside, a nosso ver, na ausência de conteúdo prescritivo daqueles atos. Não há qualquer prescrição jurídica no ato material de limpeza de um equipamento público por funcionários da Administração; da mesma forma, nenhuma prescrição de natureza jurídica é emanada durante um atendimento médico ao paciente. Essas atividades são exemplos de atos meramente materiais que não expressam uma declaração (expressão intelectual-teórica de uma idéia) da Administração, enquanto Poder Público; e, por essa razão, não devem ser tratadas como atos administrativos.

Como bem ensina Gordillo, o ato administrativo, normalmente, exige execução material, a qual não se confunde com o ato em si. Para o autor argentino, "la ejecución material, en todos los casos, es un hecho: tanto cuanto ejecuta un acto, como cuando en ausencia de acto transmite directamente en la actuación material la voluntad a que responde".[15]

A terceira classe de atos excluídos do conceito de ato administrativo são os atos políticos ou de governo, os quais foram subtraídos da categoria dos atos administrativos por terem conteúdo político, e não jurídico-administrativo. Os atos de governo dizem respeito ao exercício da função[16] que leva a mesma denominação e que, de acordo com os ensinamentos de Otto Mayer,[17] são as atividades que dizem respeito à alta direção do Estado, as diretrizes que partem do centro e impulsionam os assuntos no sentido de uma boa política.

Essa caracterização dos atos de governo, feita pela doutrina do Continente Europeu, teve como ponto negativo subtraí-los do controle exercido pelo Poder Judiciário. No entanto, os atos políticos não se identificam mais com os atos incontroláveis; os diferentes sistemas normativos tendem, por caminhos diversos, a buscar a plenitude da jurisdição.

Nesse aspecto, diante da unicidade e inafastabilidade da jurisdição, reconhecidas pela Constituição da República Federativa do Brasil, não podemos sustentar a subtração dos atos políticos do controle do Poder Judiciário. Assim, não obstante afirmarmos a submissão dos atos de governo ao controle jurisdicional, reconhecemos que esses atos não guardam outras características que os assemelhem aos atos administrativos, razão pela qual devem ser estudados à parte.

Feitas essas observações preliminares, cumpre-nos, agora, discorrer sobre o conceito de "ato administrativo".

3. Conceito de "ato administrativo"

A tarefa de conceituar "ato administrativo" é bastante árdua, especialmente porque não existe em nosso ordenamento jurídico definição legal, o que permite à doutrina propor diferentes conceitos, de acordo com os critérios e características destacados. Essa pluralidade de visões permite que se apresentem diversos conceitos sem que se possa – ressalvadas incorreções lógicas – afirmar a verdade ou não de cada um dos conceitos. De fato, os conceitos propostos somente poderão ser valorados de acordo com o critério da utilidade, pois, nos termos afirmados por Weida Zancaner[18] e Antônio

15. Agustín Gordillo, *Tratado de Derecho Administrativo*, 6ª ed., t. 3, p. III-17.

16. "A função política ou de governo, por sua vez, difere da função administrativa por consistir na emanação de atos jurídicos primários, fundados diretamente na Constituição, dotados de ampla discricionariedade. Os atos de governo são editados fora da hierarquia administrativa, independentemente dela, mas estão sujeitos a controle de legalidade pelos órgãos jurisdicionais" (Paulo Modesto, "Função administrativa", *RTDP* 2/221-224, São Paulo, Malheiros Editores, 1993).

17. Otto Mayer, *Derecho Administrativo Alemán*, 2ª ed., t. I, Buenos Aires, Depalma, 1982, p. 5.

18. Weida Zancaner, *Da Convalidação e da Invalidação dos Atos Administrativos*, 2ª ed., 3ª tir., São Paulo, Malheiros Editores, 2001, p. 24.

Carlos Cintra do Amaral,[19] esse tipo de conceito tem caráter metodológico.

Assim como é certo que a expressão "ato administrativo" não tem um significado técnico preciso,[20] também o é que seu significado pode ser precisado a partir de premissas fixadas e da adoção de um critério que permita isolar essa categoria de atos jurídicos e identificar suas peculiaridades em relação aos demais.

A nosso ver, o conceito de *ato administrativo* está intimamente ligado ao de *função administrativa*, razão pela qual o operador do Direito deve ter a cautela de examiná-los conjuntamente, a fim de garantir a coerência entre ambos, impedindo que um sirva de argumento de contestação em relação ao outro.

Em linhas anteriores afirmamos que adotamos o conceito de *função administrativa* proposto por Celso Antônio Bandeira de Mello, e nessa oportunidade esclarecemos que essa será a premissa para o desenvolvimento do conceito de *ato administrativo*.

Cabe, desde logo, salientar que nos absteremos de formular um conceito de *ato administrativo*, por entendermos que há na doutrina formulações muito bem elaboradas e suficientes para tipificar essa categoria de ato jurídico.

Oswaldo Aranha Bandeira de Mello define *ato administrativo*, "no sentido material, ou objetivo, como manifestação da vontade do Estado, enquanto Poder Público, individual, concreta, pessoal, na consecução do seu fim, de criação de utilidade pública, de modo direto e imediato, para produzir efeitos de direito".[21]

Para Eduardo García de Enterría e Tomás-Ramón Fernández, "acto administrativo sería así la declaración de voluntad, de juicio, de conocimiento o de deseo realizada por la Administración en ejercicio de una potestad administrativa distinta de la potestad reglamentaria".[22]

Para Marcello Caetano a definição mais conveniente de *ato administrativo* é a "conduta voluntária de um órgão da Administração que, no exercício de um poder público e para prossecução de interesses postos por lei a seu cargo, produza efeitos jurídicos num caso concreto".[23]

Nas palavras de Renato Alessi, *ato administrativo*, denominado de *provvedimento amministrativo* pela doutrina italiana, é "uma esplicazione di un *potere* di natura e funzione *complementare*, promanante da una autorità amministrativa come tale relativamente ad un rapporto del quale essa sia *parte*, per la realizzazione di un interesse pubblico concreto".[24]

Os conceitos acima expostos – que são uma pequeníssima amostra da pluralidade de ângulos sob os quais o ato administrativo pode ser enfocado – apresentam alguns elementos em comum, embora tenham diferenças marcantes. Para o objetivo deste trabalho nos interessa, nesse momento, ressaltar os elementos em comum, tratados de forma peculiar por cada autor.

Em todos os conceitos apresentados há menção à *manifestação de vontade do*

19. Antônio Carlos Cintra do Amaral, *Extinção do Ato Administrativo*, São Paulo, Ed. RT, 1978, p. 8.

20. Nesse sentido, Marcello Caetano: "A expressão *acto administrativo* parece ser de origem francesa. Certo é que fez fortuna e entrou na terminologia corrente das leis e da doutrina, mas nem sempre com um preciso significado técnico" (*Manual de Direito Administrativo*, 1ª ed. brasileira, t. I, Rio de Janeiro, Forense, 1970, p. 389).

21. Oswaldo Aranha Bandeira de Mello, *Princípios Gerais de Direito Administrativo*, 3ª ed., vol. I, p. 476.

22. Eduardo García de Enterría e Tomás-Ramón Fernández, *Curso de Decrecho Administrativo*, 12ª ed., t. I, Madri, Civitas, 2004, p. 550.

23. Marcello Caetano, *Manual de Direito Administrativo*, 1ª ed. brasileira, t. I, p. 390.

24. Renato Alessi, *Principi di Diritto Amministrativo*, vol. I, Milão, Giuffrè Editore, 1966, p. 283.

Estado, seja pelo uso dessa expressão, seja pela referência feita à declaração de vontade ou conduta voluntária. Qualquer que seja a expressão, o significado parece ser muito similar, ou seja, de manifestação de um comportamento do Estado. O mesmo se pode dizer em relação ao *elemento subjetivo*: em todos os conceitos há delimitação quanto a esse aspecto, pela afirmação de que o ato deve provir do Estado, da Administração ou de uma autoridade pública. O último elemento comum a todos os conceitos é o de que o ato administrativo se caracteriza pelo exercício do que a doutrina francesa denomina de *puissance publique*, que poderíamos explicar como o exercício da supremacia da Administração Pública, isto é, exercício do poder soberano. Não de forma unânime, porém majoritária, os conceitos fazem, ainda, referência à *finalidade do ato administrativo*, qual seja, a satisfação do interesse público, ao qual os autores dão rótulos diversos. Os demais elementos existentes em cada um dos conceitos são peculiaridades que os distinguem uns dos outros, e que nos absteremos de examinar.

Impende destacar, contudo, que os autores acima citados usam a expressão "ato administrativo" em seu sentido estrito, que é, de fato, o sentido que adotaremos para o desenvolvimento deste trabalho.

Não podemos, contudo, deixar de assinalar o sentido amplo da expressão "ato administrativo", que compreende todas as declarações do Estado, ou de quem lhes faça as vezes, no exercício de função administrativa. Essa noção, além de contemplar os atos unilaterais concretos, também abrange os regulamentos[25] e os contratos administrativos.

25. Sobre esses assunto, assinala Carlos García Oviedo: "Para el cumplimiento de su misión la Administración Pública dicta normas, preceptos generales, verdaderas leyes, a las cuales, en rigor, no se las puede llamar actos administrativos, a menos que a éstos se les dé una significación amplísima, de la que cada vez dista más la doctrina actual" (*Derecho Administrativo*, 5ª ed., vol. I, Madri, EISA/Pizzarro, 1955, p. 164).

Devemos, todavia, centrar nossa atenção no *ato administrativo em sentido estrito*, que é, nos termos do conceito formulado por Celso Antônio Bandeira de Mello, a "declaração unilateral do Estado, no exercício de prerrogativas públicas, manifestada mediante comandos concretos complementares da lei (ou, excepcionalmente, da própria Constituição, aí de modo plenamente vinculado) expedidos a título de lhe dar cumprimento e sujeitos a controle de legitimidade por órgão jurisdicional".[26]

Ao considerarmos que o ato administrativo é uma declaração unilateral do Estado, subtraímos, imediata e necessariamente, os contratos administrativos do conceito, já que os contratos são ajustes bilaterais de vontade, ainda quando essa consensualidade reste limitada a certas cláusulas.[27]

Dessa mesma parte do conceito depreendemos que o ato administrativo exige a extroversão de um comportamento do Estado, o que, de per si, exclui da espécie dos atos administrativos o *silêncio da Administração*.[28]

E, por fim – mas não menos importante –, é de se destacar que extraímos do conteúdo da sentença "declaração unilateral do Estado" que o ato administrativo pode ser praticado por qualquer pessoa no exercício de prerrogativas estatais e não só pela Administração Pública ou Poder Executivo, como se costumava afirmar no passado.

A Constituição da República promulgada em 1988, mantendo a estrutura política

26. Celso Antônio Bandeira de Mello, *Curso de Direito Administrativo*, 22ª ed., p. 370.

27. Como, de fato, ocorre nos chamados "contratos administrativos", nos quais o ajuste bilateral de vontades fica adstrito às cláusulas econômico-financeiras da avença, sendo certo que todo o demais é fixado unilateralmente pela Administração.

28. Conforme Celso Antônio Bandeira de Mello, "o silêncio não é ato jurídico. Por isto, evidentemente, não pode ser ato administrativo. Este é uma declaração jurídica. Quem se absteve de declarar, pois, silenciou, não declarou nada, e por isto não praticou ato administrativo algum" (*Curso de Direito Administrativo*, 22ª ed., p. 396).

das Cartas anteriores,[29] adotou a consagrada teoria da tripartição de Poderes,[30] prescrevendo, em seu art. 2º, a divisão das funções estatais em três Poderes: o Legislativo, o Executivo e o Judiciário.

A repartição orgânica e racional das funções do Estado não acarreta a divisão estanque do poder estatal, mas tão-somente a especialização daquelas funções, pois é certo que cada um dos Poderes exerce suas atividades típicas mas cumula, também, o desempenho de atribuições atípicas. Assim, é fácil perceber que os três Poderes estatais exercem, em proporções diferentes, função administrativa e, conseqüentemente, praticam atos administrativos. Exemplos corriqueiros, mas bastantes elucidativos, são os atos dos juízes que homologam concursos públicos para ingresso na Magistratura ou que impõem sanção disciplinar a servidores hierarquicamente subordinados, bem como os atos praticados pelo Poder Legislativo no curso de um procedimento licitatório. Tanto na primeira quanto na segunda hipótese há ato administrativo em sentido estrito, praticado por autoridades que estão fora do Poder Executivo. Além dessa possibilidade, há, ainda, que se destacar a prática de atos administrativos por pessoas não-estatais,[31] como os concessionários de serviços públicos, em relação às atividades diretamente ligadas à prestação do serviço objeto da concessão.

A característica – contida nos conceitos apresentados, e especialmente naquele formulado pelo eminente jurista Celso Antônio Bandeira de Mello – de que os atos administrativos sejam praticados no exercício de prerrogativas públicas significa, a nosso ver, que o ato deve estar sob o regime jurídico-administrativo, isto é, submetido ao conjunto de princípios que são peculiares ao direito administrativo, que lhe dão identidade e autonomia em relação às outras disciplinas jurídicas.

A submissão dessa espécie de atos jurídicos ao regime jurídico-administrativo confere-lhes uma dupla ordem de características: de um lado, aquelas que expressam a supremacia do interesse público sobre o interesse privado e instrumentalizam as prerrogativas da Administração; e, de outro, as que concretizam o conteúdo do princípio da indisponibilidade do interesse público, impondo restrições à Administração, como garantia dos direitos individuais dos administrados.

A idéia de o direito administrativo reger os atos praticados no exercício do poder pú-

29. Já em 1891, a primeira Constituição Republicana previu, no seu art. 15, a separação orgânica e racional das funções do Estado em três Poderes, harmônicos e independentes entre si. As demais Constituições que se seguiram mantiveram a mesma estrutura, embora cada um dos Poderes do Estado tivesse um papel mais ou menos importante de acordo com o momento histórico vivido.

30. Historicamente, o princípio da separação de Poderes apresenta-se como fórmula de enfraquecimento do poder real absoluto. Refletindo sobre esse tema na história da Inglaterra, Locke inicia o desenvolvimento dessa doutrina, identificando dois Poderes fundamentais: o de fazer leis, o Legislativo; e o de executá-las, se necessário com o auxílio da força, que é o Executivo. Mas é com o Barão de Montesquieu, em sua obra *O Espírito das Leis*, que esta doutrina ganha a dimensão que hoje conhecemos e se torna uma das características básicas no processo denominado Constitucionalismo. Não se trata de uma discussão abstrata sobre como organizar o governo, mas de definir instrumentos que possam garantir a liberdade dos indivíduos contra os abusos de poder. Para tanto, é preciso que, pela disposição das coisas, o poder contenha o poder, pois a liberdade estaria perdida se o mesmo homem ou grupo exercesse esses três Poderes.

31. Conforme Gordillo: "Sin perjuicio de admitir que en principio la función administrativa es realizada por órganos estatales, y que en consecuencia para que exista acto administrativo debe tratarse de actividad realizada por tal tipo de órganos, creemos entonces que ello no puede erigirse en norma absoluta y general. Por el contrario, existen en el Estado Moderno numerosas entidades que han sido creadas por el legislador para ejercer cierto tipo de funciones administrativas, a las cuales se les confiere un cierto poder público para actuar, en nombre del Estado y con su potestad" (*Tratado de Derecho Administrativo*, 6ª ed., t. 3, p. I-14).

blico foi profundamente desenvolvida pelos franceses sob a denominação de *puissance publique*,[32] e resultou na distinção entre *atos de império* e *atos de gestão*, sendo que somente aqueles se submetiam ao regime jurídico de direito público, dada a presença do "poder de comando" do Estado.

Os principais autores franceses do século XIX[33] adotaram a noção de *puissance publique* como a pedra fundamental do direito administrativo. Contudo, essa noção foi substituída pela de *serviço público*,[34] que passou, então, a ser a idéia central dessa disciplina jurídica. Após a chamada *crise do serviço público*, outras noções passam a nortear a doutrina francesa, mas há a retomada do critério da *puissance publique*, desta feita com um novo enfoque, que se aproxima bastante da noção de *prerrogativas públicas* apresentada pela doutrina nacional.

A noção de *puissance publique* como atos de autoridade passa a ser lida à luz das restrições impostas ao Estado a fim de garantir os direitos individuais dos particulares. Com isso, a noção mitiga o viés autoritário da atuação estatal, para prestigiar os limites impostos ao Estado, e passa a ser considerada como a condição exorbitante do direito privado, que caracteriza as atividades desempenhadas sob o regime jurídico-administrativo e, especialmente, os atos administrativos, tanto pelas prerrogativas postas à disposição do Estado para a satisfação o interesse público quanto pelas restrições a ele impostas, como garantia dos direitos individuais dos administrados.

Outra característica fundamental do ato administrativo é que ele é expedido por meio de comandos concretos complementares à lei, para lhe dar fiel cumprimento.

É clássica a afirmação de que a legalidade se assenta na estrutura do Estado de Direito, só sendo possível à Administração Pública fazer o que a lei autoriza. Ensina o mestre Celso Antônio Bandeira de Mello[35] que, ao contrário do que ocorre com o princípio da supremacia do interesse público sobre o privado, da essência de qualquer sociedade juridicamente organizada, o princípio da legalidade é específico do Estado de Direito, qualificando-o e dando-lhe identidade própria.

Mas nem sempre foi assim, uma vez que o Estado Moderno conheceu uma etapa que antecedeu o Estado de Direito, identificada como Estado de Polícia, onde a Administração Pública agia de forma legalmente incondicionada e sem limitações.[36]

32. Conforme Michel Stassinopoulos: "A la fin de cette période et avec l'abolition du régime de l'État Policier, on peut apercevoir le commencement de la formation graduelle d'un système de règles appropriées aux rapports créés par l'activité de l'État. On a appelle ce phénomène 'émancipation du droit public'. La cause fondamentale de cette émancipation était l'exercice de la puissance publique. Du moment que la personne morale de l'État apparait armée d'une volonté d'importance juridique plus grande que celle des volontés de toutes les autres personnes physiques ou morales, et qui à sa source dans la puissance publique dotée du pouvoir d'ordonner aux personnes libres et de les contraindre par la force à exécuter ses ordres, dès lors cette volonté supérieure au point de vue juridique et ses résultats ne peuvent plus être régis par le droit privé, car le droit privé est, de par son origine, propre à règlementer seules les volontés ordinaires et non pas celle d'une importance juridique tellement supérieure. Ceci posé, on a estimé raisonnable de soustraire au règlement du droit privé non pas tous les actes de l'État, sans exception, mais seulement ceux pour l'accomplissement desquels l'État devait faire usage de sa volonté armée de cette importance juridique accrue; c'est-à-dire seuls les actes provenant de l'exercice de la puissance publique" (*Traité des Actes Administratifs*, p. 25).

33. Entre eles Louis Jean Baptiste, Henry Berthélemy e Edouard Laferrière.

34. O principal expoente dessa concepção foi Léon Duguit, seguido, entre outros, por André de Laubadère e Gaston Jèze.

35. Celso Antônio Bandeira de Mello, *Curso de Direito Administrativo*, 22ª ed., p. 97.

36. Referida fase deixou resquícios ainda plenamente identificados no período do Estado Liberal, quando o princípio da legalidade era voltado à compatibilização da obediência à lei com a discricionariedade

Mas a concepção de legalidade sofreu forte influência do Positivismo jurídico e consagrou-se como princípio limitador da atividade administrativa, impondo a autoridade da lei tanto para administradores quanto para administrados.

É, portanto, nesse contexto que se dá a atuação da Administração Pública, que, de acordo com os objetivos fundamentais do Estado de Direito, deve agir nos limites impostos pela lei em sentido amplo. Assim, o princípio da legalidade é nuclear na função administrativa, devendo o administrador público aplicar a lei para solucionar os casos concretos, sempre guiado pelo interesse público, finalidade última da lei.

A evolução da doutrina e da jurisprudência demonstrou que o princípio da legalidade deve ser concebido de forma diversa daquela decorrente do Positivismo formalista do Estado Liberal, no sentido de que o Estado deverá submeter-se ao Direito, e não apenas à lei, em sua acepção formal. É o que se extrai da lição de Lúcia Valle Figueiredo: "O princípio da legalidade é bem mais amplo que a mera sujeição do administrador à lei, pois aquele, necessariamente, deve estar submetido também ao Direito, ao ordenamento jurídico, às normas e princípios constitucionais, assim também há de se procurar solver a hipótese de a norma ser omissa ou eventualmente faltante".[37]

Ao se referir ao princípio da legalidade, Paulo Bonavides lhe atribui uma dimensão que vai além da mera sujeição à lei em sentido estrito, para alcançar todos os preceitos jurídicos vigentes.[38]

Sobre essa submissão da atividade administrativa à lei, Otto Mayer tem uma frase monumental: "La administración es la actividad del Estado para realizar sus fines, bajo su orden jurídico".[39]

Com a precisão de poucos, o autor alemão conseguiu revelar que a atividade administrativa é, em regra, infralegal e, excepcionalmente, infraconstitucional, mas, de qualquer forma, submissa ao ordenamento jurídico vigente.

Desse mesmo trecho do conceito depreendemos que os atos administrativos em sentido estrito excluem os atos regulamentares, vez que esses não têm a característica da concreção.[40]

O último elemento do conceito de ato administrativo formulado por Celso Antô-

administrativa, esta concebida de forma ampla, como liberdade para o administrador atuar quando a lei não regulava o comportamento, e que permanecia à margem do controle judicial.

37. Lúcia Valle Figueiredo, *Curso de Direito Administrativo*, 5ª ed., São Paulo, Malheiros Editores, 2001, p. 42.

38. "A legalidade nos sistemas políticos exprime basicamente a observância das leis, isto é, o procedimento da autoridade em consonância estrita com o Direito estabelecido. Ou, em outras palavras, traduz a noção de que todo poder estatal deverá atuar sempre de conformidade com as regras jurídicas vigentes. Em suma, a acomodação do poder que se exerce ao Direito que o regula. Cumpre, pois, discernir no termo 'legalidade' aquilo que exprime inteiramente conformidade com a ordem jurídica vigente. Nessa acepção ampla, o funcionamento do regime e a autoridade investida nos governantes devem reger-se segundo as linhas mestras traçadas pela Constituição, cujos preceitos são a base sobre a qual se assentam tanto o exercício do poder como a competência dos órgãos estatais. A legalidade supõe, por conseguinte, o livre e desembaraçado mecanismo das instituições e dos atos da autoridade, movendo-se em consonância com os preceitos jurídicos vigentes ou respeitando rigorosamente a hierarquia das normas, que vão dos regulamentos, decretos e leis ordinárias até a lei máxima e superior, que é a Constituição" (Paulo Bonavides, *Curso de Direito Constitucional*, 8ª ed., São Paulo, Malheiros Editores, 1999, p. 111).

39. Otto Mayer, *Derecho Administrativo Alemán*, 2ª ed., t. I, p. 15.

40. Para Marcello Caetano: "Enquanto nas *normas* se formula abstractamente a previsão de circunstâncias que poderão vir a dar-se e que servem de pressuposto do preceito da conduta a seguir em geral por todos quantos venham a encontrar-se nessas circunstâncias, no *caso concreto* está-se perante circunstâncias já verificadas e relativamente às quais se individualiza a conduta de pessoas determinadas" (*Manual de Direito Administrativo*, 1ª ed. brasileira, t. I, p. 397).

nio Bandeira de Mello é a sujeição desses atos ao controle de legitimidade por órgão jurisdicional.

O controle dos atos administrativos pelo Poder Judiciário decorre da prescrição contida no art. 5º, XXXV, da Constituição da República, que garante a todos a apreciação, pelos órgãos jurisdicionais, de qualquer lesão ou ameaça a direito. O dispositivo constitucional confere ampla proteção ao estender o controle às ameaças de direito, protegendo, *ipso facto*, o direito *in natura*.

A unidade de jurisdição existente em nosso país permite que qualquer ato administrativo seja revisto pelo Poder Judiciário, que tem competência para invalidá-lo nos caos de detectar vícios de legalidade insanáveis.

O controle jurisdicional dos atos administrativos tem sido alargado para compreender, além da estrita legalidade, o exame da motivação dos atos administrativos, que permite verificar o atendimento aos critérios de razoabilidade e proporcionalidade e o cumprimento da finalidade da lei, inclusive nos atos expedidos com certa margem de discrição.[41]

Embora o tema seja dos mais apaixonantes em direito administrativo, não nos ateremos a cuidar dos atos praticados com certa margem de discrição, por não comporem o tema deste trabalho.

4. Atos administrativos ampliativos e restritivos de direito

Os atos administrativos têm merecido da doutrina nacional e estrangeira especial atenção em relação ao seu conceito, definição dos pressupostos de existência e validade, classificação e atributos. Mas, tal como ocorre com a conceituação de ato administrativo, a doutrina também não converge para uma só direção em relação aos demais aspectos dessa matéria.

Ao propor a classificação dos atos, os doutrinadores elegem critérios diversos e, conseqüentemente, apresentam categorias diversas de atos administrativos.

As diferentes classificações formuladas somente terão utilidade quando for possível verificar que os atos classificados em categorias diversas apresentam alguma especificidade em relação ao regime jurídico ao qual estão submetidos. Classificações que obedeçam a qualquer outro critério, a nosso ver, carecem de utilidade.

Dentre os critérios mais comuns para classificar os atos administrativos estão aqueles que se referem à natureza da atividade (atos de administração ativa, consultiva, verificadora,[42] controladora e contenciosa); à estrutura do ato (atos concretos e abstratos); aos destinatários do ato (atos gerais e individuais); às prerrogativas da Administração (atos de império e de gestão); à função da vontade administrativa (atos negociais e meros atos administrativos); à formação da vontade (atos simples e complexos); aos efeitos (atos constitutivos e declaratórios), à situação de terceiros (atos internos e externos); e à margem de liberdade da Administração (atos vinculados e discricionários).[43]

41. Conforme Celso Antônio Bandeira de Mello: "É, pois, precisamente em casos que comportam discrição administrativa que o socorro do Judiciário ganha foros de remédio mais valioso, mais ambicionado e mais necessário para os jurisdicionados, já que a pronúncia representa a garantia última para contenção do administrador dentro dos limites de liberdade efetivamente conferidos pelo sistema normativo" (*Curso de Direito Administrativo*, 22ª ed., p. 955).

42. Merece registro a posição de Maria Sylvia Zanella Di Pietro, que exclui do conceito de *ato administrativo em sentido estrito* os atos de administração verificadora, por entender que essa espécie de ato não expressa uma vontade da Administração e, por esta razão, não é produtora de efeitos jurídicos (sobre esse assunto, consultar *Direito Administrativo*, 17ª ed., p. 184).

43. Conquanto seja comum encontrar nos autores nacionais e estrangeiros a classificação dos atos quanto à margem de liberdade da Administração para sua prática, que resulta na distinção entre atos *vinculados* e *discricionários*, preferimos não tratar

Os critérios para classificação dos atos administrativos, brevemente citados acima, são apenas alguns dos apresentados pela doutrina e que aparecem com maior freqüência, mas não esgotam as classificações existentes.[44]

Para o objetivo deste trabalho importa trazer à baila uma classificação ainda pouco usual, mas fundamental para a perfeita compreensão dos atos administrativos. Trata-se da classificação quanto aos *resultados sobre a esfera jurídica dos administrados*, mencionada por Celso Antônio Bandeira de Mello.[45] De acordo com essa classificação, os atos administrativos distinguem-se pelo caráter positivo ou negativo dos efeitos que produzem para os destinatários, e serão denominados, respectivamente, de atos *ampliativos* ou *restritivos de direito*.

Os *atos ampliativos* são aqueles que alargam a esfera jurídica do destinatário, que concedem novo direito, ampliam direito já existente ou, ainda, restringem ou extinguem limitações a direitos dos destinatários; enfim, são atos que acarretam alguma vantagem juridicamente relevante para o administrado. Os *atos restritivos*, por sua vez, são aqueles que diminuem a esfera jurídica do destinatário, causando-lhe gravame ou impondo deveres.

Tanto os atos administrativos ampliativos quanto os restritivos estão compreendidos na categoria dos *atos constitutivos de direito*,[46] pois, seja criando uma nova situação jurídica, benéfica ou não para o administrado, seja extinguindo ou modificando situação já existente, alteram a órbita jurídica do destinatário.

Tratando da classificação dos atos administrativos, Marcello Caetano afirma que: "No Direito Português a classificação deve ser feita entre *actos constitutivos* e *não-constitutivos*, mas o primeiro dos seus termos tem de abranger duas subclasses: a dos *actos constitutivos de direitos* e a dos *actos constitutivos de deveres ou encargos*". E continua o autor: "*Acto constitutivo de direitos* é o *acto administrativo* que cria ou modifica um poder jurídico ou extingue restrições ao seu exercício. *Acto constitutivo de deveres* é o *acto administrativo* que impõe a alguém a obrigação de prestar coisas ou serviços ou de cessar actividades".[47]

As concessões, permissões, autorizações, nomeações, extinção de servidões administrativas, são exemplos de atos ampliativos de direito, que criam uma situação jurídica favorável ao administrado. Os atos punitivos, as requisições de bens ou serviços, a expropriação e as limitações em geral à liberdade e à propriedade do particular são atos restritivos de direito, porque lhe impõem gravame.

A adoção do critério de classificação dos atos segundo o resultado que causam

desse último conceito sob o rótulo de "espécie de atos", por entendermos que a discricionariedade é uma graduação da liberdade concedida pela lei ao administrador para que este, no exercício da função administrativa, escolha o comportamento mais adequado, dentre aqueles prescritos pela norma, para o cumprimento da finalidade legal, orientado por critérios de razoabilidade e proporcionalidade – o que nos leva a entender ser mais adequado tratar de discricionariedade como aspecto da competência conferida à Administração.

44. Apenas a título exemplificativo, podemos citar a classificação feita por Carlos García Oviedo, que faz referência aos atos estatais e locais e definitivos ou de trâmite (cf. lições in *Derecho Administrativo*, 5ª ed., vol. I, pp. 185-186), e Eduardo García de Enterría e Tomás-Ramón Fernández, que classificam os atos administrativos em de trato instantâneo ou sucessivo e em atos dependentes ou independentes de outro (cf. *Curso de Decrecho Administrativo*, 12ª ed., t. I, pp. 578-579).

45. Celso Antônio Bandeira de Mello, *Curso de Direito Administrativo*, 22ª ed., pp. 407-409.

46. Para Oswaldo Aranha Bandeira de Mello: "Os atos administrativos constitutivos de direito compreendem, entre outros: a concessão, a permissão, a autorização, a aprovação, a dispensa, a ordem, a sanção, a renúncia" (*Princípios Gerais de Direito Administrativo*, 3ª ed., vol. I, p. 555).

47. Marcello Caetano, *Manual de Direito Administrativo*, 1ª ed. brasileira, t. I, pp. 412-413.

sobre a esfera jurídica dos administrados é de utilidade supina, vez que o regime jurídico dos atos administrativos será diferenciado para aqueles que ampliam a esfera jurídica dos administrados e para os outros que a restrinjam.[48]

Essa distinção, quase inexplorada pela doutrina,[49-50] tem reflexos em inúmeros aspectos dos atos administrativos, já que alcança o regime jurídico que os preside, dentre os quais estão a eficácia dos atos, seus atributos, o regime de invalidação[51] e revogação e o alcance da coisa julgada administrativa – para nos referirmos apenas a alguns.

Para os fins deste trabalho, trataremos dos atributos dos atos administrativos considerando essa dicotomia entre atos ampliativos e restritivos de direito, razão pela qual faremos, a seguir, breves considerações gerais sobre os atributos típicos dos atos administrativos.

5. Breves considerações sobre os atributos dos atos administrativos

Para que a Administração Pública cumpra a finalidade pela qual e para a qual foi criada, dispõe de certas prerrogativas que não abarcam os atos regidos pelo direito privado. Essas prerrogativas, nos termos já assinalados, não são poderes absolutos que privilegiam a Administração em detrimento dos particulares; são, apenas, poderes instrumentais que concretizam sua posição de supremacia e lhe dão ferramentas para perseguir o interesse público primário.

Dentre essas ferramentas advindas das prerrogativas da Administração estão os *atributos dos atos administrativos*, que são características típicas dessa espécie de ato jurídico.

A doutrina nacional reconhece como *atributos do ato administrativo*, quase sem dissonância, a presunção de legitimidade, a imperatividade, a exigibilidade e a executoriedade.

A *presunção de legitimidade*[52-53] é a qualidade que tem todo e qualquer ato ad-

48. Atento a essa distinção, Celso Antônio Bandeira de Mello anota: "O discrímen entre as duas espécies de ato é importantíssimo, porquanto preside uma fundamental bipartição de regimes" (*Curso de Direito Administrativo*, 22ª ed., p. 409).

49. Antevendo a importância dessa distinção, Oswaldo Aranha Bandeira de Mello anotou:

"Como regra geral, os atos administrativos podem ser classificados como pertencentes a duas espécies diferentes.

"(a) A primeira espécie compreende os atos que atribuem situações jurídicas aos particulares, isto é, constituem atos pelos quais se lhes conferem prerrogativas jurídicas, ou criam, mesmo, a favor deles, direitos subjetivos. Na primeira hipótese tornam possível determinada atividade, e na segunda atribuem o poder de agir e de exigir de terceiros o cumprimento de certas obrigações, na satisfação dos seus interesses individuais, juridicamente protegidos.

"(b) E a segunda espécie compreende os atos que estabelecem deveres e limitações à atividade dos particulares" (*Princípios Gerais de Direito Administrativo*, 3ª ed., vol. I, p. 614).

50. Daniele Coutinho Talamini faz referência aos atos ampliativos e restritivos de direitos ao tratar do dever de indenizar decorrente da revogação do ato (*Revogação do Ato Administrativo*, São Paulo, Malheiros Editores, 2002, pp. 232-241).

51. Prestigiando o princípio da segurança jurídica, a Lei 9.784/1999, que regula o processo administrativo no âmbito da Administração Pública Federal, estabeleceu, em seu art. 54, que: "O direito da Administração de anular os atos administrativos de que decorram efeitos favoráveis para os destinatários decai em 5 (cinco) anos, contados da data em que foram praticados, salvo comprovada má-fé". Impende destacar que a Lei de Processo Administrativo Federal acolheu essa distinção entre atos ampliativos e restritivos de direito, embora com terminologia diversa, ao se referir a "atos de que decorram efeitos favoráveis aos administrados", excluindo do alcance da norma os atos restritivos de direito.

52. "Ato administrativo – Repercussões – Presunção de legitimidade – Situação constituída – Interesses contrapostos – Anulação – Contraditó-

ministrativo de ser tido como verdadeiro e conforme ao Direito. O fundamento dessa presunção, *juris tantum*, é a submissão da atividade administrativa ao princípio da legalidade. Assim, se a Administração só pode fazer o que a lei lhe autorizar e nos termos em que o fizer, os atos por ela praticados são presumidamente legítimos, até prova em contrário.

A possibilidade jurídica e material de serem expedidos atos administrativos em desconformidade com o Direito não invalida esse atributo,[54] já que a presunção não é *juris*

rio. Tratando-se da anulação de ato administrativo cuja formalização haja repercutido no campo de interesses individuais, a anulação não prescinde da observância do contraditório, ou seja, da instauração de processo administrativo que enseje a audição daqueles que terão modificada situação já alcançada – Presunção de legitimidade do ato administrativo praticado, que não pode ser afastada unilateralmente, porque é comum à Administração e ao particular" (STF, RE 15.843-RS, rel. Min. Marco Aurélio, *DJU* 6.10.1995, p. 33.135).

53. "Processual civil e administrativo – Taxa de ocupação – Imóveis situados em terreno de marinha e título expedido pelo RGI no sentido de serem os recorrentes possuidores do domínio pleno – Irrefutável direito de propriedade da União – Estrita observância quanto ao procedimento de demarcação – Presunção *juris tantum* em favor da União.

"1. Os terrenos de marinha são bens públicos e pertencem à União.

"2. Consectariamente, algumas premissas devem ser assentadas; a saber:

"a) Os terrenos de marinha, cuja origem remonta à época do Brasil-Colônia, são bens públicos dominicais de propriedade da União e estão previstos no Decreto-lei n. 9.760/1946.

'b) O procedimento de demarcação dos terrenos de marinha produz efeito meramente declaratório da propriedade da União sobre as áreas demarcadas.

"c) O direito de propriedade, à luz tanto do Código Civil brasileiro de 1916 quanto do novo Código de 2002, adotou o sistema da presunção relativa (*juris tantum*) relativamente ao domínio, admitindo prova em contrário.

"d) Não tem validade qualquer título de propriedade outorgado a particular de bem imóvel situado em área considerada como terreno de marinha ou acrescido.

"e) Desnecessidade de ajuizamento de ação própria, pela União, para a anulação dos registros de propriedade dos ocupantes de terrenos de marinha, em razão de o procedimento administrativo de demarcação gozar dos atributos comuns a todos os atos administrativos: presunção de legitimidade, imperatividade, exigibilidade e executoriedade.

"f) Infirmação da presunção de legitimidade do ato administrativo incumbe ao ocupante, que tem o ônus da prova de que o imóvel não se situa em área de terreno de marinha.

"g) Legitimidade da cobrança de taxa de ocupação pela União mesmo em relação aos ocupantes sem título por ela outorgado.

"h) Ausência de *fumus boni juris*.

"3. Sob esse enfoque, o título particular é inoponível quanto à União nas hipóteses em que os imóveis situam-se em terrenos de marinha, revelando o domínio público quanto aos mesmos.

"4. A doutrina do tema não discrepa da jurisprudência da Corte (...).

"5. Deveras, a demarcação goza de todos os atributos inerentes aos atos administrativos, quais sejam: presunção de legitimidade, exigibilidade e imperatividade.

"6. Consectariamente, é lícito à União, na qualidade de Administração Pública, efetuar o lançamento das cobranças impugnadas, sem que haja necessidade de se valer das vias judiciais, porquanto atua com presunção *juris tantum* de legitimidade, fato jurídico que inverte o ônus de demandar, imputando-o ao recorrido – Precedentes: REsp n. 624.746-RS, rela. Min. Eliana Calmon, 2ª Turma, *DJU* 30.10.2005, e REsp n. 409.303-RS, rel. Min. José Delgado, 1ª Turma, *DJU* 14.10.2002.

"7. Consectariamente, incidiu em *error in judicando* o aresto *a quo* ao concluir que 'não pode o Poder Público, apenas através de procedimento administrativo demarcatório, considerar que o imóvel regularmente registrado como alodial, e há muito negociado como livre e desembargado, seja imediatamente havido como terreno de marinha, com a cobrança da chamada 'taxa de ocupação''.

"8. Recurso especial provido" (STJ, REsp 798.165-ES, rel. Min. Luiz Fux, *DJU* 31.5.2007, p. 354).

54. Gordillo faz árduas críticas à presunção de legitimidade dos atos administrativos: "En el Derecho Argentino no existen todavía garantías efectivas, subjetivas y objetivas, para la emanación de los actos

et de jure e, por isso, admite que a ilegalidade que fulmina o ato seja demonstrada perante a própria Administração ou o Poder Judiciário, que terão competência para invalidá-lo.

A presunção de legitimidade dos atos administrativos não os torna impermeáveis ao controle de legalidade, tampouco ao exame da existência e adequação dos motivos indicados, da razoabilidade e proporcionalidade do conteúdo e da finalidade alcançada.

O segundo atributo dos atos administrativos a ser examinado é a *imperatividade*, que torna essa espécie de atos obrigatórios independentemente da anuência do destinatário. Por essa qualidade, os atos administrativos constituem situações jurídicas de observância obrigatória pelos particulares.

Para Renato Alessi, a imperatividade é conseqüência do chamado "poder extroverso", que é, na conceituação do autor italiano, um poder cujo conteúdo é mais amplo que o poder introverso, que está limitado, em seu conteúdo, à esfera jurídica dos declarantes. O poder extroverso, pelo contrário, estende-se unilateralmente à esfera jurídica de terceiros, produzindo modificações independentemente de sua aquiescência.

O Estado é a única organização que, de forma legítima, detém este poder de constituir unilateralmente obrigações em relação a terceiros. Como exemplo de ato dotado de imperatividade apresenta-se a declaração de desapropriação, pois, mesmo no caso de discordância do cidadão, proprietário do bem objeto da expropriação, a mesma será concretizada, restando ao particular a possibilidade de se insurgir apenas quanto ao valor da indenização fixada pela Administração.

Impende destacar, contudo, que, a despeito de os atos administrativos serem dotados de imperatividade, não resta afastada a possibilidade de a Administração fazer uso de meios de atuação consensual junto aos cidadãos. Como ensina Diogo de Figueiredo Moreira Neto, "a consensualidade não exclui, porém, a imperatividade, senão que com ela coexiste *in potentia*, restrita ao que a lei estabeleça como indisponível".[55]

A *exigibilidade* é a qualidade do ato administrativo que impele o destinatário ao cumprimento das obrigações por ele impostas, sem necessidade de apoio do Poder Judiciário. *Exigível* é o ato que impõe ao particular o atendimento da prescrição nele contida.

Ao contrário do que ocorre com os atos de natureza privada, os atos administrativos, em regra, são dotados do caráter da exigibilidade, que permite à Administração fazer uso de meios indiretos que levarão o particular a cumprir o mandamento neles contido. O descumprimento, pelo destinatário do ato, de seu comando levará a Administração a impor sanções ou impedir a prática de certas atividades, mas não chegará ao ponto de compelir materialmente o administrado à execução do ato.

Exemplo elucidativo é oferecido por Celso Antônio Bandeira de Mello, que afirma que "a Administração pode *exigir* que o administrado demonstre estar quite com os

administrativos, por el exiguo cumplimiento de la Ley de Procedimiento Administrativo y la ineficacia de los procedimientos judiciales existentes para tutelar en forma plena, eficaz y oportuna los derechos individuales; a lo que cabe agregar la ausencia de entes reguladores autónomos e independientes, no-controlables por el Poder Ejecutivo". E continua: "El acto administrativo puede ser producto de la sola voluntad de un solo individuo embriagado por el poder y la omnipotencia de creerse semidiós, enviado providencial. Reconocerle a su capricho igual presunción que la de la ley, como para exigir su inmediato cumplimiento, sin información ni dictamen jurídico, sin consulta, sin discusión ni debate, sin audiencia previa, sin fundamentación normativa y fáctica razonable y suficiente, esto es el suicidio de la democracia" (Agustín Gordillo, *Tratado de Derecho Administrativo*, 6ª ed., t. 3, p. V-11).

55. Diogo de Figueiredo Moreira Neto, *Curso de Direito Administrativo*, 12ª ed., Rio de Janeiro, Forense, 2002, p. 137.

impostos municipais relativos a um dado terreno, sem o quê não expedirá o alvará de construção pretendido pelo particular, o que demonstra que os impostos são *exigíveis*, mas não pode obrigar coativamente, por meios próprios, o contribuinte a pagar imposto. A fim de obtê-lo necessitará mover ação judicial".[56]

A exigibilidade não é fundamento válido para que a Administração possa compelir materialmente o administrado a executar as obrigações a ele impostas.

Em verdade, a qualidade em virtude da qual a Administração pode compelir materialmente o administrado, sem se valer das vias judiciais, é a *executoriedade*, denominada por parte da doutrina como *auto-executoriedade*.[57]

Para Marcello Caetano, "acto executório é o acto administrativo que obriga por si e cuja execução coerciva imediata a lei permite independentemente de sentença judicial".[58] O autor português dá uma importante contribuição ao destacar que a executoriedade do ato administrativo deve advir da lei. Daí podemos depreender que a executoriedade, diferentemente da exigibilidade, depende de previsão legal para ser atribuída aos atos administrativos. Não obstante, há casos em que, mesmo diante da ausência de previsão legal nesse sentido, os atos administrativos são executórios. São hipóteses em que a executoriedade é indispensável à imediata salvaguarda do interesse público, como a destruição de um bem particular para evitar a propagação de incêndio.

Em situações extremas, como a citada acima, ou quando houver expressa previsão legal, a Administração poderá valer-se do atributo da executoriedade para executar diretamente o ato, compelindo materialmente o administrado, por meios próprios, sem que necessite do socorro do Poder Judiciário.[59]

Oswaldo Aranha Bandeira de Mello afirma que: "A exigibilidade e a auto-executoriedade dos atos administrativos justificam-se por várias razões, a saber: jurídica – em face da presunção de legitimidade dos atos públicos; política – ante a necessidade de satisfazer o bem comum; social – pela circunstância de que o uso da força pela Administração Pública não perturba a ordem social; administrativa – porque há casos em que só se realiza o interesse coletivo pela aplicação do ato administrativo; econômica – em virtude da possibilidade de indenização do dano por parte do Poder Público".[60]

Os atributos dos atos administrativos não impedem – e nem poderiam fazê-lo, considerada a disposição do art. 5º, XXXV, da Constituição da República – que os mesmos sejam submetidos à apreciação do Poder Judiciário, que poderá, em qualquer caso, examinar as condições de legitimidade dos atos, a fim de conformá-los ao ordenamento jurídico vigente.

É preciso anotar que, embora a doutrina venha afirmando, de modo genérico, que as presunções de legitimidade, imperatividade, exigibilidade e executoriedade são atributos

56. Celso Antônio Bandeira de Mello, *Curso de Direito Administrativo*, 22ª ed., p. 402.

57. Nesse sentido, v. Maria Sylvia Zanella Di Pietro, *Direito Administrativo*, 17ª ed., p. 193, e Diógenes Gasparini, *Direito Administrativo*, 4ª ed., São Paulo, Saraiva, 1995, p. 73.

58. Marcello Caetano, *Manual de Direito Administrativo*, 1ª ed. brasileira, t. I, p. 408.

59. "Administrativo – Recurso especial – Fechamento de prédio irregular – Auto-executoriedade do ato administrativo – Desnecessidade de invocar a tutela judicial.

"1. A Administração Pública, pela qualidade do ato administrativo que lhe permite compelir materialmente o administrado ao seu cumprimento, carece de interesse de procurar as vias judiciais para fazer valer sua vontade, pois pode por seus próprios meios providenciar o fechamento de estabelecimento irregular.

"2. Recurso especial improvido" (STJ, REsp 696.993-SP, rela. Min. Eliana Calmon, *DJU* 19.12.2005, p. 349).

60. Oswaldo Aranha Bandeira de Mello, *Princípios Gerais de Direito Administrativo*, 3ª ed., vol. I, p. 616.

dos atos administrativos, sua aplicação não se dá de forma indistinta aos atos ampliativos e restritivos de direito.

A depender do resultado que o ato acarreta à esfera jurídica dos administrados, teremos a presença de somente umas das qualidades acima assinaladas. É dessa diferença que trataremos a seguir.

6. Atributos dos atos administrativos sob a ótica dos resultados que o ato acarreta à esfera jurídica dos administrados: atos ampliativos ou restritivos de direito

Conforme já afirmado em linhas anteriores, os atos ampliativos e os restritivos de direitos se diferenciam pelo resultado que produzem na esfera jurídica do destinatário: enquanto estes impõem restrições de direito aos particulares, causando-lhes gravame, aqueles conferem alguma vantagem juridicamente relevante.

Essa distinção – que, segundo Almiro do Couto e Silva,[61] é originária do Direito Alemão[62] – altera toda a forma de sistematização clássica dos atributos dos atos administrativos, uma vez que impõe uma diferença fundamental, ignorada pela maioria da doutrina.

Celso Antônio Bandeira de Mello, com a perspicácia que lhe é peculiar, chama a atenção para o fato de que a ausência dessa distinção permitiu que a doutrina francesa definisse *ato administrativo* como uma "decisão executória", "sem descortinar que o discrímen importante é entre atos unilaterais ampliativos e restritivos".[63]

De fato, como aponta o Mestre paulista, nem todos os atos administrativos constituem decisões executórias, ou seja, declaração unilateral do Estado cuja execução pelo particular pode ser determinada coercitivamente pela Administração, pelo uso de seus próprios meios, sem necessidade de se valer previamente das vias judiciais.

Vale apontar, então, que se a executoriedade – que é, entre todos os atributos do ato administrativo, o mais gravoso ao particular, pois permite que a Administração satisfaça sua pretensão compelindo materialmente o administrado a cumprir o que o ato prescreve – não é uma característica comum a todos os atos administrativos, as demais qualidades também devem ser avaliadas sob a mesma ótica, pois, em tese, poderão comportar raciocínio similar.

A presunção de legitimidade é qualidade que reveste as duas espécies de atos em foco – quais sejam, os atos ampliativos e os restritivos de direito. É assim porque tanto os atos que alargam quanto os que restringem a esfera jurídica do particular são presumidamente verdadeiros e válidos, isto é, tidos em conformidade com o Direito, até prova em contrário.

Nada há na distinção entre atos ampliativos e restritivos que impeça ou mitigue a aplicação desse atributo. O mesmo não ocorre, contudo, com a imperatividade, a exigibilidade e a executoriedade.[64]

61. Alniro do Couto e Silva, "O princípio da segurança jurídica (proteção à confiança) no direito público brasileiro e o direito da Administração Pública de anular seus próprios atos administrativos: o prazo decadencial do art. 54 da Lei do Processo Administrativo da União (Lei 9.784/1999)", *RBDP* 6/7-58, Ano 2, Belo Horizonte, julho-setembro/2004.

62. A Lei de Processo Administrativo alemã, de 1976, define, em seu § 48, 1.2, o *ato favorável* como sendo aquele que cria ou reconhece um direito ou uma vantagem juridicamente relevante.

63. Celso Antônio Bandeira de Mello, *Curso de Direito Administrativo*, 22ª ed., p. 408.

64. Nesse sentido, Celso Antônio Bandeira de Mello: "Os atos administrativos possuem atributos típicos, inexistentes nos atos de direito privado. Enquanto alguns deles acompanham quaisquer atos administrativos, outros têm cabida e razão de existir apenas nos casos em que o Poder Público expede atos que condicionam, restringem, a situação jurídica dos administrados ou, de todo modo, quando visam a propor-se como impositivos para eles" (*Curso de Direito Administrativo*, 22ª ed., p. 400).

Somente os atos restritivos de direito gozam do atributo da imperatividade. Essa afirmação não decorre de uma ordem legal, mas de uma ordem lógica, que nos impõe o seguinte raciocínio: se a Administração expede um ato que cria ou amplia direitos do destinatário, é certo que esse ato não pode ser imperativo, ou seja, não pode impor-se independentemente da concordância do administrado, sob pena de se descaracterizar como um ato ampliativo.

Imagine-se a hipótese de particular que participa de um concurso público para provimento de certo cargo e é classificado em 1º lugar. Logo após a homologação do concurso público o candidato é convocado para comprovar os requisitos de escolaridade exigidos e, por tê-lo feito, é devidamente nomeado para prover o cargo para o qual concorreu durante o processo seletivo e convocado para tomar posse no prazo de 30 dias.[65] A posse, que é o ato de aceitação do cargo pela pessoa nomeada para tanto, é, sem dúvida, um ato ampliativo de direito, vez que cria uma nova situação jurídica vantajosa para o administrado, estabelecendo uma relação jurídico-funcional entre o nomeado e a Administração. E, exatamente por ser ato ampliativo de direito, não pode ser tido como imperativo. Seria completamente desarrazoado – para não dizer um absurdo –, do ponto de vista lógico, que o candidato aprovado em concurso e nomeado para prover o cargo fosse obrigado a fazê-lo, constituindo-se unilateralmente a relação jurídica.

Se fosse possível impor, unilateralmente, ao destinatário um ato ampliativo do seu direito, poder-se-ia descaracterizá-lo como ato ampliativo e migrá-lo para a classe dos atos restritivos, já que estaria o particular obrigado a cumprir uma obrigação que, a seu ver, restringe sua esfera jurídica. No exemplo acima, o administrado, agora servidor público, estaria impedido de atuar profissionalmente na iniciativa privada, ao menos de forma exclusiva, ou mesmo de assumir outro cargo público não-acumulável com o ora provido por imposição do Estado.

Essa peculiaridade dos atos ampliativos de direito já havia sido notada por Diógenes Gasparini quando anotou que a imperatividade "não é encontrável nos atos administrativos que outorgam direitos (permissão, autorização)".[66]

A exigibilidade é outro atributo dos atos administrativos que não alcança os atos ampliativos de direito. O fundamento é o mesmo exposto em relação à imperatividade. Se um ato é destinado a aumentar a esfera de ação jurídica do administrado, não pode a Administração valer-se de meios indiretos para compelir o particular à obediência do mandamento contido no ato; por isso, a exigibilidade está restrita aos atos que diminuem a órbita de direitos do administrados, que lhes impõem deveres ou gravames.

Sempre à frente de sua época, o mestre Oswaldo Aranha Bandeira de Mello já havia entrevisto essa peculiaridade ao afirmar que os atos administrativos que estabelecem deveres e limitações, "por traçarem barreira à ação dos particulares, às vezes não são obedecidos por eles. Porém, sua eficácia, uma vez perfeito o ato, não pode ser obstada por terceiros; e, se não for espontaneamente respeitado, cabe à própria Administração Pública exigir seu cumprimento".[67]

Importante notar que o saudoso publicista assinalou que a Administração pode

65. Lei 8.112/1990:

"Art. 13. A posse dar-se-á pela assinatura do respectivo termo, no qual deverão constar as atribuições, os deveres, as responsabilidades e os direitos inerentes ao cargo ocupado, que não poderão ser alterados unilateralmente, por qualquer das partes, ressalvados os atos de ofício previstos em lei.

"§ 1º. A posse ocorrerá no prazo de 30 (trinta) dias contados da publicação do ato de provimento" (redação dada pela Lei 9.527, de 10.12.1997).

66. Diógenes Gasparini, *Direito Administrativo*, 4ª ed., p. 73.

67. Oswaldo Aranha Bandeira de Mello, *Princípios Gerais de Direito Administrativo*, 3ª ed., vol. I, p. 615.

exigir o cumprimento do ato quando este imponha uma barreira à ação do particular – o que, em outras palavras, quer dizer: quando restrinja a esfera jurídica do destinatário; reconhecendo, *a contrario sensu*, a não-aplicação da característica da exigibilidade aos atos administrativos ampliativos de direito.

A executoriedade – que, conforme já foi afirmado, não é característica aplicável a todos os atos administrativos, mas somente àqueles aos quais a lei expressamente tenha atribuído essa qualidade, ou quando, na hipótese de dano iminente, a execução coerciva do ato for apta a salvaguardar o bem jurídico tutelado – não se estende aos atos ampliativos de direito, pois a execução destes só interesse ao próprio destinatário.

A limitação da executoriedade aos atos restritivos de direito explica-se pela própria razão de ser da Administração Pública. Pois se, no exercício da função administrativa, os órgãos e entidades criados para perseguir e satisfazer o interesse público primário se preocupassem em impor, exigir e executar materialmente atos que ampliassem a esfera jurídica de particulares, movimentando todo o aparato estatal nessa direção, estariam distanciando-se da finalidade para a qual foram criados e são mantidos.

Sirva de exemplo a outorga de licença para edificar, feita pelo órgão administrativo competente a um particular que a requereu. A licença concedida faculta ao particular a realização do ato nela permitido, mas impede que a Administração se utilize de meios coercitivos para compeli-lo materialmente a fazê-lo. Isto porque se trata de um ato ampliativo de direito, que atenderá aos anseios do próprio administrado destinatário do ato mas que, ao menos diretamente, nada agregará ao interesse público.

A qualidade pela qual a Administração Pública pode compelir materialmente o destinatário do ato a cumprir a obrigação por ela imposta e exigida é prerrogativa do Poder Público que só pode ser manejada para o único fim de atender ao interesse público específico, definido no caso concreto.

Assim, se os atos administrativos ampliativos de direito não são imperativos, nem exigíveis, jamais poderiam ser executórios, tendo em vista que esta é a mais forte prerrogativa da Administração, consubstanciada em atributo do ato, com vistas ao cumprimento de sua finalidade legal.

7. Conclusão

A diferença traçada entre os atos ampliativos e restritivos de direitos tem reflexos nos mais variados temas que envolvem o estudo do ato administrativo mas é, ao nosso juízo, claramente visível no tópico dos atributos do ato.

A afirmação de que somente a qualidade da presunção de legitimidade se aplica, indistintamente, aos atos que alargam ou restringem a esfera jurídica dos destinatários fundamenta-se na sujeição da Administração ao princípio da legalidade, o que faz presumir, por si só, que todos os seus atos tenham sido praticados em conformidade com o Direito.

Repita-se, uma vez mais: essa presunção é *juris tantum* – e, por isso, admite prova em contrário.

Todos os demais atributos dos atos administrativos são inaplicáveis aos atos ampliativos de direitos. Assim, a imperatividade, a exigibilidade e a executoriedade são características dos atos limitadas àqueles que impõem obrigação, dever ou gravame ao administrado.

A limitação dos atributos da imperatividade, exigibilidade e executoriedade aos atos restritivos de direito explica-se por uma razão de ordem lógica, pois não poderia a Administração, tutora do interesse público, impor, exigir e executar um ato que tivesse como único objetivo conferir vantagem juridicamente relevante a um ou a um grupo de administrados.

A Administração, no exercício de todas as suas atividades, está adstrita à satisfação do interesse público – considerado este de modo genérico – e, especificamente, ao atendimento da finalidade legal prescrita em cada caso concreto. Assim, nada que se distancie do interesse público pode ser almejado pela Administração.

A imposição, exigibilidade e execução de um ato administrativo que favoreça juridicamente o administrado, criando ou ampliando direitos ou, ainda, restringindo ou eliminando encargos que antes recaiam sobre ele, devem ser feitas pelo próprio particular, já que ele será o beneficiário do ato.

A Administração somente atuará quando o beneficiário do ato for a coletividade, isto é, quando o resultado do ato for ampliativo de direito para a coletividade, titular do interesse público, protegido pela Administração.

Em qualquer outro caso, os atos, a despeito de serem presumidamente legítimos, terão que ser executados pelo próprio interessado, sob pena de não produzirem efeitos.

Embora o desenvolvimento deste trabalho tenha nos permitido chegar a algumas conclusões, restritas aos atributos dos atos administrativos, tema central do estudo, a maior presteza foi nos despertar para a necessidade de examinar os atos administrativos sob a ótica dos resultados que acarretam à esfera jurídica dos administrados, ou seja, se são atos ampliativos ou restritivos de direito.

Bibliografia

ALESSI, Renato. *Instituciones de Derecho Administrativo*. t. I, trad. da 3ª ed. italiana por Buenaventura Pelissé Prats. Barcelona, Bosch, 1970.

——————. *Principi di Diritto Amministrativo*. t. I. Milão, Giuffrè Editore, 1966.

AMARAL, Antônio Carlos Cintra do. *Extinção do Ato Administrativo*. São Paulo, Ed. RT, 1978.

BANDEIRA DE MELLO, Celso Antônio. *Curso de Direito Administrativo*. 22ª ed. São Paulo, Malheiros Editores, 2007 (25ª ed., 2ª tir. São Paulo, Malheiros Editores, 2008).

BANDEIRA DE MELLO. Oswaldo Aranha. *Princípios Gerais de Direito Administrativo*. 3ª ed., vol. I. São Paulo, Malheiros Editores, 2007..

BÉNOÎT. Francis-Paul. *Le Droit Administratif Français*. Paris, Dalloz, 1968.

BOBBIO, Norberto. *Estado, Governo, Sociedade: por uma Teoria Geral da Política*. Trad.de Marco Aurélio Nogueira. Rio de Janeiro, Paz e Terra, 1987.

BONAVIDES, Paulo. *Curso de Direito Constitucional*. 8ª ed. São Paulo, Malheiros Editores, 1999 (23ª ed. São Paulo, Malheiros Editores, 2008).

CAETANO, Marcello. *Manual de Direito Administrativo*. 1ª ed. brasileira, t. I. Rio de Janeiro, Forense, 1970.

CARVALHO, Paulo de Barros. *Direito Tributário: Fundamentos Jurídicos da Incidência*. 2ª ed. São Paulo, Saraiva, 1999.

COUTO E SILVA, Almiro do. "O princípio da segurança jurídica (proteção à confiança) no direito público brasileiro e o direito da Administração Pública de anular seus próprios atos administrativos: o prazo decadencial do art. 54 da Lei do Processo Administrativo da União (Lei 9.784/1999)". *RBDP* (*Revista Brasileira de Direito Público*) 6/7-58. Belo Horizonte, Forum, 2004.

DI PIETRO, Maria Sylvia Zanella. *Direito Administrativo*. 17ª ed. São Paulo, Atlas, 2004.

FERNÁNDEZ, Tomás-Ramón, e GARCÍA DE ENTERRÍA, Eduardo. *Curso de Derecho Administrativo*. 12ª ed., t. I. Madri. Civitas, 2004.

FIGUEIREDO, Lúcia Valle. *Curso de Direito Administrativo*. 5 ed. São Paulo: Malheiros. 2001.

GARCÍA DE ENTERRÍA, Eduardo, e FERNÁNDEZ, Tomás-Ramón. *Curso de Derecho Administrativo*. 12ª ed., t. I. Madri. Civitas, 2004.

GASPARINI, Diógenes. *Direito Administrativo*. 4ª ed. São Paulo, Saraiva, 1995.

GORDILLO, Agustín. *Tratado de Derecho Administrativo*. 6ª ed., t. 3. Belo Horizonte, Del Rey, 2003.

MAYER, Otto. *Derecho Administrativo Alemán*. 2ª ed., t. I. Buenos Aires, Depalma, 1982.

MODESTO, Paulo. "Função administrativa". *RTDP* 2/221 e ss. São Paulo, Malheiros Editores, 1993.

MOREIRA NETO, Diogo de Figueiredo. *Curso de Direito Administrativo*. 12ª ed. Rio de Janeiro, Forense, 2002.

OVIEDO, Carlos García. *Derecho Administrativo*. 5ª ed., vol. I (por Enrique Martinez Useros). Madri, EISA/Pizzarro, 1955.

STASSINOPOULOS, Michel. *Traité des Actes Administratifs*.Atenas/Paris, Recueil Sirey, 1954.

TALAMINI, Daniele Coutinho. *Revogação do Ato Administrativo*. São Paulo, Malheiros Editores, 2002.

ZANCANER, Weida. *Da Convalidação e da Invalidação dos Atos Administrativos*. 2ª ed., 3ª tir. São Paulo, Malheiros Editores, 2001 (3ª ed. São Paulo, Malheiros Editores, 2008).

JURISPRUDÊNCIA

SUPREMO TRIBUNAL FEDERAL

ADI 3.510-0-DF – Tribunal Pleno

Rel. Min. Carlos Britto

Requerente: Procurador-Geral da República

Requeridos: Presidente da República e Congresso Nacional

Interessados: Conectas Direitos Humanos e Centro de Direito Humanos/CDH, Movimento em Prol da Vida/MOVITAE, ANIS/ Instituto de Bioética, Direitos Humanos e Gênero e Confederação Nacional dos Bispos do Brasil/CNBB

20.4.2007.

RELATÓRIO

O Sr. Min. Carlos Ayres Britto: Cuida-se de ação direta de inconstitucionalidade, proposta pelo então Procurador-Geral da República, Dr. Cláudio Lemos Fonteles, tendo por alvo o art. 5º da Lei federal n. 11.105 ("Lei da Biossegurança"), de 24.3.2005. Artigo assim integralmente redigido:

"Art. 5º. É permitida, para fins de pesquisa e terapia, a utilização de células-tronco embrionárias obtidas de embriões humanos produzidos por fertilização *in vitro* e não utilizados no respectivo procedimento, atendidas as seguintes condições: I – sejam embriões inviáveis; ou II – sejam embriões congelados há 3 (três) anos ou mais, na data da publicação desta Lei, ou que, já congelados na data da publicação desta Lei, depois de completarem 3 (três) anos, contados a partir da data de congelamento.

"§ 1º. Em qualquer caso, é necessário o consentimento dos genitores.

"§ 2º. Instituições de pesquisa e serviços de saúde que realizem pesquisa ou terapia com células-tronco embrionárias humanas deverão submeter seus projetos à apreciação e aprovação dos respectivos comitês de ética em pesquisa.

"§ 3º. É vedada a comercialização do material biológico a que se refere este artigo e sua prática implica o crime tipificado no art. 15 da Lei n. 9.434, de 4 de fevereiro de 1997."

2. O autor da ação argumenta que os dispositivos impugnados contrariam "a inviolabilidade do direito à vida, porque o embrião humano é vida humana, e faz ruir fundamento maior do Estado Democrático de Direito, que radica na preservação da dignidade da pessoa humana" (fls.12).

3. Em seqüência, o subscritor da petição inicial sustenta que: a) "a vida humana acontece na, e a partir da, fecundação", desenvolvendo-se continuamente; b) o zigoto, constituído por uma única célula, é um "ser humano embrionário"; c) é no momento da fecundação que a mulher engravida, acolhendo o zigoto e lhe propiciando um ambiente próprio para o seu desenvolvimento; d) a pesquisa com células-tronco adultas é,

objetiva e certamente, mais promissora que a pesquisa com células-tronco embrionárias.

4. De sua parte, e em sede de informações (fls. 82-115), o Presidente da República defende a constitucionalidade do texto impugnado. Para tanto, acata, por inteiro, peça jurídica da autoria do professor e advogado público Rafaelo Abritta. Peça que também mereceu a irrestrita adesão do Min. Álvaro Augusto Ribeiro Costa, então Advogado-Geral da União, e da qual extraio o seguinte e conclusivo trecho: "Com fulcro no direito à saúde e no direito de livre expressão da atividade científica, a permissão para utilização de material embrionário, em vias de descarte, para fins de pesquisa e terapia, consubstancia-se em valores amparados constitucionalmente" (fls. 115). A mesma conclusão, registre-se, a que chegou o Congresso Nacional em suas informações de fls. 221-245.

5. Não é, todavia, como pensa o atual Chefe do Ministério Público Federal, Dr. Antônio Fernando de Souza, que, atuando na condição de fiscal do Direito (*custos juris*), concluiu pela declaração de inconstitucionalidade dos dispositivos legais sob a alça de mira da presente ação direta. Assim procedeu mediante aprovação de parecer da lavra do mesmo professor Cláudio Fonteles.

6. Prossigo para anotar que admiti no processo, na posição de "amigos da Corte" (*amici curiae*), as seguintes entidades da sociedade civil brasileira: Conectas Direitos Humanos; Centro de Direito Humanos/CDH; Movimento em Prol da Vida/MOVITAE; Instituto de Bioética, Direitos Humanos e Gênero/ANIS, além da Confederação Nacional dos Bispos do Brasil/CNBB. Entidades de saliente representatividade social e por isso mesmo postadas como subjetivação dos princípios constitucionais do pluralismo genericamente cultural (Preâmbulo da Constituição) e especificamente político (inciso V do art. 1º da nossa Lei Maior). O que certamente contribuirá para o adensamento do teor de legitimidade da decisão a ser proferida na presente ação direta de inconstitucionalidade. Estou a dizer: decisão colegiada tão mais legítima quanto precedida da coleta de opiniões dos mais respeitáveis membros da comunidade científica brasileira, no tema.

7. Não é tudo. Convencido de que a matéria centralmente versada nesta ação direta de inconstitucionalidade é de tal relevância social que passa a dizer respeito a toda a Humanidade, determinei a realização de audiência pública, esse notável mecanismo constitucional de democracia direta ou participativa. O que fiz por provocação do mesmíssimo professor Cláudio Fonteles e com base no § 1º do art. 9º da Lei n. 9.868/1999, mesmo sabendo que se tratava de experiência inédita em toda a trajetória deste STF.[1] Dando-se que, no dia e local adrede marcados, 22 das mais acatadas autoridades científicas brasileiras subiram à tribuna para discorrer sobre os temas agitados nas peças jurídicas de origem e desenvolvimento da ação constitucional que nos cabe julgar. Do que foi lavrada a extensa ata de fls., devidamente reproduzida para o conhecimento dos Srs. Ministros desta nossa Corte Constitucional e Suprema Instância Judiciária. Reprodução que se fez acompanhar da gravação de sons e imagens de todo o desenrolar da audiência, cuja duração foi em torno de oito horas.

8. Pois bem, da reprodução gráfica, auditiva e visual dessa tão alongada quanto substanciosa audiência pública, o que afinal se percebe é a configuração de duas nítidas correntes de opinião. Correntes que assim me parecem delineadas:

I – Uma, deixando de reconhecer às células-tronco embrionárias virtualidades,

1. Art. 9º, § 1º, da Lei n. 9.868/1999: "Em caso de necessidade de esclarecimento de matéria ou circunstância de fato ou de notória insuficiência das informações existentes nos autos, poderá o relator requisitar informações adicionais, designar perito ou comissão de peritos para que emita parecer sobre a questão, ou fixar data para, em audiência pública, ouvir depoimentos de pessoas com experiência e autoridade na matéria".

ao menos para fins de terapia humana, superiores às das células-tronco adultas. Mesma corrente que atribui ao embrião uma progressiva função de *autoconstitutividade* que o torna protagonista central do seu processo de hominização, se comparado com o útero feminino (cujo papel é de coadjuvante, na condição de *habitat*, ninho ou ambiente daquele, além de fonte supridora de alimento). Argumentando, sobremais, que a retirada das células-tronco de um determinado embrião *in vitro* destrói a unidade, o personalizado conjunto celular em que ele consiste. O que já corresponde à prática de um mal-disfarçado aborto, pois até mesmo no produto da concepção em laboratório já existe uma criatura ou organismo humano que é de ser visto como se fosse aquele que surge e se desenvolve no corpo da mulher gestante. Criatura ou organismo, ressalte-se, que não irrompe como um simples projeto ou u'a mera promessa de pessoa humana, somente existente de fato quando ultimados, com êxito, os trabalho de parto. Não! Para esse bloco de pensamento (estou a interpretá-lo) a pessoa humana é mais que individualidade protraída ou adiada para o marco factual do parto feminino. A pessoa humana em sua individualidade genética e especificidade ôntica já existe no próprio instante da fecundação de um óvulo feminino por um espermatozóide masculino. Coincidindo, então, concepção e personalidade (qualidade de quem é pessoa), pouco importando o processo em que tal concepção ocorra: se artificial ou *in vitro*, se natural ou *in vida*. O que se diferencia em tema de configuração da pessoa humana é tão-somente uma quadra existencial da outra. Isto porque a primeira quadra se inicia com a concepção e dura enquanto durar a gestação feminina, compreendida esta como um processo contínuo, porque abrangente de todas as fases de vida humana pré-natal. A segunda quadra, a começar quando termina o parto (desde que realizado com êxito, já dissemos, porque aí já se tem um ser humano *nativivo*). Mas em ambos os estádios ou etapas do processo a pessoa humana já existe e é merecedora da mesma atenção, da mesma reverência, da mesma proteção jurídica. Numa síntese, a idéia do zigoto ou óvulo feminino já fecundado como simples embrião de uma pessoa humana é reducionista, porque o certo mesmo é vê-lo como um ser humano embrionário. Uma pessoa no seu estádio de embrião, portanto, e não um embrião a caminho de ser pessoa.

II – A outra corrente de opinião é a que investe, entusiasticamente, nos experimentos científicos com células-tronco extraídas ou retiradas de embriões humanos. Células tidas como de maior plasticidade ou superior versatilidade para se transformar em todos ou quase todos os tecidos humanos, substituindo-os ou regenerando-os nos respectivos órgãos e sistemas. Espécie de apogeu da investigação biológica e da terapia humana, descortinando um futuro de intenso brilho para os justos anseios de qualidade e duração da vida humana. Bloco de pensamento que não padece de dores morais ou de incômodos de consciência, porque, para ele, o embrião *in vitro* é uma realidade do mundo do ser, algo vivo, sim, que se põe como o lógico início da vida humana, mas nem em tudo e por tudo igual ao embrião que irrompe e evolui nas entranhas de u'a mulher. Sendo que mesmo a evolução desse último tipo de embrião ou zigoto para o estado de feto somente alcança a dimensão das incipientes características físicas e neurais da pessoa humana com a meticulosa colaboração do útero e do tempo. Não no instante puro e simples da concepção, abruptamente, mas por uma engenhosa metamorfose ou laboriosa parceria do embrião, do útero e do correr dos dias. O útero passando a liderar todo o complexo processo de gradual conformação de uma nova individualidade antropomórfica, com seus desdobramentos ético-espirituais; valendo-se ele, útero feminino (é a leitura que faço nas entrelinhas das explanações em foco), de sua tão mais antiga quanto insondável experiência afetivo-racional com o cérebro da gestante. Quiçá com o próprio Cosmo, que subjacente à cientificidade das observações acerca do papel de liderança do útero materno transparece como que uma aura de exaltação da mulher – e principalmente da mulher-mãe ou em vias de sê-lo – como portadora de um sexto sentido existencial já situado nos domínios do inefável ou do indizível. Domínios que a própria Ciência parece condenada a nem confirmar nem desconfirmar, porque já pertencentes àquela esfera ôntica de que o gênio de William Shakespeare procurou dar conta com a célebre sentença de que "entre o céu e a terra há muito mais coisa do que supõe a nossa vã filosofia" (*Hamlet*, anos de 1600/1601, Ato I, Cena V).

9. Para ilustrar melhor essa dicotomia de visão dos temas que nos cabe examinar à luz do Direito, especialmente do direito constitucional brasileiro, transcrevo parte da explanação de duas das referidas autoridades que pessoalmente assomaram à tribuna por ocasião da sobredita audiência pública: a Dra. Mayana Zatz, professora de Genética da USP, e a Dra. Lenise Aparecida Martins Garcia, professora do Departamento de Biologia Celular da UnB. Disse a primeira cientista: "Pesquisar células embrionárias obtidas de embriões congelados não é aborto. É muito importante que isso fique bem claro. No aborto, temos uma vida no útero que só será interrompida por intervenção humana, enquanto que no embrião congelado não há vida se não houver intervenção humana. É preciso haver intervenção humana para a formação do embrião, porque aquele casal não conseguiu ter um embrião por fertilização natural e também para inserir no útero. E esses embriões nunca serão inseridos no útero. É muito importante que se entenda a diferença".

10. Já a Dra. Lenise Garcia, são de S. Exa. as seguintes palavras: "Nosso grupo traz o embasamento científico para afirmarmos que a vida humana começa na fecundação, tal como está colocado na solicitação da Procuradoria. (...). Já estão definidas, aí, as características genéticas desse indivíduo; já está definido se é homem ou mulher nesse primeiro momento (...). Tudo já está definido, neste primeiro momento da fecundação. Já estão definidas eventuais doenças genéticas (...). Também já estarão aí as tendências herdadas: o dom para a Música, Pintura, Poesia. Tudo já está ali na primeira célula formada. O zigoto de Mozart já tinha dom para a Música, e Drummond, para a Poesia. Tudo já está lá. É um ser humano irrepetível".

11. À derradeira, confirmo o que já estava suposto na marcação da audiência em que este STF abriu suas portas para dialogar com cientistas não pertencentes à área jurídica: o tema central da presente ação direta de inconstitucionalidade é salientemente multidisciplinar, na medida em que objeto de estudo de numerosos setores do saber humano formal, como o Direito, a Filosofia, a Religião, a Ética, a Antropologia e as Ciências Médicas e Biológicas, notadamente a Genética e a Embriologia; suscitando, vimos, debates tão subjetivamente empenhados quanto objetivamente valiosos, porém de conclusões descoincidentes não só de um para outro ramo de conhecimento, como no próprio interior de cada um deles. Mas debates vocalizados, registre-se, em arejada atmosfera de urbanidade e *uníssono reconhecimento da intrínseca dignidade da vida em qualquer dos seus estádios*. Inequívoca demonstração da unidade de formação humanitária de todos quantos acorreram ao chamamento deste STF para colaborar na prolação de um julgado que, seja qual for o seu conteúdo, se revestirá de caráter histórico. Isto pela envergadura multiplamente constitucional do tema e seu mais vivo interesse pelos meios científicos de todo o mundo, desde 1998, ano em que a equipe do biólogo norte-americano James Thomson isolou pela primeira vez células-tronco embrionárias, conseguindo cultivá-las em laboratório.

12. É o relatório.

VOTO

O Sr. Min. Carlos Ayres Britto (relator): De partida, assento a legitimidade do Procurador-Geral da República para a propositura de ações diretas de inconstitucionalidade, porque tal legitimidade processual ativa procede da melhor fonte de positividade: a CF, pelo inciso VI do seu art. 103. Como também consigno a adequação da via eleita, por se tratar de pedido que põe em suposta situação de incompatibilidade vertical com a Magna Carta dispositivos genéricos, impessoais e abstratos de lei federal. O que provoca a incidência da parte inicial da alínea "a" do inciso I do art. 102 da Constituição.

14. No mérito, e conforme relatado, a presente ação direta de inconstitucionalidade é manejada para se contrapor a todos os dispositivos do art. 5º da Lei federal 11.105, de 24.3.2005, popularizada como "Lei de Biossegurança". Dispositivos que torno a transcrever, para um mais demorado passar de olhos sobre as suas questionadas inovações. Ei-los:

"Art. 5º. É permitida, para fins de pesquisa e terapia, a utilização de células-tronco embrionárias obtidas de embriões humanos produzidos por fertilização *in vitro* e não utilizados no respectivo procedimento, atendidas as seguintes condições: I – sejam embriões inviáveis; ou II – sejam embriões congelados há 3 (três) anos ou mais, na data da publicação desta Lei, ou que, já congelados na data da publicação desta Lei, depois de completarem 3 (três) anos, contados a partir da data de congelamento.

"§ 1º. Em qualquer caso, é necessário o consentimento dos genitores.

"§ 2º. Instituições de pesquisa e serviços de saúde que realizem pesquisa ou terapia com células-tronco embrionárias humanas deverão submeter seus projetos à apreciação e aprovação dos respectivos comitês de ética em pesquisa.

"§ 3º. É vedada a comercialização do material biológico a que se refere este artigo e sua prática implica o crime tipificado no art. 15 da Lei n. 9.434, de 4 de fevereiro de 1997" ("Comprar ou vender tecidos, órgãos ou partes do corpo humano: Pena – reclusão, de 3 a 8 anos, e multa, de 200 a 360 dias-multa").

15. Vê-se, então, que os textos normativos em causa se distribuem por quatro individualizados relatos ou núcleos deônticos, a saber:

I – A parte inicial do artigo, autorizando, para fins de pesquisa científica e tratamento médico, o uso de uma tipologia de células humanas: as "células-tronco embrionárias"; que são células contidas num agrupamento de outras, encontradiças em cada embrião humano de até 14 dias (opinião que não é unânime, porque outros cientistas reduzem esse tempo para a fase de blastocito, ocorrente em torno de 5 dias depois da fecundação de um óvulo feminino por um espermatozóide masculino). Mas embriões a que se chega por efeito de manipulação humana, porquanto produzidos laboratorialmente ou *in vitro*, e não espontaneamente ou *in vida*. Noutro falar, embriões que resultam do processo tecnológico de retirada de óvulos do corpo feminino (assim multiplamente produzidos por efeito de injeção de hormônios) para, já em ambiente extracorpóreo, submetê-los a penetração por espermatozóides masculinos. Mais ainda, pesquisa científica e terapia humana em paralelo àquelas que se vêm fazendo com células-tronco adultas, na perspectiva da descoberta de mais eficazes meios de cura de graves doenças e traumas do ser humano. Meios que a literatura especializada estuda e comenta por esta forma: "O principal foco atual de interesse da terapia celular é a Medicina Regenerativa, em que se busca a substituição de células ou tecidos lesados, senescentes ou perdidos, para restaurar sua função. Isso explica a atenção que desperta, porque as moléstias que são alvos desses tratamentos constituem causas de morte e de morbidade das sociedades modernas, como as doenças cardíacas, diabete melito, câncer, pneumopatias e doenças genéticas".[2]

II – A parte final do mesmo art. 5º, mais os seus incisos de I a II e § 1º, estabelecendo as seguintes *e cumulativas condições* para o efetivo desencadear das citadas pesquisas com células-tronco embrionárias: a) o não-aproveitamento para fim reprodutivo (por livre decisão do casal, óbvio) de qualquer dos embriões empiricamente viáveis; b) a empírica não-viabilidade desse ou daquele embrião enquanto matéria-prima da reprodução humana (como explica a antropóloga Débora Diniz, professora da UnB e pesquisadora da ANIS/Instituto de Bioética, Direitos Humanos e Gênero: "O diagnóstico de inviabilidade do embrião constitui procedimento médico seguro e atesta a impossibilidade de o embrião se desenvolver. Mesmo que um embrião inviável venha a ser transferido para um útero, não se desenvolverá em uma futura criança. O único destino possível para eles é o congelamento permanente, o descarte ou a pesquisa científica"[3]); c) que se trate de embriões congelados há pelo menos três anos da data da publicação da lei, ou que, já efetivamente congelados nessa data, venham a complementar aquele mesmo tempo de três anos. Marco temporal em que se dá por finda – interpreto – quer a disposição do casal para o aproveitamento reprodutivo do material biológico até então mantido *in vitro*, quer a obrigação do respectivo armazenamento pelas clínicas de fertilização artificial, quer, enfim, a certeza da íntegra permanência das qualidades biológico-reprodutivas dos embriões em estado de congelamento; d) o consentimento do casal-doador para que o material genético dele advindo seja deslocado da sua originária destinação procriadora para as investigações de natureza científica e finalidade terapêutico-humana.

III – O obrigatório encaminhamento de todos os projetos do gênero para exame de mérito por parte dos competentes comitês de ética e pesquisa, medida que se revela como um nítido compromisso da lei com exigências de caráter bioético. Mas encaminhamento a ser feito pelos serviços de saúde e instituições de pesquisas, justamente, com células-tronco embrionárias, o que redunda na formação também obrigatória de um tão específico quanto controlado banco de dados. Banco, esse, inibidor do aleatório descarte do material biológico não utilizado nem reclamado pelos respectivos doadores.

IV – Por último, a proibição de toda espécie de comercialização do material coletado, cujo desrespeito é equiparado ao crime de "comprar ou vender tecidos, órgãos ou partes do corpo humano" (art. 15, *caput*, da Lei n. 9.434, de 4.2.1997). Vedação que também ostenta uma clara finalidade ética ou de submissão da própria Ciência a imperativos dessa nova ramificação da Filosofia, que é a Bioética, e dessa mais recente disciplina jurídica em que se constitui o chamado "Biodireito" (v., no particular, o livro *Reprodução Assistida – Aspectos do Biodireito e da Bioética*, da autoria de Roberto Wider, desembargador do TJRJ, Lumen Juris Editora, ano de 2007).

16. Daqui se infere – é a minha leitura cuidar-se de regração legal a salvo da mácula do açodamento ou dos vícios da esdruxularia e da arbitrariedade em matéria tão religiosa, filosófica e eticamente sensível como a da Biotecnologia na área da Medicina e da Genética Humana. Ao inverso, penso tratar-se de um conjunto normativo que parte do pressuposto da intrínseca dignidade de toda forma de vida humana, ou que tenha potencialidade para tanto, ainda que assumida ou configurada do lado de fora do corpo feminino (caso do embrião *in vitro*). Noutro dizer, o que se tem no art. 5º da Lei de Biossegurança é todo um bem concatenado bloco normativo

2. Texto de Marco Antônio Zago, inserido na coletânea *Células-Tronco, a Nova Fronteira da Medicina*, Atheneu Editora, p. 110, ano de 2006.

3. Em "O STF e as células-tronco", jornal *Correio Braziliense*, coluna "Opinião", edição de 29.2.2008.

que, debaixo de explícitas, cumulativas e razoáveis condições de incidência, favorece a propulsão de linhas de pesquisa científica das supostas propriedades terapêuticas de células extraídas dessa heterodoxa realidade que é o embrião humano *in vitro*.[4]

17. Com mais clareza, talvez: o que temos sob exame de validade constitucional é todo um necessário, adequado e proporcional conjunto de normas sobre a realização de pesquisas no campo da Medicina Celular ou Regenerativa, em paralelo àquelas que se vêm desenvolvendo com outras fontes de células-tronco humanas (porém adultas), de que servem de amostra as situadas no cordão umbilical, no líquido amniótico, na medula óssea, no sangue da menstruação, em células de gordura e até mesmo na pele ou epiderme (a mais nova das descobertas, com potencialidades que se anuncia como próximas daquelas que são inerentes às células-tronco embrionárias, conforme se vê de ampla matéria que a Editora Três fez publicar na revista semanal *Isto É* de n. 1987, Ano 30, em data de 28.11.2007, pp. 90-94). Por conseguinte, *linhas de pesquisa que não invalidam outras*, porque a essas outras vêm se somar em prol do mesmo objetivo de enfrentamento e cura de patologias e traumatismos que severamente limitam, atormentam, infelicitam, desesperam e não raras vezes degradam a vida de expressivo contingente populacional (ilustrativamente, atrofias espinhais progressivas, distrofias musculares, a esclerose múltipla e a lateral amiotrófica, as reuropatias e as doenças do neurônio motor, além das precedentemente indicadas). Contingente em torno de 5 milhões, somente para contabilizar os "brasileiros que sofrem de algumas doenças genéticas graves", segundo dados levantados pela revista *Época*, edição de 29.4.2007, pp. 13-17. E quanto aos portadores de diabetes, em nosso país, a projeção do seu número varia de 10 a 15 milhões, segundo elementos que Luís Roberto Barroso (p. 9 de sua petição em nome da MOVITAE/Movimento em Prol da Vida) aponta como oriundos da seguinte fonte: "Nardi, *Doenças Genéticas: Gênicas, Cromossômicas, Complexas*, pp. 209-226".

18. Ainda assim ponderadamente posto (a meu juízo), é todo esse bloco normativo do art. 5º da Lei de Biossegurança que se vê tachado de contrariar por modo frontal o Magno Texto republicano. Entendimento que vai ao ponto de contrabater a própria abertura ou receptividade da lei para a tese de que as células-tronco embrionárias são dotadas de maior versatilidade para, orientadamente, em laboratório, "se converter em qualquer dos 216 tipos de célula do corpo humano" (revista *Veja*, Editora Abril, edição 2.050, Ano 41, n. 9, p. 11), de sorte a mais eficazmente recompor a higidez da função de órgãos e sistemas da pessoa humana. Equivale a dizer: a presente ação direta de inconstitucionalidade consubstancia expressa reação até mesmo à abertura da Lei de Biossegurança para a idéia de que células-tronco embrionárias constituem tipologia celular que acena com melhores possibilidades de recuperação da saúde de pessoas físicas ou naturais, em situações de anomalias ou graves incômodos genéticos adquiridos, ou em conseqüência de acidentes.

19. Falo "pessoas físicas ou naturais", devo explicar, para abranger tão-somente aquelas que sobrevivem ao parto feminino e por isso mesmo contempladas com o atributo a que o art. 2º do CC brasileiro chama de "personalidade civil", *litteris*: "A personalidade civil da pessoa começa do nascimento com vida; mas a lei põe a salvo, desde a concepção, os direitos do nascituro". Donde a

4. Lê-se em Luís Roberto Barroso que: "A fertilização *in vitro* é um método de reprodução assistida, destinado a superar a infertilidade conjugal. A fecundação é feita em laboratório, utilizando-se o sêmen doado e os óvulos obtidos mediante aspiração folicular. A prática médica consolidada é retirarem diversos óvulos para serem fecundados simultaneamente. Implantam-se de dois a três embriões fecundados no útero da mãe e o remanescente é congelado" (nota de rodapé da p. 2 do memorial assinado em data de 3.3.2008).

interpretação de que é preciso vida pós-parto para o ganho de uma personalidade perante o Direito (teoria "natalista", portanto, em oposição às teorias da "personalidade condicional" e da "concepcionista"). Mas personalidade como predicado ou apanágio de quem é pessoa *numa dimensão biográfica*, mais que simplesmente biológica, segundo este preciso testemunho intelectual do publicista José Afonso da Silva: "Vida, no texto constitucional (art. 5º, *caput*), não será considerada apenas no seu sentido biológico de incessante auto-atividade funcional, peculiar à matéria orgânica, mas na sua acepção biográfica mais compreensiva (...)".[5]

20. Se é assim, ou seja, cogitando-se de personalidade numa dimensão *biográfica*, penso que se está a falar do indivíduo já empírica ou numericamente agregado à espécie animal-humana; isto é, já contabilizável como efetiva unidade ou exteriorizada parcela do gênero humano. Indivíduo, então, perceptível a *olho nu* e que tem sua história de vida incontornavelmente interativa. Múltipla e incessantemente relacional. Por isso que definido como membro dessa ou daquela sociedade civil e nominalizado sujeito perante o Direito. *Sujeito que não precisa mais que de sua própria facticidade como nativivo para instantaneamente se tornar um rematado centro de imputação jurídica*. Logo, sujeito capaz de adquirir direitos em seu próprio nome, além de, preenchidas certas condições de tempo e de sanidade mental, também em nome próprio contrair voluntariamente obrigações e se pôr como endereçado de normas que já signifiquem imposição de "deveres", propriamente. O que só pode acontecer a partir do nascimento com vida, renove-se a proposição.

21. Com efeito, é para o indivíduo assim biograficamente qualificado que as leis dispõem sobre o seu nominalizado registro em cartório (cartório de registro civil das pessoas naturais) e lhe conferem uma nacionalidade. *Indivíduo-pessoa*, conseguintemente, a se dotar de toda uma gradativa formação moral e espiritual, esta última segundo uma cosmovisão não exatamente darwiniana ou evolutiva do ser humano, porém *criacionista* ou divina (prisma em que Deus é tido como a nascente e ao mesmo tempo a embocadura de toda a corrente de vida de qualquer dos personalizados seres humanos). Com o quê se tem a seguinte e ainda provisória definição jurídica: *vida humana já revestida do atributo da personalidade civil é o fenômeno que transcorre entre o nascimento com vida e a morte*.

22. Avanço no raciocínio para assentar que essa reserva de personalidade civil ou biográfica para o nativivo em nada se contrapõe aos comandos da Constituição. É que a nossa Magna Carta *não diz quando começa a vida humana*. Não dispõe sobre nenhuma das formas de vida humana pré-natal. Quando fala da "dignidade da pessoa humana" (inciso III do art. 1º), é da pessoa humana naquele sentido ao mesmo tempo notarial, biográfico, moral e espiritual (o Estado é confessionalmente leigo, sem dúvida, mas há referência textual à figura de Deus no Preâmbulo dela mesma, Constituição). E quando se reporta a "direitos da pessoa humana" (alínea "b" do inciso VII do art. 34), "livre exercício dos direitos (...) individuais" (inciso III do art. 85) e até dos "direitos e garantias individuais" como cláusula pétrea (inciso IV do § 4º do art. 60), *está falando de direitos e garantias do indivíduo-pessoa. Gente. Alguém*. De nacionalidade brasileira ou então estrangeira, mas sempre um ser humano já nascido e que se faz destinatário dos direitos fundamentais "à vida, à liberdade, à igualdade, à segurança e à propriedade", entre outros direitos e garantias igualmente distinguidos com o timbre da fundamentalidade (art. 5º). Tanto é assim que ela mesma, Constituição, faz expresso uso do adjetivo "residentes" no país (não em útero materno, e menos ainda em tubo de ensaio ou em "placa de Petri"), além de complementar a referência do seu

5. Em *Curso de Direito Constitucional Positivo*, 20ª ed., p. 196, Malheiros Editores, 2001.

art. 5º "aos brasileiros" para dizer que eles se alocam em duas categorias: a dos brasileiros *natos* (na explícita acepção de "nascidos", conforme as alíneas "a", "b" e "c" do inciso I do art. 12) e brasileiros *naturalizados* (a pressupor formal manifestação de vontade, a teor das alíneas "a" e "b" do inciso II do mesmo art. 12).

23. Isto mesmo é de se dizer das vezes tantas em que o Magno Texto republicano fala da "criança", como no art. 227 e seus §§ 1º, 3º (inciso VII), 4º e 7º, porque o faz na invariável significação de indivíduo ou criatura humana que já conseguiu ultrapassar a fronteira da vida tão-somente intra-uterina. Assim como faz o Estatuto da Criança e do Adolescente (Lei federal n. 8.069, de 13.7.1990), conforme este elucidativo texto: "Art. 2º. Considera-se criança, para os efeitos desta Lei, a pessoa até 12 (doze) anos de idade incompletos, e adolescente aquela entre 12 (doze) e 18 (dezoito) anos de idade". Pelo quê somente só é tido como criança quem ainda não alcançou 12 anos de idade, a contar do primeiro dia de vida *extra-uterina*. Desconsiderado que fica todo o tempo em que se viveu em estado de embrião e feto.

24. Numa primeira síntese, então, é de se concluir que a Constituição Federal não faz de todo e qualquer estádio da vida humana um autonomizado bem jurídico, *mas da vida que já é própria de uma concreta pessoa, porque nativiva e, nessa condição, dotada de compostura física ou natural*. É como dizer: a inviolabilidade de que trata o art. 5º é exclusivamente reportante a um já personalizado indivíduo (o inviolável é, para o Direito, o que o sagrado é para a Religião). E como se trata de uma Constituição que sobre o início da vida humana *é de um silêncio de morte* (permito-me o trocadilho), a questão não reside exatamente em se determinar o início da vida do *homo sapiens*, mas em saber que aspectos ou momentos dessa vida estão validamente protegidos pelo direito infraconstitucional e em que medida. Precisamente como esclareceu Débora Diniz, na mencionada audiência pública, *verbis*:

"Quando a vida humana tem início? O que é vida humana? Essas perguntas contêm um enunciado que remete à regressão infinita: as células humanas no óvulo antes da fecundação, assim como em um óvulo fecundado em um embrião, em um feto, em uma criança ou em um adulto. O ciclo interminável de geração da vida humana envolve células humanas e não-humanas, a tal ponto que descrevemos o fenômeno biológico como reprodução, e não simplesmente como produção da vida humana.

"Isso não impede que nosso ordenamento jurídico e moral possa reconhecer alguns estágios da Biologia humana como passíveis de maior proteção que outros. É o caso, por exemplo, de um cadáver humano, protegido por nosso ordenamento. No entanto, não há como comparar as proteções jurídicas e éticas oferecidas a uma pessoa adulta com as de um cadáver. Portanto, considerar o marco da fecundação como suficiente para o reconhecimento do embrião como detentor de todas as proteções jurídicas e éticas disponíveis a alguém, após o nascimento, implica assumir que: primeiro, a fecundação expressaria não apenas um marco simbólico na reprodução humana, mas a resumiria euristicamente; uma tese de cunho essencialmente metafísico. Segundo, haveria uma continuidade entre óvulo fecundado e futura pessoa, mas não entre óvulo não-fecundado e outras formas de vida celular humana. Terceiro, na ausência de úteros artificiais, a potencialidade embrionária de vir a se desenvolver intra-útero pressuporia o dever de uma mulher à gestação, como forma a garantir a potencialidade da implantação. Quarto, a potencialidade embrionária de vir a se desenvolver intra-útero deveria ser garantida por um princípio constitucional do direito à vida" (fls. 1.118-1.119).

25. Convergentemente, essa constatação de que o Direito protege por modo variado cada etapa do desenvolvimento biológico do ser humano *é o próprio fio condutor de todo o pensamento de Ronald Dworkin, constitucionalista norte-ameri-*

cano, exposto ao longo das 347 páginas do seu livro *Domínio da Vida* (Editora Martins Fontes, São Paulo, 2003). Proteção que vai aumentando à medida que a tais etapas do evolver da criatura humana vai-se adensando a carga de investimento nela: investimento natural ou da própria Natureza, investimento pessoal dos genitores e familiares. É o que se poderia chamar de tutela jurídica proporcional ao *tamanho* desse investimento simultaneamente natural e pessoal, dado que também se faz proporcionalmente maior a cada etapa de vida humana a carga de frustração com a falência ou *bancarrota* do respectivo processo (a curva ascendente de expectativas somente se transmuta em descendente com a chegada da velhice). Confira-se esta elucidativa passagem: "Como afirmei, acreditamos que uma vida humana bem-sucedida segue um certo curso natural. Começa com o simples desenvolvimento biológico – a concepção, o desenvolvimento do feto e a primeira infância – e depois prossegue pela educação e pelas escolhas sociais e individuais e culminando na capacidade de estabelecer relações e alcançar os mais variados objetivos. Depois de um período de vida normal, termina com a morte natural. O desperdício dos investimentos criativos naturais e humanos que constituem a história de uma vida normal ocorre quando essa progressão normal se vê frustrada pela morte, prematura ou não. Quanto lamentável isso é, porém – o tamanho da frustração –, depende da fase da vida em que ocorre, pois a frustração é maior se a morte ocorrer depois que a pessoa tiver feito um investimento pessoal significativo em sua própria vida, e menor se ocorrer depois que algum investimento tiver sido substancialmente concretizado, ou tão substancialmente concretizado quanto poderia ter sido" (p. 122).

26. Sucede que – este o *fiat lux* da controvérsia – a dignidade da pessoa humana *é princípio tão relevante para a nossa Constituição que admite transbordamento*. Transcendência ou irradiação para alcançar, já no plano das leis infraconstitucionais, a proteção de tudo que se revele como o próprio início e continuidade de um processo que deságüe, justamente, no indivíduo-pessoa. Caso do embrião e do feto, segundo a humanitária diretriz de que a eminência da embocadura ou apogeu do ciclo biológico justifica a tutela das respectivas etapas. Razão por que o nosso Código Civil se reporta à lei para colocar a salvo, "desde a concepção, os direitos do nascituro" (do Latim *nasciturus*); *que são direitos de quem se encontre a caminho do nascimento*. Se se prefere – considerado o fato de que o fenômeno da concepção já não é exclusivamente intracorpóreo –, *direitos para cujo desfrute se faz necessário um vínculo operacional entre a fertilização do óvulo feminino e a virtualidade para avançar na trilha do nascimento*. Pois essa aptidão para avançar, concretamente, na trilha do nascimento é que vai corresponder ao conceito legal de "nascituro". Categoria exclusivamente jurídica, porquanto não versada pelas Ciências Médicas e Biológicas, e assim conceituada pelo civilista Sílvio Rodrigues (in *Direito Civil*, ano de 2001, p. 36): "Nascituro é o ser já concebido, mas que ainda se encontra no ventre materno".

27. Igual proteção jurídica se encontra no relato do § 3º do art. 9º da Lei n. 9.434/1997, segundo o qual: "É vedado à gestante dispor de tecidos, órgãos ou partes de seu corpo vivo, exceto quando se tratar de doação de tecido para ser utilizado em transplante de medula óssea *e o ato não oferecer risco à saúde do feto*" (itálicos à parte). Além, é claro, da norma penal de criminalização do aborto (arts. 123 a 127 do Decreto-lei n. 2.848, de 7.12.1940), com as exceções dos incisos I e II do art. 128, a saber: "se não há outro meio de salvar a vida da gestante" (aborto terapêutico); se "a gravidez resulta de estupro e o aborto é precedido de consentimento da gestante, ou, quando incapaz, de seu representante legal" (aborto sentimental ou compassivo). Dupla referência legal ao vocábulo "gestante" para evidenciar que o bem jurídico a tutelar

contra o aborto é um organismo ou entidade pré-natal, quer em estado embrionário, quer em estado fetal, *mas sempre no interior do corpo feminino*. Não em placa de Petri, cilindro metálico ou qualquer outro recipiente mecânico de embriões que não precisaram de intercurso sexual para eclodir.

28. Não que a vedação do aborto signifique o reconhecimento legal de que em toda gravidez humana já esteja pressuposta a presença de pelo menos duas pessoas: a da mulher grávida e a do ser em gestação. Se a interpretação fosse essa, então, as duas exceções dos incisos I e II do art. 128 do CP seriam inconstitucionais, sabido que a alínea "a" do inciso XLVII do art. 5º da Magna Carta Federal proíbe a pena de morte (salvo "em caso de guerra declarada, nos termos do art. 84, XIX"). O que traduz essa vedação do aborto não é outra coisa senão o direito penal brasileiro a reconhecer que, *apesar de nenhuma realidade ou forma de vida pré-natal ser uma pessoa física ou natural*, ainda assim faz-se portadora de uma dignidade que importa reconhecer e proteger. Reconhecer e proteger, aclare-se, nas condições e limites da legislação ordinária mesma, devido ao mutismo da Constituição quanto ao início da vida humana. Mas um mutismo hermeneuticamente significante de transpasse de poder normativo para a legislação ordinária ou usual, até porque, segundo recorda Sérgio da Silva Mendes, houve tentativa de se embutir na Lei Maior da República a proteção ao ser humano desde a sua concepção. É o que noticiam os anais da Assembléia Nacional Constituinte de 1986/1987, assim invocados por ele, Sérgio da Silva Mendes (Mestre em Direito e Doutorando em Filosofia pela Universidade Gama Filho/RJ): "O Positivismo Lógico apela para os métodos tradicionais de interpretação, entre eles o da vontade do legislador. A averiguação, se não vinculante, ao menos conduz a hermenêutica sobre caminhos objetiváveis. A primeira sugestão na Constituinte acerca da matéria foi feita no capítulo 'Da Família', com a seguinte preocupação: 'sugere normas de proteção à vida *desde sua concepção*'".[6] Sugestão de n. 421, de 7 de abril de 1987, feita pelo então parlamentar Carlos Virgílio, porém avaliada como não convincente o bastante para figurar no corpo normativo da Constituição.

29. Não estou a ajuizar senão isto: a potencialidade de algo para se tornar pessoa humana já é meritória o bastante para acobertá-lo, infraconstitucionalmente, contra tentativas esdrúxulas, levianas ou frívolas de obstar à sua natural continuidade fisiológica. Mas as três realidades não se confundem: o embrião é o embrião, o feto é o feto e a pessoa humana é a pessoa humana. *Esta não se antecipa à metamorfose dos outros dois organismos. É o produto final dessa metamorfose*. O sufixo grego "meta" a significar, aqui, u'a mudança tal de estado que implica um ir além de si mesmo para se tornar um outro ser. Tal como se dá entre a planta e a semente, a chuva e a nuvem, a borboleta e a crisálida, a crisálida e a lagarta (e ninguém afirma que a semente já seja a planta; a nuvem, a chuva; a lagarta, a crisálida; a crisálida, a borboleta). O elemento anterior como que tendo de se imolar para o nascimento do posterior. *Donde não existir pessoa humana embrionária, mas embrião de pessoa humana*, passando necessariamente por essa entidade a que chamamos "feto". Este e o embrião a merecer tutela infraconstitucional, por derivação da tutela que a própria Constituição dispensa à pessoa humana propriamente dita. Essa pessoa humana, agora, sim, que tanto é parte do todo social quanto um todo à parte. Parte de algo e um algo à parte. Um microcosmo, então, a se pôr como "a medida de todas as coisas", na sempre atual proposição filosófica de Protágoras (485/410 a.C.) e a servir de inspiração para os compositores brasileiros Tom-Zé e

6. Refiro-me ao texto, ainda inédito, que Sérgio da Silva Mendes escreveu sob o título de *O Constituinte, a Constituição e a Inviabilidade Genética do Positivismo Lógico*, elaborado com base no banco de dados da nossa última Assembléia Nacional Constituinte, disponíveis no *site* do Senado Federal.

Ana Carolina afirmarem que: "O homem é sozinho a casa da Humanidade". E Fernando Pessoa dizer, no imortal poema "Tabacaria": "Não sou nada./Nunca serei nada./Não posso querer ser nada./À parte isso, tenho em mim todos os sonhos do mundo".

30. Por este visual das coisas, não se nega que o início da vida humana só pode coincidir com o preciso instante da fecundação de um óvulo feminino por um espermatozóide masculino. Um gameta masculino (com seus 23 cromossomos) a se fundir com um gameta feminino (também portador de igual número de cromossomos) para a formação da unitária célula em que o zigoto consiste. Tal como se dá com a desconcertante aritmética do amor: um mais um, igual a um, segundo figuração que se atribui à inspirada pena de Jean-Paul Sartre.

31. Não pode ser diferente. Não há outra matéria-prima da vida humana ou diverso modo pelo qual esse tipo de vida animal possa começar, já em virtude de um intercurso sexual, já em virtude de um ensaio ou cultura em laboratório. Afinal, o zigoto enquanto primeira fase do embrião humano é isso mesmo: o germe de todas as demais células do hominídeo (por isso que na sua fase de partida é chamado de "célula-ovo" ou "célula-mãe", em Português, e de *célula-madre*, em Castelhano). Realidade seminal que encerra o nosso mais rudimentar ou originário ponto de partida. Sem embargo, esse insubstituível início de vida é uma realidade distinta daquela constitutiva da pessoa física ou natural; não por efeito de uma unânime ou sequer majoritária convicção metafísica (esfera cognitiva em que o assunto parece condenado à aporia ou indecidibilidade), *mas porque assim é que preceitua o ordenamento jurídico brasileiro*. Convenhamos: Deus fecunda a madrugada para o parto diário do sol, mas nem a madrugada é o sol, nem o sol é a madrugada. Não há processo judicial contencioso sem um pedido inicial de prolação de sentença ou acórdão, mas nenhum acórdão ou sentença judicial se confunde com aquele originário pedido. Cada coisa tem o seu momento ou a sua etapa de ser exclusivamente ela, no âmbito de um processo que o Direito pode valorar por um modo tal que o respectivo clímax (no caso, a pessoa humana) apareça como substante em si mesmo. Espécie de efeito sem causa, normativamente falando, ou positivação de uma fundamental dicotomia entre dois planos de realidade: o da vida humana intra-uterina e o da vida para além dos escaninhos do útero materno, tudo perfeitamente de acordo com a festejada proposição kelseniana de que o Direito tem a propriedade de construir suas próprias realidades.[7]

32. Verdade que a Lei de Biossegurança não conceitua as categorias mentais ou entidades biomédicas a que se refere. Nem por isso impede a facilitada exegese dos seus textos, pois é de se presumir que recepcionou tais categorias e as que lhe são correlatas com o significado que elas portam no âmbito, justamente, das Ciências Médicas e Biológicas. Significado que desponta no glossário que se lê às pp. 18-19 da coletânea que a Editora Atheneu fez publicar, no recente ano de 2006, com o nome de *Células-Tronco, A Nova Fronteira de Medicina* (já o dissemos em nota de rodapé), sob a coordenação dos professores Marco Antônio Zago e Dimas Tadeu Covas.[8] Glossário que reproduzo nos seguintes verbetes:

"*Célula-tronco embrionária:* Tipo de célula-tronco pluripotente (capaz de originar todos os tecidos de um indivíduo adulto) que

7. Hans Kelsen, *Teoria Pura do Direito*, 4ª ed., pp. 269-273.

8. Marco Antônio Zago, membro titular da Academia Brasileira de Ciências, é Professor Titular de Clínica Médica da Faculdade de Medicina de Ribeiro Preto da USP e Coordenador do Centro de Terapia Celular de Ribeirão Preto, além de Diretor Científico do Hemocentro de Ribeirão Preto. Já o segundo coordenador, Dimas Tadeu Covas, é Professor-Associado de Clínica Médica da Faculdade de Medicina de Ribeirão Preto da USP, além de Pesquisador do Centro de Terapia Celular de Ribeirão Preto e Diretor-Presidente do Hemocentro de Ribeiro Preto.

cresce *in vitro* na forma de linhagens celulares derivadas de embriões humanos";

"*Célula-tronco adulta:* Tipo de célula-tronco obtida de tecidos após a fase embrionária (feto, recém-nascido, adulto). As células-tronco adultas até agora isoladas em humanos são tecido específicas, ou seja, têm capacidade de diferenciação limitada a um único tipo de tecido ou a alguns poucos tecidos relacionados";

"*Embrião:* O ser humano nas primeiras fases de desenvolvimento, isto é, do fim da segunda até o final da oitava semana, quando termina a morfogênese geral";

"*Feto:* Organismo humano em desenvolvimento, no período que vai da nona semana de gestação ao nascimento".

33. Retomo a tarefa de dissecar a lei para deixar ainda mais explicitado que os embriões a que ela se refere são aqueles derivados de uma fertilização que se obtém *sem o conúbio ou acasalamento humano. Fora da relação sexual.* Do lado externo do corpo da mulher, então, e do lado de dentro de provetas ou tubos de ensaio. "Fertilização *in vitro*", tanto na expressão vocabular do diploma legal quanto das Ciências Médicas e Biológicas, no curso de procedimentos de procriação humana assistida. Numa frase, concepção artificial ou em laboratório, *ainda numa quadra em que deixam de coincidir os fenômenos da fecundação de um determinado óvulo e a respectiva gravidez humana.* A primeira, já existente (a fecundação), mas não a segunda (a gravidez). Logo, particularizado caso de um embrião que, além de produzido sem cópula humana, não se faz acompanhar de uma concreta gestação feminina. Donde a proposição de que, *se toda gestação humana principia com um embrião igualmente humano, nem todo embrião humano desencadeia uma gestação igualmente humana.* Situação em que também *deixam de coincidir concepção e nascituro*, pelo menos enquanto o ovócito (óvulo já fecundado) não for introduzido no colo do útero feminino.

34. Acontece – insistimos na anotação – que o emprego de tais células-tronco embrionárias para os fins da Lei de Biossegurança tem entre os seus requisitos a expressa autorização do casal produtor do espermatozóide e do óvulo afinal fecundado. Fecundado em laboratório ou por um modo artificial – também já foi ressaltado –, *mas sem que os respectivos doadores se disponham a assumi-lo como experimento de procriação própria, ou alheia.* Pelo quê não se cuida de interromper gravidez humana, pois, assim como nenhuma mulher se acha "mais ou menos grávida" (a gravidez é radical, no sentido de que ou já é fato consumado, ou dela não se pode cogitar), também assim nenhum espécime feminino engravida à distância. Por controle remoto: o embrião do lado de lá do corpo, em tubo de ensaio ou coisa que o valha, e a gravidez do lado de cá da mulher. Com o quê deixa de haver o pressuposto de incidência das normas penais criminalizadoras do aborto (até porque positivadas em época – 1940 – muito anterior às teorias e técnicas de fertilização humana *in vitro*).

35. Nesse ritmo argumentativo, diga-se bem mais: não se trata sequer de interromper uma producente trajetória extra-uterina do material constituído e acondicionado em tubo de ensaio, *simplesmente porque esse modo de irromper em laboratório e permanecer confinado "in vitro" é, para o embrião, insuscetível de progressão reprodutiva.* Impossível de um reprodutivo "desenvolvimento contínuo", ao contrário, *data venia*, da afirmação textualmente feita na petição inicial da presente ação. Equivale a dizer, o zigoto assim extracorporalmente produzido e também extracorporalmente cultivado e armazenado é entidade embrionária que, em termos de uma hipotética gestação humana, corresponde ao ditado popular de que "uma andorinha só não faz verão". Pois o certo é que, à falta do *húmus* ou da constitutiva ambiência orgânica do corpo feminino, o óvulo já fecundado, mas em estado de congelamento, estaca na sua

própria *linha de partida genética*. Não tem como alcançar a fase que, na mulher grávida, corresponde àquela "nidação" que já é a *ante-sala* do feto. Mas é embrião que conserva, pelo menos durante algum tempo, a totipotência para se diferenciar em outro tecido (inclusive neurônios) que nenhuma célula-tronco adulta parece deter. Daí o sentido irrecusavelmente instrumental ou utilitário da Lei de Biossegurança em sede científico-terapêutica, melhor compreendido a partir das seguintes lucubrações de Marco Antônio Zago (ainda uma vez citado).[9]

36. Convém repetir, com ligeiro acréscimo de idéias. O embrião viável (viável para reprodução humana, lógico), desde que obtido por manipulação humana e depois aprisionado *in vitro*, empaca nos primeiros degraus do que seria sua evolução genética. Isto por se achar impossibilitado de experimentar as metamorfoses de hominização que adviriam de sua eventual nidação. Nidação, como sabido, que já é a fase de implantação do zigoto no endométrio ou parede do útero, na perspectiva de sua mutação em feto. Dando-se que, no materno e criativo aconchego do útero, *o processo reprodutivo é da espécie evolutiva ou de progressivo fazimento de uma nova pessoa humana*; ao passo que lá, na gélida solidão do confinamento *in vitro*, o que se tem é um quadro geneticamente contido do embrião, ou, pior ainda, um processo que tende a ser estacionário-degenerativo, se considerada uma das possibilidades biológicas com que a própria lei trabalhou: o risco da gradativa perda da capacidade reprodutiva e quiçá da potipotência do embrião que ultrapassa um certo período de congelamento (congelamento que se faz entre três e cinco dias da fecundação). Donde, em boa medida, as seguintes declarações dos Drs. Ricardo Ribeiro dos Santos e Patrícia Helena Lucas Pranke, respectivamente (fls. 963 e 929):

"A técnica do congelamento degrada os embriões, diminui a viabilidade desses embriões para o implante; para dar um ser vivo completo (...). A viabilidade de embriões congelados há mais de três anos é muito baixa. Praticamente nula";

"Teoricamente, podemos dizer que, em alguns casos, como na categoria D, o próprio congelamento acaba por destruir o embrião, do ponto de vista da viabilidade de ele se transformar em embrião. Para pesquisa, as células estão vivas; então, para pesquisa, esses embriões são viáveis, mas não para a fecundação".

37. Afirme-se, pois, *e de uma vez por todas*, que a Lei de Biossegurança não veicula autorização para extirpar do corpo feminino esse ou aquele embrião. Eliminar ou desentranhar esse ou aquele zigoto a caminho do endométrio, ou nele já fixado. *Não é isso*. O que autoriza a lei é um procedimento *externa corporis*: pinçar de embrião ou embriões humanos, obtidos artificialmente e acondicionados *in vitro*, células que, presumivelmente dotadas de potência máxima para se diferenciar em outras células e até produzir cópias idênticas a si mesmas (fenômeno da "auto-replicação"), poderiam experimentar com o tempo o risco de u'a mutação redutora dessa capacidade ímpar. Com o quê transitariam do não-apro-

9. Lê-se em Cláudio Fonteles (*A Vida Humana É Dinamismo Essencial Inesgotável*, p. 1):

"A vida humana é dinamismo essencial. Na fecundação – união do espermatozóide com o óvulo – e a partir da fecundação a célula autônoma – zigoto – que assim surge, por movimento de dinamismo próprio, independente de qualquer interferência da mãe, ou do pai, realiza a sua própria constituição, bipartindo-se, quadripartindo-se, no segundo dia, no terceiro dia, e assim por diante.

"Apesar da grande diversidade de células que podem ser reconhecidas em tecidos adultos, todas derivam de uma única célula-ovo, após a fecundação de um óvulo por um espermatozóide. Essa única célula tem, pois, a propriedade de formar todos os tecidos do indivíduo adulto. Inicialmente, essa célula totipotente divide-se, formando células idênticas, mas, muito precocemente na formação do embrião, os diferentes grupos celulares vão adquirindo características especializadas e, ao mesmo tempo, *vão restringindo sua capacidade de diferenciação*" (ob. cit., pp. 3 e 4 – sem destaque no original).

veitamento reprodutivo para a sua relativa descaracterização como tecido potipotente e daí para o descarte puro e simples, como dejeto clínico ou hospitalar. Dejeto tanto mais numericamente incontrolável quanto inexistentes os referidos bancos de dados sobre as atividades de reprodução humana assistida e seus produtos finais.[10]

38. Se a realidade é essa, ou seja, se o tipo de embrião a que se refere a lei não precisa da cópula humana nem do corpo feminino para acontecer como entidade biológica ou material genético (embrião que nem saiu de dentro da mulher, nem no corpo feminino vai ser introduzido), penso que uma pergunta se impõe ao equacionamento jurídico da controvérsia nodular que permeia o presente feito. Ei-la: *há base constitucional para um casal de adultos recorrer a técnicas de reprodução assistida que incluam a fertilização artificial ou "in vitro"*? Casal que não consegue procriar pelo método convencional do coito? Respondo que sim, e é sem nenhuma hesitação que o faço.

39. Deveras, os arts. 226 e ss. da Constituição brasileira dispõem que o homem e a mulher, seja pelo casamento civil, seja pela união estável, são as células formadoras dessa fundamental instituição que atende pelo nome de "família". Família de pronto qualificada como "base da sociedade" e merecedora da "proteção especial do Estado" (*caput* do art. 226). Família, ainda, que se expande com a chegada dos filhos, referidos 12 vezes, ora por forma direta, ora por forma indireta, nos artigos constitucionais de ns. 226, 227 e 229. Mas que não deixa de existir quando formada apenas por um dos pais e seus descendentes (§ 4º do art. 226), situação em que passa a receber a alcunha de monoparental. Sucedendo que, nesse mesmo conjunto normativo, o Magno Texto federal passa a dispor sobre a figura do "*planejamento familiar*". Mais exatamente, planejamento familiar que, "*fruto da livre decisão do casal*", é "*fundado nos princípios da dignidade da pessoa humana e da paternidade responsável*" (§ 7º desse emblemático art. 226, itálicos à parte). Donde a intelecção de que:

I – Dispor sobre o tamanho de sua família e possibilidade de sustentá-la materialmente, tanto quanto de assisti-la física e amorosamente, é modalidade de decisão a ser tomada pelo casal. Mas decisão tão voluntária quanto responsavelmente tomada, tendo como primeiro e explícito suporte o princípio fundamental da "dignidade da pessoa humana" (inciso III do art. 5º).

II – Princípio fundamental da dignidade da pessoa humana, esse, que opera por modo binário ou dual. De uma parte, *para aquinhoar o casal com o direito público subjetivo à "liberdade"* (Preâmbulo da Constituição e seu art. 5º), aqui entendida como autonomia de vontade ou esfera de privacidade decisória. De outra banda, *para contemplar os porvindouros componentes da unidade familiar, se por eles optar o casal, com planejadas condições de bem-estar e assistência físico-afetiva.*

40. Dá-se que essa figura jurídico-constitucional do planejamento familiar para o exercício de uma paternidade responsável é ainda servida pela parte final do dispositivo sob comento (§ 7º do art. 226), que impõe ao Estado o dever de "*propiciar recursos educacionais e científicos para o exercício desse direito*" (direito ao planejamento familiar com paternidade responsável, repise-se), "*vedada qualquer forma coercitiva por parte de instituições oficiais e privadas*" (original sem destaque).

41. O que agora se tem, por conseguinte, já é o Poder Público tão proibido de se contrapor à autonomia de vontade decisória do casal quanto obrigado a se postar como aparelho de suprimento dos meios educacionais e científicos para o mais desembaraçado

10. De se registrar que a presente ação direta não impugna o descarte puro e simples de embriões não-aproveitados "no respectivo procedimento". A impugnação é quanto ao emprego de células em pesquisa científica e terapia humana.

e eficaz desfrute daquela situação jurídica ativa ou direito público subjetivo a um planejamento familiar que se volte para a concreta assunção da mais responsável paternidade. Sendo certo que: I – a fertilização *in vitro* é peculiarizado meio ou recurso científico a serviço da ampliação da família como entidade digna da "especial proteção do Estado" (base, que é, de toda a sociedade); II – não importa, para o Direito, o processo pelo qual se viabilize a fertilização do óvulo feminino (se natural o processo, se artificial).

O que importa é possibilitar ao casal superar os percalços de sua concreta infertilidade, e, assim, contribuir para a perpetuação da espécie humana. Experimentando, de conseguinte, o êxtase do amor-a-dois na paternidade responsável.

42. Uma segunda pergunta ainda me parece imprescindível para a formatação do equacionamento jurídico-constitucional da presente ação. Formulo-a nos seguintes termos: se é legítimo o apelo do casal a processos de assistida procriação humana *in vitro*, fica ele obrigado ao aproveitamento reprodutivo de todos os óvulos eventualmente fecundados? Mais claramente falando: *o recurso a processos de fertilização artificial implica o dever da tentativa de nidação no corpo da mulher produtora dos óvulos afinal fecundados? Todos eles? Mesmo que sejam 5, 6, 10?* Pergunta que se impõe, já se vê, pela consideração de que os procedimentos de procriação assistida não têm como deixar de experimentar todos os óvulos eventualmente produzidos pela doadora e dela retirados no curso de um mesmo período mensal, após indução por injeções de hormônios. Coleta e experimento que se impõem para evitar novas práticas invasivas (incômodas, custosas, arriscadas) do corpo da mulher em curto espaço de tempo.

43. Minha resposta, no ponto, é rotundamente negativa. Não existe esse dever do casal, seja porque não imposto por nenhuma lei brasileira ("ninguém será obrigado a fazer ou deixar de fazer alguma coisa senão em virtude de lei" – reza o inciso II do art. 5º da CF), seja porque incompatível com o próprio instituto do "planejamento familiar" na citada perspectiva da "paternidade responsável". Planejamento que só pode significar a projeção de um número de filhos *pari passu* com as possibilidades econômico-financeiras do casal e sua disponibilidade de tempo e afeto para *educá-los* na senda do que a Constituição mesma sintetiza com esta enfática proclamação axiológica: "A educação, direito de todos e dever do Estado *e da família*, será promovida e incentivada com a colaboração da sociedade, visando ao pleno desenvolvimento da pessoa, seu preparo para o exercício da cidadania e sua qualificação para o trabalho" (sem itálicos, no texto original).

44. Recolocando a idéia, planejamento familiar que se traduza em paternidade responsável é, entre outras coisas, a projeção de uma prole em número compatível com as efetivas possibilidades materiais e disponibilidades físico-amorosas dos pais. Tudo para que eles, os pais, sem jamais perder de vista o horizonte axiológico do citado art. 205 da Constituição, *ainda possam concretizar um outro conjunto de desígnios igualmente constitucionais*: o conjunto do art. 227, impositivo do dever de "assegurar à criança e ao adolescente, com absoluta prioridade, o direito à vida, à saúde, à alimentação, à educação, ao lazer, à profissionalização, à cultura, à dignidade, ao respeito, à liberdade e à convivência familiar e comunitária, além de colocá-los a salvo de toda de toda forma de negligência, discriminação, exploração, violência, crueldade e opressão".

45. Tudo isto, em verdade, tenho como inexcedível modelo jurídico de planejamento familiar para o concreto exercício de uma paternidade ou procriação responsável. Modelo concebido diretamente pela Constituição brasileira, de que este STF é o guardião-mor. Despontando claro que se trata de paradigma perfeitamente rimado com a tese de que não se pode compelir nenhum casal ao pleno aproveitamento de todos os embriões sobejantes ("excedentários") dos

respectivos propósitos reprodutivos. Até porque tal aproveitamento, à revelia do casal, seria extremamente perigoso para a vida da mulher que passasse pela desdita de uma compulsiva nidação de grande número de embriões (a gestante a ter que aceitar verdadeira *ninhada* de filhos de uma só vez). Imposição, além do mais, que implicaria tratar o gênero feminino por modo desumano ou degradante, em contrapasso ao direito fundamental que se lê no inciso II do art. 5º da Constituição, *litteris*: "ninguém será submetido a tortura nem a tratamento desumano ou degradante". Sem meias-palavras, tal nidação compulsória corresponderia a impor às mulheres a tirania patriarcal de ter que gerar filhos para os seus maridos ou companheiros, na contramão do notável avanço cultural que se contém na máxima de que "o grau de civilização de um povo se mede pelo grau de liberdade da mulher".

46. Por outro aspecto, importa reconhecer que na base dessa ausência do dever legal de aproveitamento de grande quantidade de embriões *in vitro* está o fato de que tais embriões não mantêm com as pessoas de cujo material biológico provieram o mesmo vínculo de proximidade física e afetividade que sói acontecer com o zigoto convencional. Vale dizer, a identidade física, psicológica e amorosa do casal, especialmente a identidade da mulher, é compreensivelmente maior com o zigoto *in natura* ou não-artificial. Com o corpo que se vai formando no interior de outro corpo, de maneira a criar para a gestante (falo a partir do que ordinariamente ocorre nas gestações voluntárias) toda uma diáfana atmosfera de expectativas, sonhos, planos, desejos, risos, cuidados, sustos, apreensões e dores que a poeta Adriene Rich assim traduziu, em relato da professora Catharine MackKinnon, da Faculdade de Direito de Michigan: "A criança que trago comigo durante nove meses não pode ser definida nem como eu nem como não-eu".

47. É o trecho que se divisa à p. 77 do mencionado livro *Domínio da Vida*. Mesma página em que o próprio Dworkin retoma o testemunho de Adriene Rich para dizer que: "Ao ignorar a natureza única da relação entre a mulher grávida e o feto, negligenciar a perspectiva da mãe e comparar sua situação à do proprietário de um imóvel ou à de uma mulher ligada a um violinista, a afirmação da privacidade obscurece, em particular, o especial papel criativo da mulher durante a gravidez. Seu feto não está meramente 'dentro' dela como poderia estar um objeto inanimado, ou alguma coisa viva mas estranha que tivesse sido transplantada para o seu corpo. É 'dela, e é dela mais do que de qualquer outra pessoa' porque é, porque ela fez com que se tornasse vivo. Ela já fez um intenso investimento físico e emocional nele, diferente do que qualquer outra pessoa possa ter feito, inclusive o pai; por causa dessas ligações físicas e emocionais, é tão errado dizer que o feto está separado dela quanto dizer que não está (...)".

48. Realmente, o feto é organismo que para continuar vivo precisa da continuidade da vida da gestante. Não subsiste por conta própria, senão por um átimo. Cresce dentro de um corpo que também cresce com ele. Pulsa em par com outra pulsação e respira igualmente a dois. *Não sabe o que é solidão*, porque desmente a lei da Física de que dois corpos não podem ocupar ao mesmo tempo o mesmo espaço. Se desde os seus primeiros sinais de formação neural já reconhece a voz e o riso de *quem o transporta e alimenta, quem o transporta e alimenta fica para sempre com o seu retrato sentimental na parede do útero*. Impossível esquecê-lo! Se o homem esgota o seu constitutivo papel na formação de um novo ser com o ato em si da produção do sêmen fecundante, a mulher não exaure esse papel com a produção do óvulo fecundado. Esse ovócito ou célula-ovo é apenas o início de uma trajetória intestina que tanto pode dar no esplendor da vida cá de fora, passando pelo útero, naturalmente, como acabar na escuridão de uma urna mortuária ("o absoluto e terrível colapso da luz", na precisa metáfora do mesmo Ronald

Dworkin, p. 280 do seu precioso livro). Se a partir de um certo período de vida o feto experimenta o que os teólogos chamam de *animação* ou presença da alma, essa alma junta-se à da parturiente para um tipo de coabitação tão inescapável quanto aquela de ordem corporal. Duas almas *vizinhas de porta*, no interior de uma só casa maternal. Não dá, então, para fazer comparação com um tipo de embrião que tem sua dignidade intrínseca, reafirme-se, mas embrião irrompido à distância e que nenhuma chance tem de se aproximar daquela que o tornaria um filho, e ele, a ela, mãe. Proximidade que seria até bem mais que um *estar ali do lado*, fisicamente, para se tornar um *estar aqui por dentro*, amorosamente. Mas um dentro tão misteriosamente incomensurável quanto intimista, que ser voluntariamente mãe é esse dom de fazer o seu ventre do tamanho do mundo e no entanto colocar esse mundo na palma da sua mão.

49. Entenda-se bem: o vislumbre da maternidade como realização de um projeto de vida é o ponto mais estratégico de toda a trajetória humana. É ele que verdadeiramente assegura a consciente busca da perpetuação da espécie. Por isso que nesse preciso lapso temporal a gestante ama a sua criatura com as forças todas do seu extático ser. Ama na totalidade do seu coração e da sua mente, dos seus órgãos e vísceras, instintos e sensações. Monumentaliza por tal forma esse amor, que se torna a encarnação dele. O amor a tomar o lugar dela, gestante, arrebatando-a de si mesma no curso de um processo em que já não há senão o amor a comandar objetivamente as coisas e a fluir por conta própria. Sem divisão. Sem ninguém no comando. Livre de qualquer vontade em sentido psicológico, assim como acontece com a circulação do sangue em nossas veias e a corrente dos rios em direção da sua sempre receptiva embocadura (o rio se entrega ao mar por inteiro e a cada instante, e ainda agradecido por viver assim de se entregar).

50. São dois fenômenos concomitantes ou compresentes, mas de caráter distinto. Um é a gestação em si, como elemento ou objetivo dado da Natureza. Investimento que a Natureza faz em um novo exemplar do mais refinado espécime do mundo animal, que é o ser humano. Outro é a maternidade consentida, como subjetivo dado do mais profundo benquerer. Investimento que uma criatura humana faz em outra, planejada ou assumidamente, e que o Direito sobrevalora como expressão da paternidade responsável (§ 7º do art. 226 da Constituição, relembre-se). Ali, um criativo investimento de ordem física. Aqui, um criativo investimento de ordem ao mesmo tempo física, psicológica e afetiva. Anímica, verdadeiramente.

51. Passa por este ponto de inflexão hermenêutica, certamente, uma das razões pelas quais o sempre lúcido Min. Celso de Mello assentou que a presente ação direta de inconstitucionalidade é a causa mais importante da história deste STF (ao que se sabe, é a primeira vez que um Tribunal Constitucional enfrenta a questão do uso científico-terapêutico de células-tronco embrionárias). Causa cujo desfecho é de interesse de toda a Humanidade. Causa ou processo que torna, mais que todos os outros, esta nossa Corte Constitucional *uma casa de fazer destino*. Pois o que está em debate é mais que a natureza da concepção ou do biológico início do *homo sapiens*. Mais que a precisa conceituação jurídica de pessoa humana, da procriação responsável e dos valores constitucionais da saúde e da liberdade de expressão científica. Tudo isso é muito, muito mesmo, porém ainda não é tudo. É também preciso pôr como alvo da nossa investigação de direito positivo *a natureza mesma da maternidade*. Essa disposição de gerar um novo ser dentro de si que é total disponibilidade para acolhê-lo como parte essencial de uma família e de toda a existência (categoria inda maior que a de sociedade). Pelo quê a interpretação do Direito não tem como deixar de valorá-la como a parte mais criativa de todo o processo gestacional. O hermeneuta a se render à evidência de que maternidade assumida e

amor absoluto se interpenetram para agir como elemento complementar da formação psicofísica e anímica de uma nova criatura, envolvendo-a na mais arejada atmosfera de empatia com o mundo cá de fora (nas barrigas ditas "de aluguel", por exemplo, é de se presumir que a gestação não se faça acompanhar da maternidade como categoria de um estruturante benquerer). Tirante, claro, situações em que a própria Natureza é que incide em anomalias ou desvarios, falhando no aporte de sua peculiar contribuição para a saúde físico-mental de um ser em estado pré-natal.

52. É o que tenho como suficiente para, numa segunda síntese, formular os seguintes juízos de validade constitucional: I – a decisão por uma descendência ou filiação exprime um tipo de autonomia de vontade individual que a própria Constituição rotula como direito ao planejamento familiar, fundamentado este nos princípios igualmente constitucionais da dignidade da pessoa humana e da paternidade responsável; II – a opção do casal por um processo *in vitro* de fecundação de óvulos é implícito direito de idêntica matriz constitucional, sem acarretar para ele o dever jurídico do aproveitamento reprodutivo de todos os embriões eventualmente formados e que se revelem geneticamente viáveis.

53. Remarco a tessitura do raciocínio: se todo casal tem o direito de procriar; se esse direito pode passar por sucessivos testes de fecundação *in vitro*; se é da contingência do cultivo ou testes *in vitro* a produção de embriões em número superior à disposição do casal para aproveitá-los procriativamente; se não existe, enfim, o dever legal do casal quanto a esse cabal aproveitamento genético, então, as alternativas que restavam à Lei de Biossegurança eram somente estas: a primeira, condenar os embriões à perpetuidade da pena de prisão em congelados tubos de ensaio; a segunda, deixar que os estabelecimentos médicos de procriação assistida prosseguissem em sua faina de jogar no lixo tudo quanto fosse embrião não requestado para o fim de procriação humana; a terceira opção estaria, exatamente, na autorização que fez o art. 5º da lei. Mas uma autorização que se fez debaixo de judiciosos parâmetros, sem cujo atendimento o embrião *in vitro* passa a gozar de inviolabilidade ontológica até então não explicitamente assegurada por nenhum diploma legal (pensa-se mais na autorização que a lei veiculou que no modo necessário, adequado e proporcional como o fez). Por isso que o chanceler, professor e jurista Celso Lafer encaminhou carta à Min. Ellen Gracie, Presidente desta nossa Corte, para sustentar que os controles estabelecidos pela Lei de Biossegurança "conciliam adequadamente os valores envolvidos, possibilitando os avanços da Ciência em defesa da vida e o respeito aos padrões éticos de nossa sociedade".

54. Há mais o que dizer. Trata-se de uma opção legal que segue na mesma trilha da comentada Lei n. 9.434/1997, pois o fato é que *um e outro diploma normativo se dessedentaram na mesma fonte*: o § 4º do art. 199 da CF, assim literalmente posto: "A lei disporá sobre as condições e os requisitos que facilitem a remoção de órgãos, tecidos e substâncias para fins de transplante, pesquisa e tratamento, bem como a coleta, processamento e transfusão de sangue e seus derivados, vedado todo tipo de comercialização".

55. Providencial regra constitucional, essa, que, sob inspiração nitidamente fraternal ou solidária, transfere para a lei ordinária a possibilidade de sair em socorro daquilo que mais importa para cada indivíduo: a preservação de sua própria saúde, *primeira das condições de qualificação e continuidade de sua vida*. Regra constitucional que abarca, no seu raio pessoal de incidência, assim doadores vivos como pessoas já falecidas. Por isso que a Lei n. 9.434, na parte que interessa ao desfecho desta causa, dispôs que a morte encefálica é o marco da cessação da vida de qualquer pessoa física ou natural. *Ele, o cérebro humano, comparecendo como divisor de águas; isto é, aquela pessoa que*

preserva as suas funções neurais permanece viva para o Direito. Quem já não o consegue, transpõe de vez as fronteiras "desta vida de aquém-túmulo", como diria o poeta Mário de Andrade. Confira-se o texto legal: "A retirada *post mortem* de tecidos, órgãos ou partes do corpo humano destinados a transplante ou tratamento deverá ser precedida de diagnóstico de morte encefálica, constatada e registrada por dois médicos não-participantes das equipes de remoção e transplante, mediante a utilização de critérios clínicos e tecnológicos definidos por resolução do Conselho Federal de Medicina" (art. 3º, *caput*).

56. O paralelo com o art. 5º Lei de Biossegurança é perfeito. Respeitados que sejam os pressupostos de aplicabilidade desta última lei, o embrião ali referido não é jamais uma vida a caminho de outra vida virginalmente nova. *Faltam-lhe todas as possibilidades de ganhar as primeiras terminações nervosas que são o anúncio biológico de um cérebro humano em gestação.* Numa palavra, não há cérebro. Nem concluído, nem em formação. Pessoa humana, por conseqüência, não existe nem mesmo como potencialidade. Pelo quê não se pode sequer cogitar da distinção aristotélica entre ato e potência, porque, se o embrião *in vitro* é algo valioso por si mesmo, se permanecer assim inescapavelmente confinado *é algo que jamais será alguém*. Não tem como atrair para sua causa a essencial configuração jurídica da maternidade, nem se dotar do substrato neural que, no fundo, é a razão de ser da atribuição de uma personalidade jurídica ao nativivo.

57. O paralelo é mesmo este: diante da constatação médica de morte encefálica, a lei dá por finda a personalidade humana, decretando e simultaneamente executando a pena capital de tudo o mais. A vida tão-só e irreversivelmente assegurada por aparelhos já não conta, porque definitivamente apartada da pessoa a que pertencia (a pessoa já se foi, juridicamente, enquanto a vida exclusivamente induzida teima em ficar). E já não conta, pela inescondível realidade de que não há pessoa humana sem o aparato neural que lhe dá acesso às complexas funções do sentimento e do pensar (*cogito, ergo sum* – sentenciou Descartes), da consciência e da memorização, das sensações e até do instinto de quem quer que se eleve ao ponto ômega de toda a escala animal, que é o caso do ser humano. Donde até mesmo se presumir que sem ele, aparato neural, *a própria alma já não tem como cumprir as funções e finalidades a que se preordenou como hóspede desse ou daquele corpo humano.*[11] Em suma, e já agora não mais por modo conceitualmente provisório, porém definitivo, *vida humana já rematadamente adornada com o atributo da personalidade civil é o fenômeno que transcorre entre o nascimento com vida e a morte cerebral.*

58. Já diante de um embrião rigorosamente situado nos marcos do art. 5º da Lei de Biossegurança, o que se tem? Uma vida vegetativa que se antecipa à do cérebro. O cérebro ainda não chegou, a maternidade também não, nenhum dos dois vai chegar nunca, mas nem por isso algo oriundo da fusão do material coletado em dois seres

11. Enquanto Santo Agostinho (século V d.C.) se declarava inseguro quanto à existência da alma desde o momento da concepção, Santo Tomás de Aquino (século XIII d.C.) "afirmava, categoricamente, que o feto não tem uma alma intelectual ou racional no momento em que é concebido, mas que a adquire em algum momento posterior – 40 dias no caso de um feto masculino, segundo a doutrina católica tradicional, e mais tarde no caso de um feto feminino" (Dworkin, ob. cit., pp. 55-56). Disse mais Ronald Dworkin sobre o autor da *Suma Teológica*: "As idéias de Santo Tomás sobre o desenvolvimento do feto, que ele foi buscar em Aristóteles, eram extraordinariamente prescientes em alguns aspectos. O Santo entendeu que o embrião não é uma criança extremamente pequena, mas plenamente formada, que simplesmente aumenta de tamanho até o nascimento, como concluíram alguns cientistas posteriores, utilizando-se de microscópios primitivos, mas sim um organismo que primeiro se desenvolve ao longo de um estágio essencialmente vegetativo, entrando a seguir em um estágio em que já estão presentes intelecto e a razão (...)" (pp. 56-57).

humanos deixa de existir no interior de cilíndricos e congelados tubos de ensaio. Não deixa de existir pulsantemente (*o ser das coisas é o movimento* – assentou Heráclito), mas sem a menor possibilidade de caminhar na transformadora direção de uma pessoa natural. A única trilha que se lhe abre é a do desperdício do seu acreditado poder de recuperar a saúde e até salvar a vida de pessoas, agora, sim, tão *cerebradas* quanto em *carne e osso*, músculos, sangue, nervos e cartilagens, a repartir com familiares, médicos e amigos as limitações, dores e desesperanças de uma vida que muitas vezes tem tudo para ser venturosa e que não é. Donde a inevitabilidade da conclusão de que a escolha feita pela Lei de Biossegurança não significou um desprezo ou desapreço pelo embrião *in vitro*, menos ainda um frio assassinato, *porém u'a mais firme disposição para encurtar caminhos que possam levar à superação do infortúnio alheio*. Um olhar mais atento para os explícitos dizeres de um ordenamento constitucional que desde o seu Preâmbulo qualifica "a liberdade, a segurança, o bem-estar, o desenvolvimento, a igualdade e a justiça" como valores supremos de uma sociedade mais que tudo "fraterna". O que já significa incorporar às imperecíveis conquistas do Constitucionalismo liberal e social *o advento do Constitucionalismo fraternal*, tendo por finalidade específica ou valor fundante a integração comunitária. Que é vida *em comunidade* (de "comum unidade"), a traduzir verdadeira comunhão de vida ou vida social em clima de transbordante solidariedade. Trajetória do Constitucionalismo que bem se retrata no inciso I do art. 3º da nossa Constituição, *verbis*: "Art. 3º. Constituem objetivos fundamentais da República Federativa do Brasil: I – construir uma sociedade livre, justa e solidária; (...)".

59. Como o juiz não deve se resignar em ser uma traça ou ácaro de processo, mas um ser do mundo, abro as minhas vistas para o cotidiano existencial do país, e o que se me depara? Pessoas como Isabel Fillardis, fundadora de duas ONGs e conhecida atriz da Rede Globo de Televisão, a falar assim da síndrome neurológica de que padece o seu filhinho Jamal, de quatro anos de idade: "O Jamal tem *West*, uma síndrome neurológica degenerativa, que provoca crises compulsivas capazes de destruir áreas do cérebro. Quando você se depara com uma questão como essa, a primeira preocupação vai além do diagnóstico: o pai quer saber se o filho vai morrer ou será dado como louco. Ele chegou a ter 15 crises num dia. Comecei uma corrida contra o tempo, até achar a medicação própria para interromper as crises. Esse é um tempo de incerteza, que no nosso caso perdurou pelos dois primeiros anos de vida. É impossível não questionar a vida" (Correio Braziliense, *Revista do Correio*, 27.1.2008, Ano 3, n. 141, p. 32).

60. Assim também o conhecido jornalista e escritor Diogo Mainardi, a prestar depoimento sobre um pequeno filho com paralisia cerebral. Leia-se: "A paralisia cerebral é uma anomalia motora. Meu filho anda errado, pega errado, fala errado. Quando é para soltar um músculo, ele contrai. Quando é para contrair, ele solta. O cérebro dá uma ordem, o corpo desobedece. É o motim do corpo contra o cérebro". E, depois de descrever os duros testes de Fisioterapia a que sua criança tem que se submeter, arremata o testemunho com esta frase, em que a profundidade poética só não é maior que a profundidade amorosa: "Meu filho nunca se interessou por trens elétricos. Mas ele tem um Grande Botão Vermelho conectado em mim. Ele me liga e desliga quando quer. E me faz mudar de trilho, soltar fumaça, apitar" (revista *Veja*, Editora Abril, 7.3.2007, p. 115).

61. Chego a uma terceira síntese parcial: se à lei ordinária é permitido fazer coincidir a morte encefálica com a cessação da vida de uma dada pessoa humana; se já está assim positivamente regrado que a morte encefálica é o preciso ponto terminal da personalizada existência humana, a justificar a remoção de órgãos, tecidos e partes do

corpo ainda fisicamente pulsante para fins de transplante, pesquisa e tratamento; se, enfim, o embrião humano a que se reporta o art. 5º da Lei de Biossegurança constitui-se num ente absolutamente incapaz de qualquer resquício de vida encefálica, *então, a afirmação de incompatibilidade deste último diploma legal com a Constituição é de ser plena e prontamente rechaçada.* É afirmativa inteiramente órfã de suporte jurídico-positivo, sem embargo da inquestionável pureza de propósitos e da franca honestidade intelectual dos que a fazem.

62. Como se não bastasse toda essa fundamentação em desfavor da procedência da ação direta de inconstitucionalidade *sub judice*, trago à ribalta mais uma invocação de ordem constitucional. É que o referido § 4º do art. 199 da Constituição faz parte, *não por acaso*, da seção normativa dedicada à "Saúde" (Seção II do Capítulo II do Título VIII). Saúde já precedentemente positivada como o primeiro dos direitos sociais de natureza fundamental, a teor do art. 6º, e também como o primeiro dos direitos constitutivos da seguridade social, conforme a cabeça do artigo constitucional de n. 194. Mais ainda, saúde que é "direito de todos e dever do Estado" (*caput* do art. 196 da Constituição), garantida mediante ações e serviços de pronto qualificados como "de relevância pública" (parte inicial do art. 197). Com o quê se tem *o mais venturoso dos encontros entre esse direito à saúde e a própria Ciência.* No caso, Ciências Médicas, Biológicas e correlatas, diretamente postas pela Constituição a serviço desse bem inestimável do indivíduo que é a sua própria higidez físico-mental. Sendo de todo importante pontuar que o termo "Ciência", já agora por qualquer de suas modalidades e enquanto atividade individual, também faz parte do catálogo dos direitos fundamentais da pessoa humana. Confira-se: "Art. 5º. (...) IX – é livre a expressão da atividade intelectual, artística, científica e de comunicação; (...)".

63. E aqui devo pontuar que essa liberdade de expressão é clássico direito constitucional-civil ou genuíno direito de personalidade, oponível sobretudo ao próprio Estado, por corresponder à vocação de certas pessoas para qualquer das quatro atividades listadas. Vocação para misteres a um só tempo qualificadores do indivíduo e de toda a coletividade. Por isso que exigentes do máximo de proteção jurídica, até como signo de vida em comum civilizada. Alto padrão de cultura jurídica de um povo.

64. Acresce que o substantivo "expressão", especificamente referido à atividade científica, é vocábulo que se orna dos seguintes significados: primeiramente, a liberdade de tessitura ou de elaboração do conhecimento científico em si; depois disso, igual liberdade de promover a respectiva enunciação para além das fronteiras do puro psiquismo desse ou daquele sujeito cognoscente. Vale dizer, direito que implica um objetivo subir à tona ou vir a lume de tudo quanto pesquisado, testado e comprovado em sede de investigação científica.

65. Tão qualificadora do indivíduo e da sociedade é essa vocação para os misteres da Ciência que a Constituição mesma abre todo um destacado capítulo para dela, Ciência, cuidar por modo superlativamente prezável. É o Capítulo de n. IV do Título VIII, que principia com a peregrina regra de que: "O Estado promoverá e incentivará o desenvolvimento científico, a pesquisa e a capacitação tecnológicas" (art. 218, *caput*). Regra de logo complementada com um preceito (§ 1º do mesmo art. 218) que tem tudo a ver com a autorização de que trata a cabeça do art. 5º da Lei de Biossegurança, pois assim redigido: "A pesquisa científica básica receberá tratamento prioritário do Estado, tendo em vista o bem público e o progresso das Ciências".

66. Sem maior esforço mental, percebe-se, nessas duas novas passagens normativas, o mais forte compromisso da *Constituição-cidadã* para com a Ciência enquanto ordem de conhecimento que se eleva à dimensão de sistema; ou seja, conjunto ordenado de um saber tão metodicamente obtido quanto

objetivamente demonstrável. O oposto, portanto, do conhecimento aleatório, vulgar, arbitrário ou por qualquer forma insuscetível de objetiva comprovação.

67. Tem-se, neste lanço, a clara compreensão de que o patamar do conhecimento científico já corresponde ao mais elevado estádio do desenvolvimento mental do ser humano. A deliberada busca da supremacia em si da argumentação e dos processos lógicos ("Não me impressiona o argumento de autoridade, mas, isto, sim, a autoridade do argumento" – ajuizou Descartes), porquanto superador de todo obscurantismo, toda superstição, todo preconceito, todo sectarismo. O que favorece o alcance de superiores padrões de autonomia científico-tecnológica do nosso país, numa quadra histórica em que o novo Eldorado já é unanimemente etiquetado como "era do conhecimento".

68. "Era do conhecimento", ajunte-se, em benefício da saúde humana e contra eventuais tramas do acaso e até dos golpes da própria Natureza, num contexto de solidária, compassiva ou fraternal legalidade que, longe de traduzir desprezo ou desrespeito aos congelados embriões *in vitro*, significa apreço e reverência a criaturas humanas que sofrem e se desesperam nas ânsias de um infortúnio que muitas vezes lhes parece maior que a Ciência dos homens e a própria vontade de Deus. Donde a lancinante pergunta que fez uma garotinha brasileira de três anos, paraplégica, segundo relato da geneticista Mayana Zatz: "– Por que não abrem um buraco em minhas costas e põem dentro dele uma pilha, uma bateria, para que eu possa andar como as minhas bonecas?".

69. Pergunta cuja carga de pungente perplexidade nos impele à formulação de outras inquirições já situadas nos altiplanos de uma reflexão que nos cabe fazer com toda maturidade: deixar de atalhada ou mais rapidamente contribuir para devolver pessoas assim à plenitude da vida não soaria aos médicos, geneticistas e embriologistas como desumana omissão de socorro? Um triste concluir que no coração do Direito Brasileiro já se instalou de vez "o monstro da indiferença" (Otto Lara Resende)? Um atestado ou mesmo confissão de que o nosso ordenamento jurídico *deixa de se colocar do lado dos que sofrem para se postar do lado do sofrimento*? Ou, por outra, devolver à plenitude da vida pessoas que tanto sonham *com pilhas nas costas* não seria abrir para elas a fascinante experiência de um novo parto? Um heterodoxo parto pelos heterodoxos caminhos de uma célula-tronco embrionária que a Lei de Biossegurança pôs à disposição da Ciência? Disponibilizando para ela, Ciência, o que talvez seja o produto de sua mais requintada criação para fins humanitários e num contexto familiar de legítimo não-aproveitamento de embriões *in vitro*? Situação em que se possibilita ao próprio embrião cumprir sua destinação de servir à espécie humana? Senão pela forja de uma vida estalando de nova (porque não mais possível), mas pela alternativa estrada do conferir sentido a milhões de vidas preexistentes? Pugnando pela subtração de todas elas às tenazes de u'a morte muitas vezes tão iminente quanto não-natural? Morte não-natural que é, por definição, a mais radical contraposição da vida? Essa vida de aquém-túmulo que bem pode ser uma dança, uma festa, uma celebração?

70. É assim ao influxo desse olhar pós-positivista sobre o Direito Brasileiro, olhar conciliatório do nosso ordenamento com os imperativos de ética humanista e justiça material, que chego à fase da definitiva prolação do meu voto. Fazendo-o, acresço às três sínteses anteriores estes dois outros fundamentos constitucionais do direito à saúde e à livre expressão da atividade científica para julgar, como de fato julgo, totalmente improcedente a presente ação direta de inconstitucionalidade. Não sem antes pedir todas as vênias deste mundo aos que pensam diferentemente, seja por convicção jurídica, ética, ou filosófica, seja por artigo de fé. É como voto.

VOTO

O Sr. Min. Marco Aurélio: Antes de tudo, registro a valia do pedido de vista formulado pelo Min. Menezes Direito. Permitiu a reflexão maior sobre o tema, ensejando, já agora, o término do julgamento. A iniciativa mostrou-se regimental e harmônica com o interesse coletivo no que repousa na segurança dos pronunciamentos do Supremo, porquanto, decidida a matéria, não há órgão judicante capaz de revisá-la.

Quanto ao voto de S. Exa., sempre vejo com restrições a denominada interpretação conforme à Constituição. É que há o risco de, a tal título, redesenhar-se a norma em exame, assumindo o Supremo, contrariando e não protegendo a Constituição Federal, o papel de legislador positivo. Em síntese, a interpretação conforme pressupõe texto normativo ambíguo, a sugerir, portanto, mais de uma interpretação, e ditame constitucional cujo alcance se mostra incontroverso. Essas premissas não se fazem presentes.

Também é de todo impróprio o Supremo, ao julgar, fazer recomendações. Não é órgão de aconselhamento. Em processo como este, de duas, uma: ou declara a constitucionalidade ou a inconstitucionalidade, total ou parcial, do ato normativo abstrato atacado. Nestes praticamente 18 anos de Tribunal jamais presenciei, consideradas as diversas composições, a adoção desse critério, a conclusão de julgamento no sentido de recomendar esta ou aquela providência, seja para adoção pelo Poder Legislativo, seja pelo Executivo, em substituição de todo extravagante.

Para efeito de documentação, transcrevo o artigo da Lei n. 11.105/2005 – Lei de Biossegurança – atacado por meio desta ação direta de inconstitucionalidade:

"Art. 5º. É permitida, para fins de pesquisa e terapia, a utilização de células-tronco embrionárias obtidas de embriões humanos produzidos por fertilização *in vitro* e não utilizados no respectivo procedimento, atendidas as seguintes condições: I – sejam embriões inviáveis; ou II – sejam embriões congelados há 3 (três) anos ou mais, na data da publicação desta Lei, ou que, já congelados na data da publicação desta Lei, depois de completarem 3 (três) anos, contados a partir da data de congelamento.

"§ 1º. Em qualquer caso, é necessário o consentimento dos genitores.

"§ 2º. Instituições de pesquisa e serviços de saúde que realizem pesquisa ou terapia com células-tronco embrionárias humanas deverão submeter seus projetos à apreciação e aprovação dos respectivos comitês de ética em pesquisa.

"§ 3º. É vedada a comercialização do material biológico a que se refere este artigo e sua prática implica o crime tipificado no art. 15 da Lei n. 9.434, de 4 de fevereiro de 1997."

Pinço do dispositivo impugnado certos requisitos para a realização da pesquisa e da terapia mediante o uso de células-tronco embrionárias:

1. Haver embriões humanos produzidos por fertilização *in vitro* não utilizados.

2. Tratar-se de embriões inviáveis ou estarem os embriões congelados há três anos ou mais na data da publicação da lei ou, se já congelados em tal data, após completarem três anos de congelamento.

3. Existir o consentimento daqueles que forneceram o material.

4. Submeterem as instituições de pesquisa e serviços de saúde os respectivos projetos, com vistas à aprovação, a comitês de ética em pesquisa.

5. Não ocorrer a comercialização do material biológico, configurado, no caso de inobservância da lei, tipo penal.

Ante tais requisitos, cabe indagar, simplesmente, onde reside a ofensa do citado art. 5º à Carta Federal a ponto de levar à declaração de inconstitucionalidade. Mas, até mesmo em respeito a ópticas diversas à atuação do então Procurador-Geral da

República, Dr. Cláudio Fonteles, ao ajuizar esta ação, cumpre a análise do tema.

Devem-se colocar em segundo plano paixões de toda ordem, de maneira a buscar a prevalência dos princípios constitucionais. Opiniões estranhas ao Direito por si sós não podem prevalecer, pouco importando o apego a elas por aqueles que as veiculam. O contexto alvo de exame há de ser técnico-jurídico, valendo notar que declaração de inconstitucionalidade pressupõe sempre conflito flagrante da norma com o Diploma Maior, sob pena de relativizar-se o campo de disponibilidade, sob o ângulo da conveniência, do legislador eleito pelo povo e que em nome deste exerce o poder legiferante. Os fatores conveniência e oportunidade mostram-se, em regra, neutros quando se cuida de crivo quanto à constitucionalidade de certa lei, e não de medida provisória. Somente em situações extremas, nas quais surge, ao primeiro exame, a falta de proporcionalidade, pode-se adentrar o âmbito do subjetivismo e exercer a glosa. No caso, a lei foi aprovada mediante placar acachapante – 96% dos senadores e 85% dos deputados votaram a favor, o que sinaliza a razoabilidade.

No tocante à questão do início da vida, não existe balizamento que escape da perspectiva simplesmente opinativa. É possível adotar vários enfoques, a saber: a) o da concepção; b) o da ligação do feto à parede do útero; c) o da formação das características individuais do feto; d) o da percepção pela mãe dos primeiros movimentos; e) o da viabilidade em termos de persistência da gravidez; f) o do nascimento.

Os filósofos da Antigüidade e Santo Agostinho revelaram ópticas diversas.[1] Aqueles acreditavam que o embrião ou o feto não se mostrava formado senão após 40 dias da concepção no caso masculino e entre 80 e 90 dias no caso feminino. O pensamento de Aristóteles derivava da teoria dos três estágios da vida: vegetal, animal e racional. O estágio vegetal era alcançado na concepção, o animal na animação – quando incorporada a alma – e o racional logo após o nascimento com vida. Essa teoria passou a ser aceita pelos primeiros pensadores cristãos. O debate teológico refletiu-se nos escritos de Santo Agostinho, que traçava distinção entre *embryo inanirnatus*, quando não presente a alma, e *embryo animatus*, portanto o já animado. Tal enfoque, acredita-se, teria origem na interpretação emprestada a versículo do livro bíblico "Êxodo", cuja autoria é atribuída a Moisés:

"**Êxodo 21:22** Se alguns homens brigarem, e um ferir uma mulher grávida, e for causa de que aborte, não resultando, porém, outro dano, este certamente será multado, conforme o que lhe impuser o marido da mulher, e pagará segundo o arbítrio dos juízes;

"**Êxodo 21:23** mas se resultar dano, então darás vida por vida,

"**Êxodo 21:24** olho por olho, dente por dente, mão por mão, pé por pé,

"**Êxodo 21:25** queimadura por queimadura, ferida por ferida, golpe por golpe."

Nota-se que haveria punição diferente para a hipótese de aborto se comparada à ocorrência de outro dano. O certo é que se encontra nos escritos de Santo Agostinho a visão de que poderes humanos não podem determinar o ponto, durante o desenvolvimento do feto, em que a mudança crítica ocorre, ou seja, o feto adquire a alma.

Houvesse a necessidade de abordar tema que não está em pauta – o aborto –, poder-se-ia citar a possibilidade de sobrevivência do feto – inconfundível com o embrião – sob o ângulo científico. Nessa perspectiva, a Suprema Corte americana, no controverso caso "Roe *vs.* Wade", decidido em 1973, estabeleceu que a viabilidade se dá a partir de 28 semanas, podendo ocorrer até com 24 semanas. Em síntese, para efeito de proteção da vida em potencial, a Suprema Corte americana assentou que o ponto revelador

1. "Roe *vs.* Wade", 410 U.S. 113, 133 (1973).

de interesse obrigatório a ser protegido surge com a capacidade do feto de sobreviver fora do útero. Considerou, sim, a presença do interesse em garantir a saúde materna antes desse período, autorizando a realização do aborto apenas nos três primeiros meses de gravidez, pois, a partir desse momento, a intervenção faz-se mais perigosa que o próprio parto.[2] Vale frisar que esse precedente tornou irrelevante a discussão, na América, sobre a constitucionalidade da pesquisa em células-tronco em face de suposta transgressão ao direito à vida, havendo tão-somente questionamentos sobre o financiamento público federal em tal campo.

No caso concreto não está envolvida a denominada *viabilidade*. Em primeiro lugar, o art. 5º da Lei n. 11.105/2005 versa sobre o uso de embriões humanos produzidos por fertilização *in vitro*, não cogitando de aproveitamento daqueles fecundados naturalmente no útero. Em segundo lugar, a lei, contendo inúmeras cláusulas acauteladoras e até mesmo proibitivas, como é o caso da referente à clonagem, condiciona a pesquisa a embriões não-utilizáveis no procedimento de inseminação. É bem explícita ao considerar apenas os inviáveis e os congelados há três anos, ao prever o consentimento dos fornecedores dos óvulos e dos espermatozóides e ao proibir a comercialização, versando diversos tipos penais. A viabilidade, ou não, diz diretamente com a capacidade de desenvolver-se a ponto de surgir um ser humano.

Ora, está-se diante de quadro peculiar, a afastar tal resultado. Levem em conta, para tanto, a existência do embrião *in vitro*, e não no útero, e mais a constatação da inviabilidade de uso, considerada a destinação inicial. Soma-se a essa limitação o necessário consentimento daqueles que forneceram o material, os elementos, ficando, assim, descartada, quer sob o ângulo da utilidade, quer sob o ângulo da vontade do casal, a possibilidade de implantação no útero.

Vale dizer que, na prática, ocorre a fecundação de vários óvulos, mantendo-se banco próprio para fazer frente ao insucesso da inseminação. Verificando-se o contrário – e a realidade tem-se mostrado extremada no que gerados gêmeos, trigêmeos, quadrigêmeos –, os óvulos que sobejam acabam desprezados, dando-se-lhes o destino do lixo, já que dificilmente quem de direito delibera por implantá-los em terceira pessoa.

Então, quer pela passagem do tempo sob o estado de congelados, quer considerada a decisão dos que forneceram o material, os embriões jamais virão a se desenvolver, jamais se transformarão em feto, jamais desaguarão no nascimento. A propósito, expressivas são as palavras do biólogo David Baltimore, ganhador de Prêmio Nobel, ao ser indagado sobre a discussão ora submetida a este Tribunal: "Não sei falar a respeito do aspecto jurídico do assunto, mas do ponto de vista científico é uma discussão sem sentido. Afinal, os embriões humanos foram descartados porque o casal já teve o número de filhos que queria ou por qualquer outra razão. O fato é que os embriões serão destruídos de qualquer modo. A questão é saber se serão destruídos fazendo o bem a outras pessoas, ou não. A meu ver, a resposta é óbvia".[3]

No tocante ao aspecto constitucional, e considerado o direito à vida, expressou-se José Afonso da Silva, para quem as pesquisas não podem ser interrompidas:[4] "Não intentaremos dar uma definição disto que se chama vida, porque é aqui que se corre o grave risco de ingressar no campo da Metafísica supra-real, que não nos levará a nada. Mas alguma palavra há de ser dita sobre esse ser que é objeto de direito fundamental. Vida, no texto constitucional (art. 5º, *caput*), não será considerada apenas no

2. Idem, pp. 162-163.

3. *Veja*, "Páginas Amarelas", Editora Abril, edição 2.062, Ano 41, n. 21, 28.5.2008.

4. José Afonso da Silva, "A questão das células-tronco embrionárias", jornal *Folha de S. Paulo* 21.3.2008.

seu sentido biológico, mas na sua acepção biográfica mais compreensiva. Sua riqueza significativa é de difícil apreensão, porque é algo dinâmico, que se transforma incessantemente sem perder sua própria identidade. É mais um processo (processo vital), que se instaura com a concepção (ou germinação vegetal), transforma-se, progride, mantendo sua identidade, até que muda de qualidade, deixando, então, de ser vida para ser morte. Tudo que interfere em prejuízo deste fluir espontâneo e incessante contraria a vida".[5]

Cito este trecho de José Afonso da Silva para revelar o descompasso entre a situação concreta versada no artigo em comento da Lei de Biossegurança e aquela outra que pode resultar, sem interferências estranhas, em uma vida.

No enfoque biológico, o início da vida pressupõe não só a fecundação do óvulo pelo espermatozóide, como também a viabilidade antes referida; e essa inexiste sem a presença do que se entende por gravidez, ou seja, gestação humana.

Assentar que a Constituição protege a vida de forma geral, inclusive a uterina em qualquer fase, já é controvertido – a exemplo dos permitidos aborto terapêutico ou do resultante de opção legal após estupro; o que se dirá quando se trata de fecundação *in vitro* já sabidamente, sob o ângulo técnico e legal, incapaz de desaguar em nascimento. É que não há a unidade biológica a pressupor, sempre, o desenvolvimento do embrião, do feto, no útero da futura mãe. A personalidade jurídica, a possibilidade de considerar-se o surgimento de direitos, depende do nascimento com vida e, portanto, o desenlace próprio à gravidez, à deformidade que digo sublime: vir o fruto desta última, separado do ventre materno, a proceder à denominada troca oxicarbônica com o meio ambiente. Por isso mesmo, o Pró-Reitor de Graduação da Universidade Federal de São Paulo e Presidente da Federação de Sociedades de Biologia Experimental, o médico Luiz Eugênio Mello, ressaltou: "Um embrião produzido em laboratório, sem condições para implantação em um útero de uma mulher, ou, nos termos da lei, um embrião inviável, que seria descartável, não é uma pessoa humana".[6]

Se, de um lado, é possível dizer que a criminalização do aborto compele a grávida a gerar o filho concebido, concebido naturalmente mesmo contra a respectiva vontade, ficando com isso enfatizado na legislação de regência o interesse do nascituro, de outro, não se pode conceber estejam os fornecedores dos óvulos e dos espermatozóides obrigados a dar conseqüências a esses atos, chegando a forçar a mulher a gerar todos os embriões fecundados artificialmente, potencializando, a mais não poder, o ato de vontade inicial. Caminhar em tal sentido – isso para não se levar em conta o destino dos óvulos fecundados que tenham sobejado ao êxito da inseminação – é transformar a mulher em verdadeira incubadora, é contrariar-se o planejamento familiar assegurado na Constituição. Em síntese, aqui não se trata de questionar a possibilidade de obrigar uma pessoa – a gestante – a ficar fisicamente conectada a outra, tema a ser discutido, sob o ângulo constitucional, oportunamente, mas, sim, de definir o destino dos óvulos fecundados que fatalmente seriam destruídos e que podem e devem ser aproveitados na tentativa, sempre inesgotável, de progresso da Humanidade.

Vale notar, ainda, que no campo da doação de órgãos inexiste base na Carta Federal ou em lei que compila os pais a fazê-la para salvar a vida dos filhos.

Contrapõe-se à visão avessa à utilização dos embriões *in vitro* dado da maior importância, considerado até mesmo predicado que transparece em desuso – a solidariedade.

5. José Afonso da Silva, *Curso de Direito Constitucional Positivo*, 29ª ed., revista e atualizada, São Paulo, Malheiros, 2007, p. 197.

6. Luiz Eugênio Mello, "Entre células e pessoas: a vida humana", jornal *Folha de S. Paulo* 1.3.2008.

É fundamento da República a dignidade da pessoa humana. Ora, o que previsto no art. 5º da Lei n. 11.105/2005 objetiva, acima de tudo, avançar no campo científico visando a preservar esse fundamento, a devolver às pessoas acometidas de enfermidade ou às vítimas de acidentes uma vida útil razoavelmente satisfatória.

No mundo científico é voz corrente que as células embrionárias não são substituíveis, para efeito de pesquisa, por células adultas, uma vez que estas últimas não se prestam a gerar tecidos nervosos, a formar neurônios. Então, doenças neuromusculares e o tratamento da medula de alguém que ficou paraplégico ou tetraplégico bem como de acometidos por Parkinson não terão possibilidade de serem alcançados pela pesquisa a partir de células adultas. Confiram a entrevista da bióloga Mayana Zatz a seguir referida.

Em outras palavras, os valores cotejados não possuem a mesma envergadura, surgindo triste paradoxo no que, ante material biológico que terá, repito, destino único – o lixo –, seja proibida a utilização para salvar vidas. Quanto preconceito, quanto egoísmo, fazendo lembrar Vieira no *Sermão da Quinta-Feira da Quaresma* em 1669: "A cegueira que cega cerrando os olhos não é a maior cegueira; a que cega deixando os olhos abertos, essa é a mais cega de todas".

Sob esse aspecto, faz-se necessário ter presente passagem de obra de Márcio Fabri dos Anjos: "A Ética não se nutre simplesmente da ordem colocada, mas de objetivos e finalidades segundo os quais a ordem se refaz para garantir o processo humano".[7]

A óptica dos contrários às pesquisas não merece prosperar, distanciando-se de noção humanístico-racional. Sob o ângulo prático, sob o ângulo do tratamento igualitário, tão próprio a sociedade que se diga democrática, a conclusão sobre a inconstitucionalidade do art. 5º, em análise, prejudicará, justamente, aqueles que não têm condições de buscar, em outro centro no qual verificado o sucesso de pesquisas com células-tronco, o tratamento necessário. Será que tudo isso interessa à sociedade brasileira?

Trago, para ilustrar, informações sobre o assunto, relativamente a diversos países, veiculadas em sítios na Internet.[8] E o faço em ordem alfabética:

África do Sul – Permite todas as pesquisas com embriões, inclusive a clonagem terapêutica. É o único país africano com legislação a respeito.

Alemanha – Permite a pesquisa com linhagens de células-tronco existentes e sua importação, mas proíbe a destruição de embriões.

Austrália – Lei aprovada em dezembro/2006 permite o clone terapêutico, a união do DNA de células da pele em ovos para produzir células-tronco, também conhecidas como células-mestre, capazes de produzir todos os tecidos do corpo humano. Os embriões clonados não podem ser implantados no útero e precisam ser destruídos em 14 dias. Em 2002 o Parlamento autorizou os cientistas a extraírem células-tronco de embriões divididos para fertilização *in vitro*, mas baniu a clonagem de células.

China – Permite todas as pesquisas com embriões, inclusive a clonagem terapêutica.

Cingapura – O país se proclamou como um centro internacional para a pesquisa em células-tronco, atraindo cientistas

7. Márcio Fabri dos Anjos, "Ética e clonagem na questão dos paradigmas", in Leo Pessini/Christian Paulo de Barchifontaine (orgs.), *Fundamentos da Bioética*, São Paulo, Paulus, 1996, p. 126.

8. Informações obtidas nos sítios eletrônicos do jornal *Herald Tribune* e *Wikipedia*, confirmadas no sítio eletrônico da *The International Society for Stem Cell Research*/ISSCR. Endereços eletrônicos abaixo:

– *http://www.iht.com/articles/ap/2006/12/07/asia/AS_GEN_Australia_Stem _Cell_ Glance.php* (acessado em 19.5.2008):

– *http://www.isscr.org/public/regions/index.cfm* (acessado em 27.5.2008).

de diversas partes do mundo, incluindo os cientistas britânicos que clonaram a ovelha Doliy. São fornecidos incentivos robustos para a pesquisa em células-tronco, incluindo a clonagem de embriões humanos.

Coréia do Sul – Permite todas as pesquisas com embriões, inclusive a clonagem terapêutica.

Espanha – Em maio/2006 o Parlamento votou para expandir o número de embriões disponíveis para a pesquisa em células-tronco, de forma a incluir qualquer congelado até 14 dias da concepção. Antes, os pesquisadores apenas poderiam usar os embriões congelados anteriormente a julho/2003. A lei também permite aos pais de crianças com doenças incuráveis conceberem novos embriões e escolherem um saudável para servir como doador de tecidos, em casos em que todos os demais tratamentos falharam.

Estados Unidos – Proíbe a aplicação de verbas do Governo Federal a qualquer pesquisa envolvendo embriões humanos – a exceção é feita para 19 linhagens de células-tronco derivadas antes da aprovação da lei norte-americana. Mas Estados como a Califórnia permitem e patrocinam esse tipo de pesquisa — inclusive a clonagem terapêutica.

França – Não tem legislação específica, mas permite a pesquisa com linhagens existentes de células-tronco embrionárias e com embriões de descarte.

Índia – Proíbe a clonagem terapêutica, mas permite as outras pesquisas.

Israel – Permite todas as pesquisas com embriões, inclusive a clonagem terapêutica.

Itália – Proíbe totalmente qualquer tipo de pesquisa com células-tronco embrionárias humanas e sua importação.

Japão – Permite todas as pesquisas com embriões, inclusive a clonagem terapêutica. Mas a burocracia para obtenção de licença de pesquisa é tão grande que limita o número de pesquisas.

México – Único país latino-americano além do Brasil que possui lei permitindo o uso de embriões. A lei mexicana é mais liberal que a brasileira, já que permite a criação de embriões para pesquisa.

Reino Unido – Tem uma das legislações mais liberais do mundo e permite a clonagem terapêutica.

Rússia – Permite todas as pesquisas com embriões, inclusive a clonagem terapêutica.

Suíça – Os eleitores aprovaram a pesquisa em célula-tronco embrionária mediante um referendo nacional ocorrido em novembro/2004, autorizando apenas o uso de células-tronco embrionárias não utilizadas em processo de fertilização *in vitro*. A lei proíbe a clonagem humana e a criação de embriões para a pesquisa em células-tronco.

Turquia – Permite pesquisas e uso de embriões de descarte, mas proíbe a clonagem terapêutica (como o Brasil).

No Brasil, pesquisa efetuada em janeiro último pelo Instituto IBOPE revelou o pensamento da população, e este deve ser sopesado neste julgamento. O índice dos que se manifestaram em apoio ao uso de células-tronco embrionárias – desconsiderada a parcela dos que não opinaram – chegou a 95%.[9]

Relembro o que consignei no exame da QO na ADPF 54-8-DF, quando o Plenário veio a mitigar a medida acauteladora deferida, que implicara o afastamento da glosa penal quanto à gestante e ao pessoal médico no caso de interrupção de gravidez de feto anencéfalo: "A questão, a partir de 10.7.2004, data em que concedida a medida acauteladora no processo, movimentou, como não tinha acontecido jamais com qual-

9. Pesquisa IBOPE/CDD, IBOPE INteligência, JOB 110/2008, janeiro/2008. Base de cálculo: 1.863 entrevistados, desconsiderando a parcela de pessoas que não concorda e nem discorda, não sabe dizer e não respondeu.

quer tema submetido ao Judiciário – salvo, agora, relativamente à possibilidade de pesquisa em células-tronco –, os mais diversos segmentos da sociedade brasileira. Muitos foram os artigos publicados, pró e contra o pedido formulado, variando as opiniões conforme as concepções técnicas, religiosas e morais. Tal como nas Cortes constitucionais estrangeiras, o tema alusivo à vida, seja qual for o ângulo – o da pena capital, o do aborto, o da eutanásia e o da interrupção da gravidez, ante a deformidade inafastável inviabilizadora da própria vida –, vem sendo alvo, no Brasil, de enorme expectativa. Frisei que os olhos da Nação voltavam-se ao STF – e permanecem voltados –, e este há de se pronunciar quer em um sentido, quer em outro, evitando a insegurança jurídica, a grande perplexidade que advém de teses díspares sobre a matéria. Lembrei que a História é impiedosa, não poupando posturas reveladoras de atos omissivos".

Cumpre a esta Corte a guarda da Constituição Federal, e a estará implementando a todos os títulos, sob as mais diversas ópticas, vindo a julgar improcedente o pleito formulado nesta ação direta de inconstitucionalidade, mantendo a esperança, sem a qual a vida do homem torna-se inócua. Bem o disse a Pré-Reitora de Pesquisa e Coordenadora do Centro de Estudos do Genoma Humano da USP, professora Mayana Zatz, ao ressaltar que: "A terapia com células-tronco pode ser considerada como o futuro da Medicina Regenerativa. Entre as áreas mais promissoras está o tratamento para diabetes, doenças neuromusculares, como as distrofias musculares progressivas e a doença de Parkinson. Com as células-tronco também se poderá promover a regeneração de tecidos lesionados por causas não-hereditárias, como acidentes, ou pelo câncer. (...)".[10]

Então, que se aguarde o amanhã, não se apagando a luz que no Brasil surgiu com a Lei n. 11.105/2005.

10. *Veja*, "Páginas Amarelas", Editora Abril, edição 2.050, Ano 41, n. 9, 5.3.2008.

Acompanho o Relator, Min. Carlos Ayres Britto, e os que o seguiram no voto proferido, e julgo improcedente o pedido formulado na inicial, assentando a harmonia do art. 5º da lei atacada com a Constituição Federal, notadamente com os arts. 1º e 5º e com o princípio da razoabilidade.

VOTO

A Sra. Min. Cármen Lúcia: Sr. Presidente, inicio cumprimentando o eminente Ministro Relator, cujo voto, na primeira assentada deste julgamento, concluiu pela "total improcedência" da presente ação, em primoroso pronunciamento. Hoje, na seqüência do julgamento, o insigne Min. Menezes Direito igualmente apresenta voto profundo e bem-elaborado, ele que, tal como o Ministro Relator, debruça-se sobre as questões aqui trazidas com percuciência e rigor.

Como observações preliminares, Sr. Presidente, e antes de adentrar os fundamentos do voto que proferirei em seguida, gostaria de pontuar, brevemente, alguns itens importantes, e que não se referem apenas a uma postura relativa a este julgamento, mas um dado institucional que se torna, penso, relevante acentuar em face de todo o grande, necessário, positivo e democrático debate havido na sociedade sobre a matéria discutida nesta ação.

Tais observações preambulares, Sr. Presidente, faço-as para realçar notas que, no trânsito democrático das idéias amplamente divulgadas sobre a matéria objeto da presente ação, devem ser perfeitamente interpretadas e acreditadas segundo as balizas que conduzem os julgamentos por este Supremo Tribunal.

A matéria de que aqui se cuida é mais sujeita que o comum de quantas daquelas que são trazidas a este Supremo Tribunal aos opinamentos – legítimos, seja realçado – de todos e podem, às vezes, deixar vislumbrar que a condução das idéias e definições desta

Casa seguiria opções forjadas segundo fatores momentâneos externos.

Por isso é que enfatizo que as manifestações sobre as idéias relativas à questão do uso das células-tronco embrionárias em pesquisa são legítimas e desejáveis. Afinal, pesquisa científica diz com a vida, com a dignidade da vida, com a saúde, com a liberdade de pesquisar, de se informar, de ser informado, de consentir, ou não, com os procedimentos a partir dos resultados. Logo, diz respeito a todos, e todos têm o legítimo e democrático interesse e direito de se manifestar.

Entretanto, as manifestações momentâneas, dotadas de profunda – repito –, legítima e compreensível emoção que envolve o tema e as suas conseqüências sociais, não alteram, não desviam – nem poderiam –, o compromisso do juiz do seu dever de se ater à ordem constitucional vigente e de atuar no sentido de fazê-la prevalecer.

Aqui, a Constituição é a minha Bíblia; o Brasil, minha única religião. Juiz, no foro, cultua o Direito. Como diria Pontes de Miranda, assim é porque o Direito assim quer e determina. O Estado é laico, a Sociedade é plural, a Ciência é neutra e o Direito imparcial Por isso, como todo juiz, tenho de me ater ao que é o núcleo da indagação constitucional posta neste caso: a liberdade, que se há de ter por válida, ou não, e que foi garantida pela lei questionada, de pesquisa e terapia com células-tronco embrionárias, nos termos do art. 5º da Lei n. 11.050/2005.

Também manifesto nestas ponderações iniciais, Sr. Presidente, a minha preocupação com as expectativas que parece ter sido suscitadas na sociedade quanto aos efeitos práticos e imediatos deste julgamento. A esperança é um direito natural que as pessoas têm e que não podem perder, para continuar a ter força para lutar pelo que cada um e todos mais precisam. Mas não se há confundir a esperança de cura com a ilusão de uma imediata cura. Nem está no Direito, nem neste Tribunal, nem no resultado desta ação, o bálsamo curador de quem mais precisa dos efeitos de novas terapias, que têm grande chance de poderem surgir em algum tempo (ainda não precisado pela Ciência) se as pesquisas, liberadas, chegarem aos resultados hoje esperados pela comunidade científica dedicada ao tema. Mas que nem se use desta ação para impedir as pesquisas, nem para falsear ilusões que não podem ser garantidas agora a quem quer que seja, conforme a unânime opinião das pessoas sérias e responsáveis que trabalham com a matéria versada neste processo.

Faço questão de realçar este ponto, Sr. Presidente, porque temo que a palavra pela qual se afirma e faz realizar o Direito seja utilizada como fraude a legítimas esperanças dos que dependem de soluções sérias e que se quer benéficas aos que mais diretamente dependem do êxito das pesquisas para sofrimentos que a só Natureza (sem a mão do homem) não pode curar.

É que assisti à divulgações das mais diversas fontes e dos mais diferentes matizes que poderiam ser lidos, ouvidos e até vistos como se a solução desta causa fosse o passaporte faltante para a salvação imediata daqueles que padecem de males que poderão vir a ser sanados ou diminuídos em seus efeitos pelo êxito de pesquisas científicas da Medicina Regenerativa. Entretanto, isso é uma promessa, mas é certo que não ocorrerá amanhã, qualquer que seja o resultado deste julgamento. Poderá, é certo, haver um amanhã para aqueles que padecem de males dependentes do êxito que se espera a partir das pesquisas com células-tronco embrionárias. Ilusão não é esperança. E, como enfatiza Sophia de Mello Breyner, "com fúria e raiva acuso o demagogo, que se promove à sombra da palavra, e da palavra faz poder e jogo (...)". São demagogos, Sr. Presidente, todos os que se valem da palavra para enganar os que querem, mais ainda os que precisam, acreditar para persistir em suas lutas para viver ou para não morrer, e por isso tanto mais inaceitável a oferta fácil de falsas ilusões, que não podem ser honradas e que não ajudam a que se mantenham as esperanças – necessárias, reitero, para que as pessoas não desanimem e persistam a acreditar que haverá de haver soluções para os seus dilemas.

Finalmente, Sr. Presidente, e ainda como observação preliminar, a se tomar não apenas quanto a esse, mas em relação a qualquer julgamento de controle abstrato de constitucionalidade, preocupa-me o que foi aqui afirmado por um dos ótimos advogados que assomaram a tribuna, na sessão na qual teve início esse julgamento. Segundo o que anotei nas alegações lançadas da tribuna, afirmou um dos eminentes procuradores que, no presente julgamento, não teria muito a fazer este Supremo Tribunal, pois não haveria um vazio legislativo sobre a matéria. A questão resumir-se-ia na indagação que poderia ser assim traduzida: que legitimidade teria o Poder Judiciário para afirmar inconstitucional uma lei que o Poder Legislativo votou, o povo quer e a comunidade científica apóia?

No Estado Democrático de Direito, os Poderes constituídos desempenham a competência que lhes é determinada pela Constituição. Não é exercício de poder, é cumprimento de dever. Ademais, não imagino que um cidadão democrata cogite querer um juiz-Pilatos dois mil anos depois de Cristo ter sido crucificado porque o povo assim queria. Emoção não faz Direito, que é razão transformada em escolha jurídica. Quantos Cristos a Humanidade já não entregou segundo emoções populares momentâneas? E quem garante quem será o próximo, que poderá sofrer uma injustiça, evitada pelo que o leigo, às vezes, considera ou apelida ser apenas uma "firula legal"? Anotava Hamilton, em *O Federalista*, que "a independência dos juízes é igualmente necessária à defesa da Constituição e dos direitos individuais contra os efeitos daquelas perturbações que, através das intrigas dos astuciosos ou da influência de determinadas conjunturas, algumas vezes envenenam o povo e que – embora o povo rapidamente se recupere após ser bem-informado e refletir melhor – tendem, entrementes, a provocar inovações perigosas no governo e graves opressões sobre a parcela minoritária da comunidade. (...) é fácil imaginar que será necessária uma forte dose de retidão por parte dos juízes para cumprirem seus deveres como guardiões da Constituição se as invasões do Legislativo tiverem sido instigadas pela maioria da comunidade" (Hamilton, Madison e Jay, *O Federalista*, trad. de Heitor Almeida Herrera, Brasília, Ed. UnB, 1984, p. 580).

É com o só compromisso com a Constituição que há de atuar este Supremo Tribunal, neste como em qualquer outro julgamento. O juiz faz-se escravo da Constituição para garantir a liberdade que ao jurisdicionado nela é assegurado.

Passo, então, Sr. Presidente, aos fundamentos do meu voto.

No mérito

1. Nesta ação direta de inconstitucionalidade põe-se em questão a validade constitucional do art. 5º e seus §§ da Lei n. 11.105, de 24.5.2005, que dispõem:

"Art. 5º. É permitida, para fins de pesquisa e terapia, a utilização de células-tronco embrionárias obtidas de embriões humanos produzidos por fertilização *in vitro* e não utilizados no respectivo procedimento, atendidas as seguintes condições: I – sejam embriões inviáveis; ou II – sejam embriões congelados há 3 (três) anos ou mais, na data da publicação desta Lei, ou que, já congelados na data da publicação desta Lei, depois de completarem 3 (três) anos, contados a partir da data de congelamento.

"§ 1º. Em qualquer caso, é necessário o consentimento dos genitores.

"§ 2º. Instituições de pesquisa e serviços de saúde que realizem pesquisa ou terapia com células-tronco embrionárias humanas deverão submeter seus projetos à apreciação e aprovação dos respectivos comitês de ética em pesquisa.

"§ 3º. É vedada a comercialização do material biológico a que se refere este artigo e sua prática implica o crime tipificado no art. 15 da Lei n. 9.434, de 4 de fevereiro de 1997."

2. O Procurador-Geral da República, autor da ação, afirma que seriam inconstitucionais aqueles dispositivos e que "a tese central desta petição afirma que a vida humana acontece na, e a partir da, fecundação".

A partir deste marco assim exposto, segundo o qual o óvulo fecundado – o embrião em seus primeiros momentos – seria vida humana, cujo uso para pesquisa e terapia (nos termos dos dispositivos legais questionados) configuraria agressão ao direito à vida, nos termos constitucionalmente postos no art. 5º da Constituição brasileira, o nobre Procurador-Geral da República afirma ser o zigoto – constituído por uma única célula – "biologicamente um indivíduo único e irrepetível" (fls.). Sem mais, conclui ele que, ao permitir o uso dos embriões inviáveis ou congelados há mais de três anos, nos termos dos incisos I e II do art. 5º da Lei n. 11.105/2005, com o consentimento dos genitores e sem fins comerciais (o que é constitucional e legalmente proibido), as normas em foco ofenderiam o princípio da dignidade da pessoa humana (art. 1º, inciso III, da Constituição) e a inviolabilidade do direito à vida (art. 5º).

3. A indagação posta ao exame deste Supremo Tribunal marcou-se por densa manifestação da comunidade científica, de comunidade acadêmicas e religiosas e da opinião pública, nesta preponderando a legítima presença daqueles que se vêem como potencialmente beneficiários de resultados das pesquisas que se poderão levar a efeito se o dispositivo legal se mantiver íntegro nos termos positivados.

Cogitou-se e divulgou-se que a ação teria o condão de transferir a este Supremo Tribunal a obrigação de afirmar "quando começa a vida"...

Para o específico fim de se ter a resposta à questão de saber se são, ou não, constitucionalmente válidas as normas enfocadas na presente ação, tenho que se há de afirmar os princípios constitucionais e a sua aplicação ao caso, sem que se tenha, necessariamente, de afirmar, juridicamente, o momento de início da vida para os fins de garantia de direitos ao embrião ou ao feto.

Não que essa não seja uma questão que não tenha de vir a ser enfrentada por este Supremo Tribunal. Apenas para o desate da indagação feita na presente ação, tenho como sendo mister ponderarem-se os princípios constitucionais que haveriam de ter sido respeitados pelo legislador e verificar se o foram – caso em que a norma jurídica é constitucionalmente válida –, ou não.

A Lei de Biossegurança e a ética constitucional vigente

4. A Lei n. 11.105/2005 cuida de múltiplas matérias. O único dispositivo argüido como inválido constitucionalmente pelo Procurador-Geral da República, como antes transcrito, foi o art. 5º, e seus §§, que cuidam, especificamente, da utilização, para fins de pesquisa e terapia, de células-tronco obtidas de embriões humanos produzidos por fertilização *in vitro* e que, "não utilizados no respectivo procedimento", a dizer, não tendo sido implantados no útero materno, podem servir àqueles objetivos mediante o consentimento dos genitores e desde que não se voltem à comercialização do material biológico.

Os embriões a que se referem os dispositivos são apenas aqueles tidos pela lei como inviáveis (art. 5º, inciso I) ou "congelados há 3 (três) anos ou mais, na data da publicação" da lei, "ou que, já congelados na data da publicação" da lei, "depois de completarem 3 (três) anos, contados a partir da data de congelamento".

5. Tem-se, pois, nas normas havidas no art. 5º e seus §§ da Lei n. 11.105/2005, que:

(a) Objeto do procedimento legalmente permitido há de ser: (a.1) embriões produzidos *in vitro* (art. 5º, *caput)*; (a.2) embriões inviáveis ou congelados há três anos ou mais na data da publicação da lei ou que, já congelados naquela data, venham a completar três anos, contados a partir da data do congelamento (art. 5º, incisos I e II).

(b) São fins únicos da utilização de células-tronco embrionárias a pesquisa e a terapia (art. 5º, *caput*).

(c) São condições para a utilização legalmente permitida: (c.1) o consentimento dos genitores (art. 5º, § 1º); (c.2) a aprovação prévia do comitê de ética da entidade pesquisadora (art. 5º, § 2º).

(d) São vedações legais expressas (não apenas no art. 5º, questionado, mas também no art. 6º daquele mesmo diploma legal): (d.1) a comercialização de embriões, células ou tecidos (art. 5º, § 3º); (d.2) a engenharia genética em célula germinal humana, zigoto e embrião (art. 6º, inciso III); (d.3) a clonagem humana (art. 6º, inciso IV).

6. O *caput* do art. 5º da Lei n .11.105 dispõe ser permitida a utilização de células-tronco embrionárias obtidas de embriões humanos produzidos por fertilização *in vitro* e não utilizadas no respectivo procedimento para duas finalidades: *pesquisa* e *terapia*.

7. Há que se distinguir, pois, as finalidades *pesquisa* e *terapia* para o específico objetivo de se analisar a validade constitucional da norma posta em exame. Especialmente porque os princípios constitucionais relativos à liberdade de pesquisa aliam-se mas não se confundem com aqueles que informam o legislador infraconstitucional na questão relativa à utilização de terapias.

8. A ética constitucional vigente afirma o respeito ao princípio da dignidade da pessoa humana, do que decorre a impossibilidade de utilização da espécie humana – em qualquer caso e meio – para fins comerciais, eugênicos ou experimentais.

9. Ao escrever – antes do advento da Lei n. 11.105/2005 – sobre o tema, acentuava que: "Não há determinismo ou definitividade no sofrimento do ser humano. Não se há de admitir o sofrer pelo sofrer. O homem existe para ser feliz. Quer ser feliz. Tudo que tolhe, limita, dificulta ou impede este estágio de realização humana pode conduzir à indignidade da pessoa. Paralelamente, o que alargue as humanas condições tende a ser benéfico à dignidade. (...). Por isto, o Direito há de cuidar da vida do homem com a indisponibilidade que a caracteriza, com a integridade que a assegura, com a liberdade que a humaniza, com a responsabilidade que a possibilita. Enfim, a dignidade humana não pode ser elemento de mínima concessão. Cabe ao Direito assegurar que assim se cumpra. Mas esta garantia não se restringe a uma competência estatal; há que se converter em compromisso social. Na medida em que a Ciência deixou de ser fechada e estática e passou a ser aberta e dinâmica e a atuar não apenas para sarar os homens, mas para transformá-los ou até mesmo permitir a sua vida e a sua morte em formatos forjados em laboratórios, a Ciência (...) passou a constituir um fator de determinação social, até mesmo de organização político-social, pelo quê passou a ser, paralela e necessariamente, objeto de cuidados jurídicos. É que a organização social legitima-se pelo pleno atendimento dos direitos humanos, os quais não podem ser sonegados, menosprezados ou desprestigiados em benefício de novos comportamentos que venham a ser adotados, ainda que sob o signo da melhoria das condições de vida de algumas pessoas. A Ciência não pode, sozinha, legitimar-se como fonte nova e exclusiva da organização sociopolítica, nem pode pretender que a dignidade humana seja subtraída em sua matricial importância e primado sobre todos os outros princípios, que se põem na base da ordem segundo a qual se organiza a sociedade contemporânea. O desenvolvimento científico e tecnológico não pode ser negado ou impedido, nem é o que se propõe, por ser ele elemento de melhoria das condições humanas. O que não se pode admitir é que o Direito deixe de considerar este novo quadro científico que faz valer os seus conhecimentos sobre o homem, sobre

o seu corpo, a sua vida psíquica e o seu espírito. Chamar-se à responsabilidade de todos e de cada um não é suficiente para garantir o pleno respeito à liberdade dos homens, menos ainda para assegurar a dignidade humana. A fragmentação do corpo humano, a venda de órgãos ou, de maneira mais geral, a comercialização do corpo humano esquartejado em vida e dissecado como se fossem objetos de um quadro e que, em certos casos, pode não trazer mal imediato e direto à saúde do comerciante de si mesmo, pode agradar ao negociador do laboratório e permitir o uso que até mesmo beneficie uma outra pessoa, mas agride, fragorosamente, o princípio da dignidade da pessoa humana, não podendo ser aceita, menos ainda deixada ao exclusivo cuidado particular (ou de particulares). Desconhecer que o negócio de embriões, a sua venda, a concepção para o uso posterior de embriões, indesejados como seres em fase de formação, buscados apenas como bem a ser manipulado para fins cumpríveis por laboratórios, é desatender às funções primárias dos Estados e das sociedades de proteger o princípio da dignidade humana, que não se pode render a lucros materiais ou imateriais dos pesquisadores ou médicos encarregados dos procedimentos (...)" (*O Direito à Vida Digna*, Belo Horizonte, Forum, p. 82).

O estudo das normas questionadas na presente ação patenteia, entretanto, a preocupação do legislador em atender, quanto à pesquisa, de um lado, à liberdade que há de permiti-la e, de outro, aos limites que a compatibilizam com os princípios constitucionais, na forma acima exposta, pelo quê se há de analisar as assertivas do eminente Procurador-Geral da República, na peça inicial da presente ação, com todos os contornos postos na lei, aí incluídas as vedações expressas em outras normas daquele diploma e que se compõem com o estatuído no art. 5º e seus §§, objeto da presente ação. Desta composição é que se conclui o quadro legal estabelecido e que guarda consonância com os princípios constitucionais, aí incluído, primacialmente, o da dignidade da pessoa humana.

Quanto à permissão para fins de terapia da utilização das células-tronco embrionárias, também há que se compatibilizar, por meio de rigorosa interpretação, o quanto posto na lei questionada com os princípios constitucionais vigentes.

De pronto cumpre realçar a distinção entre *tratamento*, cuja remissão constitucional é expressa como forma de acesso aos cuidados com a saúde, direito fundamental da pessoa (arts. 6º e 199, § 4º, da Constituição), e *terapia*. Palavras geralmente tomadas como sinônimas, a terapia pode ser tida como a adoção de práticas e procedimentos que conduzam a formas de tratamento. Entretanto, há terapias experimentais, o que poderia indicar, se adotado aquele conteúdo normativo sem o conformar aos princípios constitucionais, que também nestes e para estes casos estaria a lei validando a imediata utilização de embriões e, o que é mais e pior, a utilização das pessoas submetidas a tais procedimentos. Terapias feitas a título de experimentação com o uso do ser humano não se compatibilizam com os princípios da ética constitucional, em especial com o princípio da dignidade da pessoa humana. E, neste caso, nem tanto pela utilização dos embriões, mas porque se utilizariam pessoas como verdadeiras cobaias, serventes que seriam à experimentação de técnicas ainda sem qualquer amparo em bases científicas e resultados concretos obtidos nas pesquisas.

A literalidade do texto do art. 5º, *caput*, da lei examinada, na referência ali feita à utilização permitida de células-tronco embrionárias para fins de terapia, poderia conduzir à equívoca conclusão de que ela estaria agora – ou desde a vigência da norma – autorizada.

Ocorre que não há pesquisa sobre células-tronco embrionárias terminadas ou assentadas em sólidas bases científicas que pudessem admitir tal conclusão.

Em curso há apenas uma década, tais pesquisas não podem ainda ser consideradas validadas para fins de utilização como terapia, porque então não se teria tratamento, mas mera experimentação com seres humanos. Tanto não se compatibiliza com o princípio da dignidade da pessoa humana. Repita-se: não por causa da utilização das células-tronco embrionárias, da natureza de que ela se dote em face do ordenamento jurídico (pessoa ou não), mas pela singela circunstância de que a sua utilização seria no corpo daquele que precisa de qualquer alternativa para buscar viver ou para não se deixar morrer, entregando-se a experimentos ainda não completados em suas fases de viabilização e utilização com humanos. Daí a necessidade de se interpretar a norma, quanto à terapia, como dotando-se de conteúdo estrito e coerente com a regra constitucional, que assegura o direito ao tratamento, logo, a terapia, como forma de tratamento a partir de bases e resultados científicos consolidados e aceitos pelos órgãos e instituições competentes, impedindo-se, assim, a auto-oferta do paciente como experimentação com animal nobre, o que não há de ser tido como compatível com a dignidade humana.

Células-tronco embrionárias e princípios constitucionais: inviolabilidade da vida e dignidade da pessoa humana

10. As células-tronco embrionárias, imaturas, primitivas e pluri ou totipotentes, produzidas em laboratórios, é que são, portanto, objeto do dispositivo legal posto em questão.

Essas células são consideradas – no atual estágio da pesquisa científica – potencialmente aptas a gerar quaisquer tecidos do organismo humano, permitindo a renovação das células linfóides e mielóides e, assim, a produção de células diferenciadas no tecido sangüíneo.

É essa aptidão potencial das células-tronco embrionárias, não repetida nas células-tronco adultas, havidas no organismo desenvolvido, que distingue e valoriza as primeiras e torna-as especialmente atrativas para a pesquisa e para novos tratamentos que se disponibilizem para o bem e a dignidade do ser humano.

Podendo tornar-se diferentes tecidos do organismo, são elas que podem conduzir a novos patamares de pesquisa em benefício de todas as pessoas, em especial das que padeçam de doenças degenerativas (mal de Alzheimer, mal de Parkinson, esclerose múltipla, diabetes, distúrbios cardiovasculares, dentre outras). E não são poucas as pessoas que sofrem destes males e que têm nas pesquisas a possibilidade – conquanto ainda não a certeza – de poder resgatar a sua condição de saúde ou, ao menos, de melhoria das condições para o viver digno.

Afirmou-se nas razões de apoiamento à tese de inconstitucionalidade do art. 5º e seus §§ da Lei n. 11.105/2005, argüida pelo Procurador-Geral da República, que não haveria motivo para se admitir o uso de células-tronco embrionárias, controvertido em razão de ponderações éticas, uma vez que a utilização de células-tronco adultas demonstraria a igual condição dessas àquelas.

Não é o que a pesquisa científica até aqui levada a efeito mostra: a célula-tronco embrionária tem a possibilidade de gerar todos os tecidos de um indivíduo adulto. Portanto, ao menos no plano das perspectivas das pesquisas até o presente, essa célula poderia originar todos os tipos de tecidos, razão pela qual ela é denominada totipotente (ou pluripotente). Em face desta sua característica, a célula-tronco embrionária não pode ainda ser substituída, sendo grande a expectativa suscitada de poder vir a ser aproveitada nos procedimentos reparatórios de tecidos devido àquela sua qualidade, pois, implantada no tecido lesado, ela se diferenciaria em células específicas do mesmo tecido, recuperando-o. É certo que o seu controle de diferenciação ainda não está completamente estudado, pois em diversos estudos feitos deu-se a formação de teratomas (tecidos não-funcionais anômalos). Portanto, a pesquisa com esse tipo celular é de grande importância para a conclusão sobre o processo de diferenciação quando essas células são implantadas em tecidos hospedeiros.

Diferentemente do que foi carreado aos autos quanto às células-tronco adultas, não há dados científicos a mostrar poderem elas ser utilizadas para que se transformem em neurônios, o que é necessário para que se tenha o tratamento de doenças degenerativas. O seu aproveitamento é assegurado em tratamentos para doenças do sangue, como leucemia e talassemia, sendo comuns os procedimentos que delas se valem para a recuperação de músculo e ossos. Com mais de três décadas de pesquisa, as células-tronco adultas são utilizadas freqüentemente nos procedimentos voltados à regeneração daqueles tecidos. Aqui no Brasil, a Rede Sarah, por exemplo, utiliza célula-tronco adulta mesenquimal para o reparo de tecidos que acometem o aparelho locomotor, ossos e músculos, há mais de 10 anos. Mas elas não se transformam em neurônios; portanto, não servem para reabilitação de problemas neurológicos como lesão cerebral, medular (paraplegia, tetraplegia) e doenças neurodegenerativas (como, por exemplo, mal de Alzheimer, Parkinson, miopatias, neuropatias periféricas, dentre outras).

A alegação, portanto, de que haveria desnecessidade de continuação das pesquisas com células-tronco embrionárias, para se dar cumprimento aos princípios e regras constitucionais relativos ao direito à saúde e à dignidade da vida humana, não tem embasamento científico.

De resto, cumpre realçar que a lei em causa não está excluindo a utilização das células-tronco adultas em pesquisa e, nesse caso, até mesmo nas terapias já conhecidas e em outras novas, que possam vir a sê-lo. Não se cuidam de linhas de pesquisa e utilização em tratamento que se excluam as que se referem às células-tronco adultas e às células-tronco embrionárias. Antes, elas devem ser auxiliares para o benefício de quem necessite do tratamento com que pode ser acudido o doente conforme o seu caso e a sua necessidade.

11. Tem-se, na peça inicial da ação, que "a vida humana acontece na, e a partir da, fecundação (...) a vida humana é contínuo desenvolver-se (...) estabelecidas tais premissas, o art. 5º, e §§, da Lei n. 11.105, de 24.3.2005, por certo inobserva a inviolabilidade do direito à vida, porque o embrião é vida humana, e faz ruir o fundamento maior do Estado Democrático de Direito, que radica na preservação da dignidade da pessoa humana (...)".

12. Quanto a ser a utilização de células-tronco embrionárias uma forma de violação do direito à vida, talvez conviesse se partir do que significa a violabilidade e o seu contrário, que é vedado constitucionalmente em relação ao direito à vida, à liberdade, à igualdade, à segurança e à propriedade (art. 5º, *caput*, da Constituição brasileira[1]).

"Violar" tem o sentido de infringir com violência, transgredir ou ofender o que posto pelo Direito. A inviolabilidade do direito à vida, que o Procurador-Geral da República entende estaria sendo descumprida pelo art. 5º e §§ da Lei n. 11.105/2005, não pode ser interpretada a partir da idéia de direito absoluto. Todo princípio de direito haverá de ser interpretado e aplicado de forma ponderada segundo os termos postos no sistema. Como acentuado pelo eminente Procurador-Geral da República em sua petição, dignidade humana é princípio, e esse se aplica na ponderação necessária para que o sistema possa ser integralmente acatado. Mesmo o direito à vida haverá de ser interpretado e aplicado com a observação da sua ponderação em relação a outros que igualmente se põem para a perfeita sincronia e dinâmica do sistema constitucional. Tanto é assim que o ordenamento jurídico brasileiro comporta,

1. Preceitua o art. 5º, *caput*, da Constituição do Brasil: "Art. 5º. Todos são iguais perante a lei, sem distinção de qualquer natureza, garantindo-se aos brasileiros e aos estrangeiros residentes no país *a inviolabilidade do direito à vida*, à liberdade, à igualdade, à segurança e à propriedade, nos termos seguintes: (...)".

desde 1940, a figura lícita do aborto nos casos em que seja necessário o procedimento para garantir a sobrevivência da gestante e quando decorrer de estupro (art. 128, incisos I e II, do CP).

Comentando aquelas normas penais (referentes ao aborto terapêutico e ao aborto necessário), acentuava Nelson Hungria que "o aborto terapêutico foi resolvido pelo nosso legislador penal com critérios de política criminal, e não com princípios da religião católica. Trata-se de um caso especialmente destacado de 'estado de necessidade'. (...). Muito antes da Reforma, quando a religião católica era a religião do Estado e não sofria contrastes, já o Direito Secular não vacilava em admitir a impunidade do aborto terapêutico. A palavra de Santo Tomás de Aquino, de que *inocentes nullo pacto occidere licet*, não teve repercussão na lei social, que é editada para o plano terreno, e não para a *Civitas Dei*. Do ponto de vista humano-social, é despropósito sacrificar a gestante e o feto, quando aquela pode ser salva com sacrifício deste. Semelhante absurdo não passou despercebido ao padre Agostinho Gemelli, o maior sábio que a Igreja possui na atualidade, e no Congresso Obstétrico reunido em Milão, no ano de 1931, explicou ele, interpretando a *Encíclica Casti Connubit*, que era permitido o aborto indireto, isto é, conseqüente à ministração de meios terapêuticos sem intenção positiva de eliminar o feto, ainda que este venha a morrer ou ser expulso prematuramente. Ora, esse apelo ao aborto indireto é apenas uma acomodação com o céu, um expediente ardilosamente excogitado para conciliar escrúpulos religiosos com a imperativa necessidade prática. Tanto vale querer um resultado quanto assumir o risco de produzi-lo" (*Comentários ao Código Penal*, Rio de Janeiro, Forense, 1958, vol. V, pp. 307-308).

De pronto se registre que *o presente caso nada tem a ver com o aborto*, que é interrupção da gravidez. Na hipótese prevista na lei em foco, não há gravidez; logo, não se há cogitar, sequer longinquamente, da questão do aborto. A citação aproveitada acima, portanto, tem o condão exclusivo de demarcar o estatuto jurídico-constitucional do direito à vida e sua aplicação a situações diferentes.

A inviolabilidade do direito à vida constitucionalmente positivada é, nos termos precisos de José Afonso da Silva, "uma determinante normativa, como objeto da garantia, em que o artigo definido revela o conteúdo intrínseco dos direitos enunciados, valendo dizer que eles contêm em si a qualidade essencial de serem invioláveis. Não é a Constituição que lhes confere a inviolabilidade; ela reconhece essa qualificação conceitual pré-constitucional, e, por isso, preordena disposições e mecanismos que a assegurem (...)" (*Comentário Contextual à Constituição*, São Paulo, Malheiros Editores, 2007, p. 65).

Ao reconhecer a Constituição ser inviolável o direito à vida, expressa ela, em todo o seu texto e no contexto traçado em torno dos direitos fundamentais, outros direitos, como o da liberdade e o da saúde, que tornam possível a efetivação daquele primeiro. Há de se interpretar todos eles para se concluir sobre a validade constitucional, ou não, do art. 5º e seus §§ da Lei n. 11.105/2005.

O art. 5º, inciso IX, e o art. 218 da Constituição brasileira e o art. 5º da Lei n. 11.105/2005

13. Ao fixar a liberdade de pesquisar cientificamente, de informar e de ser informado sobre as pesquisas científicas e seus resultados, sobre usufruir deles quando positivos, segundo padrões éticos que se afinem com os princípios democráticos, a Constituição garante a efetivação do direito à vida digna, propiciando que vivam melhor aqueles que, por qualquer adversidade, não podem contar com a plena condição física, psíquica e mental de saúde. Põem-se na esteira desses princípios as normas contidas no art. 5º e §§ da Lei n. 11.105, pelo quê não

há discordância entre o que neles contido e o que afirmado constitucionalmente.

A Constituição garante não apenas o direito à vida, mas assegura a liberdade para que o ser humano dela disponha, liberdade para se dar ao viver digno. Não se há falar apenas em dignidade da vida para a célula-tronco embrionária, substância humana que, no caso em foco, não será transformada em vida, sem igual resguardo e respeito àquele princípio aos que buscam, precisam e contam com novos saberes, legítimos saberes, para a possibilidade de melhor viver ou até mesmo de apenas viver. Possibilitar que alguém tenha esperança e possa lutar para viver compõe a dignidade da vida daquele que se compromete com o princípio em sua largueza maior, com a existência digna para a espécie humana.

14. Preceituam os arts. 5º, inciso IX, e 218 da Constituição brasileira:

"Art. 5º. (...) IX – é livre a expressão da atividade *intelectual*, artística, *científica* e de comunicação, independentemente de censura ou licença; (...)".

"Art. 218. O Estado promoverá e incentivará o desenvolvimento científico, a pesquisa e a capacitação tecnológicas.

"§ 1º. A pesquisa científica básica receberá tratamento prioritário do Estado, tendo em vista o bem público e o progresso das Ciências."

A liberdade de expressão da atividade intelectual e científica é considerada um dos fundamentos constitucionais do art. 5º da Lei n. 11.105/2005. Bem assim o desenvolvimento científico e a pesquisa que podem servir à melhoria das condições de vida para todos. A compatibilização de tais regras com os princípios magnos do sistema, aí assegurada, sempre e em todo e qualquer caso, a dignidade humana, dota-as do necessário fundamento constitucional, de modo a não se reconhecer nelas qualquer ponto de invalidade.

Não há violação do direito à vida na garantia da pesquisa com células-tronco embrionárias, menos ainda porque o cuidado legislativo deixou ao pesquisador e, quando vier a ser o caso, ao cientista ou ao médico responsável pelo tratamento com o que da pesquisa advier, a exclusiva utilização de células-tronco embrionárias inviáveis ou congeladas há mais de três anos. Se elas não se dão a viver, porque não serão objeto de implantação no útero materno, ou por inviáveis ou por terem sido congeladas além do tempo previsto na norma legal, não há que se falar nem em vida, nem em direito que pudesse ser violado.

Liberdade de pesquisa com células-tronco embrionárias e o direito à vida

14. Alguns dos *amici curiae* fazem a defesa da tese de inconstitucionalidade das normas questionadas pelo Procurador-Geral da República, com base no art. 4º do Pacto de São José da Costa Rica – tratado de direitos humanos firmado pelo Brasil –, segundo o qual: "Art. 4º. **Direito à vida.** 1. Toda pessoa tem o direito de que se respeite sua vida. Esse direito deve ser protegido pela lei e, em geral, desde o momento da concepção. Ninguém pode ser privado da vida arbitrariamente".

Se de um lado é garantido o direito à vida – e para os defensores da tese sustentada na peça inicial desta ação haverá inconstitucionalidade nas normas questionadas exatamente porque essa garantia vale desde a concepção e o embrião já seria vida garantida em sua inviolabilidade e não poderia, então, ser destruído –, de outro lado, aquela norma pactuada internacionalmente há de receber interpretação a partir de todos os seus termos, nos quais se contém proibição de que alguém possa dela ser privado arbitrariamente.

Dá-se que a lei e o arbítrio são incompossíveis e, no caso agora analisado, não se cuida do segundo – arbítrio –, exatamente porque os termos da norma legal apreciada firmam o sentido contrário a abuso levado a efeito com os embriões. Nem se há de afirmar que haveria arbítrio no aproveitamento de células-tronco embrionárias, porque ali se tem uma substância humana, que se propõe seja utilizada para a dignificação da vida daqueles que se podem ver tratados com os procedimentos a que podem dar ensejo as pesquisas feitas.

A sua utilização conforma-se aos cuidados e condições definidos na lei, pelo quê de arbítrio não se há de falar, aqui. O embasamento constitucional, neste caso, parece incontestável.

15. Dispõe o art. 199, § 4º, da Constituição brasileira:

"Art. 199. (...).

"(...).

"§ 4º. A lei disporá sobre as condições e os requisitos que facilitem a remoção de órgãos, tecidos e substâncias humanas para fins de transplante, pesquisa e tratamento, bem como a coleta, processamento e transfusão de sangue e seus derivados, sendo vedado todo tipo de comercialização."

A célula-tronco embrionária, mencionada na Lei n. 11.105/2005, tem exatamente a natureza de substância humana. Logo, não apenas não haveria incompatibilidade entre a norma constitucional e a norma legal questionada, como ainda se poderia afirmar que a lei cuida de um fator humano que não mais pode ser utilizado para os fins a que inicialmente ele se destinou, pois os incisos I e II do art. 5º daquele diploma legal estabelecem que será permitido para pesquisa e terapia as células-tronco embrionárias inviáveis ou congeladas no período legalmente assinalado. Este período, de três anos de congelamento, registre-se, é aquele que determina um marco após o qual a viabilidade do procedimento implantatório da célula-tronco embrionária torna-se pequena. As clínicas de reprodução assistida dispõem de estatísticas, apresentadas em trabalhos divulgados cientificamente, a comprovar que após aquele período de três anos a chance de o embrião se viabilizar é baixa. Apesar de congelado, as membranas tendem a oxidar-se, não garantindo elas o resultado desejado.

A substância humana aqui considerada consiste no que se denominou embrião, ou célula-tronco embrionária, que se origina após a fecundação de um óvulo por um espermatozóide com a formação da célula-ovo, que contém em seu núcleo 46 cromossomos, sendo 23 originários do espermatozóide e os outros 23 do óvulo. Essa célula, substância genética, é resultado da junção de outras duas células humanas e tem a finalidade de gerar todos os tecidos de um indivíduo adulto devido à sua pluripotencialidade.

Nessa condição, resultado do que acima asseverado, pode-se dizer que essa matriz humana há ser tida como uma das substâncias humanas que a Constituição permite possam ser manipuladas com vistas ao progresso científico da Humanidade e à melhoria da qualidade de vida dos povos, respeitados, como é óbvio, os demais princípios constitucionais afirmados e que se compatibilizam com o quanto posto naquela norma constitucional.

O art. 225, § 1º, inciso II, da Constituição brasileira estabelece o princípio da solidariedade entre as gerações, como forma de garantir a dignidade da existência humana, quer dizer, não apenas a dignidade do vivente (agora), mas a dignidade do viver e a possibilidade de tal condição perseverar para quem vier depois.

Reza aquele artigo:

"Art. 225. Todos têm direito ao meio ambiente ecologicamente equilibrado, bem de uso comum do povo e essencial à sadia qualidade de vida, impondo-se ao Poder Público e à coletividade o dever de defendê-lo e preservá-lo para as presentes e futuras gerações.

"§ 1º. *Para assegurar a efetividade desse direito, incumbe ao Poder Público*: (...) II – preservar a diversidade e a integridade do patrimônio genético do país e *fiscalizar as entidades dedicadas à pesquisa e manipulação de material genético*; (...)."

Concebido como direito social fundamental do homem, o direito ao meio ambiente ecologicamente equilibrado está inserido em um contexto constitucional segundo o qual ao Estado Brasileiro compete atuar de modo a assegurar a sua efetividade.

Para tanto, como assevera José Afonso da Silva, no § 1º do art. 225 da Constituição da República foram estatuídos "instrumentos de garantia da efetividade do direito enunciado no *caput*" que "não se trata de normas simplesmente processuais, meramente formais, pois, nelas, aspectos normativos integradores do princípio revelado no *caput* se manifestam através de sua instrumentalidade. São normas instrumentais da eficácia do princípio, mas também são normas que outorgam direitos e impõem deveres (...)" (*Comentário Contextual à Constituição*, 4ª ed., São Paulo, Malheiros Editores, 2006. p. 838).

As normas impugnadas na presente ação direta de inconstitucionalidade dão cumprimento à determinação de que se preserve a diversidade e a integridade do patrimônio genético do país e se fiscalizem as entidades dedicadas à pesquisa e manipulação de material genético.

Daí a importância em se afirmar que as pesquisas e o tratamento devem pautar-se pelos princípios da *necessidade*, segundo o qual deve haver comprovação real de que o experimento científico a ser realizado no material genético humano é necessário para o conhecimento, a saúde e a qualidade de vidas humanas; da *integridade do patrimônio genético*, proibindo-se a manipulação em genes humanos voltada para mudanças na composição do material genético com o fim de melhorar determinadas características fenotípicas; da *avaliação prévia dos potenciais e benefícios a serem alcançados*; e, ainda, o princípio do *conhecimento informado*, que impõe a garantia de manifestação da vontade, livre e espontânea, das pessoas envolvidas, com a divulgação de informações precisas sobre as causas, efeitos e possíveis conseqüências da intervenção científica.

Dignidade humana e utilização de células-tronco embrionárias

16. Afirma-se que a dignidade da pessoa humana teria sido contrariada pelas normas legais em exame, porque a permissão do uso de células-tronco embrionárias, mesmo que inviáveis e congeladas há mais de três anos, agrediria o direito à vida digna, pois nelas vida já se contém.

Há que se cuidar de sempre e sempre respeitar e resguardar o princípio da dignidade da pessoa humana. Nem se cogita do contrário em qualquer situação. Mas há que se compreender esse princípio para o fim de se esclarecer se estaria ele sendo agravado na espécie em pauta e como aplicá-lo em face das múltiplas possibilidades abertas, por exemplo, pela liberdade humana, que com as suas pesquisas científicas pode conduzir à melhoria de sua condição, o que é uma forma de dignificação da vida.

17. Todos os homens têm garantida a vida digna, tem-se na Constituição do Brasil (art. 1º, inciso III).

Diferentemente do texto colhido na Declaração dos Direitos do Homem e do Cidadão, proclamada pela ONU, de 1948 – em cujo art. 1º se contém que "*todos os homens* nascem livres e iguais em dignidade e direitos. São dotados de razão e consciência e devem agir em relação uns aos outros com espírito de fraternidade" –, a Constituição da República Brasileira, de 1988, estabelece que "*todos* são iguais perante a lei, sem distinção de qualquer natureza, *garantindo-se aos brasileiros e aos estrangeiros residentes no país a inviolabilidade do direito à vida*, à liberdade, à igualdade, à segurança e à propriedade, nos termos seguintes: (...)".

"Todos os homens", expressão adotada pela ONU, significa cada um e todos os humanos do Planeta, os quais haverão que ser considerados em sua condição de seres que já nascem dotados de liberdade e igualdade em dignidade e direitos.

O que se verbaliza, ali, é a certeza do direito que a condição humana assegura a todos os que compõem a sociedade dos homens. Contrariamente ao que a História perversamente demonstrou existir – homem *versus* homem, diferenciando-se um e outro em situação de submissão e de imposição de uns sobre outros, aos mais fracos imputando-se *status* infra-humano –, a Declaração vem estatuir para todas as sociedades que o homem tem *status* fundamental jurídico e político que o faz ser dignificado em seus direitos fundamentais pela sua só natureza. A humanidade afirmada, no caso daquele documento, com o nascimento faz reconhecer-se e assegurar-se o *status* de liberdade e igualdade em dignidade e direitos a todos os homens.

A Constituição da República brasileira, que se refere *não apenas a todos os homens*, mas *a todos os que traduzam a expressão do humano*, deixa mesmo em aberto a questão do momento em que se titularizam os direitos fundamentais.

É que a Declaração dos Direitos Humanos da ONU afirma que todos os homens ***nascem*** *livres*. A liberdade e o direito à igualdade em dignidade e direitos afirmam-se, segundo o quanto ali se expressa, com o nascimento.

É bem certo que as Declarações que se sucederam e se agregaram àquele primeiro documento da ONU estenderam a condição de humanidade e de segurança dos direitos fundamentais a momentos antecedentes ao nascimento (por exemplo, e em especial, a Declaração Universal sobre o Genoma Humano e os Direitos Humanos, da UNESCO, de 1998), mas o que se tem é que a titularidade dos direitos fundamentais não pode ser questionada em sua integridade e eficácia a partir da humana condição havida com o nascimento.

Não se tem, portanto, que a condição de ser humano não anteceda o nascimento, nem que o Direito não atente e garanta estes momentos anteriores ao nascimento. Mas busca-se afirmar que com o nascimento as legislações não podem questionar ou regulamentar a condição de cada um e de todos os direitos que a humanidade do ser lhe garante.

No Brasil, a titularidade do direito – que é de *todos* – havido em sua positivação no art. 5º da Constituição da República expressa (a) que todos os homens, tal como se tem também na fórmula da Declaração Universal dos Direitos Humanos da ONU, são sujeitos dos direitos fundamentais; (b) que não apenas aos seres humanos se estende o princípio da igualdade jurídica, mas até mesmo aos seres criados no Direito (pessoas jurídicas); (c) que não apenas os brasileiros e estrangeiros, previstos, expressamente, no dispositivo, são titulares dos direitos fundamentais assegurados pelo Estado Nacional, mas que todos os seres humanos titularizam tais direitos, porque o artigo tem de ser considerado em sua sistematização, e no § 2º do mesmo art. 5º se contém que "os direitos e garantias expressos nesta Constituição não excluem outros decorrentes do regime e dos princípios por ela adotados, ou dos tratados internacionais em que a República Federativa do Brasil seja parte".

Pode-se, portanto, afirmar que todas as pessoas são titulares de direitos fundamentais.

O que é solucionado pelo texto constitucional brasileiro com o termo "todos", com o qual se inicia a redação do art. 5º da Lei Fundamental da República, no sentido da extensão ou da compreensão de todos os membros da família humana, não é bastante a resolver a questão posta na presente ação. Persiste a discutibilidade de seus termos quanto ao momento a partir do qual cada pessoa humana titulariza o direito, vale dizer, se se tem esta condição humana apenas a partir do nascimento, ou se se tem este estatuto antes mesmo deste fato.

Dota-se de importância este ponto, porque, se *todos* são os que compõem a Humanidade desde a concepção do ser que passaria a potencializar a condição de pessoa humana, então, o direito à vida afirmado constitucionalmente (e em documentos jurídicos internacionais declaratórios de direitos humanos) estende-se àquele instante inicial da existência e não pode ser descuidado pelo Estado e pela sociedade.

18. O ponto salientado na questão posta na petição inicial desta ação estaria, pois, na formulação expressa pelo Procurador-Geral da República, em se concluir se o embrião é pessoa e se, em face de tal qualificação, estaria vedada constitucionalmente a utilização dos embriões produzidos *in vitro*. De se observar que mesmo que seja negativa a resposta quanto à personalidade antes do nascimento não se desapega do Estado a condição de titular de obrigações em relação ao embrião e ao feto, nem se teria – a ser negativa a resposta àquela questão – que a Humanidade não reconhecesse importância ou cuidados específicos e dotasse de estatuto jurídico próprio o embrião e o feto.

Mas a resposta àquela questão altera o tratamento do tema e a forma de se dar direcionamento normativo específico aos direitos reconhecidos aos *diretamente interessados* na questão da concepção, fecundação, gestação e nascimentos dos seres humanos. Diz-se, aqui, "diretamente interessados" porque todos os seres do Planeta são interessados em qualquer ser novo que desponta e potencializa uma existência. O que muda em cada sistema jurídico é tão-somente a forma de se cuidar do tema.

Como o direito à vida não se dota, constitucionalmente, de conteúdo hermético ou identificado em sua integralidade pela expressão normativa, conferiu-se, no caso brasileiro, à sociedade a maturação do seu entendimento sobre questões relativas ao nascimento, como, por exemplo, a que se refere ao estatuto do embrião e do feto antes do nascimento, observadas, como é certo, as restrições, limites e garantias que a legislação de Direito Internacional estabelece, nos casos em que o Brasil seja parte no tratado ou signatário do acordo ou convenção. Ao legislador infraconstitucional conferiu-se a competência para estabelecer o cuidado com as pesquisas, incluídas aquelas que decorressem da remoção de órgãos, tecidos e substâncias humanas. E é nessas que se incluem os embriões, como matrizes de que poderia decorrer a vida, mas que para essa não segue pela sua não-implantação no útero de uma mulher, conforme antes enfatizado.

Para garantir a existência digna, o direito constitucional assegura os direitos que a liberdade humana constrói para a dignificação permanente das condições do viver. E é aí que as pesquisas científicas possibilitam não apenas o exercício da liberdade, mas o sentido da libertação, que as descobertas e criações podem trazer para todos os homens.

A utilização de células-tronco embrionárias para pesquisa, e, após o seu resultado consolidado, o seu aproveitamento em tratamentos voltados à recuperação da saúde, não agride a dignidade humana, constitucionalmente assegurada. Antes, valoriza-a. O grão tem de morrer para germinar. Se a célula-tronco embrionária, nas condições previstas nas normas agora analisadas, não vierem a ser implantadas no útero de uma mulher, serão elas descartadas. Dito de forma direta e objetiva, e ainda que certamente mais dura, o seu destino seria o lixo. Estaríamos não apenas criando um lixo genético, como, o que é igualmente gravíssimo, estaríamos negando àqueles embriões a possibilidade de se lhes garantir, hoje, pela pesquisa, o aproveitamento para a dignidade da vida. A sua utilização é uma forma de saber para a vida, transcendendo-se o saber da vida, que com outros objetos se alcança. Conhecer para ser. Essa a natureza da pesquisa científica com células-tronco embrionárias, que não afronta, mas busca, diversamente, ampliar as possibilidades de dignificação de todas as vidas.

Escrevi em outra ocasião que a justiça somente é passível de concretizar-se, tornar-se dia-a-dia de cada pessoa, se a dignidade for atendida em sua plenitude em relação à Humanidade. Afinal, toda forma de aviltamento ou de degradação do ser humano – incluídas aquelas que decorrem de dados da natureza doente – faz-se injusta com a aspiração humana de viver bem e tentar ser feliz. E toda injustiça é indigna e, sendo assim, desumana.

A dignidade é mais um dado jurídico que uma construção acabada no Direito, porque se firma e se afirma no sentimento de justiça que domina o pensamento e a busca de cada povo para realizar as suas vocações e necessidades.

Pode-se mesmo afirmar que, ainda que um dado sistema normativo não concebesse, em sua expressão, a dignidade humana como fundamento da ordem jurídica, ela continuaria a prevalecer e a informar o direito positivo na atual quadratura histórica. Mais ainda: pode-se mesmo acentuar que a dignidade da pessoa humana contém-se explícita em todo sistema constitucional no qual os direitos fundamentais sejam reconhecidos e garantidos, mesmo que não ganhem nele expressão afirmativa e direta. Tal como agora concebidos, aceitos e interpretados, aqueles partem do homem e para ele convergem, e a pessoa humana e a sua dignidade não são concebidos como categorias jurídicas distintas.[2] Logo, onde aquela é considerada direito fundamental, tida como centro de direitos, igualmente essa é aceita como base de todo o ordenamento e incluída como pólo central emanador de conseqüências jurídicas.

A dignidade distingue-se de outros elementos conceituais de que se compõe o Direito, até porque esse traz em si a idéia da relação, e toda relação impõe o sentido do partilhamento, conjugação e limitação. Diversamente disso, contudo, a dignidade não é partida, partilhada ou compartilhada em seu conceito e em sua experimentação. Mostra-se no olhar que o homem volta a si mesmo, no trato que a si confere e no cuidado que ao outro despende. A dignidade mostra-se numa postura na vida e numa compostura na convivência. Por isso a referência comum, hoje, à dignidade na morte, no processo que a ela conduz e no procedimento que se adota perante o sofrimento que pode precedê-la. E se diz mesmo que a vida é justa, ou injusta, quando trata de tal ou qual forma alguém, sujeito a experiências que não são consideradas compatíveis com o que suporta o homem com dignidade.

Para Kant, o grande filósofo da dignidade,[3] a pessoa (o homem) é um fim, nunca um meio; como tal, sujeito de fins e que é um fim em si, deve tratar a si mesmo e ao outro. Aquele filósofo distinguiu no mundo o que tem um preço e o que tem uma dignidade. O preço é conferido àquilo que se pode aquilatar, avaliar, até mesmo para a sua

2. "En France la majorité de la doctrine juridique continue à affirmer que la personne (humaine) c'est le sujet de droits. 'C'est l'être à qui le droit objectif accorde des droits subjectifs réunis en un patrimoine'. Or 'l'individu humain n'est pas nécessairement sujet de droit'. Il le drevient et il ne bénéficie de cette qualité que si elle lui est attribuée par le droit positif lequel peut en subordonner l'attribution aux conditions qu'il définit lui même (...). Si la remarque de Virally est incontestable en droit positif, elle signifie que le sujet de droits est une catégorie indépendante de la notion de dignité de la personne humaine. Les droits n'en découlent pas, mais bien du droit positif qui résulte du bon plaisir du prince, roi, assemblée, peuple ou dictateur. L'être humain-sujet de droit est un ayant-droit. La dignité n'a rien à voir dans ce concept. En Positivisme strict, elle est strictement inutile. Le juriste est ainsi conduit à refuser le débat le plus fondamental de notre époque" (François Borrella, "Le concept de dignité de la personne humaine", in Philippe Pedrot, ob. cit., p. 33).

3. "Kant est le témoin par excellence de cette révolution copernicienne qui fait désormais tourner l'univers moral autour du sujet. Ce qui organise sa réflexion morale, ce n'est pas la référence au bien commun, au bonheur mais la volonté pure comme 'principe suprême de la moralité'. (...). Dans les fondements de la métaphysique des moeurs, Kant met ainsi le principe de dignité 'infiniment au-dessus de tout prix'" (Philippe Pedrot, ob. cit., XVI).

Fosse correto ou, melhor diríamos, aceitável aquele entendimento e ter-se-ia de considerar jurídico que o Direito não tem como único e necessário fim o homem, que o poder não emana do povo, senão que da boa vontade do poderoso de ocasião. Todos estes dados, contudo, não são postulados, mas axiomas jurídicos.

substituição ou troca por outro de igual valor e cuidado; daí por que há uma relatividade deste elemento ou bem, uma vez que ele é um meio de que se há de valer para se obter uma finalidade definida. Sendo meio, pode ser rendido por outro de igual valor e forma, suprindo-se de idêntico modo a precisão a realizar o fim almejado.

O que é uma dignidade não tem valoração; é, pois, valor absoluto. Pela sua condição, sobrepõe à mensuração, não se dá a ser meio, porque não é substituível, dispondo de uma qualidade intrínseca que o faz sobrepor-se a qualquer medida ou critério de fixação de preço.

O preço é possível ao que é meio porque lhe é exterior e relaciona-se com a forma do que é apreçado; a dignidade é impossível de ser avaliada, medida e apreçada, porque é fim e contém-se no interior do elemento sobre o qual se expressa; relaciona-se ela como a essência do que é considerado, por isso não se oferece à medida convertida ou configurada como preço.

De conceito filosófico que é, em sua fonte e em sua concepção moral, a princípio jurídico, a dignidade da pessoa humana tornou-se uma forma nova de o Direito considerar o homem e o que dele, com ele e por ele se pode fazer numa sociedade política. Por força da juridicização daquele conceito, o próprio Direito foi repensado, reelaborado e diversamente aplicadas foram as suas normas, especialmente pelos tribunais constitucionais.

Na espécie em apreço, a célula-tronco embrionária põe-se, na legislação examinada, como uma dignidade, não havendo como lhe atribuir um preço. Ao contrário. A busca tão apaixonada dos pesquisadores pela manutenção de liberdade de pesquisa com ela é exatamente por ser cada uma delas insubstituível; e, por isso, na compreensão da dignidade que lhe é dado conferir e realizar, põe-se ao cuidado do cientista para realizar o único fim agora para ela vislumbrado, não implantável no útero como se terá tornado. Até porque se assim não fosse não seria ela aproveitável para os fins previstos na lei.

19. Toda pessoa humana é digna. A Humanidade mesma tem uma dignidade, contida na ética da espécie. Essa singularidade fundamental e insubstituível é ínsita à condição do ser humano, qualifica-o nessa categoria e o põe acima de qualquer indagação.

Como as práticas contemporâneas demonstram que o ser humano (e não apenas o ser já dotado de personalidade – vale dizer, a pessoa humana) pode ser objeto de comércio ou de interesse do mercado, coube ao Direito impedir que isto seja factível e exercitável pela negociação de embriões, pelo aluguel de úteros para fecundações tendentes a não se completarem em gestações, mas apenas para fornecer material humano, tecidos, órgãos ou substâncias serventes a pesquisas e estudos, muitas vezes levados a cabo para cumprirem interesses de lucro de empresas específicas.

20. Mas é atenta a tudo isso que a legislação brasileira – em especial a de que agora se cuida – estabelece a necessidade de controle e fiscalização das pesquisas e procedimentos efetivados com células-tronco – adultas ou embrionárias – por órgãos e instituições responsáveis pela avaliação do cumprimento dos princípios éticos (art. 5º, § 3º, da Lei n. 11.105).

É bem certo que esse dispositivo não deixa suficientemente claro e afirmado o rigor do controle determinado naquelas normas para a constituição e o desempenho das atividades destes comitês de ética e pesquisa. Porém, não parece caber aqui uma declaração de inconstitucionalidade. Talvez se pudesse afirmar declaração de déficit de constitucionalidade, pois o atendimento do disposto no art. 225, § 1º, inciso II, que outorga ao Poder Público o dever de "fiscalizar as entidades dedicadas à pesquisa e manipulação de material genético", reclama maior severidade no regramento das formas de controle das instituições de pesquisa e dos serviços de saúde que as realizem.

Mas esta competência é conferida ao Congresso Nacional, no qual já tramita o Projeto de Lei n. ..., de 2008, apresentado pelo deputado José Aristodemo Pinotti, que busca estabelecer maior rigor legislativo na matéria. Naquele projeto se definem condições para a habilitação das instituições especificamente voltadas às pesquisas mencionadas no *caput* do art. 5º da Lei n. 11.105/2005, e da autorização especial a ser concedida pela Comissão Nacional de Ética em Pesquisa/CONEP. A aprovação daquele ou de outro projeto que restrinja e torne mais seguros os mecanismos de controle de ética nas pesquisas e nos tratamentos com células-tronco obviamente suprirá aquele déficit de constitucionalidade e tornará mais seguros os direitos constitucionalmente afirmados.

Estes dados encarecem o resguardo pretendido quanto à observância dos princípios da responsabilidade ética que há de marcar tais pesquisas e, futuramente, as terapias que vierem a poder ser adotadas em benefício de doentes. Atende-se, aqui, não apenas ao que se contém na Constituição brasileira, mas também ao quanto determinado em normas internacionalmente fixadas.

Assim é que a Declaração dos Direitos sobre o Genoma Humano e os Direitos Humanos da UNESCO estabeleceu, em seus arts. 10 e 11, que:

"**Artigo 10**

"Nenhuma pesquisa ou suas aplicações relacionadas ao genoma humano, particularmente nos campos da Biologia, da Genética e da Medicina, deve prevalecer sobre o respeito aos direitos humanos, às liberdades fundamentais e à dignidade humana dos indivíduos ou, quando for aplicável, de grupos humanos.

"**Artigo 11**

"Práticas contrárias à dignidade humana, tais como a clonagem de seres humanos, não devem ser permitidas. Estados e organizações internacionais competentes são chamados a cooperar na identificação de tais práticas e a tomar, em nível nacional ou internacional, as medidas necessárias para assegurar o respeito aos princípios estabelecidos na presente Declaração" (*O Direito à Vida Digna*, Belo Horizonte, Ed. Forum, 2004, pp. 55 e ss.).

Como acentuado antes, a Lei n. 11.105/2005 cuidou de estabelecer limites e condições às pesquisas que impedem a desobediência de tais princípios, de modo a deixar a salvo de qualquer prática conduta que pudesse ultrapassar ou afrontar os direitos fundamentais constitucionalmente tutelados.

21. O direito à vida, expresso ou não, nos textos fundamentais nos quais ele se articulava em tempos pretéritos, garantia a intangibilidade do existir (não da existência) mais que a garantia da vida em sua configuração ampla e, especialmente, em sua condicionante humana plena, íntegra e intangível, que é dada exatamente pela dignidade.

Os desastres humanos das guerras, especialmente aquilo a que assistiu o mundo no período da II Grande Guerra, como antes mencionado, trouxeram, primeiro, a dignidade da pessoa humana para o mundo do Direito, como uma contingência que marcava a essência do próprio sistema sócio-político a ser traduzido no sistema jurídico. Agora, a Tecnociência amplia a dimensão do princípio e o enfatiza para a dignidade da espécie humana, dignidade que se faz, assim, da Humanidade, de todos e de cada um dos homens.

Quando retorna com novo conteúdo e contornos fundamentais no Direito contemporâneo, o uso da palavra "dignidade", referindo-se à pessoa humana, ganha significado inédito, qual seja, passa a respeitar à integridade, à intangibilidade e à inviolabilidade do ser humano, não apenas tomados tais atributos em sua dimensão física, mas em todas as dimensões existenciais nas quais se contém a sua humanidade, que o lança para muito além do meramente físico.

22. A Carta das Nações Unidas, de 1945, traz em seu Preâmbulo a referência à dignidade da pessoa humana, afirmando-se que "nós, os Povos das Nações Unidas, resolvidos a preservar as gerações vindouras do flagelo da guerra, que por duas vezes, no espaço da nossa vida, trouxe sofrimentos indizíveis à Humanidade, e a reafirmar a fé nos direitos fundamentais do homem, na dignidade e no valor do ser humano, na igualdade dos direitos dos homens e das mulheres, assim como nas nações grandes e pequenas (...)".

Em idêntica linha, a Declaração dos Direitos do Homem elaborada pela ONU, em 1948, inicia o seu Preâmbulo afirmando que, "considerando que o reconhecimento da dignidade inerente a todos os membros da família humana e de seus direitos iguais e inalienáveis constitui o fundamento da liberdade, da justiça e da paz no mundo (...)". Mais uma vez, pois, põe-se no frontispício de uma declaração o valor que enucleia a idéia mesma de justiça própria e inafastável numa convivência política.

E no art. 1º daquela Declaração se tem que: "Todos os seres humanos nascem livres e iguais em dignidade e em direitos. São dotados de razão e de consciência e devem agir uns para com os outros num espírito de fraternidade".[4]

A dignidade da pessoa humana passa a ser, pois, encarecida sobre qualquer outra idéia a embasar as formulações jurídicas do pós-II Grande Guerra e acentua-se como valor supremo, no qual se contém mesmo a essência do Direito que se projeta e se elabora a partir de então.

Sendo valor supremo e fundamental, a dignidade humana é transformada em princípio de Direito a integrar os sistemas constitucionais preparados e promulgados, alterando-se, com essa entronização do valor e a sua elevação à categoria de princípio jurídico fundamental, a substância mesma do quanto constitucionalmente construído.

Como a Declaração dos Direitos do Homem da ONU tornou-se vertente de muitos dos textos constitucionais subseqüentes na parte relativa àqueles direitos, foram eles formulados de maneira a expressar, tal como ali se fizera, aquele enunciado como princípio fundante dos direitos fundamentais e da própria ordem política.

23. Ultrapassou-se, assim, o direito à vida com o conteúdo que se adotara desde os textos constitucionais setecentistas, reformulando-se e fortalecendo-se essa definição jurídica, agora sob o influxo de um núcleo de direito muito mais amplo do quanto antes se tivera.

O limite positivo e negativo de atuação do Estado e das autoridades que o representam passou a ser base de todas as definições e de todos os caminhos interpretativos dos direitos fundamentais, a partir do entendimento ali esposado e tornado de acatamento obrigatório, porque constituído em norma-princípio matriz do Constitucionalismo contemporâneo, exatamente o da dignidade da pessoa humana.

Aliás, o princípio da dignidade da pessoa humana tornou-se, então, valor fundante do sistema no qual se alberga, como espinha dorsal da elaboração normativa, exatamente os direitos fundamentais do homem. Aquele princípio converteu-se, pois, no coração do patrimônio jurídico-moral da pessoa humana estampado nos direitos fundamentais acolhidos e assegurados na forma posta no sistema constitucional de cada povo.

24. A constitucionalização do princípio da dignidade da pessoa humana não retrata apenas uma modificação parcial dos textos fundamentais dos Estados contemporâneos. Antes, traduz-se ali um novo momento do

4. A ONU proclamou, também, em 9.12.1975, a Declaração dos Direitos das Pessoas Deficientes, estabelecendo em seu art. 3º que: "As pessoas deficientes têm o direito inerente de respeito por sua dignidade humana. As pessoas deficientes, qualquer que seja a origem, natureza e gravidade de suas deficiências, têm os mesmos direitos fundamentais que seus concidadão da mesma idade, o que implica, antes de tudo, o direito de desfrutar uma vida decente, tão normal e plena quanto possível".

direito constitucional, o qual tem a sua vertente no valor supremo da pessoa humana considerada em sua dignidade incontornável, inquestionável e impositiva; é uma nova concepção de Constituição, pois, a partir do acolhimento daquele valor tornado princípio em seu sistema de normas fundamentais, mudou-se o modelo jurídico-constitucional, que passa, então, de um paradigma de preceitos, antes vigente, para um figurino normativo de princípios.

Antes, estabeleciam-se modelos de comportamentos impostos ou defesos para a ação do Estado e para a conduta dos indivíduos. Tais modelos continham-se nos preceitos constitucionais que os estabeleciam de maneira contingente. Agora, estatuem-se princípios que informam os preceitos, constitucionais ou legais, a partir dos quais e para a concretização dos quais se dão a realizar os fins postos como próprios pelo povo no seu sistema fundamental. Transformada a formulação básica da Constituição, tem-se como critério de interpretação a finalidade que o povo busca concretizar com a adoção do sistema positivo.

25. A constitucionalização do princípio da dignidade da pessoa humana modifica, assim, em sua raiz, toda a construção jurídica: ele impregna toda a elaboração do Direito, porque elemento fundante da ordem constitucionalizada e posta na base do sistema. Logo, a dignidade da pessoa humana é princípio havido como superprincípio constitucional, aquele no qual se fundam todas as escolhas políticas estratificadas no modelo de Direito plasmado na formulação textual da Constituição.

No inciso III do art. 1º da Constituição brasileira ele é posto como fundamento da própria organização política do Estado Democrático de Direito, nos termos do qual se estrutura e se dá a desenvolver, legitimamente, a República Federativa do Brasil.[5] A expressão daquele princípio como fundamento do Estado Brasileiro significa, pois, que esse existe para o homem, para

5. Com base naquele princípio, conforme observado acima, o Direito formula as normas infraconstitucionais e os Tribunais pátrios consideram todos os casos que tenham como fundamento a aplicação ou a sua negativa. Nesse sentido, por exemplo, o STF vem reforçando a fundamentalidade daquele princípio:

– STF, Pleno, HC n. 70.389-5-SP, rel. Min. Celso de Mello, j. 23.7.1994: "A simples referência normativa à tortura, constante da descrição típica consubstanciada no art. 233 do ECA, exterioriza um universo conceitual impregnado de noções com que o senso comum e o sentimento de decência das pessoas identificam as condutas aviltantes que traduzem, na concreção de sua prática, o gesto ominoso de ofensa à dignidade da pessoa humana. A tortura constitui a negação arbitrária dos direitos humanos, pois reflete (enquanto prática ilegítima, imoral e abusiva) um inaceitável ensaio de atuação estatal tendente a asfixiar e, até mesmo, a suprimir a dignidade, a autonomia e a liberdade com que o indivíduo foi dotado, de maneira indisponível, pelo ordenamento positivo. O Brasil, ao tipificar o crime de tortura contra crianças ou adolescentes, revelou-se fiel aos compromissos que assumiu na ordem internacional, especialmente aqueles decorrentes da Convenção de Nova York sobre os Direitos da Criança (1990), da Convenção Contra a Tortura adotada pela Assembléia-Geral da ONU (1984), da Convenção Interamericana Contra a Tortura concluída em Cartagena (1985) e da Convenção Americana sobre Direitos Humanos (Pacto de São José da Costa Rica), formulada no âmbito da OEA (1969)".

– IF 114-MT (intervenção federal), rel. Min. Néri da Silveira, publicação *DJU* 27.9.1996 p. 36.154, j. 13.3.1991, Tribunal Pleno: "*Ementa:* Intervenção federal. 2. Representação do Procurador-Geral da República pleiteando intervenção federal no Estado de Mato Grosso, para assegurar a observância dos 'direitos da pessoa humana', em face de fato criminoso praticado com extrema crueldade a indicar a inexistência de 'condição mínima', no Estado, 'para assegurar o respeito ao primordial direito da pessoa humana, que é o direito à vida' – Fato ocorrido em Matupá, localidade distante cerca de 700km de Cuiabá. 3. Constituição, arts. 34, VII, letra 'b', e 36, III. 4. Representação que merece conhecida, por seu fundamento: alegação de inobservância pelo Estado-membro do princípio constitucional sensível previsto no art. 34, VII, alínea 'b', da Constituição de 1988, quanto aos assegurar condições políticas, sociais, econômicas e jurídicas que permitam que ele atinja os seus fins; que o seu fim é o homem, e esse é fim em si mesmo, quer dizer, como sujeito de dignidade, de razão digna e superiormente posta acima de todos os bens e coisas, inclusive do próprio Estado. É esse acatamento pleno ao princípio que torna legítimas as condutas estatais, as suas ações e as suas opções.

Mais que a pessoa humana, os sistemas constitucionais e as declarações internacionais de direitos humanos, nas últimas décadas, passaram a considerar a dignidade da espécie humana como princípio. Quer dizer, o conteúdo daquele princípio estendeu-se para além do indivíduo, e a intangibilidade e indisponibilidade da vida passaram a considerar cada um e todos, como antes realçado.

Daí que, relativamente às pesquisas e aos procedimentos médicos da Embriologia ou dos tratamentos de doentes deles dependentes, a Ética e o Direito passaram a considerar o princípio da dignidade humana, de cada um dos diretamente interessados, e o seu enlaçamento a todos os outros que convivem na mesma aventura humana. E até mesmo para os da espécie que vierem depois.

A espécie humana é agora constitucionalmente tomada em sua integralidade, pelo quê alguns direitos fundamentais são considerados em sua potencialidade, quer dizer, em relação aos efeitos que poderão carrear para as gerações futuras (neste sentido o art. 225, *caput*, da Constituição da República brasileira, por exemplo; no plano do Direito Internacional, art. 1º da Declaração Universal sobre o Genoma e os Direitos Humanos; também o item 6 da Declaração da Conferência da ONU do Ambiente Humano, de Estocolmo, de 1972, dentre outros).

A espécie humana há que ser respeitada em sua dignidade, manifestada em cada um e em todos os homens, pois a condição digna de ser membro desta espécie toca a todos e cada qual dos que a compõem.[6] Por isto é que as Constituições mais recentes mencionam a humanidade como o ponto que se busca atingir no respeito aos direitos.

Significa que o princípio constitucional da dignidade humana estende-se além da pessoa, considerando todos os seres humanos, os que compõem a espécie, dotam-se de humanidade, ainda quando o Direito sequer ainda reconheça (ou reconheça precariamente, tal como se tem na fórmula da Convenção Nacional de Ética francesa de Pessoa Humana em Potencial) a personalidade. É o que se dá com o embrião e com o morto, que não têm as condições necessárias para titularizar a personalidade em direito (pelo menos em todas as legislações vigentes, hoje, no mun-

'direitos da pessoa humana' – Legitimidade ativa do Procurador-Geral da República (Constituição, art. 36, III). 5. Hipótese em que estão em causa 'direitos da pessoa humana', em sua compreensão mais ampla, revelando-se impotentes as autoridades policiais locais para manter a segurança de três presos que acabaram subtraídos de sua proteção, por populares revoltados pelo crime que lhes era imputado, sendo mortos com requintes de crueldade. 6. Intervenção federal e restrição à autonomia do Estado-membro – Princípio federativo – Excepcionalidade da medida interventiva. 7. No caso concreto, o Estado de Mato Grosso, segundo as informações, está procedendo à apuração do crime. Instaurou-se, de imediato, inquérito policial (...)".

6. É de Jürgen Habermas a lição segundo a qual: "Nos conceptions de la vie humanine antépersonnelle – et la manière que nous avons de nous y rapporter – constituent pour ainsi dire, pour la morale raisonnable des sujets des droits de l'homme, um environnement stabilisateur du point d'une éthique de l'espèce – un context d'enchâssement qu'il ne faut pas briser si lon veut éviter que la morale elle-même ne se mette à dérape (...). À cet égard, nous sommes appelés à distinguer la dignité de la vie humaine et la dignité humaine que le Droit garantit pour toute personne – une distinction qui, d'ailleurs, se reflète dans la phénoménologie du rapport charge d'émotions et de sentiments que nous avons au morts" (Jürgen Habermas, *L'Avenir de la Nature Humaine*, Paris, Gallimard, 2002, p. 102).

do), mas que compõem a Humanidade e são protegidos pelo Direito pela sua situação de representação da Humanidade.[7]

Daí a adoção pelos sistemas jurídicos contemporâneos, aí incluído o brasileiro, do princípio da solidariedade entre gerações, que impõe a uma geração que ela se comprometa com quem vier depois (art. 225 da Constituição brasileira).

A expressão constitucional da dignidade da espécie humana é o realce mais óbvio e denso daquele princípio, que se faz mais amplo que a vida humana digna (daí por que algumas Constituições, como a brasileira, referem-se à existência digna), chegando a ser observado antes que haja a vida livre (dotada de autonomia, o que o embrião e o feto não têm) e depois que a vida já se fez passar, mas que pode permanecer como substrato jurídico para a tutela por meio de utilização de órgãos que vivem em outros e até mesmo quando o cérebro pára e o coração persiste em suas batidas.

Daí também por que o saber científico, que somente poderá atingir resultados concretos em benefício da espécie humana se persistir em sua labuta, de maneira livre e responsável, compõe o complexo de dados que tornam efetiva a dignificação do viver e, portanto, a sua garantia de continuidade não agride, tal como posto nas normas em foco, antes permite que se venha a realizar o princípio constitucional.

26. Intangível e inviolável, a dignidade humana não permite desconhecer o que a liberdade pode possibilitar em termos de dignificação do homem. E por isso mesmo é que, também em ocasião anterior, salientei que:

"Como o Direito não pode deixar de considerar o direito à vida digna como o direito fundamental excelente, aquele que se sobrepõe axiologicamente a qualquer outro e que informa o sistema constitucional e infraconstitucional de modo determinante em toda a sua extensão, não se há de desconsiderar a Bioética para o cuidado normativo dos novos realces a serem dados aos princípios que estão na base da concretização daquele direito, a saber, o da liberdade, o da igualdade e o da responsabilidade. As questões biomédicas tangenciam, assim, diretamente, o princípio da dignidade humana, porque consideram o homem em seu físico e em sua psique, pelo quê a proteção dos direitos humanos há que lhe conformar a quadratura normativa.

"Da normatividade que a Bioética patrocinou, desde o início dos anos 70, com esta denominação e compreensão objetiva, até o domínio jurídico da matéria, houve uma trajetória que fez entronizar o tema das questões morais do direito à vida digna nos textos normativo-jurídicos e na doutrina, tendo conduzido alguns doutrinadores a apelidarem mesmo, novidadeiramente, de *Biodireito* o tratamento sistêmico da matéria e a sua aplicação."[8]

7. Ronald Dworkin salienta a sacralidade da dignidade da vida, construindo vasto e fecundo trabalho sobre o seu domínio, no qual expõe que: "A segunda afirmação que se pode fazer mediante o uso da conhecida retórica é muito diferente: a vida humana tem um valor intrínseco e inato; a vida humana é sagrada em si mesma; o caráter sagrado da vida humana começa quando sua vida biológica se inicia, ainda antes de que a criatura à qual essa vida é intrínseca tenha movimento, sensação, interesses ou direitos próprios. (...). Se as grandes batalhas sobre o aborto e a eutanásia são realmente travadas em nome do valor intrínseco e cósmico da vida humana, como acredito que o sejam, então, essas batalhas têm ao menos uma natureza quase religiosa, e não chega a surpreender que muitas pessoas acreditem que o aborto e a eutanásia sejam profundamente condenáveis e, ao mesmo tempo, que não cabe ao governo tentar estigmatizá-los com a força bruta das leis penais" (Ronald Dworkin, ob. cit., p. 18).

8. Começam a aparecer títulos de trabalhos sobre Biodireito, acentuando-se neles o conteúdo pertinente ao cuidado jusprivatista do direito à vida em sua conotação biológica (o direito de escolher o momento da própria morte), o direito de ter, ou não, um filho em momento em que ele não é desejado, aguardado, o direito de dar um fim à própria vida, mesmo que para tanto se necessite

Bioética e Biodireito têm o seu fundamento na Constituição. É a constitucionalização do direito à vida e a ênfase no princípio matricial e substantivo da dignidade humana que asseguram o fundamento da intangibilidade, da sacralidade, da inviolabilidade e da responsabilidade da vida do ser humano. É este fundamento que haverá de ser considerado pelas normas, doutrinas, decisões jurisprudenciais e práticas de qualquer natureza (incluídas as biomédicas particulares) que atinam à vida humana.

A utilização das células-tronco embrionárias não aproveitadas no procedimento de implantação, travadas assim para a sua potencial transformação em vida futura de alguém, poderá ter o destino da indignidade, que é a sua remessa ao lixo. E o mais nobre e o mais grave: lixo de substância humana. O seu aproveitamento, guardado o respeito às condições afirmadas na legislação enfocada, permite a dignificação da célula-tronco embrionária, que não será então descartada, antes, será transformada em matéria dada à vida, se bem que não ao viver.

27. Reafirme-se que a liberdade, princípio constitucional por excelência, inerente à vida digna, não é um gesto ou um momento, mas um processo.

A Biomedicina há de se comprometer, mais que com a liberdade, com a libertação do ser humano. Sem a possibilidade de pesquisar e transformar para melhorar o homem em suas condições de fragilidade e de dor, o homem seria um ser dado à escravidão de sua própria prisão física, psíquica e mental. O que a liberdade de saber, que se expressa na liberdade da pesquisa, garante é a possibilidade de libertação do homem de seus limites e a regeneração não apenas de suas condições físicas, mas a recuperação de condições que o dignifiquem em seu *status* de membro da família humana, com a qual tem compromissos, especialmente o de continuar a viver, para cumprir os seus papéis com os outros.

Se a pesquisa pode e quando a pesquisa chegará a resultados buscados com as células-tronco embrionárias, talvez ainda dependa de um longo caminhar. O que não se há é de deixar de lhe garantir o andar, porque cada passo dado pode ser em direção à melhoria e à dignificação da espécie humana, tudo nos termos dos valores que animam os princípios constitucionais.

E neste sentido é que concluo que a legislação posta aqui em questão não se desarvora da Constituição, nem se afasta do princípio da dignidade da pessoa humana.

O princípio da justiça aliado ao da liberdade responsável do homem – no caso, em especial do pesquisador, do cientista, assim como de qualquer outro ser humano

de auxílio de terceiro, o direito de escolher em laboratório o filho que se deseja ter, dentre outros). O Biodireito seria, na concepção dos que se valem deste termo, um ramo do direito civil. Afinal, o fundamento constitucional do direito à vida digna constitucionalmente protegido é a liberdade. E é no exercício dos direitos individuais livres que a pessoa *leva a sua vida*, expressando aqueles direitos da forma que melhor lhe pareça possível para se fazer feliz. Como o direito civil é que cuida do exercício particular do direito, daqueles que se exercem entre particulares, no espaço de sua vida privado, o Biodireito seria uma via aberta a partir do cuidado com a vida sob aquela ótica privada.

Por isto é que, a partir da constitucionalização de alguns dos vislumbres do direito à vida, tem-se a situação do denominado Biodireito em alguns recantos estanques do Direito, pensando-se mesmo numa autonomia ou numa dogmática do Biodireito. Ainda é cedo para tanto, mas é bem certo que da Bioética ao Biodireito já há um caminho palmilhado. Tão logo a legislação de um Estado ou a normativização no plano internacional sobre os temas do direito à vida digna se põem, questões novas surgem a serem cuidadas pela doutrina e pela jurisprudência Em alguns Estados, como a França, por exemplo, autores costumam marcar até a data da chegada ao outro lado da ponte: da Bioética ao Biodireito – tal como se vê com a fala de Jean-Jacques Israel, segundo o qual "on est donc, depuis fin juillet 1994, passé de la Bioéthique à un Bio-Droit" (Jean-Jacques Israel, *Droits de Libertés Fondamentaux*, Paris, Librairie Général de Droit et de Jurisprudence, 1998, p. 365).

– fazem valer a autonomia e os benefícios que os resultados das pesquisas podem levar aos que mais carentes de seus resultados estejam.

Reafirmo, então, que o princípio da dignidade humana não se atém a quem seja ou não pessoa, mas o que é constitucionalmente garantido no sistema é o dever do Estado e da sociedade de criarem condições para uma existência digna, observados os limites da ética constitucional acolhida no sistema vigente.

À parte o que antes acentuei, de que as células-tronco embrionárias obtidas de embriões humanos produzidos por fertilização *in vitro* e inviáveis ou congelados há mais de três anos dos marcos temporais fixados na lei serão destruídas se não forem aproveitadas na forma ali estabelecida, deve-se enfatizar que a dignidade informa o direito à existência (art. 170), pondo-se a claro que o Direito pensa o futuro, não se apega ao passado; pensa o que se dá a ser, e não o que se põe para o não-ser. As células-tronco embrionárias não utilizadas no procedimento para o que se deu a fertilização voltam-se ao não-ser, a dizer, põem-se ao descarte e à destruição, pois é o respeito à liberdade do casal que assegura a opção pelo seu não-uso ou a prática médica que aconselha o seu não-aproveitamento.

Direito ao saber, direito de pesquisa, direito de se informar e de ser informado

27. Afirma o Procurador-Geral da República, em memorial oferecido, que "a declaração de inconstitucionalidade do art. 5º da Lei n. 11.105 significa, tão-somente, o impedimento de uma e única linha de pesquisa: aquela que se vale de embriões humanos. Permanece amplíssimo o horizonte de pesquisas com as chamadas células-tronco adultas, nome, esse, "adultas", inadequado, visto que o cordão umbilical é fonte de pesquisa nessa diretriz".

Todavia, duas observações cabem nesse passo: a primeira é a de que atalhar, embaraçar ou impedir qualquer linha de pesquisa, se jurídica e eticamente válida for, significa – aí, sim – um constrangimento constitucionalmente inadmissível ao direito à vida digna, à saúde e à liberdade de pesquisar, de informar e de ser informado sobre as possibilidades que a vida pode vir a oferecer, a depender dos resultados científicos.

A segunda é a de que – conforme comprovam numerosos estudos expostos na audiência pública ocorrida no curso desta ação e os trabalhos apresentados pelos interessados das duas correntes contrárias de pensamento sobre o tema aqui cuidado – a pesquisa com células-tronco embrionárias abre possibilidades não obtidas com qualquer outra, sequer com as células-tronco adultas, porque essas não dispõem das características de totipotência que naquelas se contêm, como antes acentuado. A potencialidade terapêutica das células-tronco embrionárias decorrente da plasticidade que as caracteriza não há de ser impedida, porque se estaria a estancar o que sequer é plenamente conhecido nos resultados possíveis para a dignidade da espécie humana.

A pesquisa com células-tronco embrionárias não é certeza de resultados terapêuticos promissores. Mas a não-pesquisa é a certeza da ausência de resultados, pois sem a tentativa não há a conquista no campo científico.

Também em outra ocasião acentuei o cuidado que há de se ter com as pesquisas científicas, a fim de que a ética não seja desrespeitada e, assim, a dignidade da espécie humana não seja ferida. Dizia então ser certo que a liberdade humana compreende a liberdade de pesquisas e de avanços tecnocientíficos, tais como os que estão se dando, com rapidez inédita, no campo da Medicina. E tentar reprimir a pesquisa científica, que pode ser conduzida no sentido do benefício da Humanidade, da descoberta de formas consagradoras de melhoria das condições de vida das pessoas, é tarefa não apenas inglória, mas também nefasta, no que concerne à vedação dos caminhos que podem conduzir ao aperfeiçoamento e à melhoria das condições de saúde do homem. O medo que persiste é a desumanização das técnicas e das conseqüências de sua utilização para a Humanidade... Ao lado da dignidade humana, há que se enfatizar a responsabilidade de todos, uns em relação aos outros e em relação às gerações presentes e futuras, o que determina a busca de equilíbrio na equação liberdade de pesquisa/liberdade individual. A experimentação feita com o corpo da pessoa pode atingir a integridade humana que o faz um ser muito além do meramente físico. Os direitos humanos fortalecem-se, pois, como fator garantidor da Humanidade contra a manipulação genética que pode eliminar a individualidade, a singularidade, a diversidade que se consagra na espécie humana e a torna viva, contínua e plural em sua dinâmica.

Daí a ênfase a ser posta no direito de obter informações, que podem ser conduzidas para o benefício das pessoas por meio das pesquisas levadas a efeito na forma legalmente prevista, a fim de que o saber para a vida não esgote o saber da vida.

A Constituição brasileira garante a toda pessoa humana o direito de se informar e de ser informada sobre o que diga respeito aos seus direitos. E em especial há de se reconhecer e garantir tal direito àqueles que estão em situação de sofrimento para além da dor de viver, que faz parte da aventura humana, e que podem ter a esperança de superar tal situação por novos conhecimentos científicos. Não se há negar o direito das pessoas de verem prosperar as condições para que a tanto se chegue e que do melhor resultado possam os que carecem dele se aproveitar para submissão aos tratamentos que amainem as adversidades físicas, psíquicas ou mentais que provoquem o sofrer.

28. Nem se afirme que a Constituição impede que os doadores do material genético disponham de autonomia para consentir sobre o aproveitamento das células-tronco embrionárias por delas não serem donos. Também não se pretenda que a "liberdade" daquela substância humana em estado de congelamento seja superior à daqueles que a ela deram origem e que verão, nas condições legalmente estipuladas, uma, de duas alternativas: o descarte do material ou a sua utilização para o que poderá vir a ser o bem da vida, por meio da pesquisa e, quando sobrevierem os resultados científicos consolidados, do tratamento que a partir de então se terá.

As possibilidades vislumbradas nos resultados das pesquisas – com boas perspectivas de chegarem a bom termo – somente puderam chegar a esse estágio de momentos promissores porque até aqui houve a permissão de se prosseguir com liberdade e responsabilidade na busca de melhorias benéficas ao ser humano. Do que decorre que pode até ser que a discussão que aqui se põe possa ser superada por outras possibilidades até agora não vislumbradas. Mas isso somente a continuidade das pesquisas livremente levadas a efeito vai demonstrar; donde a imperiosidade de seu prosseguimento livre e responsável. Voltada à utilidade para o ser humano, dúvida não me fica dever prevalecer tal permissão legal quanto ao aproveitamento daquela substância humana em pesquisas e, quando o momento chegar, em tratamentos que tenham como base resultados científicos consolidados, ressalva feita, como antes anotei, a que não se prestem as pessoas a meras experimentações.

A importância deste debate está em que nele se enfatiza e se decide sobre a liberdade com responsabilidade ética da pesquisa científica, pois sem ela o ser humano poderia ter impedidos o seu desenvolvimento e a melhoria de suas condições de vida. E é em nome dela que se há de assegurar a pesquisa científica livre, ética e responsável para a garantia da dignidade da vida. Tal como se põe na lei cujas normas são questionadas, na forma apresentada pelo Procurador-Geral da República.

Conclusão

Indagava Norberto Bobbio se "a História, em si mesma, tem um sentido, a História enquanto sucessão de eventos, tais como são narrados pelos historiadores? A História tem apenas o sentido que nós, em cada ocasião concreta, de acordo com a oportunidade, com nossos desejos e nossas esperanças, atribuímos a ela. E, portanto, não tem um único sentido. (...). Concluo com Kant. O progresso para ele não era necessário. Era apenas possível. Ele criticava os 'políticos' por não terem confiança na virtude e na força da motivação moral, bem como por viverem repetindo que 'o mundo foi sempre assim como o vemos hoje'. (...). Desse modo, retardavam propositalmente os meios que poderiam assegurar o progresso para o melhor. Com relação às grandes aspirações dos homens de boa vontade, já estamos demasiadamente atrasados. Busquemos não aumentar esse atraso com nossa incredulidade, com nossa indolência, com nosso ceticismo. Não temos muito tempo a perder" (Norberto Bobbio, *A Era dos Direitos*, Rio de Janeiro, Campus, 1992, p. 64).

A Ciência que pode matar, é certo, também pode salvar, é mais certo ainda. E se o Direito ajusta o que a Ciência pode melhor oferecer para que viva melhor aquele que mais precisa do seu resultado, não há razões constitucionais a impor o entrave desse buscar para a dignificação da espécie humana. Entendo que a utilização da célula-tronco embrionária para a pesquisa e, conforme o seu resultado, para o tratamento – indicado a partir de terapias consolidadas nos termos da ética constitucional e da razão médica honesta – não apenas não viola o direito à vida. Antes, torna parte da existência humana o que vida não seria, dispondo para os que esperam pelo tratamento a possibilidade real de uma nova realidade de vida.

Pelo exposto, *voto no sentido de julgar improcedente a presente ação para (a) considerar válidos os dispositivos questionados, a saber, o art. 5º e §§ da Lei n. 11.105/2005, e (b) assentar interpretação conforme quanto à palavra "terapia", incluída no* ***caput*** *e no § 2º daquele mesmo artigo, a qual somente poderá se referir a tratamento levado a efeito por procedimentos terapêuticos cuja utilização tenha sido consolidada pelos métodos de pesquisa científica aprovada nos termos da legislação vigente.*

***

GRÁFICA PAYM
Tel. (011) 4392-3344
paym@terra.com.br

REVISTA TRIMESTRAL DE DIREITO PÚBLICO

DOUTRINA: LEI E REGULAMENTO – A CHAMADA "RESERVA DE LEI" – AS DELEGAÇÕES LEGISLATIVAS DISFARÇADAS – CELSO ANTÔNIO BANDEIRA DE MELLO • PROCESSO SANCIONATÓRIO NO ÂMBITO DA CVM: A PENA DE SUSPENSÃO – ADILSON ABREU DALLARI e MARIANA NOVIS • A PARTICIPAÇÃO DOS SERVIDORES NA ARRECADAÇÃO TRIBUTÁRIA, POR SIMETRIA OU ANALOGIA COM O DISPOSTO NO ART. 7º, XI, DA CF – CLOVIS BEZNOS • LIMITE CONSTITUCIONAL DE REMUNERAÇÃO (COM AS MODIFICAÇÕES INTRODUZIDAS PELAS EMENDAS CONSTITUCIONAIS NS. 19/1998, 20/1998, 25/2000, 41/2003 E 47/2005) – DINORÁ ADELAIDE MUSETTI GROTTI • O MARCO LEGAL DO SANEAMENTO NO BRASIL – FLORIANO DE AZEVEDO MARQUES NETO • EXERCÍCIO DE OUTRA FUNÇÃO PÚBLICA POR MEMBRO DO MINISTÉRIO PÚBLICO: INCOMPATIBILIDADE OU PRERROGATIVA CONSTITUCIONAL? – FÁBIO MEDINA OSÓRIO • PARCERIA PÚBLICO-PRIVADA E DIREITO AO DESENVOLVIMENTO: UMA ABORDAGEM NECESSÁRIA – GUSTAVO HENRIQUE JUSTINO DE OLIVEIRA • ASPECTOS DA IMPOSIÇÃO DE PENALIDADES ADMINISTRATIVAS – HERALDO GARCIA VITTA • ***PARECERES***: CONCESSÃO DE SERVIÇO PÚBLICO. DIREITO À RETOMADA. CONDIÇÕES EM QUE SE DARÁ AO CABO DO PRAZO CONTRATUAL – CELSO ANTÔNIO BANDEIRA DE MELLO • REFERENDO POPULAR SOBRE MATÉRIA ADMINISTRATIVA – CONSTITUCIONALIDADE – GILBERTO BERCOVICI • PLEBISCITO SOBRE A BACIA HIDROGRÁFICA DO RIO SÃO FRANCISCO – PARTICIPAÇÃO DE TODOS OS CIDADÃOS BRASILEIROS – COINCIDÊNCIA DA REALIZAÇÃO DE PLEBISCITO COM AS ELEIÇÕES – JOSÉ DE ALBUQUERQUE ROCHA E MARTONIO MONT'ALVERNE BARRETO • INCIDÊNCIA DO IR NA FONTE SOBRE O ABONO PECUNIÁRIO – GEORGHIO TOMELIN • ***ESTUDOS E COMENTÁRIOS***: DA DISPENSA DE LICITAÇÃO NA CONTRATAÇÃO DE ÓRGÃO OU ENTIDADE EXPLORADORA DE ATIVIDADE ECONÔMICA – EDUARDO AZEREDO RODRIGUES • TEMAS DIVERSOS SOBRE A CONCESSÃO DE DIREITO REAL DE USO CELEBRADA POR SOCIEDADE DE ECONOMIA MISTA – VLADIMIR DA ROCHA FRANÇA • AS SÚMULAS DOS TRIBUNAIS ADMINISTRATIVOS E OS LIMITES DE SUA OBRIGATORIEDADE POR SEUS ÓRGÃOS JULGADORES – FERNANDO L. LOBO D'EÇA • ATRIBUTOS DOS ATOS ADMINISTRATIVOS: PECULIARIDADES DOS ATOS AMPLIATIVOS E RESTRITIVOS DE DIREITOS – ANGÉLICA PETIAN • ***JURISPRUDÊNCIA COMENTADA***

MALHEIROS EDITORES